KOHLHAMMER STUDIENBÜCHER
Rechtswissenschaft

Jugendstrafrecht

Eine systematische Darstellung

von

Dr. Friedrich Schaffstein

Professor der Rechte an der Universität Göttingen

und

Dr. Werner Beulke

Professor der Rechte an der Universität Passau

Zwölfte, überarbeitete Auflage

Verlag W. Kohlhammer
Stuttgart Berlin Köln

Die Deutsche Bibliothek – CIP-Einheitsaufnahme

Schaffstein, Friedrich:
Jugendstrafrecht : eine systematische Darstellung /
von Friedrich Schaffstein und Werner Beulke.
– 12., überarb. Aufl. –
Stuttgart ; Berlin ; Köln : Kohlhammer, 1995
  (Kohlhammer-Studienbücher : Rechtswissenschaft)
  ISBN 3-17-013760-3
NE: Beulke, Werner

12., aktualisierte Auflage 1995
Alle Rechte vorbehalten
© 1966 W. Kohlhammer GmbH
Stuttgart Berlin Köln
Verlagsort: Stuttgart
Gesamtherstellung: W. Kohlhammer
Druckerei GmbH + Co. Stuttgart
Printed in Germany

Vorwort zur 12. Auflage

Das seit der 9. Auflage von beiden Autoren gemeinsam erarbeitete Buch enthält eine systematische Darstellung des deutschen Jugendstrafrechts, die für Studierende, aber auch für alle in der Jugendstrafrechtspflege Tätigen bestimmt ist. Die wichtigsten Begriffe und Rechtssätze des allgemeinen Straf- und Strafprozeßrechts werden als bekannt vorausgesetzt. Auf die Hervorhebung der kriminologischen und kriminalpolitischen Zusammenhänge, deren Kenntnis gerade im Jugendstrafrecht für das Verständnis der rechtlichen Regelungen und für deren praktische Handhabung unentbehrlich ist, haben wir besonderen Wert gelegt.

Nachdem die 10. Auflage aufgrund des Inkrafttretens des 1. Gesetzes zur Änderung des Jugendgerichtsgesetzes vom 30. 8. 1990 sowie des Gesetzes zur Neuordnung des Kinder- und Jugendhilferechts vom 26. 6. 1990 eine gründliche Neubearbeitung weiter Teile des Buches notwendig machte, konnten wir uns in der 11. Auflage auf kleinere Ergänzungen beschränken. In der nunmehr vorliegenden 12. Auflage sind wiederum größere Veränderungen erforderlich geworden, vor allem durch das Gesetz zur Entlastung der Rechtspflege vom 11. 1. 1993 sowie das 1. Gesetz zur Änderung des Achten Buches Sozialgesetzbuch vom 16. 2. 1993 und durch die Neufassung der Richtlinien zum Jugendgerichtsgesetz. Rechtsprechung und Schrifttum sind bis zum Dezember 1994 berücksichtigt. Eingegangen wird auch auf die Kontroverse um die sinnvolle Reaktion auf die neuen Formen jugendlicher Gewaltkriminalität. Gegenüber den sich ständig verstärkenden Tendenzen, den Erziehungsgedanken im Jugendstrafrecht und damit letztlich dieses Rechtsgebiet in seiner Eigenständigkeit und seinen Institutionen in Frage zu stellen, halten wir in unserer kritischen Haltung fest, die sich sowohl gegen jene abolitionistischen oder neoklassizistischen Strömungen wie andererseits aber auch gegen eine übertriebene Erziehungseuphorie richtet.

Auch für die Bearbeitung der 12. Auflage sind uns wertvolle Anregungen und Hilfen zuteil geworden. So hat uns Herr Professor Olaf Miehe, Heidelberg, freundlicherweise bei der Neufassung des § 17 unterstützt. Wir danken ferner unseren wissenschaftlichen Mitarbeitern sowie studentischen Hilfskräften Frau Franze, Frau Brandt, Frau Lubitz und Herrn Ebert. Unser besonderer Dank gilt Frau Riesler, Göttingen, und Frau Kuba, Passau, für ihre Hilfe bei der Anfertigung des Manuskripts der 12. Auflage.

Göttingen und Passau,
im Januar 1995

Friedrich Schaffstein
Werner Beulke

Wichtige Abkürzungen

AFET	Arbeitsgemeinschaft für Erziehungshilfe e. V.
AG	Amtsgericht
Albrecht	*Albrecht, P.-A.*, Jugendstrafrecht, 2. Aufl., 1993
AT	Allgemeiner Teil
AWO	Arbeiterwohlfahrt
BayObLG	Bayerisches Oberstes Landesgericht
Beulke	*Beulke, W.*, Strafprozeßrecht, 1994
BewHi	Zeitschrift »Bewährungshilfe«
BGB	Bürgerliches Gesetzbuch
BGBl	Bundesgesetzblatt
BGH	Entscheidungen des Bundesgerichtshofs in Strafsachen
BGHZ	Bundesgerichtshof, Entscheidungen in Zivilsachen
BMJ	Bundesministerium der Justiz
BMJ-Bestandsaufnahme	*BMJ* (Hrsg.), Bestandsaufnahme zur Praxis des Täter-Opfer-Ausgleichs in der Bundesrepublik Deutschland, 1991;
BMJ-Grundlagen	*BMJ* (Hrsg.), Grundfragen des Jugendkriminalrechts und seiner Neugestaltung, 2. Kölner Symposium, 1992;
BMJ-Jugendgerichtshilfe	*BMJ* (Hrsg.), Jugendgerichtshilfe – Quo vadis? – Frankfurter Symposium, 1991;
BMJ-Jugendstrafrechtsreform	*BMJ* (Hrsg.), Jugendstrafrechtsreform durch die Praxis – Konstanzer Symposium, 1989
BMJ-Heinz/Hügel	*Heinz, W./Hügel, Chr.*, Erzieherische Maßnahmen im deutschen Jugendstrafrecht, 1986, hrsg. v. BMJ
BMJ-Heinz/Storz	*Heinz, W./Storz, R.*, Diversion im Jugendstrafverfahren der Bundesrepublik Deutschland, 1992, hrsg. v. BMJ
BMJ-Neue amb. Maßn.	*BMJ* (Hrsg.), Neue ambulante Maßnahmen nach dem JGG, Bielefelder Symposium, 1986
BMJ-Schreckling	*BMJ* (Hrsg.), Täter-Opfer-Ausgleich nach Jugendstraftaten in Köln, 2. Aufl., 1991;
BMJ-Soz. Trainingsk.	*Busch, M./Hartmann, G./Mehlich, N.*, Soziale Trainingskurse im Rahmen des JGG, hrsg. v. BMJ, 3. Aufl., 1986
BMJ-TOA	*BMJ* (Hrsg.), Täter-Opfer-Ausgleich – Bonner Symposium, 1991.
BMJ-Vert	*BMJ* (Hrsg.), Verteidigung in Jugendsachen – Kölner Symposium, 2. Aufl., 1988
Böhm	*Böhm, A.*, Einführung in das Jugendstrafrecht, 2. Aufl., 1985
Bresser, Begutachtung	*Bresser, P. H.*, Grundlagen und Grenzen der Begutachtung jugendlicher Rechtsbrecher, 1965
Brunner	*Brunner, R.*, Jugendgerichtsgesetz, 9. Aufl., 1991
BSHS	Schriftenreihe des Bundesverbandes der Straffälligenhilfe
BT-Drs	Bundestagsdrucksache
BtMG	Betäubungsmittelgesetz
BVerfGE	Entscheidungen des Bundesverfassungsgerichts
BZRG	Gesetz über das Zentralregister und das Erziehungsregister
Dallinger/Lackner	*Dallinger, W., Lackner, K.*, Jugendgerichtsgesetz, 2. Aufl., 1965
DAR	Zeitschrift »Deutsches Autorecht«
DBH	Deutsche Bewährungshilfe
DDR GBl	Gesetz- und Verordnungsblatt der ehemaligen DDR
Diemer/Schoreit/Sonnen	*Diemer, H., Schoreit, A., Sonnen, B.-R.*, JGG, Kommentar zum Jugendgerichtsgesetz, 1992
DR	Zeitschrift »Deutsches Recht«
Dreher/Tröndle	*Dreher, E., Tröndle, H.*, Strafgesetzbuch und Nebengesetze, 46. Aufl., 1993
DRiZ	Deutsche Richterzeitung
Dünkel	*Dünkel, F.*, Freiheitsentzug für junge Rechtsbrecher, 1990

Abkürzungen

DVJJ	Deutsche Vereinigung für Jugendgerichte und Jugendgerichtshilfe e. V.
DVJJS	Schriftenreihe der Deutschen Vereinigung für Jugendgerichte und Jugendgerichtshilfe, zitiert nach Heft und Jahrgang
DVJJ-Journal	Mitgliederrundbrief der DVJJ (Hrsg.)
EGGVG	Einführungsgesetz zum Gerichtsverfassungsgesetz
Eisenberg	*Eisenberg, U.*, Jugendgerichtsgesetz mit Erläuterungen, 6. Aufl., 1995
Eisenberg, Kriminologie	*Eisenberg, U.*, Kriminologie, 3. Aufl., 1990
EzSt	Entscheidungssammlung zum Straf- und Ordnungswidrigkeitenrecht
FamRZ	Zeitschrift »Ehe und Familie im privaten und öffentlichen Recht«
FE	Fürsorgeerziehung
FEH	Freiwillige Erziehungshilfe
FGG	Gesetz über die Angelegenheiten der freiwilligen Gerichtsbarkeit
GA	Zeitschrift »Golddammer's Archiv für Strafrecht«
GBA	Generalbundesanwalt beim BGH
GG	Grundgesetz
Göppinger, Kriminologie	*Göppinger, H.*, Kriminologie, 4. Aufl., 1980
GS	Zeitschrift »Der Gerichtssaal«
GVG	Gerichtsverfassungsgesetz
HandwB.Krim	*Sieverts, R./Schneider, H.-J.* (Hrsg.), Handwörterbuch der Kriminologie, 2. Aufl., 1977
HansOLG	Hanseatisches Oberlandesgericht
Hellmer, Erz. u. Strafe	*Hellmer, J.*, Erziehung und Strafe, 1957
Herz	*Herz, R.*, Jugendstrafrecht, 2. Aufl., 1987
Hinrichsen, Grundriß	*Hinrichsen, K.*, Einführung in das Jugendkriminalrecht: Ein Grundriß für Ausbildung und Praxis im Jugendwohlfahrts- und Justizdienst, 1957
INFO 1993	*Heinz* (Hrsg.), Täter-Opfer-Ausgleich und Jugendstrafrechtspflege, Info der Landesgruppe Baden-Württemberg der DVJJ, 2. Aufl., 1993
INFO 1994	*Heinz* (Hrsg.), Gegen-Gewalt, Aggression und Gewalt junger Straftäter – Herausforderung für Sozialarbeit und Justiz, Info der Landesgruppe Baden-Württemberg der DVJJ, 1994
JA	Zeitschrift »Juristische Arbeitsblätter«
JAVollzO	Jugendarrestvollzugsordnung
Jehle	*Jehle, M.* (Hrsg.), Individualprävention und Strafzumessung, 1992
JFG	Jahrbuch für Entscheidungen in Angelegenheiten der Freiwilligen Gerichtsbarkeit
JGG	Jugendgerichtsgesetz
JGGÄndG	Erstes Gesetz zur Änderung des JGG v. 30. 8. 1990 (BGBl I, 1853)
JGT	Jugendgerichtstag
JHG	Jugendhilfegesetz
JMBl.NRW	Justizministerialblatt für das Land Nordrhein-Westfalen
JR	Zeitschrift »Juristische Rundschau«
JurStudK	Juristischer Studienkurs, vgl. Kaiser-Schöch
JuS	Zeitschrift »Juristische Schulung«
JWG	Gesetz für Jugendwohlfahrt (Jugendwohlfahrtsgesetz)
JZ	Zeitschrift »Juristenzeitung«
Kahlert	*Kahlert, Ch.*, Verteidigung in Jugendstrafsachen, 2. Aufl., 1986
Kaiser	*Kaiser, G.*, Gesellschaft, Jugend und Recht, 1977
Kaiser, JugKrim	*Kaiser, G.*, Jugendkriminalität, 3. Aufl., 1982
Kaiser, Kriminologie	*Kaiser, G.*, Kriminologie, 2. Aufl., 1988

Abkürzungen

Kaiser/Schöch	Kaiser, G./Schöch, H., Juristischer Studienkurs »Kriminologie, Jugendstrafrecht, Strafvollzug«, 4. Aufl., 1994
KBZ	Kriminalitätsbelastungsziffer
KFN	Interdisziplinäre Beiträge zur kriminologischen Forschung, hrsg. v. Kriminologischen Forschungsinstitut Niedersachsen e. V., zitiert nach Band und Jahrgang
KG	Kammergericht
KJ	Zeitschrift »Kritische Justiz«
KJHG	Kinder- und Jugendhilfegesetz v. 26. 6. 1990 (BGBl I, 1163)
KK	Karlsruher Kommentar zur Strafprozeßordnung und zum Gerichtsverfassungsgesetz, hrsg. v. *Pfeiffer, G.*, 3. Aufl., 1993
KK-OWiG	Karlsruher Kommentar zum Ordnungswidrigkeitengesetz, hrsg. v. *Boujong, K.*, 1989
Kleinknecht/Meyer-Goßner	*Kleinknecht, Th./Meyer-Goßner, L.*, StPO, 41. Aufl., 1993
Krim-Forschung 80	*Kaiser, G.; Kury, H.; Albrecht, H.-J.* (Hrsg.), Kriminologische Forschung in den 80er Jahren, Band 1 und 2, 1988
Krim-Forschung 90	*Kaiser, G./Kury, H.* (Hrsg.), Kriminologische Forschung in den 90er Jahren, Band 1 und 2, 1993
KrimGeg	Kriminologische Gegenwartsfragen
KrimJ	Zeitschrift »Kriminologisches Journal«
KrimPäd	Kriminalpädagogische Praxis
Kriminalistik	Zeitschrift für die gesamte kriminalistische Wissenschaft und Praxis
Krim.Stud.	Kriminologische Studien, hrsg. v. *Schaffstein, F.*, und *Schüler-Springorum, H.*
Krim.W.Stud.	Kriminalwissenschaftliche Studien, hrsg. v. *Meurer, D.*
Kunz	*Kunz, K.-L.*, Kriminologie, 1994
Laubenthal	*Laubenthal, K.*, Jugendgerichtshilfe im Strafverfahren, 1993
LKA	Landeskriminalamt
LR	*Löwe, E./Rosenberg*, Die Strafprozeßordnung und das Gerichtsverfassungsgesetz mit Nebengesetzen, hrsg. von *Rieß, P.* 24. Aufl., 1984 f.
Maurach/Zipf, AT 1	*Maurach, R./Zipf, H.*, Strafrecht Allgemeiner Teil, Teilband 1, 8. Aufl., 1992
Maurach/Gössel/Zipf, AT 2	*Maurach, R./Gössel, K. H./Zipf, H.*, Strafrecht Allgemeiner Teil, Teilband 2, 7. Aufl., 1989
MDR	Monatsschrift für Deutsches Recht
Miehe	*Miehe, O.*, Die Bedeutung der Tat im Jugendstrafrecht, Gött. rechtswissenschaftl. Studien Bd. 53, 1964
MPI	Max-Planck-Institut
MschrKrim	Monatsschrift für Kriminologie und Strafrechtsreform
NK	Neue Kriminalpolitik (Zeitschrift)
Neue KrimStud.	Neue Kriminologische Studien, hrsg. v. *Schaffstein, F., Schöch, H.* und *Schüler-Springorum, H.*
NJ	Neue Justiz (Zeitschrift)
NJW	Neue Juristische Wochenschrift
NRW	Nordrhein-Westfalen
NStZ	Neue Zeitschrift für Strafrecht
ÖJZ	Österreichische Juristenzeitung
OLG	Oberlandesgericht
OLGSt	Entscheidungen der Oberlandesgerichte zum Straf- und Strafverfahrensrecht
Ostendorf	*Ostendorf, H.*, Kommentar zum Jugendgerichtsgesetz (Reihe Alternativkommentare), 3. Aufl., 1994
OWiG	Gesetz über Ordnungswidrigkeiten
Peters	*Peters, K.*, Strafprozeß, 4. Aufl., 1985
Pfeiffer, KrimPräv	*Pfeiffer, C.*, Kriminalprävention im Jugendgerichtsverfahren, 2. Aufl., 1989

Abkürzungen

Potrykus	Potrykus, G., Kommentar zum Jugendgerichtsgesetz, 4. Aufl., 1955
Preußisches ALR	Preußisches Allgemeines Landrecht
RdJ oder RdJB	Zeitschrift »Recht der Jugend«, ab Jahrgang 16 unter dem Titel »Recht der Jugend und des Bildungswesens«
RefE	Referenten-Entwurf
RG	Entscheidungen des Reichsgerichts in Strafsachen
RL bzw. RiLi	Richtlinien zum Jugendgerichtsgesetz
Roxin	Roxin, C., Strafverfahrensrecht, 23. Aufl., 1993
Rpfleger	Rechtspfleger (Zeitschrift)
RuP	Zeitschrift »Recht und Politik«
Schaffstein/Miehe	Schaffstein, F., Miehe, O., Weg und Aufgabe des Jugendstrafrechts, 1968
SchlHA	Zeitschrift »Schleswig-Holsteinische Anzeigen«
Schlüchter	Schlüchter, E., Plädoyer für den Erziehungsgedanken, 1994
Schneider, Kriminologie	Schneider, H. J., Kriminologie, 1987
Schönke/Schröder	Schönke, A./Schröder, H., Strafgesetzbuch, Kommentar, 24. Aufl., 1991
Schwind	Schwind, H.-D., Kriminologie, 6. Aufl., 1995
Schwind/Böhm	Schwind, H.-D./Böhm, A. (Hrsg.), Strafvollzugsgesetz, 2. Aufl., 1991
SchwZfStrR	Schweizerische Zeitschrift für Strafrecht
SGB	Sozialgesetzbuch
StGB	Strafgesetzbuch
StPO	Strafprozeßordnung
Streng	Streng, F., Strafrechtliche Sanktionen, 1991
StrVert	Zeitschrift »Strafverteidiger«
StVollzG	Strafvollzugsgesetz
TOA	Täter-Opfer-Ausgleich
TOA Intern	TOA-Intern, Rundbrief zur Praxis und Weiterentwicklung des Täter-Opfer-Ausgleichs, herausg. v. DBH-Servicebüro TOA und Konfliktforschung, Mirbachstr. 2, 53173 Bonn 2
UJ	Zeitschrift »Unsere Jugend«
UVollzO	Untersuchungshaftvollzugsordnung der Länder
VRS	Verkehrsrechts-Sammlung
VVJug	Bundeseinheitliche Verwaltungsvorschriften zum Jugendstrafvollzug
Walter-Erziehung	Walter, M., Beiträge zur Erziehung im Jugendkriminalrecht, 1989
Wolff-Erziehung	Wolff, J./Andrzej, M., Erziehung und Strafe, 1990
ZblJugR oder ZfJ	Zentralblatt für Jugendrecht und Jugendwohlfahrt, seit 1984 ZfJ
ZfPäd	Zeitschrift für Pädagogik
ZfStrVo	Zeitschrift für Strafvollzug und Straffälligenhilfe
ZNR	Zeitschrift für Neuere Rechtsgeschichte
ZRP	Zeitschrift für Rechtspolitik
ZStW	Zeitschrift für die gesamte Strafrechtswissenschaft

Inhalt

Einleitung: Allgemeine Grundlagen

1. Kapitel: Jugendstrafrecht und Jugendkriminalität

§ 1 Wesen und Aufgabe des Jugendstrafrechts 1
§ 2 Umfang und neuere Entwicklung der Jugendkriminalität 9

2. Kapitel: Geschichte und Zukunft des Jugendstrafrechts

§ 3 Die strafrechtliche Behandlung von Kindern und Jugendlichen bis zur Verselbständigung des Jugendstrafrechts 22
§ 4 Die Jugendgerichtsbewegung 24
§ 5 Die Jugendgerichtsgesetze vor 1923, 1943 und 1953. Reformbestrebungen ... 27

3. Kapitel: Die gesetzlichen Grundlagen des geltenden Jugendstrafrechts

§ 6 Das Jugendgerichtsgesetz und sein Anwendungsbereich 37

Erster Teil: Das materielle Jugendstrafrecht

1. Kapitel: Alters- und Reifestufen

§ 7 Die Jugendlichen und ihre Verantwortlichkeit 43
§ 8 Die Anwendung des materiellen Jugendstrafrechts auf Heranwachsende 48
§ 9 Mehrere Straftaten in verschiedenen Alters- und Reifestufen 58

2. Kapitel: Die Rechtsfolgen der Jugendstraftat

§ 10 Die Arten der jugendstrafrechtlichen Folgen 63
§ 11 Die allgemeinen Voraussetzungen der jugendstrafrechtlichen Folgen 67
§ 12 Einheitliche Rechtsfolgen bei mehreren Straftaten 72
§ 13 Verbindung verschiedener Rechtsfolgen 75

3. Kapitel: Die Erziehungsmaßregeln

§ 14 Wesen und allgemeine Voraussetzungen 78
§ 15 Die Erteilung von Weisungen 79
§ 16 Einzelne Weisungen von besonderer Bedeutung 86
§ 17 Heimerziehung und Erziehung in einer sonstigen betreuten Wohnform 94
§ 18 Die Erziehungsbeistandschaft 99

4. Kapitel: Die Zuchtmittel

§ 19 Wesen und allgemeine Voraussetzungen 102
§ 20 Verwarnung und Auflagen 104
§ 21 Der Jugendarrest 107

5. Kapitel: Die Jugendstrafe

§ 22 Wesen und allgemeine Voraussetzungen 114
§ 23 Dauer und Bemessung der Jugendstrafe 122

Inhalt

6. Kapitel: Strafaussetzung zur Bewährung und Aussetzung der Verhängung der Jugendstrafe

§ 24 Entwicklung und kriminalpolitische Ziele 129
§ 25 Die rechtliche Regelung der Strafaussetzung zur Bewährung 132
§ 26 Die Aussetzung der Verhängung der Jugendstrafe. 139
§ 27 Bewährungsaufsicht und Bewährungshilfe 143

Zweiter Teil: Das formelle Jugendstrafrecht

1. Kapitel: Die Jugendgerichtsverfassung

§ 28 Die Jugendgerichte. 148
§ 29 Die Zuständigkeit der Jugendgerichte. 155
§ 30 Verbindung zusammenhängender Strafsachen – Jugendliche vor Erwachsenengerichten 158

2. Kapitel: Das Jugendstrafverfahren

§ 31 Grundsätzliches über das Jugendstrafverfahren und sein Verhältnis zum allgemeinen Strafverfahren 163
§ 32 Die Verfahrensbeteiligten............................ 164
§ 33 Der Verteidiger................................. 167
§ 34 Die Jugendgerichtshilfe............................. 173
§ 35 Das Vorverfahren 181
§ 36 Alternativen zum förmlichen Strafverfahren: Staatsanwaltliche Einstellung und formloses richterliches Erziehungsverfahren 186
§ 37 Das Hauptverfahren.............................. 197
§ 38 Das Rechtsmittelverfahren 203
§ 39 Untersuchungshaft, vorläufige Anordnung über die Erziehung und Entziehungsanstalten 207
§ 40 Besondere Verfahrensarten 212
§ 41 Prozessuale Besonderheiten bei Strafaussetzung zur Bewährung und bei Aussetzung des Strafausspruchs 215
§ 42 Das Verfahren gegen Heranwachsende 217

3. Kapitel: Vollstreckung, Vollzug und Registrierung der jugendstrafrechtlichen Folgen

§ 43 Die Vollstreckung 220
§ 44 Der Jugendstrafvollzug 224
§ 45 Strafregister, Erziehungsregister und Beseitigung des Strafmakels 237

Übersicht über Rechtsbehelfe i. Z. mit Folgeentscheidungen bei der Durchführung von Freiheitsstrafe, Jugendstrafe, Jugendarrest und U-Haft. 242

Übersicht über das wichtigste Schrifttum. 246

Sachregister. 247

Einleitung
Allgemeine Grundlagen

Erstes Kapitel
Jugendstrafrecht und Jugendkriminalität

§ 1 Wesen und Aufgabe des Jugendstrafrechts

I. Das Jugendstrafrecht ist ein **Sonderstrafrecht für junge Täter**, die sich zur Zeit ihrer Tat in dem kritischen Übergangsstadium zwischen Kindheit und Erwachsenenalter befinden. Es enthält die Summe derjenigen materiellrechtlichen und verfahrensrechtlichen Sondervorschriften, welche die rechtliche Reaktion auf die Straftaten solcher Täter mit Rücksicht auf die Besonderheiten jenes Entwicklungsstadiums abweichend von denen des allgemeinen Strafrechts regeln.
Auch das Jugendstrafrecht ist echtes Strafrecht, weil seine Rechtsfolgen die Begehung einer schuldhaften Tat zur Voraussetzung haben und wenigstens eine dieser von ihm vorgesehenen Rechtsfolgen die Ahndung der Schuld durch Strafe ist.
Dadurch unterscheidet sich das geltende deutsche Jugendstrafrecht von denjenigen Rechtsordnungen, die überhaupt auf eine Bestrafung jugendlicher Rechtsbrecher verzichten und auf die kriminelle Gefährdung der Jugendlichen nur mit fürsorgerischen und erzieherischen Maßnahmen reagieren.
Gleichwohl ergeben sich aus der besonderen Aufgabe des Jugendstrafrechts erhebliche Verschiedenheiten gegenüber dem Erwachsenenstrafrecht. Inhaltlich werden diese Abweichungen vor allem durch die Schlagworte *»Täterstrafrecht«* und *»Erziehungsstrafrecht«* gekennzeichnet. Beide Begriffe sind freilich unscharf und insbesondere heute kriminalpolitisch umstritten. Sie bedürfen deshalb schon hier einer kurzen Erläuterung, die in der weiteren Darstellung konkretisiert werden wird.
Der Begriff »Täterstrafrecht« wird verwendet im Gegensatz zu dem des »Tatstrafrechts«. Während das Erwachsenenstrafrecht seine Strafen nach Art und Gewicht ganz überwiegend an die schuldhafte Tat anknüpft, ist dies im geltenden deutschen Jugendstrafrecht nicht im gleichen Maße der Fall. Vielmehr werden hier das Ob und Wie der Sanktionen für eine Tat nicht nur durch deren Schwere, sondern stärker als im Erwachsenenstrafrecht durch die dem Täter nach seiner Persönlichkeit zu stellende Prognose bestimmt. Im Gegensatz zu dieser »täterstrafrechtlichen« Ausrichtung des geltenden JGG ist freilich eine heute im vordringen befindliche Richtung der Auffassung, zum mindesten für Voraussetzung und Bemessung der Jugendstrafe müßte wie im Erwachsenenstrafrecht die Tat des Jugendlichen maßgebend sein (vgl. besonders § 22 II 3).
Die Bezeichnung des geltenden deutschen Jugendstrafrechts als »Erziehungsstrafrecht« soll besagen, daß in ihm die Kriminalstrafe, welche ein den Täter treffendes, seine Tat ahndendes Übel darstellt, in weitem Umfange durch Erziehungsmaßnahmen ersetzt wird. Darüber hinaus soll auch die ahndende Strafe selbst, soweit für sie noch Raum bleibt, in Begründung, Dauer und Inhalt wesentlich stärker als im allgemeinen Strafrecht auf den Zweck einer erzieherischen Einwirkung auf den jeweiligen Täter aus-

Allgemeine Grundlagen

gerichtet sein. Damit wird im Gegensatz zu einer verbreiteten Skepsis vorausgesetzt, daß auch Strafdrohung und Strafvollzug Erziehungsmittel sind, ohne die eine wirksame Verhütung von Straftaten nicht realisierbar ist. Wie jeder Strafe, so kommt auch der Kriminalstrafe im Jugendstrafrecht die Aufgabe der »positiven Generalprävention«, d. h. der Verstärkung und Verdeutlichung der staatlichen Normen, zu. Was im Sinne der Generalprävention für die Wirkung der Strafe auf die Allgemeinheit zutrifft, muß als Individualprävention auch für den einzelnen Täter im Sinne der Verhütung von Rückfällen gelten.

Doch darf sich die Reaktion auf die Strafbarkeit eines jungen Menschen nicht auf jene verstärkte Berücksichtigung erzieherischer Belange bei der Festsetzung und Bemessung der Strafe beschränken. Vielmehr muß der Freiheitsstrafvollzug selbst in besonderem Maße jugendgemäß erzieherisch ausgestaltet werden. Andererseits ist unbestreitbar, daß Strafe und insbesondere Freiheitsstrafe mit Anstaltsvollzug sich aus mancherlei Gründen auch erziehungsschädlich auswirken können. Regelmäßig gehen wechselseitige negative Einflüsse von dem engen Zusammensein mehr oder minder schwer gefährdeter junger Menschen aus. Auch hat jede Kriminalstrafe – und besonders die Freiheitsstrafe – eine negative Wirkung auf den weiteren Lebens- und Berufsweg des »Vorbestraften«, die seine Sozialisierung erschwert.

Strafe und Erziehung stehen also im Jugendstrafrecht in einem *Spannungsverhältnis*, das weder der Gesetzgeber noch der Richter völlig aufheben, sondern allenfalls mildern können.[1] Diese Spannung war und ist auch heute noch die Ursache vielfältiger Kritik am geltenden Jugendstrafrecht. Sie führte noch vor wenigen Jahrzehnten zu einem übertriebenen Erziehungsoptimismus, steigerte sich, als mit der Idee einer »antiautoritären Erziehung« die Strafe aus der Erziehung ganz verbannt werden sollte und hat heute in einem gewissen Rückschlag gegenüber früheren Stimmungen vor allem zur Folge, daß auf die Gefahr einer vorzeitigen »Kriminalisierung« Jugendlicher, die Möglichkeit ihrer erzieherischen »Überbetreuung« und den Verlust rechtsstaatlicher Garantien namentlich im formellen Jugendstrafrecht hingewiesen wird (vgl. darüber näher unten § 5 IV 3). Im wesentlichen besteht jedoch heute Übereinstimmung darüber, daß sich bei der im Jugendalter weitaus überwiegenden Kleinkriminalität (vgl. dazu § 2 I) die »Erziehung« darauf beschränken muß, dem Täter durch Ermahnungen oder einen leichten Denkzettel deutlich zu machen, daß die das soziale Verhalten regelnden Normen auch für ihn verbindlich sind und nicht ohne Nachteile für ihn selbst übertreten werden dürfen. Das geltende JGG 1953 sieht dafür wie schon seine beiden Vorgänger von 1923 und 1943 eine reiche Palette von Möglichkeiten vor, die vom Absehen von jeder Sanktion über formlose Ermahnung, förmliche Verwarnung bis zu Arbeits- oder Geldauflagen und erzieherischen Weisungen reichen.

Anderes hat jedoch bei ernsteren und insbesondere vielfach wiederholten Straftaten zu gelten. Sie können Ausdruck schwerer Persönlichkeitsdefizite des jungen Menschen sein. Insoweit darf und muß sich die Erziehung auf eine positive Beeinflussung und Festigung der Persönlichkeit erstrecken, die je nach Bedarf entweder in ambulanten (Bewährungsstrafe) oder stationären Formen (Anstaltsvollzug) erfolgen kann.

---

1 Zur Erziehungsproblematik s. u. a.: *Beulke, W.*, in: *Rössner* (Hrsg.), Toleranz-Erziehung-Strafe, 1989, S. 65; *ders.*, Gedächtnisschrift für Meyer, 1990, S. 677; *BMJ*-Grundfragen, 1992; *Bohnert*, JZ 1983, 517; *Dölling*, RdJB 1993, 369; *Dünkel*, S. 443; *Eisenberg*, § 5 Rn. 2 ff.; *Heinz*, JuS 1991, 896; *Jung*, JuS 1992, 186; *Köhler*, JZ 1988, 749; *Ostendorf*, Grdl. zu §§ 1 und 2, Rn. 4; *Schlüchter, E.*, Plädoyer für den Erziehungsgedanken, 1994; *Schüler-Springorum*, DVJJ-Journal 1992, 4; *Streng*, ZStW 106 (1994), 60; *Walter, M.* (Hrsg.), Beiträge zur Erziehung im Jugendkriminalrecht, 1989; *Wolff, J./Andrzej, M.* (Hrsg.), Erziehung und Strafe, 1990; w. Nachw. unten § 5 Fußn. 9 ff., § 22 Fußn. 22, § 44 Fußn. 3 ff.

Das Ziel der Erziehung ist auf die Verhütung weiterer Straftaten des Täters beschränkt. Ein Hinausgehen staatlicher Erziehungsbemühungen über den Rahmen strafrechtlicher Prävention beispielsweise im Sinne politischer oder weltanschaulicher Indoktrinationen würde bei volljährigen »Heranwachsenden« nach BVerfGE 22, 180 (219 f.) dem Grundgesetz widersprechen, bei minderjährigen »Jugendlichen« auch einen unzulässigen Eingriff in das Erziehungsrecht der Eltern (Art. 6 Abs. 2 GG) darstellen. Wenn allerdings, wie in den letzten Jahren nicht selten, politischer Extremismus und Ausländerfeindschaft Jugendlicher oder Heranwachsender Ursache schwerster Straftaten (z. B. Brandstiftung oder gar Mord) sind, so wird eine spätere Legalbewährung nur erreichbar sein, wenn sich die Erziehung auch auf die Wurzeln der politischen Kriminalität erstreckt.

II. Die Besonderheiten des Jugendstrafrechts und seine Abspaltung vom allgemeinen Strafrecht werden gerechtfertigt durch die von den modernen Erfahrungswissenschaften vermittelten Einsichten in die Ursachen und die besondere Eigenart der Jugendkriminalität, deren wissenschaftliche Erforschung Gegenstand der Jugendkriminologie[2] ist, sowie durch die besondere Bedeutung und die besonderen Möglichkeiten ihrer wirksamen Bekämpfung.

Von echter »Kriminalität« wird man allerdings bei den oben erwähnten Bagatellstraftaten Jugendlicher und Heranwachsender kaum sprechen können. Sie stellen in den weitaus meisten Fällen harmlose, weil vorübergehende Entgleisungen dar, die in der Entwicklung fast jedes jungen Menschen mit der Einordnung in das soziale Leben verbunden sind. Wenn sie in den letzten Jahren so sehr in den Vordergrund der kriminologischen und kriminalpolitischen Diskussion getreten sind, so deshalb, weil sich die Zahl solcher Entgleisungen mit der Zunahme der Versuchungen im modernen Leben (Selbstbedienungsläden, Straßenverkehr u. dgl.), aber auch wegen der Lockerung im schwächer gewordenen Familienzusammenhalt erheblich erhöht haben dürfte. Deshalb erscheint die neuerdings verstärkt artikulierte Furcht vor vorzeitiger Kriminalisierung nicht unbegründet (vgl. dazu näher § 2 I).

Anders steht es mit der »echten« Jugendkriminalität, worunter ihrem Unrechtsgehalt nach schwere Straftaten zu verstehen sind, aber auch solche mittelschweren Delikte, die wegen ihrer häufigen Wiederholung den Beginn einer kriminellen Karriere befürchten lassen. Zwar gelten auch hier für die Ursachen die allgemeinen Erkenntnisse der kriminologischen Forschung insoweit, als sie uns die Prägung der Täterpersönlichkeiten durch vielfach miteinander kombinierte Anlage- und Umwelteinflüsse zeigen.[3] Diese Einwirkungen von Anlage und Umwelt, von denen jeweils bald die eine, bald die andere stärker ins Gewicht fällt und die sich auch nicht exakt voneinander trennen lassen, weil beispielsweise angebliche Anlagedefizite nur sekundäre Merkmale bestimmter Um-

---

2 Vgl. zur Jugendkriminologie bes. *Brauneck, A. E.*, Die Entwicklung jugendlicher Straftäter, 1961; *dies.*, Allgemeine Kriminologie, 1974, S. 231; *Eisenberg*, Kriminologie, § 48 Rn. 6 ff., S. 760; *Göppinger*, Kriminologie, IV 2.2.3, S. 473; *Heinz*, ZfPäd. 1983, 11; *Kaiser*, JugKrim.; *ders.*, Kriminologie, §§ 57–61, S. 499; *ders.*, in *Kaiser/Schöch*, Fall 14, S. 170; *Schneider, H. J.*, Einführung in die Kriminologie, 3. Aufl., 1993, S. 220; *ders.*, Jura 1991, 342, 454, 570; *ders*, Kriminologie, V 2, S. 603; *Schüler-Springorum*, MschrKrim, 1969, 1, sowie das in § 2 Fußn. 10 und 13 genannte Schrifttum. Vom psychoanalytischen Standpunkt: *Aichhorn, A.*, Verwahrloste Jugend, 9. Aufl., 1977; *Künzel, E.*, Jugendkriminalität und Verwahrlosung, 5. Aufl., 1976. Aus jugendpsychiatrischer Sicht: *Lempp, R.*, Gerichtliche Kinder- und Jugendpsychiatrie, 1983. Zur Prävention von Jugendkriminalität s. die »Riyadh-Richtlinien« der UN, dazu: *Schüler-Springorum*, ZStW 104 (1992), 169; *Jung*, DVJJ-Journal 1994, 217.
3 Vgl. dazu *Göppinger*, Kriminologie, III, S. 166.

Allgemeine Grundlagen

welteinflüsse sein können[4], gestalten in ihrem dynamischen Zusammenwirken die Persönlichkeit und heben die Freiheit der Willensentscheidung zwar nicht notwendig auf, begrenzen aber doch mindestens den ihr verbleibenden Spielraum. Auf das Vorhandensein eines solchen Spielraums gründet sich der Schuldvorwurf, der sich gegen die Entscheidung des Täters zum Verbotenen richtet, damit aber seine Fähigkeit zu einer entgegengesetzten Entscheidung voraussetzt.

Aber in diesem allgemeinen Rahmen wird die kriminogene Situation des *jugendlichen Täters* durch gewisse spezifische Merkmale gekennzeichnet, die sie von der des Erwachsenen unterscheiden. Sie haben ihren Grund in der biologischen und soziologischen Eigenart des Jugendalters und lassen sich etwa unter folgenden Gesichtspunkten zusammenfassen:

1. Der junge Mensch ist noch in allmählicher Entfaltung seiner Verstandes- und Willenskräfte begriffen. Deshalb übersieht er weder in gleichem Umfange wie der Erwachsene die tatsächlichen Folgen seines Tuns, noch sind ihm die in der Rechtsordnung statuierten Anforderungen eines geordneten Gemeinschaftslebens im gleichen Maße geläufig. Erst mit zunehmender Reife wächst er in die Welt der Erwachsenen hinein und paßt sich ihren Maßstäben an. Dieser Lernprozeß, den man mit dem Ausdruck »Sozialisation« zu bezeichnen pflegt, ist ein langwieriger und hängt in seinen Fortschritten stark von den Einflüssen der Umgebung, insbesondere der Familie, in der das Kind bzw. der Jugendliche aufwächst, ab. Deshalb fehlt es dem jungen Menschen oft noch ganz oder teilweise an dem für die strafrechtliche Verantwortlichkeit erforderlichen Unterscheidungsvermögen zwischen Recht und Unrecht. Daher haben schon die älteren Strafgesetze die Strafmündigkeit der Kinder und Jugendlichen beschränkt oder ganz ausgeschlossen. Doch hat erst die neuere Psychologie erkannt, daß sich neben der Verstandesreife auch die Fähigkeit zu rationaler Willenssteuerung erst allmählich entwickelt.

2. Der Übergang von der Kindheit zum Erwachsensein ist für den jungen Menschen eine Zeit besonderer innerer und äußerer Spannungen. Sie werden biologisch durch den Vorgang der **Pubertät** (Geschlechtsreifung), soziologisch durch die Notwendigkeit der »Anpassung an eine neue soziale Rolle« (Schelsky[5]), eben die des auch gesellschaftlich und beruflich »Erwachsenen« ausgelöst.

a) Nach einem vorbereitenden Stadium der »Vorpubertät« (bei männlichen Jugendlichen etwa mit dem 12. Lebensjahr, bei weiblichen schon früher beginnend) fällt bei der deutschen Jugend die eigentliche biologische *Pubertät* etwa in das Lebensalter von 14 bis 18 Jahren. Das jedenfalls ist die Altersbegrenzung, die seit dem Jugendgerichtsgesetz von 1923 dem gesetzlichen Begriff des »Jugendlichen« zugrunde liegt. Doch ebensowenig wie die Pubertät plötzlich und unvermittelt beginnt, wird der biologische Reifungsvorgang übergangslos zu einem generell bestimmbaren Zeitpunkt abgeschlossen. Nicht nur, daß die Entwicklung bei dem einen schneller, bei dem anderen langsamer verläuft, vielmehr wird man ganz allgemein feststellen dürfen, daß pubertätsbedingte Verhaltensweisen in verschieden starkem Umfang auch noch in den folgenden Jahren (etwa bis in das 21. Lebensjahr, ja gelegentlich noch darüber hinaus) auftreten. Das deutsche JGG 1953 hat dieser Erkenntnis der neueren Wissenschaft Rechnung getragen, indem es in gewissem Umfang auch diese Altersstufe der »*Adoleszenz*«, d. h. in der

---

[4] *Eisenberg*, Kriminologie, § 54 Rn. 6 ff., S. 744; *Kaiser*, Kriminologie, §§ 44–46, S. 406.
[5] *Schelsky, H.*, Die skeptische Generation, 2. Aufl., 1957, S. 30.

§ 1: Wesen und Aufgabe des Jugendstrafrechts

Sprache des Gesetzes die »Heranwachsenden«, bis zur Vollendung des 21. Lebensjahres in das Jugendstrafrecht einbezogen hat.

Die Pubertät ist nicht nur ein körperlicher Reifungsvorgang, der mit dem Wachstum und dem In-Funktion-Treten der Sexualorgane sowie der Ausbildung der sekundären Geschlechtsmerkmale (Schambehaarung, Stimmbruch usw.) äußerlich erkennbar wird. Vielmehr ist diese körperliche Umwälzung regelmäßig mit einer mehr oder minder schweren Krise der seelischen Entwicklung verbunden, die weit über den Bereich des Sexuellen hinausgeht. Als ihre auch kriminogen bedeutsamen Ausdrucksformen können wir, der stichwortartigen Aufzählung *Exners*[6] folgend, etwa die folgenden ansehen: »ein phantastischer Erlebnishunger, der in keinem Verhältnis steht zu den inneren und äußeren Möglichkeiten einer legalen Befriedigung; ein Überschuß an Körperkräften, die ohne die Hemmung eines geistig und sittlich gereiften Menschen zur Betätigung drängen; ein mächtiges Geltungsbedürfnis, eine übersteigerte Ichbetonung; ein Drang nach Selbstentfaltung und Selbstverwirklichung mit einer charakteristischen Trotzeinstellung und Revoltestimmung gegenüber Zwang und Autorität in eigentümlichem Gegensatz zu einer inneren Unsicherheit und leichten Verführbarkeit; Triebhaftigkeit des Verhaltens; Phantasiereichtum, Übermut und Unüberlegtheit, welche die Folgen des eigenen Tuns übersehen lassen, mag es sich um romantische Abenteuer handeln oder um die zukunftsvernichtenden Folgen einer Bestrafung; Unstetheit und Haltlosigkeit...; dazu mächtige, eben erwachte Geschlechtsbegierden, welche die Phantasie gefangennehmen, ohne Wege erlaubter Befriedigung zu finden; überall ein Widerspruch zwischen Wünschen und Können, zwischen Wollen und Sollen.«

b) Zu diesen biologisch-psychologischen Kennzeichen der Pubertät tritt nun als ein kriminalsoziologisch kaum minder bedeutsamer Umstand hinzu, daß der junge Mensch in dieser kritischen Periode sich regelmäßig aus der relativen Geborgenheit des Elternhauses löst. Mit dem *Übergang* aus Familie und Schule *in das Arbeits- und Berufsleben* tritt er in eine völlig neue Umwelt ein. Diese aber hält eine Fülle neuer Anforderungen, Einflüsse und Versuchungen für ihn bereit, zu deren seelisch-charakterlicher Bewältigung er gerade in diesem Stadium puberaler Labilität und Unausgeglichenheit vielfach noch nicht imstande ist.

Wenn nun auch die Zusammenhänge zwischen Pubertät, Sozialisation und Kriminalität in ihren Einzelheiten noch nicht hinreichend geklärt und daher noch vielfach kontrovers sind, so ist doch unbestreitbar, daß nicht etwa nur die Sittlichkeits- und die Aggressivitätsdelikte, sondern auch zahlreiche sonstige Straftaten Jugendlicher und Heranwachsender auf die biologische und soziologische Krisensituation der Reifezeit zurückzuführen sind. Für die **strafrechtliche Behandlung** dieser Täter ergeben sich daraus mannigfache Konsequenzen. Ihre Schuldfähigkeit kann durch pubertätsbedingte Störungen des seelischen Gleichgewichts herabgemindert oder ausgeschlossen sein. Aber auch wenn sie zu bejahen ist, bleibt die Frage, ob es sinnvoll und gerechtfertigt ist, die ganze Zukunft des jungen Menschen durch die Bestrafung einer Tat in Frage zu stellen, die nur Ausdruck einer ihrer Natur nach vorübergehenden Entwicklungsstufe ist. Zwar ist das Bedürfnis der Allgemeinheit nach schuldproportionaler Sühne und nach Schutz auch angesichts einer Jugendstraftat zu beachten, aber es wäre kurzsichtig, wenn man dabei übersähe, daß dieses Bedürfnis in einer der spezifischen Eigenart des Jugendlichen

---

6 *Exner, F.*, Kriminologie, 3. Aufl., 1949, S. 153; vgl. ferner *Kaiser*, Jug.Krim, S. 39. Zur Psychologie der Pubertät und Adoleszenz: *Remplein, H.*, Die seelische Entwicklung des Menschen im Kindes- und Jugendalter, 17. Aufl., 1971; sehr instruktiv zur gesamten Jugendproblematik: *Reimann, H./Reimann, H.* (Hrsg.), Die Jugend, 2. Aufl., 1987.

Allgemeine Grundlagen

angepaßten Form befriedigt werden muß. Denn sonst würde die rechtliche Reaktion auf die Tat eines Heranreifenden, dessen Charakter gerade durch die Lebenserfahrungen dieser Jahre geprägt wird, die Gefahr seines weiteren kriminellen Abgleitens begründen und dadurch sowohl ihn selbst wie die Allgemeinheit nur um so stärker gefährden.

3. Mit dieser letzten Erwägung ist bereits ein weiterer Gesichtspunkt angedeutet, der nun freilich nicht nur die pubertierenden Jugendlichen, sondern mehr oder minder alle jungen Täter von den älteren unterscheidet: Die *größere Formbarkeit des jungen Menschen*. Erst zwischen dem 25. und 30. Lebensjahr pflegt die charakterliche Entwicklung zu einem gewissen Abschluß zu gelangen. In diesem Sinne spricht die Kriminologie von der besonderen Umweltabhängigkeit der Jugendkriminalität. Für die Entstehung der Jugendkriminalität haben zerrüttete Familienverhältnisse, Erziehungsmängel, schlechtes Beispiel der Eltern, Geschwister und Freunde, Verführung, negative Einflüsse, die von Filmen, Fernsehen, Video und zweifelhafter Literatur ausgehen, eine weit größere Bedeutung, als es entsprechende ungünstige Umwelteinwirkungen für die Kriminalität der älteren Jahrgänge haben. Umgekehrt folgt nun aber aus der stärkeren Bildsamkeit der jugendlichen Straffälligen, daß bei ihnen eine günstige Veränderung der Umwelt und beharrliche Erziehungsarbeit wesentlich eher Erfolg verspricht als bei den Älteren, deren Charakter sich bereits im negativen Sinne verfestigt hat. Diese größeren Erfolgschancen rechtfertigen es, der spezialpräventiven Verbrechensvorbeugung durch Erziehung in der rechtlichen Reaktion auf die Jugendstraftat eine weit stärkere Bedeutung beizumessen, als ihr im Rahmen der Strafzwecke des allgemeinen Strafrechts zukommt.

4. Indessen ist keineswegs jede Jugendstraftat nur als puberale Entgleisung oder als Ergebnis relativ leicht behebbarer Umwelteinflüsse anzusehen. Es kann sich auch um das Frühsymptom einer tieferen Persönlichkeitsstörung handeln. Dabei ist es für die strafrechtliche Bewertung dieser letzteren Fälle unwesentlich, ob man die *kriminelle Disposition* auf eine auf ererbter Anlage beruhende Abartigkeit des Charakters (Psychopathie) zurückführt oder in ihr, neueren tiefenpsychologischen Theorien folgend, das Ergebnis einer neurotischen Fehlentwicklung seit dem frühen Kindesalter sieht. Denn in jedem Fall liegt es nahe, daß sich eine solche Auffälligkeit schon früh äußert, mit hoher Wahrscheinlichkeit jedenfalls dann, wenn das soziale Verhalten durch die Pubertät und den Eintritt in das Arbeits- und Berufsleben der ersten großen Belastungsprobe ausgesetzt wird.

Auf die besondere symptomatische Bedeutung des Frühbeginns der Kriminalität für spätere Rückfälligkeit wird in zahlreichen in- und ausländischen Untersuchungen der Lebensläufe Vielfach-Rückfälliger immer wieder hingewiesen. Nach *Hellmer*[7] wurden von 250 von ihm untersuchten Sicherungsverwahrten erstmals bestraft 27 % bis zum 16. Lebensjahr und 51 % bis zum 18. Lebensjahr einschließlich. Bei *Frey*[8] lag der schwere Rückfall bei den Nicht-Frühkriminellen bei 4,6 %, bei den Frühkriminellen bei 26,0 %. Bei der Untersuchung des Ehepaars *Glueck*[9] lag der Erfolg der untersuchten Bewährungsprobanden bei 9 %, sofern sie bis zum 11. Lebensjahr das Erstdelikt begangen hatten, hingegen bewährten sich 33 %, wenn das Erstdelikt erst mit 17 Jahren oder später begangen wurde. Nach *Weiher*[10] lag das Durchschnittsalter der von ihm untersuchten jugendlichen Vielfachtäter zum Zeitpunkt der ersten gerichtlichen Verurteilung bereits bei 15,3 Jahren.

---

7 *Hellmer, J.*, Der Gewohnheitsverbrecher und die Sicherungsverwahrung 1934–1945, 1961, S. 63.
8 *Frey, E. R.*, Der frühkriminelle Rückfallverbrecher, 1951, S. 70.
9 *Glueck, S./Glueck, E.*, Five Hundred Criminal Careers, 1965, S. 248.
10 *Weiher, R.*, Jugendliche Vielfachtäter, 1986, S. 120; ähnlich signifikante Ergebnisse bei *Estermann, J.*, Kriminelle Karrieren von Gefängnisinsassen, 1986, S. 20; s. auch *Kolbe, K.*, Kindliche und jugendliche Intensivtäter, Jur. Diss. Heidelberg, 1989 u. *Lux* ZfJ 1991, 372.

§ 1: Wesen und Aufgabe des Jugendstrafrechts

Auch wenn sich nie ein monokausaler Zusammenhang zwischen Frühkriminalität und späterer Rückfälligkeit feststellen lassen wird[11], zeigt der frühe Beginn der Karriere der späteren Intensivtäter, daß es verfehlt wäre, die Jugendkriminalität in Bausch und Bogen zu verharmlosen und sie, wie es neuerdings allzuoft geschieht, als eine in jeder Hinsicht völlig normale Verhaltensweise junger Menschen einzustufen. Zwar hat die Jugendkriminalität zumeist nur episodenhaften (passageren) Charakter und die Straffälligkeit erledigt sich dann mit dem Abklingen der Pubertät und der Bewältigung des sozialen Rollenwechsels. Das betrifft aber gerade nicht die (geringe) Gruppe späterer Vielfach-Rückfälliger. Ebenso verfehlt wäre es jedoch, wenn das Jugendstrafrecht mit seiner spezialpräventiven Zielsetzung gerade dem Frühauffälligen gegenüber resignierte und sich hier auf die Aufgabe reiner Tatvergeltung beschränkte. Im Gegenteil wird man, wenn überhaupt, einer in der Begehung von Straftaten zum Ausdruck kommenden Persönlichkeitsstörung nur dann mit einiger Aussicht auf Erfolg entgegenwirken können, wenn sie rechtzeitig erkannt und bekämpft wird. Allerdings bedarf es darüber anderer und nachdrücklicherer Reaktionsmittel, als sie denen gegenüber angemessen und wirksam sind, deren Straffälligkeit sich mit dem Abklingen der Pubertät von selbst erledigt.
Die neueren Forschungsergebnisse über den »Intensivtäter«[12] zeigen, daß sich der »harte Kern« der jungen Intensivtäter frühestens bei drei bis fünf Registrierungen herauszuschälen beginnt: Während 73 % der registrierten männlichen Jugendlichen nur eine Eintragung und 90 % eine oder zwei aufweisen, wurden nur 1,8 % fünfmal oder öfter auffällig. Die meisten Mehrfachtäter mit bis zu fünf Auffälligkeiten fallen nach zwei bis drei Jahren aus dem Bereich der offiziellen Sozialkontrolle wieder heraus.
Der weitgehend **episodenhafte Charakter** der Jugendkriminalität spiegelt sich auch in der Altersstruktur aller Tatverdächtigen der offiziellen Kriminalstatistik der Bundesrepublik wider (s. Schaubild 1)[13]. Während die Kurve der Kriminalitätsbelastung (Anzahl der von der Polizei ermittelten Straftäter bezogen auf 100 000 Personen der jeweiligen Altersgruppe) mit zunehmendem Alter zunächst steil ansteigt, bis sie bei den männlichen Straftätern in der »schwierigen« Lebensphase von 18 bis 21 Jahren ihren dramatischen Höhepunkt erreicht (bei den Straftäterinnen etwas früher), sinkt sie dann permanent und zwar erst sehr stark, später langsam und kontinuierlich. Das Absinken der Kriminalitätsbelastungszahlen mit fortschreitendem Alter können wir aufgrund seiner Konstanz in allen Statistiken vergangener Jahrzehnte als feststehende Größe be-

---

11 Dies verdeutlicht zutreffend die Untersuchung von *Traulsen, M.*, Delinquente Kinder und ihre Legalbewährung, 1976; kritisch zur Aussagekraft der Frühkriminalität deshalb *Göppinger*, Kriminologie, IV, 2.1.3.2.2, S. 454; *Heinz*, RdJ 1984, 302 (kein Zusammenhang); *Heinz/Spieß/Storz*, Krim-Forschung 80, 1988, S. 631, 656; *Kerner*, in: Jehle, S. 231; s. auch *Hermann*, ZfStrVo 1990, 76 m. vielen w. Nachw. Zu den daraus folgenden Problemen für die Strafverfolgung von Kindern, s. *Frehsee*, ZStW 100 (1988), 290.
12 Zum Begriff s. *Kaiser*, Kriminologie, § 58 Rn. 7, S. 506. Zu den empirischen Befunden s. *Dölling*, ZfJ 1989, 313; *Kerner*, BewHi 1989, 202; *LKA NRW*, Untersuchungen über Intensivtäter unter 21 Jahren in NRW; *Schüler-Springorum, H.* (Hrsg.), Mehrfach auffällig, 1982, siehe auch die Referate auf dem 21. JGT, DVJJS, Bd. 18, 1990; zur Strafzumessung bei Mehrfachtätern: *Heinz*, in: Jugendliche Wiederholungstäter, INFO 1/1989 der Landesgruppe Bad. Württemberg der DVJJ, S. 7 ff.; *Pfeiffer*, BewHi 1989, 195; *Dünkel*, Freiheitsentzug für junge Rechtsbrecher, 1990, S. 61; s. ferner unten § 23 Fußn. 28.
13 Diese, sowie die im weiteren Verlauf des Buches angeführten Zahlen der polizeilichen Kriminalstatistik stammen aus: »Polizeiliche Kriminalstatistik«, herausgegeben vom Bundeskriminalamt. Sofern über die Verurteilungen durch die Strafgerichte berichtet wird, stammen die statistischen Angaben aus der »Verurteiltenstatistik«, herausgegeben vom Statistischen Bundesamt, Fachserie 10, Rechtspflege, Reihe 1, 3 und 4.2. Bis einschließlich 1991 betreffen die Zahlen jeweils nur die alten Bundesländer, ab 1992 das gesamte Bundesgebiet nach der Wiedervereinigung.

Allgemeine Grundlagen

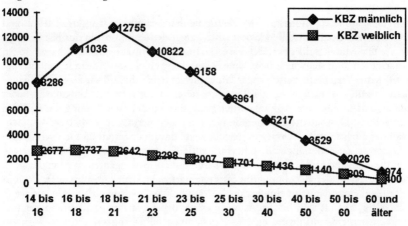

Schaubild 1:
Kriminalitätsbelastung der Tatverdächtigen bei Straftaten insgesamt, 1993

trachten, und zwar unabhängig von den jeweils herrschenden kriminalpolitischen Anschauungen, also insbesondere losgelöst von der Favorisierung milderer oder härterer Sanktionen als Reaktion auf strafbares Verhalten. Bereits durch die Erreichung des Lebensabschnitts des Jungerwachsenen (ab dem 21. Lebensjahr), der i. d. R. einhergeht mit einer verstärkten Integration in die Erwachsenenwelt (Schul- und Lehrabschluß, Familiengründung etc.), ist also – statistisch gesehen – mit einem stetigen Rückgang der (offiziell registrierten) Kriminalität zu rechnen. Vieles spricht deshalb dafür, den Faktor »Zeitablauf« als eine wichtige Komponente bei der Suche nach der angemessenen Reaktionsweise auf Jugendkriminalität einzustufen.[14]

III. **Zusammenfassend** ergibt sich aus den geschilderten Ursachen und Erscheinungsformen der Jugendkriminalität für eine der Verbrechensvorbeugung dienende Behandlung von Jugendstraftaten die Notwendigkeit einer stärkeren Individualisierung und Differenzierung, als sie im Erwachsenenstrafrecht angebracht und zulässig ist. Schalten wir dabei neben den oben erwähnten bloßen Bagatellstraftaten auch noch die Fälle aus, in denen es mangels geistiger oder sittlicher Reife an der Schuldfähigkeit des Täters fehlt, eine Straftat also überhaupt nicht vorliegt, so ist für den verbleibenden Rest möglichst zu klären, ob die Jugendstraftat Episode oder Symptom ist. Sofern dies nicht möglich erscheint, sollte allerdings zugunsten des Jugendlichen selbst bei einer den Bagatellbereich überschreitenden Kriminalität nur von einer vorübergehenden Auffälligkeit ausgegangen werden.

Ferner darf es das Jugendstrafrecht bei der Bereitstellung der Reaktionsmittel nicht bei den relativ beschränkten und für seine Zwecke oft ungeeigneten Möglichkeiten des allgemeinen Strafrechts bewenden lassen. Zwar enthält auch das moderne Erwachsenenstrafrecht neben der tatvergeltenden Strafe einen Katalog verschiedenartiger täterbezogener Maßnahmen der Besserung und Sicherung, welche die Strafe im Sinne spezialpräventiver Verbrechensbekämpfung ergänzen. Aber das Jugendstrafrecht geht darin weiter. Es verzichtet in überwiegendem Umfang ganz auf die Sühne einer Jugendstraftat durch Strafe und gestaltet auch dort, wo dies nicht der Fall ist, die nur als ultima ratio

---

14 Zur Vertiefung: *Mischkowitz*, R., Kriminelle Karrieren und ihr Abbruch, 1993.

eingesetzte Strafe in stärkerem Maße zum Mittel der Resozialisierung um. Dieser vollständige oder teilweise Verzicht auf Rechtsbewährung durch Strafe wird ihm dadurch erleichtert, daß die Schuld des Täters in der Regel durch seine Jugend gemindert ist, während auf der anderen Seite die der Resozialisierung dienenden Maßnahmen eine um so größere Aussicht auf Erfolg bieten. Diese Gesichtspunkte vermögen die das ganze Jugendstrafrecht durchziehende Spannung zwischen den beiden Rechtswerten der Gerechtigkeit und Zweckmäßigkeit zwar keineswegs aufzuheben, aber doch so zu mildern, daß sie für das allgemeine Rechtsbewußtsein erträglich wird.[15]

Selbstverständlich können sich die strukturellen Abweichungen des Jugendstrafrechts vom Erwachsenenstrafrecht, die sich aus der stärkeren Betonung des Resozialisierungszieles ergeben, nicht auf das materielle Recht beschränken. Sie führen zwangsläufig auch zu einer Verselbständigung der Jugendgerichtsverfassung, zu einer Spezialisierung des Jugendstrafvollzuges und zu wichtigen Abweichungen im Jugendstrafverfahren, die es dem Richter ermöglichen sollen, über die Schuldfeststellung hinaus diagnostische und prognostische Urteile über die Persönlichkeit des Täters abzugeben und danach die Rechtsfolgen der Jugendstraftat zu bestimmen.

§ 2 Umfang und neuere Entwicklung der Jugendkriminalität

I. Obgleich sowohl die polizeiliche Kriminalstatistik wie auch die Verurteiltenstatistik die als Täter der Polizei bekannt gewordenen bzw. von den Gerichten verurteilten Jugendlichen und Heranwachsenden gesondert aufführen, läßt sich ein auch nur einigermaßen zuverlässiges Bild vom wirklichen **Umfang der Jugendkriminalität** aus diesen amtlichen Statistiken nicht gewinnen. Abgesehen von den allgemeinen Fehlerquellen der Kriminalstatistik kommt für die Jugendkriminalstatistik noch hinzu, daß sich der Umfang jener »unechten Kriminalität« junger Menschen, die lediglich in bagatellmäßigen Entgleisungen im Sozialisationsprozeß besteht, und der Bereich der »echten« Jugendkriminalität statistisch kaum erfassen oder gar trennen läßt. Jede noch so harmlose Entwendung geringfügiger Gegenstände aus Selbstbedienungsläden, jede Benutzung von Bus und Bahn ohne gültigen Fahrausweis wird, wenn sie polizeilich aufgeklärt bzw. förmlich abgeurteilt wird, als Diebstahl bzw. Beförderungserschleichung in den Statistiken erscheinen, während andererseits auch die echte Kriminalität junger Menschen deshalb statistisch oft überbewertet wird, weil jugendliche Täter meist mit geringerem Raffinement zu Werk gehen und deshalb leichter entdeckt und überführt werden.

Um die Aufhellung der von der Verurteiltenstatistik nicht erfaßten Kriminalität hat sich die neuere deutsche und ausländische **Dunkelfeldforschung**[1] bemüht. Sie hat ergeben,

---

15 Zu neueren Vorschlägen, Teile des Jugendstrafrechts zu Ordnungswidrigkeiten umzuwandeln, s. *Schumann, K.-F./Berlitz, C./Guth, H.-W./Kaulitzki, R.*, Jugendkriminalität und die Grenzen der Generalprävention, 1987, S. 167 f.

1 *Eisenberg*, Kriminologie, § 44 Rn. 6, S. 626; *Göppinger*, Kriminologie, 4.3.2.2, S. 158; *Kaiser*, Kriminologie, § 42 Rn. 25, S. 356; *Schneider*, Kriminologie, III 3, S. 182, jeweils mit umfangreichem Schrifttumsnachweis. Aus der deutschen jugendkriminologischen Forschung sind besonders hervorzuheben: *Albrecht/Howe/Wolterhoff-Neetix*, Krim-Forschung 80, 1988, S. 661; *Brusten, M./Hurrelmann, K.*, Abweichendes Verhalten in der Schule, 1973; *Kirchhoff, G. F.*, Selbstberichtete Delinquenz, 1975; *Kreuzer*, RdJB 1975, 229; *ders.*, Kriminalistik 1976, 145; *ders.*, MschrKrim 1980, 385; *ders*, NStZ 1994, 10, 164; *Kreuzer, A./Görgen, Th./Krüger, R./ Münch, V./Schneider, H.*, Jugenddelinquenz in Ost und West, 1993; *Quensel* MschrKrim 1971, 236; *Schöch*, Ist Kriminalität normal?, in *Göppinger, H./Kaiser, G.* (Hrsg.), Kriminologie und Strafverfahren, 1976, Krim Geg, Heft 12, S. 211; *Villmow, B./Stephan, E.*, Jugendkriminalität in einer Gemeinde, 1983.

Allgemeine Grundlagen

daß es auch unter den bisher nicht strafrechtlich auffälligen Jugendlichen und Heranwachsenden nur wenige gibt, die nicht bei anonymer Befragung zugeben würden, eine oder mehrere Straftaten begangen zu haben. Dabei handelt es sich freilich in der Regel um jene relativ leichten Vergehen, an deren Begehung sich auch viele älterer Leser noch aus ihrer eigenen Jugend erinnern werden: Schlägereien unter Jugendlichen (§§ 223 ff. StGB), Hausfriedensbruch und Sachbeschädigung, Fahren ohne Führerschein oder unter Alkoholeinfluß, Diebstahl aus Selbstbedienungsläden oder Automaten, Erschleichung freien Eintritts in Verkehrsmittel oder Veranstaltungen (§§ 265 a, 263 StGB) u. dgl. Insoweit erweist sich Jugendkriminalität als jene oben geschilderte **normale und meist auch episodenhafte Erscheinung** in der Entwicklungsphase aller jungen Menschen, die zwanglos aus den geschilderten Schwierigkeiten der Reifungs- und Sozialisationsvorgänge zu erklären ist. Indessen haben, wie die meisten amerikanischen, so auch alle neueren deutschen Untersuchungen gezeigt, daß die zugegebene Jugenddelinquenz der Befragten bei den Insassen von Jugendstraf- und Jugendarrestanstalten im Durchschnitt sowohl häufiger als auch schwerer ist als bei den aus Schülern und Studenten bzw. Wehrpflichtigen bestehenden Vergleichsgruppen. Daraus geht hervor, daß die von den verschiedenen Organen der Sozialkontrolle, insbesondere der Strafjustiz, getroffene Auslese doch nicht so zufällig oder gar willkürlich ist, wie es angesichts jener »**Normalität**« und »**Ubiquität**« der Jugenddelinquenz zunächst erscheinen möchte. Oft wird jene kleine und harmlose Kriminalität schon mangels Anzeige durch das Opfer gar nicht zur Kenntnis der Strafverfolgungsorgane gelangen. Soweit dies aber in einer Minderzahl von Fällen dennoch geschieht, ergibt sich daraus für die jugendstrafrechtliche Gesetzgebung die Aufgabe, für solche kleinen Fälle hinreichende Möglichkeiten vorzusehen, entweder von einer Strafverfolgung ganz abzusehen oder doch, falls aus general- oder spezialpräventiven Gründen immerhin eine die Sozialisation fördernde Warnung zweckmäßig erscheint, sich mit ganz leichten Sanktionen ohne eine schädliche Stigmatisierungswirkung zu begnügen. Das geltende JGG versucht das erstere auf prozessualem Wege durch eine Einschränkung des Anklagezwangs (unten § 35 III 2 und § 36) sowie durch das Absehen von schwereren Rechtsfolgen zugunsten von Ermahnung, Verwarnung oder erzieherischen Weisungen und Auflagen zu erreichen.

Aus der »Normalität« der Jugendkriminalität und der weiteren Tatsache, daß unter den verurteilten Jugendlichen nach den meisten Untersuchungen die aus der Unterschicht stammenden relativ stärker repräsentiert sind als die aus Mittel- und Oberschicht, ist seitens einiger amerikanischer und deutscher Kriminalsoziologen *(Sack, H. Peters, Feest)*[2] allzu schnell und ohne überzeugende empirische Absicherung gefolgert worden, daß Polizei, Staatsanwaltschaft und Gerichte »bevorzugt die Angehörigen bestimmter sozialer Schichten als kriminell definieren« und die Strafjustiz insofern eine gegen die Unterschicht gerichtete Klassenjustiz sei. Dabei wird jedoch übersehen, daß sich jene Überrepräsentierung der Unterschicht keineswegs nur durch eine einseitige Auslese, sondern auch durch eine stärkere Belastung mit kriminogenen Merkmalen und deliktsspezifischen Zugangschancen erklären läßt. Auch hat *G. Kaiser*[3] mit Recht darauf hingewiesen, daß primär – und deshalb weit mehr als Polizei und Gerichte – die geschädigten Opfer als Anzeigeerstatter, die überwiegend derselben Schicht wie der Täter angehören, darüber entscheiden, ob die Übeltat eines Jugendlichen strafrechtlich verfolgt wird oder nicht. Die kriminologische Forschung der letzten Jahrzehnte hat jedenfalls keine Bestätigung des Vorwurfs einer gezielten schichtspezifischen Selektion durch die offiziellen Strafverfolgungsorgane erbracht.

---

2 Zur Einarbeitung: *Sack*, Probleme die Kriminalsoziologie, in *König, R.* (Hrsg.), Handbuch der empirischen Sozialforschung, 2. Aufl., 1978, S. 192.
3 *Kaiser*, JugKrim, S. 151; ders., MschrKrim 1979, 50; ders., Kriminologie, § 37 Rn. 84, S. 275; siehe auch *Heinz, W.*, (Hrsg.), Rechtstatsachenforschung heute, 1986, S. 53; *Schöch*, (oben Anm. 1), S. 211.

§ 2: Umfang und neuere Entwicklung der Jugendkriminalität

Insbesondere ist also der »Labeling-approach« als Kriminalitätstheorie[4] viel zu einseitig und enthält als solche, wie alle monokausalen Theorien, allenfalls eine Teilwahrheit, andererseits ist ihm doch eine begründete Warnung für alle mit der Verfolgung von Jugendstraftaten befaßten Stellen zu entnehmen: Diese sollten stets darauf bedacht sein, daß jene mannigfachen vom JGG vorgesehenen Möglichkeiten, bei leichter und insoweit »normaler« Jugenddelinquenz stigmatisierende Sanktionen zu vermeiden (Einzelheiten zur sog. »Diversion« s. unter § 36), auf Jugendliche aller sozialen Schichten gleichmäßig im Sinne der Chancengleichheit angewendet werden. Auch läßt sich nicht leugnen, daß gerade im Jugendstrafrecht eine gewisse Benachteiligung der Delinquenten aus wirtschaftlich und sozial schwachen Schichten insofern stattfinden kann, als wohlhabende Eltern eher die Möglichkeit haben, ihre Kinder durch Wiedergutmachung des Schadens vor Anzeige zu schützen, oder auf andere Weise (z. B. privates Internat) vor stigmatisierenden Deliktsfolgen zu bewahren.

II. Einen Überblick, zwar nicht über den wirklichen Umfang, wohl aber über die **Entwicklung der Jugendkriminalität** und deren Trends, gewähren die Verurteiltenstatistik des Statistischen Bundesamtes und die polizeiliche Kriminalstatistik des Bundeskriminalamts. Die erstere führt die Zahl der wegen eines Verbrechens oder Vergehens Verurteilten auf und schließt dabei für die unter Jugendstrafrecht fallenden Altersgruppen der Jugendlichen von 14 bis 18 Jahren und der Heranwachsenden von 18 bis unter 21 Jahren auch die jugendrichterlichen Anordnungen von Erziehungsmaßregeln und Zuchtmitteln ein, die aus Anlaß einer Jugendstraftat erfolgten. Trotz ihrer vielfachen Fehlerquellen, die bei der Verurteiltenstatistik besonders groß sind (vgl. unten), sind beide Kriminalstatistiken für die kriminologische Erforschung der Entwicklungen und Erscheinungsformen der Jugendkriminalität, namentlich aber auch der Reaktionsweisen polizeilicher und justitieller Sozialkontrollen ein unentbehrliches Hilfsmittel. Dagegen lassen sich Rückschlüsse auf die Wirksamkeit des Jugendstrafrechts als eines Mittels zur Bekämpfung der Jugendkriminalität nur in beschränktem Umfang und mit großer Vorsicht ziehen. Denn weit mehr als von der größeren und geringeren Wirksamkeit der jeweiligen rechtlichen Maßnahmen wird das Auf und Ab der Kriminalitätskurve durch außerrechtliche Ursachen bestimmt, so etwa durch volkswirtschaftliche Krisen und Konjunkturen, Veränderungen in der Struktur der Familie, Wandlungen in den sozialethischen Anschauungen, größere oder geringere Motorisierung des Straßenverkehrs usw.

Bei der Benutzung der Kriminalstatistik sind deren zahlreiche Fehlerquellen zu beachten. Amnestien, Schwankungen der Verfolgungsintensität und der Aufklärungsquote, Änderungen in der Strafgesetzgebung durch Neuschaffung oder Abschaffung von Straftatbeständen usw. können das Bild erheblich trüben[5]. Für die Statistik der Jugendkriminalität kommt hinzu, daß zahlreiche jugendliche Täter mangels Verantwortlichkeit (§ 3 JGG), vor allem aber wegen Absehens von einer Strafverfolgung (§§ 45, 47 JGG) nicht in der Verurteilungsstatistik erscheinen. Daraus ergibt sich jenes bei den einzelnen Delikten unterschiedlich breite, aber insgesamt bei der Jugendkriminalität besonders große Dunkelfeld, von dem im vorigen Abschnitt die Rede war.

Nur mit diesen Vorbehalten und Einschränkungen sind die im folgenden angeführten Zahlen der Jugendkriminalstatistik zu benutzen.

---

4 Übersicht über die Kriminalitätstheorien bei *Brammsen*, Jura 1988, 57; 1989, 122, 186; *Lamnek, S.*, Wider den Schulenzwang, 1985; *Kunz*, §§ 14 ff., S. 99 ff.; *Schwind*, §§ 5 ff., S. 86 ff..
5 Ausführlich zu den Fehlerquellen der Kriminalstatistiken: *Kerner, H.-J.*, Verbrechenswirklichkeit und Strafverfolgung, 1973; *Jehle*, NK 1994, Heft 2, S. 22; *Pfeiffer/Wetzels*, NK 1994, Heft 2, S. 32 jeweils m. w. Nachw.

Allgemeine Grundlagen

Tabelle 1: Gesamtzahl der wegen Verbrechen und Vergehen Verurteilten

	1951	1954	1962	1971	1977	1980	1984	1991
Jugendliche von 14 bis unter 16 Jahren	12 355	16 389	14 952	22 767	27 591	39 513	26 643	11 439
Jugendliche von 16 bis unter 18 Jahren|	18 146	18 836	27 948	36 221	43 331	49 911	46 479	20 843
Heranwachsende von 18 bis unter 21 Jahren	46 817	58 859	85 855	87 942	94 941	98 845	98 600	64 344
Strafmündige aller Altersgruppen	401 538	502 211	597 198	668 564	722 966	732 481	753 397	695 118

Tabelle 2: Von 100 Verurteilten waren demnach

	1951	1954	1962	1971	1977	1980	1984	1991
Jugendliche	7,6	5,8	7,2	8,8	9,8	11,0	9,7	4,6
Heranwachsende von 18 bis unter 21 Jahren	11,7	11,7	14,4	13,2	13,1	13,5	13,1	9,3

Da für Jugendliche und Heranwachsende die Jugendgerichte zuständig sind, wurden also im ersten Jahr der Geltung des neuen JGG, 1954, bereits 17,5 %, im Jahr 1991 13,9 % aller wegen Verbrechens und Vergehens Verurteilten von den Jugendgerichten, 82,5 % bzw. 86,1 % von den allgemeinen Strafgerichten abgeurteilt.[6]

Der Prozentsatz der Mädchen betrug bei der Jugendkriminalität nach der Verurteiltenstatistik in den letzten beiden Jahrzehnten konstant nur etwa 11 bis 12 % (1991: 10,9 %). Der Anteil der Mädchen bei den Tatverdächtigen ist allerdings laut polizeilicher Kriminalstatistik deutlich höher (1993: 20,9 % bei Jugendlichen, 16,4 % bei Heranwachsenden). Gleichwohl verbleibt es bei dem weitaus geringeren Anteil der Mädchen an der Jugendkriminalität. Dies entspricht auch der Erwachsenenkriminalität, bei der im Jahre 1993 der Anteil der weiblichen Tatverdächtigen bei 22,0 % lag[7]. Schließlich hat auch die Dunkelfeldforschung eine gegenüber männlichen Personen geringere Belastung der Mädchen und Frauen ergeben, wenn auch hier die Unterschiede etwas weniger ausgeprägt sind als in der offiziellen Statistik.[8]

Eine Übersicht über die Entwicklung der Jugendkriminalität und Vergleiche mit früheren Jahren sind wegen der starken Bevölkerungsschwankungen nur aufgrund der so-

---

6 Der Anteil der Jugendgerichte erhöht sich sogar noch um die Erwachsenen, die aufgrund einer Verbindung der Strafsache vom Jugendgericht verurteilt werden.
7 Zur Ursache der (geringeren) Frauendelinquenz *Andriessen/Japenga*, MschrKrim 1985, 313; *Kaiser* ZStW 98 (1986), 658; *ders.*, Kriminologie, § 47 Rn. 27 ff., S. 430 ff.; *Kreuzer*, Gedächtnisschrift für Hilde Kaufmann, 1986, S. 291; *Sagel-Grande*, ZStW 100 (1988), 994. Zur Mädchendelinquenz: *Albrecht, H.-J.*, BewHi 1987, 341; *Einsele*, MschrKrim 1968, 334; *Gipser, D.*, Mädchenkriminalität, 1975; *Leder, H.-C.*, Frauen- und Mädchenkriminalität, 2. Aufl., 1988; *ders.*, MschrKrim 1984, 313; *Memminger, J.*, Untersuchungen zur weiblichen Frühkriminalität, jur. Diss. Göttingen, 1970; *Schneider*, Jura 1991, 347; *Fischer-Jehle, P.*, Frauen im Strafvollzug, 1991; *Körner, B.*, Das soziale Machtgefälle zwischen Mann und Frau als gesellschaftlicher Hintergrund der Kriminalisierung, 1992.
8 *Eisenberg*, Kriminologie, § 44 Rn. 11, S. 632.

§ 2: Umfang und neuere Entwicklung der Jugendkriminalität

genannten »Verurteilungsziffern« möglich, welche die Zahl der Verurteilungen auf je 100 000 gleichaltriger Personen der Gesamtbevölkerung angeben. Dabei ergibt sich folgendes Bild:

Tabelle 3: Verurteilungsziffern (auf 100 000 Personen gleichen Alters)

	1951	1954	1959	1962	1971	1974	1977	1980	1984	1991
Jugendliche von 14 bis unter 18 Jahren				1 548	1 816	1 677	1 809	1 917	1 842	1 278
Jugendliche von 14 bis unter 16 Jahren	764	572	886	1 088	1 358	1 211	1 377	1 442	1 405	925
Jugendliche von 16 bis unter 18 Jahren	1 306	1 138	1 741	2 095	2 256	2 166	2 261	2 400	2 240	1 615
Heranwachsende von 18 bis unter 21 Jahren	2 296	2 623	3 083	3 402	3 611	3 426	3 554	3 323	3 055	2 614
Alle Strafmündigen	1 073	1 281	1 371	1 328	1 401	1 419	1 452	1 433	1 436	1 274

Der Vergleich der neueren Entwicklung mit der Jugendkriminalität älterer Perioden ergibt insofern ein recht ungünstiges Bild, als trotz oder sogar wegen des steigenden Wohlstands die Kriminalitätsziffern für Jugendliche und Heranwachsende ganz erheblich über denen der Weimarer Republik und sogar denen der großen Wirtschaftskrise von 1930–1933 liegen (Durchschnittsstand 1928/1934 für Jugendliche von 14–16 Jahren 334, von 16–18 Jahren 720, für Heranwachsende 1571). Nach einem vorübergehenden Absinken nach Überwindung der Nachkriegsnöte (relativer Tiefstand 1954) hat die Jugendkriminalität in der Bundesrepublik in verblüffender Übereinstimmung mit den meisten großen Industrienationen der Welt (USA, Japan, Großbritannien, Frankreich) seit der Mitte der 50er Jahre einen neuen erheblichen Anstieg erfahren. Nachdem bei den Heranwachsenden schon zu Beginn, bei den Jugendlichen erst gegen Ende der 70er Jahre ein Höhepunkt erreicht war, ist allerdings dann in den 80er Jahren in allen Altersgruppen, insbesondere aber bei den Jugendlichen und Heranwachsenden, ein erheblicher Rückgang der Verurteilungsziffern zu verzeichnen. Jedoch kann daraus leider nicht auf einen Rückgang der Jugendkriminalität geschlossen werden. Denn die Abnahme der Verurteilungsziffern ist vornehmlich auf die seither von Jahr zu Jahr steigende, von den Justizverwaltungen geförderte Bereitschaft der Strafverfolgungsbehörden und der Jugendgerichte zurückzuführen, kleinere und selbst mittelschwere Jugendkriminalität nicht durch Verurteilung, sondern informell auf dem Weg der Diversion (§§ 45 und 47 JGG) zu erledigen. Dieser informelle Abschluß durch Verfahrenseinstellung erscheint nicht in den Verurteilungsstatistiken.

Aussagekräftiger dürfte deshalb insoweit die polizeiliche Kriminalstatistik sein. Da dort ab dem Jahre 1984 bei den Mehrfachtätern eine neue Zählweise eingeführt wurde, können allerdings nur die »Kriminalitätsbelastungsziffern« (ermittelte Tatverdächtige auf 100 000 gleichaltriger Personen ohne Kinder unter 8 Jahren) der Jahre 1984 bis 1993

Allgemeine Grundlagen

miteinander verglichen werden. Der in der Verurteilungsstatistik zu verzeichnende Rückgang ist hier nicht zu erkennen, vielmehr weist die Kriminalitätsbelastungsziffer eine steigende Tendenz auf, – und zwar bei gleichzeitig sinkender Aufklärungsrate. Es ist unwahrscheinlich, daß sich die abweichende Tendenz der Kriminalstatistik (Kriminalität steigend) von der der Verurteiltenstatistik (Kriminalität sinkend) mit der Ausweitung der Strafverfolgungsintensität im Bagatellbereich erklären läßt, denn bei kleineren Rechtsverstößen ist partiell durchaus auch eine geringere Verfolgungsbereitschaft bei Polizei und Opfern zu beobachten. Es spiegelt sich also in den geringen Verurteilungszahlen für 1991 eindeutig nur die zunehmende informelle Erledigungspraxis nach §§ 45, 47 JGG wieder.

Tabelle 4: Kriminalitätsbelastungsziffern (auf 100 000)

	1979	1982	1984	1986	1989	1992	1993
Jugendliche	4 867	5 554	3 963	3 941	4 502	5 759	6 279
Heranwachsende	6 085	7 075	4 604	4 841	5 108	6 806	7 836
Erwachsene	1 946	2 394	1 947	2 089	2 198	2 051	2 472

Die Jugendkriminalität weist also (bezogen auf die Bevölkerungszahl) eine in Wellenbewegungen steigende Tendenz auf, und zwar weltweit[9]. Zwar sind manche Alarmrufe, wie sie gelegentlich in Medien und Wahlkampfdebatten zu hören sind, allzu schrill, andererseits ist es jedoch ebenso unbegründet, sich mit dem hohen Stand der Kriminalität insgesamt und der Jugendkriminalität im besonderen zufriedenzugeben. Auch ist heute der Anteil der Jugendlichen und Heranwachsenden an der insgesamt steigenden Gesamtkriminalität höher, als es bis 1955 der Fall war. Nach der Polizeistatistik lag dieser Anteil an der Gesamtzahl der als Täter ermittelten Personen 1955 bei den Jugendlichen bei nur 7,5 %, bei den Heranwachsenden bei 8,8 %, während die entsprechenden Prozentsätze 1993 übereinstimmend 10,1 % betrugen.

Die Gründe für den Anstieg der Jugendkriminalität seit der Mitte der 50er Jahre und ihr Verbleiben auf einem im Vergleich zu früher hohen Stand wird man vornehmlich in solchen nicht auf Deutschland beschränkten Schäden der modernen Industriegesellschaft suchen müssen[9a]. Sie wirken speziell auf die noch in der Reifung befindlichen jungen Menschen ein, lassen aber, wie die Zahlen für die älteren Jahrgänge zeigen, in ihrer Wirkung nach, sobald die Jahre der Pubertät und Adoleszenz mit ihren spezifischen Gefährdungen überwunden worden sind.[10]

Dabei wäre es falsch, die Ursachen für den Stand der Jugendkriminalität einseitig in einem einzelnen Aspekt der gesellschaftlichen Entwicklung zu sehen. Sie sind vielmehr überaus komplexer Natur. Nur mit dieser Maßgabe lassen sich hier einige besonders

---

9 *Schneider*, Einführung in die Kriminologie, 3. Aufl., 1993, S. 258; *ders.*, Jura 1991, 345. Zur Diskussion über die Kriminalitätsentwicklung s. auch noch: *Albrecht, P. A./Lamnek, S.*, Jugendkriminalität im Zerrbild der Statistik, 1979; *Heinz*, MschrKrim 1990, 210; *Kaiser*, ZStW 106 (1994), 469; *Pfeiffer*, DVJJ-Journal 1993, 212; *Traulsen*, Kriminalistik 1994, 101.
9a Zur Situation in Japan: *Kühne, H.-H./Miyazawa, K.*, Kriminalität und Kriminalitätsbekämpfung in Japan, 2. Aufl., 1991; in den ehemaligen Ostblockländern: *Walter/Fischer*, MschrKrim 1991, 146; *Walter*, MschrKrim 1992, 865; *Fischer/Válková/Walter*, MschrKrim 1994, 297.
10 Zu Gründen der Jugendkriminalität vgl. *Kaiser*, Kriminologie, §§ 57 bis 61, S. 499; *ders.*, JugKrim, S. 88; *Schneider*, Kriminologie, V 2, S. 603; *Eisenberg*, Kriminologie, § 48 Rn. 6, S. 760; *Walter*, JA 1992, 45 ff.; s. auch oben § 1 Fußn. 2.

wichtige Faktoren aufzählen: Die Zunahme der gestörten oder aus irgendeinem Grund (Tod, Scheidung, Berufstätigkeit beider Eltern) unvollständigen Familien[11], die nachlassende Erziehungskraft auch der an sich intakten Familien, der Verlust fast aller von der Jugend auch innerlich anerkannten Autoritäten, die Verstädterung des modernen Lebens, die Wandlung von einer Produktionsgesellschaft in eine Konsumgesellschaft, welche mit ihren raffinierten Werbungsmethoden gerade auch die Bedürfnisse der labilen und leicht beeinflußbaren Jugendlichen künstlich anreizt, also das, was heute in der Gesellschaftskritik mit triftigen Gründen als »Konsumzwang« angeprangert wird, sowie die permanente Darstellung von Kriminalität in den Massenmedien[12]. Dazu kommt weiter die mangelnde Fähigkeit sehr vieler Jugendlicher und Heranwachsender, die weit länger gewordene Freizeit sinnvoll auszufüllen, sodann – ein sehr ins Gewicht fallender Grund – die Beschränkung der Möglichkeiten, in der modernen Gesellschaft altersgemäß Aggressivitätstendenzen legal abzureagieren, und endlich damit im Zusammenhang die »geistige Frustration« einer Jugend, der es in einer vornehmlich materialistisch bestimmten Erwachsenenwelt an Möglichkeiten zur Selbsterfahrung, Bewährung und Verantwortung in der Bewältigung wirklicher Aufgaben fehlt[13]. Dieses Gefühl verstärkt sich häufig noch in der Situation des Schulversagens[14] und der Arbeitslosigkeit[15]. Als besondere Problemgruppe mit wesentlich überhöhter Jugendkriminalität haben sich in den letzten Jahren in immer stärkerem Maße die **Drogensüchtigen**[16] erwiesen. Vor allem in den Großstädten hat nach amerikanischem Vorbild die mit dem Rauschmittelgenuß (insbes. Cannabis, Kokain und Heroin) in Zusammenhang stehende Kriminalität

---

11 Vgl. *Würtenberger, T.* (Hrsg.), Familie und Jugendkriminalität, 1969; *Wurzbacher, G.*, (Hrsg.), Familie als Sozialisationsfaktor, 1968. Wichtiges Material u. a. auch bei *Bauer, G./Winkler von Mohrenfels, K.*, Sozialisationsbedingungen jugendlicher Straftäter, 1985; *Becker, J.*, Familiale und soziale Bedingungen der Delinquenzgenese, Jur, Diss. Tübingen, 1991; *Keupp, L.*, Interpersonale Beziehungen und Devianz, 1982; *Klapdor, M.*, Die Rückfälligkeit junger Strafgefangener, 1967, S. 13; *Retzmann, E.*, Familiäre Interaktion und delinquentes Verhalten bei Kindern, 1986.
12 *Glogauer, W.*, Kriminalisierung von Kindern und Jugendlichen durch Medien, 1991, *ders.*, ZRP 1990, 376; *Schneider*, MschrKrim 1987, 319; *ders.*, »Massenmedien« in HandwB. Krim, 1991 jew. mit vielen weiteren Nachw.
13 Vgl. dazu *Beulke, W.*, Vermögenskriminalität Jugendlicher und Heranwachsender, 1974, Krim.Stud., Bd. 20; *Böhm*, S. 13; *Brunner*, Einf. I, Rn. 28 ff.; *ders.*, ZblJugR 1974, 378; *Engel, S./ v. Engelhardt, D.*, (Hrsg.), Kriminalität und Verlauf, 1978; *Frietsch, R.*, Verlaufsformen krimineller Karrieren unter besonderer Berücksichtigung der sozialen Intelligenz, 1982; *Hellmer*, Jugendkriminalität, 4. Aufl., 1978; *Schaffstein*, MschrKrim 1965, 53; *Schüler-Springorum, H./ Sieverts, R.*, Sozial auffällige Jugendliche, 1965; *Villmow, B./Stephan, E.*, Jugendkriminalität in einer Gemeinde, 1983; *Wichmann, A.*, Erscheinungsformen und Ursachen der Vermögenskriminalität jugendlicher und heranwachsender Täter, jur. Diss. Göttingen, 1966.
14 *Kury, H./Lerchenmüller, H.* (Hrsg.), Schule, psychische Probleme und sozialabweichendes Verhalten, 1983, m. w. Nachw.
15 *Albrecht, H.-J.*, BewHi, 1988, 133; *Deichsel*, DVJJS, Heft 17, 1987, S. 220; *Eisenberg*, Kriminologie, § 51 Rn. 12, S. 842; *Münder, J./Sack, F./Albrecht, H.-J./Plewig, H.-J.*, Jugendarbeitslosigkeit und Jugendkriminalität, 1987; *Ries, V.* (Hrsg.), Jugendarbeitslosigkeit: Analysen, Maßnahmen, Konzepte. Eine Arbeitshilfe für die Jugend- und Sozialarbeit, ab 1977 (Loseblattsammlung); *Schendler*, BewHi 1988, 149; *Schwind*, H.-D., Kriminologie, 5. Aufl., 1993, S. 206; *Spieß*, Arbeitslosigkeit und Kriminalität, in *Kaiser, G./Kerner, H.J./Sack, F./Schellhoss, H.* (Hrsg.), Kleines Kriminologisches Wörterbuch, 3. Aufl., 1993, S. 33; *Stephan, J.*, Arbeitslose delinquente Jugendliche, 1981, jeweils mit weiterführenden Literaturangaben.
16 Vgl. dazu aus dem kaum noch übersehbaren Schrifttum vor allem *Albrecht, H.-J.*, BewHi 1993, 5 ff.; *Eisenberg*, Kriminologie, § 45 Rn. 71 ff., S. 689; *Kreuzer, A.*, Drogen und Delinquenz, 1975; *ders.*, Jugend-Drogen-Delinquenz, 3. Aufl. 1987; *ders.*, DVJJS, Bd. 18, 1990, S. 276; *Kreuzer, A./ Wille, R.*, Drogen-Kriminologie und Therapie, 1988; *Knecht*, MschrKrim 1994, 149; *Reindl, R./ Nickolai, W.* (Hrsg.), Drogen und Strafjustiz, 1994; ferner die Gesamtdarstellung bei *Kaiser*, JugKrim, S. 118; *ders.*, Kriminologie, §§ 62 ff., S. 543; s. jetzt auch BVerfGE 90, 145.

Allgemeine Grundlagen

(Rauschmittelhandel, Apothekeneinbrüche, Rezeptfälschungen, darüber hinaus aber alle Arten von Vermögenskriminalität, um die hohen Geldmittel für den Drogenerwerb aufzubringen) eine erschreckende Zunahme erfahren. Auch in jüngster Zeit hält die steigende Tendenz an. Zwar ist der Anteil der Jugendlichen von 7,0 % im Jahre 1983 auf 6,5 % im Jahre 1992, der der Heranwachsenden von 23,7 % im Jahre 1983 auf 18,0 % gesunken, das ist jedoch durch einen entsprechenden Bevölkerungsrückgang dieser Altersgruppe erklärbar, denn die Kriminalitätsbelastungsziffer (Tatverdächtige pro 100 000 Einwohner entsprechender Altersgruppe) ist bei den männlichen jugendlichen Rauschgifttätern von 124,5 im Jahre 1984 auf 308 im Jahre 1992 gestiegen, die der männlichen heranwachsenden Rauschgifttäter von 588,6 im Jahre 1984 auf 1 015 im Jahre 1992.

Charakteristisch für die Jugendkriminalität ist die besonders häufige »tatgenossenschaftliche« Begehungsweise, mag diese nun juristisch als Mittäterschaft oder bloße Beihilfe erscheinen[16a]. Sie beträgt nach englischen und amerikanischen Untersuchungen 60 bzw. 75 % aller Jugendstraftaten, während für Deutschland zuverlässige Zahlen und Angaben fehlen. Für die jugendrichterliche Bewertung ist bedeutsam, daß den mit Tatgenossen handelnden Jugendlichen durchschnittlich eine günstigere Kriminalprognose zu stellen ist als den Alleintätern, was sich leicht daraus erklärt, daß meist ein Teil der Genossen durch Verführung und Gruppendruck beeinflußte bloße Mitläufer sind. In vielen Großstädten sind heute als besondere Erscheinungsform jugendlicher Gruppendelinquenz Skinheads, Punks, Hooligans etc. anzutreffen.

III. Umstrittenes Thema vielfacher Diskussionen ist die Kriminalität der **jungen Ausländer**[17]. Dabei ist zunächst auffällig, daß die sog. »erste Gastarbeitergeneration« keine überproportional hohe Kriminalitätsbelastung aufwies, sondern ihr Anteil an den Tatverdächtigen dem Anteil der Ausländer an der Gesamtbevölkerung entsprach. Seit dem Jahre 1973 hat jedoch die Zahl der tatverdächtigen Ausländer erheblich zugenommen, ohne daß dem ein entsprechender Zuwachs der nichtdeutschen Wohnbevölkerung entsprochen hätte.

Die hohen Werte der ausländischen Tatverdächtigen werden zu einem beträchtlichen Teil durch die besonders stark belasteten Gruppen der Jugendlichen und Heranwachsenden, also der sog. »zweiten« bzw. »dritten« Gastarbeitergeneration verursacht. Aus der Kriminalstatistik wird erkennbar, daß in der jüngsten Vergangenheit[18] die registrierte Ausländerkriminalität bei den Jugendlichen und Heranwachsenden etwa dreimal so hoch ist wie bei den Deutschen aus derselben Altersstufe. Allerdings kann – vor allem bezüglich der Gruppe der Heranwachsenden – nicht pauschal von der Kriminalität der Gastarbeiterkinder gesprochen werden, denn in den letzten Jahren stellen nicht mehr die ausländischen Arbeitnehmer das größte Kontingent der nichtdeutschen Tatverdächtigen (so noch

---

16a S. *Cabanis*, StrVert 1982, 315; *Kaiser*, JugKrim, S. 96; *ders.*, Kriminologie, § 59 Rn. 6, S. 524; *Schneider*, Kriminologie, V. S. 630; *Rolinski*, Baumann-Festschr., 1992, S. 523.

17 Vgl. *Schöch, H./Gebauer, M.*, Ausländerkriminalität in der BRD, 1991; *Kaiser/Schöch*, Fall 14 Rn. 35 ff. S. 177; *Schüler-Springorum*, NStZ 1983, 529; aus dem umfangreichen Schrifttum ist ferner hervorzuheben: *Albrecht, H.-J.*, Ausländerkriminalität, in *Jung, H.*, Fälle zum Wahlfach Kriminologie, Jugendstrafrecht, Strafvollzug, 2. Aufl., 1988, S. 183; *ders.* StrVert 1990, 272; *Albrecht, P. A./Pfeiffer, Chr.*, Die Kriminalisierung junger Ausländer, 1979; *Albrecht/Pfeiffer/Zapka*, MschrKrim 1978, 268; *Baratta/Staudt*, KrimJ 1983, 222; *Chaidou, A.*, Junge Ausländer aus Gastarbeiterfamilien in der BRD, 1984; *ders.*, Kriminalistik 1984, 355; *Donner*, RdJB 1986, 128; *Focken*, StrVert 1982, 313; *Gür, M.*, Warum sind sie kriminell geworden? Türkische Jugendliche in deutschen Gefängnissen, 1990; *Hamburger, F./Seus, L./Wolter, O.*, Zur Delinquenz ausländischer Jugendlicher, 1981; *Karger/Sutterer*, MschrKrim 1990, 369; *Kreissl*, RdJB 1984, 353; *Kubink, M.*, Verständnis und Bedeutung von Ausländerkriminalität, 1993; *Kube/Koch*, MschrKrim 1990, 14; *Loll, B.-U.*, Prognose der Jugendkriminalität von Deutschen und Ausländern, 1990; *Mansel*, Krim-Forschung 80, 1988, S. 1059; *Reichertz*, Kriminalistik 1994, 610 – dazu *Pick*, Kriminalistik 1994, 617; *Villmow*, DVJJS, Bd. 18, 1990, S. 234; *Walter*, DVJJ-Journal 1993, 347; *Walter/Kubink*, MschrKrim 1993, 306; *Streng*, JZ 1993, 109; sowie die Gesamtdarstellungen bei *Eisenberg*, Kriminologie, § 50 Rn. 17 ff., S. 814; *Kaiser*, Kriminologie, §§ 65 bis 68, S. 570; *Schneider*, Kriminologie, III S. 301; s. auch die Literaturzusammenstellung bei *Trenczek*, DVJJ-Journal 1993, 393.

18 Die allein aussagekräftige Kriminalitätsbelastungsziffer der ausländischen Tatverdächtigen ist in der Bundeskriminalstatistik jedoch nur bis zum Jahre 1989 ausgewiesen.

§ 2: Umfang und neuere Entwicklung der Jugendkriminalität

bis 1989), sondern die Asylbewerber (1993: 37,1 % aller ausländischen Tatverdächtigen gegenüber 15,6 % Arbeitnehmer; weitere Aufenthaltsgründe: 14,5 % illegal; 5,8 % Studenten/Schüler; 7,3 % Touristen, 17,2 % sonstige). Auch umgerechnet auf die Anzahl der »Zuwanderer« übertrifft deren Kriminalitätsbelastung eindeutig die der ausländischen Arbeitnehmer. Neben der Gastarbeiterkriminalität entsteht also das noch bedeutsamere Phänomen der »Zuwanderungskriminalität«[19]. Ferner ist zu bedenken, daß die Statistik der Ausländerkriminalität durch viele weitere Faktoren verzerrt wird, nicht zuletzt durch Berücksichtigung der Straftaten gegen das Ausländer- sowie das Asylverfahrensgesetz. Klammert man all diese Einflüsse jedoch soweit wie möglich aus, so ergibt sich zwar insgesamt wohl keine erhöhte »Gastarbeiterkriminalität«, es verbleibt aber dennoch bei der höheren Belastung der nachwachsenden Generationen der Nichtdeutschen[20], besonders ausgeprägt bei den von Kindern und Jugendlichen begangenen Gewaltdelikten[21].

Erklärbar ist der überhöhte Anteil der Nichtdeutschen an der Gesamtkriminalität wohl in erster Linie mit der kulturellen und sozialen Entwurzelung, d. h. also mit dem Kulturkonflikt, in dem sich diese jungen Menschen befinden. Die soziale Randständigkeit kann zudem zu Schulschwierigkeiten, Arbeitslosigkeit und sonstigen Benachteiligungen führen. Die erhöhte Kriminalität der ausländischen Jugendlichen und Heranwachsenden ist deshalb nicht überraschend. Neuere empirische Befunde lassen auch die Deutung zu, daß deutsche Jugendliche in vergleichbarer sozialer Situation eine ähnlich hohe Kriminalitätsbelastung aufweisen[22]. Ferner bedarf der Hervorhebung, daß Ausländer nicht nur überproportional häufig als Täter, sondern ebenso verstärkt auch Opfer strafbarer Handlungen werden[23].

IV. Ein vollständiges Bild der Jugendkriminalität, ihrer Schwankungen und ihrer Erscheinungsformen ist freilich erst zu gewinnen, wenn man eine **Aufgliederung nach den einzelnen Deliktsgruppen** vornimmt. Erst hier zeigt sich mit großer Deutlichkeit, was sich in den beiden Jahrzehnten nach der Währungsreform von 1948 gerade auch bei den Jugendlichen vollzogen hatte, nämlich die relativ schnelle Wandlung von der »Krisen- und Notkriminalität« der unmittelbaren Nachkriegsjahre in eine Kriminalität der industriellen Wohlstandsgesellschaft. Dabei ist freilich zu beachten, daß »Not« und »Wohlstand« relative Begriffe darstellen und heute wie seit Jahren die Versuchungen zu Vermögensstraftaten besonders groß sind für diejenigen jungen Menschen, die etwa wegen Arbeitslosigkeit in ihren Verdienst- und Konsummöglichkeiten hinter den schnell gestiegenen Standards zurückbleiben[24]. So ging denn zwar die Vermögenskriminalität nach Überwindung der wirtschaftlichen Not der Nachkriegsjahre zunächst erheblich zurück, ist dann aber seit 1953, ungeachtet der weiteren Verbesserung der wirtschaftlichen Lage, vor allem bei den Jugendlichen erheblich angestiegen, während sie bei den Heranwachsenden ebenfalls zunächst gestiegen, dann aber seit 1972 wieder etwas gefallen ist.

Häufigstes Vermögensdelikt Jugendlicher und Heranwachsender ist der *Diebstahl*. Die folgende Tabelle zeigt seine Entwicklung, wobei jedoch für die letzten Jahre die starke Zunahme der Einstellungen nach §§ 45, 47 JGG besonders bei Bagatelldiebstählen zu beachten ist.

Doch sind heute Diebstahlsobjekte nur noch selten Gegenstände des unentbehrlichen Lebensbedarfs, sondern neben Geld vor allem Genußmittel, Fahrräder und Autos.

---

19 *Steffen*, NStZ 1993, 462 f.; *Traulsen*, Kriminalistik, 1993, 443; *Walter*, DVJJ-Journal 1993, 347; *Jahn*, Kriminalistik 1994, 255 als Erwiderung auf *Pfeiffer*, RuP 1992, 216.
20 *Kaiser, G.*, Kriminologie (Taschenbuchausgabe), 9. Aufl. 1993, § 49, S. 396.
21 *Steffen*, NStZ 1994, 466; *Traulsen*, MschrKrim 1993, 295 jew. m. w. Nachw.
22 Vgl. *Mansel*, KrimJ 1985, 169; *Traulsen*, MschrKrim 1988, 28; 1989, 364; *Albrecht, P.-A.*, StV 1994, 268.
23 S. dazu *Sessar, K.* in: Ausländer, Kriminalität und Strafrechtspflege, herausg. von *Bauhofer, S./ Queloz, N.*, 1993, S. 187 ff.
24 Darauf weisen hin *Beulke*, a. a. O. (s. oben Fußn. 13), S. 38 ff. (mit Fallmaterial); *Brauneck, A. E.*, Allgemeine Kriminologie, S. 79, 176 f.

Allgemeine Grundlagen

Tabelle 5: Verurteilungsziffern für Diebstahl und Unterschlagung § 242 bis § 248 c StGB

	1953	1958	1962	1967	1971	1974	1977	1980	1984	1991
Jugendliche	355	574	667	762	1 023	862	911	888	942	654
Heranwachsende	564	591	662	709	919	808	775	719	827	695

Noch eindeutiger zu den Erscheinungen einer »Wohlstandskriminalität« wird man das erhebliche Anwachsen aller unter Alkoholeinfluß begangenen Jugenddelikte rechnen müssen, von denen neben vorsätzlicher Körperverletzung und Sachbeschädigungen besonders die schweren Gewaltdelikte hervorzuheben sind. – Bekanntlich sind mit der zunehmenden Verkehrsdichte auch die Verkehrsvergehen (einschl. fahrlässiger Körperverletzung und Tötung im Straßenverkehr) in den letzten Jahrzehnten gewaltig gestiegen. Bei Heranwachsenden betrug 1980 der Anteil der zur Verurteilung gelangten Verkehrskriminalität an ihrer gesamten Kriminalität etwa 48 %. Wenn er 1991 auf 35,6 % zurückging, so mag gerade hier die zunehmende Anwendung informeller Erledigungsweisen ohne Urteil (»Diversion«, vgl. unten § 36) von maßgeblicher Bedeutung sein.

Eine weitere Tabelle, die wir der polizeilichen Kriminalstatistik entnehmen, zeigt uns, in welchem unterschiedlichen Maße die Jugendlichen und Heranwachsenden bei besonders wichtigen einzelnen Deliktsgruppen an der Kriminalität prozentual beteiligt waren. Allerdings sind gerade auch hier die oben erwähnten Fehlerquellen jeder Statistik, insbesondere die je nach Delikten und Jahren unterschiedlich hohe Aufklärungsquote, zu berücksichtigen. Dabei ist auch darauf hinzuweisen, daß diese wegen der in der Regel leichteren Überführbarkeit der Jugendlichen vielfach höher sein dürfte als bei den Erwachsenen.

§ 2: Umfang und neuere Entwicklung der Jugendkriminalität

Tabelle 6: Männliche Jugendliche bzw. Heranwachsende waren an den Tatverdächtigen 1968, 1977, 1980, und 1990 beteiligt[25]

	Jugendliche				Heranwachsende			
	1968	1977	1980	1993	1968	1977	1980	1993
Alle Delikte	10,9	12,7	12,6	10,1	7,9	11,1	11,7	10,1
Vergewaltigung	12,5	8,0	7,4	6,7	16,2	15,6	15,3	10,7
Sexueller Mißbrauch von Kindern	17,6	15,0	15,6	9,9	7,5	6,9	8,2	5,3
Einfacher Diebstahl	17,7	16,0	15,4	14,1	11,0	8,0	8,3	9,8
Schwerer Diebstahl	21,5	29,6	32,5	22,6	17,9	20,4	21,8	20,1
Auto- und Gebrauchsdiebstahl	20,2	24,4	26,4	27,8	29,9	30,1	30,4	25,4
Moped-, Motorrad- und Gebrauchsdiebstahl	58,5	58,9	61,2	56,5	19,5	17,6	18,3	16,2
Diebstahl aus Automaten	39,0	37,6	39,2	24,8	23,6	22,6	24,4	22,4
Raub, räuberische Erpressung	16,2	20,2	20,9	22,5	19,6	20,7	22,1	20,1
Betrug	1,7	4,6	4,8	4,9	3,7	8,4	8,6	10,0
Sachbeschädigung	19,2	21,4	21,4	19,3	15,2	17,3	17,1	13,1
Rauschgiftdelikte	19,4	7,0	5,8	7,5	23,0	26,7	21,4	17,8
Gefährliche und schwere Körperverletzung	9,2	11,2	11,5	15,0	14,4	16,6	17,1	14,6
Mord und Totschlag	4,1	4,9	4,3	5,9	9,5	10,9	11,8	12,9

Die Zahlen von Tabelle 6 geben uns dennoch einen recht instruktiven Einblick in die Kriminalpsychologie der Pubertäts- und Adoleszenzjahre[26]. Bei den Heranwachsenden stehen das Auto, bei den Jugendlichen das Moped und Motorrad an der Spitze aller begehrten Objekte. Daneben bilden die Warenautomaten (bei den weiblichen Jugendlichen aber auch die Warenhäuser und Selbstbedienungsläden) eine besonders große Quelle der Versuchung. Die sexuellen Schwierigkeiten dieser Altersstufen führen bei den Jugendlichen vor allem zu einem hohen Anteil an dem sexuellen Mißbrauch von Kindern, während sie bei den 18–21jährigen in der erhöhten Vergewaltigungsquote ihren Ausdruck finden. Während ferner die Jugendlichen und die Heranwachsenden an den in Motivation und Ausführung meist primitiven Vermögensdeliktsarten Diebstahl, Unterschlagung und Raub überdurchschnittlich oft beteiligt sind, trifft mit unter dem Durchschnitt liegenden Prozentsätzen das Gegenteil zu für den Betrug, der in der Regel an Gelegenheit und Erfahrung höhere Anforderungen stellt und deswegen ein typisches Erwachsenendelikt ist.

---

25 In der polizeilichen Kriminalstatistik werden ab 1984 Tatverdächtige, für die mehrere Fälle der gleichen Straftat festgestellt wurden, im Gegensatz zu früheren Jahren, nur einmal gezählt.
26 S. auch *Dölling*, BMJ-Grundfragen, S. 38; Walter, JA 1992, 77.

Allgemeine Grundlagen

Einer gesonderten Würdigung bedarf noch das Phänomen der **Gewaltkriminalität**[27], weil hier in den letzten Jahren besonders hohe Steigerungsraten zu verzeichnen sind. Dies betrifft zwar auch die erwachsenen Straftäter, wird aber besonders deutlich bei den Heranwachsenden, die hier – bezogen auf ihren Altersanteil an der Bevölkerung – zu der Hauptgruppe der Tatverdächtigen zählen, inzwischen dicht gefolgt von den Jugendlichen im Alter von 16 bis unter 18 Jahren (s. Schaubild 2).

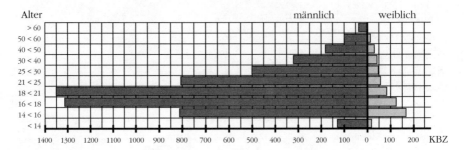

Schaubild 2:
Kriminalitätsbelastung der Tatverdächtigen bei Gewaltkriminalität im Bundesgebiet, 1993
Quelle: Bundeskriminalstatistik 1993, S. 221

Die überproportional hohe Tatbeteiligung der Jugendlichen und Heranwachsenden überrascht nicht, denn sie ist auch Ausdruck der altersspezifischen Aggressivität.
Die Steigerung der physischen Kräfte, die um das 20. Lebensjahr ihren höchsten Stand erreichen, wird meist noch nicht in ihrer Entfaltung durch ein psychisches Einsichtsvermögen gebremst, das die Folgen der Gewalttätigkeit für das Opfer und den Täter selbst bedenkt. Auch kommen gerade in den Gewaltdelikten jene oben (§ 1 II) bereits angeführten allgemeinen Ursachen der Jugendkriminalität zum Ausdruck, insbesondere das häufige Fehlen einer legalen Ventilierung und Disziplinierung jener physischen Kräfte in unserer Gesellschaft und die frühe Gewöhnung an der Gewaltausübung durch die Massenmedien, namentlich durch das Fernsehen.
Eine besondere Form jugendlicher Gewaltkriminalität stellen seit mehreren Jahren die bis zu Mord, Brandstiftung und schwerem Landfriedensbruch gesteigerten Ausschreitungen rechts- und linksextremistischer Jugendlicher und Heranwachsender dar. Ihre Opfer sind bei den Rechtsextremisten besonders Ausländer geworden. Häufig und nicht ohne Grund ist beklagt worden, daß Polizei und Strafjustiz es allzu oft an einer hinreichend schnellen und wirksamen Verfolgung jener extremistischen Gewalttaten haben fehlen lassen. Immerhin zeigen einige neuere Urteile, daß auch die Jugendrichter sich in solchen Fällen, in denen Ausländer Opfer sind, darauf zu besinnen scheinen, daß das Jugendstrafrecht nicht bloß Jugendhilferecht ist. Für die Verhängung angemessener

---

27 Zur Gewaltproblematik s. den Abschlußbericht der sog. Gewaltkommission, *Schwind, H.-D./ Baumann, J.* u. a. (Hrsg.), Ursachen, Prävention und Kontrolle von Gewalt, Bd. I, 1990, S. 52 ff.; *Kaiser/Schöch*, Fall Nr. 1, S. 13; *Schneider, H.-J.*, Kriminologie der Gewalt, 1994; *ders.*, JZ 1992, 385, 499, 769; *Schwind*, Kriminalistik 1994, 8; *ders.*, DVJJ-Journal 1994, 114; sowie die Übersicht bei Kaiser, Kriminologie (Taschenbuch) 9. Aufl., 1993, §51, S. 401.

§ 2: Umfang und neuere Entwicklung der Jugendkriminalität

Rechtsfolgen bietet bei den schweren Straftaten nur die Jugendstrafe die erforderliche gesetzliche Grundlage, die dem Bedürfnis nach sühnender Ahndung gerecht werden kann. Das Erziehungsprinzip, das gerade bei den jugendlichen Mitläufern in der extremistischen Gewaltdelinquenz einige Aussicht auf Erfolg verspricht, wird dann im Rahmen des Strafvollzuges zur Anwendung kommen müssen.[28]

V. Zu den negativen Aspekten der modernen Jugendkriminalitätsentwicklung gehört auch, daß der Anteil der **vorbelasteten Täter** bei den straffälligen Jugendlichen und Heranwachsenden ständig zunimmt. Er betrug bei den Jugendlichen 1954 noch 13,4 %, im Jahre 1965 aber 18,9 %. Bei den Heranwachsenden stieg er im gleichen Zeitraum von 22,2 % auf 26,8 %. Für 1991 besagt die Verurteiltenstatistik, daß von allen nach Jugendstrafrecht verurteilten Jugendlichen und Heranwachsenden 41,8 % bereits mindestens eine frühere Verurteilung aufwiesen. Über diesem Durchschnitt liegt der Prozentsatz der Vorbelasteten bei den Räubern (1991: 51,8 %) und bei denen, die wegen Körperverletzung verurteilt worden sind (1991: 48,4 %).

VI. Zahlreiche kriminologische Untersuchungen haben sich mit der Überprüfung der **Wirksamkeit des Jugendstrafrechts** im Hinblick auf eine Rückfallvermeidung befaßt. Indessen läßt sich nicht leugnen, daß die Forschung auf diesem wichtigen Gebiet noch nicht zu einwandfreien, für die Kriminalpolitik bedenkenlos verwertbaren Ergebnissen gelangt ist. Deshalb sind auch die in den folgenden Kapiteln dieses Buches enthaltenen Zahlen der Bewährungsstatistik bei einzelnen Sanktionen (S. 99, 114, 127 und 131 f.) nur mit Vorsicht und erheblichen Vorbehalten aufzunehmen. Zum einen beziehen sie sich teilweise auf Untersuchungen, die bereits mehr als ein Jahrzehnt zurückliegen. Auch beschränken sie sich ganz überwiegend auf freiheitsentziehende Sanktionen, also Jugendstrafe, Jugendarrest und die inzwischen aufgehobene Fürsorgeerziehung. Demgegenüber fehlen vergleichbare Ergebnisuntersuchungen über ambulante Sanktionen (z. B. Erziehungsmaßnahmen, Geldbußen, Arbeitsauflagen, Betreuungsweisungen) fast oder ganz, so daß auch statistisch abgesicherte Aussagen darüber, ob den einen oder den anderen Sanktionen ceteris paribus ein größerer Erfolg beschieden ist, bisher nicht möglich sind. Hinzu kommt, daß einheitliche Standards für die Bestimmung des Erfolgs- bzw. Rückfallbegriffs nicht vorhanden sind. Während in einem Teil der Arbeiten jede neue registrierte Straftat als Rückfall gewertet wird, geschieht das in anderen nur dann, wenn es sich bei den neuen Straftaten und Sanktionen um solche von einem gewissen nicht unerheblichen Gewicht gehandelt hat. Nur so ist zu erklären, daß der eine Teil der Autoren, der die erstgenannte Zählungsmethode zugrunde legte, für die Jugendstrafe in etwa vier Fünftel aller aus dem Vollzug Entlassener Rückfälligkeit festgestellt hat, während nach der anderen Methode der Rückfallsprozentsatz nach Jugendstrafverbüßung ziemlich einheitlich zwei Drittel betrug. Ähnlich unterschiedliche Ergebnisse wurden auch bei den Rückfallsberechnungen nach Jugendarrest ermittelt. Immerhin mag zunächst noch ein Rückfallprozentsatz von 65 % nach Jugendstrafverbüßung als erschreckend hoch erscheinen. Er scheint denjenigen Recht zu geben, welche die erzieherisch-spezialpräventive Wirksamkeit freiheitsentziehender

---

28 Zum Problem: *Best*, ZfJ 1993, 532; *Breymann*, RuP 1993, 67; *Frehsee*, Krim Journal 1993, 260; *Frommel*, KJ 1994, 323; *Kersten*, RdJB 1994, 187; *Kreuzer*, DVJJ-Journal 1993, 214; *Ostendorf*, StV 1993, 545; *Pfeiffer*, DVJJ-Journal 1993, 212; *Ostendorf*, RdJ 1994, 310; *Meier/Verrel*, JuS 1994, 1039; *Rössner*, BewHi 1994, 18; *Schneider*, Kursbuch 113 (September 1993), S. 131; *Schumann*, StV 1993, 324; *Viehmann*, ZRP 1993, 81; *Walter*, DVJJ-Journal 1993, 111 und 194, 120; zu ersten Anti-Gewalt Projekten s. die Informationen in INFO 1994.

Allgemeine Grundlagen

Sanktionen leugnen und für deren Abschaffung oder doch radikale Einschränkung eintreten. Aber auch abgesehen davon, daß die Jugendstrafe nicht nur der Spezialprävention, sondern wie jede echte Strafe der positiven Generalprävention im Sinne der Normbestätigung durch sühnende Ahndung zu dienen hat, ist zu beachten, daß sie nach allgemeiner, überwiegend auch in der Praxis befolgter Anschauung nur als ultima ratio unter den Rechtsfolgen erheblicher Jugendstraftaten eingesetzt werden darf (vgl. unten S. 114 ff.). Dabei gilt auch hier für den Anwendungsbereich des Zuchtmittels Jugendarrest Entsprechendes. Eben deshalb aber stellen die Probanden aus dem Jugendstraf- bzw. Jugendarrestvollzug meist eine negative Auslese unter den jugendlichen und heranwachsenden Straftätern dar. Bei ihnen kann es deshalb nicht Wunder nehmen, daß ihre Rückfallquote besonders hoch ist.[29]

Zweites Kapitel

Geschichte und Zukunft des Jugendstrafrechts

§ 3 Die strafrechtliche Behandlung von Kindern und Jugendlichen bis zur Verselbständigung des Jugendstrafrechts

Das Jugendstrafrecht hat keine lange Geschichte[1]. Es ist in allen Kulturstaaten als ein selbständiger, sich vom Erwachsenenstrafrecht in Wesen und Aufgabe unterscheidender Sonderbereich des Strafrechts erst eine Schöpfung unseres eigenen Jahrhunderts. Das besagt jedoch nicht, daß nicht schon in den ältesten Zeiten jugendliche Delinquenten eine andere strafrechtliche Behandlung erfahren hätten als der erwachsene Täter. Indessen beschränkt sich diese Sonderbehandlung bis weit in das 19. Jahrhundert hinein auf ein Absehen von Strafe oder auf Strafmilderung, die zunächst unbewußt, später bewußt in der mangelnden oder geminderten Schuldfähigkeit des jungen Täters begründet waren. Soweit in den Quellen darüber hinaus gelegentlich schon von Erziehung die Rede ist, so ist darunter regelmäßig eine abschreckende körperliche Züchtigung zu verstehen.

Über die ältere Entwicklung von der Carolina, der ersten reichsrechtlichen Kodifikation des deutschen Strafrechts (1532), bis zum StGB von 1871 kann in groben Zügen folgendes gesagt werden:

1. Die **Carolina** enthielt eine eigene Regelung nur für die »jungen Diebe« unter 14 Jahren (Art. 164). Bei ihnen soll anstelle der sonst vorgesehenen Todesstrafe eine Leibesstrafe (meist körperliche Züchtigung mit ewiger Urfehde) treten. Handelt es sich jedoch um einen großen oder gefährlichen Diebstahl, so können auch solche Jugendlichen, die »nahe bei 14 Jahren wären« und bei denen »die bosheyt das alter erfüllen möcht«, an Gut, Leib oder Leben aufgrund Ratsuchens bestraft werden. Bei anderen Delikten verzichtet die Carolina auf eine eigene Regelung und verweist auf die Frage, wie es bei Übeltätern, die »jugend oder andere gebrechlichheyt halben jre sinn nit haben« gehalten werden könne, auf das Ratsuchen bei Rechtsfakultäten und Obergerichten.

---

29 Zur gesamten Problematik s. insbes. *Dölling*, RdJB 1993, 370 sowie unten § 11 Fußn. 1 und 5.
1 Einen freilich lückenhaften Überblick auch über die älteren Perioden gibt *Holzschuh, K.*, Geschichte des Jugendstrafrechts bis zum Ende des neunzehnten Jahrhunderts, jur. Diss. Mainz, 1957 – instruktiv auch *Zürcher, M.*, Die Behandlung jugendlicher Delinquenten im alten Zürich (1400–1798), jur. Diss. Zürich, 1960; *Dräger, W.*, Die Strafmündigkeitsgrenzen in der deutschen Kriminalgesetzgebung des 19. Jahrhunderts, jur. Diss. Kiel, 1992.

§ 3: Die strafrechtliche Behandlung von Kindern und Jugendlichen

2. Diese Verweisung führte dazu, daß in der Periode des **gemeinen Rechts** (bis zum Ausgang des 18. Jahrhunderts) die strafrechtliche Behandlung jugendlicher Rechtsbrecher maßgeblich durch die Wissenschaft bestimmt wurde. Ausgangspunkt war für diese das römische und kanonische Recht und deren Fortbildung durch die spätmittelalterliche italienische Jurisprudenz. Dort war bereits der Begriff der »doli capacitas«, die Vorstufe der heutigen Schuldfähigkeit, entwickelt worden. Man unterscheidet drei Altersgruppen: die infantes (bis zum 7. Jahre), die impuberes (vom 7. bis zum 14. Jahre) und die minores (vom 14. bis zum 25. Jahre).

Bei den *infantes* fehle grundsätzlich die doli capacitas. Nur in Ausnahmefällen solle der Richter eine leichte, in Streichen mit Ruten bestehende poena arbitraria verhängen (so Carpzov, 1635). Später betonte man jedoch, daß die Züchtigung von Kindern nicht eigentlich als Strafe, sondern als Erziehungsmaßregel anzusehen sei. Sie werde ausgeführt, um bei den Kindern »tiefe Eindrücke zu erregen« und »bei geringen Verbrechen lediglich den Eltern, Vormündern und Schullehrern überlassen, und nur bei schweren Verbrechen im Gericht oder im Gefängnis von den Gerichtsbedienten vorgenommen« (Quistorp, 1783).

Bei den *impuberes* pflegte man zu unterscheiden, ob sie »infantiae proximi« oder »pubertati proximi« seien. Die ersteren blieben meist ebenfalls straffrei, die zweiten seien in der Regel mit relegatio (Landesverweisung) und carcer, in schweren Fällen auch mit körperlicher Züchtigung zu bestrafen. Nur in den schwersten Fällen (malitia supina) und wenn keine Aussicht auf Besserung bestehe, können auch Kinder unter 14 Jahren, »weil ihre Bosheit das Alter erfüllt«, mit dem Tode bestraft werden. So führt etwa Carpzov 2 Leipziger Schöffensprüche aus den Jahren 1615 und 1617 an, durch die ein Knabe und ein Mädchen im Alter von 13 Jahren wegen Brandstiftung zur Enthauptung verurteilt wurden (anstelle der bei Erwachsenen üblichen Strafe des Feuertodes). Als Kriterium für die Frage, ob ein Kind »pubertati proximus« sei, wurde neben dem Alter auch schon auf den Reifegrad, die Einsicht in die Folgen der Tat und eine besonders schlaue und arglistige Ausführungsweise abgestellt.

Erst mit den *minores* gelangen wir zu der Altersgruppe, für die das heutige Jugendstrafrecht gilt. Sie waren nach gemeinem Recht in der Regel mit der poena ordinaria wie die Erwachsenen zu bestrafen. Nur bei geringer Überschreitung des 14. Lebensjahres oder bei »magna stupiditas« war die Strafe zu mildern. Dieses fakultative Milderungsrecht wurde besonders gegenüber der Todesstrafe betont. Doch zeigen die Quellen, daß das harte, nur auf Vergeltung und Abschreckung bedachte Strafrecht dieser Jahrhunderte in zahllosen Fällen zur Vollstreckung von Todesstrafen an Jugendlichen geführt hat.

Erste Ansätze einer humaneren und zugleich auf Erziehung bedachten Reaktion auf kleinere Jugendstraftaten ermöglichten die in Amsterdam (1595) entstandenen, in den beiden folgenden Jahrhunderten in zahlreichen deutschen Städten nachgeahmten Zucht- und Spinnhäuser, deren Insassen freilich nicht nur verwahrloste Jugendliche, sondern auch erwachsene Land- und Stadtstreicher sowie sonstige Asoziale und Arbeitsscheue waren. Insofern bedeutete es einen wesentlichen Fortschritt, daß Papst Clemens XI. in Rom die für ihre Zeit vorbildliche Erziehungsanstalt San Michele (1703) für Jugendliche gründete und damit einen ersten Grundstein für einen selbständigen Jugendstrafvollzug legte. Doch war der Weg von der Errichtung dieser und ähnlicher Anstalten, die man etwa – an modernen Maßstäben gemessen – in der Mitte zwischen Jugendstrafe und Fürsorgeerziehung zu sehen hat, bis zur gesetzlichen Herausbildung eines selbständigen Jugendstrafrechts noch weit.

3. Auch die **Aufklärung** hat zunächst keine wesentlichen Änderungen in den strafrechtlichen Sondervorschriften für Jugendliche gebracht. Freilich kamen ihre Forderungen nach einer allgemeinen Humanisierung des Strafrechts, Zurückdrängung der Todesstrafe und Beseitigung der Leibesstrafen auch den straffälligen Jugendlichen zugute. Das sonst selbst minutiöse Einzelheiten regelnde Preußische ALR beschränkt sich in unserer Frage auf die Bestimmung: »Unmündige und schwachsinnige Personen können zwar zur Verhütung fernerer Vergehen gezüchtigt, niemals aber nach der Strenge der Gesetze bestraft werden« (Teil II 20 § 17).

Die *deutschen Partikularstrafgesetze* des 19. Jahrhunderts stellen mit wenigen Ausnahmen ein Alter der absoluten Strafmündigkeit auf, wobei der allmähliche Wandel der Anschauungen darin zum Ausdruck gelangt, daß die Altersgrenze von 8 Jahren (so Bayr. StGB von 1813) über 10 und 12 Jahre schließlich in den dem RStGB unmittelbar vorausgehenden Gesetzen (z.B. Sachsen 1868) auf 14 Jahre heraufrückt. Für höhere Altersstufen, die zunächst meist bis zum vollendeten 16., später bis zum 18. oder 21. Lebensjahr reichen, sollte Strafmilderung eintreten. Meist wird vorgesehen, daß gegen Strafunmündige polizeiliche Besserungsmaßnahmen ergriffen werden können.

4. Einen anderen Weg schlug der **französische Code pénal** (1810) ein. Er setzte den Beginn der vollen Strafmündigkeit auf die Vollendung des 16. Lebensjahres fest, verzichtete aber darauf, eine

Allgemeine Grundlagen

Altersstufe der absoluten Strafunmündigkeit aufzustellen. Vielmehr sollte die Strafbarkeit der Täter unter 16 Jahren davon abhängen, ob sie im Besitz des »*discernement*« (d. h. des intellektuellen Unterscheidungsvermögens von Recht und Unrecht) gewesen seien. Diese französische Regelung wurde von Preußen 1851 und von Bayern 1861 übernommen. Obwohl das RStGB von 1871 die Altersstufe der »Strafunmündigen« wieder einführte, blieb für die folgende Gruppe der »relativ Strafmündigen« der französische discernement-Begriff von maßgebender Bedeutung.

5. Auf dieser Grundlage sah die strafrechtliche Behandlung von Kindern und Jugendlichen nach den §§ 55–57 RStGB, die von 1871 bis 1923 in Geltung blieb, folgendermaßen aus:

Strafmündigkeitsalter war das vollendete 12. Lebensjahr. Relativ strafmündig waren die 12- bis 18jährigen Täter. Sie waren freizusprechen, wenn sie bei Begehung ihrer Tat die zur Erkenntnis der Strafbarkeit erforderliche Einsicht nicht besaßen, andernfalls zu bestrafen. Dabei schloß die obligatorische Strafmilderung nicht aus, daß die große Mehrzahl dieser Jugendlichen mit kürzeren oder längeren Gefängnisstrafen belegt wurde und diese auch tatsächlich verbüßte. Im Fall des Freispruchs wegen Strafunmündigkeit oder fehlenden Unterscheidungsvermögens konnte Unterbringung in einer Erziehungs- oder Besserungsanstalt erfolgen. Das Ergebnis dieser Regelung war höchst unbefriedigend: nicht nur, daß die meist verhängten kurzen Gefängnisstrafen den Jugendlichen nicht besserten; sie verdarben ihn noch weiter durch die Berührung mit schweren Kriminellen und erschwerten seine Wiedereingliederung in das Berufsleben. Die Rückfallziffer war daher bei 12- bis 18jährigen erheblich höher als bei Erwachsenen.

§ 4 Die Jugendgerichtsbewegung

Die entscheidende Wendung, die zur Ausbildung eines besonderen Jugendstrafrechts und seiner Ablösung vom allgemeinen Strafrecht führte, hatte ihren Ursprung in neuen geistigen und sozialen Strömungen, die um die Jahrhundertwende hervortraten und bald die Herrschaft erlangten. Sie wirkten sich auch in einer Wandlung der Anschauungen von dem Wesen der Jugend und ihrer Stellung im Volksganzen einerseits, von den Aufgaben und Zwecken des Strafrechts andererseits aus. Das eigenständige Jugendstrafrecht ist also das Ergebnis einer von zwei Seiten her angeregten, in ihren geschichtlichen Wurzeln freilich einheitlichen Entwicklung:

a) **Neue biologische, psychologische und soziologische Einsichten** und sozialpolitische Programmatik vereinigten sich darin, der Kindheit und Jugend einen eigenen und bevorzugten sozialen Rang zuzuweisen. Er wird gekennzeichnet durch das Wort der schwedischen Schriftstellerin *Ellen Key* von dem anbrechenden »Jahrhundert des Kindes«. Es ist längst in allen Bereichen des geistigen und sozialen Lebens in die Wirklichkeit umgesetzt worden, so in dem gewandelten Verhältnis der Eltern zu ihren Kindern, in den modernen Entwicklungen in Pädagogik und Schulwesen, in der Ausbildung von Kinderheilkunde, Jugendpsychologie und Jugendpsychiatrie zu selbständigen wissenschaftlichen Disziplinen, in staatlichem Jugendschutz und öffentlicher Jugendpflege. Das Strafrecht konnte davon nicht unberührt bleiben.

Auch die aus der Jugend selbst kommende »Jugendbewegung«, die im Jahrzehnt vor dem 1. Weltkrieg einsetzte, hat die neue Einsicht, daß der »Jugendliche kein kleiner Erwachsener« sei, gefördert. Wenn von ihr aus auch kein unmittelbarer Einfluß auf die strafrechtliche Behandlung Jugendlicher ausging, so war doch die mittelbare Bedeutung der von ihr proklamierten »Eigenständigkeit der Jugendwelt« auch für diesen Bereich groß. Das gilt namentlich auch für die Pädagogik der Heimerziehung und des Jugendstrafvollzugs.

b) Allerdings hätte jene neue machtvolle Zeitströmung, die das »Jahrhundert des Kindes« heraufführte, kaum so schnell das Strafrecht erobern können, wenn nicht bereits dessen eigene Entwicklung von einem anderen Ansatzpunkt aus in die gleiche Richtung

§ 4: Die Jugendgerichtsbewegung

gelenkt worden wäre. Schon seit den 80er Jahren (»Marburger Programm«, 1882) hatten Franz von Liszt und die von ihm geführte »moderne Schule« der Strafrechtswissenschaft die Umwandlung des alten tatvergeltenden Strafrechts in ein spezialpräventives Täterstrafrecht gefordert. Sinn des Strafrechts sei nicht die Vergeltung fragwürdiger Schuld, sondern die Verhütung künftiger Straftaten, wenn möglich und erforderlich durch erzieherische Resozialisierung des Straffälligen. Eben deshalb aber müsse die einzelne strafrechtliche Maßnahme individualisiert, d. h. der jeweiligen Eigenart der Täterpersönlichkeit und ihren erzieherischen Bedürfnissen angepaßt werden. Wenn nun aber überhaupt unter allen Straffälligen sich eine Gruppe durch ihre individuelle Besonderheit und die Chancen einer Resozialisierung heraushebt, so ist es diejenige der Jugendlichen. Ihr hat deshalb auch von Anfang an die »moderne Schule« besondere Aufmerksamkeit gewidmet, und hier ist sie auch dem schwächsten Widerstand begegnet. Wenn der die folgenden Jahrzehnte ausfüllende »Schulenstreit« zwischen »klassischer« und »moderner« Richtung in seinen gesetzlichen Ergebnissen auch insgesamt mit einem »Remis« endete, so hat er doch, wie in fast allen Ländern der Welt, so auch in Deutschland, auf dem Gebiet des Jugendstrafrechts zu einem überwiegenden Erfolg der Lisztschen Gedanken geführt.

Schon auf der zweiten Tagung der deutschen Landesgruppe der Internationalen Kriminalistischen Vereinigung (IKV) in Halle (1891), die das Programm der »modernen Schule« vertrat, war Verhandlungsgegenstand das Thema »Nach welcher Richtung hin ist eine Umgestaltung der über eine Behandlung jugendlicher Verbrecher im StGB gegebenen Bestimmungen wünschenswert?« Bereits im folgenden Jahr veröffentlichte einer der Tagungsreferenten, der Staatsanwalt *Appelius*, sein Buch über »Die Behandlung jugendlicher Verbrecher und verwahrloster Kinder«. Dieses Werk war insofern epochemachend, als es zum ersten Male statt der bisherigen dürftigen Gesetzesbestimmungen über die Strafmündigkeit und Strafmilderungen bei Jugendlichen ein ausführliches, vom Erziehungsgedanken ausgehendes System für die strafrechtliche Sonderbehandlung jugendlicher Rechtsbrecher entwickelte. Es enthielt in seinen Vorschlägen bereits das meiste von dem, was viele Jahrzehnte später nach und nach durch die verschiedenen Jugendgerichtsgesetze verwirklicht wurde. So forderte Appelius u. a.: Heraufsetzung der Strafmündigkeit auf das 14. Lebensjahr; für straffällige Kinder staatlich überwachte Erziehung in einer Familie oder Anstalt; Ersetzung des »discernement« durch das Erfordernis der geistig-sittlichen Reife; Beseitigung der der Resozialisierung abträglichen kurzzeitigen Gefängnisstrafen, Strafmindestdauer bei Vergehen 1 Monat, bei Verbrechen 1 Jahr Gefängnis; Möglichkeit der Aussetzung der Strafvollstreckung unter gleichzeitiger Anordnung staatlich überwachter Erziehung; Betreuung der Jugendlichen bei Entlassung aus der Strafhaft; Erziehungsmaßnahmen neben oder anstelle der Strafe; Beachtung der Persönlichkeit des Täters, daher Erforschung der häuslichen Verhältnisse; Ausschluß der Öffentlichkeit in der Hauptverhandlung.

Die lebhafte Diskussion der Reformvorschläge, die nunmehr in der juristischen und sozialpolitischen Öffentlichkeit einsetzte, erhielt wesentliche Anregungen durch die Erfahrungen und Erfolge, zu denen man bereits im Ausland, besonders in den Vereinigten Staaten und England, aufgrund ähnlicher Bestimmungen gelangt war. In Amerika waren bereits besondere Jugendgerichte entstanden, wobei der Jugendrichter zugleich fürsorgerische und strafrechtliche Maßnahmen anordnen konnte. Auch hatte sich dort und in England die Unterstützung der Richter durch einen zunächst freiwilligen nebenamtlichen, später hauptberuflichen »probation officer« bewährt, der dem Richter über die Persönlichkeit der Jugendlichen zu berichten und diesen sodann zu betreuen hatte. Von den englischen Einrichtungen gewann später namentlich das sogenannte Borstal-System (genannt nach der Anstalt Borstal), eine Erziehungshaft von unbestimmter Dauer für 16- bis 21jährige Verbrecher, vorbildhafte Bedeutung für die deutsche Entwicklung.

Die Forderungen der kriminalpolitischen Reformer und die ausländischen Anregungen fanden bald in weiten Kreisen Deutschlands eine Zustimmung, die ihren kämpferischen

Allgemeine Grundlagen

Elan durch das bereits erwähnte besondere Interesse des neuen Jahrhunderts für alle Fragen der Jugend erhielt. So entstand die »Jugendgerichtsbewegung«, die ihr Programm auf den »Deutschen Jugendgerichtstagen« (zuerst 1909 in Berlin), aber auch auf den Juristentagen und den Versammlungen der IKV verkündete. Aus der Reihe ihrer verdienstvollen Vorkämpfer sind besonders die Namen des Berliner Vormundschaftsrichters *Koehne* und der Jugendrichter *Blumenthal*, Altona, *Herbert Francke*, Berlin und *Clostermann*, Bonn, in die Geschichte des Jugendstrafrechts eingegangen.

In der deutschen Diskussion[1] der jugendrechtlichen Reformpläne bildeten sich von Anfang an zwei bis heute fortwirkende unterschiedliche Richtungen heraus. Von ihnen wollte die eine allen Formen jugendlicher Dissozialität, einerlei, ob sie in einer Straftat oder ohne eine solche in anderen Verwahrlosungserscheinungen zutage trat, mit einem einheitlichen System reiner Erziehungsmaßnahmen begegnen. Die andere hielt an der Strafe als rechtlicher Sanktion gegenüber Straftaten Jugendlicher fest und wollte sich mit der Einführung erzieherischer Gesichtspunkte in das neu zu schaffende »Jugendstrafrecht« begnügen, während es nach wie vor Sache des Vormundschaftsrichters bleiben sollte, sich der verwahrlosten, aber noch nicht straffällig gewordenen Jugendlichen anzunehmen. Mit dem Dualismus von BGB und Jugendhilferecht (früher: Jugendwohlfahrtsgesetz) einerseits, Jugendgerichtsgesetz andererseits, hat sich nach dem 1. Weltkrieg die zweite Auffassung durchgesetzt, wobei man freilich von Anfang an darauf bedacht war, durch die angestrebte Personalunion von Vormundschaftsrichter und Jugendrichter, aber auch durch die Mitwirkung des Jugendamts im Jugendstrafverfahren und auf andere Weise die beiden Bereiche miteinander zu verknüpfen.

Dabei kam jedoch die gesetzliche Reform, die zunächst mit der allgemeinen Strafrechtsreform verbunden war, nur langsam voran und blieb mit dieser im 1. Weltkrieg stecken. Doch wurde schon vorher ohne irgendeine Gesetzesänderung ein echter und wesentlicher Erfolg erzielt, als 1908 im Wege der Geschäftsverteilung innerhalb der Gerichte in Frankfurt, Köln und Berlin besondere Jugendgerichte eingerichtet wurden, denen mit der strafrichterlichen Aburteilung Jugendlicher auch die sie betreffenden vormundschaftsrichterlichen Erziehungsaufgaben übertragen wurden. Diesen ersten Jugendgerichten, die sich bewährten und ministerielle Anerkennung fanden, folgten bald weitere in allen Teilen Deutschlands. Ferner wurde 1912 in Wittlich im Rheinland, ebenfalls nach amerikanischem Vorbild, das erste deutsche Jugendgefängnis eingerichtet, in dem jugendliche Häftlinge unter strenger Trennung von erwachsenen Gefangenen einem jugendgemäßen Erziehungsstrafvollzug unterzogen wurden.

Waren diese Fortschritte in der Behandlung jugendlicher Straffälliger bisher nur durch Verwaltungsanordnungen erzielt worden, so erhielt in den Jahren nach dem Ersten Weltkrieg, besonders aufgrund der von den Reichsjustizministern *Schiffer* und *Radbruch* entfalteten Initiative, auch die Gesetzgebung neuen Auftrieb. Das 1922 erlassene Jugendwohlfahrtsgesetz schuf u. a. die Jugendämter und stellte Schutzaufsicht und Fürsorgeerziehung als vormundschaftsrichterliche Maßnahmen gegen Jugendverwahr-

---

1 Vgl. dazu näher *Miehe*, Die Anfänge der Diskussion über eine strafrechtliche Sonderbehandlung junger Täter, in *Schaffstein/Miehe*, S. 1; *Simonsohn, B.*, (Hrsg.), Jugendkriminalität, Strafjustiz, und Sozialpädagogik, 1975/ S. 7; der Band enthält auch einige der für die historische Entwicklung bedeutsamen Aufsätze und Referate von *Appelius, v. Liszt, Mittermaier, Webler, Aichhorn, u. a.*; *Dörner*, Erziehung durch Strafe, 1991; *dies.*, MschrKrim 1991, 236; *dies.*, RdJ 1992, 144; *dies.*, DVJJ-Journal 1991, 204; *Pieplow*, Krim-Forschung 80, 1988, S. 605; *ders.*, Erziehung als Chiffre, in: *Walter M.* (Hrsg.), Beiträge zur Erziehung im Jugendkriminalrecht, 1989, S. 5; *Voß, M.*, Jugend ohne Rechte, 1986; *Roth*, ZNR 1991, 17; *Wolff*, ZNR 1991, 41; *ders.*, in: BMJ-Grundfragen, S. 122; *ders.*, DVJJ-Journal 1992, 204; *Wolff/Marek*, RdJB 1989, 58; *Wolff/Dörner*, RdJB 1990, 54.

§ 5: Die Jugendgerichtsgesetze von 1923, 1943 und 1953. Reformbestrebungen

losung auf rechtliche Grundlagen². Vor allem aber wurde nunmehr die immer dringlichere Reform des Jugendstrafrechts von der sich weiterhin verzögernden Reform des allgemeinen Strafrechts gelöst[3] und nach längeren sorgfältigen Vorarbeiten durch das erste deutsche Jugendgerichtsgesetz vom 16. 2. 1923 zu einem vorläufigen gesetzlichen Abschluß gebracht.

§ 5 Die Jugendgerichtsgesetze von 1923, 1943 und 1953. Reformbestrebungen

Versuchen wir rückschauend die Entwicklung der jugendstrafrechtlichen Gesetzgebung, die mit dem JGG 1923 ihren Anfang nahm und sich in den beiden JGG von 1943 und 1953 fortsetzte, in den geschichtlichen Gesamtzusammenhang einzuordnen, so wird auf diesem Teilgebiet der Rechtsordnung besonders die Wandlung des bürgerlichen Rechtsstaats des 19. Jahrhunderts zum Sozialstaat der modernen industriellen Gesellschaft deutlich.

Über die Wahrung des Rechts hinaus wird hier die Strafjustiz mit sozialpädagogischen Aufgaben betraut; ihre Entscheidungen werden stärker von außerrechtlichen, oft nur durch Sachverständige zu vermittelnden Gesichtspunkten abhängig gemacht; Jugendgerichtshilfe und Bewährungshilfe werden als mit der Rechtsprechung verbundene Organe der sozialen Fürsorge geschaffen, ja sogar dem Richter selbst in Verhandlung, Urteil und Vollstreckung erzieherische Funktionen zugewiesen. Der weite Ermessensspielraum, den ihm das Gesetz zu diesem Zweck gewährt, erfordert für seine richtige Ausfüllung mehr kriminalpolitische und kriminologische Einsicht als eine das allgemeine Strafrecht kennzeichnende formale Strenge der rechtsdogmatischen Begriffsbildung. Denn ihre besonderen Ziele kann die jugendstrafrechtliche Gesetzgebung nicht ohne eine gewisse Einbuße an dem überlieferten rechtsstaatlichen Schutz der Individualsphäre erreichen. Die damit angedeutete Spannung wird uns später in der Darstellung der Einzelfragen des geltenden Rechts immer wieder begegnen.

Indessen gab die deutsche Gesetzgebung den wohlfahrtsstaatlichen Tendenzen bisher nicht so weit nach, wie dies vielfach in der internationalen Diskussion gefordert und in manchen ausländischen Rechtsordnungen – insbesondere in Schweden – auch durchgesetzt worden ist. Vielmehr haben die deutschen Jugendgerichtsgesetze einer mittleren Lösung den Vorzug gegeben, indem sie zwar einerseits die Jugendgerichtsbarkeit durch die stärkere Einfügung sozialpädagogischer Elemente von der allgemeinen Strafgerichtsbarkeit abhoben, aber andererseits nicht auf die Ahndung schuldhafter Tat durch sühnende Strafe und die in einem förmlichen Strafgerichtsverfahren liegenden Freiheitsgarantien völlig verzichteten.

---

2 Zur Geschichte dieses Gesetzes und der weiteren Jugendhilfegesetzgebung vgl. *Hasenclever, Ch.*, Jugendhilfe und Jugendhilfegesetzgebung seit 1900, 1978; Zusammenfassung der Diskussion über das Jugendhilferecht bei *Schüler-Springorum*, Festschrift für Dünnebier, 1982, S. 649.
3 Das Jugendstrafrecht hat sich in Verhältnis zum allgemeinen Strafrecht in den letzten Jahrzehnten in vielfacher Hinsicht als Schrittmacher der Reformen erwiesen. Das gilt z. B. für die Einführung der Strafaussetzung zur Bewährung, der Bewährungshilfe, der Zurückdrängung der kurzen Freiheitsstrafen, auf dem Gebiet der Weisungen und Auflagen usw. Vgl. dazu näher *Schaffstein*, in: *Immenga, U.* (Hrsg.), Rechtswissenschaft und Rechtsentwicklung 1980, S. 247; sowie kritisch aus heutiger Sicht »Beiträge zum 50jährigen Bestehen der Jugendgerichtsbarkeit«, Sonderheft des ZblJugR 1973, S. 41 ff. mit Aufsätzen von *Brunner, Hellmer, Roestel, v. Schlotheim, Ullrich* u. a.; *Kerner*, in: 40 Jahre BRD – 40 Jahre Rechtsentwicklung, 1990, S. 347 ff.

Allgemeine Grundlagen

I. Schon das **JGG 1923** leitete diese Entwicklung ein. Es ersetzte die veralteten §§ 55 bis 57 RGStGB und erfüllte viele Forderungen der Jugendgerichtsbewegung. Kinder von 12 und 13 Jahren blieben straffrei, für die Jugendlichen von 14 bis 18 Jahren wurden die Strafen durch ein System jugendrichterlicher Erziehungsmaßnahmen ergänzt. Bestrafung, die fortan neben der geistigen auch sittliche Reife voraussetzte, durfte nur dann erfolgen, wenn Erziehungsmaßregeln nicht ausreichten. Überdies konnte die Vollstreckung der Strafe vom Richter auf Probe ausgesetzt werden. Für die Aburteilung der Jugendlichen waren die nunmehr legalisierten Jugendgerichte zuständig. Auch das Verfahren vor den Jugendgerichten wurde in Abweichung vom allgemeinen Strafverfahren den besonderen pädagogischen Erfordernissen angepaßt, so etwa durch den Ausschluß der Öffentlichkeit, erhebliche Einschränkungen des Legalitätsprinzips und dergleichen. Die Aufgabe der Persönlichkeitserforschung und die fürsorgerische Betreuung der straffälligen Jugendlichen fiel der primär dem Jugendamt übertragenen »Jugendgerichtshilfe« zu.

Obwohl das JGG 1923 nach dem damaligen Entwicklungsstand ein treffliches Gesetz war, wies es doch manche Mängel und Lücken auf, die sich bei seiner praktischen Anwendung bald bemerkbar machten. Da es – entgegen der schon von *Appelius* erhobenen Forderung – keine Begrenzung des Mindestmaßes der Freiheitsstrafe kannte, gelang es nicht, die schädlichen kurzzeitigen Freiheitsstrafen auszumerzen. Sie wurden vielmehr trotz aller Warnungen auch weiterhin in erschreckend hohem Ausmaße verhängt. Auch fehlte bei der von der Praxis allzu oft angewendeten Strafaussetzung zur Bewährung eine Einrichtung, die ähnlich der angelsächsischen »probation« eine wirksame erzieherische Betreuung der Probanden während der Bewährungszeit gewährleistet hätte. Diese Lücken des Gesetzes traten besonders stark hervor, als während der Wirtschaftskrise der Jahre 1930 bis 1933 infolge der Arbeitslosigkeit und der mit ihr verbundenen sozialen und wirtschaftlichen Not die Jugendkriminalität einen neuen Höhepunkt erreichte.

II. Auf dem Gebiet des Jugendstrafrechts ist, abgesehen von manchen Einzelheiten und anders als im allgemeinen Strafrecht, auch in den Jahren von 1933 bis 1945 die kontinuierliche Weiterentwicklung nicht unterbrochen worden. Vielmehr gelang es sogar während des Krieges, wesentliche Mängel des bisherigen Rechts zu beseitigen und alte Ziele der Jugendgerichtsbewegung zu verwirklichen. Nachdem die Verordnungen vom 4. 10. 1940 und vom 10. 9. 1941 *Jugendarrest* und Jugendgefängnisstrafe *von unbestimmter Dauer* eingeführt hatten, brachte das **Reichsjugendgerichtsgesetz von 1943** auf der Grundlage dieser Neuerungen eine Umgestaltung des gesamten Jugendstrafrechts. Es beruhte in seinem materiell-rechtlichen Teil auf der Dreigliederung der Rechtsfolgen der Jugendstraftat in Erziehungsmaßregeln, Zuchtmittel und Jugendgefängnis. Der Jugendarrest als wichtigstes Zuchtmittel sollte die kurzzeitige Freiheitsstrafe ersetzen. Seine Einführung machte die Begrenzung des Mindestmaßes der echten Freiheitsstrafe auf zunächst 3 Monate möglich. Durch die Bezeichnung dieser einzigen gegen Jugendliche zulässigen Kriminalstrafe als »Jugendgefängnis« wurde diese auch äußerlich gegenüber den Freiheitsstrafen des Erwachsenenrechts abgehoben. Ihre innere Eigenständigkeit kam in der Beseitigung der für das allgemeine Strafrecht geltenden Strafrahmen, in den Vorschriften über Vollstreckung und Vollzug sowie in der Zulässigkeit der unbestimmten Strafdauer zum Ausdruck. Auch die weitere erzieherische Ausgestaltung der Jugendstrafe und die Einführung der »Beseitigung des Strafmakels durch Richterspruch« sind als wesentliche Fortschritte zu nennen. Ihnen standen als Rückschritte gegenüber die völlige Beseitigung der Strafaussetzung zur Bewährung und namentlich die durch politischen Druck veranlaßte »Auflockerung« der Altersgrenzen, die es ermöglichte, in schweren Fällen auch Kinder über 12 Jahre zu bestrafen, andererseits auf »charakterlich abartige Schwerverbrecher« unter 18 Jahren Erwachsenenstrafrecht anzuwenden[1]. Dagegen mußte die schon damals beabsichtigte Einbeziehung der »Heranwachsenden« in das Jugendstrafrecht mit Rücksicht auf Krieg und Wehrdienst unterbleiben.

III. Demgegenüber entwickelte das in der Bundesrepublik eingeführte **Jugendgerichtsgesetz vom 4. 8. 1953** das JGG 1943 weiter fort, nachdem dessen nationalsozialistische Elemente, insbesondere die erwähnte »Auflockerung« der Altersgrenzen, schon vorher durch die Praxis beseitigt waren. Namentlich in zwei Punkten gelang 1953 eine weitere Verbesserung: der wiedereingeführten *Strafaussetzung zur Bewährung* wurde durch strengere Bestimmung ihrer Voraussetzungen und durch die Einrichtung der *Bewährungshilfe und -aufsicht* nach englischem Muster ein gewisser Schutz gegen die Mißstände gegeben, die während der Geltung des JGG 1923 ihre Anwendung dis-

---

1 S. auch *Wolff, J.*, Jugendliche vor Gericht im Dritten Reich, 1992.

§ 5: Die Jugendgerichtsgesetze von 1923, 1943 und 1953. Reformbestrebungen

kreditiert hatten. Noch wesentlicher war, daß nunmehr auch die »*Heranwachsenden*« bis zur Vollendung des 21. Lebensjahres, freilich nur teilweise und allzu verklausuliert, in das Jugendstrafrecht einbezogen wurden.

Obwohl gerade diese Regelung des wichtigen Heranwachsenden-Problems noch der Verbesserung und Vereinfachung bedarf, hat doch insgesamt der westdeutsche Gesetzgeber mit dem JGG 1953 besonders sorgfältige und wertvolle Arbeit geleistet. Vergleichen wir den gegenwärtigen Stand der Gesetzgebung mit den Anfängen der Jugendgerichtsbewegung, so ist vieles von dem, was zu Anfang unseres Jahrhunderts als revolutionäres Programm einer kleinen Gruppe erschien, inzwischen in die Wirklichkeit umgesetzt, ja sogar zum selbstverständlichen Bestandteil des allgemeinen Rechtsbewußtseins geworden. Dennoch darf der reformatorische Eifer in bezug auf das Jugendstrafrecht nicht erlöschen. Das absolute und relative Ansteigen der Jugendkriminalität in den letzten 20 Jahren (vgl. oben § 2 II) hat die Notwendigkeit ihrer wirksamen Bekämpfung der Öffentlichkeit erneut vor Augen geführt. Mögen die Gründe dieses Steigens auch vorwiegend im außerrechtlichen Bereich liegen, so hat sich doch gezeigt, daß auch mit dem besten Gesetz nicht geholfen ist, wenn es aus organisatorischen und finanziellen Gründen nicht gelingt, die fähigsten Menschen für die Arbeit an der straffälligen Jugend zu gewinnen, und die wohlgemeinten Absichten des Gesetzgebers und der Richter an der räumlichen und personellen Beengung der Erziehungseinrichtungen scheitern. Deshalb beziehen sich heute die vordringlichsten Forderungen der Jugendgerichtsbewegung auf die Stellung der Jugendgerichte in der Gerichtsverfassung, auf die Auswahl und Ausbildung der Jugendrichter und auf die finanzielle und personelle Ausstattung der Vollzugseinrichtungen, namentlich des Jugendstrafvollzugs und der Untersuchungshaft bei Jugendlichen. Auch der Verbesserung der überlasteten Bewährungshilfe und der oft noch unbefriedigend arbeitenden Jugendgerichtshilfe kommt besondere Bedeutung zu. Neben den traditionellen Sanktionen sind alternative Reaktionsformen auf Jugendstraftaten zu entwickeln, die ein intensives Eingehen auf die spezielle Konfliktsituation des einzelnen ermöglichen und eine Stigmatisierung des Jugendlichen vermeiden.

IV. Reformbemühungen in der Gesetzgebung

1. Über die Verbesserungen in Einzelfragen hinaus wird seit etwa zwei Jahrzehnten auch die grundsätzliche Linie des deutschen Jugendstrafrechts erneut diskutiert. Der Kompromiß zwischen Erziehung und Strafe, auf dem das geltende Recht beruht, ist gerade auch unter dem Gesichtspunkt einer wirksamen Bekämpfung der Jugendkriminalität umstritten geblieben.

Das äußert sich nicht nur an den bereits erwähnten neuralgischen Punkten, wie etwa dem Jugendarrest und dem Jugendstrafvollzug, sondern besonders auch in der unbefriedigenden Zumessungspraxis der Jugendgerichte, deren Dauer immer noch mehr durch das an der Tatschwere orientierte »Straftaxendenken« des Erwachsenenstrafrechts, von dem sich viele Jugendrichter und -staatsanwälte nicht lösen können, als durch die erzieherischen Bedürfnisse des Täters bestimmt wird[1a]. Die hohe, mindestens um 60 % liegende Quote der Versager unter den jugendlichen und heranwachsenden Strafentlassenen dürfte zwar nicht ausschließlich, aber doch in spürbarem Maße auf diese Mängel zurückzuführen sein. Deshalb mehrten sich seit längerem an Zahl und Gewicht die Stimmen, welche in Anknüpfung an schon in den ersten Jahrzehnten des Jahrhunderts ent-

---

1a Näher dazu *Schaffstein*, ZblJugR 1967, 129; *ders.*, Das Verhältnis von Strafe und Erziehung im österreichischen, deutschen und schweizerischen Jugendstrafrecht, Referat auf der Österreichischen Jugendrichtertagung in Bregenz, 1968; *Hermann/Wild*, MschrKrim 1989, 13 (empirische Bestätigung); s. auch unten § 11 Fußn. 5.

wickelte Gedankengänge die Kriminalstrafe aus dem Jugendrecht völlig ausscheiden und dieses in ein reines Erziehungsrecht umwandeln wollen. In ihm wäre auf alle Formen sozialer Gefährdung Jugendlicher, mögen sie sich in Kriminalität oder in sonstiger sozialer Auffälligkeit äußern, unterschiedslos mit einem System individualisierender sozialpädagogischer-medizinischer-psychotherapeutischer Behandlungsmethoden zu antworten. In diese Richtung wiesen neben dem Grundsatzreferat von *Karl Peters* auf dem Jugendgerichtstag in Münster 1965[2] besonders die Vorschläge für ein »erweitertes Jugendhilferecht«, die von der Jugendrechtskommission der **Arbeiterwohlfahrt** 1970 vorgelegt worden sind[3]. Doch ist bisher diesen Bestrebungen ein Erfolg in der Gesetzgebung trotz verschiedener Anläufe in der Zeit der sozialliberalen Koalition der siebziger Jahre nicht beschieden gewesen.

Während nach jenen Vorschlägen der bisherige Dualismus zwischen Jugendwohlfahrts- und Jugend-Kriminalrecht zumindest für die Jugendlichen zugunsten eines einheitlichen »Jugendhilfe«- oder »Jugendkonfliktsrechts« überhaupt entfallen würde, haben die gesetzgeberischen Vorarbeiten für ein neues Jugendhilferecht, die im **»Diskussionsentwurf«** einer im Bundesministerium für Jugend, Familie und Gesundheit eingesetzten Sachverständigenkommission ihren Niederschlag fanden (1973), die Schwierigkeiten deutlich gemacht, welche die Durchführung einer solchen Konzeption bereitet[4]. Besonders Sozialpädagogen neigen in ihren Vorschlägen für eine Erweiterung des Jugendhilferechts auf Kosten des Jugendstrafrechts insofern zu einer recht einseitigen Sicht, als ihr Katalog individueller Erziehungshilfen nur an dem Bild des entwicklungsgestörten, sozial gefährdeten und eben deshalb erziehungsbedürftigen Jugendlichen ausgerichtet ist. Sie übersehen dabei die oben (§ 2 I) erwähnte, gerade durch die moderne Dunkelfeldforschung erwiesene Tatsache der »Normalität« und »Ubiquität« der kleineren Jugendkriminalität. Mag man deshalb über manche geringfügigen Jugendvergehen völlig hinweggehen können, so gibt es doch zahlreiche andere, die sowohl im Interesse der Rechtsordnung wie vor allem auch der Entwicklung des Jugendlichen selbst nicht völlig ungeahndet bleiben können, ohne daß deswegen gleich intensive und einschneidende Erziehungshilfen erforderlich wären. Hier liegt die Funktion jener Sanktionen, die das geltende JGG der »Ahndung« dienende *Zuchtmittel* nennt (darüber näher im 4. Kapitel), die sich aber in ein System pädagogisch orientierter »Jugendhilfen« nicht einordnen lassen. – Weitere Schwierigkeiten ergeben sich aus der Herabsetzung der Volljährigkeitsgrenze auf 18 Jahre, welche zugleich die Grenze für die Zweckmäßigkeit und Zulässigkeit von Erziehungsmaßnahmen herabsetzt, ferner aus der Frage, ob ein völlig auf Strafe verzichtendes Jugendhilferecht sich auch auf Fälle schwerster Jugendkriminalität (z. B. vorsätzliche Tötungen, schwere Notzucht) anwenden ließe. Fast noch schwieriger würden die Lösungen der verfahrensrechtlichen Probleme sein. Denn auch für ein Jugendhilferecht wird es notwendig sein, für die Feststellung von Taten von einigem Gewicht, die zum Anlaß einschneidender Erziehungsmaßnahmen werden, ein rechtsstaatliches Gerichtsverfahren zu gewährleisten. Das formlose FGG-Verfahren vor dem Vormundschaftsrichter reicht hier nicht aus. Der Diskussionsentwurf hatte nur für die Täter unter 16 Jahren auf Jugendstrafe völlig verzichtet, für die Altersgruppe der 16- bis 18jährigen aber nach einer mittleren Lösung gesucht. Doch hat auch dieses Konzept, weil es den »Progressiven« nicht weit genug ging, vor allem aber dem Konservatismus der Praxis und der Justizverwaltungen zu weit ging, sich nicht durchsetzen können. Schon der auf den »Diskussionsentwurf« folgende Referentenentwurf des Bundesjugendministeriums (1974) hatte es aufgegeben. Im Jahre 1990 hat der Gesetzgeber durch das Kinder- und Jugendhilfegesetz vom 26. 6. 1990 (BGBl I, 1163) den Dualismus zwischen Jugendhilferecht und Jugendstrafrecht endgültig zementiert. Das veraltete Jugendwohlfahrtsgesetz (JWG) wurde aufgehoben und durch das SGB VIII ersetzt[5]. Es berührt das Jugendstrafrecht nur noch in den Bereichen der Erziehungsmaßregeln und der Jugendgerichtshilfe, beläßt es also bei der bereits früher bestehenden Verzahnung zwischen JGG und Jugendhilfe-(Jugendwohlfahrts-)Recht (vgl. unten § 14; § 17 und § 18).

---

2 *Peters*, MschrKrim 1966, 49.
3 Vorschläge für ein erweitertes Jugendhilferecht, 1970, Schriften der Arbeiterwohlfahrt 22. Kritisch dazu *Schaffstein*, GA 1971, 129.
4 Diskussionsentwurf eines Jugendhilfegesetzes, hrsg. vom Bundesminister für Jugend, Familie und Gesundheit, 1973. Aus der kaum noch übersehbaren Vielfalt der teilweise zustimmenden, überwiegend aber kritischen Stellungnahmen dazu: Vorschlag der Arbeiterwohlfahrt für ein Gesetz zur Förderung der Jugend, in: »Theorie und Praxis der sozialen Arbeit«, 1973, Beiheft 1; *Böhm*, ZfStrVo 1974, 29; *ders.*, Einf. S. 5 f.; *Müller-Dietz*, ZblJugR 1973, 453; *Schaffstein*, MschrKrim 1973, 326; *Thiesmeyer*, RdJ 1972, 339; *Walter*, ZblJugR 1974, 41.
5 Inzwischen insbes. geändert durch das 1. Ges. zur Änderung des SGB VIII, BGBl 1993, I, S. 239 ff.; hierzu *Maas*, ZfJ 1994, 68; *Walter*, ZfJ 1993, 226; *Wiesner*, FamRZ 1993, 497; *Pfeiffer/Trenczek*, DVJJ-Journal 1993, 71.

§ 5: Die Jugendgerichtsgesetze von 1923, 1943 und 1953. Reformbestrebungen

Ebenso wie vom Jugendhilferecht in absehbarer Zeit keine wesentliche Veränderung des Jugendstrafrechts mehr ausgehen wird, ist auch mit der von einer Denkschrift der Deutschen Vereinigung für Jugendgerichte und Jugendgerichtshilfe (1977)[6] vorgeschlagenen Neugestaltung der strafrechtlichen Behandlung der »Heranwachsenden« im Sinne einer generellen Einbeziehung in das Jugendstrafrecht nicht mehr zu rechnen (vgl. dazu unten § 8 III).

Doch hat sich der Gesetzgeber seit einigen Jahren bemüht, wenigstens einige kleinere, aber dringliche und weniger umstrittene Änderungen des JGG auf den Gesetzgebungsweg zu bringen. Auf einen Referentenentwurf aus dem Jahre 1983 ist ein weiterer Referentenentwurf 1987 und ein Regierungsentwurf 1989 gefolgt. Diese Entwürfe haben im Jahre 1990 zu einer Teilreform des Jugendstrafrechts durch das **1. Gesetz zur Änderung des Jugendgerichtsgesetzes** (BGBl I 1990, 1853) geführt[7]. Das 1. JGGÄndG hat an den Altersgrenzen des JGG und insbesondere an der problematischen Heranwachsendenregelung (§ 105 JGG) nichts geändert und sieht nur ziemlich geringfügige Änderungen beim umstrittenen Jugendarrest vor (insbes. Beschränkung des Freizeitarrests auf höchstens 2 Freizeiten) und beläßt es bei den ebenfalls streitigen Voraussetzungen der Jugendstrafe. Dagegen sind von größerer praktischer Bedeutung die ausdrückliche Aufnahme der Betreuungsweisung und der Teilnahme an einem sozialen Trainingskurs in den Katalog der erzieherischen Weisungen des § 10 JGG (vgl. dazu unten § 16) sowie die großzügigere Ausdehnung der Strafaussetzung zur Bewährung auf Jugendstrafe bis zu zwei Jahren (unter Wegfall der Einschränkungen des § 21 II JGG a. F.), ferner die Einführung einer Auflage, Arbeitsleistungen zu erbringen (zusätzlich zur Weisung des § 10 I S. 3 Nr. 4 JGG) und die Abschaffung der unbestimmten Jugendstrafe. Neben der Vielzahl kleinerer verfahrensrechtlicher Gesetzeskorrekturen, deren Zweckmäßigkeit sich aus der bisherigen Praxis ergab, sind besonders hervorzuheben die Neuregelung der Einstellungsmöglichkeit gem. §§ 45, 47 JGG sowie die Bestimmungen, die sich mit einer Einschränkung der Untersuchungshaft bei Jugendlichen, insbesondere bei denjenigen, die noch nicht 16 Jahre alt sind, befassen (vgl. dazu unten § 39) und ferner die Ausweitung der notwendigen Verteidigung im Falle der Verhängung von Untersuchungshaft bei Jugendlichen (vgl. dazu unten § 33). Den bei weitem bedeutsamsten Reformvorschlag des Entwurfs 1983, nämlich die Zulassung einer Kombination von Jugendarrest und Strafaussetzung zur Bewährung (§ 21 JGG) und Aussetzung des Strafausspruchs (§ 27 JGG), also des sog. »Einstiegsarrests« (dazu unten § 26 IVa), hat das 1. JGGÄndG wegen der vielfach daran geübten Kritik nicht übernommen. Einer im Schrifttum öfters geäußerten Forderung, bei Weisungen und Auflagen, insbesondere bei Arbeitsleistungen, eine zeitliche Begrenzung vorzuschreiben, ist der Gesetzgeber ebenfalls nicht nachgekommen.

Im Zuge der Beschlußfassung über das 1. JGGÄndG hat der Bundestag die Bundesregierung aufgefordert, bis zum 1. 10. 1992 den Entwurf eines 2. JGGÄndG vorzulegen, der den weiteren Reformbedarf aufgreift und Lösungsvorschläge u. a. folgenden Problembereichen enthält: die strafrechtliche Behandlung Heranwachsender, das Verhältnis von Erziehungsmaßregeln und Zuchtmitteln, die Voraussetzungen für die Verhängung von Jugendstrafe, die Gefahr der Überbetreuung Jugendlicher (Erziehungs-

---

6 Denkschrift über die kriminalrechtliche Behandlung junger Volljähriger, 1977.
7 Zum Referentenentwurf 1987: statt aller *Eisenberg*, MschrKrim 1988, 129. Zum RegEntwurf. vom 8. 9. 1989 sowie zum 1. JGGÄndG u. a. *Böhm*, NJW 1991, 537; *Böttcher/Weber* NStZ 1990, 561; 1991, 7; *Heinz*, ZRP 1991, 183; *Jung*, JuS 1992, 186; *Ostendorf*, RdJ 1992, 2; *Pieplow*, DVJJ-Journal, Nr. 130, März 1990, S. 12; *Pfeiffer*, ebenda S. 15; *Trenczek*, NJ 1991, 195, 245, 288. Zu früheren Reformentwürfen: *Bietz*, ZRP 1981, 212; *Eisenberg, U.*, Bestrebungen zur Änderung des JGG, 1984.

Allgemeine Grundlagen

gedanke/Grundsatz der Verhältnismäßigkeit) und die Aufwertung des Täter-Opfer-Ausgleichs[8]. Bisher ist es jedoch noch nicht zur Vorlage eines derartigen Entwurfs gekommen.
Für eine umfassende gesetzliche Regelung des Jugendstrafvollzuges, die anders als beim Erwachsenenstrafvollzug bisher immer noch aussteht, hatte eine offizielle Sachverständigenkommission in den Jahren 1977 bis 1980 wertvolle Grundlagen erarbeitet. Im September 1991 ist vom Bundesministerium der Justiz ein Referentenentwurf eines Jugendstrafvollzugsgesetzes vorgelegt worden, dessen parlamentarisches Schicksal noch ungewiß ist. Da aber auch das BVerfG inzwischen nachdrücklich den alsbaldigen Erlaß entsprechender Regelungen für den Jugendstrafvollzug angemahnt hat, dürfte nunmehr die nicht nur erwünschte, sondern auch verfassungsrechtlich gebotene Verabschiedung eines Jugendstrafvollzugsgesetzes in absehbarer Zeit anstehen (vgl. unten § 44 III).

2. Während also Gesetzesreformen auf dem Gebiet des Jugendstrafrechts in der Vergangenheit nur punktuell stattgefunden haben, sind in der lebhaften wissenschaftlichen und kriminalpolitischen Diskussion der letzten beiden Jahrzehnte teils übereinstimmende, teils aber auch unterschiedliche und gegenläufige Strömungen hervorgetreten, die insgesamt die Grundlagen des JGG 1953 in Frage stellen. Da das JGG dem Richter durch eine Vielzahl unbestimmter Rechtsbegriffe und durch einen breit gefächerten Sanktionenkatalog einen weiten Spielraum gewährt, haben diese Strömungen vielfach auch auf die Rechtsprechung übergreifen können. So ist es zumindest auf wesentlichen Teilgebieten zu einer **Reform des Jugendstrafrechts durch die Praxis** auch ohne ausdrückliche Gesetzesänderung gekommen.
Als wichtigste Beispiele einer solchen überwiegend als positiv zu bewertenden Reform durch die Praxis sind die folgenden zu nennen:

a) Die erhebliche (mancherorts sogar allzu weitgehende) Zunahme der **formlosen Erledigung der kleineren Jugendstrafsachen ohne Urteil**, für die die §§ 45 und 47 JGG die gesetzliche Möglichkeit bieten (**Diversion**, dazu unten § 36). Sie dient nicht nur der Verfahrensvereinfachung und -beschleunigung, sondern insbesondere auch dem allseits anerkannten Ziel, schädliche Etikettierungen und Stigmatisierungen Jugendlicher zu vermeiden.

b) Die Zurückdrängung stationärer Sanktionierung von Jugendstraftaten (Jugendstrafvollzug, Jugendarrestvollzug, Heimerziehung etc.) zugunsten von **ambulanten Maßnahmen**[9] (z.B. Arbeits- und Geldauflagen, Betreuungsweisungen, soziale Trainingskurse). Allerdings zeigen hier die in den letzten Jahren einigermaßen konstant gebliebenen Prozentsätze von Jugendarrest und Jugendstrafe unter den Rechtsfolgen, daß die Praxis im Gegensatz zu allzu radikalen Stimmen im Schrifttum und auf Tagungen nicht völlig auf freiheitsentziehende Sanktionen verzichten zu können glaubt. Indessen ist zu beachten, daß ein immer größerer Teil der verhängten Jugendstrafen zur Bewährung ausgesetzt wird und auch diese »Bewährungsstrafe« eine ambulante Sanktion ist.

---

8 BT-Drucks. 11/7421, S. 3.
9 Zusammenfassend zu Punkt a) und b): *BMJ* (Hrsg.), Neue ambulante Maßnahmen nach dem JGG, Bielefelder Symposium 1986 (mit ausgezeichnetem Überblick über das einschlägige Schrifttum); *BMJ* (Hrsg.), Jugendstrafrechtsreform durch die Praxis, 1989; ebenso auch der internationale Trend, vgl. die Mindestgrundsätze der Vereinten Nationen für die Jugendgerichtsbarkeit, ZStW 99 (1987), 253, 266, mit Erläuterung von *Schüler-Springorum*, ZStW 99 (1987), 809; weitere Fundstellen in den folgenden Fußnoten sowie unten § 16 und § 36.

§ 5: Die Jugendgerichtsgesetze von 1923, 1943 und 1953. Reformbestrebungen

c) Obwohl § 105 JGG davon ausging, daß die **Anwendung von Jugendstrafrecht auf Heranwachsende** die Ausnahme sein sollte, hat die Praxis sie zumindest bei der sog. klassischen Kriminalität (im Gegensatz zur Verkehrskriminalität) von Jahr zu Jahr mehr zur Regel gemacht und damit auch für Heranwachsende die leichteren Möglichkeiten informeller Erledigung und ambulanter Rechtsfolgen geschaffen.

Die bisher dargestellten Reformtendenzen, die nahezu einhellig begrüßt werden, haben also vornehmlich den Abbau der repressiven, u. U. zu sehr am Strafgedanken orientierten Sanktionen zugunsten einer eher erzieherischen Behandlung junger Straftäter ohne Freiheitsentzug zum Ziel. Im übrigen wird von der Mehrheit der an der Reformdiskussion Beteiligten am Erziehungsgrundsatz als Leitprinzip des Jugendstrafrechts festgehalten[10], wobei neuerdings gerade die stärkere Berücksichtigung des Subsidiaritätsprinzips mit dem Erziehungsgedanken begründet wird[11]. Es wird aber auch eine Kappung des Erziehungsprinzips in Teilbereichen vorgeschlagen, insbesondere bei der Jugendstrafe[12].

3. Im jüngsten jugendstrafrechtlichen und kriminologischen Schrifttum verstärkt sich die Kritik am Erziehungsgedanken des Jugendstrafrechts. Sie hat anfänglich ihre Schubkraft i. w. aus der sog. Evaluationsforschung erhalten, die sich mit den Ergebnissen der bisherigen Erziehungsprogramme beschäftigt und die in dem niederschmetternden Fazit »nothing works« gipfelt[13]. Inzwischen ist die Kritik grundsätzlicher Natur geworden und hat die gesamte Individualprävention erfaßt. Nach Verblassen des sog. Wohlfahrtsmodells besinnt man sich erneut auf das sog. Gerechtigkeitsmodell. Darüber, wie dieses auszugestalten sei, besteht allerdings keine Einigkeit.

a) Der sog. Neoklassizismus plädiert für eine stärkere (Rück-)Anpassung an das (Erwachsenen-)Strafrecht, z. B. in Form der Wiedereinführung kurzfristiger Freiheitsstrafen. In den skandinavischen Ländern ist diese Entwicklung bereits stark vorange-

---

10 Vgl. etwa *Brunner*, Einf. II, Rn. 3 ff.; *Eisenberg*, Einl. Rn. 5, § 5, Rn. 13 ff.; *Blau*, in BMJ-Grundfragen, S. 326; *Böttcher*, DVJJS, Heft 18, 1990, S. 639; *Hermann/Wild*, MschrKrim 1989, 31; *Kaiser/Schöch*, Fall Nr. 15, Rn. 11 ff., S. 184; *Lempp*, ZfJ 1992, 385; *Pfeiffer*, KrimPräv – dazu die Bespr. von *Miehe*, ZStW 97 (1985), 977, 985; *Rössner*, in: Wolff-Erziehung, 1990, S. 18; *ders.*, in: BMJ-Grundfragen, S. 344; *Schlüchter*, GA, 1988, 106; *dies.*, ZRP 1992, 390. Aus der jüngsten Rechtsprechung u. a.: BGH 36, 37, 47 m. Anm. *Walter/Pieplow*, NStZ 1989, 576 und *Brunner*, JR 1989, 521; BGH 36, 294, 296; 37, 373. In diesem Sinne auch die Begründung zum 1. JGGÄndG, BT-Drucks. 11/5829, S. 11; 11/7421, S. 19 sowie die RL, DVJJ-Journal 1994, 180. Kritisch: *Nothacker, G.*, Erziehungsvorrang und Gesetzesauslegung im JGG, 1985 – zu ihm *Miehe*, ZStW 103 (1991), 186; *Wolf, G.*, Strafe und Erziehung nach dem JGG, 1984 – dazu kritisch *Miehe*, ZStW 97 (1985), 1000. S. auch *Pieplow*, in Walter-Erziehung, S. 5 sowie oben Fn. 1 und § 1 Fußn. 1.
11 Statt aller: *Breymann*, ZfJ 1988, 448; *Jung*, JuS 1992, 187; *Kratzsch*, Heilpädagogische Forschung, Bd. XV, Heft 3, 1989, S. 155 (Vorrang von tatbezogenen Folgen); *Kräupel*, DVJJ-Journal 1994, 18; *Viehmann*, GA 1988, 519; *Walter*, NStZ 1992, 101 und 470; *ders.*, ZfJ 1993, 177; *ders.*, DVJJ-Journal 1993, 165; s. auch unten § 36.
12 *Dünkel*, S. 466; *ders.*, ZfJ 1990, 425; *Heinz*, RdJB 1990, 133; 1992, 123; *ders.*, in: Wolff-Erziehung, S. 28; *ders.*, JuS 1991, 896; *ders.*, in: BMJ-Grundfragen, S. 369; *Kaiser*, in: Wolff-Erziehung, S. 61, 67; *Pfeiffer*, StrVert 1991, 363; *Sonnen*, in: Diemer/Schoreit/Sonnen, § 17 Rn. 9 f.; *Streng*, ZStW 106 (1994), 80; *Viehmann*, in: Walter-Erziehung, S. 111 – zu ihm *Schaffstein*, ZStW 103 (1991), 203.
13 Vgl. die Zusammenfassung der Ergebnisse bei *Lipton, D./Martinson, J./Wilks, J.*, The Effectiveness of Correctional Treatment, 1975. Zur Situation in der BRD: *Eisenberg*, ZRP 1985, 45; *ders.*, Kriminologie, § 42 Rn. 4 ff., S. 573; *Kaiser*, Kriminologie, § 37 Rn. 66 ff., S. 266; *ders.*, NStZ 1982, 102; *Schüler-Springorum*, Festschrift für Dünnebier, 1982, S. 649; gute Darstellung auch bei *Kury, H.*, Die Behandlung Straffälliger, 1986, S. 1, 5 ff. Zum derzeitigen Diskussionsstand: *Albrecht, H.-J.*, in: BMJ-Grundfragen, S. 254; *Kerner*, in: Jehle, S. 209; *Schöch*, ebenda, S. 243.

Allgemeine Grundlagen

schritten[14]. Zunehmend wird auch im Jugendstrafrecht der Sinn und Zweck der Sanktion in der »positiven Generalprävention«, d. h. in der Stärkung der Rechtstreue der Bevölkerung gesehen[15].

b) Nicht weit davon entfernt ist die Position derjenigen, die einerseits für die »Ablösung des Erziehungsstrafrechts« eintreten, andererseits aber den Vollzug der Sanktionen möglichst erzieherisch gestalten wollen. Bei der Festsetzung der Sanktion wird eine Rückbesinnung auf strafrechtliche Konzepte favorisiert[16]. Allen voran plädiert *Ostendorf*[17] dafür, die traditionelle Konnexität von Strafe und Erziehung »strafrechtlich aufzulösen«. Den Erziehungsgedanken möchte er als »Präventionsanliegen« umdeuten. Weite Deliktsbereiche seien für junge Straftäter gänzlich zu entkriminalisieren. Lediglich im Rahmen des Vollzugs der Sanktionen sei die Erziehung (z. B. der Resozialisierungsvollzug) als Angebot aufrechtzuerhalten.

c) Auch *P. A. Albrecht*[18] befürwortet die Absage an den »Erziehungstopos«, leitet aber aus der derzeitigen Krise nur ein »Negativkonzept« ab, in dem das zukünftige Jugendstrafrecht vor allem durch Verzicht auf staatliche Reaktionen sowie die Garantie des rechtsstaatlichen Verfahrens gekennzeichnet sein soll. Offen bleibt dabei, was eigentlich mit denjenigen Jugendlichen sinnvollerweise geschehen soll, bei denen ein Strafverzicht nicht in Betracht kommt.

d) Die sog. »Abolitionisten« wollen kein »besseres«, sondern »gar kein Strafrecht«[19]. Sie sprechen sich ausschließlich für informelle gesellschaftliche oder zivilrechtliche Lösungsansätze aus (sog. »Radical Nonintervention«[20]). Die generalpräventive Funktion der Strafe wird geleugnet[21], dem Erziehungsgedanken wird vorgeworfen, daß er nur den Ausbau und die Verfeinerung der strafrechtlichen Kontrolle bewirkt habe[22].

---

14 Ausführlich dazu *Kaiser*, Festschrift für Blau, 1985, 441; *Cornils*, ZStW 99 (1987), 873; *Weigend*, ZStW 94 (1982), 801; *ders.*, *BMJ*-Grundfragen, S. 152; s. auch unten § 23 Fußn. 1.
15 *Bohnert*, JZ 1983, 517; *Bottke*, W., Generalprävention im Jugendstrafrecht aus kriminalpolitischer und dogmatischer Sicht, 1984, S. 41; *Maurach/Gössel/Zipf*, AT 2, § 70 Rn. 11, S. 705.
16 S. u. a.: *Balbier*, DRiZ 1989, 404; *Feltes*, ZStW 100 (1988), 158, 173 ff.; *Ludwig*, ZfJ 1986, 333, 338; *Voß*, ZfJ 1989, 8, 15.
17 *Ostendorf*, Grundlagen zu §§ 1 und 2, Rn. 4 f.; *ders.*, in: *Walter*-Erziehung, S. 91 ff.; zurückhaltender jetzt *ders.*, ZfJ 1995, 1; ganz ähnlich *Sonnen*, in: Diemer/Schoreit/Sonnen, § 1 Rn. 12, § 2 Rn. 7.
18 *Albrecht*, § 8, S. 66 ff., § 9 S. 79 ff.; 131 ff.; *ders.*, ZStW 97 (1985), 831 (840); zu ihm *Miehe* ZStW 102 (1990), 823.
19 Statt aller: *Christie, N.*, Grenzen des Leids, 1986; *Foucault, M.*, Überwachen und Strafen – Die Geburt des Gefängnisses, 9. Aufl., 1991; *Maelicke, B./Ortner, H.* (Hrsg.), Alternative Kriminalpolitik, 1988; *Müller, S./Otto, H.-U.* (Hrsg.), Damit Erziehung nicht zur Strafe wird, 1986, – dazu kritisch *Miehe*, ZStW 103 (1991), 455; *Gerken, J./Schumann, K.-F.* (Hrsg.), Ein trojanisches Pferd im Rechtsstaat, der Erziehungsgedanke in der Jugendgerichtspraxis, 1988; *Papendorf, K./Schumann, K.*, Festschrift für Th. Mathiesen, 1993; *Schumann*, Festschrift für L. Pongratz, 1986, S. 371; *Voß*, ZfJ 1989, 8; zum Überblick s. *Kaiser*, Kriminologie, § 37 Rn. 102 ff., S. 284, *Peters, H.* (Hrsg.), Muß Strafe sein?, 1993; *Scheerer*, Abolitionismus, HandwB. Krim, 1991; s. auch unten § 44 I.
20 So schon *Schur, E. M.*, Radical Non-Intervention, Rethinking the Delinquency Problem, 1973, S. 155 (»leave the kids alone whenever it's possible«).
21 *Schumann, K.-F./Berlitz, C./Guth, H. W./Kaulitzki, R.*, Jugendkriminalität und die Grenzen der Generalprävention, 1987 – zutreffende Kritik dazu bei *Miehe*, ZStW 103 (1991), 461; *dies.*, KrimJ 1987, 13; s. auch *Schumann, K.-F.*, Positive Generalprävention, 1989; *ders.*, in *BMJ*-Jugendstrafrechtsreform, S. 154.
22 *Voß, M.*, Jugend ohne Rechte, 1986 passim – dazu zutreffend *Miehe*, ZStW 104 (1992), 138; s. auch unten § 36 Fußn. 5 und 6.

§ 5: Die Jugendgerichtsgesetze von 1923, 1943 und 1953. Reformbestrebungen

e) Die Diskussion über die Ausgestaltung des noch zu schaffenden 2. JGGÄndG (s. oben 1) ist inzwischen lebhaft in Gang gekommen, und es liegen verschiedene Reformvorschläge vor. Insbesondere hat sich die DVJJ bemüht, der Diskussion neue Impulse zu geben. Die Ergebnisse einer von ihr eingesetzten Kommission »Jugendkriminalrecht«[23] sind inzwischen auf dem Jugendgerichtstag in Regensburg[24] sowie auf zahlreichen weiteren Tagungen behandelt worden. Die Mehrheit der Reformkommissionsmitglieder hat eine tiefe Veränderung des gesamten jugendstrafrechtlichen Reaktionskatalogs verlangt. Zu den wichtigsten Forderungen gehören die »Zustimmungsbedürftigkeit« des Beschuldigten zu allen Weisungen, die Ersetzung der Auflagen durch sog. Verpflichtungen, die Abschaffung des Jugendarrests, die ersatzlose Streichung der Jugendstrafe wegen schädlicher Neigungen, die Herabsenkung der Mindestjugendstrafe und die Umwandlung der Jugendgerichtshilfe in eine reine Jugendhilfeinstitution. Aus den Kreisen der Arbeiterwohlfahrt stammen ähnliche Vorschläge, die aber eine noch generellere Aufgabe des Erziehungsgedankens propagieren[25]. Während all diese Reformbemühungen eher eine Zurücknahme des Strafrechts gegenüber jungen Straftätern anstreben, hat schließlich die CDU/CSU-Bundestagsfraktion eine »Initiative gegen Gewalt und Extremismus« unterbreitet[26], die als Gegenreaktion auf die zunehmende Gewalt gegen Ausländer eine Verschärfung des Jugendstrafrechts befürwortet, so z. B. auch die generelle Herausnahme der Heranwachsenden aus dem Jugendstrafrecht.

4. Die eigene Stellungnahme zu diesen Reformtendenzen ergibt sich bereits aus unseren Überlegungen zum Wesen und der Aufgabe des Jugendstrafrechts (oben § 1). <u>Einer alleinigen Berücksichtigung des Erziehungsgedankens im Jugendstrafrecht ist entgegenzuhalten, daß die praktische, aber auch empirisch belegte Erfahrung zeigt, daß der Effizienz aller ambulanten und stationären erzieherischen Bemühungen Grenzen gesetzt sind und daß, wie überall, Erziehung auch im sozialen Bereich der Jugendkriminalität nicht ganz ohne Strafe auskommt.</u> Es kann nicht geleugnet werden, daß auch gegenüber den Jugendlichen und Heranwachsenden das Strafrecht die Aufgabe sühnender »Rechtsbewährung« und »Normbekräftigung« im Sinne der heute im allgemeinen Strafrecht herrschend gewordenen Strafzwecklehre der »positiven Generalprävention« hat[27]. Was aber die letztgenannten Forderungen nach einer Ablösung des Erziehungsstrafrechts und der »Behandlungsideologie« anlangt, so verdienen sie zwar insoweit Zustimmung, als sie vor einer wirklichkeitsfremden Erziehungseuphorie warnen, die bei manchem der zahlreichen in der Jugendstrafjustiz tätigen Sozialpädagogen wie auch im Jugendstrafvollzug und in manchen jugendrichterlichen Entscheidungen bis in solche des BGH hinein anzutreffen ist. Auch die stärkere Betonung rechtsstaatlicher Grundsätze, die mit dem Erziehungsprinzip leicht in Kollision geraten, ist zu begrüßen. Darüber hinausgehenden Tendenzen auf »Ablösung des Erziehungsstrafrechts« ist hingegen eine klare Absage zu erteilen, weil sie entweder zu einem Neoklassizismus führen, der alle seit *v. Liszt* erreichten Fortschritte gefährden würde, obgleich diese nicht nur die

---

23 S. die Zusammenstellung in DVJJ-Journal 1992, 4 ff; hierzu *Schlüchter*, RdJB 1993, 328.
24 S. DVJJ-Journal 1992, 276 ff.
25 AWO-Kommission Jugendhilfe und Jugendkriminalrecht, Jugend ohne Zukunft? – Befähigen statt strafen, 1993; dazu *Frommel/Maelicke*, NK 1994, Heft 1, S. 28.
26 S. DVJJ-Journal 1994, 103 ff.
27 Zutreffend *Dölling*, DVJJS Heft 13, 1984, S. 259; *ders.*, ZStW 102 (1990), 1; *Schöch*, Festschrift für Jescheck, 1985, s. 1081 (1102); *ders.*, Krim-Forschung 80, 1988, S. 227; *ders.*, in: *Jehle, M.* (Hrsg.), Individualprävention und Strafzumessung, 1992, S. 243; s. auch *Vilsmeier*, MschrKrim 1990, 273; *Bock*, JuS 1994, 89; *Feltes*, MschrKrim 1993, 341.

Effizienz des Jugendstrafrechts, sondern vor allem auch dessen Humanisierung gefördert haben. Oder aber sie zielen auf eine utopische Abschaffung des Strafrechts als eines Mittels der Sozialkontrolle und Konfliktbewältigung hin. Ein solches Vorgehen mißachtete vor allem den Schutz sozial schwacher Opfer; man denke nur an die Gewalthandlungen gegenüber Kindern, Frauen oder Ausländern. Es ist auch zu hoffen, daß sich der Gesetzgeber die Reformvorstellungen der DVJJ (s. oben 3 e) so nicht zu eigen macht. Zwar sind manche Forderungen begrüßenswert, insbesondere die Stärkung des Subsidiaritätsprinzips, abzulehnen ist jedoch der Gedanke, man solle differenzieren zwischen den erzieherischen Reaktionen einerseits, die lediglich Angebotscharakter haben (insbes. Einstellungen oder Weisungen mit Zustimmung des Täters) und den strafenden Sanktionen andererseits, die notfalls mit staatlichem Zwang durchgesetzt werden dürfen (kurzfristige Ersatzfreiheitsstrafe [!] bei Nichtbefolgung sog. Verpflichtungen/kurzfristige Jugendstrafe)[28]. Diese Zweiteilung hätte Signalwirkung für eine weitere Abkehr vom Erziehungsgedanken und würde letztendlich die Besonderheit des Jugendstrafrechts bedrohen. Eine Hinwendung zum Neoklassizismus und seinen negativen Auswirkungen für das Jugendstrafrecht wäre zu erwarten, so u. a. die Angleichung der Sanktionierung schwerer Jugendstraftaten an diejenige des Erwachsenenstrafrechts, wie dies inzwischen in den USA geschieht. Es ist bedauerlich, daß diese Entwicklung in Deutschland gerade aus den Reihen der DVJJ forciert wird.

Solchen Strömungen gegenüber bleibt unsere Position bei dem Nebeneinander von Strafe und Erziehung im **gesamten** Jugendstrafrecht ungeachtet der daraus sich ergebenden unvermeidlichen Spannungen. Auch die folgende Darstellung geht davon aus, nicht nur deshalb, weil sie trotz aller mit der Zeit notwendigen Modifizierungen und Anpassungen als Grundlage das geltende Recht auf der Basis des JGG hat, sondern auch deshalb, weil wir ein ausgewogenes Nebeneinander beider Prinzipien im Jugendstrafrecht für möglich und kriminalpolitisch richtig halten[29].

Abzulehnen sind aber auch die jüngsten Forderungen nach einer Verschärfung des Jugendstrafrechts. Angesichts der vorhandenen breitgefächerten Sanktionsmöglichkeiten bis hin zur zehnjährigen Jugendstrafe erweisen sich solche Vorschläge als überflüssig. Auch bei den Ausschreitungen gegenüber Ausländern oder anderer Minderheiten seitens extremer Gruppen bedarf es zu einer wirksamen Gegenreaktion keiner nach oben erhöhten Strafrahmen, vielmehr muß das gegebene Jugendstrafrecht nur angemessen angewandt werden[30].

V. Jugendstrafrecht auf dem Gebiet der ehemaligen DDR

Nach dem Beitritt der DDR zur BRD gilt das JGG auch auf dem Gebiet der ehemaligen DDR. Im Einigungsvertrag aus dem Jahre 1990 sind jedoch einige wenige spezielle Regelungen vereinbart worden[31]. Für das Gebiet der ehemaligen DDR wird z. B. der Begriff »Zuchtmittel« nicht verwandt, vielmehr werden die hierunter fallenden Sanktionen

---

28 Besonders deutlich bei *Pfeiffer*, DVJJ-Journal 1992, 40; *Plewig*, DVJJ-Journal 1994, 227; *Scholz*, DVJJ-Journal 1992, 301, 1993, 142 und 1994, 237.
29 Dazu ausführlich *Beulke*, Gedächtnisschrift für Meyer, 1990, S. 677; *ders.*, in: BMJ-Grundfragen, S. 353; *Beulke/Mayerhofer*, JuS 1988, 136; *Wagner*, ZfJ 1992, 392; s. auch oben § 1 Fußn. 1.
30 Zur Diskussion s. oben § 2 Fußn. 28.
31 Einzelheiten s. BGBl II, 1990, S. 957 f. (Art. 8 i. V. m. d. Anlage I, Kapitel III, Sachgebiet C, Abschnitt III, 3); *Weber*, DVJJ-Journal, Nr. 133, Dez. 1990, S. 18; zum Problem der Rechtsangleichung s. auch *Brunner*, NStZ 1990, 473.

(Verwarnung, Auflagen, Jugendarrest) im einzelnen aufgeführt. Der Sache nach findet jedoch die gesamte Palette des jugendstrafrechtlichen Reaktionskatalogs Anwendung. Das JGG gilt dem Grundsatz nach auch für rechtswidrige Taten, die vor Wirksamwerden des Beitritts begangen worden sind[32], und zwar auch für Heranwachsende[33].

VI. Von den Jugendstrafgesetzen unserer Nachbarstaaten[34] hat das **Österreichische JGG 1989** auch in der Bundesrepublik besondere Beachtung gefunden. Da es die neuere deutsche und internationale Diskussion umfassend berücksichtigt, handelt es sich um das zur Zeit modernste Jugendgerichtsgesetz. Es kann zwar nicht überall, aber doch in vielen Punkten als vorbildlich auch für deutsche Reformvorhaben gelten. Das betrifft etwa die Regelung des Täter-Opfer-Ausgleichs, aber auch die zahlreichen und differenzierten Möglichkeiten des Strafverzichts bei »ubiquitärer« Jugendkriminalität mit geringer Schuld, die vom materiellrechtlichem Strafausschluß über verfahrensrechtliche Diversionsformen bis zum Schuldspruch ohne Strafe und mit Strafvorbehalt reichen. Die Abhaltung des Täters von strafbaren Handlungen wird ausdrücklich als primärer Zweck der Anwendung des Jugendstrafrechts definiert, daneben aber auch der Generalprävention ihre Bedeutung als Begrenzung informeller Verfahrensverzichte zuerkannt. Den Jugendarrest kennt das Österr. JGG nicht, wohl aber die problematische Freiheitsstrafe mit der Mindestdauer von 1 Tag. Weisungen und Auflagen werden mit vorläufiger Einstellung des Verfahrens kombiniert, so daß bei Nichtbefolgung die Wiederaufnahme des Verfahrens droht. Das Österr. JGG gilt nicht für Heranwachsende i. S. unseres § 105 JGG, wohl aber für den Jahrgang der 18jährigen ohne Einschränkung.

Drittes Kapitel
Die gesetzlichen Grundlagen des geltenden Jugendstrafrechts

§ 6 Das Jugendgerichtsgesetz und sein Anwendungsbereich

Gesetzliche Grundlage des in der Bundesrepublik geltenden Jugendstrafrechts ist das Jugendgerichtsgesetz (JGG) vom 4. 8. 1953 in der Fassung vom 11. 12. 1974 (BGBl I, S. 3427[1]). Es enthält nicht nur das *materielle* Jugendstrafrecht, sondern auch, wie sein Name bereits erkennen läßt, die Regelung der Jugend*gerichtsverfassung*, ferner die für das *Verfahren* vor den Jugendgerichten geltenden Sondernormen sowie Bestimmungen über die Strafvollstreckung und den Strafvollzug in Jugendsachen.
Für die Anwendung des JGG wurden die **Richtlinien zum JGG** (im folgenden als RL oder RiLi zitiert) auf Grund einer Vereinbarung der Landesjustizverwaltungen erlassen.

---

32 BGH NStZ 1991, 331.
33 BGH JR 1991, 347 m. zust. Anm. *Eisenberg*. Zu den kriminalpolitischen Aspekten der Wiedervereinigung s. insbes.: *Kaiser/Jehle* (Hrsg.), Politisch-gesellschaftlicher Umbruch, Kriminalität, Strafrechtspflege, 1993; *Kaiser*, ZStW 106 (1994), 469; *Kreuzer, A./Görgen, Th./Krüger, R./Münch, V./Schneider, H.*, Jugenddelinquenz in Ost und West, 1993; *Kury, H.* (Hrsg.), Gesellschaftliche Umwälzung, 1992.
34 Vgl. zu den Reformbestrebungen in Österreich und in der Schweiz u. a. *Albrecht, H. J.*, RdJB 1988, 387; speziell zum neuen österr. JGG *Bogensberger*, DVJJ-Journal 1991, 235; *Machacek/Neider*, RuP 1989, 36; *Steinert* und *Stangl*, in: BMJ-Grundfragen, S. 218, 225; *Stangl*, NK 1994, Heft 1, S. 37; *Zipf*, Festschrift für Spendel 1992, S. 811.
1 Spätere Änderungen insbes. durch das KJHG v. 26. 6. 1990 (BGBl I, S. 1163), das 1. JGGÄndG v. 30. 8. 1990 (BGBl I, S. 1853), das Einigungsvertragsgesetz v. 23. 9. 1990 (BGBl II, S. 885), das Gesetz zur Entlastung der Rechtspflege v. 11. 1. 1993 (BGBl I, S. 50) sowie das 1. Gesetz zur Änderung des SGB VIII v. 16. 2. 1993 (BGBl I, S. 239).

Allgemeine Grundlagen

Die derzeitige gültige Fassung beruht auf einem Beschluß des Strafrechtsausschusses der Justizministerkonferenz vom 14./15. April 1994[1a]. Die RL stellen weder ergänzende Rechtssätze noch eine authentische, den Richter bindende Interpretation des JGG dar. Soweit sie Verwaltungsanweisungen enthalten, binden sie nur den ohnehin weisungsgebundenen Staatsanwalt. Dem unabhängigen Richter können sie, wie in ihrem Vorspruch zutreffend formuliert wird, nur »Hinweise und Empfehlungen« geben. In dieser eingeschränkten Bedeutung stellen sie ein wertvolles Hilfsmittel zur leichteren und zweckentsprechenden Handhabung des Gesetzes dar.

I. Der persönliche Anwendungsbereich des JGG

Das JGG grenzt seinen persönlichen Anwendungsbereich nach *Altersgruppen* ab. Es gilt, wenn ein »Jugendlicher« oder ein »Heranwachsender« eine Verfehlung begeht, die nach den *allgemeinen* Vorschriften mit Strafe bedroht ist (§ 1 I JGG).

Für die Zugehörigkeit des Täters zu einer dieser beiden Altersgruppen ist grundsätzlich der *Zeitpunkt der Tat* maßgebend, während es auf das Alter z. Z. des Verfahrens, der Urteilsfällung oder gar des Vollzuges einer Rechtsfolge nicht ankommt. Der Zeitpunkt der Tat ist nach der tatbestandsmäßigen Willensbetätigung, nicht nach dem Erfolgseintritt zu bestimmen.

Beispiel: Wer im Alter von 17 Jahren auf einen anderen einen tödlichen Schuß abgibt, ist für diese Tat nach dem JGG (§ 1 II) als »Jugendlicher« zu beurteilen, auch wenn der Tod des zunächst nur verletzten Opfers erst eintritt, nachdem der Täter das 18. Lebensjahr bereits vollendet hat. Auch wenn die Tat erst ein Jahr später aufgeklärt und abgeurteilt würde, so würde sich daran nichts ändern.

1. **Jugendlicher** ist, wer z. Z. der Tat 14, aber noch nicht 18 Jahre alt ist (§ 1 II JGG). Für diese Altersgruppe der 14- bis 17jährigen Täter gilt das Sonderstrafrecht des JGG unbeschränkt.

2. **Heranwachsender** ist, wer z. Z. der Tat 18, aber noch nicht 21 Jahre alt ist (§ 1 II JGG). Die Heranwachsenden, d. h. also die 18- bis 20jährigen, fallen nur insofern generell unter die Sonderregelung des JGG, als sie grundsätzlich von den Jugendgerichten abzuurteilen sind. Dagegen ist auf sie materielles Jugendstrafrecht nur unter bestimmten Voraussetzungen (§ 105 JGG, darüber unten § 8) anwendbar. Auch die Anwendung des besonderen Jugendstrafprozeßrechts ist im Verfahren der Jugendgerichte gegen Heranwachsende wesentlich eingeschränkt (§ 109 JGG, unten § 42).

3. **Kinder,** d. h. Personen unter 14 Jahren, fallen nicht unter das Jugendstrafrecht. Sie sind nach ausdrücklicher gesetzlicher Bestimmung (§ 19 StGB) schuldunfähig[2].

[1a] Abgedruckt bei *Eisenberg*, Anhang 1.
[2] Zur Kriminologie und Psychopathologie des Kindesalters vgl. außer der in § 1 Anm. 2 und 6 angeführten Literatur *Göppinger, H./Vossen, R.* (Hrsg.), Humangenetik und Kriminologie – Kinderdelinquenz und Frühkriminalität, 1984; *Kaiser,* Kriminologie, § 47 Rn. 6 ff., S. 419; *Kreuzer,* ZfPäd 1983, 49; *Lefrenz, H.,* Die Kriminalität der Kinder, 1957; *Pongratz, L.* (u. a.), Kinderdelinquenz, 1975; *Pongratz/Jürgensen,* Kinderdelinquenz und kriminelle Karrieren, 1990; *Quensel/Schelenz,* MschrKrim 1978, 396; *Schneider,* Jura 1991, 342; *Spittler, E.,* Die Kriminalität Strafunmündiger, Jur.Diss. Gießen, 1968; *Traulsen,* NJW 1974, 597; *dies.,* MschrKrim 1978, 386; *Walter/Remschmidt/Höhner,* Festschrift für Stutte, 1979, S. 127; *Weinschenk,* Zsf Kinder- und Jugendlichenpsychiatrie 1984, 342; *ders.,* MschrKrim 1984, 15; 1985, 270; s. auch § 7 Fußn. 1.

§ 6: Das Jugendgerichtsgesetz und sein Anwendungsbereich

Begeht ein Kind eine mit Strafe bedrohte, d. h. tatbestandsmäßig rechtswidrige Handlung (z. B. einen Diebstahl oder eine Körperverletzung), so kann die Straftat ein Indiz dafür sein, daß eine dem Wohl des Kindes entsprechende Erziehung nicht gewährleistet und deshalb Hilfen für seine Entwicklung geeignet und notwendig sind. Dann sollte bereits der Staatsanwalt die Personensorgeberechtigten und das Kind auf ihre Ansprüche auf Hilfe zur Erziehung gem. §§ 27 ff. SGB VIII aufmerksam machen und sie im übrigen an das Jugendamt verweisen (vgl. §§ 8, 18 SGB VIII). In Einzelfällen kann dies auch ein Anlaß für den *Vormundschaftsrichter* sein, Erziehungsmaßnahmen nach dem BGB anzuordnen. Nr. 2 der RL zu § 1 JGG verpflichtet den Staatsanwalt, bei einer Strafanzeige gegen ein Kind erforderlichenfalls den Vormundschaftsrichter zu verständigen und zu prüfen, ob die Schulbehörde oder andere Stellen zu benachrichtigen sind und ob gegen den Aufsichtspflichtigen einzuschreiten ist[3].

In *verfahrensrechtlicher* Hinsicht ist die absolute Strafunmündigkeit nach herrschender und zutreffender Auffassung ein *Prozeßhindernis*[4]. Daraus folgt, daß ein Hauptverfahren, das versehentlich wegen einer im Kindesalter begangenen Tat eröffnet worden ist, durch Einstellung, nicht durch Freispruch zu beenden ist, und zwar auch dann, wenn der Angeklagte inzwischen das 14. Lebensjahr vollendet hat.

De *lege ferenda* ist oft die Heraufsetzung des Strafmündigkeitsalters auf 16 Jahre gefordert worden. Insbesondere sah auch der Diskussionsentwurf zum JHG vor, daß bei Verfehlungen eines Jugendlichen im Alter von 14 und 15 Jahren zwar Erziehungshilfen gewährt, nicht aber Jugendstrafe verhängt werden sollte[5]. Diese Bestrebungen haben sich bisher nicht durchsetzen können. Die praktische Bedeutung der Frage ist nicht allzu groß. Denn Fälle, in denen Jugendliche unter 16 Jahren zu Jugendstrafe verurteilt werden, kommen schon nach geltendem Recht selten vor, weil die Jugendrichter bei dieser jüngsten Altersgruppe ganz überwiegend nur bei wirklich begründetem Anlaß und unter besonders sorgfältiger Prüfung der Voraussetzungen zur ultima ratio des Jugendstrafrechts greifen (insbesondere bei der kleinen Gruppe Jugendlicher, die aus den offenen Heimen immer wieder entlaufen und erhebliche Straftaten begehen)[6]. Dagegen sind jugendrichterliche Erziehungsmaßregeln und Zuchtmittel, darunter erforderlichenfalls Jugendarrest, oft auch schon bei 14- und 15jährigen angebracht.

II. Anwendung des JGG auf Soldaten

Das JGG gilt grundsätzlich auch für Soldaten der Bundeswehr, die sich im Alter des Jugendlichen oder Heranwachsenden befinden, und zwar ohne Unterschied, ob ihre Taten »zivile« oder militärische Delikte darstellen. Diese Soldaten sind also von den Jugendgerichten abzuurteilen, und die Rechtsfolgen ihrer Straftaten bestimmen sich nach den §§ 3–32 und 105 JGG. Allerdings enthält der 4. Teil des JGG (§§ 112 a–112 e), der durch das Einführungsgesetz zum Wehrstrafgesetz vom 30. 3. 1957 nachträglich in das JGG 1953 eingefügt worden ist, einige Abweichungen, die für die Dauer des Wehrdienstverhältnisses eines Jugendlichen oder Heranwachsenden gelten. Sie erklären sich aus den besonderen Bedürfnissen der militärischen Disziplin, zugleich aber auch aus der Notwendigkeit, die erzieherischen Maßnahmen des Jugendstrafrechts im Interesse ihrer Wirksamkeit der besonderen Lage des jungen Soldaten anzupassen. Aus diesem Grunde sind z. B. einzelne Rechtsfolgen des Jugendstrafrechts, die sich – wie die Hilfe zur Erziehung i. S. des § 12 JGG, also insbes. Heimerziehung und Erziehungsbeistandschaft, – in ihrer Durchführung nicht mit dem Wehrdienstverhältnis vereinigen ließen, auf Soldaten nicht anwendbar (§ 112 a Nr. 1 JGG), während andere – wie die

---

3 Kritisch gegenüber jedweden formellen Reaktionen: *Albrecht*, § 10 A I 3, S. 88 f.
4 *Brunner*, § 1 Rn. 14; *Eisenberg*, § 1 Rn. 31; *Roxin*, § 21 B III 1 e, Rn. 14; *Beulke*, Rn. 276.
5 Vgl. dazu *Albrecht, P. A./Schüler-Springorum, H.* (Hrsg.), Jugendstrafe an 14- und 15jährigen, 1983. Die Jugendstrafvollzugskommission (1980) hatte Vollzug der Jugendstrafe bis zur Vollendung des 16. Jahres in geeigneten Heimen statt in Jugendstrafanstalten vorgeschlagen; s. auch unten § 22 Fußn. 3. Zur Verfassungsmäßigkeit der Jugendstrafe auch bei 14- und 15jährigen s. OLG Schleswig NStZ 1985, 475 mit Anm. *Schüler-Springorum*, ebenda und *Streng*, StrVert 1985, 421.
6 Vgl. *Böhm*, ZfStrVo 1974, 31.

Allgemeine Grundlagen

Bewährungshilfe und der Jugendarrest – den militärischen Verhältnissen entsprechend abgewandelt werden.

III. Der sachliche Anwendungsbereich des JGG

Er ist dadurch bestimmt, daß die Anwendung des JGG eine »nach den allgemeinen Vorschriften mit Strafe bedrohte Verfehlung« voraussetzt (§ 1 I JGG). Unter »*Verfehlungen*« sind Verbrechen oder Vergehen zu verstehen. Sie müssen entweder durch das StGB oder durch ein nebenstrafrechtliches Gesetz (z.B. Steuer-, Wirtschafts- oder Wehrstrafgesetz), die vom JGG mit dem zusammenfassenden Ausdruck der »allgemeinen Vorschriften« bezeichnet werden, mit echter Kriminalstrafe bedroht sein. Deshalb fallen Ordnungswidrigkeiten, die nach dem OWiG nur mit Geldbuße geahndet werden, und disziplinarrechtliche Tatbestände nicht unter das JGG.

Für das Gebiet der ehemaligen DDR ist der Begriff »Verfehlungen« ersetzt worden durch den der »rechtswidrigen Taten«. Gemeint sind damit alle rechtswidrigen Handlungen (Vergehen oder Verbrechen), die einen in der ehem. DDR geltenden Straftatbestand erfüllen. Das kann einerseits eine strafrechtliche Norm der (früheren) Bundesrepublik sein, soweit sie in dem Gebiet der ehemaligen DDR gilt (Regelfall), oder eine strafrechtliche Norm des DDR-Strafrechts, soweit dieses weiterhin Anwendung findet (Ausnahmefall)[7].

Bei **Ordnungswidrigkeiten** eines Jugendlichen oder Heranwachsenden gelten zwar grundsätzlich sowohl für die Rechtsfolgen (nur Geldbuße) wie für das Verfahren die Bestimmungen des OWiG (Verfolgung und Ahndung durch die zuständige Verwaltungsbehörde, nur bei rechtzeitigem Einspruch gegen den Bußgeldbescheid Entscheidung durch das Gericht, §§ 67, 68 OWiG). Indessen wirken wesentliche Besonderheiten des Jugendstrafrechts auch in das Ordnungswidrigkeitsrecht hinein. Ein Jugendlicher handelt nur ordnungswidrig, wenn er nach seinem Reifestand die nach § 3 JGG erforderliche Einsichts- und Handlungsfähigkeit besitzt (§ 12 I Satz 2 OWiG). Wird das gegen einen Jugendlichen oder Heranwachsenden festgesetzte Bußgeld nicht fristgerecht gezahlt, so kann der Jugendrichter unter den in § 98 I OWiG näher bezeichneten Voraussetzungen dem Jugendlichen auferlegen, Arbeitsleistungen zu erbringen, den Schaden wiedergutzumachen, bei einer Verletzung von Verkehrsvorschriften an einem Verkehrsunterricht teilzunehmen oder sonst eine bestimmte Leistung zu erbringen. Bei schuldhafter Zuwiderhandlung gegen diese Anordnungen kann Jugendarrest (bei einer Bußgeldentscheidung nicht mehr als eine Woche) gegen ihn verhängt werden (§ 98 II OWiG). Zuständiges Gericht, das über den Einspruch gegen den Bußgeldbescheid entscheidet, ist bei Jugendlichen und Heranwachsenden der Jugendrichter als Einzelrichter (§ 68 II OWiG)[8].

Das JGG befaßt sich nur mit den *strafrechtlichen* Folgen der Verfehlungen Jugendlicher und Heranwachsender, indem es bestimmt, ob und unter welchen Voraussetzungen diese Verfehlungen Strafen oder andere jugendgerichtliche Maßnahmen nach sich ziehen. Die zivilrechtlichen Folgen der Jugendstraftat, insbesondere die Schadensersatzverpflichtungen gegenüber dem Verletzten, läßt es unberührt. Für sie gelten die allgemeinen Vorschriften der Zivilgesetze (insbesondere §§ 823 ff. BGB).

Deshalb darf der jugendstrafrechtliche Begriff der Verantwortlichkeit (Strafmündigkeit) gem. § 3 JGG nicht mit dem zivilrechtlichen Begriff der Deliktsfähigkeit (§ 828 BGB) verwechselt werden. Beachte namentlich auch den Unterschied in den unteren Altersgrenzen der Verantwortlichkeit!

---

[7] Einzelheiten s. d. Einigungsvertragsgesetz, BGBl II, 1990, S. 885, 892, 957, 1168: Die im Strafrecht der DDR früher existierenden »Verfehlungen«, die keine Straftaten darstellten, sind nicht übernommen worden; s. auch *Weber*, DVJJ-Journal, Nr. 133, Dez. 1990, S. 18.

[8] S. auch *Bohnert, J.*, Ordnungswidrigkeiten und Jugendrecht, 1989. Zum Verhältnis der Einstellungsmöglichkeit gem. § 47 OWiG zu §§ 45, 47 JGG s. *Eisenberg* NStZ 1991, 451.

§ 6: Das Jugendgerichtsgesetz und sein Anwendungsbereich

IV. Die subsidiäre Anwendung des allgemeinen Strafrechts

Da das JGG nur die für Jugendliche und Heranwachsende geltenden Sonderbestimmungen enthält, greifen überall dort, wo sich eine solche Sonderregelung nicht findet, ergänzend die »allgemeinen Vorschriften« des Strafrechts ein (§ 2 JGG und § 10 StGB). Welches z. B. die Tatbestandsmerkmale eines Mordes, Diebstahls, Betruges oder einer Urkundenfälschung sind, das ergibt sich aus dem Besonderen Teil des StGB. Ebenso haben die Rechtfertigungs- und Schuldausschließungsgründe des allgemeinen Strafrechts sowie die Bestimmungen des StGB über Versuch und Teilnahme unbeschränkte Geltung auch für das Jugendstrafrecht.

Während also die begrifflichen Elemente und die Erscheinungsformen der Straftat im Jugendstrafrecht die gleichen sind wie im allgemeinen Strafrecht, bezieht sich die jugendstrafrechtliche Sonderregelung vor allem auf die rechtlichen Folgen, welche die Straftat nach sich zieht. Hier ist die für die Erwachsenen geltende Regelung der Rechtsfolgen im dritten Abschnitt des Allgemeinen Teils des StGB, der insbesondere von den Strafen, der Strafbemessung, der Strafaussetzung und den Maßregeln der Besserung und Sicherung handelt, in ihrem weitaus größeren Teil durch die abweichenden Bestimmungen der §§ 5 bis 31 JGG ersetzt. Da nun aber wichtige Bestimmungen des StGB (z. B. § 12 I und II mit der Zweiteilung der Straftaten in Verbrechen und Vergehen) auf die im Jugendstrafrecht nicht geltenden Vorschriften des StGB über die Strafen Bezug nehmen, so bestimmt § 4 JGG zur Klarstellung ausdrücklich, daß die Frage, ob eine Straftat eines Jugendlichen als Verbrechen oder Vergehen anzusehen ist und wann sie verjährt, nach den Vorschriften des allgemeinen Strafrechts zu entscheiden ist.

Beispiel: Der Raub ist nach § 12 StGB in Verbindung mit § 249 StGB ein Verbrechen, weil er mit Freiheitsstrafe nicht unter einem Jahr bedroht ist. Im Jugendstrafrecht beträgt das Mindestmaß der Jugendstrafe, soweit überhaupt eine solche Platz greift, 6 Monate. Trotzdem ist auch der von einem Jugendlichen begangene Raub ein Verbrechen, sein Versuch daher nach § 23 StGB strafbar. Die Strafverfolgungsverjährung tritt auch hier gemäß § 78 StGB nach 20 Jahren ein.

In gleicher Weise richtet sich auch das Verfahren vor den Jugendgerichten nach den Vorschriften der Strafprozeßordnung, soweit nicht die §§ 43–81 und § 109 JGG abweichende Vorschriften für das Verfahren gegen Jugendliche und Heranwachsende enthalten. (Näheres unten §§ 31 ff.)

V. Die Anwendung des »milderen Gesetzes«

Das Jugendstrafrecht stellt sich gegenüber dem Erwachsenenstrafrecht in bezug auf die Art und Schwere seiner Rechtsfolgen nicht so sehr als ein minus wie vielmehr als ein aliud dar. Gleichwohl bedarf es nicht selten der Antwort auf die Frage, ob das Jugendstrafrecht oder das allgemeine Strafrecht das mildere Recht ist. Denn diese Frage tritt nicht nur in der kriminalpolitischen Diskussion auf, sondern ist auch für die gerichtliche Praxis von nicht unerheblicher Bedeutung, so namentlich, wenn bei unaufklärbarem Sachverhalt (hinsichtlich des Alters oder des Reifegrades des Täters z. Z. der Tat) gemäß dem Grundsatz »in dubio pro reo« nach dem milderen Gesetz zu entscheiden ist. Ebenso kann das Verbot der reformatio in peius (genauer: der Schlechterstellung im Strafmaß, §§ 331, 358 II, 373 II StPO) im Rechtsmittelverfahren einen Vergleich zwischen den Rechtsfolgen des Jugendstrafrechts und des allgemeinen Strafrechts erforderlich machen.

Beispiele:
(1) Es läßt sich nicht mit Sicherheit feststellen, welcher Altersgruppe der Täter z. Z. der Begehung der Tat angehört hat[9].

---

9 BGH 5, 366.

Allgemeine Grundlagen

(2) Bei einem 18jährigen Täter kann das Vorliegen einer Reifeverzögerung, die nach § 105 I Nr. 1 JGG die Anwendung von Jugendstrafrecht zur Folge haben müßte, wegen widerstreitender Sachverständigengutachten nicht hinreichend geklärt werden[10].

(3) Ein Heranwachsender wird, weil seine Tat als Jugendverfehlung (§ 105 I Nr. 2 JGG) angesehen wird, in der ersten Instanz zu einer Jugendstrafe von 8 Monaten verurteilt. Er legt gegen das Urteil Berufung ein, und das zweitinstanzliche Gericht kommt zur Überzeugung, daß die Tat keine Jugendverfehlung darstellt. Würde eine nunmehr gegen ihn verhängte Freiheitsstrafe nach StGB von gleicher Dauer gegen das Verbot der reformatio in peius verstoßen? Würde das auch bei einer Erwachsenenstrafe von nur 6 Monaten der Fall sein?

Die in diesen und anderen Fällen erforderliche Entscheidung, ob das Jugendstrafrecht oder das allgemeine Strafrecht das mildere und deshalb im Zweifel anzuwendende Recht sei bzw. wie die Rechtsfolgen des einen und des anderen Rechts vergleichsweise zu bewerten seien, läßt sich nicht generell erteilen. Insbesondere würde die Auffassung, daß das Jugendstrafrecht stets das mildere Recht sei, unzutreffend sein. Zwar wird in der Mehrzahl der Fälle das Jugendstrafrecht zu einer in die Freiheitssphäre des Beschuldigten weniger eingreifenden, insofern also milderen Entscheidung führen. Aber dies ist keineswegs immer der Fall, wie u. a. das gegenüber der Freiheitsstrafe des StGB wesentlich höhere Mindestmaß der Jugendstrafe (6 Monate, § 18 JGG) zeigt. Deshalb kann das anzuwendende mildere Gesetz nicht allgemeingültig, sondern nur im konkreten Einzelfall festgestellt werden, indem der Richter die Ergebnisse vergleicht, zu denen ihn in diesem Fall eine Entscheidung nach Jugendstrafrecht einerseits, nach allgemeinem Strafrecht andererseits führen würde[11]. Würde bei Anwendung von Jugendstrafrecht von Strafe abzusehen sein, weil Erziehungsmaßregeln oder Zuchtmittel ausreichen, das allgemeine Strafrecht aber zu einer Freiheitsstrafe führen, so ist Jugendstrafrecht anzuwenden. Schwieriger ist der Vergleich von Jugendstrafe und Freiheitsstrafe nach StGB. Bei gleicher Dauer ist die Jugendstrafe wegen ihres aufgelockerten Vollzuges und der für den Verurteilten günstigeren strafregisterlichen Behandlung als milder anzusehen[12]. BGH 29, 269 begründet das gleiche Ergebnis mit Rücksicht auf § 92 II JGG nicht mit dem milderen Vollzug, sondern mit der Möglichkeit der Aussetzung der Reststrafe schon nach Drittelverbüßung (§ 88 II JGG). In dem oben erwähnten Beispiel 3 würde es also unzulässig sein, die erstinstanzliche Jugendstrafe von 8 Monaten in der zweiten Instanz durch eine Erwachsenenstrafe von 8 Monaten zu ersetzen. Dagegen würde eine Freiheitsstrafe von 6 Monaten kaum gegen das Verbot der reformatio in peius verstoßen.

---

10 Nach BGH 12, 116 ist hier stets Jugendstrafrecht anzuwenden, was zwar im Regelfall zutreffend ist, jedoch dann, wenn ausnahmsweise die jugendstrafrechtliche Sanktion die härtere sein würde, gegen den Grundsatz »in dubio pro reo« verstößt. Wie der BGH auch *Böhm*, S. 43; wie hier *Albrecht*, § 10 A II 3, S. 90; *Brunner*, § 105 Rn. 17 und 90 und *Eisenberg*, § 105 Rn. 36, siehe auch unten § 8 II 1 c.
11 Ebenso BayObLG 70, 161; *Brunner*, § 55 Rn. 21, 38 ff.
12 Vgl. dazu *Eisenberg*, § 55 Rn. 87; a. A. BGH 5, 366, 369; 10, 100; OLG Düsseldorf NJW 1964, 216, nach denen Jugendstrafe mit Gefängnisstrafe von gleicher Dauer gleichzusetzen ist.

Erster Teil
Das materielle Jugendstrafrecht

Erstes Kapitel
Alters- und Reifestufen

§ 7 Die Jugendlichen und ihre Verantwortlichkeit[1]

I. Bedingte Strafmündigkeit der Jugendlichen

Auf die Straftaten »Jugendlicher«, d. h. der Täter von der Vollendung des 14. bis zur Vollendung des 18. Lebensjahres, findet das Jugendstrafrecht ausnahmslos Anwendung. Auch bei ihnen ergeben sich freilich die materiellrechtlichen Besonderheiten des Jugendstrafrechts oft erst bei der Bestimmung der Rechtsfolgen der Straftat. Dagegen sind die Voraussetzungen der Straftat (Tatbestandsmäßigkeit, Rechtswidrigkeit und Schuld) regelmäßig nach allgemeinem Strafrecht zu bestimmen.

Dabei ist freilich in der Praxis besondere Vorsicht bei der Feststellung des subjektiven Tatbestandes geboten. Nicht selten kann jugendliche Unwissenheit oder Unerfahrenheit zu einem nach § 16 StGB den Vorsatz ausschließenden Tatbestandsirrtum führen.

Nur hinsichtlich der *Schuldfähigkeit* begründet § 3 JGG eine Abweichung vom allgemeinen Strafrecht, die von größter grundsätzlicher und praktischer Bedeutung ist. Der Jugendliche ist nur bedingt strafmündig, d. h., er ist für eine Tat nur dann strafrechtlich verantwortlich, wenn er z. Zt. der Tat nach seiner sittlichen und geistigen Entwicklung reif genug ist, das Unrecht der Tat einzusehen und nach dieser Einsicht zu handeln. Mit dieser Bestimmung des § 3 JGG wird für Jugendliche ein spezieller Schuldausschließungsgrund anerkannt, der zu den im allgemeinen Strafrecht aufgeführten Fällen der Schuldunfähigkeit (§ 20 StGB) zusätzlich hinzutritt.

Während nun aber bei dem Täter, der das 18. Lebensjahr vollendet hat, die Schuldfähigkeit zwar auch Voraussetzung der Strafbarkeit ist und Zweifel an ihr nach dem Grundsatz in dubio pro reo zum Freispruch führen, bedarf sie doch dort der Prüfung und der besonderen Feststellung im Urteil nur dann, wenn sich im Verfahren irgendwelche Anhaltspunkte dafür ergeben, daß sie etwa ausgeschlossen sein könnte. Anders

---

1 Aus dem Schrifttum aus rechtlicher Sicht: *Bohnert*, NStZ 1988, 249; *Jescheck, H.-H.*, Lehrbuch des Strafrechts AT, 4. Aufl., 1988, § 40 II, S. 391; *Maurach/Zipf*, AT 1, § 36, Rn. 81 ff., S. 509; *Peters, K.*, Die Beurteilung der Verantwortungsreife, in *Undeutsch, U.*, (Hrsg.), Forensische Psychologie, Handbuch der Psychologie, Bd. 11, 1967, S. 260; *Roxin, C.*, Strafrecht Allg. T., Bd. I, 2. Aufl., 1994, S. 729 ff., 752; *Schaffstein*, ZStW 77 (1965), 191; *Streng*, S. 247. Aus psychiatrischer Sicht: *Bresser*, Begutachtung, S. 267; *ders.*, Psychologie und Psychopathologie der Jugendlichen, in *Göppinger, H./Witter, H.* (Hrsg.), Handbuch der forensischen Psychiatrie I, 1972, S. 534; *Langelüddeke, A./Bresser, P. H.*, Gerichtliche Psychiatrie, 4. Aufl. 1976, S. 345; *Lempp, R.*, Gerichtliche Kinder- und Jugendpsychologie, 1983; *Rasch, W.* Forensische Psychiatrie, 1986, 2.2.2, S. 65; *Venzlaff, U.* (Hrsg.), Psychiatrische Begutachtung, 1986, dort insbes. die Beiträge von *Schreiber* (insbes. S. 38 ff.) und *Specht* (insbes. S. 375 ff.); *Witter, H.*, Grundriß der gerichtlichen Psychologie und Psychiatrie, 1970.

jedoch beim jugendlichen Täter. Hier muß die <u>*Schuldfähigkeit gemäß § 3 JGG stets positiv festgestellt* und im Urteil sorgfältig begründet werden</u> (so schon RGSt 58, 128). Denn während beim Erwachsenen das Vorliegen einer der in § 20 StGB aufgeführten Gründe der Schuldunfähigkeit (krankhafte seelische Störung, tiefgreifende Bewußtseinsstörung, Schwachsinn oder schwere andere seelische Abartigkeit) einen relativ seltenen Ausnahmefall darstellt, ist bei Jugendlichen das Fehlen der die Verantwortlichkeit begründenden sittlichen und geistigen Reife erfahrungsgemäß eher häufig, bei manchen Delikten sogar häufiger als ihr Vorhandensein. Das Gesetz bringt diesen Unterschied dadurch zum Ausdruck, daß es in § 20 StGB negativ die Merkmale der Schuldunfähigkeit, in § 3 JGG dagegen positiv die Merkmale der Schuldfähigkeit definiert. <u>Beide Gesetzesbestimmungen, § 20 StGB und § 3 JGG, gleichen sich jedoch insofern, als sie die strafrechtliche Verantwortlichkeit an eine doppelte Voraussetzung knüpfen: an die Einsichtsfähigkeit und an die Handlungsfähigkeit</u> (Willensbildungsfähigkeit, Hemmungsvermögen), von denen die zweite mit der ersteren keineswegs ohne weiteres gegeben ist, sondern zusätzlich zu ihr hinzutreten muß.

Diese Formulierung ist das Ergebnis einer langen rechtsgeschichtlichen Entwicklung. Ihre Vorstufen sind die doli capacitas des spätmittelalterlichen und gemeinen Rechts sowie der »discernement«-Begriff des code pénal von 1810. Noch das StGB von 1871 machte die Strafbarkeit des 12- bis 16jährigen nur davon abhängig, daß er die zur Erkenntnis der Strafbarkeit der Tat erforderliche Einsicht besaß (ähnlich noch heute die Formulierung des § 828 BGB, der für die zivilrechtliche Deliktsfähigkeit nur »die zur Erkenntnis der Verantwortlichkeit erforderliche Einsicht« verlangt). Erst die moderne Ergründung der tieferen psychologischen Zusammenhänge führt zu der Erkenntnis, daß der jugendliche Motivationsprozeß nicht nur in intellektueller Hinsicht, auf die der alte »discernement«-Begriff einseitig abstellte, von dem der Erwachsenen abweicht, sondern ebenso auch durch die noch ungehemmtere Wirksamkeit der triebhaften Kräfte. Die Folgerungen daraus zog zuerst das JGG 1923, indem es neben der geistigen (intellektuellen) Reife auch die sittliche Reife, neben der Einsichtsfähigkeit auch die Handlungsfähigkeit zur Voraussetzung der Verantwortlichkeit erhob.

Auch insofern entsprechen sich § 3 JGG und § 20 StGB, als beide sich zur Bestimmung der Schuldfähigkeit der sogenannten »biologisch-psychologischen Methode« bedienen. Die noch unabgeschlossene geistige und sittliche Entwicklung ist der biologische Grund, die fehlende Einsichts- oder Handlungsfähigkeit die vom Gesetz geforderte psychologische Folge, welche den Mangel der Verantwortlichkeit nach § 3 JGG begründet.

Entgegen dem in der positiven Fassung des § 3 JGG formulierten Gesetzesauftrag macht sich die jugendrichterliche Praxis die Feststellung der Verantwortlichkeit Jugendlicher oft allzu leicht. Wenn überhaupt, so wird das Vorliegen der Voraussetzungen des § 3 JGG in den meisten Urteilen nur durch stereotype Leerformeln festgestellt. In Wahrheit dürfte auch bei meist vorhandener Einsichtsfähigkeit das Steuerungsvermögen bei Jugendlichen (insbesondere bei 14- bis 15jährigen) viel häufiger fehlen, als es in diesen Urteilen anerkannt wird[2].

---

2 Die Entscheidung über die Verantwortlichkeit des Jugendlichen wird vom Jugendgericht wertend gefällt. Die Hinzuziehung eines Sachverständigen erfolgt in der Praxis höchst selten, vgl. dazu insbes. *Ostendorf*, § 3 Rn. 12 ff. Zu dem in der Praxis nicht voll ausgeschöpften Spielraum des § 3 JGG: *Eisenberg*, § 3 Rn. 10 ff.; *Frehse*, Festschrift für Schüler-Springorum, 1993, S. 379; *Ostendorf*, JZ 1986, 664; *Rupp-Diakojanni, Th.*, Die Schuldfähigkeit Jugendlicher innerhalb der jugendstrafrechtlichen Systematik, 1990, S. 115.

§ 7: Die Jugendlichen und ihre Verantwortlichkeit

II. Einsichtsfähigkeit und Handlungsfähigkeit

Im einzelnen ist zu den psychologischen Merkmalen, an die § 3 JGG die Verantwortlichkeit knüpft, folgendes zu bemerken:

1. Die **Einsichtsfähigkeit**: a) Sie setzt einen Entwicklungsstand voraus, der den Jugendlichen zu der Erkenntnis befähigt, daß seine Handlung mit einem geordneten und friedlichen Zusammenleben der Menschen unvereinbar ist und deshalb von der Rechtsordnung nicht geduldet werden kann (RG in DR 1944, 659). Dazu gehört nicht nur ein entsprechendes intellektuelles Vermögen (**Verstandesreife**), sondern auch eine Ausbildung der sittlichen Wertvorstellungen, die es dem Jugendlichen ermöglicht, die den Rechtsgeboten zugrundeliegenden sittlichen Postulate mit zu vollziehen (**ethische Reife**).

b) Während noch das JGG 1923 die Fähigkeit zur Einsicht in das »Ungesetzliche« der Tat fordert, stellt § 3 JGG in seiner gegenwärtigen Fassung auf das »Unrecht« der Tat ab. Damit wird klargestellt, daß es nicht auf die Fähigkeit zur Kenntnis der formellen Gesetzesnorm oder gar der Strafbarkeit der Tat ankommt, sondern auf die Möglichkeit, bei der auch vom Jugendlichen zu erwartenden Gewissensanspannung das *materielle Unrecht* der Tat zu erkennen. Andererseits genügt, da moralische und rechtliche Gebote sich nicht immer decken, die bloße Fähigkeit zur Einsicht in das Unmoralische oder Sittenwidrige nicht.

Beispiel: Eine sexuelle Handlung an einem Kinde (§ 176 StGB) mag einem 16jährigen auf Grund seines angeborenen Schamgefühls als unmoralisch vorkommen, um seine Verantwortlichkeit gemäß § 3 JGG zu begründen, würde es jedoch darüber hinaus erforderlich sein, daß er die Fähigkeit hat, dieses Verhalten auch als rechtlich verboten zu erkennen. Doch ist eine Kenntnis der Bestimmung und der Strafdrohung des § 176 StGB und die Einordnung der Tat unter diese Norm nicht Voraussetzung der Schuldfähigkeit.

c) Die Einsichtsfähigkeit ist nicht generell und abstrakt, sondern in bezug auf die einzelnen *konkreten* Rechtsverletzungen des Jugendlichen zu ermitteln. Ein Jugendlicher, der bereits das Einsichtsvermögen in das Unrecht eines Diebstahls oder einer Sachbeschädigung hat, braucht damit noch nicht die Fähigkeit zu besitzen, das Unrecht eines zu gleicher Zeit von ihm verwirklichten differenzierten Tatbestandes, z. B. eines Urkundendelikts, zu erkennen.
Deshalb ist in den Fällen, in denen dem Jugendlichen mehrere miteinander konkurrierende Taten zur Last gelegt werden, die Frage der Schuldfähigkeit für jede der Taten gesondert zu prüfen. Das gilt nicht nur für die Fälle der Ideal- und Realkonkurrenz, sondern auch für die der Gesetzeskonkurrenz. Ebenso ist bei qualifizierten Tatbeständen dem Jugendlichen der qualifizierende (strafschärfende) Umstand nur dann anzurechnen, wenn er über die Einsicht in den Unrechtsgehalt des Grundtatbestandes hinaus die Fähigkeit zur Einsicht in den erhöhten Unrechtsgehalt der von ihm begangenen Tat hatte[3].

Beispiel: Ein 17jähriger macht vor Gericht eine falsche Zeugenaussage und beeidigt sie. Bestrafung nur nach § 153 StGB wegen uneidlicher Falschaussage, nicht nach § 154 wegen Meineids, wenn sich ergibt, daß ihm zwar bewußt war, daß er vor Gericht die Wahrheit sagen müsse, daß er aber andererseits nach dem Stand seiner geistigen und sittlichen Entwicklung die besondere Bedeutung gerade der eidlichen Aussage noch nicht erkennen konnte.

---

3 Ebenso BGH bei Herlan, GA 1961, 358; *Brunner,* § 3 Rn. 6; *Eisenberg,* § 3 Rn. 7. Es gibt also im Bereich des § 3 JGG eine »partielle Schuldfähigkeit«.

Das materielle Jugendstrafrecht

2. Die **Handlungsfähigkeit.** Auch wenn ein Jugendlicher imstande ist, das Unrecht seines beabsichtigten Tuns zu erkennen, läßt der Stand seiner charakterlichen Reife es häufig noch nicht zu, daß diese Erkenntnis sich im Kampf der Motive als das sein Verhalten bestimmende Gegenmotiv durchsetzt. Wie beim Kind können auch beim Jugendlichen noch einzelne Triebe und Reize von so elementarer Kraft sein, daß sie allen hemmenden Vorstellungen gegenüber das Übergewicht behaupten.

Deshalb ist namentlich bei der Beurteilung der Verantwortlichkeit für Sittlichkeitsdelikte Vorsicht geboten, weil nicht selten in den Pubertätsjahren der Geschlechtstrieb so übermächtig durchbricht, daß durch ihn die bereits vorhandenen rationalen Einsichten und Wertvorstellungen überrannt werden. Bei Eigentumsdelikten noch sehr unterentwickelter Jugendlicher kann auch dem Besitztrieb eine ähnliche Bedeutung zukommen. Andere typisch kindlich-jugendliche Antriebe, die eine vorhandene Unrechtseinsicht nicht zur Wirkung kommen lassen, sind etwa Heimweh, Autorität der Eltern, Furcht vor einer zu erwartenden Strafe u. dgl.

Beispiel: Ein 15jähriger wird von seinem Vater veranlaßt, bei einem von diesem begangenen Einbruchsdiebstahl Wache zu stehen. Obwohl der Jugendliche das Unrecht seines Tuns erkennt, wagt er trotz inneren Widerstrebens unter dem Eindruck der noch ungebrochenen Autorität des Vaters nicht, sich dem Ansinnen zu widersetzen. Hier wird in der Regel die Verantwortlichkeit wegen Fehlens der Handlungsfähigkeit zu verneinen sein[3a].

3. Die Verantwortlichkeit des Jugendlichen muß **zur Zeit der Tat,** d. h. der ihm zur Last gelegten Willensbetätigung, vorhanden sein.

Beispiel: Ein Jugendlicher, der als 15jähriger ohne Einsichtsfähigkeit eine Urkundenfälschung beging, ist, wenn er 1 Jahr später nach Entdeckung deswegen angeklagt wird, auch dann nicht für seine Tat verantwortlich, wenn er nunmehr auf Grund seiner inzwischen fortgeschrittenen Entwicklung das Unrecht der Fälschung einsehen kann.

III. Die Folgen fehlender Verantwortlichkeit

Fehlt es an der Verantwortlichkeit im Sinne des § 3 JGG, so hat der Jugendliche mangels Schuld eine Straftat nicht begangen. Das hat für ihn selbst Straflosigkeit zur Folge, schließt aber nach dem Grundsatz der limitierten Akzessorietät der Teilnahme (§ 29 StGB) die Strafbarkeit etwaiger Teilnehmer, Mittäter, Hehler und Begünstiger nicht aus. Auch Zuchtmittel und spezifisch jugendstrafrechtliche Erziehungsmaßregeln können bei fehlender Verantwortlichkeit des Jugendlichen nicht gegen ihn angewendet werden, da diese Maßnahmen ebenfalls die Begehung einer Straftat voraussetzen (§ 5 I und II JGG). Dagegen überträgt § 3 S. 2 JGG dem Jugendrichter die Befugnis, gegen den mangels Reife nicht verantwortlichen Jugendlichen dieselben Erziehungsmaßnahmen anzuordnen, die nach bürgerlichem Recht (§§ 1631 III, 1666 I BGB) dem Vormundschaftsrichter zustehen[4].

Ergibt sich schon im Ermittlungsverfahren, daß der Jugendliche für seine Tat nicht verantwortlich ist, so wird der Jugendstaatsanwalt das Verfahren einstellen und dem Vormundschaftsrichter die Anordnung der etwa erforderlichen Erziehungsmaßnahmen überlassen. § 3 S. 2 JGG erlangt also nur dann Bedeutung, wenn sich der Mangel der Verantwortlichkeit erst in der Hauptverhandlung herausstellt und sich gleichzeitig das Vorliegen der Eingriffsvoraussetzungen nach bürgerlichem Recht ergibt. Für diesen Fall besteht sein Sinn darin, die erzieherisch nachteiligen Folgen eines

---

3a S. hierzu auch *Eisenberg,* § 3 Rn. 24.
4 Der Beschluß kann mit den Rechtsmitteln des JGG (nicht des FGG) angefochten werden, ebenso *Eisenberg,* § 3 Rn. 59; a. A. *Bohnert,* NStZ 1988, 255.

§ 7: Die Jugendlichen und ihre Verantwortlichkeit

bloßen Freispruchs mangels Reife zu vermeiden, der in dem Jugendlichen den falschen Eindruck erwecken könnte, daß das Gericht seine Tat nicht ernst nehme. Dann kann es sich ausnahmsweise empfehlen, erzieherische Maßnahmen, z. B. eine Heimerziehung, sofort durch das Jugendgericht anzuordnen, statt auf die spätere Anordnung durch das Vormundschaftsgericht zu warten. Vgl. auch unten § 17.

IV. Das Verhältnis des § 3 JGG zu §§ 20 und 21 StGB

Häufig können die beiden Fälle ausgeschlossener Schuldfähigkeit, § 3 JGG und § 20 StGB, in eine echte oder scheinbare Konkurrenz miteinander treten[5]. Das gilt namentlich dann, wenn ein geistiges Zurückbleiben eines jugendlichen Täters hinter dem Normalstand seiner Altersgenossen sowohl als »Schwachsinn« im Sinne des § 20 StGB wie auch als »mangelnde Reife« im Sinne des § 3 JGG gedeutet werden kann. Aber auch sonst, so etwa bei hirntraumatisch geschädigten oder anderweit seelisch abartigen Jugendlichen kann sich ein solches Zusammentreffen ergeben. Ob in diesen Fällen die Strafbarkeit nach § 3 JGG oder nach § 20 StGB verneint wird, ist insbesondere deshalb bedeutsam, weil das Jugendgericht nur in ersterem Fall die vormundschaftsrichterlichen Maßnahmen anordnen darf, während nur bei Anwendung des § 20 StGB die Unterbringung in einem psychiatrischen Krankenhaus (§ 63 StGB) zulässig ist. Es gilt folgendes[6]:

1. Handelt es sich um ein *psychisches Zurückbleiben*, das nur als Folge eines noch nicht abgeschlossenen Entwicklungsprozesses anzusehen ist und eben deshalb bei fortschreitender Reifung einen Ausgleich erhoffen läßt, so ist nur § 3 JGG anwendbar.

2. Dagegen ist § 20 StGB anzuwenden bei einem *Zurückbleiben pathologischer Art*, das nicht oder nur mangelhaft ausgleichsfähig ist (also insbesondere in den Fällen angeborenen Schwachsinns).

3. Ist die mangelnde Einsichts- oder Steuerungsfähigkeit eines Jugendlichen zwar als Folge einer pathologischen Entwicklungsstörung (z. B. einer frühkindlichen Hirnschädigung) anzusehen, die gleichwohl mit zunehmendem Alter einen Ausgleich erwarten läßt, so ist die Schuldfähigkeit sowohl nach § 20 StGB wie nach § 3 JGG ausgeschlossen. Die dann auftretenden Konsequenzen sind umstritten. Zum Teil wird den Rechtsfolgen des § 20 StGB[7], zum Teil denen des § 3 JGG[8] der Vorrang eingeräumt. Beides ist abzulehnen, vielmehr kann das Gericht zwischen den verschiedenen Rechtsfolgen – Anstaltsunterbringung nach § 63 StGB einerseits, Erziehungsmaßnahmen nach § 3 S. 2 JGG andererseits – die dem Einzelfall angemessene Wahl treffen[9]. Da die Erziehungshilfe gem. § 12 Nr. 2 JGG (insb. Heimerziehung) und andere Erziehungsmaßnahmen in der Regel dem Sicherungsbedürfnis gegenüber gemeingefährlichen Tä-

---

5 Über einen besonders interessanten Fall solcher Konkurrenz, bei dem erst das Zusammenwirken von Unreife, seelischer Abartigkeit und Alkohol den Verlust der Steuerungsfähigkeit bei einem Siebzehnjährigen verursachte, *Schaffstein*, Stutte-Festschrift, 1979, S. 253.
6 Dazu näher *Schaffstein*, ZStW 77 (1965), 191 ff.; ferner *Böhm*, S. 30.
7 *Brunner*, § 3 Rn. 10; *Maurach/Zipf*, AT 1, § 36 Rn. 94, S. 513.
8 *Albrecht*, § 11 V 2, S. 102; *Eisenberg*, § 3 Rn. 39; *ders.*, NJW 1986, 2409; *Lempp*, RdJB 1972, 330; *Nothacker, G.*, 30 Entscheidungen aus der Rechtsprechung zum Jugendstrafrecht, 1987, Fall 2, S. 20; *Ostendorf*, § 3 Rn. 3, 20; *ders.*, JZ 1986, 668.
9 Wie hier z. B. *Dallinger-Lackner*, § 3 Rn. 32; *Schönke/Schröder-Lenckner*, § 20 Rn. 44; *Schreiber* (s. oben Fußn. 1), S. 40; s. auch *Bernsmann*, in: BMJ-Grundfragen, S. 205.

tern nicht gerecht werden können, wird der Anstaltsunterbringung nach § 63 zumeist der Vorrang gebühren. Insoweit ist im Ergebnis BGH 26, 67 zuzustimmen. Höchst problematisch ist jedoch der dieser Entscheidung zugrunde gelegte Sachverhalt, nach dem bei einem in seiner Entwicklung zurückgebliebenen jugendlichen Debilen zugleich Schuldunfähigkeit nach § 3 JGG und verminderte Schuldfähigkeit nach § 21 StGB vorliegen soll. U. E. schließt die erstere schon begrifflich die letztere aus, einerlei, auf welchem biologischen Merkmal die fehlende Einsichts- oder Handlungsfähigkeit beruht[10].

§ 8 Die Anwendung des materiellen Jugendstrafrechts auf Heranwachsende[1]

Die Jugendgerichtsgesetze von 1923 und 1943 galten nur für die »Jugendlichen«. Die Altersgruppe der 18- bis 20jährigen Straffälligen hatte nur insofern eine Sonderstellung, als die gegen sie nach dem allgemeinen Strafrecht verhängten Gefängnisstrafen, wenn sie von längerer Dauer waren und deshalb eine intensive erzieherische Beeinflussung im Strafvollzug zuließen, regelmäßig in der Jugendstrafanstalt zu verbüßen waren. Auch das Ausland hielt bisher ganz überwiegend an der Vollendung des 18. Lebensjahres als obere Altersgrenze für die Anwendung des Jugendstrafrechts fest. Andererseits wurde die Erstreckung des Jugendstrafrechts auf die »Heranwachsenden« bereits seit Jahrzehnten von der deutschen Jugendgerichtsbewegung gefordert. Maßgebend war dabei die Erwägung, daß auch die Delikte der 18-, 19- und 20jährigen Täter vielfach durch typisch jugendliche, oft pubertätsbedingte Antriebe verursacht werden, vor allem aber der Umstand, daß diese Täter noch nicht »fertig« im Sinne einer abgeschlossenen Persönlichkeitsentwicklung und eben deshalb einer erzieherischen Einwirkung mit den spezifisch jugendstrafrechtlichen Mitteln zugänglich sind. Schon in den Beratungen zum JGG 1943 hatte sich diese Erkenntnis durchgesetzt. Doch verbot sich damals noch mit Rücksicht auf den Krieg und den Wehrdienst der meisten Heranwachsenden die Einbeziehung dieser Altersgruppe in das Jugendstrafrecht. Nach dem Kriege kam die durch zahlreiche wissenschaftliche Untersuchungen (insbesondere von *Ilchmann-Christ*) erhärtete Beobachtung hinzu, daß aus bisher noch nicht hinreichend geklärten Gründen einer gegenüber früher beschleunigten körperlichen Entwicklung zumindest bei den kriminellen Heranwachsenden oft ein auffallendes Zurückbleiben in der charakterlichen Reifung gegenübersteht. Trotzdem konnte sich auch der Gesetzgeber von 1953 noch nicht zu einer vollen Einbeziehung der Heranwachsenden in das Jugendstrafrecht durchringen, vornehmlich aus der Besorgnis, sonst bei dieser besonders stark kriminalitätsanfälligen Altergruppe (vgl. oben § 2 II) dem Schutzbedürfnis der Allgemeinheit nicht gerecht werden zu können. Er entschloß sich vielmehr zu einem bis heute umstrittenen Kompromiß, der dem im folgenden dargestellten Recht zugrunde liegt.

---

10 A. A. *Diemer*, in: *Diemer/Schoreit/Sonnen*, § 3 Rn. 28. Umgekehrt ist selbstverständlich die Annahme erheblich verminderter Schuldfähigkeit i. S. v. § 21 StGB mit der Bejahung der Reife des Jugendlichen gem. § 3 S. 1 JGG vereinbar, BGH bei *Böhm*, NStZ 1985, 447.
1 Aus dem Schrifttum: *Blau*, ZblJugR 1964, 157; *Bresser*, Schaffstein-Festschrift 1975, S. 323; *DVJJ* (Hrsg.), Denkschrift über die kriminalrechtliche Behandlung junger Volljähriger, 1977; *Dünkel*, ZStW 105 (1993), 137; *Eickmeyer, H.*, Die strafrechtliche Behandlung der Heranwachsenden nach § 105 JGG, 1963; *Holzbach/Venzlaff*, MschrKrim 1966, 66; *Janssen, D.*, Heranwachsende im Jugendstrafverfahren, 1980, Krim.Stud. Bd. 37 (mit umfangreichem empirischen Material zur Praxis der Jugendgerichte); *Kreuzer*, MschrKrim 1978, 1; *Langelüddeke, A./Bresser, P.H.*, Gerichtliche Psychiatrie, 4. Aufl., 1976, S. 349; *Miehe*, ZblJugR 1982, 82; *Rasch, W.*, Forensische Psychiatrie, 1986, S. 68; *Schaffstein*, NJW 1955, 1577; *ders.*, ZStW 74 (1962), 1; *ders.*, MschrKrim 1976, 92; *Schmitz*, MschrKrim 1974, 65; *Specht*, Neurotische Störungen und Entwicklungskrisen im Jugendalter, in *Venzlaff, U.* (Hrsg.), Psychiatrische Begutachtung, 1986, S. 389; *Schüler-Springorum*, MschrKrim 1964, 1; *ders.*, ZblJugR 1977, 363; *Suttinger, G.*, Die Beurteilung des Entwicklungsstandes Heranwachsender, in: *Undeutsch, U.* (Hrsg.), Forensische Psychologie, Handbuch der Psychologie, Bd. 11, 1967, S. 296; *Walter/Ekkert*, MschrKrim 1985, 69. Zu den Verhandlungen der Jugendgerichtstage vgl. unten Anm. 21.

§ 8: Die Anwendung des materiellen Jugendstrafrechts auf Heranwachsende

I. Grundlagen der geltenden Regelung

Zwar dehnt § 1 I JGG den persönlichen Anwendungsbereich des JGG auch auf die »Heranwachsenden« (von der Vollendung des 18. bis zur Vollendung des 21. Lebensjahres) aus. Doch ist diese Formulierung insofern irreführend, als sich das JGG in seinem zweiten, den eigentlichen Kern des Jugendstrafrechts enthaltenden Teil (§§ 4–104 JGG) zunächst nur mit den »Jugendlichen« befaßt, während erst in einem kurzen dritten Teil (§§ 105–112 JGG) gleichsam anhangsweise bestimmt wird, ob und inwieweit das für Jugendliche geltende Sonderstrafrecht auch auf Heranwachsende anzuwenden ist. Ohne Einschränkung gilt das nur für die *Zuständigkeit der Jugendgerichte*: die Straftaten Heranwachsender sind grundsätzlich durch den Jugendrichter abzuurteilen, ohne Rücksicht darauf, ob sich die Rechtsfolgen nach allgemeinem oder nach Jugendstrafrecht bestimmen. Dagegen gilt für das von den Jugendgerichten gegenüber den Heranwachsenden anzuwendende materielle Strafrecht folgendes:

1. **Strafmündigkeit.** Der Heranwachsende ist *stets voll strafmündig*. Seine Schuldfähigkeit kann nur aus den im allgemeinen Strafrecht anerkannten Gründen (§ 20 StGB), *nicht* aber wegen mangelnder sittlicher und geistiger Reife (§ 3 JGG) ausgeschlossen sein (BGH 5, 207, BGH RdJ 62, 316). Dies gilt selbst dann, wenn der Heranwachsende im Sinne des § 105 I Nr. 1 JGG nach seinem Reifegrad »noch einem Jugendlichen gleichzustellen« ist. Denn § 105 JGG schließt auch in diesem Fall den § 3 JGG von den dann anzuwendenden jugendstrafrechtlichen Bestimmungen aus.

Größere Entwicklungshemmungen, die bereits in den Bereich des Pathologischen fallen, müssen allerdings Anlaß zu der Frage geben, ob nicht eine krankhafte seelische Störung, Schwachsinn oder andere seelische Abartigkeiten die Schuldfähigkeit nach §§ 20 bzw. 21 StGB ausschließen oder herabmindern (Nr. 1 der RL zu § 105 JGG). Auch ist besonders bei komplizierten und rechtlich nicht ohne weiteres überschaubaren Sachverhalten das Alter und der Entwicklungsstand des Täters bei der Prüfung der Unvermeidbarkeit eines etwaigen *Verbotsirrtums* (§ 17 StGB) zu berücksichtigen.

2. **Rechtsfolgen.** Hinsichtlich der Folgen der Straftat eines Heranwachsenden legt § 105 JGG dem Jugendrichter in allen Fällen eine Vorentscheidung darüber auf, ob sie nach allgemeinem Strafrecht oder nach Jugendstrafrecht zu bestimmen sind. Die Rechtsfolgen sind dem materiellen Jugendstrafrecht (§§ 4 bis 8, 9 Nr. 1, §§ 10, 11 und 13 bis 32 JGG) zu entnehmen, wenn entweder

a) die Gesamtwürdigung der **Persönlichkeit** des Täters bei Berücksichtigung auch der Umweltbedingungen ergibt, daß er zur Zeit der Tat nach seiner sittlichen und geistigen Entwicklung noch einem Jugendlichen gleichstand (§ 105 I Nr. 1 JGG), oder

b) es sich nach der Art, den Umständen oder den Beweggründen der Tat um eine **Jugendverfehlung** handelt (§ 105 I Nr. 2 JGG).

3. **Keine Erziehungsbeistandschaft und Erziehungshilfe gem. § 12 Nr. 2 JGG.** Während in den beiden zu 2 a) und b) genannten Fällen auf Heranwachsende die für Jugendliche vorgesehenen speziellen Rechtsfolgen, also insbesondere Zuchtmittel einschl. des Jugendarrests wie auch Jugendstrafe, entsprechend anzuwenden sind, gilt

---

2 Zutreffend hat BVerfG NStZ 1987, 275 m. Anm. *Schaffstein*, NStZ 1987, 502 dargelegt, daß derartige erzieherische Beeinflussungen auch gegenüber Volljährigen verfassungsrechtlich unbedenklich sind; a. A. *Albrecht*, § 12 V 2, S. 111.

Das materielle Jugendstrafrecht

dies für Erziehungsmaßregeln nur in beschränktem Umfang. Weisungen i. S. v. § 10 JGG sind zwar bis zur Vollendung des 21. Lebensjahres zulässig[2], nicht jedoch Erziehungsbeistandschaft (§ 12 Nr. 1 JGG) sowie Erziehungshilfe gem. § 12 Nr. 2 JGG, also insbes. Heimerziehung. Diese Änderung des bis 1974 geltenden Rechtszustandes wurde notwendig, weil Erziehungsmaßregeln gem. §§ 9 Nr. 2, 12 JGG nur gegen Minderjährige angeordnet und durchgeführt werden können und die Volljährigkeit nach dem neuen § 2 BGB nunmehr mit der Vollendung des 18. Lebensjahres eintritt.

4. Änderung der Strafrahmen

a) Ist in Ermangelung der unter 2 a) und b) genannten Voraussetzungen auf die Straftaten eines Heranwachsenden allgemeines Strafrecht anzuwenden, so kann der Richter an Stelle von lebenslanger Freiheitsstrafe auf eine Freiheitsstrafe von 10–15 Jahren erkennen (§ 106 I JGG).

In den Fällen, in denen das allgemeine Strafrecht den Verlust der Fähigkeit, öffentliche Ämter zu bekleiden und Rechte aus öffentlichen Wahlen zu erlangen, vorsieht (§ 45 I StGB), kann der Richter anordnen, daß dieser Verlust nicht eintritt (§ 106 II JGG).
Der Umstand, daß der Täter sich noch im Alter des Heranwachsenden befindet, stellt also für Kapitalverbrechen, wenn sie nach allgemeinem Strafrecht zu beurteilen sind, einen *fakultativen Strafmilderungsgrund* dar. Bei seiner in das pflichtgemäße Ermessen gestellten Anwendung hat der Richter insbesondere eine etwa noch vorhandene Entwicklungsfähigkeit des Täters zu berücksichtigen. Doch ist andererseits auch der Sühnezweck der Strafe zu beachten, so daß nach BGH 7, 353 in schwersten Fällen selbst der noch resozialisierbare Heranwachsende mit lebenslanger Freiheitsstrafe bestraft werden kann[3]. Gegen eine Überbewertung des Sühnezwecks in solchen Fällen jedoch wieder BGH bei Holtz MDR 1977, 283 und BGH NStZ 1988, 498, wo die Strafmilderung bei Mord allein von einer positiven Prognose abhängig gemacht wird.

b) Ist auf die Straftat des Heranwachsenden Jugendstrafrecht anzuwenden, so ist das – bei Jugendlichen regelmäßig 5 Jahre betragende – Höchstmaß der Jugendstrafe 10 Jahre (§ 105 III JGG).

II. Die Voraussetzungen für die Anwendung von Jugendstrafrecht

Das Kernstück der im vorigen Abschnitt umrissenen Heranwachsendenregelung enthält der § 105 JGG, der die Voraussetzungen für die Anwendung von Jugendstrafrecht festlegt. Da das Verhältnis der Heranwachsenden zu den Jugendlichen unter den von den Jugendgerichten Verurteilten etwa 3:2 beträgt, so werden die Jugendgerichte in etwa 60 % aller Fälle vor die Frage gestellt, ob eine jener beiden Voraussetzungen, Reifestand eines Jugendlichen oder Bewertung der Tat als Jugendverfehlung, vorliegt. Daher bedürfen beide Begriffe genauer Klärung.

Diese Klärung wird durch die wenig geglückte Fassung des § 105 I JGG erschwert, die abgesehen von ihren inhaltlichen Mängeln auch in mehrfacher Hinsicht zu Mißverständnissen Anlaß gibt. Zunächst könnte man daraus, daß das Gesetz die beiden Fälle, in denen Jugendstrafrecht anzuwenden ist, ausdrücklich formuliert, entnehmen, daß die Anwendung von Erwachsenenstrafrecht die Regel, diejenige von Jugendstrafrecht aber die Ausnahme sein soll. Eine solche Auslegung, mag sie vielleicht auch bei einigen Urhebern des § 105 JGG bestanden haben, ist jedenfalls heute überholt. Sie entspricht weder moderner jugendpsychologischer Erkenntnis, die übrigens gerade durch die Vielzahl der sich auf § 105 JGG beziehenden Begutachtungsfälle wesentlich gefördert worden

---

[3] Bei dieser Abwägung darf der Richter nicht zu Lasten des Heranwachsenden berücksichtigen, daß § 57 a StGB eine Aussetzung des Strafrestes bei lebenslanger Freiheitsstrafe ermöglicht, BGH 31, 189 ff.

§ 8: Die Anwendung des materiellen Jugendstrafrechts auf Heranwachsende

ist, noch der neueren jugendgerichtlichen Praxis, die nach den Zahlen für 1991 bei Verbrechen und Vergehen insges. in 62,8 % aller Fälle, bei der sog. klassischen Kriminalität (d. h. ohne Verkehrsdelikte) sogar 73,6 % und bei den meisten Verbrechen noch häufiger Jugendstrafrecht anwendet (vgl. unten unter III). – Ein gesetzestechnisches Versehen ist ferner, daß § 105 I Nr. 1 JGG darauf abstellt, ob der Täter nach seiner geistigen *und* sittlichen Entwicklung noch einem Jugendlichen gleichstand. Es muß nach allgemeiner Meinung »nach seiner sittlichen *oder* geistigen Entwicklung« heißen[4].

Vor allem ist der Begriff des »Jugendlichen« in dieser Bestimmung nicht im gesetzestechnischen Sinn der 14- bis unter 18jährigen Täter zu verstehen. Vielmehr bezeichnet er hier allgemeiner den *noch unfertigen, noch in der Reifeentwicklung* stehenden jungen Menschen[5]. Entsprechendes gilt auch für den Begriff der »Jugendverfehlung« in § 105 I Nr. 2 JGG.

1. Der Reifestand eines Jugendlichen (§ 105 I Nr. 1 JGG).

a) Er ist, wie das Gesetz ausdrücklich fordert, nur auf Grund einer *Gesamtwürdigung*[6] der Persönlichkeit des Täters festzustellen.

Völlig verfehlt und weder mit dem Gesetzeswortlaut noch mit moderner psychologischer Erkenntnis vereinbar sind deshalb die nicht seltenen Urteile erstinstanzlicher Jugendgerichte, die nur aus der Tat und ihren Begleitumständen Rückschlüsse auf den Entwicklungsstand des *Täters* ziehen und eine Jugendlichenreife, damit also die Anwendung von Jugendstrafrecht, etwa mit der Begründung ablehnen, daß der Täter bei seiner Tat mit besonderer Dreistigkeit oder nach vorbedachtem Plan oder mit großem Raffinement vorgegangen sei. Diese der Tat entnommenen Kriterien, die sämtlich auch für die Taten Jugendlicher zutreffen können, besagen über den charakterlichen Reifegrad des Täters überhaupt nichts.

Die Persönlichkeitsentwicklung muß noch durch puberale Züge bestimmt sein und der Täter insofern noch »einem Jugendlichen gleichstehen«. Dabei kommt es nicht auf die körperliche, sondern ausschließlich auf die *geistig-sittliche* Entwicklung an. Der *körperliche* Entwicklungsstand des Jugendlichen kann allenfalls als ein – freilich oft sehr trügerisches – *Indiz* für den charakterlichen Reifestand berücksichtigt werden.

Trügerisch ist dieses Indiz um so mehr, als, wie bereits oben bemerkt, in den letzten Jahrzehnten häufig eine gegenüber früher beschleunigte körperliche Entwicklung *(Akzeleration)* beobachtet worden ist, hinter der die charakterliche Reifung zurückbleibt. Der 18- oder 19jährige, der körperlich oft schon als völlig »erwachsen« erscheint, wird nicht selten geistig-sittlich noch auf der Entwicklungsstufe eines »Jugendlichen« stehen. Oft ist gerade die Spannung, die aus einer solchen Reifungsdisharmonie entsteht, ursächlich für die Kriminalität eines Heranwachsenden. Umgekehrt läßt sich freilich sagen, daß ein auffälliges Zurückbleiben in der körperlichen Entwicklung fast immer auch eine charakterliche Reifeverzögerung indiziert.

Auch ein fortgeschrittener intellektueller Entwicklungsstand schließt trotz der mißverständlichen Formulierung des Gesetzes (»und« statt »oder«) die Anwendung von Jugendstrafrecht nicht aus, sofern die von jenem durchaus unabhängige seelisch-charakterliche Reifung damit nicht Schritt gehalten hat. Überhaupt kann nur die *Gesamtpersönlichkeit des Täters,* nicht aber ein einzelner Wesenszug, die Beurteilungsgrundlage dafür bilden, ob der Heranwachsende noch einem Jugendlichen gleichsteht.

Für den Richter und Sachverständigen ist diese Feststellung deshalb oft so schwer, weil nach dem Stand moderner wissenschaftlicher Erkenntnis die Vollendung des 18. Lebensjahres keiner eindeutigen biologischen oder psychologischen Grenze einer Entwicklungsphase entspricht und eigentliche Pubertät und Adoleszenz ohne scharfe Ab-

---

4 Vgl. *Dallinger-Lackner,* § 105, Bem. 14; *Eisenberg,* § 105 Rn. 9.
5 Vgl. besonders *Brauneck,* ZStW 77 (1965), 209 ff.; ebenso schon *Potrykus,* § 105 Bem. 2.
6 Vgl. BGH StrVert 1983, 378; zur Anhörungspflicht eines Sachverständigen zwecks Klärung des Reifestandes, s. unten § 35 II 1.

grenzung ineinander übergehen. Da auch für den sich »normal« entwickelnden jungen Menschen das Alter von 18–21 Jahren eine Übergangszeit zwischen Jugend und »Erwachsensein« darstellt und hier die Norm eine große Variationsbreite hat, so wird man darauf abstellen müssen, ob bei dem einzelnen mehr die Züge der einen oder die der anderen Lebensperiode das Gesamtbild bestimmen.

Im Schrifttum wird der Fall des § 105 I Nr. 1 JGG vielfach als der der »Reifeverzögerung« oder »Retardierung« gekennzeichnet. Doch ist dieser Ausdruck insofern mißverständlich und daher besser zu vermeiden, als er den Irrtum begünstigen könnte, als sei er nur auf die hinter irgendeinem imaginären »Durchschnitt« Zurückgebliebenen, also nur in Ausnahmefällen anzuwenden. Das aber trifft, wie oben ausgeführt, keineswegs zu[7]. Es kommt vielmehr darauf an, ob es sich um einen noch ungefestigten, in der Entwicklung stehenden und auch noch prägbaren Menschen handelt, »bei dem Entwicklungskräfte noch in größerem Umfang wirksam sind«[8].

Anhaltspunkte für eine richtige Anwendung des § 105 I Nr. 1 JGG sind den »Jugendpsychologischen Richtlinien zu § 105 JGG« zu entnehmen, die 1954 auf der Marburger Tagung der Deutschen Vereinigung für Jugendpsychiatrie erarbeitet worden sind[9].

Nach den »*Marburger Richtlinien*« wird ein Heranwachsender einem Jugendlichen oft in seiner geistigen und sittlichen Entwicklung dann gleichzustellen sein, wenn seine Persönlichkeit insbesondere folgende für die *Erwachsenenreife* charakteristische Züge vermissen läßt: eine gewisse Lebensplanung, Fähigkeit zu selbständigem Urteilen und Entscheiden, Fähigkeit zu zeitlich überschauendem Denken, Fähigkeit, Gefühlsurteile rational zu unterbauen, ernsthafte Einstellung zur Arbeit, eine gewisse Eigenständigkeit zu anderen Menschen.

Umgekehrt können nach den »Richtlinien« charakteristisch *jugendtümliche* Züge u. a. sein: ungenügende Ausformung der Persönlichkeit, Hilflosigkeit (die sich nicht selten hinter Trotz und Arroganz versteckt), naiv-vertrauensseliges Verhalten, dem Augenblick leben, starke Anlehnungsbedürftigkeit, spielerische Einstellung zur Arbeit, Neigung zum Tagträumen, Hang zu abenteuerlichem Handeln, Hineinleben in selbstwerterhöhende Rollen, mangelnder Anschluß an Altersgenossen.

Schmitz und *Villinger* haben ergänzend u. a. noch auf folgende jugendtümliche Züge hingewiesen: impulsives, unmittelbar aus der Situation vorschießendes Handeln, Neigung zu kindlich-jugendlichem Stimmungswechsel ohne rechten Anlaß, Fehlen einer Integration von Eros und Sexus (wichtig besonders bei Sittlichkeitsdelikten), jugendliche Übersteigerung des Abenteuerdranges, des Wanderdranges, der Geltungssucht und ähnlicher »phasen-spezifischer« Tendenzen. Bei ausländischen Jugendlichen sind die Besonderheiten des Kulturkonflikts zu beachten[10].

Auch länger dauernder Rauschgiftgenuß kann Entwicklungshemmungen bewirken, die im Rahmen des § 105 JGG zu berücksichtigen sind[11].

Freilich dürfen alle diese ohnehin nur Beispiele enthaltenden Kriterien *nicht schematisch* im Sinne einer bloßen Addition verwertet werden, so daß etwa beim Erreichen einer gewissen Punktzahl mit Sicherheit auf eine Reifeverzögerung, andernfalls aber auf Erwachsenenreife geschlossen werden

---

7 Vgl. dazu insbes. *Brauneck*, a. a. O., sowie *Thomae, H.*, Das Problem der sozialen Reife von 14- bis 20jährigen, 1973.

8 BGH 36, 37, 40; BGH StrVert 1994, 607; *Eisenberg*, § 105 Rn. 8 ff. Nach *Ostendorf*, § 105 Rn. 7, soll im Regelfall Jugendstrafrecht gelten und Erwachsenenstrafrecht nur angewandt werden können, wenn die Progression gegenüber einem 17jährigen nachgewiesen werden kann; dagegen zutreffend BGH 36, 37, 40; *Brunner*, § 105 Rn. 17.

9 MschrKrim 1955, 58 ff.; dazu mit weiteren wertvollen Hinweisen *Gerson*, MschrKrim 1956, 89; *Munkwitz*, MschrKrim 1955, 41; *Schmitz*, MschrKrim 1955, 150; *Suttinger*, MschrKrim 1956, 65; *ders.*, in Handbuch der Forensischen Psychologie (s. oben Fußn. 1), S. 296; sehr überzeugend die Operationalisierungsversuche der wichtigsten Kriterien durch *Esser/Fritz/Schmidt*; MschrKrim 1991, 356; s. auch *Lempp*, in: Drogendelinquenz, Jugendstrafrechtsreform, herausg. von *Frank, C./Harrer, G.*, 1991, S. 227; kritisch *Albrecht*, § 12 III 1 d, S. 106; *Bresser*, NJW 1960, 375 ff.; *ders.*, Begutachtung, S. 274; *Ostendorf*, § 105 Rn. 7; *Specht*, (oben Fußn. 1), S. 390.

10 *Ostendorf*, § 105 Rn. 10. Weitere Fundstellen zur Ausländerproblematik oben § 2 Fußn. 17.

11 OLG Bremen StrVert 1993, 536; *Eisenberg*, § 105 Rn. 18.

§ 8: Die Anwendung des materiellen Jugendstrafrechts auf Heranwachsende

dürfte. Überzogen erscheint es auch, wenn nahezu schon feste Beweisregeln aufgestellt und beispielsweise bei allen Randgruppen der Gesellschaft Entwicklungsverzögerungen vermutet werden[12]. Es handelt sich vielmehr nur um Gesichtspunkte, die dem Beurteiler zwar wichtige Hinweise geben können, deren jeweiliger diagnostischer Wert sich im Einzelfall aber doch wohl nur im Rahmen einer intuitiv zu gewinnenden Gesamtschau ermitteln läßt.

b) Entscheidend ist, daß der Heranwachsende *zur Zeit der Tat* noch den Reifestand eines Jugendlichen besaß. War er zu diesem Zeitpunkt noch vorhanden, so ist auf den Heranwachsenden auch dann Jugendstrafrecht anzuwenden, wenn er zur Zeit seiner Aburteilung auf Grund seiner inzwischen weiter fortgeschrittenen Entwicklung den Reifestand eines »Jugendlichen« bereits überschritten hatte. Daß § 105 I Nr. 1 JGG nach dem Vorbild von § 3 JGG auf den Zeitpunkt der Tat abstellt, ist nur so zu erklären, daß der Gesetzgeber offenbar die Anwendung von Jugendstrafrecht auf die noch unfertigen Heranwachsenden nicht nur aus spezialpräventiven Zweckmäßigkeitserwägungen angeordnet, sondern in ihr auch ein Privileg geminderter Schuld gesehen hat. Daher kann der Reifestand eines Jugendlichen nicht ohne weiteres bestimmt werden durch eine günstige Erfolgsaussicht der spezifisch jugendstrafrechtlichen Rechtsfolgen.

Beispiele:
(1) Im ersten Frankfurter Auschwitz-Prozeß wurde 1965 ein Angeklagter wegen der Mordtaten verurteilt, die er 1945 als »Heranwachsender« begangen hatte. Obwohl für den nunmehr über 40jährigen Täter jugendstrafrechtliche Rechtsfolgen unter spezialpräventiven Gesichtspunkten sinnlos waren, mußte das Gericht ihn nach Jugendstrafrecht verurteilen, weil nach dem Gesetz der Entwicklungsstand des Täters zur Zeit der Tat, also in den Jahren 1943 und 1944, maßgeblich war.

(2) Bei einem mittellosen 19jährigen, der einen Diebstahl begangen hat, aber den Reifestand eines Jugendlichen bereits überschritten hat, mag es dennoch oft mehr Erfolg versprechen, statt einer Geld- oder Freiheitsstrafe das jugendstrafrechtliche Zuchtmittel des Jugendarrests anzuordnen oder auf Strafe zugunsten erzieherischer Weisungen (§ 10 JGG) zu verzichten. Gleichwohl ist beides nach § 105 I Nr. 1 JGG nicht möglich.

Immerhin wird man es als zulässig ansehen dürfen, *zur Kontrolle* der bereits vorangegangenen Diagnose des Reifezustandes in Fällen, in denen die Zeitspanne zwischen Tat und Aburteilung nicht zu groß ist, auch die Überlegung anzustellen, ob der Heranwachsende noch mit den Maßnahmen des JGG, die auf die besondere Formbarkeit des Jugendlichen abgestellt sind, zu fördern ist oder nicht (so zutreffend die »Marburger Richtlinien«).

c) Liegt zwischen der Tat und ihrer Aburteilung ein längerer Zeitraum, so wird es sich oft nicht sicher feststellen lassen, ob der Täter zur Zeit der Tat als Heranwachsender noch einem Jugendlichen gleichstand. Die gleiche Unsicherheit kann sich aber auch sonst, so z. B. beim Vorliegen widerstreitender Sachverständigengutachten über den Entwicklungsstand des Täters, ergeben. Nach BGH 12, 116 und BGH 36, 37 (40) ist in solchen *nicht behebbaren Zweifelsfällen Jugendstrafrecht* anzuwenden.

Die Entscheidung ist insofern in ihrer kriminalpolitischen Zielsetzung zu billigen, als sie die Anwendung des Jugendstrafrechts auf Heranwachsende begünstigt. Doch darf dabei der Grundsatz in dubio pro reo nicht außer acht bleiben. Das Jugendstrafrecht wird zwar in der Regel, aber wegen der besonderen Bemessungsgrundsätze für die Jugendstrafe (§ 18 JGG, dazu unten § 23) keineswegs in allen Fällen das mildere Gesetz sein. Daher hat das Gericht bei unaufklärbarem Zweifel darüber, ob die Voraussetzungen des § 105 I Nr. 1 JGG vorliegen, zunächst festzustellen, zu welcher Rechtsfolge es einerseits nach Erwachsenenstrafrecht, andererseits nach Jugendstrafrecht kommen würde. Sodann hat es die im konkreten Fall leichtere Rechtsfolge anzuwenden (vgl. dazu auch oben § 6 V)[13].

---

12 So aber *Ostendorf*, § 105 Rn. 12.
13 Ebenso *Brunner*, § 105 Rn. 17; *Eisenberg*, § 105 Rn. 36; wie BGH jedoch *Böhm*, S. 43.

Das materielle Jugendstrafrecht

d) Von praktischer Bedeutung, aber umstritten, ist die Frage, ob § 105 I Nr. 1 JGG auch auf solche Heranwachsende anzuwenden ist, die auf Grund eines Schwachsinns oder einer Psychopathie *angeborene infantile Züge* aufweisen und deshalb voraussichtlich über den Entwicklungsstand eines »Jugendlichen« niemals herauskommen werden. Geht man nach dem oben Gesagten davon aus, daß § 105 I Nr. 1 JGG nicht nur auf die Erfolgsaussichten jugendstrafrechtlicher Maßnahmen, sondern auch auf die geminderte Schuld abstellt, so wird man die Frage bejahen müssen. Übrigens ist selbst in diesen Fällen angeborener Infantilität, wenn nicht eine echte Erziehung, so doch nicht selten eine äußere Anpassung mit jugendstrafrechtlichen Mitteln erreichbar. Auch läßt sich die pessimistische Prognose völliger Entwicklungsunfähigkeit wohl nur äußerst selten mit Sicherheit stellen, weil häufig noch spät und überraschend Entwicklungsschübe eintreten[14].

e) Ebenfalls umstritten und durch Jugendpsychologie und -psychiatrie nicht hinreichend geklärt ist die Frage, ob es eine nur *partielle Reifeverzögerung* gibt (z. B. nur in der Sexualsphäre bei im übrigen fortgeschrittener Entwicklung). Bejaht man die Frage, wie es dem Juristen die Parallelen zu § 3 JGG und der geradezu eine partielle Reifeverzögerung voraussetzende Begriff der Jugendverfehlung in § 105 I Nr. 2 JGG nahelegen, so würde auf zwei verschiedene, aber in der gleichen Zeit begangene Straftaten (z. B. auf einen Diebstahl und ein Sittlichkeitsdelikt) in einem Fall Erwachsenenstrafrecht, im anderen Jugendstrafrecht anzuwenden sein[15].

2. Die Jugendverfehlung (§ 105 I Nr. 2 JGG). Der Begriff der »Jugendverfehlung«, bei deren Vorliegen nach § 105 I Nr. 2 JGG ebenfalls Jugendstrafrecht anzuwenden ist, ist verschwommen und sprachlich mehrdeutig. Sein juristischer Inhalt kann daher nur aus dem Zweck des Gesetzes, insbesondere aus dem Verhältnis der Nr. 2 zu Nr. 1 des § 105 I JGG entnommen werden. Denn es darf davon ausgegangen werden, daß der Gesetzgeber der Nr. 2 eine selbständige Bedeutung neben der Nr. 1 hat beilegen wollen. Eine solche Bedeutung kann sie in doppelter Hinsicht haben, so daß sich daraus zwei verschiedene Gruppen von »Jugendverfehlungen« ergeben.

a) *Die typischen Jugendverfehlungen.* Die selbständige Funktion der Nr. 2 liegt zunächst darin, daß sie im Verhältnis zu Nr. 1 eine Beweiserleichterung für den Richter schafft. Die oft schwierige und zeitraubende individuelle Prüfung des Reifegrades des Täters ist weder erforderlich noch zulässig, wenn die Tat schon nach ihren äußeren Umständen, der Art ihrer Begehung oder nach den Beweggründen des Täters als im allgemeinen charakteristisch gerade und besonders für junge Menschen anzusehen ist. Insofern ist der Begriff »Jugendverfehlung« objektiv und generalisierend auszulegen. »Objektiv« in dem Sinne, daß darunter ohne Rücksicht auf die individuelle Persönlichkeit die für das Jugendalter überhaupt typischen Taten fallen, deren Begehung und Motivation bei Erwachsenen zwar gelegentlich auch, aber doch nicht in der gleichen relativen Häufigkeit vorkommen. Das Vorliegen einer Jugendverfehlung kann nicht allein mit der Begründung abgelehnt werden, die von dem Heranwachsenden begangene Tat werde von Personen aller Altersklassen begangen[16]. Auch Straßenverkehrsdelikte können typische Jugendverfehlungen sein[17].

Beispiele:
(1) Schon nach »Art und Umständen« ist etwa das Fahren ohne Kfz-Führerschein durch einen 19jährigen, der noch kein eigenes Kfz besitzt, aber seine Fahrkünste erproben möchte, ebenso eine

---

14 Wie hier *Ostendorf,* § 105 Rn. 6; *Potrykus,* § 105 Bem. 2; *Stutte,* UJ 1963, 382. A. A. jedoch BGH NJW 1959, 1500 und BGH 22, 41; *Dallinger-Lackner,* § 105 Bem. 31; *Brunner,* § 105 Rn. 13 (vermittelnd); z. T. offengelassen bei *Eisenberg,* § 105 Rn. 27; vgl. auch OLG Hamburg MDR 1980, 338 (Heranwachsende als Terroristin) mit Anm. *Molketin,* MDR 1980, 1044.
15 Gegen die Möglichkeit einer nur partiellen Reifeverzögerung *Dallinger-Lackner,* § 105 Bem. 30 und *Gerson,* MschrKrim 1956, 89.
16 So zutreffend BayObLG GA 1984, 477; OLG Zweibrücken StrVert 1989, 314; *Molketin,* DAR 1981, 137.
17 AG Saalfeld NStZ 1994, 89.

§ 8: Die Anwendung des materiellen Jugendstrafrechts auf Heranwachsende

»typische Jugendverfehlung« wie die meisten aus jugendgemäßer Aggressivität und Übermut erwachsenen Raufereien unter 18jährigen, wenn sie sich in den Grenzen des § 223 StGB halten. Das gleiche gilt etwa von der Plünderung fremder Obstbäume. – In den meisten Fällen sind jedoch die Tatmotive – also insoweit auch ein subjektiver Gesichtspunkt – entscheidend. Ob etwa ein Warenhausdiebstahl, die Unterschlagung anvertrauten Geldes, die Fälschung eines Zeugnisses »Jugendverfehlungen« eines Heranwachsenden sind, wird sich regelmäßig nur nach seinen Beweggründen, auf die § 105 I Nr. 2 JGG ausdrücklich verweist, bestimmen lassen. Sie sind es, wenn etwa der Täter in den beiden ersten Fällen aus kindlicher Naschhaftigkeit oder um Geld für einen Filmbesuch zu erlangen, gehandelt hat, in dem dritten, um Vorwürfen des Elternhauses zu entgehen.

(2) Typische Jugendverfehlungen sind namentlich auch Entwendungen von Kraftfahrzeugen zu vorübergehendem eigenen Gebrauch, einerlei, ob sie unter § 242 oder § 248 b StGB fallen, wenn sie aus jugendlichem Geltungsbedürfnis oder Motorleidenschaft begangen werden (anders, wenn die Entwendung zum Verkauf geschieht).

(3) Weitere jugendtümliche Beweggründe sind etwa Abenteuerlust, Heimweh, pubertätsbedingte sexuelle Motive bei Brandstiftungen, auch die Sucht, sich bei Kameraden hervorzutun u. dgl. Liegt ein solcher typisch jugendlicher Beweggrund vor, ist der Heranwachsende nach § 105 I Nr. 2 JGG, ohne daß es einer weiteren Untersuchung seines Entwicklungsstandes bedarf, stets nach Jugendstrafrecht zu behandeln.

b) Jugendverfehlungen sind aber auch über jene typischen Fällen hinaus alle *»aus den Antriebskräften der Entwicklung entspringende Entgleisungen«* (BGH 8, 90, 92). Ist also das Jugendtümliche der Tat nicht schon aus Ausführungsart und Vordergrundmotivation zu erkennen, so bedarf es auch nach § 105 I Nr. 2 JGG einer individuellen Erforschung der Reife des Täters. Der Unterschied gegenüber den Fällen der Nr. 1 liegt jedoch darin, daß hier nicht eine Gesamtwürdigung der Persönlichkeit vorgenommen werden muß, sondern daß die Feststellung genügt, daß die einzelne Tat und ihre Motivation die Züge jugendtümlicher Unreife trägt. Insofern läßt sich sagen, daß § 105 I Nr. 1 JGG »täterbezogen«, § 105 I Nr. 2 JGG aber »tatbezogen« ist. Ist die Tat noch als Ausfluß der körperlichen oder seelischen Pubertät anzusehen, so ist stets Jugendstrafrecht anzuwenden.

Beispiel: Nimmt ein 20jähriger, der nach seiner Gesamtpersönlichkeit nicht mehr einem Jugendlichen gleichzustellen ist, unter Ausnutzung einer Zwangslage an einem 15jährigen eine homosexuelle Handlung vor (§ 182 I Nr. 1 StGB), so muß dies gleichwohl als Jugendverfehlung beurteilt werden, wenn die Handlung als vereinzelte Nachwirkung der Pubertät anzusehen ist. Ob dies der Fall ist, kann freilich nur durch individuelle Untersuchung der hintergründigen Antriebskräfte und damit doch wieder der Persönlichkeit festgestellt werden.

c) Auch *schwere* Taten können »Jugendverfehlungen« sein.

Während der Gesetzgeber selbst bei diesem Begriff ursprünglich nur an leichtere Straftaten (»Jugendstreiche«) gedacht hat, haben ihn Rechtsprechung und herrschende Lehre inzwischen auf alle Delikte, auch auf Verbrechen, ausgedehnt[18]. Dieser herrschenden Auffassung ist zuzustimmen, da sich eine Beschränkung auf leichte Fälle weder aus dem Wortlaut noch dem dargestellten objektiven Sinn des § 105 I Nr. 2 JGG entnehmen läßt[19].

3. Die Ablehnung der Anwendung von Jugendstrafrecht auf einen Heranwachsenden bedarf in der Urteilsbegründung sowohl hinsichtlich des § 105 I Nr. 1 wie der Nr. 2 JGG

---

[18] BGH NJW 1954, 1775 (Meineid); BGH 8, 90 (Teilnahme an verfassungsverräterischer Vereinigung); BGH NStZ 1986, 549 (Totschlag); BGH NStZ 1987, 366; BGHStrVert 1991, 424 (schwerer Raub); BGH StrVert 1987, 284 (Körperverletzung mit Todesfolge); BGH StrVert 1989, 311 (Handeltreiben mit BtM); OLG Celle NJW 1970, 341 (Vergewaltigung); OLG Zweibrücken StrVert 1986, 306 (schwere Körperverletzung); *Brunner,* § 105 Rn. 14; *Herz,* S. 45.
[19] Instruktiver Lehrfall *Beulke/Mayerhofer,* JuS 1988, 136.

Das materielle Jugendstrafrecht

einer ins einzelne gehende rechtlich nachprüfbaren tatsächlichen Würdigung des Täters und seiner Tat. Formelhafte Wendungen wie etwa die, der Angeklagte sei »planvoll und zielsicher vorgegangen« und habe »wie ein Erwachsener gehandelt« genügen dafür nicht[20].

III. Kriminalpolitsche Kritik

Die Regelung des Heranwachsenden-Problems im JGG 1953 hat von Anfang an vielfältige Kritik erfahren[21]. Sie ist in der Tat, auch abgesehen von den schon hervorgehobenen gesetzestechnischen Mängeln des § 105 I JGG, unbefriedigend. Insbesondere besteht heute Übereinstimmung darüber, daß sich die Kriterien, von denen § 105 JGG die Anwendung von Jugendstrafrecht abhängig macht, nicht bewährt haben. Wie bereits erwähnt, knüpft seine Nr. 1 an eine Norm »des Jugendlichen« an, die es in Wirklichkeit gar nicht gibt, weil die Übergänge zwischen Pubertät und Erwachsenenreife mannigfach und fließend sind. Der vom Gesetzgeber noch als Ausnahme vorausgesetzte Fall einer Reifeverzögerung stellt sich aus der Sicht der empirischen Forschung zum mindesten in dem Sinn als Regel dar, als eine noch nicht zum Abschluß gelangte Reife und das Wirksamwerden puberaler Entwicklungseinflüsse bei der großen Mehrzahl aller straffälligen Heranwachsenden angenommen werden kann. Auch der Begriff der »Jugendverfehlung« in Nr. 2 ist allzu unbestimmt und in seinem Verhältnis zur »Jugendlichen-Reife« der Nr. 1 zu problematisch, als daß er Grundlage einer sicheren und gleichmäßigen Rechtsanwendung sein könnte. Hinzu kommt die unklare Vermischung von Schuldgesichtspunkten und spezialpräventiven Zweckmäßigkeitserwägungen, wie sie in Nr. 1 mit dem Abstellen auf die Reife zur Zeit der Tat zum Ausdruck kommt.
Das Ergebnis ist eine erstaunliche *Unterschiedlichkeit* in der Anwendung von Jugendstrafrecht auf Heranwachsende, da das Gesetz der persönlichen Auffassung des Richters einen viel zu breiten Spielraum läßt.
Das unbefriedigende Ergebnis spiegelt sich auch hier in den Zahlen der Verurteiltenstatistik.

Tabelle 7: Anwendung von Jugendstrafrecht auf Heranwachsende in Prozent der Verurteilten

	1977	1980	1984	1991
Raub und Erpressung	90,2	94,0	96,3	97,4
Einfacher Diebstahl	65,9	68,6	75,9	70,2
Einbruchsdiebstahl	84,4	88,6	81,3	93,8
Fahrlässige Körperverletzung im Verkehr	17,5	21,8	23,7	29,2
Fahrlässige Tötung im Verkehr	34,7	46,4	51,1	57,7
Verkehrsdelikte	28,6	36,5	41,5	43,5
Alle Delikte	47,1	52,8	61,3	62,8

Die Zahlen der Tabelle zeigen, daß insgesamt die Anwendung von Jugendstrafrecht auf Heranwachsende von Jahr zu Jahr in stetiger Zunahme begriffen ist. Was der Gesetzgeber von 1953 als Ausnahme gedacht hatte (1954 nur 20,2 % Jugendstrafrecht), ist in der Praxis, wenn man die Verkehrsdelikte ausnimmt, inzwischen zur Regel geworden, so daß die Gerichtspraxis sich über den ursprünglichen Willen des Gesetzgebers längst hinweggesetzt hat. Wesentlich dazu beigetragen haben besonders bei den schweren Straftaten der Einfluß der in diesen Fällen in der Regel für die

---

20 BGH bei *Böhm*, NStZ 1983, 451; OLG Celle OLGSt 6, § 105 JGG; *Eisenberg*, Kriminologie, Jugendstrafrecht, Strafvollzug, 4. Aufl., 1994, Fall 5, 3 a, S. 13.
21 Vgl. die Diskussion auf den drei Jugendgerichtstagen 1953 in München, DVJJS Heft 1; 1956 in Marburg, DVJJS Heft 3; 1977 in Saarbrücken, DVJJS Heft 11. Ferner die Denkschriften der DVJJ, MschrKrim 1964, 6 und Denkschrift über die kriminalrechtliche Behandlung junger Volljähriger, 1977, insbes. S. 8 ff.; weiteres Schrifttum oben Anm. 1. Kritisch *Peters, K.*, Grundprobleme der Kriminalpädagogik, 1960, S. 249. Generell zur Frage der obersten Altersgrenze des Jugendstrafrechts *Schaffstein*, Peters-Festschrift, 1974, S. 583; *Thiesmeyer*, RdJB 1972, 339.

§ 8: Die Anwendung des materiellen Jugendstrafrechts auf Heranwachsende

Reifeprüfung herangezogene jugendpsychologische oder jugendpsychiatrische Sachverständige sowie die Rechtsprechung des BGH (vgl. oben § 6 V, S. 41), nach der bei nicht behebbaren Zweifeln über den Reifegrad Jugendstrafrecht als milderes Recht anzuwenden ist.

Indessen ist diese Umkehrung von Regel und Ausnahme, für die sich de lege ferenda immerhin gute Gründe anführen lassen, nicht der entscheidende Ansatzpunkt für die Kritik am § 105 JGG. Dieser liegt vielmehr in der in mehrfacher Hinsicht an Willkür grenzenden Ungleichmäßigkeit bei der Anwendung von Jugend- oder Erwachsenenstrafrecht auf die Heranwachsenden. Die obige Tabelle zeigt die überaus unterschiedliche Handhabung des § 105 JGG bei den verschiedenen Deliktsgruppen. Sie führt dazu, daß insbesondere bei den jeweils schwereren Delikten ganz überwiegend Jugendstrafrecht, bei den leichteren Delikten der gleichen Gruppe häufiger Erwachsenenstrafrecht angewendet wird. Ebenso ist die Praxis im Vergleich der einzelnen Bundesländer, ja vielfach selbst der verschiedenen Gerichtsbezirke, noch sehr unterschiedlich. Außer dieser schwerlich zu rechtfertigenden Ungleichmäßigkeit der Rechtsanwendung ist auch zu bedenken, daß gemäß § 114 JGG auch die nach Erwachsenenstrafrecht verhängten längeren Freiheitsstrafen bei Heranwachsenden regelmäßig in einer Jugendstrafanstalt zu verbüßen sind, so daß vom Standpunkt des Vollzuges aus der oft schwierigen, das Verfahren nicht selten verzögernden Feststellung der Voraussetzung des § 105 JGG nur eine recht fragwürdige Bedeutung zukommt. Diese und andere Mißlichkeiten, die man bei der Anwendung von Erwachsenenstrafrecht auf Heranwachsende befürchtete, hatten schon in den 60er und 70er Jahren fast das gesamte Schrifttum zu der Forderung veranlaßt, den § 105 JGG abzuschaffen und auf alle Taten Heranwachsender Jugendstrafrecht anzuwenden. Mehrere Jugendgerichtstage und zwei Denkschriften der Deutschen Jugendgerichtsvereinigung schlossen sich dieser Forderung an[22]. Sie verstummte auch dann nicht, als im Zivilrecht die Volljährigkeitsgrenze auf die Vollendung des 18. Lebensjahres herabgesetzt wurde (1974) und auch das Verfassungsrecht den Heranwachsenden mit der Vollendung des 18. Lebensjahres das aktive Wahlrecht gewährte. Dem naheliegenden Argument, daß nunmehr der zivilrechtlich und verfassungsrechtlich uneingeschränkt volljährige Heranwachsende auch die volle strafrechtliche Verantwortlichkeit für seine Taten übernehmen müsse, wurde entgegengehalten, daß diese Mündigkeit nicht auf empirischen festzustellenden Tatsachen, sondern auf politischen Erwägungen beruhe, während für das Strafrecht die noch größere Prägbarkeit Heranwachsender und damit die erzieherischen Möglichkeiten des Jugendstrafrechts maßgebend sei.

Die vorläufig letzte Entwicklung dieses kriminalpolitischen Problems wird bestimmt durch den Umstand, daß an den seit Beginn der 90er Jahre einsetzenden rechtsextremistischen Ausschreitungen insbesondere gegen Ausländer, die nicht selten zu Brandstiftungen, Mordanschlägen und anderen schweren Delikten führten, besonders häufig Heranwachsende beteiligt waren. Die Folge war die in der Öffentlichkeit bis in den Bundestag hinein erhobene Forderung, auf Heranwachsende generell Erwachsenenstrafrecht anzuwenden, da dieses den Strafzwecken positiver und negativer Generalprävention besser gerecht werde. Mindestens aber solle die Höchststrafe bei Anwendung von Jugendstrafrecht auf Heranwachsende von 10 auf 15 Jahre heraufgesetzt werden, um jenen schwersten Ausschreitungen Heranwachsender wirksamer entgegentreten zu können. Doch haben sich diese Vorschläge bisher nicht durchsetzen können.

Zieht man das Fazit aus den geschilderten, einander widerstreitenden Tendenzen, so wird man es einstweilen wohl bei der derzeitigen Regelung des § 105 JGG belassen müssen. So unbefriedigend seine ungleichmäßige Handhabung auch ist, so bietet er doch immerhin dem Jugendgericht die Möglichkeit, den mannigfaltigen Umständen der Einzelfälle gerecht zu werden. Dabei ist auch zu beachten, daß gerade auf jene politischen Straftaten Heranwachsender besonders oft die zum Jugendstrafrecht führenden Voraussetzungen des § 105 JGG zutreffen werden und es sich bei ihnen vielfach um jugendtypische Verfehlungen handelt, die episodenhafter Natur und einer erzieherischen Einwirkung im Jugendstrafvollzug zugänglich sind.

---

22 Vgl. nur: Denkschrift der DVJJ, 1977 (s. Fußn. 21); *Albrecht*, § 12 V 1, 2, S. 110 (aus verfassungsrechtlichen Gründen bereits de lege lata); *Böhm*, S. 43; *Dünkel*, NK 1992, Heft 3, S. 30; *Janssen* (wie Fußn. 1), S. 291; *Schaffstein*, MschrKrim 1976, 92; *Erlemann*, Heranwachsende in der Strafrechtspflege unter besonderer Berücksichtigung der Reifephase der Adoleszenz, Jur. Diss. Münster, 1988, S. 126; *Sonnen*, in: Diemer/Schoreit/Sonnen, § 105 Rn. 10. Für die generelle Anwendung von Erwachsenenstrafrecht, u. U. bei gleichzeitiger Einführung von Sonderregelungen bezüglich einzelner Sanktionen für Jungerwachsene: *Bresser*, Schaffstein-Festschrift, 1975, S. 332; *Maurach/Gössel/Zipf*, AT 2, § 70 Rn. 14, S. 705; *Balbier*, DRiZ 1989, 409.

Das materielle Jugendstrafrecht

§ 9 Mehrere Straftaten in verschiedenen Alters- und Reifestufen

I. Bei der *gleichzeitigen* Aburteilung *mehrerer* Straftaten desselben Täters kommt es nicht selten vor, daß die Taten von ihm in verschiedenen Alters- oder Reifestufen begangen worden sind, so daß auf sie teils Jugendstrafrecht, teils allgemeines Strafrecht anzuwenden wäre.

Beispiele gleichzeitiger Aburteilung:

(1) Der Täter hat im Alter von 17 Jahren einen Diebstahl, im Alter von 18 Jahren einen Raub begangen, ohne daß für den letzteren die Voraussetzungen des § 105 I JGG für die Anwendung von Jugendstrafrecht vorliegen. Beide Taten kommen nunmehr gleichzeitig zur Aburteilung.

(2) Der Täter hat als 21jähriger, also bereits als Erwachsener, eine Körperverletzung begangen. Gleichzeitig ist eine noch im Alter von 19 Jahren begangene Sachbeschädigung abzuurteilen, die als Jugendverfehlung im Sinne des § 105 I Nr. 2 JGG anzusehen ist.

(3) Ein Heranwachsender ist wegen mehrerer Straftaten abzuurteilen, von denen ein im Alter von 18 Jahren begangenes Sexualdelikt wegen Reifeverzögerung noch unter § 105 I Nr. 1 JGG fällt, während für die im Alter von 20 Jahren begangenen Diebstähle angesichts seiner inzwischen fortgeschrittenen Entwicklung die Voraussetzungen des § 105 I JGG nicht mehr zutreffen.

Ein Nebeneinander von jugendstrafrechtlichen Maßnahmen und Strafen des Erwachsenenrechts (z. B. von Jugendarrest und Freiheitsstrafe) würde in diesen Fällen untunlich sein und die erzieherischen Wirkungen des Vollzugs nur beeinträchtigen. Deshalb sieht § 32 JGG für die in verschiedenen Alters- und Reifestufen begangenen Taten eine *einheitliche* Behandlung vor. Einheitlich Jugendstrafrecht ist auf alle Taten anzuwenden, wenn das *Schwergewicht* im Zeitpunkt der Verhandlung bei der nach *Jugendstrafrecht* zu beurteilenden Tat liegt. Anderenfalls ist auf alle Taten einheitlich Erwachsenenstrafrecht anzuwenden. Rechtsprechung und Schrifttum haben sich darum bemüht, Maßstäbe für die Auslegung des unklaren gesetzlichen Begriffs »Schwergewicht« zu gewinnen[1]. Einmütigkeit besteht darüber, daß dabei zwar auch der äußere und innere Unrechtsgehalt der *Taten* und ihre Anzahl, vor allem aber die *Tatwurzeln*, d. h. die Bedeutung der jeweiligen Tat für den *Täter* im Rahmen seiner *Persönlichkeitsentwicklung* zu berücksichtigen sind. In letzter Hinsicht ist u. a. zu beachten, daß der Weg zum Verbrechen regelmäßig schwerer ist als seine Fortsetzung, ferner, daß Taten, die auf Charakter- und Erziehungsmängeln beruhen, schwerer wiegen als solche, die nur auf eine einmalige Konfliktsituation oder auf eine sonstige Verkettung ungünstiger Umstände zurückzuführen sind. Die Feststellung des »Schwergewichts« ist insoweit nur auf Grund einer Gesamtwürdigung der Täterpersönlichkeit und einer genauen Aufklärung der Ursachen der zu beurteilenden Verfehlungen möglich. Das setzt voraus, daß die Abschätzung des Schwergewichts auf den Zeitpunkt der Urteilsfällung zu beziehen ist. Da auch eine für die Allgemeinheit relativ unbedeutende Tat (z. B. der erste kleine Diebstahl!) eine sehr erhebliche Bedeutung für die Persönlichkeitsentwicklung des Täters haben kann, so werden die beiden einerseits auf das Gewicht der Tat, andererseits auf die Persönlichkeit des Täters abstellenden Maßstäbe nicht selten in Widerspruch miteinander geraten. Ihre Abwägung bleibt dem pflichtgemäßen Ermessen des Richters überlassen. Läßt sich nicht eindeutig

---

[1] Vgl. u. a. BGH 6, 6; BGH NStZ 1986, 219; BGH bei *Böhm* NStZ 1989, 523; OLG Düsseldorf StrVert 1983, 378; sehr instruktiv LG Berlin StrVert 1984, 520; *Brunner*, § 32 Rn. 3; *Miehe*, Stutte-Festschrift 1979, S. 237; *ders.*, ZBlJugR 1982, 83.

§ 9: Mehrere Straftaten in verschiedenen Alters- und Reifestufen

klären, bei welcher Tat das Schwergewicht liegt, so ist auf alle Taten **Erwachsenenstrafrecht** anzuwenden[2].

Beispiel: In dem obigen Beispiel 1 wiegt zwar der mit 18 Jahren begangene Raub nach seinem äußeren Unrechtsgehalt schwerer als der frühere Diebstahl. Gleichwohl ist einheitlich Jugendstrafrecht anzuwenden, wenn der Diebstahl der erste und entscheidende Schritt des Täters auf der Verbrecherslaufbahn, der Raub nur deren konsequente Fortsetzung war, so daß für die Persönlichkeitsentwicklung des Täters dem Diebstahl die größere Bedeutung zukommt. Dagegen gibt der größere Unrechtsgehalt des Raubes den Ausschlag für die Anwendung von Erwachsenenstrafrecht, wenn jenem Diebstahl des 17jährigen Täters schon ähnliche bereits abgeurteilte Taten vorausgegangen sind, so daß seine Bedeutung für die Entwicklung des Täters gering ist. Es ist dann auch für den im Jugendlichenalter begangenen Diebstahl eine Einzelstrafe nach dem StGB zu bilden, die mit der Einzelstrafe für den Raub nach §§ 53, 54 StGB zu einer Gesamtstrafe zusammenzuziehen ist.
Das gesetzliche Kriterium des »Schwergewichts« und seine Auslegung durch Rechtsprechung und herrschende Lehre kann freilich zu höchst unbefriedigenden und geradezu widersinnigen Ergebnissen führen. Das zeigt ein vom BGH (NStZ 1986, 219) entschiedener Fall: Der Angeklagte hatte jeweils sowohl als Jugendlicher wie als nach Jugendstrafrecht zu beurteilender Heranwachsender als auch als Erwachsener im Alter von 22 Jahren neben anderen schweren Delikten insgesamt vier Morde begangen. Der BGH billigte die Entscheidung der Jugendstrafkammer, die den Angekl. mit der Begründung, daß die vier Morde auf eine schon im Jugendalter begonnene kontinuierliche Entwicklung zurückzuführen seien, mit der Höchststrafe des Jugendstrafrechts von zehn Jahren Jugendstrafe (§ 18 I S. 2 JGG) bestraft hatte, so daß dem Täter, der, wenn er nur den letzten Mord begangen hätte, mit der Höchststrafe des Erwachsenenstrafrechts zu bestrafen gewesen wäre, zugute kam, daß er noch zwei weitere Morde im jüngeren Alter begangen hatte. Das Ergebnis ist um so widersinniger, als der Frühbeginn seiner Kriminalität anzeige, daß es sich hier nicht nur um eine episodenhafte Jugendtat, sondern um den Beginn einer in der Persönlichkeit wurzelnden kriminellen Karriere handelte. Auch war die Jugendstrafe wegen des Alters des Täters zur Zeit des Vollzuges nicht mehr in einer Jugendanstalt, sondern im Erwachsenenvollzug zu vollstrecken. Daß es sich in dem fraglichen Fall um einen wegen Geistesschwäche Entmündigten handelte, ändert an dieser grundsätzlichen Beurteilung nichts. Denn die Geistesschwäche hätte auch bei Anwendung von Erwachsenenstrafrecht zur Strafmilderung nach § 21 StGB und zur Einweisung in ein psychiatrisches Krankenhaus nach § 63 StGB führen können.

Der § 32 JGG besagt nur, welches Recht eingreift. Im Falle der Anwendung von Jugendstrafrecht ergibt sich dann aus § 31 JGG, in welchem Ausmaß einheitliche Rechtsfolgen festgesetzt werden müssen (dazu unten § 12). Hat ein Täter teils als Jugendlicher, teils als Heranwachsender Delikte begangen, die gleichzeitig abgeurteilt werden und für die einheitlich Jugendstrafrecht gelten soll, so bedarf es der Anwendung des § 32 JGG überhaupt nicht, vielmehr ergibt sich der Grundsatz der einheitlichen Rechtsfolge direkt aus §§ 31 i. V. m. 105 I JGG.
§ 32 JGG bezieht sich seinem Wortlaut nach nur auf Fälle der Realkonkurrenz[3]. Er ist jedoch analog anzuwenden auf *Dauerdelikte* und auf *fortgesetzte Handlungen*, deren Einzelakte in verschiedene Alters- oder Reifestufen fallen (BGH 6, 6; h. L.)[4].

II. Werden die in verschiedenen Altersstufen begangenen Taten oder die teils nach Jugendstrafrecht, teils nach Erwachsenenstrafrecht abgeurteilten Taten eines Heranwachsenden nicht gleichzeitig, sondern in gesonderten Verfahren abgeurteilt, so kann nach ständiger BGH-Rechtsprechung § 32 JGG mit Rücksicht auf seinen ausdrück-

---

[2] BGH 12, 129, 134; *Böhm*, S. 46; *Brunner*, § 32 Rn. 3; kritisch *Eisenberg*, § 32 Rn. 17.
[3] Der § 32 JGG betrifft nur die Strafbarkeit, nicht die Zuständigkeit. Hat jemand als Heranwachsender und Erwachsener eine fortgesetzte Handlung begangen, so ist stets das Jugendgericht zuständig, HansOLG Hamburg StrVert 1985, 158.
[4] Zur Frage, ob es überhaupt die Rechtsfigur der fortgesetzten Handlung gibt s. BGH NJW 1994, 1663 ff.

Das materielle Jugendstrafrecht

lichen Wortlaut keine Anwendung finden[5]. Die verschiedenen Taten sollen dann ohne Rücksicht darauf, wo das Schwergewicht liegt, nach dem jeweils für sie geltenden Recht zu beurteilen sein. Die verschiedenen Rechtsfolgen müssen, obwohl das zweifellos mißlich ist, neben- oder nacheinander vollstreckt werden. Das Schrifttum[6] hat diese BGH-Rechtsprechung deshalb überwiegend und mit überzeugenden Gründen abgelehnt und analoge Anwendung des § 32 JGG auch auf diese Fälle gefordert. Soweit Straftaten mitberücksichtigt werden sollen, die im Erwachsenenalter begangen wurden, erscheint eine analoge Heranziehung des § 32 JGG allerdings nur vertretbar, sofern nach allgemeinem Strafrecht eine Gesamtstrafe nach § 55 StGB zu bilden wäre. Der BGH lehnt hingegen auch für den Fall, daß ansonsten die Voraussetzungen des § 55 StGB erfüllt sind, die Bildung einer Gesamtstrafe aus einer Jugendstrafe und einer Freiheitsstrafe des allgemeinen Strafrechts bei getrennter Aburteilung ab. Die daraus folgende Härte für den Angeklagten soll bei der nach Erwachsenenstrafrecht zu verhängenden Strafe ausgeglichen werden[7].

Ist ein Heranwachsender wegen eines Teils seiner Straftaten bereits nach Erwachsenenstrafrecht verurteilt, und erfolgt vor Erledigung dieser Strafe eine andere Verurteilung nach Jugendstrafrecht, so ist dabei unter Einbeziehung der früheren Strafe nunmehr einheitlich auf jugendstrafrechtliche Maßnahmen oder Jugendstrafe zu erkennen, es sei denn, daß eine solche Einbeziehung aus erzieherischen Gründen unzweckmäßig ist (§ 105 II JGG in Verbindung mit § 31 II und III JGG).

Beispiele getrennter Aburteilung:
(1) Der Täter ist wegen eines schweren Diebstahls im Alter von 18 Jahren nach Erwachsenenrecht zu einer Freiheitsstrafe von 6 Monaten verurteilt worden, die ausgesetzt wurde. Vor Ablauf der Bewährungsfrist begeht er im Alter von 19 Jahren eine gefährliche Körperverletzung, die als Jugendverfehlung nach § 105 I Nr. 2 JGG beurteilt wird. Es kann, soweit erzieherisch zweckmäßig, unter Einbeziehung der ausgesetzten Freiheitsstrafe auf eine Jugendstrafe von 7 Monaten erkannt werden, die je nach den Umständen (§ 21 JGG) wiederum ausgesetzt oder aber sogleich vollstreckt werden kann. Dies ergibt sich aus §§ 105 II, 31 II S. 1 JGG[8].

(2) Der Täter hat als Heranwachsender eine Unterschlagung und als Erwachsener im Alter von 21 Jahren einen Betrug begangen. Zunächst ist er von einem Erwachsenengericht wegen des im Erwachsenenalter begangenen Betruges zu einer Freiheitsstrafe von einem Jahr bestraft worden. Später erfolgt in einem gesonderten Verfahren die Bestrafung wegen der Unterschlagung. Das Jugendgericht bejaht die Voraussetzungen des § 105 I JGG und wendet bezüglich der Unterschlagung Jugendrecht an. Unter Einbeziehung der bereits verhängten Erwachsenenstrafe setzt es eine Jugendstrafe von 2 Jahren fest. Daß dies zulässig ist, ergibt sich entweder aus einer extensiven Interpretation des § 105 II[9] oder – nach hiesiger Lösung – aus einer analogen Anwendung des § 32 JGG. Wenn allerdings das Jugendgericht der Ansicht ist, daß das Schwergewicht bei der Erwachsenentat liegt, gelangt es über die analoge Anwendung des § 32 JGG zur Verurteilung beider Taten nach Erwachsenenstrafrecht mit der Möglichkeit einer Gesamtstrafenbildung nach § 55 StGB[9a].

(3) Der Täter hat als Heranwachsender im Alter von 19 Jahren mehrere Diebstähle und im Alter von 20 Jahren einen (einfachen) Raub begangen. Danach wird er wegen der Diebstähle rechtskräftig

---

5 Aus der Rechtsprechung insbes.: BGH 14, 287; BGH 36, 270 und 294; BGH JR 1974, 429 m. Anm. *Brunner*; OLG Schleswig NStZ 1987, 225 m. abl. Anm. *Knüllig-Dingeldey*; zustimmend *Bringewat*, JuS 1991, 24; *Dreher/Tröndle*, § 53 Rn. 2 m. w. Nachw.
6 Insbes. *Böhm* S. 48; *Brunner*, § 32 Rn. 11; *Dingeldey*, ZblJugR 1981, 151; *Eisenberg*, § 32 Rn. 9. Nach *Ostendorf*, § 32 Rn. 4 ff. soll eine analoge Anwendung des § 32 JGG nicht möglich sein, wohl aber die Bildung einer Gesamtfreiheitsstrafe; so auch *Schoreit*, NStZ 1989, 461; *ders.*, ZRP 1990, 175 (de lege ferenda).
7 BGH 36, 270, 272, m. Anm. *Böhm/Bück-Schmitz*, NStZ 1991, 131; BGH 36, 294, 295, mit Anm. *Ranft*, Jura 1990, 463; *Brunner*, JR 1990, 524 und *Walter/Pieplow*, StrVert 1991, 5.
8 Zutreffend BGH NStZ 1981, 355 m. Anm. *Dingeldey*.
9 So BGH 37, 34 m. zust. Anm. *Eisenberg*, JR 1990, 483; *Brunner*, § 32 Rn. 5; *Ostendorf*, § 32 Rn. 9; *ders.*, NStZ 1991, 185.
9a So auch BGHSt 40, 1 auf dem Weg über § 105 II JGG.

§ 9: Mehrere Straftaten in verschiedenen Alters- und Reifestufen

zu einer Jugendstrafe verurteilt. Als er später wegen der Raubtat vor Gericht steht, verneint das Jugendgericht die Voraussetzungen des § 105 I JGG, sieht aber das Schwergewicht der kriminellen Entwicklung in den bereits rechtskräftig abgeurteilten Diebstählen. Nach Ansicht der Rechtsprechung[10] findet in diesem Fall der getrennten Aburteilung § 32 JGG keine analoge Anwendung, d. h., es muß für den Raub eine gesonderte Erwachsenenstrafe verhängt werden. Da eine Gesamtstrafenbildung nicht möglich ist, muß ein Ausgleich erreicht werden durch Milderung der noch zu verhängenden Einzelstrafen. Diese Lösung beinhaltet einen eindeutigen Wertungswiderspruch zur Lösung der in Beispiel (2) aufgeführten Fallgruppe. Nach hiesiger Lösung kann aufgrund einer Analogie zu § 32 JGG Jugendstrafrecht angewandt und dann gem. § 31 II JGG auf eine einheitliche Jugendstrafe erkannt werden.

(4) Der Täter hat als Heranwachsender mehrere Diebstähle begangen, für die er als Heranwachsender rechtskräftig zu einer Jugendstrafe verurteilt worden ist. Als Erwachsener begeht er eine räuberische Erpressung. Im Rahmen der Verurteilung wegen der räuberischen Erpressung möchte das Gericht unter Einbeziehung der Jugendstrafe auf eine Freiheitsstrafe von 4 Jahren erkennen. Nach Ansicht der Rechtsprechung ist dies bereits deshalb unmöglich, weil hier in getrennten Verfahren entschieden wird, so daß § 32 JGG unanwendbar ist[11]. Auch die hier vertretene Lösung kommt jedoch selbst dann nicht zur analogen Anwendung des § 32 JGG, wenn das Schwergewicht der kriminellen Entwicklung bei den Diebstählen liegt, weil die Voraussetzungen einer Gesamtstrafenbildung nach § 55 StGB nicht gegeben sind.

Insgesamt ist die Problematik der Aburteilung mehrerer Straftaten in verschiedenen Alters- und Reifestufen sehr kompliziert geregelt. Zur Übersicht vgl. deshalb das Schaubild Nr. 3, das allerdings nur die wichtigsten Konstellationen berücksichtigt.

---

10 BGH bei *Holtz*, MDR 1979, 281.
11 BGH NStZ 1987, 24.

Das materielle Jugendstrafrecht

Schaubild 3: Systematik bei Aburteilung mehrerer Straftaten
– bei größtmöglicher Anwendung von Jugendstrafrecht –

I. Gleichzeitige Aburteilung mehrerer Straftaten

Tatbegehung			Rechtsfolge
als Jugendlicher	als Heranwachsender	als Erwachsener	
X	X StGB		§ 32 ⟶ § 31 I
X	X JGG	X StGB	X	§ 32 ⟶ § 31 I
	X JGG	X StGB		§ 32 ⟶ § 31 I
	X JGG		X	§ 32 ⟶ § 31 I
X	X JGG			§ 105 I ⟶ § 31 I

II. Getrennte Aburteilung mehrerer Straftaten
zeitliche Abfolge ⟶ X

Tatbegehung			Rechtsfolge im 2. Urteil
als Jugendlicher	als Heranwachsender	als Erwachsener	
X₁ ▷ 1 X₂ ▷ 2			§ 31 II S. 1
X₁ ▷ 1	X₂ JGG ⟶ 2		§ 105 I ⟶ § 31 II S. 1
	X₁ StGB ▷ 1 X₂ JGG ▷ 2		§ 105 II ⟶ § 31 II S. 1
	X₁ JGG	X₂ ▷ 1 2	BGH: § 105 II ⟶ § 31 II S. 1 i. V. m. § 32 Lit.: § 105 II oder § 32 analog
	X₁ JGG ▷ 1 X₂ StGB ▷ 2		BGH: Realkonkurrenz Lit.: § 32 analog ⟶ § 31 II
	X₁ JGG X₂ StGB 1 2		BGH: Realkonkurrenz Lit.: § 32 analog ⟶ § 31 II
	X₁ JGG ⟶ 1	X₂ ⟶ 2	BGH: Realkonkurrenz Lit.: § 32 analog ⟶ § 31 II Schaffstein/Beulke: Realkonkurrenz, da Voraussetzungen des § 55 StGB nicht erfüllt

X	– Tatbegehung
X₁	– zeitlich erste Tatbegehung
X₂	– zeitlich zweite Tatbegehung
X JGG	– Tatbegehung eines Heranwachsenden, der gem. § 105 I JGG nach Jugendstrafrecht beurteilt wird
X StGB	– Tatbegehung eines Heranwachsenden, der gem. § 105 I JGG nach allgemeinem Strafrecht beurteilt wird
▯	– Zeitpunkt des Urteilsspruchs

§ 10: Die Arten der jugendstrafrechtlichen Folgen

Zweites Kapitel
Die Rechtsfolgen der Jugendstraftat

§ 10 Die Arten der jugendstrafrechtlichen Folgen

I. Als »Jugendstraftat« bezeichnen wir eine nach den allgemeinen Gesetzen mit Strafe bedrohte rechtswidrige und schuldhafte Tat entweder

a) eines Jugendlichen oder

b) eines Heranwachsenden, wenn auf ihn die Voraussetzungen des § 105 JGG für die Anwendung von Jugendstrafrecht zutreffen.

Die rechtlichen Folgen, die eine Jugendstraftat auslöst, sind andere als die, welche das allgemeine Strafrecht für die Straftat eines Erwachsenen vorsieht[1]. Schon früher kannte das Jugendstrafrecht weder die verschiedenen Arten der Freiheitsstrafe des Erwachsenenrechts (Zuchthaus, Gefängnis usw.) noch die Geldstrafe. An ihre Stelle treten Rechtsfolgen, die der besonderen Aufgabe des Jugendstrafrechts entsprechen. Das JGG (§ 5) teilt sie nach ihrer rechtlichen Natur in 3 Gruppen ein:

1. Erziehungsmaßregeln, nämlich

    a) Weisungen
    b) Erziehungsbeistandschaft
    c) Erziehungshilfe gem. § 12 Nr. 2 JGG, insbes. Heimerziehung
    d) Erziehungshilfe durch den Disziplinarvorgesetzten (bei Soldaten, §§ 112 a Nr. 2, 112 b JGG).

2. Zuchtmittel, nämlich

    a) Verwarnung
    b) Auflagen
    c) Jugendarrest (als Dauerarrest, Freizeitarrest oder Kurzarrest).

3. Jugendstrafe, u. zwar mit oder ohne Strafaussetzung zur Bewährung.

Im Gegensatz zu dieser gesetzlichen Einteilung ist im jugendstrafrechtlichen Schrifttum folgende Differenzierung der wichtigsten Maßnahmen nach dem Schweregrad üblich geworden:

1. ambulante Maßnahmen:
    – Verwarnung
    – Auflage
    – Weisungen
    – Erziehungsbeistandschaft

---

[1] BayObLG NJW 1992, 1520 hält trotz des abschließenden Charakters der Regelungen der §§ 5 ff. JGG eine analoge Heranziehung des § 60 StGB (Absehen von Strafe) für zulässig; ebenso *Eisenberg* § 5 Rn. 11; *Scheffler*, NStZ 1992, 492; z. T. abweichend *Bringewat*, NStZ 1992, 318.

Das materielle Jugendstrafrecht

2. **stationäre Maßnahmen:**
   - Jugendarrest
   - Erziehungshilfe gem. § 12 Nr. 2 JGG, insbes. Heimerziehung
   - Jugendstrafe, und zwar
     - Aussetzung der Verhängung gem. § 27 JGG
     - mit Aussetzung zur Bewährung gem. § 21 JGG
     - unbedingte

Über die Häufigkeit, in der die oben aufgeführten jugendstrafrechtlichen Rechtsfolgen in der Praxis angewendet werden, gibt die folgende Tabelle 8 Auskunft.

Zu beachten ist dabei, daß nach § 8 JGG verschiedene Rechtsfolgen nebeneinander angeordnet werden können (vgl. näher unten § 13), wovon die Jugendgerichte besonders im Verhältnis von Zuchtmitteln und Weisungen sehr häufig Gebrauch machen. Im übrigen weist die Tabelle die Zuchtmittel und unter ihnen wieder Verwarnungen und Geldbuße als die häufigsten Arten der Rechtsfolgen aus. Es folgen die Erziehungsmaßregeln. Hier sind die Zahlen freilich insofern irreführend, als aus den unten (§ 17) angeführten Gründen die wichtigen Erziehungsmaßregeln der Heimerziehung und der Erziehungsbeistandschaft auch beim Vorliegen einer Straftat meist nicht durch die Jugendgerichte, sondern durch den Vormundschaftsrichter angeordnet, oder aber vor allem im Wege der freiwilligen Annahme der Erziehungshilfe vereinbart werden, so daß sie in unserer Tabelle nicht erscheinen. Unter den dort aufgeführten »Weisungen« sind heute besonders bedeutsam die Weisung, »eine Arbeitsleistung zu erbringen« (§ 10 I S. 3 Nr. 4 JGG), die Weisung, an einem sozialen Trainingskurs teilzunehmen (§ 10 I S. 3 Nr. 6 JGG) sowie die Weisung, sich um einen Täter-Opfer-Ausgleich zu bemühen (§ 10 I S. 3 Nr. 7 JGG). Der Vergleich der prozentualen Anteile der einzelnen Rechtsfolgen in den Jahren 1975, 1985 und 1991 zeigt deutlich, daß der oben erwähnten modernen kriminalpolitischen Tendenz entsprechend die »ambulanten« Rechtsfolgen im Verhältnis zu den entsprechenden stationären Rechtsfolgen im Vordringen begriffen sind.

II. Die stigmatisierenden **Nebenstrafen und -folgen** (Verlust der Amtsfähigkeit, der Wählbarkeit und des Stimmrechts) sowie die Bekanntgabe der Verurteilung sind im Jugendstrafrecht ebenfalls unanwendbar (§ 6 JGG).

Dagegen sind die nicht durch § 6 JGG ausgeschlossenen Nebenstrafen und -folgen des allgemeinen Strafrechts zulässig, also insbesondere das Fahrverbot (§ 44 StGB) sowie der Verfall des Gewinns aus der Tat und die Einziehung der instrumenta et producta sceleris (§§ 73, 74 ff. StGB).

§ 10: Die Arten der jugendstrafrechtlichen Folgen

Tabelle 8: Verhängte Rechtsfolgen 1975, 1980 und 1989

	1975		1985		1991	
	absolut	% bezogen auf Verurteilte	absolut	% bezogen auf Verurteilte	absolut	% bezogen auf Verurteilte
Erziehungsmaßregeln insges.	20 954	21,6	49 843	41,8	21 623	29,7
Heimerziehung	177	0,2	82	0,06	30	0,04
Erziehungsbeistandschaft	456	0,5	214	0,2	135	0,18
Weisungen	20 321	21,0	49 655	41,7	21 506	29,6
Zuchtmittel insges.	95 326	98,3	99 534	83,5	50 923	70,0
Jugendarrest	21 092	21,8	23 990	20,1	11 557	15,9
Geldbuße	36 092	38,2	34 306	28,8	21 668	29,8
Verwarnung	34 746	35,8	39 483	33,1	22 855	31,4
Jugendstrafe insges.	15 983	16,5	17 672	14,8	12 938	17,8
Jugendstrafe mit Strafaussetzung zur Bewährung	8 932	9,2	10 936	9,2	8 126	11,2
Jugendstrafe ohne Strafaussetzung zur Bewährung	7 051	7,3	6 736	5,6	4 812	6,6
Aussetzung der Verh. d. Jugendstrafe gem. § 27 JGG	1 303	1,5	1 802	1,5	1 200	1,6

III. Von den **bessernden und sichernden Maßregeln** des allgemeinen Strafrechts sind im Jugendstrafrecht (§ 7 JGG) nur zulässig die Unterbringung in einem psychiatrischen Krankenhaus (§ 63 StGB) oder in einer Entziehungsanstalt (§ 64 StGB), die Entziehung der Fahrerlaubnis (§ 69 StGB), die vorbeugende Sperre für die Erteilung einer Fahrerlaubnis, wenn der Täter eine solche noch nicht hatte (§ 69 a I S. 3 StGB), wie oft gerade bei Jugendlichen oder Heranwachsenden, sowie die Führungsaufsicht (§§ 68–68 g StGB).

a) Die Anordnung der Unterbringung in einem psychiatrischen Krankenhaus ist bei Jugendlichen nur in Ausnahmefällen gerechtfertigt; zumeist wird die hier erforderliche besonders eingehende und sorgfältige Überprüfung ergeben, daß weniger einschneidende Maßnahmen ausreichen.[2]

b) Für die Unterbringung in einer **Entziehungsanstalt**, die bei Jugendlichen und Heranwachsenden wegen der häufigen Drogenabhängigkeit und des gleichfalls zunehmenden Alkoholismus erhöhte Bedeutung hat, bestimmt § 93 a JGG, daß die Maßregel in einer Einrichtung vollzogen wird, in der die für die Behandlung suchtkranker

---

[2] BGH 37, 373, 374 (unter besonderer Betonung des Erziehungsgedankens); zustimmend *Walter*, NStZ 1992, 100.

Jugendlicher erforderlichen besonderen therapeutischen Mittel und sozialen Hilfen zur Verfügung stehen.

Um das angestrebte Behandlungsziel zu erreichen, kann der Vollzug aufgelockert und weitgehend in freien Formen durchgeführt werden (§ 93 a II JGG). Diese Klarstellung ist wichtig, weil der Drogenentzug, bei dem man den am Anfang stehenden körperlichen Entzug und die dann folgende psychische Entwöhnung unterscheidet, in den Anstalten regelmäßig in mehreren Stufen von strenger Abschließung von der Außenwelt bis zu immer größerer, die Belastbarkeit prüfenden Freiheit erfolgt. Nachdem es lange Zeit für die Drogenentwöhnung an den in § 93 a JGG vorausgesetzten Spezialanstalten fehlte, sind 1980 in Parsberg in Bayern und 1982 in Brauel in Niedersachsen zwei solcher Anstalten unter ärztlicher Leitung gegründet worden, von denen die erstere für die süddeutschen, die zweite für die norddeutschen Länder zuständig ist[3].

Nach § 64 II StGB unterbleibt die Anordnung, wenn eine Entziehungskur von vornherein aussichtslos ist (vgl. dazu BGH 28, 327). Obwohl die Entziehungskur in der Regel, um erfolgreich zu sein, die freiwillige Mitwirkung des Süchtigen voraussetzt, begründet dessen anfängliche Ablehnung noch nicht eine Aussichtslosigkeit im Sinne des § 64 II StGB, denn oft wird die Bereitschaft zu freiwilliger Mitarbeit erst während der Behandlung in der Anstalt gewonnen.

c) Wenn die Unterbringung in einem psychiatrischen Krankenhaus (bei verminderter Schuldfähigkeit nach § 63 StGB) oder in einer Entziehungsanstalt die Ahndung durch den Richter entbehrlich macht, ist von Zuchtmitteln oder Jugendstrafe abzusehen (§ 5 III JGG, vgl. dazu BGH NStZ 1987, 506 sowie unten § 13 3 b).

d) Die **Führungsaufsicht**, die gleichrangig der Resozialisierung des Verurteilten und der Sicherung der Allgemeinheit dient und wegen dieses antagonistischen Charakters dogmatisch und rechtspolitisch umstritten ist, wird von einer Aufsichtsstelle und einem vom Gericht zu bestellenden Bewährungshelfer ausgeübt. Sie kann vom Gericht nach § 68 I StGB neben einer Freiheitsstrafe angeordnet werden. Für das Jugendstrafrecht wichtiger ist jedoch, daß die Führungsaufsicht kraft Gesetzes nach § 68 f. StGB auch dann automatisch mit der Entlassung aus dem Strafvollzug eintritt, wenn eine Freiheitsstrafe (auch Jugendstrafe!) von mindestens 2 Jahren wegen einer vorsätzlichen Straftat vollständig vollstreckt worden ist. Damit wird eine frühere, oft bedauerte Lücke in der Nachbetreuung wenigstens in den Fällen längerer Strafen geschlossen. Denn für die sog. »Vollbüßer« bestand, zum Unterschied von denen, deren Strafe vorzeitig nach § 88 JGG zur Bewährung ausgesetzt wird, keine Möglichkeit, ihnen zur weiteren Hilfe und Kontrolle einen Bewährungshelfer zu bestellen, obwohl das in diesen Fällen meist gerade besonders nötig wäre. Das geschieht nunmehr aufgrund der Führungsaufsicht[4].

Beispiel: Ein Jugendlicher (oder nach Jugendstrafrecht verurteilter Heranwachsender) wird wegen Raubes zu 2 Jahren Jugendstrafe verurteilt. Nach Verbüßung von 1 Jahr wird nach § 88 JGG seine Strafe zur Bewährung ausgesetzt. Wegen einer neuen Straftat oder wegen ständigen Verstoßes gegen die Bewährungsauflagen wird die Strafaussetzung nach einem halben Jahr widerrufen. Der Verurteilte muß nunmehr seine Strafe voll verbüßen, so daß nach seiner Entlassung keine Bewährungshilfe nach § 88 VI JGG möglich ist. Es tritt aber nach § 68 f. StGB Führungsaufsicht ein.

Zur Beendigung der Führungsaufsicht vgl. § 68 e StGB.

e) Die **Entziehung der Fahrerlaubnis** setzt nach dem Wortlaut des § 69 StGB voraus, daß der Täter wegen eines Verkehrsdelikts verurteilt oder lediglich wegen Schuldunfähigkeit (§ 20 StGB oder § 3 JGG) freigesprochen worden ist und sich aus der Tat ergibt, daß er zum Führen von Kraftfahrzeugen ungeeignet ist. Nicht erforderlich ist die

---

[3] Ausführlich zu § 93 a JGG: *Schröder, H.*, Drogentherapie nach den §§ 93 a JGG, 35 ff. BtMG, 1986. Zur Rechtslage beim Fehlen geeigneter Anstaltsplätze vgl. BVerfG JMBl NRW 1977, 222; *Brunner*, § 93 a Rn. 7 m. w. Nachw.
[4] Vgl. dazu *Böhm*, S. 127; *Brunner*, § 7 Rn. 8 bis 12.

Verurteilung gerade zu einer Strafe. Es genügt vielmehr, daß der Täter wegen der rechtswidrigen Tat schuldig gesprochen wird, so daß auch neben der Anordnung von Erziehungsmaßregeln oder Zuchtmitteln oder einem Schuldspruch unter Aussetzung des Strafausspruchs nach § 27 JGG die Fahrerlaubnis nach § 69 StGB entzogen werden kann[5].

Beispiel: Ein 19jähriger Motorradfahrer erhält aus Anlaß einer fahrlässigen Körperverletzung im Straßenverkehr lediglich die Weisung, eine gemeinnützige Arbeit zu verrichten (§ 10 I S. 3 Nr. 4 JGG), oder die Auflage, 50 DM an das Rote Kreuz zu zahlen (§ 15 Nr. 4 JGG). Daneben kann ihm aber nach § 69 StGB die Fahrerlaubnis entzogen werden oder ihm, wenn er noch keinen Führerschein hatte, dessen Erteilung nach § 69a I S. 3 StGB für eine bestimmte Zeit gesperrt werden. Meist wird ihn diese »Nebenfolge« seiner Verurteilung härter treffen, aber auch wirksamer sein als die gleichzeitig angeordnete »Hauptrechtsfolge«.

<u>Nicht zulässig sind im Jugendstrafrecht die Sicherungsverwahrung sowie das Berufsverbot.</u>
Das JGG hat die letztgenannten Maßnahmen des allgemeinen Strafrechts deshalb für unanwendbar erklärt, weil es davon ausgeht, daß einerseits ihre Voraussetzungen bei Jugendlichen nicht oder doch nur ausnahmsweise gegeben sein werden und daß andererseits der damit erstrebte Besserungs- und Sicherungszweck hier wirksamer durch die spezifisch jugendstrafrechtlichen Erziehungsmaßregeln erreicht wird.

§ 11 Die allgemeinen Voraussetzungen der jugendstrafrechtlichen Folgen

I. Der Grundsatz des Täterstrafrechts und seine Grenzen

1. Zwar ist, wie wir bereits sahen, auch im Jugendstrafrecht wie im Erwachsenenstrafrecht die Begehung einer »nach den allgemeinen Vorschriften mit Strafe bedrohten Verfehlung« – auf dem Gebiet der ehemaligen DDR: einer »rechtswidrigen Tat« – Voraussetzung für den Eintritt der im JGG vorgesehenen Rechtsfolgen. Bloße Fehlhaltungen eines Jugendlichen können zwar dem Vormundschaftsrichter Anlaß geben, nach dem BGB Erziehungsmaßnahmen anzuordnen, ermächtigen aber nicht den Jugendrichter zum Einschreiten.

Dennoch besteht ein prinzipieller und tiefgreifender Unterschied zwischen Jugend- und Erwachsenenstrafrecht nicht nur hinsichtlich der Rechtsfolgen, sondern auch der Voraussetzungen, unter denen sie anzuwenden sind. Das allgemeine Strafrecht enthält für jeden einzelnen Straftatbestand einen bestimmten, gesetzlich festgelegten Strafrahmen, innerhalb dessen der Richter die für den Einzelfall angemessene Strafe zu bemessen hat. Dabei ist für den Gesetzgeber bei der Festsetzung der Strafrahmen und für den Richter bei der Strafzumessung im konkreten Einzelfall in erster Linie die Schuld des Täters i. S. der Ahndung der Einzeltatschuld Grundlage der Bestrafung (§ 46 StGB). Durch diesen primären Gesichtspunkt wird der Spielraum, der für die Berücksichtigung anderer Strafzwecke übrig bleibt, verhältnismäßig eng begrenzt.

<u>Im Jugendstrafrecht gelten die nach der Schwere der Tat abgestuften Strafrahmen des Erwachsenenstrafrechts nicht</u> (so ausdrücklich § 18 I S. 3 JGG).
<u>Von den Straftatbeständen der »allgemeinen Vorschriften« hat im Jugendstrafrecht also nur deren erster Teil, der die Deliktsbeschreibung enthält, nicht aber ihr den Straf-</u>

---

5 Auch die Regelwirkung gem. § 69 II StGB ist im Jugendstrafrecht zu beachten, *Janiszewski*, NStZ 1988, 543; abweichend: *Eisenberg*, § 7 Rn. 6 u. 35.

Das materielle Jugendstrafrecht

rahmen bestimmender zweiter Teil Bedeutung. Statt dessen gelten für die Auswahl und Bemessung der Folgen der Jugendstraftat andere Grundsätze, die im JGG nicht für die verschiedenen Taten, wohl aber für die einzelnen Maßnahmen und Strafen gesetzlich festgelegt sind und insofern ebenfalls die Wahlfreiheit des Richters beschränken.

Beispiel: Ein 16jähriger hat einen Diebstahl begangen. Die Strafandrohung des § 242 StGB, der nur Freiheitsstrafe oder Geldstrafe vorsieht, gilt nicht. Der Richter kann Erziehungsmaßregeln, Zuchtmittel oder Jugendstrafe verhängen, ist aber in der Auswahl dieser Folgen nicht völlig frei. So ist z. B. ein Zuchtmittel, insbesondere Jugendarrest, nur unter den Voraussetzungen des § 13 JGG, Erziehungsbeistandschaft nur unter denen des § 12 Nr. 1 JGG in Verbindung mit §§ 27, 30 SGB VIII zulässig, während Jugendstrafe nach § 17 JGG nur verhängt werden darf, wenn der Diebstahl Ausdruck schädlicher Neigungen war und Erziehungsmaßregeln oder Zuchtmittel nicht ausreichen.

2. Im einzelnen sind diese gesetzlichen Voraussetzungen, die bei der Auswahl der verschiedenen jugendstrafrechtlichen Folgen zu beachten sind, später zu erörtern. Doch ist allgemein schon hier festzustellen, daß sie zwar nicht ausschließlich, aber doch überwiegend auf bestimmte Merkmale der Täterpersönlichkeit abgestellt sind.

So setzt, um schon hier eines der wichtigsten Beispiele zu nennen, die Erziehungsbeistandschaft voraus, daß eine dem Wohl des Jugendlichen entsprechende Erziehung nicht gewährleistet ist und die Hilfe für seine Entwicklung geeignet und notwendig ist (§§ 27, 30 SGB VIII i. V. m. § 12 Nr. 1 JGG), während bei »schädlichen (d. h. kriminellen) Neigungen« des Täters Jugendstrafe vorgesehen ist (§ 17 JGG).

Öfter überschneiden sich die Voraussetzungen der jugendstrafrechtlichen Rechtsfolgen. In diesen Fällen oder wenn sonst das Gesetz mehrere Rechtsfolgen zur Wahl stellt, so ist in der Regel

a) diejenige Rechtsfolge anzuordnen, welche nach der Persönlichkeit des Täters den besten Erfolg für seine Resozialisierung verspricht[1].

b) Versprechen beide Maßregeln gleich guten Erfolg, so ist derjenigen der Vorzug zu geben, die den Jugendlichen am wenigsten belastet, d. h. den geringsten Eingriff in seine Individualsphäre enthält.

Stehen im Einzelfall sowohl »ambulante« wie »stationäre« Maßnahmen (z. B. bei geringeren Erziehungsdefiziten sowohl Jugendarrest wie Weisungen oder Auflagen, bei »schädlichen Neigungen« geringeren Grades sowohl zu vollstreckende wie auszusetzende Jugendstrafe) zur Wahl, so entspricht es den zu a) und b) angeführten Grundsätzen, der »ambulanten« Maßnahme den Vorzug zu geben.

3. Obwohl die Auswahl der jugendstrafrechtlichen Rechtsfolgen durch das Gesetz und durch den Richter im Rahmen des ihm gewährten Ermessensspielraums primär durch den Grundsatz des »Täterstrafrechts« bestimmt wird, gilt dieser Grundsatz doch nicht uneingeschränkt. Die weitere Darstellung wird uns zeigen, daß bei der Anwendung schon der Weisungen und mehr noch der Zuchtmittel und insbesondere bei der Ju-

---

[1] Einen Überblick über das Ergebnis der bis 1980 vorliegenden Bewährungsuntersuchungen bei jugendstrafrechtlichen Rechtsfolgen gibt *Hartung, B.*, Spezialpräventive Effektivitätsmessung, jur. Diss. Göttingen, 1981. Zum Problem des »Erfolges« einzelner Maßnahmen s. auch *Kaiser*, Kriminologie, § 37 Rn. 66, S. 266; *Berckhauer/Hasenpusch*, Legalbewährung nach Strafvollzug, in *Schwind, H.-D./Steinhilper, G.* (Hrsg.), Modelle zur Kriminalitätsvorbeugung und Resozialisierung, 1982, S. 281; *Karger/Sutterer*, Krim-Forschung 90, S. 127 ff. Weitere Fundstellen in den folgenden Fußn. sowie oben § 1 und in den folgenden §§ bei der Darstellung der einzelnen Maßnahmen.

gendstrafe neben den täterstrafrechtlichen Gesichtspunkten doch auch tatstrafrechtliche Erwägungen (Ahndung einer Straftat in § 13 JGG; Sühne »schwerer Schuld« in § 17 II JGG) zu beachten sind. Dabei kommt dem Tatprinzip namentlich auch eine die Schwere des erzieherischen Eingriffs begrenzende Wirkung zu, so daß selbst die Erziehungsmaßregeln der »Weisungen« (§ 10 JGG) nicht ganz außer Verhältnis zu der Schwere der sie veranlassenden Tat stehen dürfen (vgl. unten § 15 II 1 c)[2]. Bei der Bemessung der Jugendstrafe darf die obere Grenze schuldangemessenen Strafens nicht überschritten werden[3], weshalb beispielsweise die obere Grenze der nach StGB für einen »minder schweren Fall« angedrohten Strafe beachtet werden muß[4]. Empirische Befunde deuten darauf hin, daß sich der Jugendrichter in der Praxis bei der Sanktionsfindung auch im Jugendstrafverfahren in einem beträchtlichen Ausmaß an der Schwere der Tat orientiert[5].

4. Aus den unter 2. und 3. genannten Gründen entfallen auch die verfassungsrechtlichen Bedenken, die man gelegentlich gegen die Regelung der Rechtsfolgen im JGG wegen deren mangelnder Bestimmtheit aus Art. 103 II GG und dem allgemeinen Rechtsstaatsprinzip des Grundgesetzes (Art. 20, 28 I GG) erhoben hat[6]. Einerseits darf auch der Jugendrichter auf Erziehungsmaßregeln, Zuchtmittel und Jugendstrafe nur bei Vorliegen einer gesetzlich bestimmten Straftat erkennen, so daß der Grundsatz nullum crimen sine lege (Art. 103 II GG) gewahrt bleibt. Andererseits ist er bei der Auswahl dieser Rechtsfolgen keineswegs völlig frei, sondern an die gesetzlich bestimmten Vorgaben gebunden. Nur unterscheiden sich diese Vorgaben, wie oben unter 2. ausgeführt wurde, dadurch von denen des Erwachsenenstrafrechts, daß sie stärker als dort auf die besonderen Zwecke des Jugendstrafrechts und damit auf die Persönlichkeit des Straftäters abgestellt sind. Das gilt selbst für den »offenen« Weisungskatalog des § 10 JGG, den der Richter durch »Erfindung« neuer, dort nicht aufgeführter Weisungsbeispiele ergänzen kann. Auch bei dieser Ergänzung ist er an die allgemeinen Voraussetzungen der Weisungen gebunden, nämlich, daß die Weisungen die Lebensführung des Jugendlichen regeln, aber keine unzumutbaren Anforderungen stellen, den Verhältnismäßigkeitsgrundsatz wahren sollen und an bestimmte Laufzeiten gebunden sind (§ 11 I und II JGG).

II. Die soziale Prognose als Voraussetzung bei der Auswahl der Rechtsfolgen

1. **Die Notwendigkeit der Prognose.** Weil und soweit das Gesetz die Auswahl der verschiedenen Rechtsfolgen der Jugendstraftat von der Persönlichkeit des Täters abhängig macht, wird vom Richter über die Diagnose der konkreten Tatsachen hinaus zugleich eine soziale Prognose, d. h. eine vorausschauende Beurteilung des künftigen sozialen Verhaltens des Täters verlangt.

---

2 Näher dazu *Miehe*, insbes. S. 60 ff.; *Kaiser/Schöch*, Fall Nr. 15, Rn. 3.
3 BGH NStZ 1990, 389.
4 BGH GA 1986, 177 m. w. Nachw.; deshalb darf eine Beziehung zur Strafdrohung des allgemeinen Strafrechts hergestellt werden, BGH NStZ 1989, 119.
5 Vgl. *Hermann/Wild*, MschrKrim 1989, 13; *Hauser*, Der Jugendrichter – Idee und Wirklichkeit, 1980, S. 73 ff.; *Hering, E.*, Mechanismen justizieller Eskalation im Jugendstrafverfahren, 1993, S. 292; *Molkenbur, J.*, Schwereeinschätzung von Delikten durch Jugendrichter unter Berücksichtigung des Stadt-Landgefälles. Jur. Diss. Mainz, 1988, S. 164; einschränkend aber *Meier, Dieter*, Richterliche Erwägungen bei der Verhängung von Jugendstrafe und deren Berücksichtigung durch Vollzug und Bewährungshilfe, Jur. Diss. Köln, 1994.
6 Ebenso BVerfGE 74, 102 m. zust. Anm. *Schaffstein*, NStZ 1987, 502; BVerfG NJW 1991, 1043; kritisch *Albrecht*, § 18 B I, 1, 2, S. 158; *Köhler*, JZ 1988, 749; s. auch oben § 8 bei Fußn. 2 u. unten § 15 bei Fußn. 8; zur gesamten Problematik: *Miehe*, S. 74 ff. m. w. Nachw.

Das materielle Jugendstrafrecht

Das Jugendgerichtsgesetz fordert bei seiner Bestimmung der Voraussetzungen der einzelnen Maßnahmen eine solche Prognose entweder ausdrücklich oder mittelbar. Die Aussetzung einer Jugendstrafe zur Bewährung ist nach § 21 JGG zulässig, wenn die Persönlichkeit des Jugendlichen eine günstige Prognose hinsichtlich seines künftigen Lebenswandels zuläßt. Gleiches gilt auch für die Anordnung von Jugendarrest, ohne daß dies ausdrücklich im Gesetz bestimmt ist. Die Entlassung vor Verbüßung der gesamten Jugendstrafe erfolgt erst bei günstiger Prognose (§ 88 JGG). – Aber auch solche gesetzlichen Formulierungen wie die, daß »erzieherische Maßregeln nicht ausreichen« (§ 5 II JGG), daß »Jugendstrafe nicht geboten ist« (§ 13 JGG), daß »wegen schädlicher Neigungen Erziehungsmaßregeln oder Zuchtmittel zur Erziehung nicht ausreichen« (§ 17 JGG), enthalten mittelbar eine Anweisung an den Richter, die Wirksamkeit der jeweiligen Maßnahmen und der Strafe prognostisch zu beurteilen.

Der Jugendrichter wird durch jede Prognose, die das Gesetz von ihm verlangt, vor eine besonders schwierige Aufgabe gestellt. Hierbei kann ihm die moderne kriminologische Prognoseforschung[7] wertvolle Anhaltspunkte gewähren.

2. Intuitive sowie klinische Prognose und wissenschaftliche Prognosetabellen. Die prognostische Beurteilung des Täters erfolgte bisher meist rein intuitiv, d. h. durch gefühlsmäßige Erfassung der Persönlichkeit und des Lebenslaufs auf der Grundlage der zur Verfügung stehenden Unterlagen. Es ist jedoch leicht verständlich und auch statistisch nachgewiesen, daß solche rein intuitiven Prognosen zahlreiche Fehlerquellen aufweisen und deshalb nicht ausreichend sicher sind. Die sog. klinische Prognose wird von Psychologen und Psychiatern mit kriminologischer Erfahrung erstellt. Der Sachverständige untersucht den Lebenslauf, die Familien-, Arbeits- und Freizeitverhältnisse etc. des Probanden. Dazu bedient er sich u. a. auch des Mittels der gezielten Exploration oder psychodiagnostischer Tests. Diese Methode dürfte zwar erheblich zuverlässiger sein als die rein intuitive Prognose, letztlich geht aber doch die subjektive Erfahrungswelt des Beurteilers ebenso in das Ergebnis mit ein wie bei der intuitiven Prognose[8]. Die Wissenschaft ist daher darum bemüht, auf Grund eines Punktesystems eine sichere Prognose zu ermöglichen.

Bahnbrechend waren der amerikanische Kriminologe *Burgess* sowie das Forscherehepaar *Sheldon* und *Eleanor Glueck*, in England *Mannheim* und *Wilkins*, in Deutschland *Exner* und seine Schüler. Zwar haben die deutschen Prognoseuntersuchungen der Nachkriegszeit mangels personeller und finanzieller Ausstattung der kriminologischen Forschungseinrichtungen den Anschluß an den angloamerikanischen Standard nicht erreicht. Dennoch können diese Untersuchungen, deren Methoden sich als Abwandlungen des ursprünglichen, von *Burgess* entwickelten Punktesystems darstellen, trotz aller Unzulänglichkeiten, die ihnen noch anhaften, der Praxis immerhin bedeutsame Anhaltspunkte für die Wahrscheinlichkeit eines Rückfalls der Probanden liefern. Für die Prognose bei jugendlichen Straftätern sind aus dem neueren deutschsprachigen Schrifttum[9] insbesondere die

---

7 Zur Einarbeitung in die Prognoseforschung: *Eisenberg*, Kriminologie, § 21, S. 170; *Exner, F.*, Kriminologie, 3. Aufl., 1949, S. 306; *Göppinger*, Kriminologie, III 3, S. 331; *Kaiser*, Kriminologie, §§ 109 ff., S. 874; *Krainz*, MschrKrim 1984, 297; *Leferenz, H.*, Die Kriminalprognose, in *Göppinger, H./Witter, H.* (Hrsg.), Handbuch der forensischen Psychiatrie II, 1972, S. 1347; *Mey*, Prognostische Beurteilung des Rechtsbrechers: Die deutsche Forschung, in *Undeutsch* (Hrsg.), Forensische Psychologie, 1967, Handbuch der Psychologie, Bd. 11, S. 511; *Schneider*, Prognostische Beurteilung des Rechtsbrechers: Die ausländische Forschung, ebenda, S. 397; ders., Kriminalprognose, in *Sieverts, R./Schneider, H.-J.* (Hrsg.), Handwörterbuch der Kriminologie, 2. Aufl., 1979, Ergänzbd. 2, S. 273; ders., Kriminologie, III, S. 308; *Kaiser/Schöch*, Fall Nr. 8, S. 95 ff.; *Spiess*, Kriminalprognose in *Kaiser, G./Kerner, H.-J./Sack, F./Schellhoss, H.* (Hrsg.), Kleines Kriminologisches Wörterbuch, 2. Aufl., 1985, S. 253; *Tenckhoff*, DRiZ 1982, 95.
8 Dazu *Hinz, S.*, Gefährlichkeitsprognosen bei Straftätern: Was zählt?, 1987.
9 Zur deutschen Prognoseforschung s. den zusammenfassenden Bericht von *Hartung, B.*, Spezialpräventive Effektivitätsmessung, jur. Diss. Göttingen, 1981; sowie die vorzügliche Übersicht bei *Streng*, X 2, S. 226–246. – Einzelheiten insbes. zur jugendkriminologischen Prognoseforschung

§ 11: Die allgemeinen Voraussetzungen der jugendstrafrechtlichen Folgen

Arbeiten von *Erwin Frey, Fritz Meyer, Manfred Klapdor* und *Dieter Höbbel* sowie für Heimzöglinge die Untersuchungen *Piechas* zu beachten. Allen diesen Arbeiten ist trotz mannigfacher methodischer Verschiedenheiten im einzelnen gemeinsam, daß sie an einem größeren Material entlassener Gefangener und Zöglinge Untersuchungen darüber anstellen, in welchen erkennbaren Anzeichen die später Rückfälligen sich von jenen unterscheiden, die nach der Entlassung ohne Rückfall geblieben sind. Diejenigen Faktoren, die bei den Rückfälligen wesentlich häufiger vorkommen als bei den Nichtrückfälligen, können als prognostische Schlechtpunkte angenommen werden. Auf dieser Grundlage werden Punktetabellen aufgestellt, aus denen dann in den künftig zu beurteilenden Fällen je nach der Anzahl der Punkte des jeweiligen Täters die für ihn zu stellende Prognose abgelesen werden kann. Dabei unterscheiden sich die Tabellen der genannten Autoren u. a. dadurch, daß einige von ihnen den verschiedenen Punkten die gleiche, andere eine verschiedene Wertzahl zuerkennen und daß manche Untersuchungen den Schlechtpunkten Gutpunkte gegenüberstellen.

Eine Auseinandersetzung mit den verschiedenen Prognoseverfahren kann hier nicht erfolgen. Für ihre praktische Verwertbarkeit ist wesentlich, daß nur solche Punkte Berücksichtigung finden, die ohne besondere Schwierigkeiten festzustellen und dabei dem subjektiven Ermessen des Beurteilers nach Möglichkeit entzogen sind. Als Beispiel sei hier auf die relativ einfache, aber in ihren Einzelheiten ebenfalls noch umstrittene Tabelle *Fritz Meyers* hingewiesen, die sich auf die Prognose bei den aus der unbestimmten Jugendstrafe Entlassenen bezieht:

Meyer, der seine ursprüngliche Punktetabelle auf Grund der an ihr geübten Kritik nochmals überarbeitet hat[10], führt in seiner revidierten Tabelle 21 regelmäßig aktenmäßig festliegende und daher leicht feststellbare Faktoren als Schlechtpunkte auf. Zwei dieser Punkte betreffen die Abstammung (Kriminalität und chronische Trunksucht bei Elternteil), je einer die familiäre Erziehungslage, das Versagen in der Schule (insbesondere Schulschwänzer) sowie den häufigen Arbeitsstellenwechsel, zwei Punkte eine bereits stattgehabte Heimerziehung (längerer Aufenthalt in der Anstalt und Ausreißer aus der Anstalt). 12 Punkte betreffen die Kriminalität (unter ihnen besonders Beginn der Kriminalität vor vollendetem 15. Lebensjahr, zwei und mehrere verbüßte Freiheitsstrafen, mindestens zweimaliger Jugendarrest, Rückfall innerhalb von 3 Monaten nach Verbüßung der letzten Vorstrafe, Betrug, Landstreicherei und gewerbsmäßige Unzucht vor Vollendung des 21. Lebensjahres, interlokale Kriminalität). Die beiden letzten Punkte, die freilich nur für die Entlassungsprognose, nicht schon für die von ihr zu unterscheidende Urteilsprognose in Frage kommen, beziehen sich auf das Verhalten in der Jugendstrafanstalt, nämlich 5 und mehr Hausstrafen und Ausreißer aus der Anstalt. Bei seinen Untersuchungen, die durch die Kontrolluntersuchungen von *Großkelwing, v. Klitzing, Klapdor* und *Höbbel* an einem anderen Probandenmaterial zwar nicht vollständig, aber doch teilweise bestätigt worden sind, hat *Meyer* festgestellt, daß von denjenigen jungen Strafentlassenen, die mehr als 7 Schlechtpunkte aufwiesen, 100 % rückfällig wurden, während der Anteil der Rückfälligkeiten bei 0 bis 2 Schlechtpunkten 20 %, bei 3 bis 6 Schlechtpunkten 56 % betrug. Auf Grund dieser und ähnlicher Untersuchungsergebnisse anderer Prognoseforscher läßt sich in der Tat nicht nur die mehr oder minder große Möglichkeit künftigen Rückfalls ermitteln, sondern es lassen sich, was noch wichtiger ist, vor allem diejenigen Fälle aussondern, für die vermöge ihrer hohen Schlechtpunktezahl eine negative Prognose mit einem sehr großen Wahrscheinlichkeitsgrad gestellt werden kann. Dagegen hat sich als ein bei allen statistischen Verfahren auftretender Mangel herausgestellt, daß ihre Treffsicherheit und damit ihre pro-

---

bei: *Berckhauer,* BewHi 1987, 418; *Dünkel,* MschrKrim 1981, 279; *Elmering, H.,* Die kriminologische Frühprognose, 1969; *Frey, E.,* Der frühkriminelle Rückfallverbrecher, 1951; *Gatz, K.-J.,* Erfolg, Mißerfolg und Rückfallprognose bei Straffälligen, die eine bestimmte Jugendstrafe verbüßten, jur. Diss. Göttingen, 1967; *Großkelwing, G.,* Prognosetafeln in der Bewährung, jur. Diss. Göttingen, 1963; *Höbbel, D.,* Bewährung des statistischen Prognoseverfahrens im Jugendstrafrecht, 1968, zu Nachuntersuchungen dazu s. *Hermann,* ZfStrVo 1990, 76; *Jung, H.,* Festschrift für Pongratz, 1986, S. 251; *Klapdor, M.,* Die Rückfälligkeit junger Strafgefangener, 1967; *v. Klitzing, B.,* Die Lebensbewährung der aus dem Jugendstrafvollzug Ausgenommenen, jur. Diss. Göttingen, 1964; *Meyer, F.,* Rückfallprognose bei unbestimmt verurteilten Jugendlichen, 1956; *ders.,* GA 1961, 262; *ders.,* MschrKrim 1965, 225; *Piecha, W.,* Die Lebensbewährung der als »unerziehbar« entlassenen Fürsorgezöglinge, 1957; *Schaffstein,* ZStW 79 (1967), 209; *Spieß, G.,* Aussetzungspraxis, Bewährungsprognose und Bewährungserfolg bei einer Gruppe jugendlicher Probanden, in *Forschungsgruppe Kriminologie des MPI Freiburg* (Hrsg.), Empirische Kriminologie, 1980, S. 425; *ders.,* MschrKrim 1981, 296; *Weinschenk,* MschrKrim 1988, 61.

10 *Meyer,* MschrKrim 1965, 243.

gnostische Aussagekraft im sogenannten Mittelfeld der Täter, d. h. also bei mittlerer Schlechtpunktezahl gering ist und auch abgesehen davon, daß sie doch nur zu mittleren Wahrscheinlichkeitswerten gelangen könnten, diese regelmäßig zu ungünstig angeben[11].

Die wissenschaftliche Prognose steht freilich erst in ihren Anfängen[12] und ist in den letzten Jahrzehnten leider auch in der Jugendkriminologie hinter anderen Forschungsgegenständen allzusehr zurückgetreten. Prinzipielle Einwendungen gegen sie, die aber in ihrer Bedeutung nicht überschätzt werden sollten, gründen sich vor allem auf den Vorwurf, daß sie mit dem Axiom der Willensfreiheit unvereinbar sei, ferner, daß sie allzu mechanisch verfahre und die nicht voraussehbare Änderung der Umwelteinflüsse unberücksichtigt lasse. Der letztere Einwand ist zweifellos zutreffend. Doch ist zu beachten, daß jede Prognose, sei sie nun statistisch oder intuitiv, immer nur mehr oder minder große Wahrscheinlichkeiten, niemals aber Sicherheiten voraussagen kann und daß deshalb auch der Jugendrichter seine prognostischen Entscheidungen nur auf solche Wahrscheinlichkeiten stützen kann. Zuzugeben ist ferner, daß die bisher aufgestellten Punktetabellen noch mancher Verbesserung und insbesondere der Kontrolle ihrer Zuverlässigkeit durch Nachprüfung an einem möglichst großen Probandenmaterial bedürfen. Wird man es einstweilen auch noch bei der intuitiven Prognose des Richters belassen müssen und auch für die Zukunft nur deren Ergänzung und Kontrolle durch Punktetabellen anstreben, so wird man doch schon jetzt fordern dürfen, daß die Jugendrichter sich mit den wichtigsten Ergebnissen der Prognoseforschung vertraut machen und diese, wenn auch ohne Schematismus, bei solchen Entscheidungen berücksichtigen, in denen das Gesetz von ihnen eine vorausschauende Beurteilung der künftigen Entwicklung des jugendlichen Täters verlangt. Die jüngsten empirischen Befunde zeigen, daß die Jugendrichter und -staatsanwälte schon heute entsprechend verfahren und die im Rahmen des herkömmlichen Mehrfaktorenansatzes ermittelten kriminogenen Merkmale ihrer Prognoseentscheidung zugrunde legen[13], wobei sie den legal-biographischen Daten besondere Bedeutung beimessen, während Merkmale aus dem Bereich der familiären Situation anscheinend nur bei Extremgruppen relevant werden[14].

§ 12 Einheitliche Rechtsfolgen bei mehreren Straftaten

Ist ein Täter wegen mehrerer Straftaten abzuurteilen, so lassen sich die Vorschriften des allgemeinen Strafrechts über die Verbrechenskonkurrenz weder im Falle des tateinheitlichen, noch in dem des tatmehrheitlichen Zusammentreffens mehrerer Strafgesetze mit den täterstrafrechtlichen Grundsätzen vereinen, welche Art und Auswahl der jugendstrafrechtlichen Folgen vornehmlich bestimmen. Die §§ 52 bis 55 StGB gelten daher im Jugendstrafrecht nicht. Sie werden ersetzt durch das sog. *»Einheitsprinzip«* (Prinzip der

---

11 Um eine Erklärung dieses Phänomens bemüht sich *Kaiser*, Kriminologie, § 111, Rn. 12, S. 883; s. auch *Beulke/Mayerhofer*, JuS 1988, 140.
12 Methodenkritik, insbes. bei *Albrecht*, § 15 C II 2, S. 146; *Göppinger*, Kriminologie, 3.2.3.2, S. 342; *Heinz*, Was kann die Kriminologie zur Kriminalitätsprognose beitragen?, in *Bundeskriminalamt* (Hrsg.), 2. Symposium: wissenschaftliche Kriminalistik, 1985, S. 31; *Hinkel, F.*, Zur Methode deutscher Rückfallprognosetafeln, 1975, Krim. Stud. Bd. 21; *Kaiser*, Kriminologie, § 112, S. 886; *Streng*, X 2 b, S. 227, zum »Mittelfeldproblem« S. 241.
13 *Fenn, R.*, Kriminalprognose bei jungen Straffälligen, in: *Kury, H.* (Hrsg.), Prognose und Behandlung bei jungen Rechtsbrechern, 1986, S. 711, 764.
14 *Hermanns, I.*, Sozialisationsbiographie und jugendrichterliche Entscheidungspraxis, in: *Kury* (s. Anm. 13), S. 649, 700.

§ 12: Einheitliche Rechtsfolgen bei mehreren Straftaten

einheitlichen Maßnahmen)[1]. So bezeichnen wir den Grundsatz, daß der Richter zwar im Urteilsspruch die verschiedenen vom Täter begangenen Delikte und ihr Konkurrenzverhältnis feststellt, daß er aber die Rechtsfolgen einheitlich auf die Persönlichkeit des Täters abstellt, also nicht anders, als wenn dieser nur ein einziges Delikt begangen hätte[2].

I. Im Falle der **Idealkonkurrenz** versteht sich das von selbst. § 52 StGB gilt nur deshalb nicht, weil es ein Gesetz, welches die schwerste Strafe androht, im Jugendstrafrecht nicht gibt. Denn die Strafrahmen des allgemeinen Strafrechts sind hier ohne Bedeutung. Daher bedurfte es keiner ausdrücklichen gesetzlichen Bestimmung des JGG darüber, wie im Fall der Idealkonkurrenz zu verfahren ist. Unzweifelhaft kommt nämlich auch dann, wenn der Täter durch seine Handlung mehrere Strafgesetze verletzt hat, nur eine einheitliche Reaktion in Betracht.

Beispiel: Wenn der jugendliche Täter durch eine Wechselfälschung in Tateinheit Urkundenfälschung (§ 267 StGB) und Betrug (§ 263 StGB) begangen hat, so sind zwar diese beiden Straftaten im Urteil festzustellen, gegen den Täter ist jedoch nur auf eine einheitliche Rechtsfolge zu erkennen, die je nach den Umständen entweder in einer Erziehungsmaßregel, einem Zuchtmittel, einer Jugendstrafe oder in einer nach § 8 JGG zulässigen Verbindung dieser Folgen bestehen kann.

II. Für den Fall der **Realkonkurrenz** enthält § 31 JGG eine ausdrückliche jugendstrafrechtliche Sonderregelung, die ebenfalls auf dem Einheitsprinzip beruht: Auch wenn ein Jugendlicher (oder ein nach Jugendstrafrecht zu beurteilender Heranwachsender, vgl. § 105 I JGG) durch mehrere selbständige Handlungen mehrere gleichzeitig abzuurteilende Straftaten begangen hat, setzt der Richter nur einheitlich die erforderlichen Erziehungsmaßnahmen, Zuchtmittel oder Jugendstrafe fest[3]. Dabei dürfen die gesetzlichen Höchstgrenzen für die Dauer des Jugendarrestes und der Jugendstrafe nicht überschritten werden (§ 31 I JGG). Anders als im allgemeinen Strafrecht, dessen §§ 53, 54 StGB durch den § 31 JGG ausgeschaltet werden, sieht das Jugendstrafrecht also nicht die Bildung von Einzelstrafen für die verschiedenen selbständigen Handlungen vor, so daß sich auch deren Zusammenziehen zu einer Gesamtstrafe erübrigt. Denn Gegenstand der jugendstrafrechtlichen Reaktion sind nicht primär jene einzelnen Taten, sondern die Gesamtpersönlichkeit des Täters unter dem Gesichtspunkt des erzieherisch Zweckmäßigen. In dieser Hinsicht aber kann die Persönlichkeit des Täters, mag er nun eine oder mehrere Taten begangen haben, nur einer einheitlichen Beurteilung unterworfen werden. Es wäre, wie die Begründung zum JGG 1953 ausführt, nicht sinnvoll und würde den Erziehungserfolg in Frage stellen, wenn an einem Jugendlichen wegen der Begehung mehrerer Taten nicht aufeinander abgestimmte Erziehungsmaßregeln, Zuchtmittel oder Strafen neben- oder nacheinander zu vollstrecken wären.

Beispiel: Ein Jugendlicher ist abzuurteilen wegen eines am 1. November 1994 begangenen einfachen Diebstahls, eines am 2. Januar 1995 begangenen Einbruchdiebstahls und eines am 15. Februar 1995 begangenen Betruges. Für diese drei selbständigen Taten ist im Urteil nur auf eine einheitliche

---

[1] Der im Schrifttum übliche Ausdruck »Einheitsstrafe« ist ungenau, weil die einheitliche Rechtsfolge ja oft nicht in einer Jugendstrafe, sondern in einem Zuchtmittel oder in einer Erziehungsmaßregel bestehen wird.
[2] Schrifttum: *Eisenberg*, § 31 Rn. 3 ff.; *Frisch*, NJW 1959, 1669; *Zipf*, Die Strafmaßrevision, 1969, S. 159; *ders.*, in: *Maurach/Gössel/Zipf*, AT 2, § 70 Rn. 16, S. 707.
[3] § 31 JGG gilt nicht für Einstellungen nach §§ 45, 47 JGG (kritisch *Albrecht*, § 16 I 2, S. 149), sollte dort aber der Sache nach möglichst ebenfalls berücksichtigt werden; Entsprechendes gilt für Geldbußen im Ordnungswidrigkeitenverfahren, vgl. KK-OWiG – *Bohnert* § 20 Rn. 6; *Eisenberg*, § 31 Rn. 8.

Das materielle Jugendstrafrecht

Rechtsfolge zu erkennen, die je nach den Erziehungserfordernissen in einer Erziehungsmaßregel (z. B. Erziehungsbeistandschaft), einem Zuchtmittel (z. B. Jugendarrest), in einer Jugendstrafe oder in einer nach § 8 JGG zulässigen Kombination (z. B. Jugendarrest und Erziehungsbeistandschaft) bestehen kann. Bei der Auswahl dieser einheitlichen Rechtsfolge ist freilich im Rahmen des erzieherisch Zweckmäßigen auch zu berücksichtigen, daß hier dreifaches Unrecht der Ahndung bedarf. Auch kann im Einzelfall gerade die Begehung von drei selbständigen Delikten möglicherweise auf das Vorliegen »schädlicher Neigungen« im Sinne des § 17 II JGG hindeuten und damit die Erforderlichkeit von Jugendstrafe begründen.

III. Auch die **nachträgliche Gesamtstrafenbildung**, die § 55 StGB für das allgemeine Strafrecht vorsieht, wird durch § 31 II JGG beseitigt. Werden die verschiedenen Jugendstraftaten nicht gleichzeitig, sondern nacheinander (vielleicht sogar von verschiedenen Gerichten) abgeurteilt, so gilt ebenfalls das Einheitsprinzip. Mit anderen Worten: ist gegen einen Jugendlichen wegen eines Teils der Straftaten eine der jugendstrafrechtlichen Rechtsfolgen[4] festgesetzt worden, aber noch nicht vollständig ausgeführt oder verbüßt, so wird nunmehr bei der Entscheidung über die restlichen Straftaten das frühere Urteil einbezogen und ebenfalls nur einheitlich auf Maßnahmen oder Jugendstrafe erkannt. Das gilt auch dann, wenn ein Heranwachsender früher nach Erwachsenenstrafrecht bestraft wurde, nunmehr aber nach Jugendstrafrecht verurteilt wird (§ 105 II JGG).

Beispiel[5]: Ist in dem vorigen Beispielsfall wegen des am 1. November 1994 begangenen Diebstahls bereits rechtskräftig auf Jugendarrest von zwei Wochen erkannt worden, dieser aber noch nicht verbüßt, so ist jener Diebstahl in das neue Urteil, das wegen der beiden 1995 begangenen Taten erforderlich wird, mit einzubeziehen und nunmehr auf eine neue einheitliche Rechtsfolge wegen aller drei Taten, z. B. auf Jugendstrafe, zu erkennen. Die in dem früheren Urteil ausgesprochene Rechtsfolge, d. h. also der Jugendarrest, wird dann durch das neue Urteil rückwirkend beseitigt.

Allerdings ist hinsichtlich der nachträglichen Einbeziehung dem Richter ein gewisser Ermessensspielraum gewährt: Er kann »aus erzieherischen Gründen« auch davon absehen, schon abgeurteilte Straftaten in die neue Entscheidung einzubeziehen. Dabei kann er Erziehungsmaßregeln und Zuchtmittel für erledigt erklären, wenn er nunmehr auf Jugendstrafe erkennt (§ 31 III JGG). Andernfalls kommt es zu einer Kumulation der in den verschiedenen Urteilen angeordneten Rechtsfolgen. Indessen ist die Überschreitung der gesetzlichen Höchstgrenzen des Jugendarrests und der Jugendstrafe, die sich dabei an sich ergeben könnte, im Regelfall nicht aus »erzieherischen Gründen zweckmäßig« und daher in den meisten Fällen als unzulässig zu erachten.

Beispiel:
(1) Das frühere Urteil lautet auf 3 Wochen Jugendarrest, die noch nicht verbüßt sind. Es ist unzulässig, ohne Einbeziehung des früheren Urteils wegen einer weiteren Straftat nochmals auf 4 Wochen Jugendarrest zu erkennen, so daß der Jugendliche insgesamt hintereinander 7 Wochen Jugendarrest verbüßen müßte. Denn das Gesetz hat aus wohlerwogenen »erzieherischen Gründen« die Höchstdauer des Arrests – um seine Wirksamkeit nicht durch Gewöhnung zu gefährden – auf 4 Wochen festgesetzt (§ 16 IV JGG)[6].

(2) Ein Jugendlicher, der bereits wegen zahlreicher Einbrüche zur Höchststrafe von 5 Jahren Jugendstrafe verurteilt worden ist, schlägt bei einem Ausbruchversuch aus der Strafanstalt einen Aufsichtsbeamten nieder und fügt ihm dabei lebensgefährliche Verletzungen zu (§ 223 a StGB). In

---

4 Dabei kann es sich auch um eine Maßregel oder Nebenstrafe handeln, s. BGHSt 39, 92; *Eisenberg*, § 31 Rn. 16.
5 Speziell zu § 105 II JGG s. oben § 9 II Beispiele (1) und (2).
6 Gegen Überschreitung der Höchststrafe bei der Jugendstrafe: BGH 22, 21; BGH bei *Theune*, NStZ 1986, 160, s. aber auch unten Fußn. 8.

einem solchen Falle wird man ausnahmsweise die Kumulation der alten Strafe von 5 Jahren mit der für die neue Tat verwirkten Jugendstrafe (z. B. von 2 Jahren) für zulässig halten müssen. Anderenfalls würde die Verurteilung zur Höchststrafe für den Täter einen Freibrief und damit eine Versuchung für die Begehung weiterer Straftaten enthalten, da er davon ausgehen könnte, daß seine Höchststrafe ja doch nicht weiter erhöht werden kann. Das aber kann nicht erzieherisch zweckmäßig sein, da es Ziel der Vollzugserziehung ist, den Verurteilten von weiteren Straftaten abzuhalten[7]. Auch der BGH hat sich nunmehr dafür ausgesprochen, daß im Einzelfall von der Einbeziehung einer früheren Verurteilung abgesehen werden und damit die gesetzliche Höchststrafe überstiegen werden kann, wenn Gründe vorliegen, die unter dem Gesichtspunkt der Erziehung von ganz besonderem Gewicht sind[8]. Im Schrifttum wird z. T. in Abweichung von der hier vertretenen Ansicht das gesetzliche Höchstmaß einer einheitlichen Jugendstrafe als absolute Obergrenze eingestuft[9], zumindest sofern es sich um die 5-Jahres-Grenze der Jugendstrafe gem. § 18 I 1 JGG handelt[10]. Zur Begründung wird darauf verwiesen, daß der Jugendliche auch dann, wenn seine Strafe nicht mehr erhöht werden kann, im Falle weiterer Straftaten Nachteile zu befürchten hat, weil die neue Straftat im Rahmen der Entscheidung über die Aussetzung seiner Reststrafe (§ 88 JGG) zu Buche schlagen wird.

Ist bei der Aburteilung eines Jugendlichen ein früher gegen ihn ergangenes Urteil unberücksichtigt geblieben, die darin verhängte Maßnahme oder Strafe aber noch nicht vollständig ausgeführt, so muß nunmehr nachträglich durch Beschluß oder auch durch neues Urteil eine einheitliche Rechtsfolge festgesetzt werden (§ 66 JGG). Eine solche nachträgliche Ergänzung einer rechtskräftigen Entscheidung kann etwa erforderlich werden, wenn der Jugendliche durch verschiedene Gerichte, von denen das eine von dem Verfahren des anderen keine Kenntnis hatte, verurteilt worden ist.

IV. Der § 31 JGG hat zur Voraussetzung, daß für alle selbständigen Handlungen das Jugendstrafrecht anwendbar ist. Unterfällt hingegen eine der Handlungen dem Jugendstrafrecht und eine andere dem Erwachsenenstrafrecht, so muß zunächst geprüft werden, ob insgesamt Jugend- oder Erwachsenenstrafrecht gilt (dazu oben § 9). Erst wenn über § 32 JGG einheitlich das Jugendstrafrecht eingreift, kann gem. § 31 JGG das Einheitsprinzip zum Tragen kommen. Zu den einzelnen Fallkonstellationen s. oben § 9 Schaubild 3.

§ 13 Verbindung verschiedener Rechtsfolgen

Da die verschiedenen Rechtsfolgen des Jugendstrafrechts in sehr unterschiedlicher Weise auf den Täter erzieherisch einzuwirken versuchen, können sie sich möglicherweise in dieser ihrer Wirkung gegenseitig ergänzen. Deshalb wird es oft zweckmäßig sein, im Einzelfall – und zwar sowohl dann, wenn der Jugendliche nur eine Straftat begangen hat, wie auch bei der Begehung mehrerer Straftaten – mehrere Rechtsfolgen miteinander zu verbinden. So mag es etwa angebracht sein, bei einem jugendlichen Dieb, dessen Tat mit Jugendarrest geahndet wird, die »Denkzettelwirkung« dieses Zuchtmittels durch die gleichzeitige Anordnung von Erziehungsbeistandschaft oder durch die »Weisung«, in einem Lehrlingsheim zu wohnen, zu ergänzen, um so dem Ju-

---

7 Ebenso *Dallinger-Lackner*, § 31 Rn. 42; *Ostendorf*, § 31 Rn. 15.
8 BGH 36, 37 (41 ff.): keine Einbeziehung einer Vorverurteilung wegen Diebstahls zu 1 Jahr und 4 Monate Jugendstrafe, wenn nunmehr ein Mord zur Aburteilung kommt, der »in seiner Furchtbarkeit kaum seinesgleichen findet«.
9 *Albrecht*, § 16 II 3, S. 151; *Böhm*, S. 120 f.; *ders.*, StrVert 1986, 70; *Frisch*, NJW 1959, 1670; *Ranft*, Jura 1990, 463 (für gesetzgeberische Klarstellung).
10 So *Eisenberg*, § 31 Rn. 33, 34.

Das materielle Jugendstrafrecht

gendlichen auch nach der Verbüßung des Jugendarrests noch einen erzieherischen Rückhalt zu gewähren. In welchen Fällen eine solche Verbindung verschiedener Rechtsfolgen zulässig ist, regelt § 8 JGG[1]. Danach gilt folgendes:

1. Erziehungsmaßregeln und Zuchtmittel, ebenso mehrere Erziehungsmaßregeln und mehrere Zuchtmittel, können nebeneinander angeordnet werden (§ 8 I JGG).

Beispiel: Zulässig ist danach in dem obengenannten Beispielsfall nicht nur die Verbindung von Jugendarrest und Erziehungsbeistandschaft oder »Weisungen«, sondern etwa auch von Jugendarrest mit der Verpflichtung, den Schaden wiedergutzumachen (§ 15 Nr. 1 JGG) oder die Verbindung einer Verwarnung mit der »Weisung«, eine Arbeitsleistung zu erbringen.

Jedoch sind einige Kombinationen durch das Gesetz ausgeschlossen:

a) Unzulässig ist die Verbindung von Erziehungshilfe nach § 12 Nr. 2 JGG (Heimerziehung oder sonstige betreute Wohnformen) und Jugendarrest (§ 8 I S. 2 JGG). Maßgebend für das Verbot dieser Verbindung ist die Besorgnis, daß ein vorweg vollstreckter Jugendarrest den Jugendlichen in eine Trotzhaltung versetzen könne, die für die anschließende Hilfe zur Erziehung, insbes. in Form der Heimerziehung, eine Belastung darstellen würde.

§ 8 I S. 2 JGG schließt jedoch lediglich die gleichzeitige, nicht aber die aufeinanderfolgende Anordnung von Erziehungshilfe nach § 12 Nr. 2 JGG und Jugendarrest aus. Hat der Jugendrichter zunächst auf Jugendarrest erkannt, so bleibt es dem Vormundschaftsrichter unbenommen, zusätzlich noch nach §§ 1666, 1666 a BGB Heimerziehung anzuordnen. Ebenso kann der Jugendrichter, wenn der Jugendliche während der Erziehungshilfe gem. § 12 Nr. 2 JGG eine neue Straftat (z. B. Körperverletzung) begeht, zu deren Ahndung Jugendarrest verhängen. Ob dies zweckmäßig ist, insbesondere ob nicht die Disziplinarmittel der Erziehungseinrichtungen (z. B. der Heime) zur Ahndung der neuen Tat ausreichen, ist nach Lage des Einzelfalles zu prüfen.

b) Unzulässig ist ferner die Verbindung von Erziehungsbeistandschaft gem. § 12 Nr. 1 JGG und Erziehungshilfe gem. § 12 Nr. 2 JGG, da § 12 JGG nur die Anordnung der Inanspruchnahme der einen »oder« der anderen Maßnahme vorsieht. Der Grund dafür ist darin zu suchen, daß ein Nebeneinander beider Erziehungsmaßnahmen nicht nur sinnlos, sondern sogar zweckwidrig wäre, weil die pädagogische Wirkung der Erziehungshilfe gem. § 12 Nr. 2 JGG durch ein Hineinreden des Erziehungsbeistandes gefährdet werden könnte.

c) Zulässig, aber in der Regel unzweckmäßig ist die Verbindung von Erziehungshilfe gem. § 12 Nr. 2 JGG mit Weisungen sowie von Jugendarrest mit Verwarnung, da in beiden Fällen die stärkere Wirkung der erstgenannten Maßnahmen diejenige der zweiten bereits in sich schließt.

2. Neben Jugendstrafe sind nur Weisungen, Erziehungsbeistandschaft und Auflagen zulässig (§ 8 II JGG). Dagegen darf auf Jugendarrest und Erziehungshilfe gem. § 12 Nr. 2 JGG neben Jugendstrafe nicht erkannt werden[2]. Es gilt also der Grundsatz der »Einspurigkeit der freiheitsentziehenden Rechtsfolgen«.

---

[1] Verfassungsrechtliche Bedenken bei *Albrecht*, § 17 I 1 b, S. 153 (dubioser Kompromiß zwischen Erziehung und Strafe); s. auch *Köhler*, JZ 1988, 749; zum Spannungsverhältnis Erziehung – Strafe allgemein s. oben § 1 bei Fußn. 1 und § 5 bei Fußn. 7 ff.
[2] Nach BGH 18, 207 ist es auch ausgeschlossen, auf Jugendarrest neben einer gleichzeitigen Aussetzung der Verhängung einer Jugendstrafe nach § 27 JGG zu erkennen. Vgl. zu dieser sehr umstrittenen Frage unten § 26 IV.

Während sich Jugendarrest und Jugendstrafe schon in ihren Voraussetzungen ausschließen, wäre eine Ergänzung der Jugendstrafe durch Erziehungshilfe gem. § 12 Nr. 2 JGG sinnlos, weil dem Bedürfnis nach einer längeren Gesamterziehung des Täters bei einer entsprechenden Bemessung der Strafdauer (im Rahmen der verwirklichten Schuld) schon durch den Jugendstrafvollzug Rechnung getragen werden kann. Es kommt hinzu, daß die Heimerziehung im Interesse ihres Ansehens und ihrer pädagogischen Arbeit möglichst von Jugendlichen freigehalten werden sollte, die bereits so schwere Straftaten begehen, daß die Verhängung von Jugendstrafe indiziert ist. Dieser letztere Gesichtspunkt dürfte es in der Regel auch ausschließen, daß der Vormundschaftsrichter – was rechtlich zulässig ist – nach (erfolgloser) Verbüßung einer Jugendstrafe gem. §§ 1666, 1666a BGB Heimerziehung anordnet.

3. a) Auf die **Nebenstrafen und Nebenfolgen des allgemeinen Strafrechts** kann, soweit sie im Jugendstrafrecht überhaupt zulässig sind (vgl. oben § 10 II) nicht nur neben der Jugendstrafe, sondern auch neben Erziehungsmaßnahmen und Zuchtmitteln erkannt werden (§ 8 III JGG).

Beispiel: Das Diebeswerkzeug eines jugendlichen Diebes kann nach § 74 StGB eingezogen werden, auch wenn gegen ihn nicht auf Jugendstrafe, sondern nur auf Jugendarrest oder auf Erziehungshilfen gem. § 12 Nr. 2 JGG erkannt wird. – Gegen einen jugendlichen Verkehrsdelinquenten kann neben einer Geldauflage oder einem Jugendarrest auf die Nebenstrafe des Fahrverbots (§ 44 StGB) oder die Sicherungsmaßregel der Entziehung der Fahrerlaubnis (§ 69 StGB)[3] erkannt werden.

b) Wird ein Täter wegen Alkoholismus oder Drogensüchtigkeit in einer Entziehungsanstalt (§ 64 StGB, § 93a JGG) oder bei verminderter Schuldfähigkeit (§ 21 StGB) in einem psychiatrischen Krankenhaus untergebracht, so ist von Zuchtmitteln und Jugendstrafe abzusehen, wenn die Unterbringung die Ahndung durch den Richter entbehrlich macht (§ 5 III JGG).
Eine Vermischung von Jugendstrafe und Maßregel in der Weise, daß bei der Bemessung der Jugendstrafe zugleich schon der Zweck der Maßregel einbezogen wird, ist nicht zulässig. So darf insbesondere eine etwa erforderliche längere psychiatrische Behandlung nicht mit der Bemäntelung erzieherischer Zweckmäßigkeit zu einer Verlängerung der Jugendstrafe führen. Vielmehr ist wegen der Behandlung nach § 63 StGB auf die Maßregel der Unterbringung in einem psychiatrischen Krankenhaus zu erkennen, die selbständig neben der Jugendstrafe steht, möglicherweise diese aber überhaupt gem. § 5 III JGG entbehrlich macht[4].

---

[3] Die früher umstrittene Frage ist inzwischen durch den Gesetzgeber geklärt worden, da § 69 StGB in der Neufassung nicht mehr von einer Verurteilung zu Strafe, sondern schlechthin von Verurteilung spricht. Im Ergebnis ebenso aber auch schon BGH 6, 394.
[4] BGH NStZ 1987, 506.

Das materielle Jugendstrafrecht

Drittes Kapitel
Die Erziehungsmaßregeln

§ 14 Wesen und allgemeine Voraussetzungen

I. **Erziehungsmaßregeln** sind die aus Anlaß der Straftat anzuwendenden Maßnahmen, deren Zweck nicht in der Ahndung der Tat, sondern in der Erziehung des Täters zu einem rechtschaffenen Verhalten besteht, das ihn weitere Straftaten vermeiden läßt. Als Erziehungsmaßregeln stehen dem Jugendrichter nach § 9 JGG zur Verfügung:
1. Die Erteilung von Weisungen und
2. Die Anordnung der Inanspruchnahme von Hilfen zur Erziehung i. S. d. § 12 JGG.
   § 12 JGG führt zwei solcher Hilfen zur Erziehung auf, nämlich
   a) die Erziehungsbeistandschaft, § 12 Nr. 1 JGG, und
   b) die Hilfe zur Erziehung in einer Einrichtung über Tag und Nacht (Heimerziehung) oder in einer sonstigen betreuten Wohnform, § 12 Nr. 2 JGG.

Während die »Weisungen«, die bei weitem wichtigsten und häufigsten Erziehungsmaßregeln, dem Jugendrichter vorbehalten und vom Jugendstrafrecht entwickelt worden sind, entstammt die unter 2. aufgeführte »Inanspruchnahme von Hilfen zur Erziehung« dem Jugendhilferecht. Sie bringt die freilich nur noch schwache Verklammerung zwischen Jugendstraf- und Jugendhilferecht zum Ausdruck.

Die jetzige neue Fassung der §§ 9 und 12 JGG ist durch Art. 6 des Gesetzes zur Neuordnung des Kinder- und Jugendhilferechts (KJHG) vom 26. 6. 90 eingeführt worden (BGBl I, S. 1163). Art. 1 dieses Gesetzes löst in 105 Paragraphen das veraltete Jugendwohlfahrtsgesetz (JWG) von 1922 ab und ist als Buch VIII des Sozialgesetzbuchs (SGB) eingegliedert. Es wird daher im folgenden als SGB VIII zitiert; (inzwischen insbesondere geändert durch das 1. Gesetz zur Änderung des SGB VIII, BGBl I 1993, S. 239). Das neue Gesetz ist nach zahlreichen Entwürfen und mehr als zwei Jahrzehnte langem Gerangel zwischen Parteien, Verbänden und Kirchen zustande gekommen. Es zeichnet sich mehr durch wohltönende sozialpädagogische Programmatik als durch juristische Präzision aus.

Vom alten JWG unterscheidet sich das neue KJHG grundsätzlich und rechtsdogmatisch in seiner Auffassung vom Wesen der Erziehungshilfen. Das gilt insbesondere auch für die Erziehungshilfen für gefährdete Jugendliche. Während das JWG Erziehungsbeistandschaft und Fürsorgeerziehung primär als Eingriffe in die Individualsphäre des betroffenen Jugendlichen und in das Erziehungsrecht der Eltern sah, konstruiert das neue Gesetz die entsprechenden Maßregeln als Leistungsangebote, auf deren Gewährung der Jugendliche einen Rechtsanspruch hat. Nur wenn er selbst oder die Erziehungsberechtigten die Gewährung einer solchen Erziehungshilfe ablehnen, was namentlich bei der anläßlich einer Straftat angebotenen Heimerziehung der Fall sein kann, bedarf es der Ersetzung ihres Einverständnisses durch richterliches Gebot, für das § 12 JGG in seiner neuen Fassung die rechtlichen Voraussetzungen schafft (Vgl. dazu näher § 17 I).

II. Die Aufzählung der Erziehungsmaßregeln in § 9 JGG ist erschöpfend, so daß vom Jugendrichter aus Anlaß einer Straftat keine sonstigen Erziehungsmaßregeln angeordnet werden können. Daneben besteht freilich die Möglichkeit eines selbständigen Vorgehens des Vormundschaftsrichters (insbes. nach §§ 1631 III, 1666, 1666 a, 1685 BGB). Die vormundschaftsrichterlichen Erziehungsmaßregeln, die im Verfahren der freiwilligen Gerichtsbarkeit (nach dem FGG) angeordnet werden, decken sich zwar teilweise mit denen des Jugendstrafrechts, sind aber keineswegs mit diesen identisch. So kann nur der Jugendrichter einem straffälligen Jugendlichen eine erzieherische Weisung mit den sich daraus ergebenden Rechtswirkungen der §§ 10, 11 II JGG erteilen, während nur der Vormundschaftsrichter den Eltern nach § 1666 BGB das Recht zur Personensorge ganz oder teilweise entziehen oder einen Pfleger bestellen kann.

Die Erziehungsmaßregeln werden vom Jugendrichter nicht wegen, sondern »aus Anlaß« der Straftat angeordnet (§ 5 I JGG). Mit dieser Formulierung will das Gesetz hervorheben, daß bei der Anordnung und Durchführung der Erziehungsmaßregeln der Gesichtspunkt ahndender Tatvergeltung außer acht zu bleiben hat. Mag die Tat auch das Eingreifen des Jugendrichters veranlaßt haben, so darf dieser sich doch bei der Anordnung der Maßregel und deren Auswahl nur durch die Rücksicht auf das für die Erziehung des Täters Erforderliche und Zweckmäßige bestimmen lassen. Nur insofern hat das vom Täter begangene schuldhafte Unrecht auch für die zu ergreifenden Erziehungsmaßregeln Bedeutung, als diese durch den für alle staatlichen Eingriffe geltenden Verfassungsgrundsatz der *Verhältnismäßigkeit* begrenzt werden. So würde z. B. wegen einer nur geringfügigen Tat nicht eine unverhältnismäßig harte Weisung (nach § 10 JGG) angewendet werden dürfen.

Obwohl die Erziehungsmaßregeln keine Ahndung der Tat bezwecken, werden sie von dem betroffenen Jugendlichen nicht selten als harter Eingriff empfunden, so daß sie ihm selbst und der Allgemeinheit zugleich als Sühne seiner Tat erscheinen. Das gilt besonders bei der Heimerziehung, aber auch bei vielen Weisungen. Wenn diese Sühnewirkung zugleich im Erziehungsinteresse liegt, was meist der Fall ist, so steht sie nicht im Widerspruch zu der Absicht des Gesetzes. Insoweit darf sie bei der Auswahl insbesondere erzieherischer Weisungen (z. B. Arbeitsweisungen, Verbot zeitweise ein Moped zu benutzen, bestimmte Vergnügungsstätten zu meiden) mit berücksichtigt werden.

§ 15 Die Erteilung von Weisungen[1]

I. Wesen und Inhalt der Weisungen

»Weisungen« sind nach § 10 JGG »*Gebote und Verbote, die die Lebensführung des Jugendlichen regeln und dadurch seine Erziehung fördern und sichern sollen*«.

Die Aufzählung zulässiger Weisungen in § 10 I S. 3 Nr. 1–9 JGG trägt nur *Beispiel*charakter. Sie soll es dem Richter erleichtern, die für den jeweiligen Fall angemessenen Weisungen aufzufinden, und ihn zugleich auf solche Weisungen aufmerksam machen, die sich in der bisherigen Praxis der Jugendgerichte bewährt haben.

In diesem Sinne sind in § 10 JGG ausdrücklich aufgeführt: 1. Weisungen, die sich auf den Aufenthaltsort beziehen (z. B. bestimmte berüchtigte Stadtviertel zu meiden), 2. bei einer Familie oder in einem Heim (z. B. in einem Lehrlingswohnheim) zu wohnen, 3. eine Ausbildungs- oder Arbeitsstelle anzunehmen, 4. eine Arbeitsleistung zu erbringen (z. B. einem durch ein Verkehrsdelikt verletzten Bauern in den Ferien Erntehilfe zu leisten, Hilfsdienste in einem Altenheim oder Krankenhaus zu leisten), 5. sich der Betreuung und Aufsicht einer bestimmten Person (Betreuungshelfer) zu unterstellen, 6. an einem sozialen Trainingskurs teilzunehmen, 7. sich zu bemühen, einen Ausgleich mit dem Verletzten zu erreichen (Täter-Opfer-Ausgleich), 8. den Verkehr mit be-

---

[1] Aus dem Schrifttum: *Graf v. Bernstorff/Gerhardt/Marks*, DVJJS Heft 12, 1981, S. 239 ff.; *Cohnitz* u. a., RdJ 1955, 139; *Hellmer*, RdJ 1955, 137, 235; *Holzschuh*, DVJJS Heft 1, 1955, S. 165; *Pfeiffer, Ch.*, Kriminalprävention im Jugendgerichtsverfahren, 2. Aufl., 1989; *Schnitzerling*, ZblJugR 1966, 66; *Stree, W.*, Deliktsfolgen und Grundgesetz, 1960, S. 189; s. auch die folgenden Fußn.

Das materielle Jugendstrafrecht

stimmten Personen oder den Besuch von Gast- oder Vergnügungsstätten zu unterlassen, 9. an einem Verkehrsunterricht teilzunehmen. – Bei der Erteilung von Weisungen an jugendliche oder heranwachsende Soldaten soll der Richter die Besonderheiten des Wehrdienstes berücksichtigen (§ 112 a Nr. 3 JGG).
Dadurch, daß der Weisungskatalog des § 10 JGG nur Beispiele enthält, wird das Bestimmtheitsgebot des Art. 103 II GG (nulla poena sine lege), wie bereits oben (§ 11 I 4) ausgeführt wurde, nicht verletzt, wenn bei der Erteilung solcher Weisungen, die in dem Katalog nicht enthalten sind, die allgemeinen in §§ 10 und 11 JGG festgelegten Voraussetzungen dieser Erziehungsmaßregel beachtet werden (vgl. näher unten unter II).

Da der Richter nach dem Gesagten keineswegs auf die in § 10 JGG angeführten Beispiele beschränkt ist, bietet sich seiner schöpferischen Phantasie und erzieherischen Befähigung ein weites Feld. Dabei ist davon auszugehen, daß bei minder schweren Verfehlungen den richtig ausgewählten Weisungen, und zwar besonders solchen, bei denen das auferlegte Verhalten in einem inneren Zusammenhang mit der Tat steht, oft ein größerer erzieherischer Wert zukommt als den sonstigen Erziehungsmaßregeln und Zuchtmitteln des Gesetzes (vgl. RL Nr. 1 zu § 10 JGG). In jüngster Zeit ist der Anteil der Weisungen an allen verhängten Rechtsfolgen zurückgegangen (von 41,7 % im Jahre 1985 auf 29,6 % im Jahre 1991), was mit der zunehmenden Ausschöpfung der Diversionsmöglichkeiten zusammenhängen dürfte, denn im Wege der Einstellung gem. §§ 45, 47 JGG lassen sich vielfach dieselben Ziele verwirklichen wie bei formeller Verhängung einer Weisung im Urteil (Einzelheiten unten § 36).

Schon immer ist in der jugendgerichtlichen Praxis von den vielfältigen Möglichkeiten, die § 10 JGG dem Jugendrichter gewährt, ein überaus unterschiedlicher Gebrauch gemacht worden. Manche Richter halten es für richtig, fast alle Fälle der kleineren und mittleren Gelegenheits- und Entwicklungskriminalität mit »Weisungen« zu »behandeln«. Die Skala solcher Weisungen reicht dann von der Auflage an jugendliche Verkehrssünder, in der Freizeit Anschauungsmaterial für den Verkehrsunterricht der Polizei und Schule zu basteln, bis zu den schon fragwürdigen Geboten, regelmäßig das Grab des fahrlässig getöteten Freundes zu schmücken oder die Insassen eines Altersheimes allwöchentlich aus dem eigenen Arbeitsverdienst mit Wein und Kuchen zu versorgen. Andere Jugendrichter scheinen jedoch nur zögernd, vielleicht sogar allzu zurückhaltend, den durch das Weisungsrecht eröffneten Weg »ambulanter Behandlung« zu beschreiten. Der Grund dieses Zögerns ist nicht immer Einfallslosigkeit und Mangel an sozialpädagogischer Begabung, sondern oft auch die Besorgnis, bei einer allzu weitgehenden Ersetzung der traditionellen strafrechtlichen Rechtsfolgen durch »Weisungen« etwas von der Würde des richterlichen Amtes zu vergeben und die Grenzen zu überschreiten, die diesem Amt durch das Wesen der Rechtsprechung gesetzt sind. In den Weisungen kommt deutlicher als irgendwo sonst die Vorherrschaft des Erziehungsgedankens im Jugendstrafrecht, aber auch das Spannungsverhältnis von Rechtsprechung und Erziehung zum Ausdruck. Die Freiheit bei der inhaltlichen Gestaltung der Weisungen dient der Erziehungsaufgabe des Jugendrichters, weil sie ein Maximum an persönlichkeitsadäquater Individualisierung der Unrechtsfolgen ermöglicht. Darin liegt ihre Überlegenheit insbesondere gegenüber dem allzu oft und allzu schematisch angewendeten Jugendarrest (vgl. unten § 21 I u. III), mit dessen »stationärem« Vollzug viele Nachteile verbunden sind. Andererseits darf, wie *Maurach* treffend formuliert hat, »der Jugendrichter nicht zum Kindergärtner werden«[2]. Der Strafrichter steht, auch wenn er Jugendrichter ist, »dem Angeklagten nicht annähernd so gegenüber wie der Arzt dem Patienten oder der Erzieher dem Kind, so daß er jede nicht verbotene zweckmäßig erscheinende erzieherische Behandlung ›verordnen‹ könnte.« Mag es daher auch vielfach erwünscht sein, daß die Jugendrichter in einem weiteren Umfang als bisher von dem Weisungsrecht des § 10 JGG Gebrauch machen und damit insbesondere die inflationäre Handhabung des Jugendarrests einschränken, so dürfen dabei doch andererseits auch die Grenzen nicht außer Betracht bleiben, die diesem Weisungsrecht im Gesamtgefüge einer rechtsstaatlichen Ordnung gesetzt sind.

Beispiele für im Katalog des § 10 JGG nicht ausdrücklich aufgeführte Weisungen sind die Weisung, einem ausländischen Klassenkameraden für die Dauer eines Monats bei der Erstellung der Hausaufgaben zu helfen oder Nachhilfeunterricht zu nehmen oder bei

---

2 *Maurach/Gössel/Zipf*, AT 2, § 71 Rn. 13, S. 712.

Jugendlichen und Heranwachsenden, die nicht mit Geld umgehen können und deshalb straffällig geworden sind, die Weisung, Einnahmen und Ausgaben sorgfältig zu verbuchen und durch einen Betreuer (z. B. Jugendgerichtshelfer) kontrollieren zu lassen, keine Abzahlungsgeschäfte einzugehen u. dgl.

II. Grenzen der Weisungen

Daraus, daß § 10 JGG die Grenzen, innerhalb derer der Jugendrichter erzieherische Weisungen erteilen darf, nicht ausdrücklich bezeichnet, darf nicht geschlossen werden, daß das Weisungsrecht völlig schrankenlos ausgeübt werden darf. Vielmehr ergeben sich Grenzen einerseits aus sonstigen Rechtsnormen, insbesondere aus dem Verfassungsrecht, andererseits aus der spezifischen Funktion der Weisungen selbst und ihrem Verhältnis zu den anderen vom Gesetz vorgesehenen Folgen der Jugendstraftat (vgl. auch § 305 a StPO).

1. Rechtliche Grenzen. a) Die Weisungen dürfen die im *Grundgesetz* garantierten *Grundrechte* nicht verletzen.

Beispiele:
(1) Die Weisung, regelmäßig den Gottesdienst zu besuchen, ist unzulässig, weil sie gegen das Grundrecht der Glaubensfreiheit (Art. 4 GG) verstößt.

(2) Die Weisung, der Gewerkschaft oder einer *bestimmten* Jugendgruppe beizutreten, verstößt gegen das Grundrecht der negativen Koalitions- bzw. Vereinsfreiheit (Art. 9 GG). Zulässig ist jedoch die Weisung, *irgendeiner* Jugendgruppe beizutreten oder aus einem bestimmten Verein auszutreten, sofern beides dem Erziehungsinteresse dient.

(3) Die einem Heranwachsenden erteilte Weisung, das von ihm geschwängerte Mädchen zu heiraten, verstößt gegen die Generalklausel des Art. 2 I GG (freie Entfaltung der Persönlichkeit). Das gleiche gilt von der Weisung, ein Mädchen, das einen ungünstigen Einfluß auf den Täter ausübt, nicht zu heiraten[3].

(4) Rechtlich problematisch sind auch alle Weisungen, die sich auf die Annahme einer Ausbildungs- oder Arbeitsstelle beziehen, obwohl § 10 I S. 3 Nr. 3 JGG selbst eine solche Weisung anführt. Es fragt sich jedoch, ob § 10 I S. 3 Nr. 3 JGG nicht gegen das verfassungsmäßige Grundrecht der freien Wahl des Berufs- und Arbeitsplatzes (Art. 12 GG) verstößt. Für unzulässig wird man jedenfalls eine Weisung dann ansehen müssen, wenn sie dem Jugendlichen einen *bestimmten* Beruf oder eine *bestimmte* Arbeits- oder Ausbildungsstätte aufzwingen will[4]. Dagegen bestehen gegen allgemein gehaltene Weisungen, die die Wahlfreiheit des Jugendlichen nicht wesentlich beschränken und ihn nur überhaupt zur Übernahme einer regelmäßigen Arbeit oder einer Lehre veranlassen sollen, keine Bedenken[5].

(5) Die Weisung, keine Betäubungsmittel zu konsumieren und sich nicht an Orten aufzuhalten, an denen Betäubungsmittel konsumiert werden, verletzt weder das Grundrecht der allgemeinen Handlungsfreiheit gem. Art. 2 Abs. 1 GG noch irgendein anderes Grundrecht[5a].

---

3 Im Ergebnis übereinstimmend *Hinrichsen*, Grundriß, S. 41, der sich jedoch auf die Sittenwidrigkeit einer solchen Weisung beruft. Indessen ist namentlich im ersten Fall die Sittenwidrigkeit der Weisung fraglich.
4 Ebenso *Eisenberg*, § 10 Rn. 19.
5 Zulässig wäre z. B. die Weisung, in Zukunft überhaupt eine sozialversicherungspflichtige Arbeit auszuüben, BVerfG NJW 1983, 442; LG Würzburg NJW 1983, 463. Zur parallelen Rechtslage im Erwachsenenstrafrecht: OLG Hamm MDR 1985, 692; OLG Celle NStZ 1990, 148; *Dreher/Tröndle*, § 56 c Rn. 5; s. ferner *Mrozynski*, JR 1983, 400 m. w. Nachw.
5a BVerfG StrVert 1993, 465.

(6) Im Schrifttum[6] wird z. T. die Auffassung vertreten, daß nicht nur die Unterwerfung unter eine Heilbehandlung (§ 10 II JGG), sondern überhaupt jede Weisung an die mindestens stillschweigende Zustimmung der Eltern oder der sonst zur Personenfürsorge Berechtigten gebunden sei. Denn andernfalls verstoße die Weisung gegen den in Art. 6 GG garantierten Primat des elterlichen Erziehungsrechts[7]. Dem widerspricht jedoch nicht nur der Gesetzeswortlaut, sondern auch die Erwägung, daß auch Erziehungshilfen gem. § 12 Nr. 2 JGG (insbes. Heimerziehung), Jugendstrafe und Bewährungshilfe, die weit stärkere Eingriffe in das elterliche Erziehungsrecht enthalten, gegen den ausdrücklichen Wunsch der Eltern verhängt werden können. Diese Auslegung scheitert auch nicht an Art. 6 II GG (Erziehungsrecht der Eltern), denn durch die Begehung der Straftat durch den Jugendlichen hat sich offenbart, daß die Eltern allein ihrer Erziehungsaufgabe nicht gerecht werden können, so daß das subsidiäre Erziehungsrecht des Staates eingreift[8]. Zuzugeben ist freilich, daß Weisungen, die den Jugendlichen in einen Konflikt mit seinen Eltern bringen, in der Regel pädagogisch unzweckmäßig sein werden und daß der Jugendrichter deshalb gut daran tun wird, sich bei seinen Weisungen des Einverständnisses der Eltern wie auch des Jugendlichen selbst zu versichern.

b) *Unzulässig* sind Weisungen, welche direkt oder indirekt gegen andere Vorschriften des JGG, gegen das StGB oder gegen andere Gesetze verstoßen.

Beispiele:
(1) Ein jugendlicher Kellner hat in seinem Beruf Betrügereien begangen. Die ihm erteilte Weisung, den Beruf des Kellners aufzugeben, ist unzulässig, weil die strafrechtliche Sicherungsmaßregel des Berufsverbots (§ 70 StGB) im Jugendstrafrecht nicht zugelassen ist und der sie ausschließende § 7 JGG nicht auf dem Wege der Weisung umgangen werden darf[9].

(2) *Zulässig* ist jedoch die Weisung, ein Motorrad oder Moped für eine bestimmte Zeit nicht zu benutzen oder bei der Polizei abzuliefern. Eine Kollision mit § 69 StGB liegt nicht vor, weil jener die Sicherung der Allgemeinheit, § 10 JGG aber nur das Erziehungsinteresse des Jugendlichen im Auge hat, das eine solche Ablieferung im Einzelfall auch dann sinnvoll erscheinen lassen kann, wenn die Voraussetzungen des § 69 StGB nicht gegeben sind[10].

c) Unzulässig sind Weisungen, die den Jugendlichen so schwer treffen, daß sie *in keinem Verhältnis zu der sie* auslösenden *Tat* stehen. Dieser auch für die Weisungen geltende Grundsatz der Verhältnismäßigkeit von Anlaß und Rechtsfolge ergibt sich unmittelbar aus dem im Grundgesetz verankerten Rechtsstaatsprinzip[11]. Weisungen beinhalten also sehr häufig gerade keine allzu intensive Einwirkung auf die Persönlichkeit des Jugendlichen. Im Bereich der Kleinkriminalität haben sie ihre Funktion bereits erfüllt, wenn sie durch relativ leicht zu erfüllende Handlungsanweisungen dem Jugend-

---

6 So *Albrecht*, § 18 B II 4, S. 160; *Hellmer*, RdJ 1955, 137; *Köhler*, JZ 1988, 755; *Nothacker*, »Erziehungsvorrang« und Gesetzesauslegung im JGG, 1985, S. 344.
7 *Böhm*, S. 144, verlangt die Zustimmung der Eltern nur bei Weisungen von größerem Gewicht.
8 BVerfGE 74, 102 m. zust. Anm. *Schaffstein*, NStZ 1987, 502 und *Brunner*, ZfJ 1987, 257; nur im Ergebnis wie hier auch *Maurach/Gössel/Zipf*, AT 2, § 7 Rn. 7, S. 711; *Miehe*, Verfassungsrechtliche Grenzen jugendrichterlicher Weisungen, in *Schöch, H.* (Hrsg.), Wiedergutmachung und Strafrecht, 1986, S. 112; *ders.*, Erziehung unter dem GG in: Rechtsentwicklung unter dem Bonner Grundgesetz, 1990, 249 – er leitet aus der historischen Entwicklung der staatlichen Eingriffe in das Elternrecht ab, daß die jugendstrafrechtlichen Deliktsfolgen, und zwar auch soweit sie spezialpräventiver Natur sind – in der Regel von Art. 6 II, III GG nicht berührt werden; *Ostendorf*, § 10 Rn. 5; s. auch § 11 Fußn. 6.
9 Ebenso *Ostendorf*, § 10 Rn. 11; a. A. *Schnitzerling*, RdJ 1962, 148; s. auch oben Fußn. 4 und 5.
10 Umstritten. Wie hier die h. M., u. a. *Brunner*, § 10 Rn. 14; *Maurach/Gössel/Zipf*, AT 2, § 71 Rn. 13, S. 712 und eingehend *Dallinger-Lackner*, § 10 Bem. 19, der zutreffend auch die Grenzen dieses Weisungsrechts hervorhebt. Ablehnend *Diemer*, in: Diemer/Schoreit/Sonnen, § 10 Rn. 17.
11 Vgl. dazu *Brunner*, § 10 Rn. 3; *Dallinger-Lackner*, § 10 Bem. 28; *Maurach/Gössel/Zipf*, AT 2, § 71 Rn. 4, S. 711; *Miehe*, insbes. S. 113 ff.; *Hermann/Wild*, MschrKrim 1989, 16; *Hellmer*, Erz. u. Strafe, S. 156, stellt hier wie sonst allzu einseitig auf die *objektive* Tatschwere ab, während richtigerweise außer dieser vor allem das Verschulden des Täters zu berücksichtigen ist.

lichen verdeutlichen, daß die das soziale Verhalten regelnden Normen auch für ihn verbindlich sind. Nachhaltige Einwirkungen wären dort ein Verstoß gegen das Übermaßverbot.

Beispiel: Aus Anlaß eines geringfügigen Verkehrsvergehens oder eines Diebstahls einer Tafel Schokolade wird einem Jugendlichen eine harte Arbeitsweisung (§ 10 I S. 3 Nr. 4 JGG) erteilt, die ihn viele Stunden seiner Freizeit kostet. Das ist unzulässig, da die Weisungen dem Betroffenen nicht ein Übel aufbürden dürfen, das die nach den allgemeinen Vorschriften angedrohte Strafe erheblich übersteigt. Auch zeitlich unbegrenzte oder allzulang dauernde Weisungen (z. B. wegen einer Verkehrsübertretung 2 Jahre lang wöchentlich an einem Verkehrsunterricht teilzunehmen) können im Einzelfall gegen den Grundsatz der Verhältnismäßigkeit verstoßen.

d) Unzulässig sind Weisungen, die an die Lebensführung des Jugendlichen *unzumutbare* Anforderungen stellen oder deren Ausführung überhaupt unmöglich ist, § 10 I S. 2 JGG.

Beispiel: Gegen diesen Grundsatz würden u. a. Arbeitsauflagen verstoßen, die der Jugendliche nach seinen körperlichen oder geistigen Kräften oder nach seinem Ausbildungsstand nicht erfüllen kann, wie etwa die Weisung an einen schwachsinnigen Hilfsschüler, einen »Besinnungsaufsatz« zu schreiben. – Unzumutbar würden aber auch Arbeitsweisungen sein, die den Jugendlichen für längere Zeit von jeder anderen Arbeit fernhalten, seine Berufsausbildung erheblich beeinträchtigen oder ihn für längere Zeit seiner Freizeit völlig berauben würden.

2. Grenzen, die sich aus der Funktion der Weisung ergeben. Als Erziehungsmaßregeln verfolgen die Weisungen ausschließlich den Zweck, künftigen ähnlichen Straftaten dieses Jugendlichen durch Beseitigung der Ursachen und positive Beeinflussung seiner Lebensführung vorzubeugen. Sie dienen deshalb, im Gegensatz zu dem nach § 15 JGG zulässigen Zuchtmittel der »Auflagen«, nicht der »Ahndung« der Straftat. Allerdings schließt der Umstand, daß die meisten Weisungen vom Betroffenen auch als Übel empfunden werden, ihre Zulässigkeit nicht aus. Aus dem Gesagten ergibt sich:

a) Weisungen *rein repressiven* Inhalts sind unzulässig[12]. Wenngleich die Strafe selbst ein wichtiges Mittel der Erziehung ist, müssen Weisungen, die eine dem Ausgleich begangenen Unrechts dienende Leistung gebieten, einen »*präventiven Bezug*« haben, d. h. »in einer über die pädagogische Funktion der Strafe hinausgehenden Weise den in der Tat hervorgetretenen Fehlhaltungen des jungen Täters entgegenwirken«[13].

Beispiele: Die Weisung an einen jugendlichen Holzdieb, für ein Krankenhaus Holz zu sägen, oder an einen Verkehrsdelinquenten, Polizeifahrzeuge zu reinigen, sind wegen Fehlens eines solchen präventiven Bezugs unzulässig. Dagegen ist ein solcher Bezug vorhanden bei der Weisung, sich in den Ferien an Aufforstungsarbeiten zu beteiligen, die einem Jugendlichen erteilt wurde, der fahrlässig einen Waldbrand verursacht hatte[14].

b) Weisungen dürfen *nicht aus nur generalpräventiven* Gründen (zur Abschreckung bzw. zur Stabilisierung der Rechtstreue anderer Jugendlicher) ausgesprochen werden.

c) Weisungen dürfen nicht allein den Schutz der Allgemeinheit vor weiteren Straftaten zum Ziel haben.

---

12 Vgl. *Maurach/Gössel/Zipf*, AT 2, § 71 Rn. 11, S. 712, sowie eingehend mit Beispielen *Miehe*, S. 44 f.; nach *Eisenberg*, § 10 Rn. 6, sollten die Weisungen von vergeltenden oder repressiven Elementen eigentlich gänzlich frei bleiben, was aber in der Praxis nicht zu verwirklichen sei.
13 *Miehe*, a. a. O.; KG in JR 1965, 29 mit Anm. *Lackner.*
14 Die Beispiele sind der umstrittenen Praxis des bekannten Jugendrichters *Holzschuh* entnommen, der die Weisungen besonders propagiert und darüber vielfach berichtet hat. Vgl. u. a. seine Beiträge auf dem 9. JGT, DVJJS Heft 1, 1955, S. 165 und in *Bitter, W.* (Hrsg.), Heilen statt Strafen, 1957, S. 240. Dazu *Miehe*, a. a. O.

Das materielle Jugendstrafrecht

Beispiel: Unzulässig ist die Weisung gegenüber einem ausländischen Jugendlichen, auf die Dauer von zwei Jahren nicht in die Bundesrepublik Deutschland einzureisen[15].

Auch bei Beachtung der hier unter 2. dargelegten Grundsätze ist eine hinreichend scharfe Abgrenzung zwischen den Weisungen des § 10 JGG und den Auflagen des § 15 JGG nicht immer durchführbar. Der Grund dafür ist im Gesetz selbst zu suchen. Zwar spricht § 10 JGG davon, daß die Weisungen »die Lebensführung des Jugendlichen regeln« sollen. Doch wird man dies nicht so verstehen dürfen, als seien nur solche Weisungen zulässig, die eine länger dauernde und intensive Änderung der Lebensweise des Jugendlichen bewirken. Zwar wird eine derartig umfassende Wirkung von einigen der in § 10 JGG ausdrücklich aufgeführten Weisungen angestrebt (z. B. von den Weisungen, in einer Familie oder in einem Heim zu wohnen oder eine Lehr- oder Arbeitsstelle anzunehmen). Daneben finden sich aber in der gleichen beispielsweisen Aufzählung des Gesetzes auch solche Weisungen, deren Vollzug sich in einmaliger Erfüllung erschöpft (z. B. Teilnahme an einem Verkehrsunterricht). Diese letzteren Weisungen unterscheiden sich in ihrem Wesen nur noch relativ wenig von den Auflagen des § 15 JGG. Damit wird aber auch der abschließende Charakter der in § 15 JGG enthaltenen Aufzählung fragwürdig, weil dort nicht aufgeführte Auflagen in die Form der »Weisungen« gekleidet werden können, sofern sie nicht rein repressiven Charakter haben[16]. Im Falle der Verpflichtung, Arbeitsleistungen zu erbringen, gibt der Gesetzgeber selbst zu erkennen, daß Weisungen und Auflagen ihrem Rechtscharakter nach nahezu identisch sein können, denn er sieht als Sanktion sowohl die Verhängung einer entsprechenden Weisung (§ 10 I S. 3 Nr. 4 JGG) als auch einer entsprechenden Auflage (§ 15 I S. 1 Nr. 3 JGG) vor.

3. **Erzieherisch unzweckmäßige Weisungen.** Weisungen, die der Erziehung des Jugendlichen abträglich sind, statt sie zu fördern, sind zu vermeiden. Unbeschadet eines gewissen pädagogischen Ermessensspielraums, der dem Jugendrichter einzuräumen ist, wird man allzu unzweckmäßige Weisungen in Extremfällen auch als rechtlich unzulässig ansehen müssen. Sie widersprechen nämlich dem in § 10 I S. 1 JGG festgelegten Grundsatz, daß Weisungen »die Erziehung fördern oder sichern sollen«. Insbesondere sind als unzweckmäßig zu vermeiden, Weisungen, die das Ehrgefühl des Jugendlichen antasten oder deren Befolgung nicht kontrolliert werden kann.

Beispiele: § 10 Nr. 6 JGG in seiner alten, vor 1975 geltenden Fassung führte ausdrücklich das Rauchverbot und das Verbot des Genusses alkoholischer Getränke als zulässige Weisungen auf. Sie sind mit gutem Grunde gestrichen worden, da ihre Befolgung in der Regel nicht überwacht werden kann, ihre Nichtbefolgung aber die erzieherische Autorität des Rechts und des Richters schädigen würde. Immerhin wird man, da § 10 JGG nur einen den Richter nicht beschränkenden Katalog von Beispielen enthält, auch in Zukunft das Alkoholverbot oder auch die Weisung, wenigstens in der Öffentlichkeit nicht zu rauchen, in Ausnahmefällen für zulässig halten müssen, etwa wenn sie 14jährigen erteilt werden, die durch übermäßigen Alkohol- bzw. Zigarettengenuß zu Dieben geworden sind, und diese in einer Kleinstadt oder einem Dorf, also in leicht kontrollierbaren Verhältnissen, wohnen. Sinnlos wäre dagegen das Rauchverbot in der Großstadt oder in der elterlichen Wohnung. – Auflagen, die das Ehrgefühl tangieren, z. B. die Auflage einer öffentlich durchzuführenden Arbeit, die den Jugendlichen dem Gespött der Nachbarn oder Altersgenossen aussetzt, können leicht zu bedenklichen neurotischen Störungen führen.

4. Unzweckmäßig, aber möglicherweise auch rechtlich unzulässig sind ferner Weisungen, die ihrer Art nach dem Alter und Entwicklungsstand des Täters nicht mehr entsprechen. Das ist besonders bei Heranwachsenden zu beachten, da diese nunmehr Volljährige sind (§ 2 BGB) und damit nicht mehr Weisungen unterliegen dürfen, die sie zum Objekt einer kindlichen Erziehung machen.

Beispiel: Die Weisung, einen »Besinnungsaufsatz« zu schreiben und dem Richter abzuliefern, mag für einen 15jährigen noch gelegentlich zweckmäßig sein. Sie wird jedoch von dem 19- oder 20jährigen in der Regel als »Kinderei« empfunden werden und daher wirkungslos bleiben. Wegen der Volljährigkeit des 19jährigen ist sie darüber hinaus auch rechtlich unzulässig.

---

15 Ebenso LG Freiburg JR 1988, 523 m. Anm. *Eisenberg; Eisenberg*, § 10 Rn. 18.
16 Vgl. *Itzel, P.*, Die Abgrenzung der Weisungen von den Auflagen nach dem JGG, 1987, dazu kritisch *Walter*, GA 1988, 331; *Schaffstein*, ZStW 104 (1992), 142.

Ist die Tat Ausdruck einer schweren Schädigung des erzieherischen Milieus oder gar krimineller Neigungen des Täters, so ist Erziehungshilfe nach § 34 SGB VIII i. V. m. § 12 Nr. 2 JGG oder Jugendstrafe erforderlich. Weisungen sind dann allenfalls zur Ergänzung dieser einschneidenderen Rechtsfolgen angebracht.

Beispiel: Mit einer Jugendstrafe von 9 Monaten, die gegen einen jugendlichen Dieb mit »schädlichen Neigungen« verhängt und nicht ausgesetzt wird, kann die Weisung verbunden werden, nach der Strafverbüßung in einem Lehrlingsheim zu wohnen, um die Rückkehr des Jugendlichen in sein bisheriges, seiner Entwicklung abträgliches Milieu zu verhindern.

III. Überwachung, Laufzeit und Änderung der Weisungen. Folgen der Zuwiderhandlung

1. Die **Überwachung** der Befolgung der Weisungen obliegt dem Jugendrichter, der sie angeordnet hat (§ 84 I JGG). Dieser bedient sich dabei vor allem der Jugendgerichtshilfe (unten § 34), die vor der Erteilung der Weisungen stets zu hören ist. Erhebliche Zuwiderhandlungen hat die Jugendgerichtshilfe dem Jugendrichter mitzuteilen (§ 38 II und III JGG).

2. Die vom Jugendgericht zu bestimmende **Laufzeit** der Weisungen darf 2 Jahre nicht übersteigen; sie soll bei einer Betreuungsweisung (§ 10 I S. 3 Nr. 5 JGG) nicht mehr als ein Jahr und bei einer Weisung, an einem sozialen Trainingskurs teilzunehmen (§ 10 I S. 3 Nr. 6 JGG) nicht mehr als sechs Monate betragen (§ 11 I JGG).

3. Wenn es aus erzieherischen Gründen geboten ist, kann der Richter Weisungen **nachträglich ändern**, von ihnen **befreien** oder ihre Laufzeit vor deren Ablauf bis auf 3 Jahre **verlängern** (§ 11 II JGG).

Beispiel: Die Weisung, in einem Lehrlingsheim zu wohnen, kann zunächst nur für höchstens 2 Jahre erteilt werden. Von ihr kann der Jugendliche befreit werden, wenn sich eine geeignete Familie bereit erklärt hat, ihn aufzunehmen. Aus dem gleichen Grunde kann die Weisung dahin geändert werden, daß der Jugendliche nunmehr in dieser Familie wohnen soll. Der Richter kann jedoch vor Ablauf der 2 Jahre die Weisung auch für ein drittes Jahr verlängern, wenn sich keine geeignete andere Wohngelegenheit für den Jugendlichen gefunden hat und die erzieherischen Gründe, die sein Wohnen in einem Lehrlingsheim angezeigt erscheinen ließen, fortbestehen.

4. Eine zwangsweise Vollstreckung der Weisungen ist im JGG nicht vorgesehen. Doch kann bei schuldhafter **Zuwiderhandlung** Jugendarrest verhängt werden, sofern der Jugendliche über diese Folge seiner Zuwiderhandlung vorher belehrt wurde (§ 11 III S. 1 JGG). Von dieser Verhängung des »Ungehorsamarrests« bzw. »Beugearrests« oder »Nichtbefolgungsarrests« sollte möglichst nur bei erheblichen Verstößen Gebrauch gemacht werden[17].

Da der Jugendarrest nicht etwa an die Stelle der Weisung tritt, sondern § 11 III JGG einen spezifisch jugendstrafrechtlichen Ungehorsamstatbestand schafft[18], bleibt die Verpflichtung zur Befolgung der Weisung auch nach der Verhängung und Verbüßung des

---

17 Ebenso *Eisenberg*, § 11 Rn. 18; *Weber*, DVJJS, Heft 18, 1990, S. 344; gänzlich ablehnend: *Frehsee*, DVJJS, Heft 18, S. 314; *Schumann*, DVJJS Heft 17, 1987, S. 413; *Hinrichs*, StrVert 1990, 381.
18 So d. h. L., z. B. *Brunner*, § 11 Rn. 4; *Eisenberg*, ZfJ 1989, 16; a. A. *Ostendorf*, § 11 Rn. 11; z. T. auch *Diemer*, in: Diemer/Schoreit/Sonnen § 11 Rn. 12.

Das materielle Jugendstrafrecht

Arrests bestehen[19]. Kommt der Jugendliche ihr auch weiterhin nicht nach, so kann wegen seines erneuten Ungehorsams abermals Jugendarrest verhängt werden. Jedoch darf der Arrest bei einer Verurteilung insgesamt die Dauer von 4 Wochen nicht überschreiten.

Beispiel: Einem Jugendlichen ist wegen einer von ihm begangenen Sachbeschädigung (Vandalismus) in einem Park die Weisung erteilt worden, in seiner Freizeit an 10 Tagen in der Stadtgärtnerei zu helfen. Da er dort an 3 Tagen unentschuldigt fortbleibt, kann der Jugendrichter 2 Freizeitarreste gegen ihn verhängen. Nach der Verbüßung erscheint der Jugendliche wiederum nicht in der Stadtgärtnerei. Der Richter kann nunmehr eine Woche Dauerarrest verhängen und so fort, bis insgesamt die Höchstdauer von 4 Wochen Jugendarrest erreicht ist.

Da nur die *schuldhafte* Zuwiderhandlung geahndet wird, muß diese nicht nur vorsätzlich oder fahrlässig erfolgt sein, sondern es müssen auch die übrigen Voraussetzungen der Schuld vorliegen, insbesondere die Handlungsfähigkeit im Sinne des § 3 JGG und die Zumutbarkeit der Weisungsbefolgung[20].

Beispiel: An einer der beiden letztgenannten Voraussetzungen kann es fehlen, wenn die Eltern dem Jugendlichen die Befolgung der Weisung (z. B. in einem Lehrlingsheim zu wohnen) verboten haben.

Kommt der Jugendliche nach der Verhängung des Arrests der Weisung nach, so muß der Richter von seiner Vollstreckung absehen (§ 11 III S. 3 JGG).

Die nachträglichen Entscheidungen nach § 11 JGG, also die Befreiung oder Änderung von Weisungen sowie die Ahndung schuldhafter Zuwiderhandlungen durch Jugendarrest, trifft der Jugendrichter der ersten Instanz nach Anhörung des Staatsanwalts und des Jugendlichen durch Beschluß. Wenn die Verhängung von Jugendarrest in Betracht kommt, ist dem Jugendlichen Gelegenheit zur mündlichen Äußerung vor dem Richter zu geben (s. u. § 43 IV 2). Gegen die Verhängung von Jugendarrest ist sofortige Beschwerde mit aufschiebender Wirkung zulässig (§ 65 JGG).

§ 16 Einzelne Weisungen von besonderer Bedeutung

Aus der Reihe der in § 10 JGG aufgeführten Weisungen wird im folgenden auf solche näher eingegangen, welche sich besonders bewährt haben, in der Praxis deshalb häufig angewendet werden oder doch in den Vordergrund der jugendkriminalpolitischen Diskussion gerückt sind. Von diesen waren die Weisung, eine Arbeitsleistung zu erbringen (§ 10 I S. 3 Nr. 4 JGG) und diejenige, sich einer heilerzieherischen Behandlung oder einer Entziehungskur zu unterziehen (§ 10 II JGG) schon im bisherigen Gesetz enthalten. Dagegen sind die Betreuungsweisung (§ 10 I S. 3 Nr. 5 JGG), die Teilnahme an einem sozialen Trainingskurs (§ 10 I S. 3 Nr. 6 JGG) sowie die Bemühung um einen Täter-Opfer-Ausgleich (§ 10 I S. 3 Nr. 7 JGG) erst durch das 1. JGGÄndG vom 30. 8. 1990 in das JGG eingefügt worden, nachdem insbesondere den beiden letzteren mannigfache erfolgversprechende Pilotprojekte in der Praxis einzelner Jugendrichter und Jugendgerichtshilfen vorangegangen waren. Sie sind insofern ein Beispiel für die durch seine Flexibilität ermöglichte Entwicklungsfähigkeit des JGG, bei dessen Fortbildung die

---

19 Ebenso *Eisenberg,* § 11 Rn. 24, der allerdings verlangt, der Richter solle dann i. d. R. eine nachträgliche Befreiung von der Weisung aussprechen; so auch die Thesen des Arbeitskreises X auf dem 20. JGT, DVJJS Heft 17, 1987, S. 418.
20 Zum Problem des Zeitablaufs *Eisenberg* § 11 Rn. 17.

§ 16: Einzelne Weisungen von besonderer Bedeutung

ausdrückliche Gesetzesergänzung oder -änderung oft einer praktischen Experimentierphase nachfolgen kann.

I. Die Arbeitsweisung[1]

Die Weisung, Arbeitsleistungen zu erbringen (§ 10 I S. 3 Nr. 4 JGG), wird seit Jahren von der Praxis zunehmend an Stelle des früher vorherrschenden Jugendarrestes verhängt, aber auch an Stelle von Geldauflagen, die von Jugendlichen oft nicht aus eigenen Mitteln aufgebracht werden können und sie deshalb auf diese Weise leicht zu neuen Eigentumsdelikten verleiten. Die Arbeit ist in der Regel vom Jugendlichen in seiner Freizeit (Wochenenden oder Ferien) zu leisten und sollte seine berufliche Tätigkeit oder Ausbildung nicht beeinträchtigen. Erzieherisch wertvoll sind Arbeitsweisungen besonders dann, wenn sie zugunsten einer gemeinnützigen Einrichtung (z. B. Krankenhaus, Altersheim, soziale Hilfsorganisationen, öffentliche Parks und Sportanlagen) erfolgen oder wenn sie in ihrer Art in einer Beziehung zum vom Täter angerichteten Schaden stehen, so daß ihre Ausführung zugleich Wiedergutmachungscharakter erhält. Doch ist letzteres nicht immer möglich, wie denn überhaupt die Auffindung geeigneter Arbeitsplätze vom Jugendrichter und von der Jugendgerichtshilfe ein gewisses Organisationstalent verlangt. In München und anderen Großstädten hat sich dabei in den letzten Jahren eine zentrale Organisation für Arbeitsweisungen bewährt (»Brücke-Projekt«)[2].
Als zusätzliche Leistungsanforderungen auf Kosten der Freizeit haben Arbeitsweisungen in der Regel neben dem erzieherischen auch einen repressiv ahndenden Charakter, wobei der letztere sogar oft überwiegen wird. Da dies dem oben (§ 15 II 2 a) erwähnten Grundsatz widersprechen könnte, daß Weisungen nicht rein repressiver Natur sein dürfen, hat man vereinzelt gefordert, daß Arbeitsweisungen nur dann zulässig seien, wenn dadurch eine fehlerhafte Einstellung des Jugendlichen zur Arbeit positiv erzieherisch beeinflußt werden solle oder könne. Diese Auffassung ist u. a. auch vom BGH MDR 1976, 634 vertreten worden. Auch wenn man diese die erzieherisch stets wertvollen Arbeitsweisungen unnötig einschränkende Auffassung ablehnt (vgl. dazu die 9. Auflage Seite 77), so ist doch zuzugeben, daß die an der Grenze zwischen Weisungen und Auflagen (§ 15 JGG) stehenden Arbeitsweisungen die ohnehin fragwürdige Unterscheidung beider Rechtsfolgen zunehmend verwischt haben. Deshalb ist es zur Klarstellung und Ausräumung überflüssiger Streitpunkte zu begrüßen, daß die Novelle von 1990 die Auflage, »Arbeitsleistungen zu erbringen«, zusätzlich auch in den geschlossenen Auflagenkatalog des neuen § 15 (Nr. 3) JGG eingefügt hat, so daß der

---

1 Überblick bei *BMJ* – Neue amb. Maßn.; *Bundesarbeitsgemeinschaft für ambulante Maßnahmen nach dem Jugendrecht in der DVJJ* (Hrsg.), Ambulante sozialpädagogische Maßnahmen für junge Straffällige, 2. Aufl., 1986, DVJJS, Heft 14 (genaue Information über die einzelnen Projekte, Trägerschaft, Adressen etc.); *dies.*, DVJJ-Journal 1991, 288; *BMJ* (Hrsg.), Jugendstrafrechtsreform durch die Praxis (Konstanzer Symposium), 1989, dort insbes. der Beitrag von *Mohr*, S. 197. Einführungen auch bei *Albrecht*, § 20, S. 168; *Brunner*, § 10 Rn. 9; *Eisenberg*, § 10 Rn. 20. Besonders hervorzuheben sind aus dem jüngsten Schrifttum: *Albrecht, H. J./Schädler, W.* (Hrsg.), Community Service/Gemeinnützige Arbeit, 1986; *Heinz*, MschrKrim 1987, 129; *Heinz, W./Hügel, Ch.*, Erzieherische Maßnahmen im deutschen Jugendrecht, 1986; *Walter*, Krim-Forschung 80, 1988, S. 795, 811; *Pfeiffer*, KrimPräv, S. 141; s. ferner die *Mindestgrundsätze der Vereinten Nationen für die Jugendgerichtsbarkeit*, ZStW 99 (1987), 253 (275), dazu *Schüler-Springorum*, ZStW 99 (1987), 809; weitere Fundstellen unten Fußn. 11 und § 36.
2 *Pfeiffer*, Krim.Präv., a. a. O.; *ders.*, KrimJ 1979, 261; *ders.*, BewHi 1980, 61; *Meyer/Hassemer* sowie *Riemann/Pfeiffer*, DVJJ-Journal, Nr. 133, Dez. 1990, S. 36; s. auch *Resch, W.*, Alternativen zur Jugendstrafe in der Praxis, 1992.

Jugendrichter nunmehr bedenkenfrei Arbeitsleistungen anordnen kann, ohne Rücksicht darauf, ob diese mehr erzieherischen (dann Weisung) oder ahndenden (dann Auflage) Charakter haben.

Umstritten war ferner, ob die Arbeitsweisungen oder -auflagen zumindest dann, wenn sie ohne Zustimmung des Jugendlichen und der Erziehungsberechtigten erteilt wurden, nicht gegen das in Art. 12 II und III GG enthaltene Verbot der Zwangsarbeit verstoßen würden. Indessen hat nunmehr das BVerfG[3] zutreffend dargelegt, daß die Weisungen in ihrer derzeitigen gesetzlichen Ausgestaltung nicht den Schutzbereich des Art. 12 II und III GG berühren, weil durch das Verbot der Zwangsarbeit lediglich eine bewußte Abkehr von Methoden ausgesprochen wurde, die die Person herabwürdigen und für totalitäre Herrschaftssysteme kennzeichnend sind. Die engen Zumutbarkeitsschranken von begrenzten Arbeitspflichten im Rahmen der Weisungen stellen hingegen in genügendem Maße sicher, daß die Lebensführung des Jugendlichen nur punktuell geregelt wird. Ferner ist erneut darauf hinzuweisen, daß mit der Auferlegung von Arbeitsweisungen schwere Sanktionen vermieden werden, und es gerade auch aus der Sicht des Betroffenen nicht verständlich sein würde, daß die der Verschonung mit Jugendarrest und Jugendstrafe dienende Arbeitsweisung verboten sein soll, wenn die mit dem zusätzlichen Übel der Freiheitsentziehung verbundene »Zwangsarbeit« durch Art. 12 III GG ausdrücklich erlaubt ist.

De lege ferenda ist es anzustreben, daß der Gesetzgeber im Interesse rechtsstaatlicher Sicherung das bisher geltende »Zumutbarkeits«-Erfordernis im Hinblick auf die Dauer der Arbeitsleistungen konkretisiert. Das österreichische JGG 1988 liefert hier in seinem § 20 II ein Vorbild, indem es die Arbeitsleistungen auf die Dauer von täglich 6 Stunden, wöchentlich 18 Stunden und insgesamt 60 Stunden beschränkt, wobei ein Zeitraum von 3 Monaten nicht überschritten werden soll. Es wäre wünschenswert, wenn sich die deutschen Jugendrichter ebenfalls an diese maßvollen Richtzahlen halten würden.

II. Die Betreuungsweisung[4]

Die »Weisung, sich der Betreuung und Aufsicht einer bestimmten Person (Betreuungshelfer) zu unterstellen«, ist inzwischen in den Beispielskatalog des § 10 I S. 3 JGG als Nr. 5 aufgenommen worden, nachdem sie schon längst in der jugendrichterlichen Praxis Anerkennung und häufige Anwendung erfahren hatte. Sie füllt insofern eine Lücke im bisherigen Gesetz, als die Erziehungsmaßnahme »Schutzaufsicht«, später »Erziehungsbeistandschaft« auf volljährige und auf 17jährige Probanden nicht angewendet werden durfte. Das ebenfalls verwandte Institut der Bewährungshilfe aber kommt nur bei Jugendstrafe, d. h. also nur in schweren Fällen, in Betracht. Oft aber wird es zweckmäßig sein, auch einem hilfsbedürftigen Täter mittlerer oder vieler kleinerer Taten sowie auch einem Heranwachsenden einen in der Jugendsozialarbeit erfahrenen Betreuer als Stütze, Ratgeber, aber auch als Aufsicht zur Seite zu stellen. Eine solche Abstützung durch eine Betreuungsweisung wird sich oft auch neben anderen Weisungen (z. B. einem Täter-Opfer-Ausgleich oder einer Arbeitsweisung) und insbesondere auch neben Jugendarrest empfehlen[4a], obgleich sie nach der Gesetzesbegründung in erster Linie und überwiegend als alleinige Anordnung in Betracht kom-

---

3 BVerfGE 74, 102; BVerfG NJW 1991, 1043; zust. *Schaffstein*, NStZ 1987, 502; *Brunner*, ZfJ 1987, 257; *Gusy*, JuS 1989, 710; ablehnend *Köhler*, JZ 1988, 749; *Ostendorf*, § 10 Rn. 13; zum gesamten Problem ausführlich *Miehe*, (s. oben § 15 Fußn. 8) m. w. Nachw. Zur Heranwachsendenproblematik s. oben § 8 Fußn. 2.

4 *Brunner*, § 10 Rn. 10; *Eisenberg*, § 10 Rn. 22; *Böttcher/Weber*, NStZ 1990, 564; *Gerhardt/Vögele*, ZblJugR 1979, 371; *Matenaer*, ZblJugR 1984, 281; *Meyer* in: BMJ – Jugendstrafrechtsreform S. 203; *Ostendorf*, § 10 Rn. 16; *ders.*, ZRP 1988, 432; *Schaar*, ZblJugR 1987, 18; weiteres umfangreiches Material oben Fußn. 1 und 2.

4a A. A. *Eisenberg*, § 8 Rn. 3 u. § 10 Rn. 22.

§ 16: Einzelne Weisungen von besonderer Bedeutung

men soll. Da die Betreuungsweisung auf eine längere Dauer angelegt und dementsprechend für den Betreuer mit erheblichem Aufwand und für den Jugendlichen mit beträchtlichen Belastungen verbunden ist, scheidet sie bei bloß geringfügigen Verfehlungen aus (so auch RiLi Nr. 2 S. 1 zu § 10 JGG). Als sinnvoll erscheint es auch, möglichst die Zustimmung der Eltern einzuholen (RiLi Nr. 2 S. 2 zu § 10 JGG).
Die oft übliche allgemeine Anweisung, der Jugendliche oder Heranwachsende solle die Ratschläge oder Anordnungen des Betreuers befolgen, ist wegen ihrer allzu weiten und unbestimmten Fassung rechtlich und pädagogisch fragwürdig. Vielmehr ist möglichst der Bereich, auf den sich die Betreuung beziehen soll, z. B. Arbeitssuche, Wohnungssuche, Verwaltung von Geldern, Schuldenregulierung, in der Weisung anzugeben und deren Rahmen dadurch zu beschränken[5]. Die *Laufzeit* der Betreuungsweisung soll nach § 11 I S. 2 JGG nicht mehr als ein Jahr betragen.

Beispiel für eine Betreuungsweisung: Dem Angeklagten wird die Weisung erteilt, sich für ein Jahr der Betreuung des Sozialarbeiters X (genaue Anschrift) zu unterstellen und dessen Anordnung hinsichtlich versicherungspflichtiger Arbeit und fester Unterkunft zu befolgen.

War bisher vielfach die Schwierigkeit, geeignete Betreuungshelfer zu finden, ein Hindernis für eine weitere Verbreitung der Betreuungsweisungen, so bestimmt nunmehr § 38 II S. 6 JGG, daß die Vertreter der Jugendgerichtshilfe die Betreuung und Aufsicht ausüben sollen, wenn der Richter nicht eine andere Person damit betraut. Als solche »andere Personen«, die im Urteil zu benennen sind, kommen vertrauenswürdige und pädagogisch geeignete Persönlichkeiten aus dem familiären und sonstigen Umgangs- und Ausbildungskreis des Jugendlichen in Betracht[6]. Auch bietet sich hier ein fruchtbares Arbeitsfeld für Mitarbeiter freier und konfessioneller Jugendwohlfahrtsverbände.

III. Soziale Trainingskurse[7]

Zu den Weisungen, die im letzten Jahrzehnt wachsende Bedeutung gewonnen haben und die deshalb nunmehr aufgrund des 1. JGGÄndG in § 10 I S. 3 Nr. 6 JGG auch ausdrücklich als Beispiel aufgeführt werden, gehört die Weisung, an einem sozialen Trainingskurs teilzunehmen. Auch § 29 SGB VIII bietet nunmehr »soziale Gruppenarbeit«, unter die besonders auch die Trainingskurse fallen dürften, als vom Jugendamt zu gewährende Erziehungshilfen an, so daß damit Angebot und Finanzierung der Kurse gewährleistet sind. Ziel der sozialen Gruppenarbeit ist es nach der Formulierung des § 29 S. 2 SGB VIII, »auf der Grundlage eines gruppenpädagogischen Konzepts die Entwicklung älterer Kinder und Jugendlicher durch soziales Lernen in der Gruppe zu fördern«. Doch kommen die nach dem JGG vorgesehenen Trainingskurse besonders für

---

5 Deshalb kann ein Jugendlicher bei Verhängung einer Jugendstrafe, die nicht zur Bewährung ausgesetzt wird, nicht im Wege der Weisung zugleich pauschal der Aufsicht und Leitung eines Bewährungshelfers unterstellt werden (so aber anscheinend AG Berlin NStZ 1988, 428 m. zust. Anm. *Matzke*), vielmehr muß die Weisung i. S. d. Vorbereitung der späteren Entlassung konkretisiert werden.
6 Zu den Problemen der ehrenamtlichen Betreuer: *Kraimer/Müller-Kohlenberg* RdJB 1990, 170.
7 *Busch, M./Hartmann, G./Mehlich, N.*, Soziale Trainingskurse im Rahmen des JGG, 3. Aufl., 1986, hrsg. v. BMJ (umfassender Erfahrungsbericht); *Niders. Minister der Justiz* (Hrsg.), Neue ambulante Maßnahmen nach § 10 JGG in Niedersachsen, 2. Aufl., 1986; s. ferner *Albrecht*, § 20 III, S. 176 ff. (weitgehend kritisch); *Busch*, BMJ-Neue amb. Maßn., 1986, S. 8; *Brunner*, § 10 Rn. 11; *Eisenberg*, § 10 Rn. 26; *Köhnke*, ZblJugR 1979, 12; 1981, 52; *Ostendorf*, § 10 Rn. 17; *Reinecke/Fuchs*, RdJB 1983, 359; *Weinschenk*, ZRP 1990, 420; *Wilke*, ZblJugR 1980, 422; weiteres Material oben Fußn. 1 u. 4.

Das materielle Jugendstrafrecht

die Heranwachsenden in Frage, für die freilich eine ihrem Alter entsprechende Gestaltung dieser Kurse erforderlich ist. Für sie ist in § 41 SGB VIII (Hilfe für junge Volljährige) die rechtliche und finanzielle Voraussetzung geschaffen. Die Dauer der sozialen Trainingskurse darf nicht mehr als 6 Monate betragen, § 11 I S. 2 JGG.
Die Trainingskurse, die schon bisher von zahlreichen Jugendämtern, in der Jugendhilfe tätigen Verbänden und eigens dafür gegründeten Vereinen eingerichtet und erprobt worden sind, dürften nunmehr aufgrund einer besseren finanziellen Absicherung eine weitere Ausdehung erfahren. Sie bieten dem Jugendrichter in Fällen mittlerer und intensiverer kleinerer Entwicklungskriminalität eine ambulante, sozialpädagogisch ausgestattete Alternative für die in der Praxis bisher noch überwiegend, aber vornehmlich nur repressiv wirkenden Zuchtmittel des Jugendarrests und der Geldauflage. Angesichts der Intensität und Aufwendigkeit der sozialen Trainingskurse scheidet diese Weisung bei bloß geringfügigen strafbaren Handlungen aus (RiLi Nr. 3 S. 1 und 2 zu § 10 JGG). Auch beim sozialen Trainingskurs wird von pädagogischer Seite befürwortet, die Kursteilnahme möglichst nicht im zu formellen Verfahren durch Urteil, sondern – sofern sie sich aufgrund der Bagatelleigenschaft des begangenen Delikts nicht sogar gänzlich verbietet – im (vorrangigen) formlosen Erziehungsverfahren nach §§ 45, 47 JGG anzuordnen (dazu unten § 36) oder als Leistungsangebot durch das Jugendamt zu gewähren, weil dies in dem Jugendlichen das wichtige Gefühl einer Freiwilligkeit der Teilnahme weniger beeinträchtigt als die nach § 10 JGG durch Urteil auferlegte Weisung. Nach dem bisher vorliegenden empirischen Material ist die spätere Legalbewährung derjenigen Probanden erfolgreicher verlaufen, bei denen die ambulanten Maßnahmen nicht im Urteil, sondern im Rahmen der Einstellung gem. §§ 45, 47 JGG festgelegt wurden[8].

Da sich die sozialen Trainingskurse noch immer in der Experimentierphase befinden, sind die Methoden der Durchführung, über die ein vom Bundesjustizminister herausgegebener, von *Busch, Hartmann* und *Mehlich* verfaßter Erfahrungsbericht (1986) informiert, noch recht unterschiedlich[9]. Hinsichtlich der strukturellen und zeitlichen Gestaltung der Kurse ergibt sich danach, daß sowohl Wochenendkurse, einwöchige Abendkurse mit einem gemeinsamen Wochenende als Einstieg, mehrwöchige Abendkurse bestehend aus 10 bis 12 Gruppenabenden, Blockkurse über mehrere Tage oder Wochen und noch manche andere Varianten angeboten werden. Bei der Durchführung wird teils ein handlungs- und erlebnisorientierter Ansatz (z. B. gemeinsame Radtouren, Wanderungen, Tätigkeiten im Umweltschutz), teils ein themenorientierter Ansatz (verbale Methode), in der Regel aber eine Kombination beider Methoden bevorzugt. Die Zahl der Kursteilnehmer liegt zwischen 8 und 12. Das Alter der Teilnehmer beträgt meist zwischen 15 und 17 Jahren. Übereinstimmung besteht darüber, daß die regelmäßige Veranstaltung solcher Kurse im Team gruppenpädagogisch ausgebildeter und geeigneter Fachkräfte voraussetzt, an dem es allerdings in vielen, insbesondere kleineren Jugendamtsbezirken bisher noch fehlt. – Oft wird sich die nach § 8 I JGG zulässige Verbindung der Weisung zur Kursteilnahme mit einer anderen Weisung oder Auflage, insbesondere der Betreuungsweisung (vgl. oben II), empfehlen (umstritten).
Statistische Untersuchungen über den Erfolg der sozialen Trainingskurse liegen in der gegenwärtigen Erprobungsphase noch kaum vor[10], werden aber auf längere Sicht in größerem Umfang möglich und notwendig sein, um einen Vergleich ihrer Effizienz mit derjenigen des Jugendarrests und anderer Rechtsfolgen, die von den Kursen ersetzt werden sollen, zu gestatten.

---

8 *Heinz, W./Hügel, Ch.*, a. a. O. (s. oben Fußn. 1), S. 95.
9 Konkrete Vorschläge auch bei *Belz, H./Muthmann, Ch.*, Trainingskurse mit Randgruppen, Handreichung für die Praxis, 1985. Weitere Anregungen und Hinweise auf einschlägige Literatur bei *Frehsee*, MschrKrim 1988, 281.
10 *Kraus/Rolinski*, MschrKrim 1992, 32 (44,4 % Erfolg) m. w. Nachw.

IV. Täter-Opfer-Ausgleich[11]

Die 1990 in § 10 I S. 3 Nr. 7 JGG eingeführte Weisung, sich zu bemühen, einen Ausgleich mit dem Verletzten zu erreichen (Täter-Opfer-Ausgleich, TOA) wird zwar vielfach in der in- und ausländischen Diskussion als eine neue jugendkriminalpolitische »Wunderwaffe« angesehen. Doch sollte man die Erwartungen an sie nicht zu hoch spannen, zumal sich der TOA auch im Jugendstrafrecht immer noch im Experimentierstadium befindet.

Der Vorzug des TOA wird zutreffend darin gesehen, daß er Erziehungsmittel für den Täter ist, dem der von ihm angerichtete Schaden bewußt gemacht wird, zugleich aber den Blick auf das im Strafrecht meist allzu sehr vernachlässigte Tatopfer und dessen legitimes Interesse an Genugtuung und Wiedergutmachung richtet. Auch dient der TOA wie alle Weisungen dem Zweck, dem Jugendlichen vornehmlich repressive Rechtsfolgen seiner Tat zu ersparen.

Vorbilder im Ausland (USA, Österreich) sollen günstige Ergebnisse erbracht haben[12]. Obwohl die bei uns früher mit den Auflagen nach § 15 I S. 1 Nr. 1 JGG (Schadenswiedergutmachung) und Nr. 2 (Entschuldigung beim Verletzten, dazu unten § 20 II) gemachten Erfahrungen eher zur Skepsis stimmen, wird man doch die ausdrückliche Hervorhebung des Täter-Opfer-Ausgleichs im Gesetz als eine Bereicherung des Weisungskatalogs und als erwünschte Ermutigung für weitere oder bereits mit ihm unternommene Modellversuche ansehen dürfen.

Neuere Erfahrungsberichte über solche Versuche in der Bundesrepublik scheinen ein eher positives Bild zu vermitteln[13]. Rund Dreiviertel der mit unterschiedlichen juristischen Konstruktionen behandelten Fälle des Ausgleichs sollen mit einer einvernehmlichen Regelung zwischen Täter und Geschädigtem abgeschlossen worden sein.[14]

Die auf den TOA gesetzten Hoffnungen haben nunmehr auch auf das allgemeine Strafrecht übergegriffen, so daß sich, wie so oft, das Jugendstrafrecht auch in dieser Be-

---

11 *BMJ* (Hrsg.), Schadenswiedergutmachung im Kriminalrecht, 1988; *BMJ*-Bestandsaufnahme, 1991; *BMJ*-TOA, 1991; *BMJ*-Schreckling, 1991; *Brunner*, § 10 Rn. 12, § 15 Rn. 3; *Eisenberg*, § 10 Rn. 27, § 15 Rn. 4; *Ostendorf*, § 10 Rn. 18, § 15 Rn. 2; aus dem deutschen Schrifttum s. ferner u. a.: *Bannenberg, B.*, Wiedergutmachung in der Strafrechtspraxis, 1993; *Dünkel*, BewHi 1985, 358; 1986, 129; *Feest*, BewHi 1988, 364; *Frehsee*, Schadenswiedergutmachung als Instrument strafrechtlicher Sozialkontrolle, 1987; *ders.*, MschrKrim 1988, 285; *Frühauf, L.*, Wiedergutmachung zwischen Täter und Opfer, 1988; *Heinz* (Hrsg.), Täter-Opfer-Ausgleich und Jugendstrafrechtspflege, INFO 1993; *Hering, E./Sessar, Kl.*, Praktizierte Diversion, 1990; *Herz/Marks/Pieplow*, BewHi 1986, 185; *Janssen*, BewHi 1989, 340; *Kerner, H.-J./Hassemer, E./Marks, E./Wandrey, M.* (Hrsg.), Täter-Opfer-Ausgleich – auf dem Weg zur bundesweiten Anwendung?, 1994; *Kube*, DRiZ 1986, 121; *Kuhn/Rössner*, ZRP 1987, 267; *Marks, E./Rössner, D.* (Hrsg.), Täter-Opfer-Ausgleich, 1989; *Müller-Dietz*, BewHi 1992, 153; *Pfeiffer*, ZRP 1992, 338; *Rössner*, DVJJS Heft 13, 1984, S. 375; *ders.*, in: *Jehle*, S. 309; *Schädler*, ZRP 1990, 150; *Schöch*, Täter-Opfer-Ausgleich im Jugendstrafrecht, in: *Schöch, H.* (Hrsg.), Wiedergutmachung und Strafrecht, 1987, S. 143; *Schreckling*, in BMJ-Jugendstrafrechtsreform, S. 215; *Schreckling/Pieplow*, ZRP 1989, 10; *Trenczek*, ZRP 1992, 130; *Viehmann*, BewHi 1989, 355; *Weigend, Th.*, Deliktsopfer und Strafverfahren, 1989; s. ferner *Hering, R.-D./Rössner, D.* (Hrsg.), Täter-Opfer-Ausgleich im allgemeinen Strafrecht, 1993; *Hertle, D.*, Schadenswiedergutmachung als opfernahe Strategie, 1993; kritisch gegenüber der »Ambulanzbewegung« *Albrecht*, § 20 IV 5, S. 179; *Ludwig, W.*, Diversion: Strafe im neuen Gewand, 1989; *Seelmann*, JZ 1989, 670; *Voß*, NK, 1989, Heft 3, S. 5; weitere Fundst. o. Fußn. 1 und unten § 36 Fußn. 21 ff.
12 Zur Übersicht: *Kaiser*, in: BMJ-TOA, S. 40; *Dünkel*, in: BMJ-Grundfragen, S. 92.
13 Zur Gesamtdiskussion: BMJ-TOA, 1991; besonders informativ mit zutreffender Wertung: *Dölling*, JZ 1992, 493; zu Erfahrungen aus den USA: *Weigend*, MschrKrim 1992, 105.
14 *Schreckling*, in: BMJ-Bestandsaufnahme, S. 41; s. auch die einzelnen Zahlenangaben von *Kawamura, Bilsky, Kuhn, Hartmann* u. a. in: BMJ-TOA, S. 71 ff.; *Dölling*, JZ 1992, 496.

Das materielle Jugendstrafrecht

ziehung als dessen kriminalpolitischer Vorreiter erwiesen hat. Nachdem schon 1992 ein Kreis prominenter »Alternativ-Professoren« ein auch die proceduralen Einzelheiten regelnden Entwurf für den TOA vorgelegt hatte[14a], hat nunmehr das Verbrechensbekämpfungsgesetz vom 28. 10. 1994 (BGBl. I, 3186) durch Einfügung des § 46a StGB bestimmt, daß der Richter im allgemeinen Strafrecht die Strafe mildern oder unter bestimmten Bedingungen von Strafe absehen kann, wenn es zwischen Täter und Opfer zu einem Ausgleich gekommen ist. Weitere Einzelregelungen enthalten die §§ 56 II, 56b II und 59a II StGB.
Während im allgemeinen Strafrecht im übrigen Regelungen für die rechtliche Einordnung und des Zustandekommens des TOA noch fehlen, ist im Jugendstrafrecht für den TOA durch die Aufnahme in den Katalog der Weisungen und Auflagen das Erfordernis der Freiwilligkeit entfallen und eine Erzwingung durch Ungehorsamsarrest möglich.[15] Ob der TOA damit seinen richtigen Platz gefunden hat, ist mit Recht bezweifelt worden. Denn gerade beim TOA ist ein auf den Täter ebenso wie auf dessen Opfer ausgeübter Druck schon aus rechtsstaatlichen Gründen höchst bedenklich und muß auch beim Täter seine erzieherische Wirkung verfehlen.[16]
Umstritten und noch ungeklärt ist der Bereich, für den ein an die Stelle der Strafe tretender TOA in Frage kommt. Zweifelsfrei ist dies bei der kleineren Kriminalität der Fall. Ob auch mittlere Kriminalität oder gar Verbrechen für einen TOA in Betracht kommen, ist gerade im Jugendstrafrecht nicht nur nach der Tat und der Größe des angerichteten Schadens, sondern auch nach der Persönlichkeit des Täters zu bestimmen. Für alle Fälle ist im gegenwärtigen Experimentierstadium bei schwereren Delikten noch große Zurückhaltung geboten. Bisher kommt ein TOA insbesondere bei Körperverletzungen (jenseits des sozialen Nahraums), Beleidigungen sowie bei kleineren Vermögensdelikten bis zum Handtaschenraub in Frage.[17]
Wie auch die Richtlinien Nr. 4 zu § 10 JGG hervorheben, verdient der Täter-Opfer-Ausgleich in allen Stadien des Verfahrens Beachtung. Auch gestattet der neu eingeführte § 45 II S. 2 JGG eine Anregung und Berücksichtigung des TOA bereits im Diversionsverfahren (vgl. unten § 36), so daß ein etwa von der Jugendgerichtshilfe zu vermittelnder Ausgleich zum Absehen von der Verfolgung durch die Staatsanwaltschaft schon im Vorfeld des Verfahrens führen kann. Ist ein Vorverfahren oder Hauptverfahren bereits eingeleitet, so bleibt die Herstellung einer Beziehung zwischen Täter und Opfer zwar vornehmlich Aufgabe der Jugendgerichtshilfe, doch sollte diese bei ihrer Vermittlungstätigkeit nur im Einvernehmen oder im Auftrag des Staatsanwalts bzw. des Jugendrichters handeln.
Die im formellen Verfahren erteilte Weisung zum TOA kann zum Absehen von weiteren Sanktionen führen. Doch kann die Weisung nach § 8 JGG auch neben anderen Weisungen und Zuchtmitteln (z. B. Verwarnung, Jugendarrest), aber auch neben Jugendstrafe angeordnet werden. Dabei wird dann regelmäßig das Bemühen um Ausgleich zu einer Strafmilderung führen.

14a *Baumann, J.,* u. a., Alternativ-Entwurf Wiedergutmachung (AE-WGM), 1992; s. ferner *Schöch,* Gutachten C zum 59. Dt. Juristentag, 1992, D; *Kaiser,* ZRP 1994, 314; *Lampe,* GA 1993, 485.
15 Zum Vorschlag, entspr. dem Vorbild in Österreich (§ 7 JGG 1988) den TOA als Strafausschließungsgrund zu gestalten s. nur *Kerner/Marks/Rössner/Schreckling,* BewHi 1990, 169.
16 Überzeugende Kritik deshalb vor allem bei *Loos,* ZRP 1993, 51; *Kaiser/Schöch,* Fall Nr. 15 Rn. 26; s. auch *Miehe,* ZStW 103 (1991), 458 sowie unten § 36 Fußn. 23 ff.
17 Weitergehend die staatsanwaltschaftlichen Kriterien in Schleswig-Holstein, vgl. Rundverfüg. des Gen.StA v. 26. 7. 1991, StrVert 1992, 42; s. auch TOA Intern; ferner: *Beulke,* MschrKrim 1994, 360, 365.

§ 16: Einzelne Weisungen von besonderer Bedeutung

V. Heilerzieherische Behandlung und Entziehungskur [18]

1. Eine besondere Stellung unter den Weisungen hat die dem Jugendlichen zu erteilende Weisung, sich einer heilerzieherischen Behandlung durch einen Sachverständigen zu unterziehen (§ 10 II JGG). Sie bedarf der *Zustimmung der Erziehungsberechtigten* und des gesetzlichen Vertreters. Auch soll sie, wenn der Jugendliche das 16. Lebensjahr vollendet hat, nur mit seinem Einverständnis erteilt werden. Mit der besonderen Hervorhebung dieser Weisung kommt das Gesetz der oben (§ 1 II) angedeuteten modernen wissenschaftlichen Richtung entgegen, welche zum mindesten einen Teil der Jugendstraftaten als Folgen neurotischer Fehlentwicklung ansieht und sich in geeigneten Fällen Heilung durch die von der Tiefenpsychologie entwickelten psychotherapeutischen Behandlungsmethoden verspricht.

Doch wird durch den gesetzlichen Begriff »heilerzieherisch« die Behandlung nicht auf die medizinische Psychotherapie beschränkt, sondern sie bleibt offen auch für die Anwendung anderer wissenschaftlich gesicherter Methoden moderner Heilpädagogik. Nach *Stutte* kommt die Weisung des § 10 II JGG in erster Linie in Frage für Jugendliche »mit kriminellen Entgleisungen auf dem Boden seelischer Konflikte oder charakterlicher Fehlhaltungen von neurotischer Valenz, deren Behebung eine spezielle, von sonderpädagogischen, entwicklungs- und tiefenpsychologischen Kenntnissen getragene Behandlung erforderlich macht«. Aufgabe der Behandlung ist es vor allem, die den Gesetzesverstößen zugrundeliegenden seelischen Konflikte aufzudecken, sie dem jugendlichen Delinquenten begreifbar und bewußt zu machen und ihm zugleich einen Weg zu ihrer Überwindung zu zeigen. Ob ein geeigneter Fall vorliegt, wird der Richter regelmäßig nur nach Anhörung eines Sachverständigen (psychotherapeutisch ausgebildeten Psychiaters oder Psychologen) feststellen können (RL Nr. 9 zu § 10 JGG). Da die heilerzieherische Behandlung bei den Patienten ein gewisses Verständnis und den Willen zur Mitarbeit voraussetzt, scheiden außer intellektuell unterbegabten oder gar schwachsinnigen Jugendlichen auch solche aus, die sich mit ihrer Neurose wohlfühlen und mangels eines »Leidensdrucks« gar nicht den ernsten Willen haben, sich von ihr zu befreien. Ungeeignet sind auch anlagemäßige Psychopathen.
Außer dieser durch die Indikation gegebenen erheblichen Begrenzung des Anwendungsbereichs ergeben sich vielfach weitere Schwierigkeiten aus dem Mangel an geeigneten Sachverständigen schon für die Begutachtung und erst recht für die Behandlung selbst. Allerdings hat sich die Situation insoweit in den letzten zehn Jahren deutlich verbessert. Ein weiteres Hindernis scheint jedoch die »Überstrapazierung des Freiwilligkeitserfordernisses« (*Engstler*[19]) durch die Heilerzieher selbst zu sein, die dazu führt, daß diese eine durch Urteil auferlegte Behandlung grundsätzlich ablehnen. Dem kann dadurch begegnet werden, daß die heilerzieherische Behandlung bereits im Vorfeld eines Verfahrens im Wege der Diversion (s. unten § 36) nach § 45 JGG zwischen Jugendrichter bzw. Jugendstaatsanwalt einerseits, dem Jugendlichen und seinen Erziehungsberechtigten andererseits vereinbart wird. Hinderlich für die erwünschte häufigere Anwendung des § 10 II JGG ist jedoch auch, daß Jugendrichter und Staatsanwälte auf Grund ihrer rein juristischen Vorbildung vielfach nicht genügend mit den Indikationen und Erfolgschancen einer heilerzieherischen Behandlung vertraut sind. Weitere Probleme ergeben sich aus der oft noch nicht hinreichend geklärten Kostenfrage.
Alle diese Schwierigkeiten haben dazu geführt, daß die jugendgerichtliche Praxis von der durch § 10 II JGG eröffneten Möglichkeit bisher leider nur in recht geringem Umfange (nach *Engstler* nur in durchschnittlich 60–70 Fällen pro Jahr) Gebrauch gemacht hat. So läßt sich mangels einer ausreichenden Erfahrungsgrundlage auch noch schwerlich ein Urteil darüber abgeben, ob die psychotherapeutische Behandlung über meist günstig verlaufende Einzelfälle hinaus ein brauchbares Kampfmittel gegen die Jugendkriminalität darstellt.

---

18 Schrifttum: *Aichhorn, A.*, Verwahrloste Jugend, 1965; *Brunner*, ZblJugR 1980, 415; *Hirschmann*, NJW 1961, 245; *Lempp*, MschrKrim 1986, 237; *Mückenberger*, MschrKrim 1971, 292; *Pfeiffer*, MschrKrim 1960, 162; *Stutte*, MschrKrim 1956, 103; ders., RdJ 1959, 37; kritisch *Bresser*, Begutachtung, S. 290.
19 *Engstler, H.*, Die heilerzieherische Behandlung gem. § 10 Abs. 2 JGG in der jugendstrafrechtlichen Praxis, jur. Diss. Göttingen 1985 (umfassender Überblick über die Problematik und die praktische Anwendung).

2. Unter den gleichen Voraussetzungen kann nach § 10 II JGG einem (rauschgiftsüchtigen) Jugendlichen auch die Weisung erteilt werden, sich einer **Entziehungskur** zu unterziehen[20]. Diese nicht erzwingbare Weisung zu einer Entziehungskur ist von der zwangsweisen Unterbringung eines drogensüchtigen Täters in einer Entziehungsanstalt zu unterscheiden, die auch bei Jugendlichen und Heranwachsenden nach § 64 StGB, §§ 7, 93 a JGG zulässig ist (vgl. oben § 10 III b). In der Regel bedarf Drogenabhängigkeit einer stationären medizinischen Behandlung, die allerdings weder im Strafvollzug noch in den normalen psychiatrischen Krankenhäusern, sondern in speziellen stationären Einrichtungen für Suchtkranke erfolgen muß, wenn sie einigen Erfolg versprechen soll. Für die Weisung nach § 10 II JGG bleibt damit kein besonders großer Anwendungsbereich. Sie wird am ehesten auf Grund eingehender Persönlichkeitsermittlung und Sachverständigenbegutachtung in erst beginnenden besonders leichten Fällen des Drogengebrauchs und außerdem in der juristischen Form der Bewährungsauflage (§ 23 JGG) zur Nachbehandlung nach stationärer Entwöhnung angebracht sein[21]. In jedem Fall ist vor der Erteilung dieser Weisung zu prüfen, ob in dem betreffenden Bezirk auch geeignete Einrichtungen zu einer fachlich kontrollierten Duchführung einer Entziehungskur zur Verfügung stehen, was vielfach noch nicht der Fall ist. Keineswegs soll eine Weisung nach § 10 II JGG dem gegenüber den Drogensüchtigen oft hilflosen Jugendrichter nur das gute Gewissen verschaffen »ut aliquid fiat« und damit die meist schon notwendige stationäre Maßregel nach § 64 StGB so lange hinausschieben, bis es zu spät ist.

§ 17 Heimerziehung und Erziehung in einer sonstigen betreuten Wohnform

I. Historische und grundsätzliche Vorbemerkungen

Die in § 12 Nr. 2 JGG unter Verweisung auf § 34 SGB VIII vorgesehene Erziehungsmaßregel, nach welcher der Jugendrichter den Jugendlichen verpflichten kann, Hilfe zur Erziehung in einer Einrichtung über Tag und Nacht (Heimerziehung) oder in einer sonstigen betreuten Wohnform in Anspruch zu nehmen, ist aufgrund Art. 6 des Kinder- und Jugendhilfegesetzes (KJHG) vom 26. 6. 90 an die Stelle der bisherigen Anordnung von Fürsorgeerziehung getreten. In der neuen Gesetzesfassung kommt die oben (§ 14) beschriebene Umstellung der öffentlichen Erziehungshilfe vom Eingriff in die Individualsphäre zu einem Leistungsangebot auf Gewährung der Jugendhilfe, auf die der Jugendliche einen Anspruch hat, sprachlich eindeutig zum Ausdruck. Es wird zugleich aber darin auch die innere Widersprüchlichkeit sichtbar, die dann entsteht, wenn der Jugendliche von diesem Leistungsangebot keinen Gebrauch machen möchte.

Die nunmehr abgeschaffte **Fürsorgeerziehung (FE)**, deren Ursprung bis weit in das 19. Jahrhundert zurückreicht, war eine öffentliche Ersatzerziehung gefährdeter Minderjähriger, die bei Ausfall oder Versagen der primär Erziehungsberechtigten und -verpflichteten, insbesondere des Elternhauses, an deren Stelle zu treten hatte. Sie wurde je nach Auswahl und unter Aufsicht des Landesjugendamtes entweder als Heimerziehung in einer »Fürsorgeerziehungsanstalt« oder in einer geeigneten Familie durchgeführt. Dabei hielten sich zahlenmäßig diese beiden Erziehungsformen annähernd die Waage.

---

20 Zum Drogenmißbrauch und Subkulturen Drogensüchtiger in Kliniken und Anstalten vgl. *Kreuzer, A.*, Drogen und Delinquenz, 1975, weitere Fundstellen oben § 2 Fußn. 16.
21 Vgl. *Brunner*, § 10 Rn. 18 ff., § 93 a Rn. 4 und 5, sowie *ders.*, ZblJugR 1980, 415.

§ 17: Heimerziehung und Erziehung in einer sonstigen betreuten Wohnform

Die Fürsorgeerziehung konnte nach dem bis 1990 geltenden Jugendwohlfahrtsgesetz (§§ 64, 65), das insoweit auch für den Jugendrichter maßgebend war, vom Vormundschaftsrichter angeordnet werden, wenn dies wegen drohender oder bereits bestehender Verwahrlosung des Kindes bzw. des Jugendlichen erforderlich war.[1]
Als schwerster Eingriff in die Freiheitssphäre des Zöglings und in das Erziehungsrecht der Eltern war sie nach § 1666 a BGB nur dann zulässig, wenn leichtere Eingriffe nicht erfolgversprechend waren (Subsidiaritätsprinzip). Da eine Verwahrlosung des Jugendlichen sich zwar keineswegs immer, aber doch oft in Straftaten äußert, so gewährten die Jugendgerichtsgesetze von 1923, 1943 und 1953 in diesem Fall auch dem Jugendrichter die Befugnis, Fürsorgeerziehung als Erziehungsmaßregel anzuordnen.
Diese bisherige Regelung war aus mehrfachen Gründen diskreditiert, ohne daß es bisher gelungen wäre, einen einleuchtenden Ausweg aus ihrer Problematik zu finden. Schon der Begriff der »Verwahrlosung« als Voraussetzung der FE stigmatisierte den »Fürsorgezögling« als einen Verwahrlosten, ein Stigma, das um so stärker war, wenn eine Straftat Anlaß der Anordnung war. Dazu kam, daß FE als Erziehung in einer Pflegefamilie aus mancherlei Gründen nicht immer möglich oder tunlich war, die Heimerziehung aber wegen häufiger Mißstände einer teils berechtigten, oft aber auch übertriebenen Kritik ausgesetzt war. Diese flammte gleichsam periodenweise auf und erreichte gegen Ende der 60er Jahre einen besonderen Höhepunkt[2].
Zu den Schwierigkeiten, denen die FE als öffentliche Ersatzerziehung ausgesetzt war, gehörte auch, daß sie oft ohne Einverständnis und gegen den Willen des Betroffenen und der Erziehungsberechtigten vom Richter angeordnet wurde. Dadurch wurde der Erfolg der Erziehungsbemühungen von vornherein in Frage gestellt, da es zur Konfrontation zwischen dem Heim und dem Zögling bzw. dessen Eltern kam. Diesen Mißstand suchte man seit 1961 dadurch zu beheben, daß man die Anordnung der FE durch den Vormundschaftsrichter nur noch zuließ, wenn zuvor das Jugendamt vergeblich versucht hatte, die **»freiwillige Erziehungshilfe«** (öffentliche Ersatzerziehung auf Antrag der Personensorgeberechtigten, **FEH**) zu gewähren, um damit von vornherein die Zustimmung der Eltern und ein gedeihliches Zusammenwirken zwischen ihnen und dem Heim bzw. der Pflegefamilie zu erreichen. Allerdings bedurfte der Jugendrichter nach § 12 S. 2 JGG a. F. einer solchen vorausgehenden Bemühung des Jugendamtes nicht. Immerhin hatte jene Neuregelung den Erfolg, daß die Fürsorgeerziehung bald weitgehend durch die Freiwillige Erziehungshilfe ersetzt wurde. Im Jahr 1986 erfolgten nur noch 375 richterliche Neuanordnungen der FE, davon entfielen auf den Jugendrichter 94. Im Jahr 1989 standen in den alten Bundesländern 594 Probanden in der FE 10 811 Probanden in der FEH gegenüber. Indessen darf man sich durch solche erfreuliche Zahlen und den Wechsel der Terminologie nicht darüber täuschen lassen, daß in der Durchführung der FE und der FEH kein Unterschied bestand.
Nur einen weiteren Schritt in der geschilderten Entwicklung bedeutet die Neuordnung der öffentlichen Ersatzerziehung durch das KJHG, das in seinem Art. 6 auch die einschlägigen Paragraphen des JGG (insb. §§ 9 und 12 JGG) geändert hat. Freilich sind auch diese Änderungen im jugendstrafrechtlichen Bereich nur terminologischer Natur, indem sie den stigmatisierenden Ausdruck »Fürsorgeerziehung« überall ausmerzen und

---

1 Zur alten Regelung der FE vgl. die JWG-Kommentare von *Jans, K.-W./Happe, G.*, 17. Aufl., 1986; *Krug, H.*, 1972–1981 (Loseblatt-Sammlung); *Münder, J.*, u. a. (Frankfurter Kommentar), 4. Aufl., 1988; *Potrykus, G.*, 2. Aufl, 1972; *Riedel, H./Deisenhofer, V.*, 8. Aufl., 1983. Vgl. ferner die Erläuterungen zum JWG von *Diederichsen* im Palandt, BGB, 49. Aufl. 1990, im Anhang zu §§ 1666, 1666 a BGB.
2 Zum heutigen Diskussionsstand s. nur *Eisenberg*, § 3 Rn. 48 ff., § 12 Rn. 40 ff.

Das materielle Jugendstrafrecht

durch die schwerfällige Wendung »Hilfe zur Erziehung in einer Einrichtung über Tag und Nacht oder in einer sonstigen betreuten Wohnform« ersetzen. Ebenso ist der Verwahrlosungsbegriff, der die Voraussetzungen der FE nach dem JGG zwar zutreffend, aber eben diskriminierend bezeichnete, aus dem KJHG verschwunden. Zwar bleibt es auch wie bisher dem Jugendrichter möglich, aus Anlaß einer Straftat im äußersten Fall zur Heimerziehung zu greifen, aber er darf dies nur nach Anhörung des Jugendamts tun, und er ersetzt mit seiner Entscheidung nur den fehlenden freiwilligen Antrag des Jugendlichen, während im übrigen auch für ihn die allgemeinen Voraussetzungen für die Hilfe zur Erziehung gelten, die in § 27 SGB VIII niedergelegt sind.

Da es auch künftig wie schon bisher in der Regel gelingen wird, den Jugendlichen dazu zu bringen, jene Erziehungshilfe im Sinne des § 34 SGB VIII freiwillig in Anspruch zu nehmen, so ist auch weiterhin damit zu rechnen, daß die Anordnung nach § 12 Nr. 2 JGG wie bisher die der FE eine seltene Ausnahme bleiben wird. Aber als letztes Mittel, um einem nicht kooperationswilligen Jugendlichen die Erziehungshilfe nach § 34 SGB VIII zuteil werden zu lassen, bleibt sie dennoch von grundsätzlicher Bedeutung.

II. Voraussetzungen der Hilfe[3]

Der Jugendliche kann danach unter den folgenden Voraussetzungen zur Inanspruchnahme einer Hilfe zur Erziehung im Sinne des § 34 SGB VIII durch den Jugendrichter verpflichtet werden:

1. Die Verpflichtung muß aus Anlaß einer Straftat erfolgen, wobei aber der Grundsatz der Verhältnismäßigkeit (vgl. oben § 14) zwischen Tatschwere und erzieherischem Eingriff zu beachten ist.

2. Die nach § 27 I SGB VIII generell und positiv formulierten Voraussetzungen für alle Hilfen zur Erziehung gelten aufgrund der ausdrücklichen Bestimmung des § 12 JGG auch für die jugendrichterliche Entscheidung. Danach ist die Hilfe zu gewähren, »wenn eine dem Wohl des Jugendlichen entsprechende Erziehung nicht gewährleistet ist und die Hilfe für seine Entwicklung geeignet und notwendig ist«.

Wird, wie nicht selten, durch eine Serie von Straftaten des Jugendlichen offenkundig, daß die Voraussetzungen des § 27 SGB VIII vorliegen, so ist für die Anordnung der Erziehungsmaßregel zunächst nur der Jugendrichter zuständig, der Vormundschaftsrichter dann, wenn ihm der Jugendrichter gem. § 53 JGG im Urteil die Auswahl und Anordnung der Erziehungsmaßregel überlassen hat. Daneben kann der Vormundschaftsrichter auch unmittelbar tätig werden und unter den Voraussetzungen der §§ 1666, 1666 a BGB eine Heimeinweisung anordnen. Im letzteren Fall wird ein u. U. eingeleitetes Strafverfahren gem. §§ 45 II, 47 I Nr. 2 JGG eingestellt. Die Vertreter der Jugendhilfe und insbesondere der Heimerziehung ziehen es vor, daß die erforderliche Entscheidung durch den Vormundschaftsrichter im formlosen und nichtöffentlichen Verfahren der freiwilligen

---

3 Zur neuen Regelung: *Palandt-Diederichsen*, 53. Aufl., 1994, Einf. v. § 1626, Rn. 17 ff.; *Münchner Kommentar – Hinz*, BGB-Komm. Bd. 8, 3. Aufl., 1992, § 34 SGB VIII, KJHG Rn. 1–4; *Staudinger-Peschel-Gutzeit*, Kommentar zum BGB, Bd. 4, 12. Aufl., 1992, Vorbem. zu §§ 1626 ff. Rn. 27–51; *Brunner*, § 12 Rn. 2, 5, 6; *Hauck, K./Haines, H.*, Sozialgesetzbuch VIII, Kinder- und Jugendhilferecht, 1991; *Jans, K.-W./Happe, G./Saurbier*, Kinder- und Jugendhilferecht, 3. Aufl., 1991; *Klinkhardt, H.*, Kinder- und Jugendhilfe SGB VIII, 1994; *Krug, H./Grüner, H./Dalichau, G.*, Kinder- und Jugendhilfe, 1991; *Mrozynski, P.*, Kinder- und Jugendhilfegesetz (SGB VIII), 2. Aufl., 1994; *Münder, J. u. a.*, Frankfurter Lehr- und Praxiskommentar zum KJHG, 2. Aufl., 1993; *Oberloskamp, H./Adams, U.*, Jugendhilfe – rechtliche Fälle für Studium und Praxis, 8. Aufl., 1994; *Schellhorn, W./Wienand, M.*, Kommentar zum Kinder- und Jugendhilfegesetz, 1991; *Wiesner, R./Zarbock, W.* (Hrsg.), Das neue Kinder- und Jugendhilfegesetz (KJHG) und seine Umsetzung in die Praxis, 1991; s. auch oben § 5 Fußn. 5.

§ 17: Heimerziehung und Erziehung in einer sonstigen betreuten Wohnform

Gerichtsbarkeit und nicht durch den Jugendrichter getroffen wird. Denn nur auf diese Weise kann eine für die weitere Entwicklung des Jugendlichen schädliche Kriminalisierung wie insbesondere auch eine Diskreditierung der Heimerziehung vermieden werden, die möglichst deutlich auch schon bei der Anordnung von der Jugendstrafe abgehoben werden soll.

3. Indem § 27 I SGB VIII die Notwendigkeit der jeweils gewährten Hilfe verlangt, bekennt sich das Gesetz damit auch zum Grundsatz der *Subsidiarität* der Hilfe nach § 34 SGB VIII bzw. § 12 Nr. 2 JGG. Denn wenn das erwünschte Ziel mit weniger einschneidenden Erziehungshilfen erreicht werden kann (z. B. Erziehungsbeistandschaft, Betreuungsweisung), ist ein so schwerer Eingriff in die Individualsphäre, wie ihn die Heimerziehung oder die Erziehung in einer anderen betreuten Wohnform darstellt, nicht notwendig.

4. Der Jugendrichter darf die Erziehungsmaßregeln des § 12 Nr. 2 JGG erst nach Anhörung des Jugendamtes auferlegen. Das zwischenzeitlich verlangte »Einvernehmen« mit dem Jugendamt ist hingegen seit dem Jahre 1993 nicht mehr als Anordnungsvoraussetzung in § 12 JGG enthalten (BGBl. I 1993, S. 252). Die Anhörung des Jugendamtes kann durch Befragung des in der Hauptverhandlung anwesenden Jugendgerichtshelfers (§§ 38, 50 III JGG i. V. m. § 52 I SGB VIII) erfolgen.

5. Die frühere Beschränkung der FE auf Probanden bis zur Vollendung des 17. Lebensjahres gilt nicht mehr. Die Verpflichtung zur Inanspruchnahme der Hilfe nach § 34 SGB VIII durch den Jugendrichter kann für alle Jugendlichen, d. h. also für alle Probanden bis zur Vollendung des 18. Lebensjahres, nicht aber für Heranwachsende erfolgen. Indessen kann das Jugendamt eine einem Jugendlichen gewährte Hilfe zur Erziehung als »Hilfe für junge Volljährige« nach § 41 SGB VIII fortdauern lassen, wenn dies nach der individuellen Situation des jungen Menschen notwendig ist.

Beispiel: Der Jugendliche hatte mit 17 Jahren erfolgversprechend im Heim eine Lehre begonnen. Die Heimerziehung kann auf seinen Antrag bis zum Abschluß der Lehre über die Vollendung des 18. Lebensjahres hinaus durch das Jugendamt verlängert werden.

III. Durchführung

1. Mit der Rechtskraft des jugendrichterlichen Urteils gilt die Erziehungshilfe im Sinne des § 34 SGB VIII als vom Jugendlichen in Anspruch genommen. Das Gesetz nennt das auch die »Anordnung« der Inanspruchnahme, vgl. § 9 Nr. 2 JGG. Einer zusätzlichen Willenserklärung des Jugendlichen, die etwa erzwungen werden müßte, bedarf es nicht. Deshalb erscheint auch bei mangelnder Kooperationsbereitschaft des Jugendlichen weder die Verhängung eines Beugearrestes gem. § 11 III JGG analog erforderlich, noch müßte auf Weisungen gem. § 10 I S. 3 Nr. 2 JGG ausgewichen werden.[4]

2. Über die Durchführung und Ausgestaltung der Erziehungshilfe nach § 34 SGB VIII entscheidet das Jugendamt, § 82 II JGG i. V. m. §§ 85, 86, 89 f. SGB VIII. Das bedeutet aber nicht, daß der jugendrichterliche Hintergrund des Aufenthaltes im Heim bzw. in der sonstigen betreuten Wohnform überhaupt keine Rolle mehr spielen würde. Da man dem Gesetz nicht die widersinnige Regelung unterstellen kann, es sehe zwar die Anordnung der Maßnahme des § 12 Nr. 2 JGG gegen den Willen des Jugendlichen, nicht aber deren zwangsweise Durchsetzung vor, muß man den §§ 12 Nr. 2, 82 II JGG entnehmen, daß für die Durchführung der Maßnahme zwar das SGB VIII einschlägig ist, daß dessen Regelungen aber insoweit eine Einschränkung erfahren, als sich für den Jugendlichen die Möglichkeit der freiwilligen Inanspruchnahme der Leistungen in einen

---

4 *Schlüchter,* JZ 1994, 140; z. T. anders *Diemer* in Diemer/Schoreit/Sonnen, § 12 Rn. 4.

Zwang zur Annahme wandelt. Sowohl Anordnung als auch Vollstreckung der Maßnahme können also (wie bei der Heimeinweisung gem. §§ 1666, 1666 a BGB durch den Vormundschaftsrichter) gegen den Willen des Jugendlichen und seiner Erziehungsberechtigten erfolgen. Im übrigen gelten die Regelungen des SGB VIII uneingeschränkt. Deshalb hat z. B. nicht der Jugendrichter, sondern das Jugendamt über die Frage zu entscheiden, ob Heimerziehung oder Hilfe zur Erziehung in einer sonstigen betreuten Wohnform gewählt werden soll[5]. Die Rechtmäßigkeit der Entscheidungen des Jugendamtes im Zusammenhang mit der Durchführung der Maßnahme des § 12 Nr. 2 JGG ist vor den Verwaltungsgerichten überprüfbar.

3. Die **Heimerziehung** wird in der Mehrzahl der Fälle in nichtöffentlichen Heimen der verschiedenen karitativen, meist konfessionell-kirchlichen Verbänden (z. B. Caritas, Diakonisches Werk, Arbeiterwohlfahrt), durchgeführt. Nur soweit solche nicht zur Verfügung stehen, kommen auch staatliche oder kommunale Heime in Betracht. Die allzu großen und unpersönlichen Fürsorgeerziehungsanstalten, die auch durch ihre patriarchalisch-strengen Erziehungsmethoden die Heimerziehung oft diskreditiert hatten, gehören heute im wesentlichen der Vergangenheit an. Auch soweit noch größere Heime bestehen, ist man in diesen längst um eine Erziehung in kleinen familienähnlichen Gruppen bemüht, die sich in Schule, Berufsausbildung, Sport und sonstiger Lebens- und Freizeitgestaltung um die Umsetzung moderner pädagogischer Methoden bemühen. »Geschlossene Abteilungen«, einst für die »ewigen Ausreißer« in zahlreichen FE-Anstalten üblich, gelten heute als verpönt und sind nur noch in ganz wenigen Heimen vorhanden. Allerdings werden dadurch auch der an sich erwünschten Heimunterbringung zur Abwendung der Untersuchungshaft für jugendliche Straftäter (§§ 71, 72 JGG) Grenzen gesetzt (dazu unten § 39 I 3). Für die jeweilige Einweisung in die Heime ist deren Differenzierung von besonderer Bedeutung. Neben und vor konfessionellen Gesichtspunkten sind namentlich Alter, Ausbildungsarten, Möglichkeiten zu heilerzieherischer oder psychotherapeutischer Behandlung u. dgl. zu beachten.

4. Die Durchführung einer Erziehungsmaßregel gem. § 12 Nr. 2 JGG innerhalb einer sonstigen betreuten Wohnform, also insbesondere in selbständigen, pädagogisch betreuten Jugendwohngemeinschaften oder in betreuten Einzelwohnungen, dürfte wohl auch in absehbarer Zukunft noch recht selten sein. Im Jahre 1994 wurde im Zuge der Jugendhilfe insgesamt 68 190 Jugendlichen eine erzieherische Hilfe in einem Heim oder einer sonstigen betreuten Wohnform gewährt (1993: 64 332). Davon waren 63 423 Jugendliche in einem Heim untergebracht und nur 3 327 (1993: 2 672) in einer Wohngemeinschaft und 1 440 (1993: 991) in einer eigenen Wohnung.

IV. Beendigung

Die Beendigung der Erziehunghilfe gem. § 12 Nr. 2 JGG richtet sich nach den Regeln des SGB VIII.

Völlig ungeklärt ist die Zuständigkeit für die Entscheidung über die Beendigung der Erziehungshilfe gem. § 12 Nr. 2 JGG. Der § 82 II JGG ist insoweit nicht einschlägig. Deshalb kann auf das Gesetz über das gerichtliche Verfahren bei Freiheitsentziehungen (BGBl I 1956, 599) zurückgegriffen werden[6]. Zuständig ist nach den §§ 3, 12 dieses Gesetzes der Vormundschaftsrichter.

---

5 *Kaiser/Schöch*, Fall Nr. 15, Rn. 49, S. 191.
6 Zur Geltung dieses Gesetzes s. *Dürig* in: Maunz/Dürig/Herzog/Scholz, Grundgesetz, 30. Lief. 1992, Art. 104, Rn. 24.

V. Bewährungsstatistik

Die Lebensbewährung ehemaliger Fürsorgezöglinge, namentlich der Heimzöglinge, ist häufig untersucht worden[7]. Die Unterschiedlichkeit des Probandenmaterials, der angewandten Methode, des Bewährungszeitraums und der Maßstäbe für die Erfolgsbewertung hat recht verschiedene Ergebnisse der einzelnen Untersuchungen zur Folge. Nach *Stutte*[8] läßt sich aus der Vielzahl der Statistiken die allgemeine Feststellung ableiten, daß etwa $^3/_5$ (also ca. 60 Prozent) aller Fürsorgezöglinge zu einem vollen bzw. befriedigenden Lebenserfolg gelangen, d. h. zu sozial tüchtigen Menschen werden. Die soziale Lebensbewährung war bei den weiblichen Zöglingen durchweg günstiger als bei den männlichen, bei den Heimzöglingen besser als bei den Familienzöglingen, bei den in früher Jugend der FE Überwiesenen besser als bei den erst im Nachschulalter Überwiesenen[9]. – Zu beachten ist, daß sich in den Zahlen der Bewährungsstatistik nicht ohne weiteres der Erfolg oder Mißerfolg der jeweiligen Erziehungshilfen als solcher spiegelt, da die spätere Lebensbewährung auch von vielen anderen Faktoren, insbesondere der Persönlichkeitsstruktur des Probanden und seinem Schicksal nach der Entlassung sowie den Zeitumständen, bestimmt wird.

§ 18 Die Erziehungsbeistandschaft[1]

I. Grundsätzliche Vorbemerkungen

Nur in besonders gravierenden Fällen bedarf es zur Beseitigung eines Erziehungsdefizits einer so einschneidenden und auch aufwendigen Maßregel, wie sie die Hilfe zur Erziehung in einer Einrichtung über Tag und Nacht (Heimerziehung) oder einer sonstigen betreuten Wohnform darstellt. In leichteren Fällen ist es möglich und geboten, den Jugendlichen in seinen bisherigen Lebensverhältnissen zu belassen und diese lediglich durch Gewährung von Jugendhilfe durch das Jugendamt nach den §§ 28 bis 33, 35 SGB VIII im positiven Sinne zu modifizieren. Sieht man von den sozialen Trainingskursen ab, deren Teilnahme sowohl der Jugendrichter nach § 10 I S. 3 Nr. 6 JGG als Weisung anordnen wie auch unabhängig davon das Jugendamt nach § 29 SGB VIII als Leistungsangebot gewähren kann, ist eine Mitwirkung des Jugendrichters aus Anlaß einer Straftat nur bei der Erziehungsbeistandschaft (§ 30 SGB VIII i. V. m. § 12 Nr. 1 JGG) zulässig und erforderlich.

Als weitere Erziehungshilfen für Jugendliche und junge Volljährige sieht das SGB VIII vor: die Erziehungsberatung (§ 28), die sozialpädagogische Familienhilfe (§ 31), die Erziehung in einer Tagesgruppe (§ 32), die Vollzeitpflege (§ 33) und die intensive pädagogische Einzelbetreuung (§ 35). Alle diese Erziehungshilfen darf der Jugendrichter auch auf dem Wege einer Weisung nicht anord-

---

7 Zu den Ergebnissen älterer Untersuchungen s. *Stutte*, Methodik und Ergebnisse der Bewährungsprüfungen bei ehemaligen Fürsorgezöglingen, in: *Trost, F./Scherperer, H.* (Hrsg.), Handbuch der Heimerziehung, 1952–1966, S. 560 ff. Nach vielen Richtungen aufschlußreich ist auch die Untersuchung von *Piecha, W.*, Die Lebensbewährung der als unerziehbar entlassenen Fürsorgezöglinge, 1959. Selbst bei *Piechas* »unerziehbaren« Probanden waren immerhin noch 29,7 % als »Erfolgsfälle« im Hinblick auf ihre spätere Lebensbewährung anzusehen. Nach *Pongratz, L./Hübner, H.-O.*, Lebensbewährung nach öffentlicher Erziehung, 1959, S. 26, lag die Legalbewährung der untersuchten männlichen FE- und FEH-Probanden bei 49,6 % voll bewährt, 36,5 % teilbewährt und 13,9 % nicht bewährt.
8 *Stutte*, a. a. O., S. 565.
9 Auch neuere Untersuchungen haben zumeist einen Bewährungserfolg von etwa 45–55 % erbracht, vgl. die Übersicht bei *Eisenberg*, § 12 Rn. 34.
1 Schrifttum siehe § 17 Fußn. 1; ferner vor allem *Goldacker*, Die Erziehungsbeistandschaft, in: *Schaffstein/Miehe*, S. 156 ff.; *Iben, G.*, Von der Schutzaufsicht zur Erziehungsbeistandschaft, 1967; *ders.*, Lebensbewährung nach Erziehungsbeistandschaft, in: Die Jugendkriminalrechtspflege im Licht der kriminol. Forschung (14. JGT), 1969, DVJJS Heft 7, S. 83; *Moritz*, ZfJ 1989, 399; *Vent*, RdJ 1980, 240.

nen. Hält er sie für zweckmäßig, was bei einzelnen dieser Hilfen durchaus häufig vorkommen kann, so kann er lediglich beim Jugendamt anregen, dem jugendlichen Delinquenten ein entsprechendes Leistungsangebot zu machen.

Die Erziehungsbeistandschaft ist durch eine Novelle des JWG im Jahre 1961 an die Stelle der früheren, mit manchen Mängeln behafteten und deshalb wenig effizienten Schutzaufsicht getreten. Doch zeigten die bisherigen Erfahrungen, daß mit der Ersetzung der Schutzaufsicht durch die Erziehungsbeistandschaft kaum mehr als bloß eine sprachliche Neubenennung erreicht worden war. Eine stärkere Effizienz würde sich wohl nur erzielen lassen, wenn es gelingen würde, bei den Jugendämtern oder den Verbänden der freien Jugendhilfe genügend hauptberufliche und ausgebildete Fachkräfte als Erziehungsbeistände zu gewinnen. Obwohl dies ein altes Reformanliegen der Jugendhilfereform war, und frühere Jugendhilferechtsentwürfe nur den hauptberuflichen Erziehungsbeistand vorsahen[2], enthält das neue SGB VIII nur einige allgemeine Vorschriften über die fachliche Aus- und Fortbildung der Mitarbeiter der Jugendämter (§ 72). Ob aber auf dieser Grundlage genügend hauptamtliche oder ehrenamtliche qualifizierte Kräfte zur Übernahme der Erziehungsbeistandschaft zur Verfügung stehen, wird sich erst auf der Grundlage der noch ausstehenden Landesgesetzgebung sagen lassen und wird vermutlich auch von der finanziellen Ausstattung der kommunalen Jugendämter abhängen.

Die Umstellung der Erziehungshilfen von Eingriffen in Leistungsangebote durch das SGB VIII hat auch für die Erziehungsbeistandschaft zur Folge, daß das Gesetz von der freiwilligen Annahme des vom Jugendamt auszusprechenden Angebots durch den Jugendlichen und seiner Erziehungsberechtigten ausgeht. Nur wenn diese nicht dazu bereit sind, kann der Jugendrichter aus Anlaß einer Straftat dem Jugendlichen auferlegen, Hilfe zur Erziehung in Form der Erziehungsbeistandschaft in Anspruch zu nehmen (§ 12 Nr. 1 JGG).

II. Voraussetzung, Durchführung und Beendigung

1. Nach § 12 JGG erfordert die Auferlegung neben der anlaßgebenden Straftat des Jugendlichen wie bei der Erziehungshilfe in einer Einrichtung über Tag und Nacht auch bei der Erziehungsbeistandschaft, daß die *Voraussetzungen* der für alle Erziehungshilfen gültigen Generalklauseln des § 27 I SGB VIII erfüllt sind. Danach darf eine dem Wohl des Jugendlichen entsprechende Erziehung ohne die Hilfe nicht gewährleistet sein, und diese Hilfe muß für seine Entwicklung geeignet und notwendig sein. Auch darf der Jugendrichter die Anordnung nur nach Anhörung des Jugendamtes vornehmen (§ 12 Nr. 1 JGG).

Da der Erfolg der Erziehungsbeistandschaft recht fragwürdig ist, wenn der Jugendliche ihr von vornherein ablehnend gegenübersteht, sollte der Jugendrichter mit einer Anordnung nach § 12 Nr. 1 JGG besonders vorsichtig sein. In der jugendrichterlichen Praxis der letzten Jahre spielt die Erziehungsbeistandschaft de facto keine Rolle mehr (1991: 135 Verurteilte). Es ist nicht anzunehmen und auch nicht erstrebenswert, daß sich hieran in absehbarer Zukunft viel ändert.

Hat der Jugendrichter einmal die Auferlegung ausgesprochen, etwa in der Hoffnung, der Jugendliche werde später doch noch zur besseren Einsicht gelangen, so bedarf es auch hier einer zusätzlichen Annahmeerklärung durch den Jugendlichen nicht.

2. Anders als das alte JWG enthält das SGB VIII keinerlei Bestimmungen zur *Durchführung* der Erziehungsbeistandschaft, die Aufgabe des Jugendamts ist. Dieses bestellt den Erziehungsbeistand, der ein hauptamtlicher (insbes. Jugendgerichtshelfer) oder ein ehrenamtlicher sein kann, wobei für letztere sowohl Fachkräfte aus karitativen Ver-

---

2 BT-Drs. 8/2571, S. 17.

bänden wie auch dem Jugendlichen nahestehende geeignete Personen (z. B. Ausbilder, Verwandte, Lehrer) in Frage kommen. Die Rechtsstellung des Erziehungsbeistands war schon bisher recht schwach, so daß er vornehmlich auf die Beratung des Jugendlichen einerseits, der Erziehungsberechtigten andererseits beschränkt bleibt. Eine Aufsichts- und Kontrollfunktion hinsichtlich der Lebensführung des Jugendlichen und der auf ihn einwirkenden Einflüsse war schon nach dem JWG nur mangelhaft ausgeprägt und kam besonders in der Berichtspflicht an das Jugendamt zum Ausdruck. Eine solche Pflicht wird man auch heute annehmen dürfen, ebenso wie das Recht auf ungehinderten Zutritt zum Probanden und die Berechtigung, vom Arbeitgeber, Lehrer und dgl. Auskunft über diesen zu verlangen (§ 58 JWG a. F.). Da das neue Gesetz zwar den Begriff »Erziehungsbeistandschaft« vom JWG übernimmt, selbst aber über dessen Inhalt schweigt, so ist anzunehmen, daß es in dieser Hinsicht alles bei der bisherigen Regelung belassen wollte. Das gilt auch für die Beendigung.

3. *Beendigung* der Erziehungsbeistandsschaft. Diese endet entsprechend der Regelung des früheren § 61 JWG:

a) mit der Volljährigkeit

b) durch Aufhebung seitens des Jugendamts, die wegen Beseitigung des Erziehungsdefizits oder dessen Abwendung durch andere Erziehungshilfen erfolgt.

III. Die Erziehungshilfe durch den Disziplinarvorgesetzten

Für die Dauer des Wehrdienstverhältnisses durfte schon vor Herabsetzung der Volljährigkeitsgrenze Erziehungsbeistandschaft – ebenso wie die frühere Fürsorgeerziehung – nicht angeordnet werden. Dementsprechend ist heute die Anordnung der Hilfe zur Erziehung gem. § 12 JGG unzulässig (§ 112 a Nr. 1 JGG). Es würde sowohl für die militärische Disziplin wie auch für den gefährdeten jungen Soldaten selbst untunlich sein, wollte man ihn gleichzeitig zwei sich widersprechenden erzieherischen Autoritäten (einerseits einem Erziehungsbeistand, andererseits dem militärischen Vorgesetzten) unterstellen. Jedoch sieht das JGG (§ 112 a Nr. 2) für Soldaten die besondere Erziehungsmaßregel der »Erziehungshilfe durch den Disziplinarvorgesetzten« vor. Sie kann durch das Jugendgericht aus Anlaß einer Straftat angeordnet werden, »wenn der Jugendliche oder Heranwachsende nach seiner sittlichen oder geistigen Entwicklung besonderer erzieherischer Einwirkung bedarf«. Der Inhalt dieser Maßregel besteht darin, daß der nächste Disziplinarvorgesetzte für eine Überwachung und Betreuung des jungen Soldaten auch außerhalb des Dienstes sorgt. Zu diesem Zweck können dem Soldaten Pflichten und Beschränkungen auferlegt werden, die sich nicht nur auf den Dienst, sondern auch auf die Freizeit, den Urlaub und die Auszahlung der Besoldung beziehen. Die Dauer der Erziehungshilfe beträgt längstens ein Jahr; sie endet bereits vorher, wenn ihr Zweck erreicht ist oder wenn der Soldat 22 Jahre alt oder aus dem Wehrdienst entlassen wird. Die Erziehungshilfe kann auch neben Jugendstrafe angeordnet werden (§ 112 b IV JGG).

Anscheinend hat sich diese 1957 eingeführte Erziehungsmaßregel in der Praxis nicht durchsetzen können. Die Jugendrichter ordnen sie nur selten an, weil die Kompaniechefs meist nicht bereit und in der Lage sind, neben ihrer erheblichen Belastung mit Ausbildungsaufgaben und dgl. sich auch noch mit der Erziehungshilfe für einen einzelnen Soldaten zu befassen[3].

---

3 Vgl. dazu *Potrykus*, RdJ 1961, 279; ders., RdJ 1964, 148; *Metz*, ZblJugR 1977, 72.

Das materielle Jugendstrafrecht

Viertes Kapitel

Die Zuchtmittel

§ 19 Wesen und allgemeine Voraussetzungen

I. Mit dem antiquierten Ausdruck **Zuchtmittel** bezeichnet das JGG die zwischen reinen Erziehungsmaßregeln und echter Kriminalstrafe stehenden Rechtsfolgen der Jugendstraftat, deren zwielichtiger und unterschiedlicher Charakter sich einer eindeutigen systematischen Einordnung entzieht. Was ihnen gemeinsam ist, ist nur ihr Zweck: nämlich einem an sich gut gearteten Täter durch »Ahndung« seiner Tat, aber ohne längeren Eingriff in seine Lebensführung eindringlich zum Bewußtsein zu bringen, daß er für das von ihm begangene Unrecht einzustehen hat (§ 13 I JGG). Das Gesetz weist diese Funktion folgenden Maßnahmen zu:
a) der Verwarnung,
b) den Auflagen, insbesondere der Auflage zur Zahlung einer Geldbuße an eine gemeinnützige Einrichtung sowie der Arbeitsauflage
c) dem Jugendarrest.

Für das Gebiet der ehemaligen DDR ist der Begriff »Zuchtmittel« durch die Aufzählung »Verwarnung, Erteilung von Auflagen und Jugendarrest« ersetzt worden[1]. Eine sachliche Änderung ist damit nicht verbunden.

Die Aufgabe insbesondere der leichteren dieser Zuchtmittel: Verwarnung, Auflagen und Freizeitarrest, ergibt sich aus der oben § 2 I erörterten Normalität der kleineren Jugendkriminalität. Geringfügige Entgleisungen, die unter den Tatbestand irgendeines Vergehens fallen, sind fast bei jedem jungen Menschen vorkommende Erscheinungen des Sozialisationsprozesses. Sie könnten ohne Schaden folgenlos bleiben, wenn sie unbemerkt blieben. Kommen sie dagegen mehr oder minder zufällig zur Kenntnis der Strafverfolgungsbehörden, so werden diese ungeachtet des hier geltenden Opportunitätsprinzips (§§ 45, 47 JGG) doch nicht immer von einer Verfolgung absehen können. Dies mag auch bei nicht besonders gefährdeten Tätern geboten sein, einmal durch das Gleichheitsprinzip, sodann aus generalpräventiven Gründen, vor allem aber im Interesse der Sozialisation des jugendlichen Täters selbst, der an der Gültigkeit der übertretenen Strafnormen irre werden würde, wenn die meist von ihm selbst erwartete Reaktion des Rechts ausbleiben würde.

Man kann deshalb die meisten dieser Zuchtmittel als »Erziehungsstrafen« oder als »Jugenddisziplinarstrafen« auffassen, bei denen – wie etwa bei den elterlichen Zuchtmitteln und den Schulstrafen – die erstrebten Wirkungen der »Ahndung« und »Sühne« nur eine pädagogische, vornehmlich auf ihren Eindruck auf den Täter berechnete Bedeutung haben, nicht aber der Tatvergeltung im Sinne einer überpersönlichen Gerechtigkeitsübung dienen. In diesem letzten Punkt unterscheiden sie sich von den echten Strafen, zu denen auch die Jugendstrafe gehört. Insofern trifft man das Wesen der Zuchtmittel nicht, wenn man sie als »materielle Strafen« bezeichnet[2]. In Wahrheit stehen die Zuchtmittel den Erziehungsmaßregeln näher als der Strafe. Sie unterscheiden sich von jenen nur dadurch, daß sie die sühnende Wirkung des Tadels oder gar (bei Geldbuße und Jugendarrest) der Übelzufügung als primäres Erziehungsmittel einsetzen. Allerdings werden im

---
1 Einigungsvertragsgesetz, BGBl II, 1990, 957; s. oben § 5 Fußn. 27.
2 So aber *Maurach-Gössel-Zipf*, AT 2, § 72 Rn. 4, S. 716; *Welzel*, Lehrbuch, 11. Aufl., S. 273 u. a.; BGH 18, 207 (209); AG Wiesloch DVJJ-Journal 1991, 282 und *Dallinger-Lackner*, § 16 Nr. 1, sprechen von zugleich sühnendem und erzieherischem Charakter des Jugendarrestes.

Gesetz durch die unscharfe Abgrenzung der »Weisungen« einerseits, der »Auflagen« andererseits die klaren Konturen dieser Unterscheidung verwischt (vgl. oben § 15 II 2). Ob de lege ferenda die Differenzierung zwischen Erziehungsmaßregeln einerseits und Zuchtmitteln andererseits aufgehoben werden soll, ist strittig [3].

II. Aus dem Zweck der Zuchtmittel ergeben sich die **Voraussetzungen ihrer Anordnung**:

1. Da die Zuchtmittel »die Straftat ahnden« sollen, dürfen sie nur verhängt werden, wenn der Täter für seine Tat verantwortlich ist, also nicht bei mangelnder Reife nach § 3 JGG und bei Zurechnungsunfähigkeit nach § 20 StGB.

2. Die bloße Anordnung von Zuchtmitteln ist unzulässig, wenn die Bekämpfung »schädlicher Neigungen« oder die Ahndung besonders schwerer Schuld Jugendstrafe erforderlich macht oder wenn Erziehungshilfe gem. § 12 Nr. 2 JGG i. V. m. §§ 27, 34 SGB VIII (zumeist Heimerziehung) angeordnet werden muß, weil eine dem Wohl des Jugendlichen entsprechende Erziehung nicht gewährleistet ist und diese Hilfe für seine Entwicklung geeignet und notwendig ist.

3. Nach § 5 II JGG darf eine Jugendstraftat nur dann mit Zuchtmitteln geahndet werden, wenn Erziehungsmaßregeln nicht ausreichen. Diese Vorschrift hat praktische Bedeutung vor allem für das Verhältnis von »Weisungen« einerseits und Jugendarrest andererseits, weil sich die von jenem Zuchtmittel angestrebte Denkzettelwirkung oft einfacher und erzieherisch wirksamer durch geeignete »Weisungen« (z. B. Teilnahme an einem Verkehrsunterricht) erzielen läßt.

Im übrigen gibt die wenig glückliche Formulierung des § 5 II JGG zu Mißverständnissen Anlaß [4]. Insbesondere darf sie nicht so verstanden werden, als habe das Gesetz damit die Erziehungsmaßregeln als die unter allen Umständen mildere Rechtsfolge bezeichnen wollen. Daß eine solche Auffassung nicht zutrifft, zeigt schon das Beispiel der Erziehungshilfe gem. § 12 Nr. 2 JGG. Vielmehr wird man auch in Umkehrung des § 5 II JGG sagen dürfen, daß ein einschneidender Eingriff in die Lebensführung des Jugendlichen, wie ihn die Erziehungshilfe gem. § 12 Nr. 2 JGG oder die Erziehungsbeistandschaft, aber auch manche Weisungen darstellen, nur dann zulässig ist, wenn im Interesse der Erziehung des Jugendlichen die kurze Denkzettelwirkung der Zuchtmittel nicht ausreicht (zur Rangfolge jugendstrafrechtlicher Maßnahmen s. auch oben § 10 I).

Zuchtmittel kommen also als »Denkzettel« in Betracht, wenn es genügt, den Jugendlichen durch eine kurzfristige Maßnahme daran zu erinnern, daß strafbares Unrecht nicht ungesühnt bleiben kann und wenn zu erwarten ist, daß er allein schon aufgrund dieses Appells an sein Ehrgefühl voraussichtlich keine weiteren strafbaren Handlungen mehr begehen wird.

III. Da die Zuchtmittel nicht echte Kriminalstrafen sind, haben sie auch nicht die **Rechtswirkungen** einer Strafe (§ 13 III JGG). Sie werden daher *nicht in das Strafregister* eingetragen. Derjenige, dessen Tat nur mit Zuchtmitteln, sei es auch mit Jugendarrest, geahndet worden ist, darf sich auch weiterhin als »nicht vorbestraft« bezeichnen. Die Eintragung in das Erziehungsregister (vgl. unten § 45 IV), die bei Zuchtmitteln ebenso wie bei Erziehungsmaßregeln, Freispruch mangels Reife usw., zu erfolgen hat, dient nur zur Erleichterung der Persönlichkeitserforschung bei späteren Straftaten des Jugendlichen.

IV. Wie bereits oben (§ 10 I) ausgeführt, nehmen zahlenmäßig die Zuchtmittel bei weitem den ersten Platz unter allen jugendstrafrechtlichen Rechtsfolgen ein (vgl. Tabelle 8,

---

3 Für Aufhebung u. a.: *Heinz* JuS 1991, 900; *Jung*, JuS 1992, 192; dagegen *Böhm* NJW 1991, 538.
4 Kritisch auch: *Kratzsch*, Heilpädagogische Forschung, Band XV, Heft 3, 1989, S. 155.

Das materielle Jugendstrafrecht

S. 65), und zwar nicht nur bei den Jugendlichen, sondern auch bei den Heranwachsenden. Bei beiden Altersgruppen zusammen finden wir 1991 11 557 Jugendarreste, 34 047 Auflagen (davon 21 668 Geldbußen) sowie 22 855 Verwarnungen. Ein Vergleich mit den in den älteren Auflagen dieses Buches mitgeteilten Zahlen zeigt uns innerhalb der Zuchtmittel einen erheblichen Rückgang des Jugendarrestes. Diese Entwicklung hat sich auch in den letzten Jahren fortgesetzt. Hervorhebenswert ist ferner, daß heute die Geldbuße geringfügig an Bedeutung verloren und die Spitzenposition innerhalb der Zuchtmittel an die Verwarnung abgetreten hat.

Auch in diesem absoluten Überwiegen der Zuchtmittel im Verhältnis zu allen anderen Rechtsfolgen der Jugendstraftat in der Praxis zeigt sich ihre geschilderte Funktion als Reaktionsmittel auch für die »normale« oder »ubiquitäre« Kriminalität der Entwicklungsjahre. Es beweist aber auch, daß es sowohl unmöglich wie auch überflüssig, ja sogar schädlich sein würde, wenn, wie öfters von sozialpädagogischer Seite gefordert wird, die Zuchtmittel durch intensivere und deshalb auch länger dauernde und kostspielige Maßnahmen erzieherischer Einwirkung ersetzt würden.

§ 20 Verwarnung und Auflagen

I. Verwarnung

Die Verwarnung ist die *förmliche* Zurechtweisung des Täters durch den Jugendrichter, durch die ihm das Unrecht der Tat eindringlich vorgehalten werden soll (§ 14 JGG).

Sie sollte nur bei ganz leichten Verfehlungen gutartiger Jugendlicher angewendet werden. Von der in § 45 III S. 1 JGG vorgesehenen *»Ermahnung«* unterscheidet sich die »Verwarnung« nicht inhaltlich, sondern in der prozessualen Form. Die Ermahnung wird *formlos* ausgesprochen und führt zur Einstellung des Verfahrens (s. unten § 36). Die Anordnung der Verwarnung erfolgt im Urteil auf Grund einer Hauptverhandlung.
Die »Verwarnung« ist ebenso wie die »Ermahnung« nur dann pädagogisch wirksam, wenn sie individuell und nachdrücklich ausgesprochen wird. Die von manchen überlasteten Jugendrichtern geübte Praxis, eine größere Anzahl Jugendlicher zu einem gemeinsamen Verwarnungstermin zu laden und ihnen in diesem eine summarische Verwarnung zu erteilen, richtet meist mehr Schaden als Nutzen an. Deshalb ist es zweckmäßiger, bei offenbaren Bagatellen das Verfahren nach § 45 I JGG einzustellen.

Verzichten die Beteiligten auf Rechtsmittel (wie meist) und wird das Urteil dadurch sofort rechtskräftig, so kann die Verwarnung alsbald vom Richter erteilt werden. Andernfalls bedarf es dazu eines besonderen Termins nach Eintritt der Rechtskraft, zu dem eine polizeiliche Vorführung nicht zulässig ist, oder, wenn der Jugendliche nicht erscheint, einer kaum sehr wirksamen schriftlichen Verwarnung [1].

II. Auflagen

Während die Weisungen des § 10 JGG die Lebensführung beeinflussen sollen und insofern meist mehr auf Dauerwirkung angelegt sind, stellen die Auflagen im Jugendstrafrecht (§ 15 JGG) gleichsam eine gesteigerte Verwarnung dar, gesteigert dadurch, daß hier dem Täter durch eine von ihm zu erbringende Leistung sein Unrecht und dessen auf ihn selbst zurückfallende Folgen deutlich gemacht werden sollen. Außerdem sollen die Auflagen im Jugendstrafrecht wie im Erwachsenenstrafrecht (§ 56 b StGB) auch der Genugtuung des Verletzten und der Rechtsgemeinschaft für das begangene Unrecht dienen.

---

[1] Vgl. dazu und zur überhaupt fragwürdigen Effizienz der Verwarnungen *Böhm*, S. 129, 156; *Herz*, S. 62.

§ 20: Verwarnung und Auflagen

Eine eindeutige Abgrenzung ist dem Gesetzgeber, wie bereits oben § 15 II 2 c bemerkt wurde, nicht gelungen, da er z. B. die Pflicht zur Teilnahme an einem polizeilichen Verkehrsunterricht unter die »Weisungen« einordnet, obwohl sie nach ihrem Wesen eher unter die Auflagen des § 15 JGG gehört und die Arbeitsleistungen sowohl bei den Weisungen als auch bei den Auflagen aufgelistet sind. Dadurch ist die Differenzierung zwischen Erziehungsmaßregeln und Zuchtmitteln noch stärker abgeschwächt worden.
Während die Aufzählung der Weisungen in § 10 JGG nur Beispielscharakter hat, sind die Auflagen, die nach § 15 JGG erteilt werden dürfen, dort abschließend aufgeführt. Danach sind nur zulässig:

1. Die **Auflage, den durch die Tat verursachten Schaden nach Kräften wiedergutzumachen** (§ 15 I S. 1 Nr. 1 JGG)[2].
Die Auflage, den durch die Tat verursachten Schaden nach Kräften wiedergutzumachen (1991: 2,2 % aller nach Jugendstrafrecht Verurteilten), sollte vom Jugendrichter nur bei zivilrechtlich unbestrittenen Schadensersatzansprüchen erteilt werden[3]. Die Auflage, die Verfahrenskosten zu bezahlen, ist unzulässig[4], da § 74 JGG eine besondere Regelung über die Verfahrenskosten enthält. Sie wäre auch pädagogisch wenig sinnvoll. Die Wiedergutmachung kann auch in einer Arbeitsleistung für den Geschädigten bestehen.

2. Die **Auflage, sich persönlich bei dem Verletzten zu entschuldigen** (§ 15 I S. 1 Nr. 2 JGG)[5].
Diese Auflage sollte nur gewählt werden, wenn der Verletzte zur Entgegennahme der Entschuldigung bereit ist, und wenn dem Jugendlichen unnötige Demütigungen erspart bleiben. Die Vornahme in Gegenwart des Richters ist problematisch, weil sie den Verletzten zwingen würde, vor Gericht zu erscheinen, obwohl die Möglichkeit besteht, daß er dazu nicht willens oder nicht in der Lage ist.
Die beiden Auflagen zu 1. und besonders zu 2. haben bisher in der Praxis nur eine recht geringe Anwendung erlangt (1991 2,2 % bzw. 0,28 % aller nach Jugendstrafrecht Verurteilten). Indessen sind sie neuerdings als gesetzliche Anknüpfungspunkte für den nach ausländischem Vorbild auch bei uns in Modellversuchen angewendeten und lebhaft propagierten Täter-Opfer-Ausgleich bedeutsam geworden. Nunmehr hat das 1. JGGÄndG den Täter-Opfer-Ausgleich ausdrücklich als Weisung in § 10 I S. 3 Nr. 7 JGG eingeordnet, ohne damit an den Auflagen des § 15 I S. 1 Nr. 1 und Nr. 2 JGG etwas zu ändern. Die Problematik der Unterscheidung von Weisungen und Auflagen wird somit auch an dieser Stelle sichtbar. Da die erzieherische Effizienz des Täter-Opfer-Ausgleichs, wenn er ohne allzu großen Druck auf Täter und Opfer gelingt, erheblicher sein dürfte, wird es sinnvoll sein, ihn künftig als Weisung anzuordnen oder – noch besser – ihn in informellen Erziehungsverfahren auf der Grundlage der §§ 45, 47 JGG zu erreichen. De lege ferenda ist freilich zu wünschen, den TOA weder als Weisung noch als Auflage, sondern als eine selbständige Rechtsinstitution außerhalb des Sanktionsbereichs zu konstruieren (vgl. oben § 16 IV).

3. Die **Auflage, Arbeitsleistungen zu erbringen** (§ 15 I S. 1 Nr. 3 JGG)[6].
Mit dieser durch das 1. JGGÄndG neu eingefügten Auflage, Arbeitsleistungen zu erbringen (1991: 14,3 % aller nach Jugendstrafrecht Verurteilten), ist ebenfalls eine gleichgeartete Weisung aus § 10 I S. 3 Nr. 4 JGG zusätzlich in den Auflagekatalog des § 15 JGG übernommen worden (vgl. dazu näher oben § 16 I). Die gelegentlich in Recht-

---

2 Vgl. dazu *Brunner* ZblJugR 1976, 269; *Theißen*, ZblJugR 1984, 543.
3 Zu zivilrechtlichen Fragen *Frehsee*, NJW 1981, 1253.
4 Ebenso *Eisenberg*, § 15 Rn. 9, *Diemer*, in: Diemer/Schoreit/Sonnen, § 15 Rn. 7; a. A. *Brunner*, § 15 Rn. 7.
5 Fundstellen zum Täter-Opfer-Ausgleich s. § 16 Fußn. 11.
6 Fundstellen zur Arbeitsauflage s. § 16 Fußn. 1.

Das materielle Jugendstrafrecht

sprechung und Schrifttum geäußerten Bedenken dagegen, daß Arbeitsweisungen nicht nur zur Arbeitserziehung, sondern darüber hinaus vornehmlich zu Ahndungszwecken verwendet würden, sollen damit aus dem Wege geräumt werden.

4. Die **Auflage, einen Geldbetrag zugunsten einer gemeinnützigen Einrichtung zu zahlen** (§ 15 I S. 1 Nr. 4 JGG).
Dieser Auflage kommt mit Recht eine sehr erhebliche praktische Bedeutung zu (1991: 29,89 % aller nach Jugendstrafrecht Verurteilten). Dennoch sind hier einige Vorbehalte zu machen. Obwohl die Geldbuße an eine gemeinnützige Einrichtung der Ersatz für die im Jugendstrafrecht unzulässige Geldstrafe[7] und damit für die im Erwachsenenstrafrecht häufigste Strafart ist, sollte sie doch nicht ohne genaue Prüfung der finanziellen und wirtschaftlichen Lage des betroffenen Jugendlichen oder Heranwachsenden angeordnet werden. Ihr erzieherischer Wert ist besonders dann nicht groß, wenn die Buße nicht vom Jugendlichen selbst, sondern von seinen Eltern bezahlt wird. Deshalb bestimmt § 15 II Nr. 1 JGG ausdrücklich, der Richter solle die Zahlung eines Geldbetrages nur anordnen, wenn der Jugendliche eine leichte Verfehlung begangen hat und sichergestellt ist, daß er den Geldbetrag aus Mitteln zahlt, über die er selbständig verfügen kann. Außerdem ist die Geldauflage angebracht, wenn dem Jugendlichen der Gewinn, den er aus der Tat erlangte, entzogen werden soll (§ 15 II Nr. 2 JGG). Weit häufiger als bei Jugendlichen wird die Geldauflage bei den nach Jugendstrafrecht abgeurteilten Heranwachsenden angebracht sein, die heute in der Regel schon erhebliche Beträge verdienen und zur freien Verfügung haben. Das Mindest- und Höchstmaß des Geldbetrages ist vom Gesetz nicht festgelegt, doch besteht Übereinstimmung darüber, daß sich der Betrag in einem Rahmen halten muß, der unter Berücksichtigung der Schwere der Verfehlung und der pekuniären Verhältnisse des Jugendlichen angemessen und zumutbar ist.
Von der Geldstrafe unterscheidet sich die Geldauflage nach § 15 I Nr. 1 und 4 JGG auch dadurch, daß sie nicht wie jene im Wege der Zwangsvollstreckung nach den Bestimmungen der ZPO beigetrieben werden kann.
Jedoch kann Jugendarrest verhängt werden, wenn der Jugendliche dieser oder einer anderen Pflichtenauflage schuldhaft nicht nachkommt und über die Folgen vorher belehrt worden ist (§ 15 III in Verbindung mit § 11 III JGG). Ist danach Jugendarrest vollstreckt worden, so kann der Richter die Auflage ganz oder zum Teil für erledigt erklären, weil und soweit die durch die Auflage erstrebte Denkzettel- und Ahndungswirkung hier bereits durch den Arrest erzielt sein kann.
Wie bei den Weisungen kann der Richter nachträglich Auflagen ändern oder von ihrer Erfüllung ganz oder zum Teil befreien, wenn dies aus Gründen der Erziehung geboten ist (§ 15 III JGG).

Beispiel:
Einem Jugendlichen, der eine Geldauflage von 200,- DM bekommen hat, wird es unmöglich, wegen des Verlustes seiner Arbeitsstelle, den Betrag aus seinem Verdienst zu bezahlen. Der Richter kann die Geldauflage in eine Auflage zur Ableistung gemeinnütziger Arbeit umwandeln, oder – falls erzieherisch sinnvoll – auch ganz erlassen.

---

7 Unzulässig ist auch die »Auflage« der Zahlung eines Geldbetrages an die Staatskasse, OLG Zweibrücken NStZ 1992, 84 m. Anm. *Ostendorf.*

§ 21   Der Jugendarrest[1]

I. Kriminalpolitische Zielsetzung

Der Jugendarrest ist eines der wichtigsten Zuchtmittel, obwohl er in den letzten Jahrzehnten unter dem Einfluß der wachsenden Kritik[2] an seiner zu häufigen Verhängung und den Formen seines Vollzuges zahlenmäßig hinter der Verwarnung und hinter der Auflage, eine Geldbuße an eine gemeinnützige Einrichtung zu zahlen, an die dritte Stelle zurückgetreten ist. Auch die Arbeitsweisungen (§ 10 I S. 3 Nr. 4 JGG) und neuerdings die Arbeitsauflagen (§ 15 I S. 1 Nr. 3 JGG) sind vielfach an die Stelle des Jugendarrestes getreten. 1991 lauteten von 100 Verurteilungen nach Jugendstrafrecht 15,9 auf Jugendarrest, und zwar 7,7 auf Dauerarrest, 7,3 auf Freizeitarrest und 0,9 auf Kurzarrest. Daß sich die Zahlen seit 1975 nicht mehr wesentlich verändert haben, zeigt freilich, daß die Jugendrichter trotz der erwähnten Kritik nicht völlig auf den Jugendarrest als strengstes Ahndungsmittel vor der Jugendstrafe verzichten zu können glauben.

Der Jugendarrest wurde erst durch die Verordnung vom 4. 10. 1940 eingeführt, nachdem sich bei der Anwendung des JGG 1923 in der Praxis gezeigt hatte, daß trotz des seit Jahrzehnten geführten Kampfes gegen die für die Resozialisierung nachteiligen kurzzeitigen Gefängnisstrafen von den Jugendgerichten auch weiterhin in allzu großem Ausmaße solche kurzen Gefängnisstrafen verhängt wurden. Zwar wurden diese dann meist zur Bewährung ausgesetzt. Aber auch die ausgesetzte Strafe wurde in das Strafregister eingetragen und machte den Jugendlichen zum »Vorbestraften«, während sie andererseits der abschreckenden und erzieherischen Wirkung des Vollzuges entbehrte und den Verurteilten so zu der trügerischen Annahme verführte, noch einmal davongekommen zu sein. Um diesen Mißständen abzuhelfen, sollte im Jugendarrest ein Mittel der Erziehung und Ahndung geschaffen werden, das – im genauen Gegensatz zur damaligen Strafaussetzung zur Bewährung – zwar die Sofortwirkung einer Strafe, nicht aber deren Fernwirkung hat. Ähnlich wie wir die militärische Disziplinararrest und die einstige Karzerstrafe der Schulen und Hochschulen sollte der Jugendarrest den Täter durch eine kurze, aber strenge, in besonderen Arrestlokalen und grundsätzlich in Einzelhaft zu verbüßende Freiheitsentziehung ohne Strafregistereintragung und Ehrenwirkungen zur Besinnung bringen und ihm als Denkzettel vor Augen führen, daß man sich nicht ohne eigenen Schaden gegen die Gebote der Gemeinschaftsordnung auflehnen kann. Den anfänglichen Streit, ob der Jugendarrest echte Strafe oder Erziehungsmaßregel sei, glaubten die Väter des JGG 1943 durch die Einführung der neuen Kategorie der Zuchtmittel schlichten zu können.

---

1 Schrifttum: *Bietz*, ZRP 1981, 212; *Dünkel*, Freiheitsentzug für junge Rechtsbrecher, 1990; *ders.*, ZfJ 1990, 425; *Hartenstein*, MschrKrim 1964, 271; *ders.*, MschrKrim 1966, 314; *Jung*, JZ 1978, 621; *Kaiser*, MschrKrim 1969, 16; *Kaiser/Schöch*, Fall Nr. 15, Rn. 38, S. 189; *Laue*, DVJJ-Journal 1994, 320; *Ostendorf, H* (Hrsg.), Reform des Jugendarrests in Schleswig-Holstein, 1994; *Pfeiffer*, Krim.Präv., S. 141; *Schaffstein*, ZStW 82 (1970), 853; *Schüler-Springorum*, Einleitungsreferat auf dem 20. JGT, DVJJS, Heft 17, 1987, S. 65; *Süssenguth, R.*, Jugendarrest in Bayern, Jur. Diss. Saarbrücken, 1973; *Senator für Justiz und Verfassung der freien Hansestadt Bremen* (Hrsg.), Jugendarrest im Lande Bremen, 1989; *Trips*, MschrKrim 1963, 228; *Ullrich*, UJ 1967, 30; *ders.*, ZblJugR 1968, 162. Rechtsvergleichend: *Bergande, H.*, Die strafrechtliche Behandlung junger Täter, die keiner längeren Erziehung bedürfen, in England, den Niederlanden, Frankreich, der Schweiz und Österreich, jur. Diss. Göttingen, 1970; s. auch die folgenden Fußn.
2 Besonders kritisch: *Eisenberg*, § 13 Rn. 10, § 16 Rn. 19, 32; *ders.*, Bestrebungen zur Änderung des JGG, 1984, S. 25; *Feltes*, NStZ 1993, 105; *Ostendorf*, Grundl. zu §§ 13–16, Rn. 8 ff.; *Plewig*, MschrKrim 1980, 20. Für die gänzliche Abschaffung u. a.: *Albrecht*, § 27 IV, S. 223; *Dünkel*, S. 335; *Eisenhardt, T.*, Die Wirkungen der kurzen Haft auf Jugendliche, 2. Aufl., 1980; *ders.*, ZblJugR 1971, 240; *Gerken, J./Schumann, K.*, Stellungnahme zum RefE eines 1. JGGÄndG vom Juli 1987, in: Ein trojanisches Pferd im Rechtsstaat – Der Erziehungsgedanke in der Praxis, 1988, S. 139; *Jung*, JuS 1992, 192; *Maelicke, B.*, Ambulante Alternativen zum Jugendarrest und Jugendstrafvollzug, 1988, S. 125; *Schumann,*, ZblJugR 1986, 363; *Sonnen*, KrimJ 1990, 225. Weitere Materialangaben und Auseinandersetzung mit kritischem Schrifttum bei *Brunner*, § 16 Rn. 4 ff.

Das materielle Jugendstrafrecht

Die Praxis hat vom Jugendarrest sogleich in sehr großem Ausmaße Gebrauch gemacht. Dabei zeigten sich dann freilich auch die Gefahren, die mit diesem Zuchtmittel verbunden sind. Sie liegen einmal darin, daß der Jugendarrest auch auf solche Täter angewendet wird, bei denen nur eine längere erzieherische Einwirkung in der Heimerziehung bzw. in der Jugendstrafanstalt Erfolg verspricht. Außerdem ließ der in den einzelnen Arrestanstalten sehr unterschiedlich gehandhabte Vollzug des Jugendarrestes insgesamt viel zu wünschen übrig. Viele Mängel und Ungleichmäßigkeiten des Vollzuges bestehen bis heute fort.
Diese *Mißstände* in der praktischen Anwendung und Durchführung führten zu dem im Schrifttum mehrfach geäußerten Einwand, daß sich der Jugendarrest nur durch den Namen, nicht aber in der Sache von den verpönten kurzzeitigen Freiheitsstrafen unterscheide und die gleichen Nachteile mit sich bringe wie diese. Gleichwohl hat auch das JGG 1953 den Jugendarrest übernommen und ihn nach Maßgabe des § 105 JGG auch auf die Heranwachsenden ausgedehnt.

Auch hat die neuere vielfältige Kritik am Jugendarrest bisher nicht zu seiner Abschaffung geführt, sondern den Gesetzgeber lediglich veranlaßt, im 1. JGGÄndG die mögliche Dauer des Freizeitarrests von vier auf zwei Freizeiten zu reduzieren.
In der Praxis ist die Bedeutung des Jugendarrestes derzeit rückläufig. Während im Jahre 1980 noch 27 183 Angeklagte zu Jugendarrest verurteilt wurden (20,5 % aller Verurteilten), waren es 1991 nur noch 11 557 (immerhin noch 15,9 % aller Verurteilten). Mehr noch als diese Zahlen zeigt eine genauere Betrachtung der Insassenstruktur der Jugendarrestvollzugsanstalten, daß zur Zeit Funktion, Anwendungsbereich und Vollzugsform des Jugendarrestes, und zwar insbesondere des Dauerarrestes (unten II 3) in einer Wandlung begriffen sind. Da die Taten der Straftäter, die geringere Erziehungsdefizite aufweisen und für die die Rechtsfolge des Jugendarrests an und für sich gedacht war, im letzten Jahrzehnt in zunehmendem Maße mit Geld- oder Arbeitsauflagen geahndet wurden, so ist, was an sich zu begrüßen ist, nicht nur die Anwendungshäufigkeit des Jugendarrestes zurückgegangen, sondern (bedenklicher) der Arrest auch seinem ursprünglichen Sinn widersprechend auf bereits erheblich Gefährdete angewendet worden[3]. Für diese Gruppe, die heute in den Anstalten des Dauerarrestvollzugs bereits überwiegen dürfte, reichen die bisherigen Vollzugsformen nicht aus. Die kurze aber strenge Einzelhaft verfehlt oft die erstrebte Besinnungs- und Schockwirkung. Sie wird von stumpfen und »abgebrühten« Arrestanten lediglich »abgebrummt« und führt bei anderen möglicherweise zu schädlichen Trotz- und Abwehrreaktionen. Dagegen bleiben jene gravierenden psychischen und sozialen Störungen in der Persönlichkeitsentwicklung des Jugendlichen und solche Konfliktlagen in seiner Umwelt, deren Ausdruck die Tat sein kann, mangels hinreichender pädagogischer und nachfürsorgerischer Betreuung im Arrestvollzug fortbestehen.
Um diesem Mißstand abzuhelfen, ist man inzwischen – entgegen der früheren Jugendarrestvollzugsordnung – von strengem Einzelhaftvollzug zu einem gelockerten Gemeinschaftsvollzug übergegangen. Auch ist man, soweit es die leider in fast allen Ländern recht beschränkten personellen und finanziellen Möglichkeiten zulassen, in vielen Anstalten um eine bessere pädagogische Ausgestaltung des Arrestvollzuges bemüht (vgl. auch unten IV).

Die Denkschrift der Arbeiterwohlfahrt (oben § 5 IV) und der Diskussionsentwurf zu einem Jugendhilfegesetz gingen noch weiter und wollten den Jugendarrest durch neu einzurichtende »*Erziehungskurse*« ersetzen. Zwar sind Experimente in dieser Richtung zu begrüßen und im Rahmen des § 10 I S. 3 Nr. 6 JGG (Weisung, an einen sozialen Trainingskurs teilzunehmen) auch möglich (vgl. oben § 16 III), wenn die Jugendämter sie probeweise einrichten. Aber auch abgesehen davon,

---

3 Vgl. dazu mit empirisch-statistischem Material *Eisenhardt*, T., Gutachten über den Jugendarrest, 1989, S. 151; *Pfeiffer*, MschrKrim 1981, 28; ferner *Schaffstein*, in: Gedächtnisschrift für Hilde Kaufmann, 1986, S. 393.

§ 21: Der Jugendarrest

daß ein hinreichend konkretes pädagogisches Konzept für Erziehungskurse erst in der Entwicklung begriffen ist, könnten sie den Jugendarrest keineswegs völlig ersetzen. Auch die Erfahrung, daß begangenes Unrecht sich nicht bezahlt macht, sondern von der Gemeinschaft ernsthaft mit einem Übel geahndet wird, gehört zu dem erzieherischen Lernprozeß, der manchem jungen Menschen nicht erspart bleiben kann. Eine Streichung des Jugendarrestes würde deshalb nur die Forderung nach einer kurzfristigen Jugendstrafe verstärken.

II. Die Formen des Jugendarrestes

Das Gesetz kennt drei Formen des Jugendarrestes; Freizeitarrest, Kurzarrest und Dauerarrest (§ 16 I JGG).

1. Der Freizeitarrest wird für die wöchentliche Freizeit des Jugendlichen verhängt und auf eine oder zwei Freizeiten[4] bemessen (§ 16 II JGG). Der Freizeitarrest ist die von den Jugendgerichten am zweihäufigsten verhängte Arrestform (1991: 5 288 = 45,7 % aller Jugendarreste).

Wöchentliche Freizeit ist die Zeit von der Beendigung der Arbeit am Ende der Woche bis zum Beginn der Arbeit in der nächsten Woche. Wird der Jugendliche an Sonntagen beschäftigt, so tritt an Stelle dieser Freizeit die entsprechende Freizeit während der Woche (RL zu § 16 [Nr. 1] JGG). – Dem Freizeitarrest liegt der Gedanke zugrunde, daß sein Vollzug vom Betroffenen als wirkliches Übel empfunden wird und daß er andererseits keine unerwünschten Konsequenzen für seine Lehre oder sein Arbeitsverhältnis nach sich zieht, ja vielfach vom Arbeitgeber überhaupt nicht bemerkt wird. Besonders der letztere Gesichtspunkt hat dazu geführt, daß die jugendrichterliche Praxis neuerdings in leichteren Fällen stärker vom Dauerarrest zum Freizeitarrest überzugehen scheint. Wird der Freizeitarrest vom Jugendrichter als Vollstreckungs- und Vollzugsleiter nicht ernst gehandhabt und vom Jugendlichen nicht ernst genommen, so wird er freilich das ihm gesetzte Ziel verfehlen.

2. Der Kurzarrest ist nur eine in der Praxis selten vorkommende (1991: 5,6 % aller verhängten Jugendarreste) Ersatzform des Freizeitarrestes ohne selbständige Bedeutung. Er wird statt des Freizeitarrestes verhängt, wenn der zusammenhängende Vollzug aus Gründen der Erziehung zweckmäßig erscheint und weder die Ausbildung noch die Arbeit des Jugendlichen beeinträchtigt werden. Dabei stehen zwei Tage Kurzarrest einer Freizeit gleich (§ 16 III 2 JGG).

3. Der Dauerarrest beträgt mindestens eine Woche und höchstens 4 Wochen. Er wird nach vollen Tagen oder Wochen bemessen (§ 16 IV JGG). Mit 5 616 Anordnungen im Jahr 1991 hat er einen Anteil von 48,5 % aller verhängten Jugendarreste und stellt damit die am häufigsten gewählte Arrestform dar.

Hinsichtlich der Dauer ist zu beachten, daß der Arrestvollzug nicht immer um so wirksamer ist, je länger er dauert. Nach Auffassung der meisten erfahrenen Jugendarrestvollzugsleiter beträgt die erzieherisch optimale Dauer des Jugendarrests 2–3 Wochen, während sich in der 4. Woche die Wirksamkeit des Vollzugs oft durch Gewöhnung und Abstumpfung abschwächt[5]. Deshalb bestimmt § 87 III S. 1 JGG, daß der als Vollstreckungsleiter fungierende Jugendrichter von der Vollstreckung des Jugendarrestes ganz oder – nach Verbüßung eines Teils – von der Vollstreckung des Restes absieht, wenn seit Erlaß des Urteils Umstände hervorgetreten sind, die allein oder in Verbindung mit den bereits bekannten Umständen ein Absehen von der Vollstreckung aus

---

4 Für eine gänzliche Abschaffung des Freizeitarrestes: *Berckhauer*, ZRP 1982, 145; *Ostendorf*, Grundlagen zu §§ 13–16, Rn. 9.
5 Zum Problem der Dauer s. *Eisenberg*, § 16 Rn. 33.

Das materielle Jugendstrafrecht

Gründen der Erziehung rechtfertigen. Sind seit Eintritt der Rechtskraft 6 Monate verstrichen, sieht der Vollstreckungsleiter von der Vollstreckung ganz ab, wenn dies aus Gründen der Erziehung geboten ist (§ 87 III S. 2 JGG). Von den in § 87 III S. 1 und 2 JGG eingeräumten Möglichkeiten sollte die Praxis in geeigneten Fällen beherzt Gebrauch machen. Zwar steht dem Vollstreckungsleiter ein Beurteilungsspielraum bezüglich der erzieherischen Geeignetheit des Absehens von der Vollstreckung des Jugendarrestes zu, im übrigen handelt es sich jedoch um keine Ermessensvorschrift (der Vollstreckungsleiter »sieht« ... »ab«).

III. Der Anwendungsbereich des Jugendarrests

Jugendarrest darf nur dann angeordnet werden, wenn er sowohl als Ahndung der Tat wie als Mittel zur Erziehung des Täters einerseits erforderlich, andererseits ausreichend ist.

a) Jugendarrest ist *nicht erforderlich* bei ganz leichten Verfehlungen, für die – wenn sie überhaupt verfolgt werden – regelmäßig nur Verwarnung, Erteilung von Weisungen und Auferlegung besonderer Pflichten als angemessene Reaktion in Frage kommen werden. Aber auch bei nicht allzu schwerwiegenden Vergehen sollte der Richter, ehe er zu schnell zu Jugendarrest greift, sich sorgsam überlegen, ob er die von ihm erstrebte Ahndungs- und Denkzettelwirkung nicht wesentlich besser durch eine empfindliche Geldbuße oder eine Arbeitsweisung (§ 10 I S. 3 Nr. 4 JGG) bzw. eine Arbeitsauflage (§ 15 I S. 1 Nr. 3 JGG) erreichen kann. Jugendarrest, insbesondere Dauerarrest, sollte in solchen Fällen immer nur die ultima ratio sein.

b) Er ist *nicht ausreichend*, wenn wegen der Schwere der Schuld oder wegen schädlicher Neigungen des Täters Jugendstrafe erforderlich ist oder wenn Erziehungshilfe gem. § 12 Nr. 2 JGG i. V. m. § 34 SGB VIII angeordnet werden muß, weil eine dem Wohl des Jugendlichen entsprechende Erziehung nicht gewährleistet ist und diese Hilfe für seine Entwicklung geeignet und notwendig ist. Dagegen kann sich bei einer durch die Tat indizierten drohenden Zunahme der Erziehungsdefizite, die u. U. demnächst das Kriterium der »schädlichen Neigungen« erfüllen könnten, in Einzelfällen die Verbindung von Jugendarrest mit anschließender Erziehungsbeistandschaft empfehlen.

Peters[6] hatte versucht, die Anwendungsfälle des Jugendarrests positiv zu umreißen. Er unterscheidet dabei 5 Gruppen: Delikte aus Unachtsamkeit (z. B. in ihren Folgen nicht ganz unbedeutende Verkehrsdelikte), Delikte aus jugendlichem Kraftgefühl und Übermut, Jugendentwicklungsdelikte (Pubertät, jugendliche Phantastik), Delikte aus mangelnder Selbständigkeit (z. B. solche, die die Jugendlichen nur unter dem Einfluß Älterer »mitmachen«) und Delikte des Augenblicks (d. h. Taten, deren Anlaß sich aus einer plötzlich auftretenden Situation ergibt, wie es bei Körperverletzungen, kleineren Diebstählen, Unterschlagungen und dergl. der Fall sein kann). BGH 18, 207 (210) hat diese Aufzählung übernommen. Heute wird man in diesen Fällen weitgehend bereits mit einer Einstellung gem. §§ 45, 47 JGG oder einer Weisung oder Auflage auskommen.

c) Die *wiederholte Verhängung* von Jugendarrest ist zwar nicht ausgeschlossen, sollte jedoch nur in Ausnahmefällen erfolgen. Das gilt insbesondere für die Wiederholung von Dauerarrest. Denn in der Regel ist der Rückfall ein sicheres Anzeichen dafür, daß der Jugendarrest seinen Eindruck auf den Täter verfehlt hat, so daß nunmehr eine längere

---

6 *Peters*, ZStW 60 (1941), 559 f.; ähnlich *Brunner*, § 16 Rn. 2 und 3; *Dallinger-Lackner*, § 16 Bem. 23; kritisch *Eisenberg*, § 16 Rn. 11 ff.

§ 21: Der Jugendarrest

Gesamterziehung, d. h. also Erziehungshilfe gem. § 12 Nr. 2 JGG (insbes. Heimerziehung) oder Jugendstrafe, erforderlich ist.

Wie schädlich es ist, bei Rückfällen energische Gesamterziehungsmaßnahmen durch eine nutzlose Wiederholung des Dauerarrestes aufzuschieben, zeigte bereits eindringlich eine von *Fritz Meyer*[7] in den 50er Jahren aufgestellte Statistik. Bei den von ihm untersuchten Jugendlichen wurden nach Verbüßung einer bestimmten Strafe rückfällig von denen, die nur einmal mit Jugendarrest belegt worden waren, nur 45 Prozent, von denen, die zweimal in einer Jugendarrestanstalt eingesessen hatten, jedoch 90 Prozent, von denen, deren Straftaten 3mal mit Jugendarrest geahndet worden waren, sogar alle (100 Prozent). Die Wiederholung des Jugendarrests, die die Gerichte in 14 von insgesamt 64 Jugendarrestfällen angeordnet hatten, hat sich also fast immer als ebenso sinnlos wie schädlich erwiesen. Spätere Untersuchungen haben ähnliche Werte erbracht[8]. Angesichts solcher Zahlen sollte die Praxis die wiederholte Anordnung von Dauerarrest wirklich nur in besonderen Ausnahmefällen erwägen[9], so z. B. bei Fahrlässigkeitsdelikten.

d) Der Jugendarrest ist in der Regel wirkungslos, wenn der *Täter* sich bereits *vorher in einem Erziehungsheim (früher: Fürsorgeerziehungsanstalt)*, Jugendstrafanstalt oder gar (bei Heranwachsenden) in einer Strafanstalt für Erwachsene befunden hat.

Für Heimzöglinge kann allerdings Jugendarrest wegen kleinerer, in der Erziehungszeit begangener Straftaten sinnvoll sein (z. B. bei den sehr häufigen Diebstählen von Ausreißern aus dem Erziehungsheim).

e) Ein besonderer, praktisch recht bedeutsamer Anwendungsfall des Jugendarrests ist der sog. »*Ungehorsamsarrest*« (»*Beuge-Arrest*«), der gemäß §§ 11 III, 15 III S. 2 JGG bei schuldhafter Nichtbefolgung von Weisungen und Auflagen verhängt werden kann (s. bereits oben § 15 III 4). Obwohl auch in diesen Fällen der Jugendarrest nur als ultima ratio angewendet werden sollte, wird man gerade auf den Ungehorsamsarrest nicht völlig verzichten können, da man sonst die Befolgung von Weisungen und Auflagen ganz in das Belieben des Jugendlichen stellen würde.

f) Der Referentenentwurf 1983 sah vor, daß, »wenn besondere Umstände dies angezeigt erscheinen lassen«, Jugendarrest mit Strafaussetzung zur Bewährung (§ 21 JGG) und mit der Aussetzung des Strafausspruchs (§ 27 JGG) verbunden werden kann, was nach herrschender Ansicht nach dem bisher geltenden Recht noch nicht zulässig ist[10]. Der Referentenentwurf 1987 und das 1. JGGÄndG aus dem Jahr 1990 haben diesen sog. »Einstiegsarrest« nicht mehr übernommen (ausführlich dazu unten § 26 IV).

IV. Der Jugendarrestvollzug

Über den Vollzug des Jugendarrests enthält das JGG in seinem § 90 nur einige allgemeine und lückenhafte Vorschriften, während alle Einzelheiten in der Jugendarrestvollzugsordnung[11] geregelt sind. Vollzugsleiter ist der Jugendrichter am Ort des Vollzuges (§ 90 II S. 2 JGG), dem also auch insofern eine über die Rechtsprechung hinaus-

---

[7] Rückfallprognose bei unbestimmt verurteilten Jugendlichen, 1956, S. 105.
[8] Weiteres Zahlenmaterial bei *Schaffstein*, ZStW 82 (1970), 853; s. auch *Eisenberg*, § 16 Rn. 20; *Nolte, C.*, Die Rückfälligkeit Jugendlicher und Heranwachsender nach der Verbüßung von Jugendarrest, Jur. Diss. Göttingen, 1978, S. 139.
[9] A. A. *Eisenberg*, § 16 Rn. 17 mit der Mutmaßung, bei Verhängung der schwereren Sanktion (Jugendstrafe) wäre die Erfolgsquote u. U. noch geringer. Für ein Verbot jeder Wiederholung des Dauerarrests: *Ostendorf*, § 16 Rn. 7.
[10] BGH 18, 207.
[11] Die frühere (strengere) JAVollzO aus dem Jahre 1966 wurde abgelöst durch die am 1. 1. 1977 in Kraft getretene jetzt geltende Fassung; vgl. dazu *Ficht*, ZblJugR 1976, 340; *Jaath*, JZ 1977, 46.

gehende Erziehungsaufgabe (als weisungsgebundene Verwaltungstätigkeit) übertragen wird. Hinsichtlich des Arrestlokals ist zwischen Dauerarrest einerseits, Freizeit- und Kurzarrest andererseits zu unterscheiden. Der zuerst genannte wird zentral in besonderen Jugendarrestanstalten der Landesjustizverwaltungen vollzogen, von denen in den meisten Ländern mehrere (mit durchschnittlich 20–40 Zellen) bestehen. Für den Vollzug des Freizeit- und Kurzarrests stehen bei den meisten größeren Amtsgerichten einige Freizeitarrestzellen zur Verfügung.

Ziel des Vollzuges ist nach § 90 I S. 1 JGG, daß »das Ehrgefühl des Jugendlichen geweckt und ihm eindringlich zum Bewußtsein gebracht werden soll, daß er für das von ihm begangene Unrecht einzustehen hat«. Das 1. JGGÄndG vom Jahre 1990 hat dem noch hinzugefügt: »Der Vollzug des Jugendarrestes soll erzieherisch gestaltet werden. Er soll dem Jugendlichen helfen, die Schwierigkeiten zu bewältigen, die zur Begehung der Straftat beigetragen haben« (§ 90 I S. 2 und 3 JGG). Es handelt sich also um eine Kombination von Abschreckung, Besinnung und Erziehung[12]. Dieses Ziel kann nur erreicht werden, wenn der Jugendarrest möglichst schnell (§ 4 JAVollzO: »in der Regel unmittelbar nach Rechtskraft des Urteils«) vollzogen wird, was jedoch wegen der bürokratischen Schwerfälligkeit unserer Strafjustiz nur selten durchführbar ist. In der Regel liegen zwischen Urteil und Arrestantritt mehr als drei Monate, zwischen Straftat und Arrestantritt sogar mehr als sechs Monate[13], eine viel zu lange Zeit, welche die erzieherische Wirksamkeit des Jugendarrests erheblich beeinträchtigt. Es ist zu hoffen, daß in Zukunft die Möglichkeit des Vollstreckungsleiters, nach Ablauf von 6 Monaten seit Eintritt der Rechtskraft von der Vollstreckung aus erzieherischen Gesichtspunkten abzusehen (§ 87 III S. 2 JGG) einen so starken Druck ausübt, daß sich der Vollzugsbeginn beschleunigt.

Während die frühere JAVollzO von 1966 entsprechend der ursprünglichen Konzeption des Jugendarrestes einen Vollzug »mit wohlwollender Strenge« in Einzelhaft bei Tag und Nacht (auch zur Vermeidung der Infizierungsgefahr) vorsah, und gerade dadurch die erstrebte Besinnungs- und Schockwirkung erzielen wollte, hat die jetzige, am 1. 1. 1977 in Kraft getretene JAVollzO aus den o. a. Gründen die Vollzugsvorschriften wesentlich gelockert. Die Einzelunterbringung ist auf die Nacht beschränkt, während die Jugendlichen tagsüber bei der Arbeit und bei gemeinschaftlichen Veranstaltungen mit anderen zusammen untergebracht werden sollen, sofern Aufsicht gewährleistet ist und erzieherische Gründe nicht entgegenstehen. Nur im Freizeit- und Kurzarrest bis zu zwei Tagen kann der Jugendliche auch tagsüber allein untergebracht werden, was sich in der Regel empfehlen wird, wenn dieser nach wenigen Tagen bemessene Arrest nicht ganz seine Besinnungswirkung verlieren und die Arrestanstalt sich nicht am Wochenende – wie gelegentlich berichtet wird – in eine Art vergnügte Jugendherberge verwandeln soll[14].

Die Erziehungsarbeit im Dauerarrest bleibt nicht, wie früher häufig, auf einige Aussprachen mit dem Vollzugsleiter beschränkt, sondern soll namentlich auch »soziale Einzelfallhilfe, Gruppenarbeit und Unterricht« umfassen (§ 10 II JAVollzO). Der Leiter und alle seine Mitarbeiter sollen sich alsbald ein Bild von dem Jugendlichen und seinen Lebensverhältnissen zu verschaffen suchen, soweit dieses für die Behandlung des Jugendlichen und, was besonders wichtig ist, auch für eine wirksame Nachbetreuung notwendig ist. Neben der ihm zugewiesenen Arbeit, zu der der Arrestant verpflichtet

---

12 Kritisch *Schumann*, ZfJ 1986, 363; s. auch *Sonnen*, DVJJ-Journal 1991, S. 56.
13 So *Feltes*, DVJJS, Heft 12, 1981, S. 290, dessen Berechnungen durch eigene Ermittlungen der Verf. bestätigt werden.
14 Wegen der besonderen Schwierigkeiten des Vollzuges des Freizeitarrestes vgl. die anschauliche Darstellung bei *Böhm*, S. 163.

ist, werden auch Unterricht, Sport und Anleitung zu sinnvoller Verbringung der Freizeit ausdrücklich als Erziehungsmittel genannt, wobei der Vollzugsleiter sogar mit Zustimmung des Jugendlichen auch die Teilnahme an Veranstaltungen außerhalb der Anstalt (z. B. Sportveranstaltungen, Schwimmbad) zulassen kann.

Sind damit die Mauern der früher so streng isolierenden Arrestzellen, ja sogar der Anstalt selbst, aufgrund der neuen Bestimmungen weitgehend durchlässig geworden, so wird diese Neugestaltung des Jugendarrestvollzuges nur dann ihr Ziel erreichen, wenn die Jugendarrestanstalten von den Ländern mit hinreichenden und qualifizierten Kräften (Sozialarbeiter, Lehrer) ausgestattet werden, die neben dem meist mit anderen Funktionen überlasteten richterlichen Vollzugsleiter die neuen Aufgaben der erzieherischen Behandlung und Nachbetreuung wirksam durchführen können. Wenn dieses nicht gelingen würde, so hätte der Jugendarrest zwar seine alte »repressive und generalpräventive Funktion« eingebüßt, ohne damit die neue pädagogische Aufgabe erfüllen zu können. Er würde dann wirklich nur »kurze Freiheitsstrafe« mit allen Nachteilen sein. Es ist deshalb begrüßenswert, daß das 1. JGGÄndG aus dem Jahre 1990 der Ausgestaltung des Jugendarrests als kurzfristige Freiheitsstrafe[15] eine Absage erteilt und statt dessen eine Verstärkung der erzieherischen Ausgestaltung des Jugendarrests in § 90 I S. 2 und 3 JGG vorgesehen hat. In dieser Richtung sollten die Landesjustizverwaltungen – die an das gesetzliche Programm gebunden sind – gezielt die Reform des Jugendarrestvollzugs vorantreiben.

Die derzeitige Praxis des Jugendarrestes ist noch überaus uneinheitlich. Neben zahlreichen Anstalten, in denen einstweilen noch der strenge alte Vollzug praktiziert wird, stehen in anderen Ländern (z. B. Hamburg, Berlin, Hessen) Arrestanstalten, in denen bereits mit neuen erzieherischen Methoden des Vollzuges (z. B. mit sozialen Trainingskursen) experimentiert wird[16].

Eine *Aussetzung* des Jugendarrests zur Bewährung ist nicht zulässig (§ 87 I JGG)[17].

Um die Gerichte zu schnellerer Vollstreckung des Jugendarrestes anzuhalten und die Vollstreckung eines erzieherisch nicht mehr sinnvollen Arrestes auszuschließen, enthält § 87 IV JGG ein *Vollstreckungsverbot*, wenn seit Eintritt der Rechtskraft des auf Arrest lautenden Urteils ein Jahr verstrichen ist. Es wäre erwünscht, wenn diese Verbotsfrist noch verkürzt würde (etwa auf 6 Monate oder kürzer). Immerhin hat der Gesetzgeber durch Einräumung der fakultativen Möglichkeit für den Vollstreckungsleiter, von der Vollstreckung aus erzieherischen Gründen abzusehen, wenn seit Eintritt der Rechtskraft 6 Monate verstrichen sind (dazu s. o.), den ersten Schritt in die richtige Richtung getan.

Der als Vollstreckungsleiter fungierende Jugendrichter sieht von der Vollstreckung des Jugendarrestes ganz oder, ist Jugendarrest teilweise verbüßt, von der Vollstreckung des Restes ab, wenn seit Erlaß des Urteils Umstände hervorgetreten sind, die allein oder in Verbindung mit den bereits bekannten Umständen ein Absehen von der Vollstreckung aus Gründen der Erziehung rechtfertigen (§ 87 III S. 1 JGG)[18].

Vollstreckungsrechtliche Entscheidungen des Jugendrichters als Volkstreckungsleiter des Jugendarrests (§§ 82, 85 I JGG) sind – soweit es sich um jugendrichterliche Entscheidungen handelt (§ 83 I JGG) – mit der sofortigen Beschwerde anfechtbar (§ 83 III JGG). Handelt es sich um eine Verwaltungsentscheidung des Vollstreckungsleiters (z. B. Ladung zum Arrest), so kann Beschwerde

---

15 Dafür *Feltes* ZStW 100 (1988), 158.
16 Zum Beispiel die Jugendarrestanstalt Remscheid, s. *Herz*, Jugendstrafrecht, S. 69, in Gelnhausen s. *Keiner, E.*, Jugendarrest. Zur Praxis eines Reform-Modells, 1989; zur Situation in den alten Bundesländern insgesamt s. *Hinrichs*, DVJJ-Journal 1993, 58.
17 Wird Jugendarrest gesetzwidrig ausgesetzt, so ist die Entscheidung nicht unwirksam, sondern mit den zulässigen Rechtsmitteln und ohne die Beschränkung nach § 55 I JGG anfechtbar. So OLG Düsseldorf NJW 1961, 891 und OLG Frankfurt NJW 1963, 969; vgl. auch OLG Hamm NJW 1971, 1666 m. Anm. *Brunner*, JR 1972, 73.
18 Instruktiver Fall bei AG Wiesloch, DVJJ-Journal 1991, 282.

Das materielle Jugendstrafrecht

eingelegt werden, über die der Generalstaatsanwalt beim OLG zu entscheiden hat (§ 21 I a VollstrO); gegen die dann getroffene Entscheidung kann der Verurteilte das Gericht nach Maßgabe der §§ 23 ff. EGGVG anrufen. Will sich der Verurteilte gegen *vollzugsrechtliche* Entscheidungen des Jugendrichters als Vollzugsleiter (§ 90 II S. 2 JGG) wehren, so steht ihm hierfür der Rechtsweg gem. §§ 23 ff. EGGVG zum Strafsenat des OLG offen[19].

Während des *Wehrdienstverhältnisses* wird der Jugendarrest von den Behörden der Bundeswehr vollzogen (Art. 5 II S. 1 EGWStG). Ist Jugendarrest wegen einer vor Beginn des Wehrdienstes begangenen Straftat verhängt worden, so soll der Vollstreckungsleiter von seiner Vollstreckung absehen, wenn die Besonderheiten des Wehrdienstes es erfordern und ihnen nicht durch einen Vollstreckungsaufschub Rechnung getragen werden kann.

V. Rückfallstatistik

Nach den fast übereinstimmenden Ergebnissen zahlreicher Untersuchungen aus den 50er, 60er und 70er Jahren beträgt bei Dauerarrest der Prozentsatz der registrierten Rückfälle der Arrestanten nach einem Beobachtungszeitraum von 4–5 Jahren nach der Entlassung etwa 60–70 %. Doch wurden nur 33 % der Arrestanten so erheblich rückfällig, daß aufgrund ihrer Rückfalltaten eine schwerere Maßnahme als Jugendarrest (also Jugendstrafe, Freiheitsstrafe des Erwachsenenrechts oder Heimerziehung) verhängt wurde. Zieht man die bei den früheren Untersuchungen festgestellten 30–35 % der »Arrestungeeigneten« (Probanden mit gravierenden Erziehungsdefiziten, Heimzöglinge, Arrestwiederholer) ab, so betragen die entsprechenden Prozentsätze für die »Arrestgeeigneten« nur noch 53 % (alle Rückfälle) und 19 % (erhebliche Rückfälle). Diese Zahlen sind im Vergleich zu den Ergebnissen bei anderen Maßnahmen nicht ungünstig. Sie zeigen freilich auch, wie sehr der »Erfolg« des Jugendarrests davon abhängt, daß dieses Zuchtmittel auf »Arrestgeeignete« beschränkt bleibt. In neueren Untersuchungen sind allerdings sogar Rückfallquoten von 80 %[20] und 90 %[21] ermittelt worden.

Fünftes Kapitel

Die Jugendstrafe

§ 22 Wesen und allgemeine Voraussetzungen[1]

I. Grundsätzliches

Das Jugendstrafrecht kennt nur *eine* echte Kriminalstrafe: die Jugendstrafe (§ 17 JGG). Sie ist insofern »ultima ratio« des Jugendstrafrechts, als sie nur dann verhängt werden darf, wenn Erziehungsmaßregeln und Zuchtmittel, sei es zur Bekämpfung der kriminellen Neigungen des Täters, sei es zur Sühne besonders schwerer Schuld, nicht ausreichen (vgl. unten II).

---

19 Siehe auch den Überblick über die Rechtsbehelfe unten S. 242.
20 *Schumann*, ZfJ 1986, 366.
21 *Bruns, B.*, Jugendliche im Freizeitarrest, 1984.
1 Aus dem Schrifttum: *Miehe*, S. 7, 60; *Werner*, RdJ 1964, 113, 134. Zur psychodiagnostischen Auswahl der Jugendstrafe als Rechtsfolge: *Kaufmann, H.*, u. a., Jugendliche Straftäter und ihr Verfahren, 1975. Zur Kritik: *Albrecht, P. A.*, ZStW 97 (1985), 831 (insbes. 840 ff.); *Böhm*, S. 169; *Streng*, GA 1984, 149; *Weber, M.*, Die Anwendung der Jugendstrafe: rechtliche Grundlagen und gerichtliche Praxis, 1990. Weitere Fundstellen s. d. folgenden Fußn.

§ 22: Wesen und allgemeine Voraussetzungen

Über die Anwendung der Jugendstrafe in der Praxis und die Entwicklung von 1975 bis 1991 gibt die folgende Tabelle Auskunft.

Tabelle 9: Verurteilung zu Jugendstrafe 1975, 1985 und 1991

	1975		1985		1991	
	absolut	% bezogen auf Verurteilte	absolut	% bezogen auf Verurteilte	absolut	% bezogen auf Verurteilte
Jugendstrafe insges.	15 983	16,6	17 672	14,8	12 938	17,8
Davon mit Strafaussetzung zur Bewährung	8 932	9,2	10 936	9,2	8 126	11,2
Jugendstrafe von 6 Monaten	2 897	3,0	3 247	2,7	2 313	3,2
Jugendstrafe über 6–9 Monate	3 420	3,5	3 539	3,0	2 277	3,1
Jugendstrafe über 9 Monate bis 1 Jahr	4 906	5,1	4 707	4,0	2 882	3,9
Ausgesetzte Jugendstrafe von 6 Monaten bis 1 Jahr	8 380	8,7	9 093	7,6	5 889	8,1
Jugendstrafe über 1 Jahr bis 2 Jahre	3 252	3,4	4 343	3,6	4 113	5,6
Davon ausgesetzt	544	0,6	1 843	1,5	2 237	3,1
Jugendstrafe von über 2 Jahren bis 10 Jahren	1 036	1,1	1 627	1,4	1 335	1,8
Unbestimmte Jugendstrafe (1990 abgeschafft)	490	0,5	209	0,2		

Die Zahlen und insbesondere die Prozentsätze im Vergleich von 1975 bis 1991 zeigen einen Rückgang bis 1985, der in den letzten Jahren teilweise wieder aufgeholt wurde. Zugenommen hat in den letzten Jahren der Anteil der zur Bewährung ausgesetzten Jugendstrafe, und zwar vor allem bei der Jugendstrafe über 1 Jahr bis 2 Jahren. Nicht unproblematisch erscheint an diesen Zahlen vor allem, daß trotz der oft geäußerten Bedenken der Kriminalpolitiker und der Vollzugspraktiker die kurzzeitigen Strafen von 6 Monaten bis über 1 Jahr immer noch bei weitem überwiegen. Da die Strafaussetzung in 40–50 % der Fälle später widerrufen werden muß, führt das oft zu sehr kurzen Strafverbüßungen, bei denen die erzieherischen Bemühungen des Vollzuges in der Regel von vornherein vergeblich sind (vgl. unten § 23 I).

Die Jugendstrafe besteht, wie § 17 I JGG ausdrücklich bestimmt, in »Freiheitsentzug in einer Jugendstrafanstalt«. Sie ist echte Kriminalstrafe insofern, als sie ein gewolltes, dem Täter als Vergeltung schuldhaften Unrechts zugefügtes Übel darstellt und als solches auch von ihm wie auch von der Allgemeinheit empfunden werden soll.

Dennoch kommt die starke Betonung des Erziehungsgedankens im Jugendstrafrecht auch bei dieser seiner einzigen echten Strafe zum Ausdruck. Allerdings darf die erzieherische Effizienz der Freiheitsstrafe, die heute gerade auch im Jugendstrafrecht mehr denn je umstritten ist (vgl. dazu unten § 44 I 3 und 4) nicht überschätzt werden. Sie ist besonders durch die Subkulturen der Gefangenen in Frage gestellt, die sich bei einer

Das materielle Jugendstrafrecht

Zusammenballung ohnehin gefährdeter junger Menschen in Unfreiheit allzu leicht entwickeln. Dennoch wird man dann, wenn andere Erziehungsmöglichkeiten nicht mehr zur Verfügung stehen und Freiheitsstrafe zur Sühne oder Prävention unerläßlich ist, auf deren erzieherische Ausgestaltung nicht verzichten dürfen, selbst wenn diese nichts anderes erreichen könnte, als jenen Subkulturen und anderen schädlichen Einflüssen des Freiheitsentzuges auf die Persönlichkeitsentwicklung entgegenzuwirken.

Mit Vorbedacht hatte schon der Gesetzgeber von 1953 für sie die allenfalls vergleichbaren Bezeichnungen des damaligen allgemeinen Strafrechts, also etwa »Gefängnis« oder »Haft« vermieden und auch den noch im RJGG 1943 gebrauchten Ausdruck »Jugendgefängnis« aufgegeben. Schon durch die Bezeichnung »Jugendstrafe« sollte klargestellt werden, daß diese Form des sühnenden Freiheitsentzuges in ihren Voraussetzungen, in ihrer Dauer und vor allem in Ort und Art ihres Vollzuges wesentlich von der Freiheitsstrafe des Erwachsenenrechts verschieden ist. Auch für die »Außenwirkung« der Strafe ist die besondere Bezeichnung von nicht zu unterschätzender Bedeutung. Zwar gehen auch von der Verurteilung zur Jugendstrafe und ihrer Registrierung im Strafregister wie bei jeder echten Strafe Ehrenwirkungen aus, weil die Strafe ein sozialethisches Mißbilligungsurteil über den Täter und seine Tat enthält. Es liegt nicht in der Macht des Gesetzgebers oder des Richters, diese Ehrenwirkungen völlig zu beseitigen. Aber sie werden insofern abgeschwächt, als durch den Ausdruck »Jugendstrafe« die ihr zugrundeliegende Tat als »Jugendverfehlung« gekennzeichnet wird.

Unterscheidet sich also die Jugendstrafe von der Freiheitsstrafe des allgemeinen Strafrechts durch die stärkere Bedeutung, die in ihrer Zweckbestimmung und ihrer Ausgestaltung dem Erziehungsziel beigemessen wird, so ist sie doch andererseits – zum mindesten nach der Konzeption des geltenden Rechts – keine bloß stationäre Erziehungsmaßnahme wie etwa die Erziehungshilfe gem. § 12 Nr. 2 JGG (in Form der Heimerziehung). In ihren Voraussetzungen, Bemessungsgrundsätzen und in der Art ihres Vollzuges darf, solange das Gesetz selbst einen Unterschied zwischen Erziehungshilfe gem. § 12 Nr. 2 JGG (in Form der Heimerziehung) und Jugendstrafe macht, nicht völlig verlorengehen, daß mit der Jugendstrafe auch Schuld geahndet werden soll und daß daher hier das Tatprinzip nicht völlig durch das Täterprinzip verdrängt werden darf[2].

De lege ferenda ist neuerdings mehrfach gefordert worden, die Jugendstrafe als Kriminalstrafe für die 14- und 15jährigen Jugendlichen abzuschaffen und durch reine Jugendhilfemaßnahmen zu ersetzen. Insbesondere der Diskussionsentwurf zum Jugendhilfegesetz (1973) und die Konferenz der Jugendminister der Länder (1980) haben sich für eine solche Einschränkung der Jugendstrafe für Jugendliche ausgesprochen, während sie von der Justizministerkonferenz (1981) abgelehnt worden ist[3] und auch der Reformgesetzgeber des 1. JGGÄndG aus dem Jahre 1990 sie nicht verwirklicht hat. Man wird hier zu unterscheiden haben: Für alle Fälle der üblichen Kriminalität der 14- und 15jährigen mit Ausnahme der Kapitaldelikte wird man, um die schädliche Wirkung des Strafvollzuges gemeinsam mit meist wesentlich älteren Anstaltsinsassen zu vermeiden, besser auf die Jugendstrafe verzichten oder doch, wie die Jugendstrafvollzugskommission vorgeschlagen hat, den Vollzug der Strafe in Heimen vorsehen. Die Schwierigkeit besteht hier nur darin, daß die Heime heute fast ausnahmslos die Einrichtung geschlossener Abteilungen ablehnen und die Jugendhilfe von der Aufnahme jugendlicher Straffälliger nicht ganz mit Unrecht eine zusätzliche Stigmatisie-

---

2 Vgl. zu diesen grundsätzlichen Fragen *Hellmer, J.*, Erziehung und Strafe, 1957; *Miehe, O.*, Die Bedeutung der Tat im Jugendstrafrecht, 1964.
3 Vgl. dazu *Albrecht, P. A./Schüler-Springorum, H.*, Jugendstrafe an 14- und 15jährigen, 1983; dazu *Schaffstein*, ZStW 98 (1986), 113; *Schaffstein*, Festschrift für Schüler-Springorum, 1993, S. 371; *Berckhauer/Steinhilper*, ZRP 1981, 265; *Eisenberg*, § 3 Rn. 3; *Dünkel*, NK 1992, Heft 3, S. 31; *Rössner*, DVJJ-Journal 1991, 219; *Schlüchter*, S. 104; *Sonnen*, in: Diemer/Schoreit/Sonnen, § 2 Rn. 4; *Trenczek*, ZRP 1993, 187.

rung ihrer Einrichtungen und Zöglinge befürchtet. Dagegen kann bei schweren Straftaten, insbesondere bei 14- und 15jährigen Mördern, deren Taten leider in den letzten Jahren mehrfach und durch besonders grauenhafte Begehungsweise die Öffentlichkeit erregt haben, auf Jugendstrafe nicht verzichtet werden. Hier hat auch im Rahmen des Jugendstrafrechts die Berücksichtigung des verletzten Rechtsgefühls (»Verteidigung der Rechtsordnung«, § 47 StGB) hinter spezialpräventiven Gesichtspunkten zurückzutreten, zumal geeignete Heime auch für solche schwerste Taten im Bereich der Jugendhilfe nicht zur Verfügung stehen.

II. Die Voraussetzungen der Jugendstrafe [4]

In zwei Fällen ist wegen einer Straftat eines Jugendlichen (oder eines noch nach Jugendstrafrecht zu verurteilenden Heranwachsenden) Jugendstrafe zu verhängen (§ 17 II JGG):

a) wenn wegen seiner in der Tat hervorgetretenen *schädlichen Neigungen* Erziehungsmaßregeln oder Zuchtmittel zur Erziehung nicht ausreichen, oder

b) wenn wegen der *Schwere der Schuld* Strafe erforderlich ist.

Das Nebeneinander dieser beiden grundsätzlich verschiedenen Gesichtspunkte, die zur Verhängung von Jugendstrafe führen, macht die oben hervorgehobene, das deutsche Jugendstrafrecht durchziehende Spannung zwischen den Gedanken der Erziehung und der Schuldvergeltung besonders deutlich. Der erste Gesichtspunkt, die Bekämpfung schädlicher Neigungen, ist rein spezialpräventiver Natur. Er hat zur Grundlage die Einsicht, daß bei gewissen Jugendlichen und Heranwachsenden die sonst im deutschen Recht ausgebildeten Erziehungsmittel, insbesondere Erziehungshilfe gem. § 12 Nr. 2 JGG (vor allem Heimerziehung) und Jugendarrest, wirkungslos bleiben, so daß es einer einschneidenden und gegenüber jenen beiden Rechtsfolgen härteren bzw. längeren Maßnahme bedarf, um sie vor weiterem Abgleiten in die Kriminalität zu schützen. Anders dagegen bei der Jugendstrafe, die wegen der Schwere der Schuld verhängt wird. Hier ist ausschlaggebend die Erwägung, daß ohne Rücksicht auf die Erziehungsbedürftigkeit und Erziehungsfähigkeit des Täters in manchen, freilich seltenen Fällen besonders schweren Verschuldens das Sühnebedürfnis der Allgemeinheit so elementar ist, daß ihm nur durch echte Kriminalstrafe, mag sie auch spezialpräventiv zwecklos sein, Rechnung getragen werden kann.

Beispiel: Ein 17jähriger Lehrling erschlägt aus Erbitterung über eine ungerechtfertigte Zurechtweisung seinen Meister. Hier wird selbst dann, wenn wegen der Einmaligkeit der Konfliktsituation die Gefahr der Wiederholung eines ähnlichen Delikts nicht besteht, in der Regel die Schwere der Schuld Jugendstrafe erforderlich machen. Die bloße Ahndung der Tat durch Jugendarrest von 4 Wochen würde dem Bedürfnis nach gerechtem, d. h. einigermaßen schuldproportionalem Ausgleich keineswegs entsprechen, ebensowenig aber die Anordnung von Erziehungshilfe gem. § 12 Nr. 2 JGG, die ohnehin des Ahndungscharakters entbehrt und eine bei derartigen Konfliktstaten oft fehlende Gefährdung des Jugendlichen i. S. v. §§ 27, 34 SGB VIII voraussetzt.

Es ist offenkundig, daß dieses alternative Nebeneinander von spezialpräventiven und vergeltenden Strafvoraussetzungen für die rechtsdogmatische Betrachtung einen inneren Widerspruch enthält. Er kann auch nicht dadurch beseitigt werden, daß man die wegen schädlicher Neigungen verhängte Jugendstrafe mit dem ohnehin problemati-

---

[4] Grundlegend: OLG Schleswig NStZ 1985, 475 m. Anm. *Schüler-Springorum*, ebenda und *Streng*, StrVert 1985, 421; *Meyer*, ZfJ 1984, 445; *Mrozynski*, MschrKrim 1985, 1; *Schaffstein*, Heinitz-Festschrift, 1972, S. 461; *Streng*, GA 1984, 149; *Tenckhoff*, JR 1977, 485.

Das materielle Jugendstrafrecht

schen und im Jugendstrafrecht vollends unbrauchbaren Begriff der »Lebensführungsschuld« rechtfertigt. Denn gerade der Jugendliche wird seine »schädlichen Neigungen« in der Regel nicht durch schuldhafte Lebensführung, sondern durch Schicksal erwerben. Allerdings wird der theoretische Gegensatz in der Praxis dadurch gemildert, daß zwar nicht immer, aber doch meistens schwere Tatschuld ein Symptom schädlicher Neigungen des Täters ist.
Im einzelnen ist für die beiden Fälle, in denen das Gesetz Jugendstrafe vorsieht, noch folgendes zu bemerken:

1. **Schädliche Neigungen.** Der (aus dem damaligen österreichischen Recht übernommene) Begriff stellt eine Verdeutschung des Ausdrucks »*kriminelle* Neigungen« dar. Schädliche Neigungen zeigt ein Jugendlicher, bei dem erhebliche Anlage- oder Erziehungsmängel die Gefahr begründen, daß er ohne Durchführung einer längeren Gesamterziehung die Gemeinschaftsordnung durch weitere Straftaten stören wird (BGH StrVert 1992, 431). Bloße Gelegenheits-, Konflikts- und Notkriminalität deutet also noch nicht auf schädliche Neigungen hin[5]. Ebenso sprechen »falsch verstandene Kameradschaft« oder »Abenteuerlust« als Tatmotive eher gegen das Vorhandensein »schädlicher Neigungen«, die regelmäßig schon vor der Tat im Charakter des Jugendlichen angelegt sein müssen[6]. Schon die erste registrierte Straftat kann im Ausnahmefall schädliche Neigungen offenbaren, die jedoch vom Gericht besonders sorgfältig festgestellt werden müssen[7].

Ferner dürfen die weiterhin zu befürchtenden Straftaten **nicht ganz unerheblicher Art,** also nicht bloß »gemeinlästig« sein. Dies folgt schon aus dem verfassungsrechtlichen Grundsatz der Verhältnismäßigkeit. Daher ist Jugendstrafe wegen eines Hanges zur Begehung von Bagatelldelikten nicht zu rechtfertigen.

Beispiele: Der Hang eines Jugendlichen zu ganz geringfügigen Vergehen (z. B. Beförderungserschleichung in der Straßenbahn) stellt für sich allein keine »schädliche Neigung« dar. Auch die Neigung zur fortgesetzten Begehung von kleinen Ladendiebstählen ist zwar »gemeinlästig«, aber nicht »schädlich«[8]. Anders jedoch, wenn hochwertige Gegenstände gestohlen werden. Auch die Neigung zu verkehrswidrigem, rücksichtslosem Fahren oder zum Fahren unter Alkoholeinfluß kann eine »schädliche Neigung« sein, wenn sie sich in wiederholten Vergehen nach §§ 315c oder 316 StGB äußert. Anders wiederum, wenn ein guter 19jähriger Fahrer zwar immer wieder ohne Führerschein fährt, aber dabei keine Unfälle verursacht. Insgesamt zeigt sich also, daß auch bei der Bestimmung des Begriffs »schädliche Neigungen« die Tatschwere nicht ganz außer acht gelassen werden darf[9].

Die schädlichen Neigungen brauchen nicht verschuldet zu sein[10]. Unerheblich ist auch, ob sie auf ererbter Charakteranlage, neurotischer Fehlentwicklung, falscher Erziehung, Verführung oder sonstigen Umweltschäden beruhen (BGH 11, 169).

---

5 BGH 11, 169; 16, 261.
6 BGH StrVert 1985, 419.
7 BGH StrVert 1985, 155; 1993; 531; OLG Zweibrücken JR 1990, 304 m. zust. Anm. *Brunner; Eisenberg,* § 17 Rn. 21.
8 A. A. noch LG Hamburg MDR 1959, 511.
9 Der Fragenkreis ist noch umstritten. Wie hier: *Blau,* MDR 1958, 731; *Brunner,* § 17 Rn. 11; *Miehe,* a. a. O., S. 89, 118. Teilweise abweichend: *Dallinger-Lackner,* § 17 Bem. 5. Zum Begriff der schädlichen Neigungen, s. ferner: *Balzer, R.,* Der strafrechtliche Begriff der schädlichen Neigungen, Jur. Diss. Kiel, 1965; *Baumann,* BewHi 1967, 177.
10 *Eisenberg,* § 17 Rn. 18, 23, hält deshalb im Anschluß an *Zipf,* Die Strafmaßrevision, 1969, S. 145 die Jugendstrafe wegen schädlicher Neigungen für eine Maßregel der Sicherung und Besserung (mit der Verpflichtung zur Hinzuziehung eines Sachverständigen gem. § 246a StPO). Dies ist mit dem Gesetzeswortlaut unvereinbar (s. auch unten § 23 Fußn. 6).

Das Gesetz verlangt ferner ausdrücklich, daß die schädlichen Neigungen *in der abzuurteilenden Tat* hervorgetreten sein müssen. Deshalb darf wegen solcher Taten, die keine symptomatische Bedeutung für eine an sich vielleicht vorhandene kriminelle Neigung der Jugendlichen haben, Jugendstrafe nicht verhängt werden[11].

Beispiel: Ein Jugendlicher, der nach seiner Vorgeschichte lediglich einen Hang zum Diebstahl aufweist, begeht anläßlich einer Kirmesschlägerei eine gefährliche Körperverletzung. Jugendstrafe ist unzulässig. Anders dagegen, wenn der Jugendliche ein berüchtigter »Schläger« und Raufbold wäre, so daß die Körperverletzung Ausdruck dieser seiner »schädlichen Neigungen« wäre.

Maßgebend für das Vorhandensein der schädlichen Neigungen ist daher zunächst der Zeitpunkt der Tat. Sind aber im Zeitpunkt der Aburteilung die schädlichen Neigungen bereits weggefallen, so ist Jugendstrafe nicht mehr zulässig, weil nicht mehr erforderlich.

Beispiel: Der Täter hatte nach zahlreichen, zwei Jahre und länger zurückliegenden Diebstählen Einsichts- und Besserungswillen gezeigt, eine Tischlerlehre erfolgreich abgeschlossen, seinen Wehrdienst geleistet und in seinem Beruf Fuß gefaßt. Jugendstrafe ist nicht mehr zulässig, obwohl zur Zeit der Tat schädliche Neigungen vorlagen, jetzt aber nicht mehr gegeben sind. Als Sanktion für die Diebstähle kommen etwa noch Arbeits- oder Geldauflagen in Betracht[12].

Reichen andere Maßnahmen des JGG zur Bekämpfung der schädlichen Neigungen aus, so ist Jugendstrafe unzulässig. Die Jugendgerichte pflegen deshalb Jugendstrafe gegen Jugendliche meist nur dann zu verhängen, wenn frühere Versuche mit Jugendarrest oder Heimerziehung erfolglos geblieben sind. Wegen der zusätzlichen Gefährdung, der gerade Jugendliche durch kriminelle Infizierung und subkulturelle Unterdrückung durch Ältere im Strafvollzug ausgesetzt sind, ist diese Zurückhaltung grundsätzlich zu billigen.

2. Schwere der Schuld

a) Hier sind zwar nicht primär die objektiven schweren Tatfolgen[13] (z. B. Tod eines Menschen, schwere Körper- oder Sachschäden) zu berücksichtigen, die in der jugendgerichtlichen Praxis der Untergerichte oft allzu sehr oder ausschließlich Beachtung finden[14]. Dennoch gewinnen auch diese schweren Folgen mittelbar dadurch für die Schuld Bedeutung, daß sich Vorsatz und Fahrlässigkeit auf sie beziehen müssen[15]. Wer vorsätzlich oder grob leichtfertig das Leben eines Menschen vernichtet, handelt schuldhafter als derjenige, der nur willentlich fremdes Eigentum beschädigt.

b) Ferner ist der Grad der Schuldfähigkeit zu beachten. Gründe, die gem. § 21 StGB die Schuldfähigkeit vermindern (z. B. Schwachsinn, sonstige erhebliche seelische Abartigkeiten), können auch bei vorsätzlich verursachten schweren Tatfolgen die »Schwere der Schuld« im Sinne des § 17 II JGG ausschließen. Das gleiche gilt bei Jugendlichen für die Berücksichtigung des geistigen oder sittlichen Reifegrades des Täters, der bei 14- bis unter 18jährigen zwar gerade noch vorhanden sein (§ 3 JGG), aber doch so sehr an der unteren Grenze der Verantwortlichkeit liegen kann, daß Schwere der Schuld entfällt.

---

11 Ebenso *Brunner,* § 17 Rn. 12 a; *Eisenberg,* § 17 Rn. 23 m. w. Nachw.
12 BGH StrVert 1985, 419; s. auch BGH StrVert 1990, 505; 1992, 431.
13 So aber *Tenckhoff,* JR 1977, 492, der die »Schwere der Schuld« zu einseitig in »Schwere des Unrechts« umdeutet. Vgl. auch BGH StrVert 1982, 335.
14 Dagegen insoweit zutreffend BGH 15, 224; BGH StrVert 1994, 602.
15 Auch Tatfolgen außerhalb des Tatbestandes müssen entweder erkannt oder zumindest fahrlässig nicht erkannt werden, *Böhm,* NStZ 1985, 448; *Eisenberg,* § 18 Rn. 20 a. Dagegen: OLG Hamm bei *Böhm,* NStZ 1985, 447.

c) Wesentliche Bedeutung für die Schwere der Schuld kommt endlich auch den in der konkreten Situation zur Tat drängenden sowie auch den von ihr potentiell abhaltenden Motiven zu. Obwohl die Tatmotive meist Rückschlüsse auf den Charakter des Täters zulassen, braucht dies nicht der Fall zu sein (z. B. wenn ein charakterlich einwandfreier Jugendlicher, etwa aus starker begründeter Eifersucht oder aus politischen Gründen ein Kapitaldelikt begeht). Die Schuld i. S. des § 17 JGG ist »Einzeltatschuld«, nicht »Charakterschuld«. Dem Charakter des Täters kommt nur im Rahmen des Begriffs »schädliche Neigungen« Bedeutung zu.

»*Erforderlich*« ist nach dem Sinn des Gesetzes die wegen Schwere der Schuld zu verhängende Jugendstrafe nur dann, wenn bei Berücksichtigung der Tat einerseits, des Entwicklungsstandes des Täters andererseits, ein Absehen von Strafe zugunsten von Erziehungsmaßregeln oder Zuchtmitteln in unerträglichem Widerspruch zum allgemeinen Gerechtigkeitsgefühl stehen würde. Das wird vor allem bei den sogenannten Kapitalverbrechen (vorsätzlichen Tötungen und durch Todeserfolg qualifizierten vorsätzlichen Delikten), aber auch etwa bei schweren Fällen von Raub, Notzucht u. dgl. der Fall sein. Selbst bei schweren Fahrlässigkeitsdelikten (so wenn bei einem Verkehrsdelikt der Tod des Opfers auf eine besonders grobe Leichtfertigkeit des Täters zurückzuführen ist), kann Schwere der Schuld Jugendstrafe erforderlich machen, weil das Sühnebedürfnis in solchen Fällen durch den sonst allein in Frage kommenden Jugendarrest nicht befriedigt werden kann[16].

BGH 15, 224, BGH 16, 261[17] wollen auch wegen »Schwere der Schuld« Jugendstrafe nur dann zulassen, wenn diese aus erzieherischen Gründen erforderlich sei. Diese Entscheidungen des BGH sind mit der Mehrheit des Schrifttums nachdrücklich abzulehnen, weil sie entgegen dem Wortlaut, dem Sinn und der Entstehungsgeschichte des Gesetzes der Strafvoraussetzung »Schwere der Schuld« gegenüber den »schädlichen Neigungen« jede selbständige Bedeutung nehmen. Sie verkennen, daß auch bei der Jugendstrafe, weil sie ihrem Wesen nach echte Kriminalstrafe ist, der Gesichtspunkt gerechter Vergeltung schuldhafter Tat zum mindesten in den schwersten Fällen nicht außer acht bleiben darf[18]. Neuerdings hat die Rechtsprechung ihre Position abgeschwächt, indem sie nunmehr hervorhebt, neben dem Erziehungszweck dürften auch Schuldgesichtspunkte berücksichtigt werden[19], was sich freilich nach dem ausdrücklichen Wortlaut des Gesetzes von selbst versteht.

Allein aus generalpräventiven Gründen (zur Abschreckung anderer) darf Jugendstrafe nicht verhängt werden (nur insoweit zutreffend BGH 15, 224, 226)[20].

---

16 Vgl. dazu OLG Hamm VRS 35, 119; OLG Celle VRS 36, 415; BayObLG StrVert 1985, 155 mit Anm. *Böhm*, wo mit Recht betont wird, daß auch bei einem tödlichen Verkehrsunfall die Schwere der Folge und der äußere Tathergang allein die »Schwere der Schuld« noch nicht begründen können, sondern Feststellungen zur subjektiven Tatseite erforderlich sind; AG Dillenburg NStZ 1987, 409 mit Anm. *Böhm* und *Eisenberg*; gegen Jugendstrafe bei Fahrlässigkeitstaten: *Ostendorf*, § 17 Rn. 6.
17 Ferner u. a.: BGH NStZ 1982, 332; BGH StrVert 1994, 598; zustimmend *Meyer-Odewald, U.*, Die Verhängung und Zumessung der Jugendstrafe gem. § 17 II 2. Alt. JGG im Hinblick auf das ihm zugrundeliegende Antinomieproblem, 1993, S. 193 ff.
18 Überzeugende Einwendungen gegen diese BGH-Entscheidungen bei *Brunner*, § 17 Rn. 14 a, 15; *Grethlein*, NJW 1961, 687, *Hellmer*, NJW 1964, 179; *Meyer*, ZfJ 1984, 452; *Miehe*, S. 60; *Tenckhoff*, JR 1977, 487; *Hartmann, Ch.*, Jugendstrafe wegen Schwere der Schuld nach § 17 Abs. 2 (2. Alt.) JGG, jur. Diss. Mainz, 1991, S. 245. Zurückhaltender in der Kritik: *Böhm*, S. 176 und *Dallinger-Lackner*, § 17 Bem. 18 b. Dem BGH folgend *Eisenberg*, § 17 Rn. 34 f. und *Kaiser*, S. 118; s. auch unten § 23 III.
19 BGH bei *Böhm*, NStZ 1985, 447; 86, 447; 87, 442; OLG Köln StrVert 1991, 426.
20 Lehrfall zur Jugendstrafe wegen Schwere der Schuld: *Beulke/Mayerhofer*, JuS 1988, 136.

§ 22: Wesen und allgemeine Voraussetzungen

3. **De lege ferenda** sind beide Voraussetzungen der Jugendstrafe seit ihrer Einführung umstritten gewesen. Während sich früher die Kritik besonders gegen den Begriff der »Schwere der Schuld« richtete, der in Widerspruch zum Erziehungsprinzip eines rein spezialpräventiv verstandenen Jugendstrafrechts stehe, richtet sie sich neuerdings vor allem gegen den Begriff der »schädlichen Neigungen«. Gegen ihn wird eingewendet, daß er zur Stigmatisierung der Verurteilten beitrage und überdies bei diesen eine resignative Haltung gegenüber einem scheinbar unabänderlichen, in ihrer Anlage begründeten Schicksal begünstige.
Soweit diese Einwendungen sich auf die Terminologie beschränken, wird man sie nicht ganz von der Hand weisen können. Der Begriff der »schädlichen Neigungen« ist durch einen anderen zu ersetzen, der an die Gefahr des Begehens neuer schwerwiegender Taten anknüpft. Indessen zielt die neueste Kritik an den »schädlichen Neigungen« meist weiter und richtet sich gegen das spezialpräventive Täterstrafrecht, indem das Vorhandensein oder doch die Erkennbarkeit solcher Neigungen bei Jugendlichen und Heranwachsenden geleugnet wird[21]. Ferner erweise sich vielfach auch bei den sog. »Wiederholt-Auffälligen« selbst schwerere Kriminalität als episodenhaft und nach einigen Jahren abklingend, so daß eine Jugendstrafe überflüssig sei. Darüber hinaus wird neuerdings behauptet, der hinter den schädlichen Neigungen verborgene Erziehungsbegriff habe bei den stationären Maßnahmen zu einer Verstärkung der Sanktionsintensität geführt. Er habe kaschiert, daß Jugendstrafe Repression im herkömmlichen Sinne sei. Gefordert wird deshalb eine Kappung des Erziehungsgedankens bei der Jugendstrafe durch ersatzlose Streichung des Merkmals der »schädlichen Neigungen«[22]. Demgegenüber sind wir der Auffassung, daß vor allem beim Heranwachsenden, in Ausnahmefällen aber auch bei Jugendlichen, auf Jugendstrafe als »ultima ratio« nicht verzichtet werden kann, wenn das Zusammenspiel von Tat und Täterpersönlichkeit den Beginn einer kriminellen Karriere befürchten läßt. Es trifft ferner nicht zu, daß der Erziehungsbegriff im Rahmen der längerfristigen stationären Maßnahmen eine Strafinflation herbeigeführt hätte. Die jetzt festgestellte Schlechterstellung von heranwachsenden Mehrfachtätern betrifft nur einen ganz geringen Täterkreis (vielfach rückfällige, heranwachsende Intensivtäter). Im übrigen hat sich das Erziehungsprinzip in den letzten 100 Jahren auch bei der Jugendstrafe als strafentlastend erwiesen. Auch die Rechtsprechung des BGH hat den Erziehungsgedanken vielfach als Bremse bei zu schwer empfundenen Sanktionen eingesetzt, indem sie z. B. – wie dargelegt – eine Berücksichtigung des Erziehungsgedankens auch bei der Schwere der Schuld fordert oder bei der Strafaussetzung zur Bewährung gem. § 21 JGG eine verstärkte Einbeziehung des Erziehungsgedankens anmahnt[23]. Auch ginge ein Jugendlicher oder Heranwachsender, bei dem im Bereich der schweren Kriminalität das Erziehungsprinzip durch das – wegen jugendlichen Alters abgeschwächte – Tatschuldprinzip ersetzt würde, langfristig vieler anderer, aus dem Erziehungsgedanken abgeleiteter Besserstellungen verlustig. So wäre z. B. eine Preisgabe des Einheitsprinzips (§§ 31, 32 JGG) sowie der Sonderstellung der

---

21 Vgl. u. a.: *Albrecht*, § 30 II 5, S. 245; *Dünkel*, S. 466; *Eisenberg*, Bestrebungen zur Änderung des JGG, 1984, S. 26; *Ostendorf*, Grundlagen zu §§ 17–18 Rn. 6; *Streng*, GA 1984, 165.
22 S. oben § 5 IV, insbes. Fußn. 11 ff.; ferner *Begemann*, ZRP 1991, 44; *Dünkel*, ZStW 105 (1993), 159; *Heinz*, in: Freiheitsentzug bei jungen Straffälligen, heraug. von *Trenczek, Th.*, 1993, S. 50; *Ostendorf*, Grdl. zu §§ 17–18, Rn. 6; *Pfeiffer*, RuP 1991, 224; *Sonnen*, in: *Diemer/Schoreit/Sonnen*, § 17, Rn. 9 u. 18.
23 Vgl. nur BGH 10, 233; 24, 360; BGH NStZ 1986, 379; ausführlich: *Beulke*, in: BMJ-Grundfragen, S. 353. Gegen das »Schlechterstellungsargument« auch *Hoppenworth, E.*, Strafzumessung beim Raub, 1991, S. 267 und *Wagner*, ZfJ 1992, 392.

Das materielle Jugendstrafrecht

Heranwachsenden (§ 105 JGG) oder auch die Abschaffung der besonders extensiven Möglichkeiten der Aussetzung des Strafrestes (§ 88 JGG) zu befürchten. Auch der Jugendarrest würde in diesen Sog geraten und den Charakter einer kurzfristigen Freiheitsstrafe erhalten. So würden z. B. auch die im Jahre 1990 erst ausgeweiteten Möglichkeiten, aus erzieherischen Gründen von der Vollstreckung des Jugendarrestes abzusehen (§ 87 III JGG), dann jeglicher Legitimation entbehren. Schließlich ist zu bedenken, daß bei einem Wegfall der »schädlichen Neigungen« als Voraussetzung der Jugendstrafe die Praxis mit großer Wahrscheinlichkeit zu einer nicht wünschenswerten Erweiterung des bisher auf einen kleinen Kreis schwerster Taten beschränkten Begriffes »Schwere der Schuld« kommen wird. Besonders verhängnisvoll wäre diese Entwicklung, wenn sie einherginge mit einer Abschaffung des Jugendarrests, denn dann ist bei realistischer Betrachtungsweise zu erwarten, daß gegenüber der bisherigen Klientel des Dauerarrests in Zukunft eine kurzfristige Jugendstrafe verhängt werden wird [24]. Insgesamt ergibt sich somit, daß auch im Bereich der stationären Maßnahmen – mit Einschluß der Jugendstrafe – auf den Erziehungsgedanken nicht verzichtet werden sollte [25].

§ 23 Dauer und Bemessung der Jugendstrafe

I. Bestimmte und unbestimmte Strafdauer. Abschaffung der unbestimmten Jugendstrafe.

Das JGG kennt nur noch eine Jugendstrafe von **bestimmter** Dauer, die wie im allgemeinen Strafrecht vom Gericht durch Urteil festgesetzt wird. Allerdings gelten dabei für die gesetzlichen Strafrahmen, die Strafbemessungsgrundsätze und die Aussetzung zur Bewährung nach Teilverbüßung jugendstrafrechtliche Sonderregelungen, die vom allgemeinen Strafrecht abweichen. Die 1941 in das deutsche Jugendstrafrecht nach ausländischen Vorbildern (Österreich, Nordamerika, englische Borstalhaft) eingeführte Jugendstrafe von *unbestimmter Dauer* ist 1990 durch das 1. JGGÄndG wieder abgeschafft worden.

Die sog. »*unbestimmte Jugendstrafe*« sollte nach dem nunmehr gestrichenen § 19 JGG a. F. verhängt werden, wenn sich nicht voraussehen ließ, wie lange Zeit bei schädlichen Neigungen des Jugendlichen der Strafvollzug zu seiner Erziehung benötigen würde. Der Richter hatte dann im Urteil nur die Mindestdauer und die Höchstdauer (nicht mehr als 4 Jahre) der Jugendstrafe festzusetzen, während der später als Vollstreckungsleiter fungierende Jugendrichter je nach der Beurteilung des Jugendlichen durch den Strafvollzug innerhalb jenes Rahmens die endgültige Strafdauer bestimmte. Der Vorteil, den man sich von dieser Regelung, die schon seit der Jahrhundertwende zu den vornehmlichen Forderungen der Liszt-Schule gehört hatte, versprach, bestand insbesondere darin, daß sie den Verurteilten anspornen würde, an seiner eigenen Resozialisierung mitzuwirken. Auch sei es aufgrund seines mehr oder minder flüchtigen Eindrucks vom Jugendlichen für den Richter zur Zeit des Urteils in der Regel überhaupt noch nicht möglich, die für die Resozialisierung erforderliche Zeit richtig zu bestimmen. Gegen die unbestimmte Strafe wurde schon von der klassischen Schule und wird gerade auch neuerdings wieder angeführt, daß sie den Probanden im Strafvollzug nur zu einem geheuchelten Wohlverhalten verführe und ihn überdies der Willkür der in ihrer Beurteilungsfähigkeit meist auch nicht hinreichend sicheren Strafvollzugsbeamten aussetze. Schwerer als diese eher fragwürdigen Einwände mag wohl die in den letzten Jahren wieder verstärkte grundsätzliche Skepsis gegen die erzieherischen Möglichkeiten des Strafvollzuges und die damit verbundene Forderung wiegen, sich auch im Jugendstrafrecht nicht von dem das allgemeine Strafrecht bestimmenden Grundsatz zu entfernen, daß primär die schuldhafte Tat Maßstab für die Straf-

---

24 Ebenso *Herrlinger*, DVJJ-Journal 1991, 156.
25 Einzelheiten bei *Beulke*, Meyer-Gedächtnisschrift, 1990, S. 677; s. auch *Fleck*, DVJJ-Journal 1991, 296.

§ 23: Dauer und Bemessung der Jugendstrafe

zumessung zu sein hat (§ 46 I S. 1 StGB). Die Vertreter einer solchen stets bestimmten, weil tatproportionalen Strafdauer konnten sich darauf berufen, daß nicht nur die betroffenen Jugendlichen die unbestimmte Strafe meist als ungerecht und willkürlich besonders fürchteten, sondern auch die Gerichte nach anfänglicher positiver Beurteilung von Jahr zu Jahr mehr von der Verhängung unbestimmter Jugendstrafe abgesehen haben, so daß diese in den letzten Jahren in der Praxis nur noch ein Schattendasein fristete. So waren im Jahre 1955 noch 22 % der Jugendstrafen solche von unbestimmter Dauer, 1974 nur noch 5,5 %, 1987 gar nur noch 0,1 %. Die Beseitigung der unbestimmten Jugendstrafe, die übrigens auch einer internationalen Tendenz entspricht, ändert also an der derzeitigen jugendstrafrechtlichen Praxis kaum etwas. Auch die Befürworter der unbestimmten Strafe, die mit guten Gründen namentlich aus dem Kreis der Jugendstrafvollzugsleiter kamen, werden sich deshalb eher mit ihrem Verschwinden abfinden können, weil § 88 JGG mit der dort vorgesehenen Aussetzung des Restes einer bestimmten Jugendstrafe (sog. »Drittelverbüßung«) ebenfalls die Möglichkeit bietet, bei längeren Jugendstrafen eine günstige Entwicklung des Jugendlichen im Vollzuge durch Strafabkürzung zu belohnen (vgl. unten IV).

II. Der gesetzliche Strafrahmen des Jugendstrafrechts

Im Jugendstrafrecht *gelten*, wie bereits früher (§ 11 I) erwähnt wurde, *die Strafrahmen des allgemeinen Strafrechts nicht* (§ 18 I S. 3 JGG), denn sie sind regelmäßig nach der Schwere der Tat abgestuft. Sie eignen sich daher nicht für die primär auf die Persönlichkeit des Täters abstellende Strafbemessung des Jugendstrafrechts. Statt der verschiedenen Strafrahmen des allgemeinen Strafrechts gilt bei der Jugendstrafe ein einheitlicher Strafrahmen. In allen Fällen ist die Mindestdauer der Strafe 6 Monate. Die Höchstdauer der Jugendstrafe ist bei Jugendlichen regelmäßig 5 Jahre, nur in Ausnahmefällen, nämlich bei Verbrechen, für die das allgemeine Strafrecht eine Höchststrafe von mehr als 10 Jahren Freiheitsstrafe androht, 10 Jahre (§ 18 I JGG). Bei Heranwachsenden beträgt die Höchstdauer stets 10 Jahre (§ 105 III JGG).

Diese gesetzliche Festlegung der Mindest- und Höchstdauer der Jugendstrafe ist vornehmlich durch die pädagogischen Erfahrungen des Jugendstrafvollzugs bestimmt:

1. Strafen, deren Dauer weniger als 6 Monate betrüge, hätten nur die nachteilige Wirkung, daß sie den Jugendlichen mit dem Makel des Vorbestraftseins belasteten und ihn mit dem oft gefährlichen Gefängnisklima bekannt machten, ohne daß diese Nachteile durch eine intensive und eben deshalb zeitbeanspruchende erzieherische Beeinflussung im Vollzug ausgeglichen werden könnten. Der Kampf gegen die schädliche kurzzeitige Freiheitsstrafe gehört deshalb zu den ältesten und wichtigsten Programmpunkten der Strafrechtsreformbestrebungen überhaupt und der Jugendgerichtsbewegung im besonderen. Das Resultat dieser reformatorischen Bemühungen war jene Heraufsetzung der *Strafmindestdauer* zunächst auf 3 Monate durch das RJGG 1943, sodann auf 6 Monate durch das JGG 1953. Dabei nimmt der Gesetzgeber bewußt in Kauf, daß nunmehr bei freiheitsentziehenden Maßnahmen des Jugendstrafrechts zwischen dem Jugendarrest mit seiner Höchstdauer von 4 Wochen und der Jugendstrafe mit der Mindestdauer von 6 Monaten eine nicht auszufüllende Lücke klafft. Diese Lücke kann jedoch nur vom Standpunkt einer im wesentlichen tatbezogenen Strafzumessung, wie sie im Erwachsenenstrafrecht herrscht, als Mangel empfunden werden. Vom Jugendrichter verlangt das Gesetz, daß er die Dauer des Freiheitsentzugs nach seiner Wirkung auf den Täter bestimmt.

Kommt der Jugendrichter aufgrund einer sorgfältigen Persönlichkeitsdiagnose zu dem Ergebnis, eine Anstaltserziehung von der Dauer von 6 Monaten oder darüber sei nicht erforderlich, so darf er nicht auf Jugendstrafe erkennen. Das JGG will keine »Hochstufung« der kurzfristigen Freiheitsstrafe, vielmehr soll der Jugendrichter dann auf die anderen Maßnahmen, wie Jugendarrest oder längerfristige Betreuungsweisungen bzw.

Das materielle Jugendstrafrecht

soziale Trainingskurse etc. ausweichen. Zwischen diesen beiden Möglichkeiten, also der nachhaltigen, mit den Mitteln moderner Sozialpädagogik arbeitenden Beeinflussung im Anstaltsvollzug, für deren Wirksamkeit 6 Monate das zeitliche Minimum darstellt und den leichteren Sanktionsformen bis hin zum vierwöchigen Jugendarrest, gibt es keinen Mittelweg.

Für prognostisch hoffnungsvolle oder zweifelhafte Fälle stellt ihm das Gesetz freilich noch die später (im 6. Kapitel) zu erörternden Möglichkeiten einer Strafaussetzung zur Bewährung oder einer Aussetzung der Strafverhängung zur Bewährung zur Verfügung.

Nach dem Urteil fast aller erfahrenen Vollzugspraktiker ist selbst die Mindeststrafe von 6 Monaten noch zu kurz und läßt sich eine nachhaltige erzieherische Beeinflussung im Jugendstrafvollzug erst bei einer Strafdauer von einem Jahr erreichen. Wenn gleichwohl im Jahre 1991 von den damals verhängten Jugendstrafen etwa $^2/_3$ solche von 6–12 Monaten waren, bei denen häufig noch die verbüßte Untersuchungshaft in Abzug zu bringen ist, so zeigt das, daß dem Kampf gegen die schädliche kurzzeitige Freiheitsstrafe bisher nur ein recht beschränkter Erfolg beschieden war. Auch der große Anteil der Strafaussetzungen berührt diese Feststellung nur wenig, da die Aussetzung in vielen Fällen widerrufen, die zu kurze Strafe also doch vollstreckt werden mußte. Eine bedenkliche Verstärkung dieser Tendenz wäre denkbar, sofern sich nach dem Vorbild in Skandinavien, den Niederlanden und der Schweiz das Kurzstrafenkonzept ganz allgemein verstärkt durchsetzen sollte[1]. Auch in der deutschen jugendstrafrechtlichen Diskussion verstärkt sich neuerdings leider die Forderung nach Herabsetzung der Mindeststrafe auf einen Monat[2].

2. Wenn bei den Jugendlichen die gesetzliche *Höchstdauer* der Jugendstrafe regelmäßig 5 Jahre beträgt, so beruht dies auf der Erfahrung, daß eine allzu lange Strafzeit nicht mehr für die Erziehungsarbeit nutzbar gemacht werden kann, sondern nur noch zur Abstumpfung und gefährlichen Gewöhnung an das Anstaltsleben führt. Bei Heranwachsenden und bei den schwersten Verbrechen Jugendlicher (insbesondere Mord, Totschlag, Raub, schwere Brandstiftung) läßt das Gesetz freilich eine Strafdauer bis zu 10 Jahren zu, die vom Standpunkt der erzieherischen Wirkung des Vollzuges nicht mehr zu rechtfertigen ist[3]. Der Grund dafür ist das in diesem Fall besonders starke Sühne- und Schutzbedürfnis der Allgemeinheit. Zu beachten ist jedoch, daß auch hier den erzieherischen Bedürfnissen durch Entlassung zur Bewährung nach Verbüßung von mindestens einem Drittel der Strafe Rechnung getragen werden kann (§ 88 JGG, unten IV).

III. Die richterliche Strafbemessung

Innerhalb des gesetzlichen Strafrahmens der Jugendstrafe hat der Richter, wie bei der Strafzumessung im allgemeinen Strafrecht, die Dauer der bestimmten Jugendstrafe im Urteil nach pflichtgemäßem Ermessen festzusetzen. Er ist jedoch in der Ausübung seines Ermessens durch die allgemeinen Strafzwecke und speziell durch die Strafzumessungsregel des § 18 II JGG gebunden: »Die Jugendstrafe ist so zu bemessen, daß die erforderliche erzieherische Einwirkung möglich ist«. Die vorrangige Berücksichtigung des Erziehungszweckes bei der Strafzumessung gilt nach ständiger BGH-Rechtsprechung auch für die wegen Schwere der Schuld nach § 17 II JGG verhängte

---

1 Dazu *Dünkel*, RuP 1989, 27; *Dolde/Jehle*, ZfStrVo 1986, 195; *Kaiser*, Kriminologie, § 116 Rn. 13, S. 926; *Kerner*, in: 40 Jahre BRD – 40 Jahre Rechtsentwicklung, 1990, S. 367; *Weigend*, JZ 1986, 260. *Bertel*, ÖJZ 1987, 75; *Kunz*, SchwZfStrR 1986, 182; In diese Richtung deutet auch die Diskussion um die Ausgestaltung des Jugendarrests als kurzfristige Freiheitsstrafe, vgl. *Feltes*, ZStW 100 (1988), 158, dazu oben § 21 IV.
2 Siehe *Dünkel* ZfJ 1990, 425; *Heinz* RdJB 1990, 133; s. auch oben § 5 Fußn. 12.
3 Ebenso *Böhm*, StrVert 1986, 71.

§ 23: Dauer und Bemessung der Jugendstrafe

Jugendstrafe[4]. Diese Regel ist freilich nicht zu verstehen, als sei die Erziehungswirksamkeit der einzige Gesichtspunkt, der bei der richterlichen Strafzumessung zu berücksichtigen ist. Neben ihr sind auch die anderen Strafzwecke und unter ihnen namentlich auch der Gesichtspunkt gerechter Schuldvergeltung zu beachten[5]. Führen die verschiedenen Strafzwecke zu unterschiedlichen Strafmaßen, so hat der Richter wie im allgemeinen Strafrecht die widerstreitenden Gesichtspunkte durch Abwägung zum Ausgleich zu bringen. Dabei kommt jedoch im Jugendstrafrecht, anders als im allgemeinen Strafrecht, dem Erziehungsinteresse eine vorrangige Bedeutung zu. Doch rechtfertigt selbst der Erziehungsgedanke nicht eine Strafhöhe, die die obere Grenze der Tatschuld des Jugendlichen überschreitet[6] (ebenso RiLi Nr. 2 zu § 18 JGG). Deshalb ist eine Dauer der Jugendstrafe, die über das im allgemeinen Strafrecht vorgesehene Höchstmaß der für die betreffende Tat angedrohten Strafe hinausgeht, nicht zulässig. Sieht ein Straftatbestand im Erwachsenenstrafrecht eine Strafherabsetzung für einen »minder schweren Fall« ausdrücklich vor, so muß entsprechend auch das Jugendgericht feststellen, ob die Tat nach allgemeinem Strafrecht unter diese Kategorie fällt und die Jugendstrafe darf dann über das dort vorgesehene Strafmaß nicht hinausgehen[7]. In der umgekehrten Konstellation des »besonders schweren Falles« bzw. des Regelbeispiels kann das Jugendgericht ebenfalls die besondere Schuldschwere nach allgemeinem Recht in die Gesamtwürdigung bei der Bemessung der Jugendstrafe mit einbeziehen[8]. Es muß also eine Beziehung zu den Strafdrohungen des allgemeinen Strafrechts hergestellt werden, ohne daß die dort angegebenen Werte als Orientierungslinien für die Bemessung der Jugendstrafe mißverstanden werden dürften[9].

Beispiel: Ein nach Jugendstrafrecht zu beurteilender Heranwachsender hat einen Totschlag begangen, für den die mildernden Umstände des § 213 StGB zutreffen, da er sich durch eine Beleidigung zur Tat hat hinreißen lassen. Die vom Jugendgericht aus ohnehin höchst zweifelhaften erzieherischen Gründen verhängte Strafe von 8 Jahren Jugendstrafe ist schon deshalb unzulässig, weil § 213 StGB nur eine Höchststrafe von 5 Jahren Freiheitsstrafe vorsieht[10].

Im Rahmen der Gesamtabwägung sind vorrangig die Persönlichkeit des Jugendlichen oder Heranwachsenden, seine erzieherischen Defizite sowie seine Sozialprognose zu

---

4 BGH 15, 224; 16, 261.
5 Für die Berücksichtigung von Schuldgesichtspunkten *neben* dem Erziehungszweck jetzt auch BGH bei *Böhm*, NStZ 1985, 447; BGH StrVert 1993, 532; 1994, 598.
6 BGH NStZ 1990, 389; vgl. auch *Brunner*, § 18 Rn. 10; *Miehe*, a. a. O., S. 118; *Schaffstein*, ZblJugR 1967, 129; *ders.*, in Festschrift für Würtenberger, 1977, S. 449; zum Problem auch *Loos*, in: Wolff – Erziehung, 1990, S. 83. Teilweise abweichend *Zipf, H.*, Die Strafmaßrevision, 1969, S. 145, der die Jugendstrafe wegen schädlicher Neigungen nicht als Kriminalstrafe, sondern als reine Besserungsmaßnahme verstanden wissen will, so daß hier, anders als bei der Jugendstrafe wegen Schwere der Schuld, das Erziehungsbedürfnis einziger Bemessungsmaßstab sei und der Schuld nicht die Begrenzungsfunktion des staatlichen Präventivziels zukomme. Diese Lehre ist mit der lex lata nicht vereinbar.
7 BGH bei *Böhm*, NStZ 1986, 447; 1988, 491; 1994, 529; BGH bei *Detter*, NStZ 1990, 174; Die Strafmaßverschiebung gem. §§ 21, 49 I StGB muß entspr. berücksichtigt werden, BGH StrVert 1992, 432; OLG Zweibrücken StVert 1994, 599. S. auch *Heublein*, ZfJ 1994, 464; *Eisenberg*, § 18 Rn. 15 m. w. Nachw.
8 BGH bei *Holtz*, MDR 1982, 625; BGH bei *Böhm*, NStZ 1985, 447; *Eisenberg*, § 18 Rn. 15.
9 BGH bei *Böhm*, NStZ 1987, 442; 1988, 491; BGH NStZ 1989, 119; *Sonnen*, in: Diemer/Schoreit/Sonnen § 18 Rn. 11.
10 Ebenso BGH bei *Holtz*, MDR 1977, 107; BGH StrVert 1982, 27, wo aber irrigerweise die Überschreitung der Höchststrafe des allgemeinen Strafrechts ausnahmsweise für zulässig gehalten wird; BGH GA 1986, 177; *Brunner*, § 18 Rn. 15, *ders.*, JR 1982, 433; *Eisenberg*, § 18 Rn. 11; *Miehe*, S. 119; *Ostendorf*, § 18 Rn. 5; *Streng*, GA 1984, 164; anders noch BGH MDR 1955, 372 und wohl auch *Maurach/Gössel/Zipf*, AT 2, § 73 II, Rn. 13, S. 725 (dazu oben Fußn. 6).

Das materielle Jugendstrafrecht

würdigen[11]. Eine Verkennung des Erziehungszwecks der Jugendstrafe wäre gegeben, wenn deren Dauer lediglich von dem Zeitraum abhängig gemacht wird, der zum Erwerb eines Berufsabschlusses erforderlich ist[12] oder der benötigt wird, um eine krankhafte seelische Störung zu heilen[13].

Zu beachten ist ferner noch, daß nach einer begrüßenswerten ständigen Rechtsprechung des BGH die Bemessung der Jugendstrafe bereits dann für fehlerhaft gehalten wird, wenn die Jugendstrafe sowohl wegen Schwere der Schuld als auch wegen in der Tat hervorgetretener schädlicher Neigungen verhängt worden ist, und die Überprüfung ergibt, daß zwar die Schwere der Schuld zu Recht bejaht wurde, die Annahme schädlicher Neigungen aber zweifelhaft ist, denn in diesem Fall kann nicht ausgeschlossen werden, daß die fehlerhaft begründete Annahme schädlicher Neigungen sich auf die Höhe der erkannten Strafe ausgewirkt hat[14].

Auch die Berücksichtigung *generalpräventiver* Gesichtspunkte, die nach heute im allgemeinen Strafrecht herrschend gewordener Strafzwecklehre auf die Normbekräftigung in der Bevölkerung durch Anwendung der Strafvorschrift abstellt (sog. positive Generalprävention, dazu bereits oben § 5 IV 4), ist nur bei der Verhängung, nicht aber bei der Bemessung einer aus anderen Gründen verhängten Jugendstrafe ausgeschlossen[15].

Beispiel: In einer Großstadt sind in letzter Zeit häufig jugendliche Banden aufgetreten, die sich mit der Plünderung von Autos befassen. Gegen das ertappte Mitglied einer solchen Bande darf Jugendstrafe nur verhängt werden, wenn seine Beteiligung an den Diebstählen Ausdruck einer durch andere Maßnahmen nicht wirksam zu beseitigenden »schädlichen Neigung« ist. Ist dies der Fall, so darf bei der Bemessung der Strafdauer auch die abschreckende Wirkung einer exemplarischen Strafe auf andere jugendliche Autodiebe berücksichtigt werden.

IV. Vollstreckungsaussetzung zur Bewährung nach Teilverbüßung

Die Vollstreckung des Restes einer Jugendstrafe kann nach Verbüßung eines Teils der Strafe zur Bewährung ausgesetzt werden (§ 88 JGG). Die Aussetzung setzt voraus,

a) daß verantwortet werden kann zu erproben, ob der Verurteilte außerhalb des Strafvollzuges einen rechtschaffenen Lebenswandel führen werde (§ 88 I JGG),

b) daß er mindestens 6 Monate und bei Jugendstrafe von mehr als einem Jahr mindestens ein Drittel der Strafe verbüßt hat. Vor Verbüßung von 6 Monaten darf die Aussetzung zur Bewährung nur aus besonders wichtigen Gründen angeordnet werden (§ 88 II JGG).

Die Möglichkeit vorzeitiger Entlassung rechtfertigt sich aus verschiedenen Gründen. Einmal wird es oft angebracht sein, besonders lange Strafen abzukürzen, um einen bereits erreichten Erziehungserfolg des Strafvollzugs nicht durch Gewöhnung und Abstumpfung abzuschwächen (vgl. oben). Sodann würde der unvermittelte Übergang von

---

11 BGH StrVert 1988, 307.
12 BGH StrVert 1987, 306.
13 BGH NStZ 1987, 506.
14 BGH 16, 261, 262; BGH bei *Böhm,* NStZ 1984, 446; 1988, 491; *Eisenberg,* § 17 Rn. 40.
15 Ebenso *Bottke, W.,* Generalprävention und Jugendstrafrecht, 1984, S. 36; *Brunner,* § 18 Rn. 9a; *Maurach/Gössel/Zipf,* AT 2, § 73 Rn. 14, S. 725; *Schlüchter,* Gedächtnisschrift für H. Kaufmann, 1986, S. 409; *dagegen aber:* BGH 15, 224 (226), BGH bei *Böhm,* NStZ 1986, 446; 1994, 529; *Böhm,* S. 175; *Eisenberg,* § 17 Rn. 5 (der aber für den Regelfall auch die Sühnefunktion leugnet), § 18 Rn. 23; *Kaiser/Schöch,* Fall Nr. 16 Rn. 32; *Sonnen,* in: Diemer/Schoreit/Sonnen, § 18 Rn. 16. Aus empirischer Sicht wird die generalpräventive Wirkung bei Jugendlichen bestritten von *Schumann, K.-F./Berlitz, C./Guth, H. W./Kaulitzki, R.,* Jugendkriminalität und die Grenzen der Generalprävention, 1987, S. 161; *dies.,* KrimJ 1987, 13; dazu oben § 5 IV 3 und 4.

§ 23: Dauer und Bemessung der Jugendstrafe

der Strafanstalt in die Freiheit den Jugendlichen Gefahren und Schwierigkeiten aussetzen, die durch Zwischenschaltung einer Probezeit, in der er Bewährungsaufsicht und -hilfe erfährt, vermieden oder doch gemindert werden können. Endlich enthält die Aussicht auf vorzeitige Entlassung für den Jugendlichen einen erzieherisch wertvollen Anreiz, sich diese Vergünstigung zu verdienen.

Über die Entlassung entscheidet der als *Vollstreckungsleiter* fungierende *Jugendrichter* nach Anhören des Staatsanwalts und des Vollzugsleiters (§ 88 IV JGG)[16]. Die Entlassung ist in sein pflichtgebundenes Ermessen gestellt. Dabei sind die oben angeführten Gründe, die für eine vorzeitige Entlassung sprechen, gegen die ihr oft widerstreitenden Sühne- und Sicherheitsinteressen der Allgemeinheit abzuwägen. Eine Einwilligung des Verurteilten ist (im Jugendstrafrecht) nicht erforderlich.

Beispiel: Ein Jugendlicher ist wegen Mordes zu 10 Jahren Jugendstrafe verurteilt. Der Strafanstaltsleiter bejaht nach 3 $^1/_2$ Jahren einen Erziehungserfolg, stellt eine günstige Prognose, befürchtet aber von einer längeren Haft eine gefährliche Abstumpfung. Gleichwohl könnte sich der Vollstreckungsleiter zur Ablehnung der Entlassung entschließen, wenn mit Rücksicht auf die Schwere der Tat und die durch sie in der Öffentlichkeit hervorgerufene Erregung eine Strafverbüßung von nur 3 $^1/_2$ Jahren nicht als hinreichende Sühne anzusehen wäre. Freilich darf auch hier bei der Abwägung der widerstreitenden Gesichtspunkte nicht übersehen werden, daß im Jugendstrafrecht dem Erziehungsgedanken ein besonders starkes Gewicht zukommt. Aspekte der Tatvergeltung bzw. des Sicherungsbedürfnisses der Allgemeinheit sollten deshalb nur in Extremfällen der hier geschilderten Art Berücksichtigung finden[17]. In der Praxis wird von den – im Verhältnis zum Erwachsenenstrafrecht – erweiterten Aussetzungsmöglichkeiten des § 88 JGG noch viel zu zögerlich Gebrauch gemacht. Dies ist ein wichtiger Ansatzpunkt für das weitere Vorantreiben der inneren Reform[18].

Der Vollstreckungsleiter soll seine Entscheidung über die Gewährung der Reststrafenaussetzung so frühzeitig treffen, daß die erforderlichen Maßnahmen zur Vorbereitung des Verurteilten auf sein Leben nach der Entlassung durchgeführt werden können. Er kann seine Entscheidung bis zur Entlassung des Verurteilten wieder aufheben, wenn auf Grund neu eingetretener oder bekannt gewordener Tatsachen nicht mehr verantwortet werden kann zu erproben, ob der Verurteilte außerhalb des Jugendstrafvollzugs einen rechtschaffenen Lebenswandel führen wird (§ 88 III JGG).

V. Bewährungs- und Rückfallstatistik

Bewährung und Rückfälligkeit der nach Strafverbüßung aus der Jugendstrafanstalt entlassenen Jugendlichen und Heranwachsenden ist in zahlreichen Arbeiten untersucht worden[19]. Die Rückfallquoten sind natürlich abhängig von der Länge des Beobachtungszeitraums, der in der Regel 5–6

---

16 S. dazu auch unten § 43 sowie die Übersicht über die Rechtsbehelfe unten S. 242 ff.
17 Gänzlich ablehnend *Eisenberg*, § 88 Rn. 9; *ders.*, BewHi 1990, 134.
18 Dazu *Beulke*, in: Gedächtnisschrift für Meyer, 1990, 697; *Walter/Geiter/Fischer*, NStZ 1989, 405.
19 Für die Jugendstrafe kommen insbes. die oben § 11 Fußn. 9 angeführten Arbeiten von *Gatz, Großkelwing, Höbbel, Klapdor* und *v. Klitzing* in Betracht. Eine Übersicht der Ergebnisse der Bewährungsuntersuchungen bis zum Ende der 60er Jahre bei *Schaffstein*, ZStW 79 (1967), 209; *ders.*, Rückfall bei jungen Straffälligen, in *Göppinger, H./Leferenz, H.*, (Hrsg.), Kriminologische Gegenwartsfragen, Heft 8, 1968, S. 66 und *Miehe*, RdJ 1969, 81; *Lange, P*, Rückfälligkeit nach Jugendstrafe, Jur. Diss. Göttingen, 1973 (65,7 %). S. auch noch *Näther, J.*, Die Lebensbewährung zu unbestimmter Jugendstrafe verurteilter Jugendlicher und Heranwachsender, Jur. Diss. Göttingen, 1967: 66 %; *Rosig, H.-G.*, Rückfälligkeit und Bewährung bei unbestimmt verurteilten Jugendlichen und Heranwachsenden, Jur. Diss. Göttingen, 1970: 64 %; *Wachter, W.*, Untersuchungen über Erfolg und Mißerfolg der Jugendstrafe von unbestimmter Dauer, Jur. Diss. Heidelberg, 1966: 65 %. S. ferner *Meyer*, DRiZ 1957, 294; *Müller, E.*, Der Erziehungserfolg der Jugendstrafe von unbestimmter Dauer, 1969. Einen Überblick über neuere Forschungsergebnisse geben *Eisenberg*, § 17 Rn. 12 ff.; *ders.*, Kriminologie, § 42, Rn. 4 ff., S. 573; *Dünkel*, S. 413.

Das materielle Jugendstrafrecht

Jahre nach der Entlassung betrug. Auch wurden die bloßen »Bagatellrückfälligen« (kleinere Verkehrsdelikte, sonstige nur mit geringfügigen Geldstrafen geahndete Rückfälle u. dgl.) zusammen mit den Probanden, die überhaupt keine neue Eintragung im Strafregister aufwiesen, als »Erfolge«, dagegen alle nicht bloß ganz unerheblich Rückfälligen als »Mißerfolge« oder »Versager« gezählt. Mit dieser Maßgabe ermittelten *Gatz* (Jugendstrafanstalt Vechta und Falkenrott) einen Mißerfolgssatz von 61 %, *Höbbel* (Herford und Staumühle) von 56 %, *Klapdor* (Hameln) von 64,5 %. Dabei ist zu berücksichtigen, daß die Anstalt Hameln damals nur bereits Vorbestrafte aufnahm, während die von *Gatz* und *Höbbel* mit einbezogenen »offenen Jugendlager« für Erstbestrafte Falkenrott und Staumühle eine positive Auslese junger Gefangener aufwiesen, bei denen der Mißerfolgssatz auch erheblich niedriger (nämlich 52 bzw. 49 %) lag als in den geschlossenen Anstalten. *Böhm*[20] ermittelte für die Anstalt Rockenberg relativ günstige Prozentsätze (76 % überhaupt wieder bestraft, 58 % mit mehr als 2 Monaten). Einige neuere empirische Untersuchungen weisen dagegen eher höhere Werte auf[21].

Nach der neuen Rückfallstatistik des Bundeszentralregisters, die vom *Generalbundesanwalt* herausgegeben wird, ergab sich 1990 für alle 1984 zu Jugendstrafe Verurteilten eine Rückfallquote von 79,0 %. Dabei wird jedoch jede erneute Verurteilung erfaßt, also z. B. auch die Verhängung einer geringfügigen Geldstrafe[22]. Bei der Jugendstrafe mit Bewährung lag der Anteil der Neuverurteilung bei 77,23 % und zwar 49,04 % zu einer Freiheitsstrafe. Bei der Jugendstrafe ohne Bewährung lag die Rückfallquote sogar bei 87,64 % (77,74 % Freiheitsstrafe), bei der Jugendstrafe mit Restaussetzung bei 78,11 % (60,58 % Freiheitsstrafe). Der höchste Rückfallwert wurde ermittelt mit 92,20 % (aber »nur« 76,61 % Freiheitsstrafe) bei der Gruppe der 15–20jährigen männlichen Straftäter, die zu einer Jugendstrafe ohne Bewährung verurteilt worden waren[23].

Bei diesen Rückfallquoten ist jedoch auf die beschränkte Aussagekraft zu verweisen. Neben methodischen Mängeln[24] ist vor allem das Erfolgskriterium fraglich. Eigentlich läßt sich der Erfolg des Strafvollzugs nur an Hand der Quote der Rückkehrer in den Strafvollzug ablesen. Viele der neu verurteilten Probanden erhalten jedoch auch im Falle der wiederholten Verhängung von Freiheitsstrafe eine Strafaussetzung zur Bewährung und die Widerrufsquote liegt erheblich unter der Mißerfolgsquote. Eine genaue Berechnung des Anteils derjeniger, die wirklich in den Strafvollzug zurückkehren, ist bisher nur in Einzeluntersuchungen vorgenommen worden[25]. Man wird den Anteil der erneuten Inhaftierungen auf etwa 50 % schätzen dürfen[26].

Nachdenklich stimmt ferner, daß nach den übereinstimmenden Ergebnissen der Untersuchungen von *Gatz, Klapdor, Lange* und *Höbbel* die jungen Gefangenen, deren effektive Verbüßungszeit in der Jugendstrafanstalt weniger als 9 Monate betrug, eine erheblich höhere Mißerfolgsquote aufwiesen als solche, deren Verbüßungszeit länger als 9 Monate dauerte (z. B. *Höbbel*: bis 9 Monate 63,2 %, 9 bis 12 Monate 49,1 % Mißerfolge)[27]. Dies spricht gegen eine verstärkte Verhängung der kurzfristigen Jugendstrafe[28].

---

20 *Böhm*, RdJ 1973, 33.
21 Vgl. *Dolde*, G./*Grübl*, G., Bewährung von Jugendstrafgefangenen in Baden-Württemberg, 1985; dies., ZfStrVollZ 1988, 29; *Meyer*, K.-P./*Liebe*, V., Rückfall oder Legalbewährung, Jur. Diss. Bremen, 1981, S. 96 ff.; *Meyer*, MschrKrim, 1982, 281; *Nolting, D.*, Freigänger im Jugendstrafvollzug, Jur. Diss. Göttingen 1985, S. 146.
22 S. *Uhlig*, BewHi 1987, 293, 302; ders., DVJJS, Bd. 18, 1990, S. 736.
23 Der von *Berckhauser/Hasenpusch*, Legalbewährung nach Strafvollzug, in Schwind, H.-D./ Steinhilper, G. (Hrsg.), Modelle zur Kriminalitätsvorbeugung und Resozialisierung, 1982, S. 281 (Tabelle S. 285) aus verschiedenen Einzeluntersuchungen errechnete Durchschnittswert von 70 % Rückfälligkeit bedarf also wohl noch einer Korrektur nach oben.
24 Dazu *Jehle*, Aussagemöglichkeit und Vorschläge zur Verbesserung der sog. Rückfallstatistik, in Jehle, J.-M. (Hrsg.), Datensammlungen und Akten in der Strafrechtspflege, 1989, S. 245; s. auch oben § 2 Fußn. 29 u. § 11 Fußn. 1 u. 5.
25 Vgl. *Dolde*, ZfStrVo 1987, 16; Zusammenfassung bei *Walter*, Strafvollzug, 1991, Rn. 338.
26 *Dünkel*, S. 620.
27 Z. T. abweichend die Ergebnisse bei *Meyer*, (s. o. Fußn. 21), S. 98.
28 Ob man darüber hinaus einen Zusammenhang zwischen kurzer Vollzugsdauer und höherer Rückfälligkeit bejahen kann, ist str., dafür *Schaffstein*, ZStW 79 (1967), 235; dagegen *Eisenberg*, § 17 Rn. 14; dazu auch *Miehe*, RdJ 1969, 83.

In der jüngsten Rückfallforschung ist man auch um einen direkten Vergleich der Erfolge der Jugendstrafe mit denen denkbarer ambulanter Alternativen (z. B. sozialer Trainingskurse) bemüht. Z. T. wird aus den ersten Forschungsergebnissen die These abgeleitet, die härtere Sanktion (Jugendstrafe) steigere im Vergleich zu den ambulanten Maßnahmen die Rückfallwahrscheinlichkeit[29]. Eine überzeugende empirische Bestätigung dieser Hypothese steht jedoch noch aus.

Sechstes Kapitel
Strafaussetzung zur Bewährung und Aussetzung der Verhängung der Jugendstrafe

§ 24 Entwicklung und kriminalpolitische Ziele[1]

I. Wie das allgemeine Strafrecht (§§ 56 ff. StGB) verpflichtet auch das Jugendstrafrecht den Richter, die Vollstreckung einer von ihm verhängten Strafe auszusetzen, wenn zu erwarten ist, daß der Jugendliche sich schon die Verurteilung zur Warnung dienen lassen und auch ohne die Einwirkung des Strafvollzuges unter der erzieherischen Einwirkung in der Bewährungsfrist künftig einen rechtschaffenen Lebenswandel führen wird (§ 21 I JGG). Doch weicht die jugendstrafrechtliche Regelung der Strafaussetzung zur Bewährung in einigen Punkten von derjenigen des allgemeinen Strafrechts ab. Die kriminalpolitische Bedeutung, die der Strafaussetzung im Zusammenhang der jugendstrafrechtlichen Maßnahmen zukommt, und die mit ihr verbundenen Vorzüge und Gefahren werden am besten durch einen Rückblick auf ihre geschichtliche Entwicklung verdeutlicht.

Die Rechtseinrichtung der »*bedingten Strafaussetzung*« (»bedingt« durch Wohlverhalten in der Probezeit) hat ihren Ursprung in dem schon mehrfach erwähnten Kampf, den die Strafrechtsreformbewegung seit dem Ende des 19. Jahrhunderts gegen die kurzzeitige Freiheitsstrafe führte. Die Erkenntnis, daß nicht nur die Verhängung, sondern vor allem auch die Vollstreckung solcher kurzfristiger Strafen sich allzu oft als

---

29 *Albrecht*, DVJJS, Bd. 18, 1990, S. 99; *Pfeiffer*, DVJJ-Journal Nr. 133, Dez. 1990, S. 5 m. w. Nachw.; s. auch *Dünkel*, S. 436; *Schüler-Springorum, H.*, Kriminalpolitik für Menschen, 1991, S. 267 und oben § 1 Fußn. 10 ff.

1 Schrifttum: *Becker, W.*, Bewährung und Bewährungshilfe, Jur. Diss. Münster, 1961; *Bindzus, D.*, Die Strafaussetzung zur Bewährung bei Jugendlichen und Heranwachsenden, Göttingen, Jur. Diss. 1966; *v. Caemmerer, D.*, Probation (Aufbau und Praxis des englischen Systems der Bewährungshilfe), 1952; *Höhne, J.*, Die Strafaussetzung zur Bewährung bei Jugendstrafen bis zu einem Jahr und von über einem bis zu zwei Jahren gem. § 21 I und II JGG, Jur. Diss. Heidelberg, 1985; *Meyer, K.*, Strafaussetzung, Bewährung, Bewährungshilfe, Jur. Diss. Münster, 1963; *Nerlich, H.*, Die kriminalpolitischen Auswirkungen der Strafaussetzung zur Bewährung nach § 20 JGG bei Jugendlichen und Heranwachsenden, Jur. Diss. Heidelberg, 1966; *Peters, K.*, Grundprobleme der Kriminalpädagogik, 1960, insb. S. 314 ff.; *Rohnfelder, D.*, Die Bewährungshilfe, Jur. Diss. Frankfurt, 1974; *Schünemann, H. W.*, Bewährungshilfe bei Jugendlichen und Heranwachsenden, kriminol. Studien, Bd. 9, 1971; *Spieß*, MschrKrim 1981, 296; *Vogt, H.-G.*, Strafaussetzung zur Bewährung und Bewährungshilfe bei Jugendlichen und Heranwachsenden, Jur. Diss. Göttingen, 1972. Zahlreiche Beiträge aus der Praxis der Strafaussetzung finden sich in der Zeitschrift »Bewährungshilfe«.

Das materielle Jugendstrafrecht

höchst nachteilig für die Resozialisierung erwies, führte zu der Forderung, dem Verurteilten durch einen Strafaufschub Gelegenheit zu geben, die Vollstreckung durch gute Führung während einer Probezeit von sich abzuwenden. Daß während dieser Zeit die Möglichkeit, die verhängte Strafe doch noch verbüßen zu müssen, als Damoklesschwert über ihm hänge, werde für ihn, so meinte man, ein zusätzlicher Anreiz zum Wohlverhalten sein.
Während im allgemeinen Strafrecht dieser Gedanke bis 1953 nur in der Form der »bedingten Begnadigung« verwirklicht wurde, erwies sich das Jugendstrafrecht gerade auch auf diesem Gebiet als Schrittmacher der kriminalpolitischen Reform. Nach dem Vorbild des belgisch-französischen »sursis« führte schon das JGG 1923 die *richterliche* Strafaussetzung auf Probe ein. Jedoch krankte seine Regelung an erheblichen Mängeln, die bald zu einer Diskreditierung der neuen Einrichtung führten. Diese Mängel waren insbesondere folgende: Das JGG 1923 ließ die Strafaussetzung auf Probe ohne Einschränkung zu und unterließ es, die Voraussetzungen, unter denen sie gewährt werden durfte, genauer zu bestimmen. Das führte dazu, daß die Jugendgerichte in allzu weitem Umfange und auch in durchaus ungeeigneten Fällen von ihr Gebrauch machten. Ferner wurde die ausgesetzte Strafe auch bei späterem Erlaß in das Strafregister eingetragen, so daß der Jugendliche zwar nicht die oft heilsamen Sofortwirkungen der Strafe, wohl aber ihre gerade für ihn meist nicht sogleich übersehbaren, doch vielfach für sein späteres Fortkommen folgenschweren Fernwirkungen zu spüren bekam. Noch bedenklicher war, daß er sich während der Probezeit meist sich selbst überlassen blieb, statt daß ihm in dieser für seine weitere Entwicklung entscheidenden Periode nach dem Beispiel der englischen *»probation«* eine positive und nachhaltige Erziehungshilfe gewährt worden wäre. Hier wirkte die ältere Vorstellung, daß die Strafaussetzung eine gnadenweise gewährte Wohltat sei, bei der sich der Verurteilte den Straferlaß ausschließlich auf Grund eigener Initiative verdienen müsse, in verhängnisvoller Weise nach. Die Folgen dieser Mängel waren einerseits eine hohe Rückfallziffer bei den Verurteilten, deren Strafe auf Probe ausgesetzt worden war, andererseits aber auch ein zunehmendes Unbehagen der Öffentlichkeit darüber, daß selbst schwere Straftaten keine ausreichende Sühne fanden.
Im *RJGG 1943* schlug infolgedessen das Pendel allzu weit nach der entgegengesetzten Seite zurück. Die Strafaussetzung zur Probe wurde abgeschafft. In dem neu eingeführten Jugendarrest glaubte man einen Ersatz und ein wirksameres Allheilmittel gegen die Nachteile der kurzzeitigen Gefängnisstrafen gefunden zu haben. Doch zeigte sich bald an der oben (§ 21 I) geschilderten inflationären Anwendung des Jugendarrests, daß auch diese Hoffnung trügerisch war. Es gibt nicht selten Fälle mittlerer Kriminalität, in denen die begrenzten Wirkungsmöglichkeiten des Jugendarrests versagen, es sich aber andererseits lohnt, einen Erziehungsversuch zunächst ohne Strafanstaltsunterbringung, aber doch unter dem Druck drohender Strafe durchzuführen. Freilich setzt der Versuch voraus, daß sich die Organe der Jugendgerichtsbarkeit des Probanden während der Probezeit nachhaltig annehmen, ihn beaufsichtigen und ihm zugleich Rat und Hilfe gewähren. Die Tätigkeit des englischen »probation officer« bietet hier ein Vorbild.
So führte das *JGG 1953* die bedingte Strafaussetzung – gleichzeitig mit ihrer Einführung im allgemeinen Strafrecht – in der neuen Form der »Aussetzung der Jugendstrafe zur Bewährung« wieder ein, indem es zugleich bemüht war, die Mängel des JGG 1923 durch sinnvollere Regelungen zu vermeiden. In der Person des »Bewährungshelfers«, dem unter Leitung und Aufsicht des Jugendrichters die erzieherische Überwachung und Betreuung des Probanden obliegt, wurde nicht nur ein neues Organ der Strafjustiz geschaffen, sondern damit zugleich dem Strafrichter selbst ein neuer Aufgabenkreis übertragen, der für die sozial-wohlfahrtsstaatliche Tendenz der modernen justizpolitischen

§ 24: Entwicklung und kriminalpolitische Ziele

Entwicklung kennzeichnend ist. Denn an Stelle des klassischen »laissez faire«, das noch 1923 das Verhalten der Justiz gegenüber dem Probanden bestimmt hatte, wird nunmehr der Jugendgerichtsbarkeit selbst über die Wahrung der Gerechtigkeit hinaus eine fürsorgerische Funktion zugewiesen.
Durch das 1. JGGÄndG vom Jahre 1990 sind die einschlägigen Bestimmungen der §§ 21 ff. JGG vorerst letztmalig inhaltlich geändert worden. Ausgeweitet wurde insbes. die Möglichkeit der Strafaussetzung zur Bewährung im Bereich der Jugendstrafe von über einem Jahr bis zu zwei Jahren (§ 21 II JGG).

II. **Das JGG 1953** hatte sich indessen nicht mit der Wiederherstellung und Erneuerung der »bedingten Strafaussetzung« begnügt. Gleichzeitig wurde – ebenfalls in Anlehnung an das Vorbild Englands, Österreichs und anderer ausländischer Rechte – die verwandte Einrichtung der »*bedingten Verurteilung*« geschaffen, genauer: der Aussetzung der Verhängung der Jugendstrafe zur Bewährung (§§ 27 bis 30 JGG). Bei dieser dem allgemeinen Strafrecht bisher unbekannten Maßnahme stellt der Jugendrichter im Urteil zunächst nur die Schuld des Jugendlichen oder Heranwachsenden fest, während die Entscheidung über die Verhängung der Jugendstrafe für eine Bewährungszeit ausgesetzt wird. Der Aussetzung unterliegt hier also nicht nur die Strafvollstreckung, sondern der Strafausspruch selbst. Die Voraussetzungen beider Möglichkeiten bedingten Strafaufschubes, von denen das Ausland meist nur die eine oder die andere kennt, sind im deutschen Recht unterschiedlich: Die »Strafaussetzung zur Bewährung« setzt voraus, daß die Voraussetzungen der Jugendstrafe an sich gegeben sind, Persönlichkeit und Lebensverhältnisse des Täters aber gleichwohl eine günstige Prognose für die Bewährungszeit gestatten; die Aussetzung des Strafausspruchs darf dagegen nur erfolgen, wenn nicht mit Sicherheit festgestellt werden kann, ob schädliche Neigungen des Täters Jugendstrafe erforderlich machen.

Einen Anhaltspunkt für die praktische Bedeutung der Strafaussetzung bzw. der Aussetzung des Strafausspruches geben die Zahlen aus dem Jahre 1991: von 12 938 Jugendstrafen wurden 8 126 zur Bewährung ausgesetzt. Die Aussetzung des Strafausspruchs nach § 27 JGG erfolgte 1991 in 1 200 Fällen. Ihr Anteil an allen Urteilen nach Jugendstrafrecht betrug denn auch nur 1,64 %. Insgesamt zeigen die Zahlen, daß die Institutionen der §§ 21 und 27 JGG ihrer Aufgabe, die Verbüßung kurzzeitiger Freiheitsstrafen möglichst einzuschränken, an sich gerecht werden. Die Problematik der Strafaussetzung besteht heute darin, daß eine meist überlastete Bewährungshilfe sich der Vielzahl der Aussetzungs-Probanden nicht hinreichend intensiv und individuell annehmen kann. Der Erfolg der Strafaussetzung wird in den verschiedenen Untersuchungen und Statistiken je nach Jahr und Auswahl der untersuchten Probanden in unterschiedlichen Prozentsätzen angegeben, doch wird man insgesamt für den Zeitraum der 60er und 70er Jahre etwa von 55–65 Prozent Bewährungen, also 35–45 Prozent Widerrufen auszugehen haben[2]. Begreiflich ist, daß ausgesetzte Jugendstrafen wegen schädlicher Neigungen einen größeren Widerrufsprozentsatz aufweisen als Jugendstrafen wegen Schwere der Schuld und daß auch der Mißerfolgsprozentsatz bei einer Aussetzung des Strafausspruchs nach § 27 JGG geringer war, weil hier doch nicht feststand, ob überhaupt »schädliche Neigungen« vorlagen[3]. Nach den Massenstatistiken liegt der Widerrufsanteil neuerdings hingegen deutlich niedriger. So weist die Rückfallstatistik des Bundeszentralregisters bei den im Jahre 1980 zu Jugendstrafe mit Bewährung Verurteilten nur eine Widerrufsquote

---

2 Vgl. die Zahlenangaben bei *Bindzus, D.*, a.a.O., S. 62 (43,3 % Widerrufe); *Höhne, J.*, a.a.O., S. 180 (35,3 % Widerrufe); *Meyer, K.*, a.a.O., S. 44 f. (45,9 % Widerrufe); *Schünemann, H.-W.*, a.a.O., S. 39 (41,7 % Widerrufe); *Rohnfelder, D.*, a.a.O., S. 87 (46,4 % Widerrufe); *Spieß*, a.a.O., S. 296 (36,3 % Widerrufe bei »klassischen« Delikten, 22,4 % bei Verkehrsdelikten); *Vogt, H. G.*, a.a.O., S. 117 (38 % Widerrufe).
3 Vgl. dazu die Angaben bei *Meyer, K.*, a.a.O.

Das materielle Jugendstrafrecht

von 26,4 % aus, obwohl bei 76,9 % eine Folgeverurteilung eingetragen war[4]. Nach der Bewährungshilfestatistik wurden 1965 noch 41 % aller Bewährungen nach Jugendstrafrecht durch Widerruf beendet, während im Jahre 1991 der Widerrufsanteil nur noch bei 23,3 % lag[5]. Reformatorische Bemühungen werden sich auf diesem Gebiet vor allem auf eine bessere Auswahl der für die Strafaussetzung in Frage kommenden Jugendlichen und Heranwachsenden mit Hilfe der modernen wissenschaftlichen Prognosemethoden sowie auf eine noch wirksamere Organisation und Ausstattung der Bewährungshilfe erstrecken müssen.

§ 25 Die rechtliche Regelung der Strafaussetzung zur Bewährung[1]

I. Rechtsnatur

1. **Die systematische Einordnung** und die rechtliche Natur der Strafaussetzung zur Bewährung sind umstritten. Nach der heute herrschenden und zutreffenden Auffassung ist sie weder eine Strafe eigener Art (etwa eine »Aussetzungsstrafe« im Gegensatz zu einer »Vollstreckungsstrafe«)[2], noch eine bloße Erziehungsmaßregel. Vielmehr betrifft die Aussetzungsentscheidung nur die Vollstreckung der Jugendstrafe, nicht diese selbst. Auch die ausgesetzte Strafe ist »Vollstreckungsstrafe«, bei der die Vollstreckung freilich von der Bedingung späteren Widerrufs der Aussetzung abhängig gemacht wird[3].

Diese Feststellung über die Rechtsnatur der Strafaussetzung ist keineswegs nur von theoretischer Bedeutung. Vielmehr ergeben sich aus ihr wichtige praktische Konsequenzen, so insbesondere die Folge, daß die Jugendstrafe unabhängig davon zu bemessen ist, ob eine Aussetzung in Frage kommt, und daher der Strafzumessungsakt abgeschlossen sein muß, ehe die Aussetzungsfrage überhaupt behandelt werden kann[4].
Weitere Konsequenzen betreffen das Verschlechterungsverbot im Rechtsmittelverfahren (§§ 331, 358 II StPO). Folgerichtig sind insoweit die von *Armin Kaufmann*[5] für die reformatio in peius aufgestellten Grundsätze, die in ihrer Anwendung auf die Jugendstrafe besagen:

a) Legt nur der Angeklagte gegen ein Urteil ein Rechtsmittel ein, so darf die verhängte Jugendstrafe nicht erhöht werden, gleichgültig, ob daneben Strafaussetzung gewährt wird oder nicht.

b) Die Vergünstigung der Strafaussetzung darf auch dann nicht entzogen werden, wenn die Strafdauer herabgesetzt wird.

Beispiel: Der Jugendliche ist zu 9 Monaten Jugendstrafe mit Strafaussetzung verurteilt worden. Er legt gegen das erstinstanzliche Urteil Berufung ein. Das Berufungsgericht darf ihn nicht zu 6 Monaten Jugendstrafe ohne Strafaussetzung verurteilen, sondern muß die Strafaussetzung bestehen lassen, auch wenn es die Strafdauer auf 6 Monate herabsetzt.

---

4 *Uhlig*, BewHi 1987, 304; bei der Reststrafenaussetzung betrug der Widerrufsanteil 48,5 %; zu weiterem Zahlenmaterial vgl. *Eisenberg*, §§ 26, 26 a, Rn. 15.
5 Quelle: *Statistisches Bundesamt Wiesbaden* (Hrsg.), Fachserie 10, Rechtspflege, Reihe 5, Bewährungshilfe, 1991, S. 15; zu den methodischen Einwänden gegen die Aussagekraft dieser Statistik vgl. *Eisenberg*, § 113 Rn. 9.
1 Schrifttum: *Hellmer, H.*, Die Strafaussetzung im Jugendstrafrecht, 1959; *Höhne, J.*, Die Strafaussetzung zur Bewährung bei Jugendstrafen bis zu einem Jahr und von über einem bis zu zwei Jahren gem. § 21 Abs. 1 und 2 JGG, Jur. Diss. Heidelberg, 1985; *Westphal, K.*, Die Aussetzung der Jugendstrafe zur Bewährung. § 21 JGG, Jur. Diss. Passau, 1994.
2 So *Jagusch*, JZ 1953, 688. Ähnlich auch *Horn* im Systematischen Kommentar zum StGB, 5. Aufl., 1991, § 56 Rn. 2 (»dritte Spur im Strafrecht«); *Ostendorf*, Grdl. zu §§ 21–26 a, Rn. 3.
3 BGH 7, 180; *Böhm*, S. 195.
4 BGH NJW 1954, 39; BGH 32, 60, 65 (für das allgemeine Strafrecht); *Eisenberg*, § 21 Rn. 4.
5 *Kaufmann*, JZ 1958, 297.

§ 25: Die rechtliche Regelung der Strafaussetzung zur Bewährung

2. Von der formalen, für die systematische Einordnung maßgebenden Rechtsnatur der Strafaussetzung ist deren **materieller Gehalt** und kriminalpolitische Aufgabe zu unterscheiden. Auch insofern betonen die einen den Strafcharakter der Strafaussetzung, während die anderen in ihr nur eine »spezialpräventive Maßnahme der Resozialisierung« sehen[6]. Zutreffend ist die von *Dallinger-Lackner*[7] vertretene Mittelmeinung, die die Strafaussetzung unter kriminalpolitischen Gesichtspunkten auffaßt als ein einheitliches und eigenartiges Reaktionsmittel des Jugendstrafrechts, das weder reine Strafe noch reine Erziehungsmaßregel ist, sondern Elemente von beiden in sich vereinigt. Dabei treten die Strafelemente besonders in dem Ausdruck sozialethischer Mißbilligung über den Täter und seine Tat hervor, die dem Strafausspruch auch bei Aussetzung der Vollstreckung zu eigen ist[8].

II. Voraussetzungen

1. § 21 I und II JGG unterscheiden zwar hinsichtlich der Voraussetzungen der Strafaussetzung zwischen der Jugendstrafe bis zu 1 Jahr und der darüber hinausgehenden Jugendstrafe bis zu 2 Jahren. Doch ist nunmehr auf Grund der Neufassung durch das 1. JGGÄndG 1990 für beide die Strafaussetzung zur Bewährung *obligatorisch*, wenn dem Jugendlichen im Zeitpunkt der tatrichterlichen Entscheidung[8a] eine günstige Prognose gestellt werden kann.

2. Das Erfordernis der *günstigen Prognose*[9] wird nach § 21 I JGG so formuliert, daß »zu erwarten ist, daß der Jugendliche sich schon die Verurteilung zur Warnung dienen lasse und auch ohne die Einwirkung des Strafvollzuges unter der erzieherischen Einwirkung in der Bewährungszeit künftig einen rechtschaffenen Lebenswandel führen werde. Dabei sind namentlich die Persönlichkeit des Jugendlichen, sein Vorleben, die Umstände seiner Tat, seine Lebensverhältnisse und die Wirkungen zu berücksichtigen, die von der Aussetzung von ihm zu erwarten sind.«[10]

Nach dem Grundsatz der möglichen Vermeidung stationärer Maßnahmen und gemäß der Erkenntnis, daß die Erfolgsquoten bei vollzogener Jugendstrafe geringer sind als bei der zur Bewährung ausgesetzten[11], wird heute in der Praxis bei der Prognose zumeist großzügig verfahren. Im Jahre 1991 wurden bei den Jugendstrafen von 6 Monaten 81,4 % zur Bewährung ausgesetzt, bei 6–9 Monaten 82,2 %, bei 9 Monaten – 1 Jahr 73,9 % und bei 1–2 Jahren 54,3 %.

3. Bei den Jugendstrafen von einem Jahr bis höchstens 2 Jahren wird die Strafaussetzung zusätzlich zur günstigen Prognose noch von dem negativ formulierten Erfordernis abhängig gemacht, daß »die Vollstreckung nicht im Hinblick auf die Entwicklung des Jugendlichen geboten ist«. Was darunter genau zu verstehen ist, wird aus dem Gesetz nicht recht deutlich. Die amtliche Begründung des Regierungsentwurfs des

---

6   Gute Darstellung des Streitstandes bei *Maurach/Gössel/Zipf*, AT 2, § 65 Rn. 11, S. 637.
7   *Dallinger-Lackner*, § 20 Bem. 6.
8   Vgl. dazu *Miehe*, S. 56.
8a BGHStrVert 1991, 424.
9   Vgl. dazu insbes. *Sydow, K. H.*, Erfolg und Mißerfolg der Strafaussetzung zur Bewährung, 1963, S. 105, der eine besondere Prognosetafel mit negativen und positiven Merkmalen für solche Probanden aufgestellt hat, für die eine Strafaussetzung in Frage kommt; ferner die Arbeiten von *Bindzus, Schünemann* und *Vogt* (oben § 24 Fußn. 1).
10 Zur Erziehungsdiskussion s. oben § 1 I, § 5 IV und § 22 II 3; ausführlich *Beulke*, Meyer-Gedächtnisschrift, S. 677.
11 Vgl. oben § 23 V; *Meyer*, MschrKrim 1982, 281; *GBA*, Rückfallstatistik 1990: Folgeverurteilung bei Jugendstrafe ohne Bewährung: 87,6 %, bei Jugendstrafe mit Bewährung: 77,2 %.

Das materielle Jugendstrafrecht

1. JGG ÄndG begnügt sich mit einer sibyllinisch gehaltenen Warnung vor einem Mißbrauch des Erziehungsgedankens, ferner einem Hinweis auf den Subsidiaritätsgrundsatz und schließlich dem Ratschlag, zumeist einen Sachverständigen hinzuzuziehen[12]. Bei Lichte betrachtet kann der Prognose über die »Entwicklung« des Jugendlichen i. S. v. § 21 II JGG neben der sowieso anzustellenden Prognose i. S. v. § 21 I JGG keine eigenständige Bedeutung beigemessen werden. Auch ergibt sich von selbst, daß nach dem Subsidiaritäts- und dem Verhältnismäßigkeitsprinzip noch aussichtsreiche ambulante Erziehungsmaßnahmen den Vorrang vor der Vollstreckung einer Jugendstrafe haben. So gesehen kann der Hinweis auf die »Entwicklung« des Jugendlichen in § 21 II JGG nur dahingehend verstanden werden, daß er deutlich machen soll, daß der im allgemeinen Strafrecht (§ 47 I StGB) verwendete, aber in seiner Bedeutung umstrittene Begriff der »Verteidigung der Rechtsordnung« für die Versagung der Strafaussetzung der Jugendstrafe nicht herangezogen werden darf. Es darf weder auf generalpräventive Überlegungen noch auf die Schwere der Tat bzw. Schuld abgestellt werden, vielmehr sind auch bei § 21 II JGG spezialpräventive Gründe allein maßgebend[13]. Darüber hinaus kann der Hinweis auf die »Entwicklung des Jugendlichen« allenfalls als Aufforderung an die Jugendrichter verstanden werden, hier die Gefahr besonders ernst zu nehmen, der Jugendliche könne die Gewährung der Strafaussetzung nicht verstehen und die »Großzügigkeit« des Gerichts dahingehend mißdeuten, daß die Begehung von Straftaten de facto risikolos sei. Da aber auch dieser Aspekt eigentlich bereits von § 21 I JGG abgedeckt wird, hat somit bei richtiger Auslegung des § 21 JGG den Anwendungsbereich der Strafaussetzung einheitlich auf bis zu zwei Jahren ausgedehnt[14].

De lege ferenda ist eine Streichung der völlig mißglückten und in der künftigen Rechtsprechung voraussichtlich viel Verwirrung stiftenden Umschreibung der besonderen Aussetzungsvoraussetzungen in § 21 II JGG n. F. und eine auch dem Gesetzeswortlaut nach eindeutige Gleichsetzung der Absätze I und II zu fordern. Nachdenkenswert erscheint ferner eine Ausweitung der Strafaussetzungsmöglichkeiten über den 2-Jahres-Bereich hinaus, so z. B. bis zur 3-Jahres-Grenze[15]. Das österreichische Jugendstrafrecht verzichtet sogar gänzlich auf jede Obergrenze.

4. Die Strafaussetzung kann nicht von vornherein auf einen Teil der Jugendstrafe beschränkt werden. Sie wird durch eine Anrechnung der Untersuchungshaft oder einer anderen Freiheitsentziehung (§ 71 II, § 73 JGG) nicht ausgeschlossen.

Beispiel: Ein jugendlicher Dieb wird zu 2 Jahren Jugendstrafe verurteilt. Es ist unzulässig, schon im Urteil ein Jahr dieser Strafe zur Bewährung auszusetzen, während ein weiteres Jahr Strafzeit zu vollstrecken ist. Dagegen besteht nach § 88 JGG die Möglichkeit, daß der als Vollstreckungsleiter fungierende Jugendrichter später, nach einer Teilverbüßung von mindestens ¹/₃ der Strafe, den Strafrest zur Bewährung aussetzt, wenn nach den im Strafvollzug mit dem Jugendlichen gemachten Erfahrungen die begründete Hoffnung besteht, daß er künftig einen rechtschaffenen Lebenswandel führen werde.

---

12 BT-Drucksache 11/5829, S. 20.
13 So wohl auch BGHStrVert 1991, 423. Abweichend bzgl. der Schuld: *Böttcher/Weber*, NStZ 1991, 8.
14 Ähnlich *Böhm*, NJW 1991, 537; *Jung*, JuS 1992, 190; *Kaiser/Schöch*, Fall Nr. 16 Rn. 31, S. 203; *Westphal* (s. oben Fußn. 1), S. 222.
15 Ebenso u. a. *Dünkel*, BewHi 1990, 189.

§ 25: Die rechtliche Regelung der Strafaussetzung zur Bewährung

III. Bewährungszeit, Unterstellungszeit, Bewährungsweisungen und Bewährungsauflagen

1. Die **Bewährungszeit**[16], während deren gesamter oder teilweiser Dauer der Verurteilte Bewährungshilfe und Bewährungsaufsicht erfährt, wird vom Richter festgesetzt. Sie beträgt mindestens zwei Jahre und höchstens 3 Jahre (§ 22 I JGG)[17]. Die Höchstdauer ist also wesentlich kürzer als im Erwachsenenstrafrecht (dort 5 Jahre, § 56a StGB), weil erfahrungsgemäß eine zu lange Dauer gerade einen Jugendlichen abstumpfen und entmutigen würde. Allerdings kann der Richter die Bewährungszeit ausnahmsweise, wenn ihm dies erzieherisch zweckmäßig erscheint (z. B. auch bei schuldhafter Zuwiderhandlung gegen Bewährungsweisungen und -auflagen), vor ihrem Ablauf bis auf 4 Jahre verlängern, sie andererseits aber auch nachträglich bis auf 1 Jahr verkürzen (§ 22 II S. 2 JGG).

Ist die ausgesetzte Strafe länger als ein Jahr, so darf die Bewährungszeit nur bis auf zwei Jahre verkürzt werden (§ 22 II S. 3 JGG).

Für den Beginn der Bewährungszeit ist die Rechtskraft der Entscheidung über die Strafaussetzung maßgebend (§ 22 II S. 1 JGG). Die Vollstreckungsverjährung (§ 79 StGB) ruht während der Bewährungszeit. Diese wird also in die Verjährungszeit nicht eingerechnet (§ 79a Nr. 2b StGB).

2. **Unterstellungszeit:** Während bisher der Proband während der gesamten Bewährungszeit dem Bewährungshelfer unterstellt wurde, ist nunmehr seit der Neufassung des § 24 JGG durch das 1. JGGÄndG 1990 zwischen der Dauer von Bewährungszeit und Unterstellungszeit zu unterscheiden. Nach § 24 I S. 1 JGG unterstellt der Richter den zu Jugendstrafe Verurteilten zugleich mit der Strafaussetzung während der Bewährungszeit (die eine Höchstdauer von 3 Jahren hat), für die Dauer von höchstens 2 Jahren der Aufsicht eines Bewährungshelfers.

Beispiel: Die vom Richter festgesetzte Bewährungszeit beträgt 2 $^1/_2$ Jahre. Die ebenfalls festzusetzende Unterstellungszeit darf nicht mehr als 2 Jahre (aber auch weniger, z. B. 1 $^1/_2$ Jahre) betragen. Für den Rest der Bewährungszeit bleibt der Proband also ohne Bewährungshelfer.

Die Neuregelung soll der Entlastung der Bewährungshilfe dienen und wird vom Gesetzgeber mit der Erfahrung begründet, daß, wenn Widerruf der Strafaussetzung erforderlich werde, dies in den weitaus meisten Fällen schon in den ersten 2 Jahren der Fall sei. Daher bedürfe der Proband gerade in dieser Anfangszeit der Aufsicht und Hilfe, während er für den Rest der Bewährungszeit meist eher sich selbst überlassen bleiben könne. Sinn und Zweck der Regelung ergeben deshalb, daß der Beginn der Unterstellungszeit stets mit dem Beginn der Bewährungszeit zusammenfallen muß. Der Jugendrichter hat auch nicht das Recht, im ersten Anordnungsbeschluß die Bewährungszeit in verschiedene Teilabschnitte aufzuteilen, in denen sich Zeiträume mit Bewährungshelfer und solche ohne ihn abwechseln. Das ergibt sich aus § 24 II JGG, der die Möglichkeit einer erneuten späteren Anordnung vorsieht, bei der der Jugendrichter insgesamt das Höchstmaß von 2 Jahren überschreiten darf.

Bewährt sich der Jugendliche nicht, so kann der Richter statt eines Widerrufs der Aussetzung auch seine Unterstellung unter den Bewährungshelfer bis zu einem Höchstmaß von 4 Jahren verlängern (§ 26 II Nr. 2 JGG) bzw. ihn, falls die Unterstellungszeit bereits abgelaufen war (nicht hingegen die Bewährungszeit), erneut einem Bewährungshelfer unterstellen (§ 26 II Nr. 3 JGG, s. auch unten IV).

3. **Weisungen und Auflagen für die Bewährungszeit:** Der Jugendrichter soll grundsätzlich in allen Fällen der Strafaussetzung dem Verurteilten für die Dauer der Be-

---
16 Zu Problemen der Bewährungszeit: *Ostendorf*, StrVert. 1987, 320.
17 Zur Forderung der Herabsetzung der Bewährungszeit s. *Ostendorf*, Grdl. zu §§ 21–26a, Rn. 7.

Das materielle Jugendstrafrecht

währungszeit Weisungen erteilen, um seine Lebensführung erzieherisch zu beeinflussen (§ 23 I S. 1 JGG). Während das StGB (§ 56 c) solche Weisungen nur dann vorsieht, wenn der Verurteilte dieser Hilfe bedarf, um künftig keine Straftaten mehr zu begehen, will die Soll-Vorschrift des JGG zum Ausdruck bringen, daß im Jugendstrafrecht von den Weisungen, die hier einer umfassenden erzieherischen Beeinflussung dienen, nur in besonders gelagerten und zu begründenden Ausnahmefällen abgesehen werden darf.

Der Richter **kann** ferner dem Jugendlichen auch Auflagen erteilen (§ 23 I S. 2 JGG), die hier wie auch sonst der Ahndung des begangenen Unrechts dienen und zugleich den erzieherischen Wert haben, dem Jugendlichen klarzumachen, daß die Strafaussetzung keinen Freispruch darstellt.

Inhaltlich decken sich die Bewährungsweisungen und -auflagen mit den Weisungen des § 10 JGG, wobei auch insoweit der dortige Katalog nur Beispielscharakter hat, und den 4 nach § 15 JGG allein zulässigen Auflagen.

Beispiele: Sieht man von den in den §§ 10 und 15 JGG ausdrücklich genannten Weisungen bzw. Auflagen ab, so erweist sich in der Praxis der Einfallsreichtum der Jugendrichter als nicht gerade groß. Als besonders häufige Weisungen werden von den niedersächsischen Jugendrichtern berichtet: Weisungen hinsichtlich des Aufenthaltsorts (z. B. in einem Heim zu wohnen)[18], eine Arbeits- oder Ausbildungsstelle anzunehmen, den Verkehr mit bestimmten Personen zu meiden, ferner Weisungen über die Verwendung des Arbeitseinkommens oder über die Geldeinteilung (z. B. einen bestimmten Einkommensteil auf ein Sparkonto einzuzahlen, Schulden ratenweise zu tilgen).

Besonders häufig sind in der Praxis Weisungen, die sich auf das Verhältnis zum Bewährungshelfer beziehen. Von ihnen ist die Weisung, regelmäßig Kontakt zum Bewährungshelfer zu halten, zwar rechtlich überflüssig, da sich die Pflicht des Probanden zu diesem Kontakt aus dem Wesen der Bewährungshilfe von selbst versteht, aber als ausdrücklicher Hinweis auf diese Verpflichtung wohl doch manchmal erzieherisch sinnvoll. – Rechtlich sehr umstritten ist dagegen die trotzdem in der Praxis am meisten erteilte Weisung, allen Weisungen des Bewährungshelfers Folge zu leisten[19]. Nach herrschender und richtiger Auffassung ist sie unzulässig, da das Gesetz auch, das Recht, die Lebensführung des Probanden durch Anordnungen zu beeinflussen, ausschließlich dem Richter zuerkennt, der es nicht an andere Personen delegieren kann. Gegen die Delegation spricht auch, daß eine derartige Weisung zu unbestimmt und weit ist, als daß sie gegen Mißbrauch und Willkür hinreichenden Schutz böte. Es kommt hinzu, daß das JGG ebenso wie das StGB in seiner neuen Fassung den Probanden ausdrücklich nicht nur der Aufsicht, sondern auch der »Leitung« des Bewährungshelfers unterstellt, so daß sich eine darüber hinausgehende noch striktere Unterstellung durch Weisung erübrigt. Unzweckmäßig wäre die Verhängung einer Betreuungsweisung i. S. v. § 10 I S. 3 Nr. 5 JGG, da dann Bewährungshelfer und Betreuungshelfer zueinander in Konflikt geraten könnten[20].

Der Richter kann Bewährungsweisungen und -auflagen auch **nachträglich** erteilen, ändern oder aufheben (§ 23 I S. 3 JGG).

Er soll nach § 23 II JGG von ihrer Anordnung vorläufig absehen, wenn der Jugendliche Zusagen für seine künftige Lebensführung macht oder sich zu angemessenen, der Genugtuung für das begangene Unrecht dienenden Leistungen erbietet und die Erfüllung dieser Zusagen zu erwarten ist. Hier wie auch sonst ist der Leitgedanke der gesetzlichen Regelung, daß solchen Leistungen, die der Jugendliche freiwillig verspricht und auf sich nimmt, ein höherer erzieherischer Wert zukommt als den erzwungenen. Kommt der Jugendliche seinem Versprechen nicht nach, so kann der Richter nachträglich noch immer Weisungen erteilen oder Auflagen anordnen, deren Erfüllung damit unter Sanktionsdrohung gestellt wird.

---

18 In den USA wird derzeit diskutiert, ob »Hausarrest« als Weisung bei Jugendlichen in Betracht kommt, vgl. *Weigend* BewHi 1989, 289, 299; *Jolin/Rogers,* MschrKrim 1990, 201.
19 Vgl. *Vogt, H.-G.,* a. a. O. (s. § 24 Fußn. 1): fast jeder 2. Fall.
20 *Eisenberg,* § 8 Rn. 12.

§ 25: Die rechtliche Regelung der Strafaussetzung zur Bewährung

Während es früher umstritten war, ob der Richter bei Verstößen gegen Bewährungsweisungen bzw. -auflagen nur mit dem scharfen Schwert des Widerrufs der Strafaussetzung reagieren oder sich, wie sonst bei Verstößen gegen Weisungen, mit Jugendarrest begnügen konnte, ist diese Frage inzwischen durch § 23 I S. 4 JGG in letzterem Sinne entschieden. Indem § 11 III JGG dort für entsprechend anwendbar erklärt wird, ist klargestellt, daß bei schuldhafter Zuwiderhandlung gegen Bewährungsweisungen und -auflagen und erfolgter Belehrung Jugendarrest bis zu insgesamt 4 Wochen verhängt werden kann[21]. Dem entspricht wiederum die Neufassung des § 26 I S. 1 Nr. 2 JGG, der den Widerruf der Strafaussetzung auf die schwersten, nämlich gröblichen und beharrlichen Verstöße gegen Weisungen und Auflagen beschränkt.

Beispiel: Ein Jugendlicher mit einer ausgesetzten Jugendstrafe von 9 Monaten hat als Auflage die Zahlung einer Geldbuße von 100,– DM ans Rote Kreuz erhalten. Wenn er nicht pünktlich zahlt, darf der Richter die Aussetzung noch nicht sofort widerrufen, sondern kann sich mit der Verhängung eines Freizeitarrestes begnügen. Erst wenn der Jugendliche auch weiterhin die Zahlung verweigert, so daß man schließlich von einem gröblichen oder beharrlichen Verstoß sprechen kann, darf Widerruf der Aussetzung erfolgen, so daß der Jugendliche die Strafe von 9 Monaten verbüßen muß.

Leistungen, die der Jugendliche zur Erfüllung von Weisungen, Auflagen, freiwilligen Zusagen oder Anerbieten bereits erbracht hat (z. B. bereits erfolgte Zahlung eines Geldbetrags an das Rote Kreuz), werden im Falle des Widerrufs zwar nicht erstattet, können vom Richter jedoch auf die nunmehr zu verbüßende Jugendstrafe angerechnet werden (§ 26 III JGG).

IV. Widerruf der Strafaussetzung und Erlaß der Jugendstrafe[22]

Die Strafaussetzung ist ihrer Natur nach eine vorläufige Maßnahme und macht in jedem Fall eine spätere endgültige Entscheidung darüber erforderlich, ob die Strafe vollstreckt oder erlassen werden soll.

1. Der Widerruf der Strafaussetzung. Er erfolgt durch Beschluß des Richters und führt zur Vollstreckung der Jugendstrafe. Seine Voraussetzungen sind in dem in Anlehnung an den neuen § 56 f StGB ebenfalls neugefaßten § 26 JGG abschließend aufgeführt. Danach darf die Aussetzung der Jugendstrafe nur in ernsten Fällen widerrufen werden, nämlich wenn der Jugendliche

a) in der Bewährungszeit eine **Straftat begeht** und dadurch zeigt, daß die Erwartung, die der Strafaussetzung zugrunde lag, sich nicht erfüllt hat (§ 26 I S. 1 Nr. 1 JGG). Entsprechendes gilt, wenn die Tat in der Zeit zwischen der Entscheidung über die Strafaussetzung und deren Rechtskraft begangen worden ist (§ 26 I S. 2 JGG).

Beispiel: Kein Widerrufsgrund, wenn ein Rückfalldieb, dessen Strafe ausgesetzt ist, ein leichteres Fahrlässigkeitsdelikt oder ein harmloses Verkehrsvergehen (wie etwa Fahren ohne Fahrerlaubnis) ohne schädliche Folgen begeht. Dagegen in der Regel Widerruf, wenn ein Täter, der unter Alkoholeinfluß Vermögens- oder Körperverletzungsdelikte begangen hat, nunmehr wegen Trunkenheit im Verkehr nach §§ 315 c oder 316 StGB straffällig wird[23].

---

21 Gem. BVerfG NJW 1989, 2529 hindert die Verhängung von Jugendarrest wegen Verstoßes gegen eine Bewährungsauflage nicht die strafrechtliche Ahndung wegen desselben Sachverhalts.
22 Zu den Rechtswegproblemen s. d. Übersicht unten S. 242.
23 In der Praxis erfolgt sehr häufig trotz Folgeverurteilung kein Widerruf. Nach der Rückfallstatistik 1990 des GBA wiesen 76,3 % aller Verurteilten, bei denen die gewährte Bewährung nicht widerrufen wurde, eine Folgeverurteilung auf, s. auch oben § 24 II bei Fußn. 4.

Das materielle Jugendstrafrecht

Der Widerruf setzt nicht zwingend voraus, daß bereits eine **rechtskräftige** Verurteilung der Nachtat vorliegt, vielmehr genügt auch, daß der Verurteilte ein glaubwürdiges Geständnis ablegt oder, daß sich das widerrufende Gericht durch eigene Beweisaufnahme selbst die sichere Überzeugung von der Begehung der neuen Tat verschafft hat[24].

b) gegen **Bewährungsweisungen** gröblich oder beharrlich **verstößt** oder sich der Aufsicht und Leitung des Bewährungshelfers entzieht und dadurch Anlaß zu der Besorgnis gibt, daß er erneut Straftaten begehen wird (§ 26 I S. 1 Nr. 2 JGG).

c) gegen **Auflagen** gröblich oder beharrlich **verstößt** (§ 26 I S. 1 Nr. 3 JGG).

In allen in § 26 I JGG aufgeführten Fällen darf die Strafaussetzung nur widerrufen werden, wenn dem Richter keine anderen ausreichenden Möglichkeiten zur Beeinflussung des Jugendlichen zur Verfügung stehen. Der Richter sieht von dem Widerruf ab, wenn es ausreicht, weitere Weisungen oder Auflagen zu erteilen, die Bewährungszeit bis zu einem Höchstmaß von 4 Jahren zu verlängern oder den Jugendlichen vor Ablauf der Bewährungszeit erneut einem Bewährungshelfer zu unterstellen (§ 26 II JGG) – vgl. auch oben III zur Möglichkeit des »Beugearrests«. Zu den Verfahrensfragen beim Widerruf s. u. § 41.

2. Der Erlaß der Jugendstrafe. Widerruft der Jugendrichter die Strafaussetzung nicht, so erläßt er die Jugendstrafe nach Ablauf der Bewährungszeit (§ 26 a JGG). Damit ist durch die Neufassung des Gesetzes die früher strittige Frage nunmehr eindeutig geklärt, daß es für die *»Bewährung«* der Feststellung eines besonderen Wohlverhaltens nicht bedarf. Vielmehr ist Bewährung stets anzunehmen, wenn bei Ablauf der Probezeit keiner der oben angeführten Widerrufsgründe vorliegt.

Zugleich mit dem Erlaß der Strafe hat der Richter durch ausdrückliche Anordnung den Strafmakel für beseitigt zu erklären (§ 100 JGG, über die rechtliche Bedeutung dieser Maßnahme vgl. unten § 45 III).

Zusammen mit der Vorschrift, daß während der noch laufenden Bewährungszeit die Strafe nicht in das Führungszeugnis aufgenommen werden darf (§ 32 II Nr. 3 BZRG), gewährleistet die Beseitigung des Strafmakels durch Richterspruch, daß dem Jugendlichen, der in der Bewährungszeit keinen Anlaß zum Widerruf gegeben hat, die für sein Fortkommen schädlichen Fernwirkungen der Strafe soweit wie möglich erspart bleiben.

V. Vorbewährung

Der Umstand, daß nach § 57 JGG anders als bei der Strafaussetzung im allgemeinen Strafrecht die Aussetzung der Jugendstrafe nach § 21 JGG auch noch nachträglich durch Beschluß erfolgen kann (vgl. unten § 41), hat in Teilen der jugendrichterlichen Praxis zur Ausformung einer selbständigen Rechtsfolge, der sog. *»Vorbewährung«*, geführt[25]. Der Jugendliche wird zunächst nur zu einer bestimmten Jugendstrafe verurteilt, deren Aussetzung ausdrücklich offen gelassen wird. Das Gericht erklärt i. d. R. zusätzlich, den späteren Beschluß über die Aussetzung der Jugendstrafe zur Bewährung nicht vor Ab-

---

24 Sehr str. weitgehend wie hier u. a.: BVerfG NStZ 1991, 30; HansOLG Hamburg NStZ 1992, 130; OLG Düsseldorf NJW 1993, 1280; OLG Schleswig StrVert 1992, 327; LG Osnabrück NStZ 1991, 533; *Eisenberg*, § 26 a Rn. 5; *Ostendorf* §§ 26–26 a Rn. 7; *Stree*, NStZ 1992, 153; anders jedoch OLG München StrVert 1991, 174.
25 Dazu OLG Schleswig SchlHA 1978, 90; OLG Stuttgart NStZ 1986, 219 m. Anm. *Eisenberg/Wolski*; KG NStZ 1988, 182 mit Besprechung von *Walter/Pieplow*, NStZ 1988, 165; *Brunner*, § 57 Rn. 4; *Eisenberg*, § 57 Rn. 6; *Flühmann, B.*, Die Vorbewährung nach § 57 JGG, 1983; *Kübel/Wollentin*, BewHi 1970, 215; *Kruse*, ZRP 1993, 221; *Schaffstein*, ZStW 98 (1986), 119; *Wollny*, BewHi 1970, 17.

lauf einer bestimmten Frist (z. B. frühestens nach Ablauf von sechs Monaten) zu fassen. Zumeist ergeht an den jugendlichen Verurteilten gleichzeitig (in Analogie zu §§ 8 II 1, 10, 15 JGG) die Weisung, während dieser Zeitspanne mit einem Bewährungshelfer Kontakt aufzunehmen. Auf diesem Wege soll vorgeprüft werden, ob eine Strafaussetzung zur Bewährung sinnvoll ist; der Verurteilte muß sich die Bewährung durch eigene Mitarbeit gleichsam »verdienen«. Neben den erzieherischen Vorzügen der »Vorbewährung« wird für sie geltend gemacht, daß dem Jugendrichter durch das Verhalten des Jugendlichen während der Vorbewährungszeit eine sicherere Prognose gestattet werde, als sie ihm zur Zeit des Urteils möglich sei.

Obwohl in der Praxis solche Vorteile der Vorbewährung durchaus anzuerkennen sind, so darf doch nicht übersehen werden, daß durch das Institut der Vorbewährung neben den gesetzlich anerkannten und in ihren Voraussetzungen und Modalitäten genau geregelten Aussetzungsfällen der §§ 21 und 27 JGG aufgrund freier richterlicher Rechtsschöpfung eine dritte Form der Aussetzung entwickelt worden ist, die zu einer zusätzlichen Belastung des Verurteilten führt. Eine derartige Rechtsfolge wird aber durch das Gesetz nicht gedeckt, da insoweit eine Regelungslücke nicht besteht[26].

Wer – entgegen der hier vertretenen Auffassung – die grds. Zulässigkeit der Vorbewährung bejaht, sollte deren oftmals extensive Handhabung durch die Praxis einschränken: Rechtsstaatsprinzip und Systematik des JGG gebieten zum einen, daß die Frist bis zur endgültigen Entscheidung nicht zu weit bemessen wird; eine 3-Monats-Grenze erscheint angemessen. Zum anderen sollte die »Vorbewährungszeit« auf die »Hauptbewährungszeit« des § 22 JGG angerechnet werden[27] (vgl. auch unten § 41, 1).

§ 26 Die Aussetzung der Verhängung der Jugendstrafe[1]

I. Allgemeines

1. Unter allzu eng begrenzten Voraussetzungen gestattet § 27 JGG dem Richter, das Strafverfahren wegen einer Jugendstraftat zunächst nur mit einem Schuldspruch abzuschließen, die Entscheidung über die Verhängung einer Jugendstrafe *(Strafausspruch)* aber für eine von ihm zu bestimmende Bewährungszeit auszusetzen. Dabei ist der Begriff »Schuld« hier nicht in dem engeren materiellrechtlichen Sinn, sondern in seiner weiteren strafprozessualen Bedeutung (vgl. § 263 StPO) zu verstehen. Der »Schuldspruch« hat also die Feststellung der vom Täter begangenen tatbestandsmäßigen, rechtswidrigen, schuldhaften und strafbaren Tat (z. B. eines Diebstahls, einer Körperverletzung) zum Gegenstand. Die Jugendgerichte haben im Jahre 1991 bei 1 200 Verurteilten (1,6 % aller Verurteilten) von der Möglichkeit der Aussetzung des Strafausspruchs nach § 27 JGG Gebrauch gemacht.

---

26 Ebenso *Albrecht*, § 34 D II, S. 273 f.; *Flühmann*, a. a. O. (de lege ferenda dagegen erstrebenswert); *Ostendorf*, Grdl. zu §§ 57–60, Rn. 7; § 57 Rn. 5; *Walter/Pieplow*, NStZ 1988, 168; *Wollny*, BewHi 1970, 21. Für Anerkennung der Vorbewährung: *Brunner*, § 57 Rn. 4; *Eisenberg*, § 57 Rn. 6; *Kübel/Wollentin*, BewHi 1970, 215; *Sonnen*, in: Diemer/Schoreit/Sonnen § 57 Rn. 11.
27 Ähnlich *Eisenberg*, § 57 Rn. 6.
1 Schrifttum: *Kreischer, O.*, Die Aussetzung der Verhängung der Jugendstrafe (§ 27 JGG) in ihrer praktischen Bedeutung, Jur. Diss. Heidelberg, 1970; *Lorbeer, F.*, Probleme der Aussetzung der Verhängung der Jugendstrafe nach §§ 27 ff. JGG, Jur. Diss. Hamburg 1980; *Velten, G.*, Die Aussetzung der Verhängung der Jugendstrafe (§§ 27 ff. JGG), Jur. Diss. Bonn, 1962.

2. Mit dieser Maßnahme der »**bedingten Verurteilung**«, die der englischen »*probation*« entspricht, ist die Teilung des angelsächsischen Strafverfahrens in zwei Abschnitte, von denen der erste der Schuldfeststellung, der zweite dem Strafausspruch dient, in das deutsche Jugendstrafrecht übernommen. Im Gegensatz zum englischen und anderen ausländischen Vorbildern darf der deutsche Jugendrichter die »probation« jedoch nicht aus rein erzieherischen Gründen anordnen (so BayObLG MDR 71, 864). Sie ist vielmehr nur zulässig, wenn »nach Erschöpfung der Ermittlungsmöglichkeiten nicht mit Sicherheit beurteilt werden kann, ob in der Straftat eines Jugendlichen (oder eines nach Jugendstrafrecht zu verurteilenden Heranwachsenden) schädliche Neigungen von einem Umfang hervorgetreten sind, daß eine Jugendstrafe erforderlich ist«.

Die Zweifel müssen sich also entweder überhaupt auf das Vorhandensein schädlicher Neigungen beziehen[2] oder nur darauf, ob ihr Ausmaß so groß ist, daß Erziehungsmaßregeln oder Zuchtmittel nicht ausreichen. Dagegen darf der Strafausspruch nicht ausgesetzt werden, wenn beim Fehlen schädlicher Neigungen eine Jugendstrafe wegen Schwere der Schuld zur Diskussion steht. Über die Schwere der Schuld hat der Jugendrichter schon im ersten Teil des Verfahrens die erforderlichen Feststellungen zu treffen und in dubio pro reo zu entscheiden.

3. Vom Standpunkt des Jugendlichen unterscheiden sich Strafaussetzung und Aussetzung des Strafausspruchs zur Bewährung insbesondere dadurch, daß er in ersterem Falle mit einer bestimmten, ihm bekannten Strafdauer zu rechnen hat, während er im zweiten Fall nicht weiß, welcher Strafe er sich bei mangelnder Bewährung zu versehen hat. Ob die Gewißheit oder Ungewißheit über die zu erwartende Strafe erzieherisch wirksamer sei und deshalb der einen oder der anderen Maßnahme der Vorzug zu geben sei, ist nicht nur im deutschen, sondern auch im ausländischen Schrifttum umstritten. Eine überzeugende Antwort auf diese Frage wird sich jedoch kaum geben lassen, da die Wirkung der Gewißheit oder Ungewißheit nach der jeweiligen psychischen Struktur des Jugendlichen sehr unterschiedlich sein wird.

Für das geltende deutsche Jugendstrafrecht wird man in jedem Fall daran festzuhalten haben, daß die Aussetzung des Strafausspruchs nach § 27 JGG Ausnahmecharakter hat und nur in einer freilich nicht seltenen Zahl besonders gelagerter Fälle anwendbar ist[3]. Denn meist sollte die im Jugendstrafprozeß zwingend vorgeschriebene eingehende Persönlichkeitserforschung, erforderlichenfalls unter Mitwirkung eines Jugendpsychologen oder jugendpsychiatrischen Sachverständigen, dem Richter ein hinreichend sicheres Urteil über das Persönlichkeitsbild des Angeklagten gestatten.

Fälle, in denen § 27 JGG anwendbar ist, sind besonders solche, in denen ein bisher unauffälliger Jugendlicher oder Heranwachsender plötzlich mit einer größeren Zahl nicht unerheblicher Straftaten hervortritt, die in seiner Vorgeschichte keine Erklärung finden.

---

2 OLG Düsseldorf bei *Böhm*, NStZ 1990, 529; ablehnend insoweit *Eisenberg*, § 27 Rn. 11; *Ostendorf*, § 27 Rn. 3; *Diemer* in: Diemer/Schoreit/Sonnen § 27 Rn. 5.
3 So OLG Frankfurt NJW 1955, 603 und *Potrykus*, § 27 Bem. 2; a. A. *Brunner*, § 27 Rn. 9; *Dallinger-Lackner*, § 27 Bem. 12. Die Gegenmeinung übersieht, daß eine extensive Anwendung des § 27 JGG leicht dazu führen könnte, die gebotene gründliche Persönlichkeitserforschung vor dem Urteil zu vernachlässigen. Auch besteht die Gefahr, daß einem unentschlossenen Jugendrichter ein Ausweichen vor der Entscheidung über die Anwendung der Jugendstrafe allzu sehr erleichtert würde.

II. Bewährungszeit, Unterstellungszeit

Die Dauer der Bewährungszeit ist vom Richter innerhalb eines gesetzlichen Rahmens von mindestens einem und höchstens 2 Jahren festzusetzen. Eine nachträgliche Verkürzung bis auf das gesetzliche Mindestmaß und eine Verlängerung bis auf das höchste Maß ist statthaft (§ 28 S. 2 JGG).

Die Bewährungszeit ist also bei der Aussetzung des Strafausspruchs kürzer als bei der Strafaussetzung. Diese Abweichung ist daraus zu erklären, daß die Frage nach dem Ob der Strafe aus Gründen der Rechtsstaatlichkeit nicht allzu lange unentschieden bleiben darf[4]. Auch wird man davon ausgehen dürfen, daß etwa vorhandene »schädliche Neigungen« des Täters bereits in seinem Verhalten während des ersten oder allenfalls des zweiten Jahres zutage treten werden. Die erzieherischen Gründe, die allerdings nach der Konstruktion des Gesetzes nicht maßgebend sind, würden indessen eine längere Dauer der Bewährungszeit wünschenswert machen.

Für die Dauer oder einen Teil der Bewährungszeit wird der Jugendliche unter die Aufsicht und Leitung eines Bewährungshelfers gestellt. Der Zeitraum für die Unterstellung unter Leitung und Aufsicht eines Bewährungshelfers kann nach der Neufassung des 1. JGGÄndG vom Jahre 1990 höchstens 2 Jahre betragen (§ 29 JGG i. V. m. § 24 I S. 1 JGG). Dem Jugendlichen sollen auch Auflagen gemacht und solche Weisungen erteilt werden, die seine Lebensführung beeinflussen. Insofern gilt weitgehend das gleiche wie bei der Strafaussetzung zur Bewährung (§ 29 JGG).

Es wird sich meist empfehlen, Auflagen zu machen und diese so zu gestalten, daß sie dem Jugendlichen das von ihm begangene Unrecht eindringlich zum Bewußtsein bringen (z. B. Zahlung einer Geldsumme an eine gemeinnützige Einrichtung, aber auch die Weisung zu einer Arbeitsleistung). Denn da der Jugendarrest mit dem Schuldspruch des § 27 JGG nicht kombiniert werden kann (vgl. unten unter IV), so würde bei späterer Tilgung des Schuldspruches der Jugendliche allzu leicht den für seine weitere Entwicklung nachteiligen Eindruck erhalten, einmal sei keinmal, oder er sei noch einmal davon gekommen.

III. Verhängung der Jugendstrafe oder Tilgung des Schuldspruchs

1. Der Richter erkennt auf die Jugendstrafe, die er bei sicherer Erkenntnis der schädlichen Neigungen im Zeitpunkt des Schuldspruchs verhängt hätte, wenn sich während der Bewährungszeit – insbesondere durch schlechte Führung, nicht notwendig durch erneute Straffälligkeit – herausstellt, daß die im Schuldspruch festgestellte Tat auf »schädlichen Neigungen« beruhte und Jugendstrafe erforderlich gewesen wäre (§ 30 I S. 1 JGG). Für diese durch Urteil ergehende Entscheidung bedarf es einer neuen Hauptverhandlung, die jedoch nunmehr nur die Voraussetzungen des Strafausspruchs und die Bemessung der Strafe zum Gegenstand hat (vgl. unten § 41, 4), denn der vorausgegangene rechtskräftige Schuldspruch bindet hinsichtlich der Feststellung der Tat den Richter selbst dann, wenn er Zweifel an seiner Richtigkeit hat.

Die Fassung des Gesetzes stellt klar, daß die schlechte Führung des Jugendlichen während der Bewährungszeit und etwa begangene neue Straftaten, die einer gesonderten Aburteilung unterliegen, nicht zum selbständigen Strafgrund gemacht werden dürfen. Sie dürfen und müssen freilich zur Beurteilung der Gesamtpersönlichkeit des Jugendlichen mit herangezogen werden.

Eine Aussetzung der nunmehr verhängten Jugendstrafe ist zulässig.

---

4 Vgl. *Dallinger-Lackner*, § 28 Bem. 3.

Das materielle Jugendstrafrecht

Der frühere Satz 2 des § 30 I JGG, der eine solche Aussetzung verbot, ist durch das 1. JGGÄndG gestrichen worden. Man hofft damit, einen der Gründe, weshalb die Praxis von der Aussetzung des Strafausspruchs nach § 27 JGG nur relativ selten Gebrauch machte, beseitigt zu haben[5].

2. Liegen die Voraussetzungen für einen Strafausspruch nach Ablauf der Bewährungszeit nicht vor, so wird der Schuldspruch getilgt (§ 30 II JGG). Außer der Tilgung dürfen keine anderen Maßnahmen (z. B. Weisungen, Erziehungsbeistandschaft, Jugendarrest) angeordnet werden.

Die Tilgung erfolgt ebenfalls durch Urteil auf Grund einer neuen Hauptverhandlung, kann aber in zweifelsfreien Fällen mit Zustimmung des Staatsanwalts auch ohne Hauptverhandlung durch Beschluß angeordnet werden (§ 62 I und II JGG).

3. Die nach dem Schuldspruch erforderlich werdenden Entscheidungen obliegen dem Richter, der den Schuldspruch gefällt hat (§ 62 IV JGG).

IV. Verbindung des Schuldspruchs mit Jugendarrest oder Heimerziehung?

a) Neben dem Schuldspruch nach § 27 JGG darf Jugendarrest nicht verhängt werden (BGH 18, 207). Die Frage des sog. »Einstiegsarrests« ist für die Praxis ebenso wichtig wie im Schrifttum und in der Rechtsprechung umstritten. Doch dürfte sich in den letzten Jahren sowohl de lege lata wie auch de lege ferenda ein deutliches Übergewicht zugunsten der eine Verbindung ablehnenden Auffassung herausgebildet haben.

Die Anhänger einer Verbindung[6] weisen nicht ohne triftigen Grund darauf hin, daß der Jugendliche, bei dem wegen der Möglichkeit schädlicher Neigungen § 27 JGG angewandt werde, sich bei der Tilgung des Schuldspruchs besser stehe als derjenige, bei dem eindeutig keine schädlichen Neigungen vorlägen und dessen Tat deshalb mit Jugendarrest geahndet werde. Vor allem in Komplizensachen werde eine solche Besserstellung des kriminell Anfälligeren als ungerecht und deshalb auch als erziehungsschädlich empfunden. Umgekehrt würde sich nach den gemachten Erfahrungen die Koppelung des § 27 JGG mit Jugendarrest und dessen alsbaldige Verbüßung für das spätere erfolgreiche Durchstehen der Bewährungszeit günstig auswirken[7]. Lehne man die Koppelung ab, so werde die Praxis jenen erwünschten erzieherischen Effekt vielfach als »apokryphen« (und als solchen rechtswidrigen) Grund der Untersuchungshaft bei Jugendlichen zu erreichen versuchen.
Es ist zuzugeben, daß diese Argumentation vieles für sich hat. Dennoch wird man de lege lata den Argumenten der Gegenmeinung den Vorzug geben müssen[8]. Gegen die Möglichkeit einer Koppelung spricht nach geltendem Recht zunächst, daß es eine unzulässige Doppelbestrafung darstellen würde, wenn nach Verbüßung des Jugendarrests später noch ein auf Jugendstrafe lautender Strafausspruch erfolgen würde. Vor allem aber ist nach § 13 I JGG ein Zuchtmittel nur zulässig, wenn Jugendstrafe nicht geboten ist. Ob das letztere aber zutrifft, steht im Fall des § 27 JGG gerade noch nicht fest. Da der Jugendarrest nur für jugendliche Täter bestimmt ist, bei denen noch nicht davon ausgegangen werden kann, daß sie ohne eine längere erzieherische Einwirkung schwere Straftaten begehen werden, schließen sich nach dem Willen und Buchstaben des geltenden JGG Jugendstrafe und Jugendarrest in ihren Voraussetzungen gegenseitig aus. Dem erzieherischen Bedürfnis, dem Täter bei Anwendung des § 27 JGG auch bei späterer Tilgung des Schuldspruchs deutlich zu machen, daß er für seine Tat einzustehen habe, kann in den meisten Fällen auch durch hinreichend

---

5 Zur alten Rechtslage: BGH 31, 255; zustimmend *Streng*, JR 1983, 485.
6 KG NJW 1961, 1175; JR 1961, 190; OLG Schleswig SchlHA 1962, 108; AG Winsen NStZ 1982, 120; LG Augsburg NStZ 1986, 507 mit zustimmender Anm. *Brunner* (S. 508) und ablehnender Anm. *Schaffstein* (S. 509) und *Eisenberg/Herrlinger* (NStZ 1987, 177); *Brunner*, § 27 Rn. 13 ff.; ders., JR 1989, 215; *Bandemer*, ZfJ 1990, 421; *Tenckhoff*, Jura 1994, 369.
7 Anders aber der empirische Befund bei *Kreischer* a. a. O. (oben Fußn. 1), S. 129.
8 Wie BGH 18, 207, wenn auch mit teilweise unterschiedlicher Begründung OLG Celle NStZ 1988, 315 m. Anm. *Bietz*, dazu auch *Brunner* (s. o. Fußn. 6); *Albrecht*, § 35 II 2, S. 277; *Böhm*, S. 214; *Diemer*, in: Diemer/Schoreit/Sonnen, § 8 Rn. 6; *Eisenberg*, § 8 Rn. 11; *Kaiser/Schöch*, Fall Nr. 16, Rn. 12; *Ostendorf*, Grundl. zu §§ 27–30 Rn. 7, § 27 Rn. 10; *Schumann*, ZRP 1984, 319.

empfindliche Bewährungsauflagen Rechnung getragen werden. Aber auch de lege ferenda sprechen die überwiegenden Gründe doch wohl gegen den »Einstiegsarrest«, den der Referentenentwurf 1983 in Übereinstimmung mit früheren Stellungnahmen des DVJJ und vielfachen Wünschen der Praxis sogar bei der Strafaussetzung zur Bewährung nach § 21 JGG zulassen wollte[9]. Abgesehen von der Gefahr einer unerwünschten Ausweitung des Jugendarrests sowie der Gefahr eines Funktionswandels des Jugendarrestes mit dann größerer Stigmatisierungswirkung für alle Arrestanten, spricht für eine solche (von den Vorauflagen dieses Buches abweichenden) Stellungnahme vor allem die Erwägung, daß bei der kaum überwindlichen Schwerfälligkeit unserer Justizbürokratie nicht gewährleistet ist, daß der Einstiegsarrest wirklich als solcher, nämlich alsbald, vor Beginn der Bewährungszeit, vollstreckt wird. Erfolgt die Vollstreckung aber erst nach mehreren Monaten mitten in einer bisher gut verlaufenden Bewährungszeit, so ist der Arrest nicht nur wirkungslos, sondern in hohem Maße schädlich. Deshalb ist es zu billigen, daß das 1. JGGÄndG 1990 auf den Einstiegsarrest und damit die Koppelung von § 27 JGG mit Jugendarrest verzichtet hat.

b) Eine Verbindung des Schuldspruchs nach § 27 JGG mit Erziehungshilfe gem. § 12 Nr. 2 JGG (insbes. Heimerziehung) ist ebenfalls nicht zulässig.

Dies begründet BGH 35, 288[10] in einer Entscheidung, die noch die nach altem Recht zulässige Fürsorgeerziehung betraf (heute ersetzt durch Erziehungshilfe gem. § 12 Nr. 2 JGG), zutreffend damit, daß der Proband die ihm durch § 27 JGG gewährte Bewährungschance nur in Freiheit, nicht aber in der Heimerziehung nutzen könne. Die in den Vorauflagen vertretene gegenteilige Auffassung wird aufgegeben.

§ 27 Bewährungsaufsicht und Bewährungshilfe[1]

I. Grundsätzliche Vorbemerkungen

In drei Fällen sieht das JGG für den zu Jugendstrafe Verurteilten (bzw. den einer Jugendstraftat Schuldigen) eine *Bewährungszeit* vor:

a) bei der Strafaussetzung zur Bewährung (§§ 21, 24 JGG),

b) bei der Aussetzung der Verhängung der Jugendstrafe (§§ 27, 29 JGG),

c) bei der Entlassung zur Bewährung nach Teilverbüßung der Jugendstrafe (§ 88 I und VI JGG).

---

9 Gegen eine entsprechende Gesetzesänderung auch (neben den in Fußn. 8 Aufgeführten): *Dünkel, F.*, Die Herausforderung der geburtenschwachen Jahrgänge, 1987, S. 41; *Hinrichs*, BewHi 1987, 56; *Hügel*, BewHi 1987, 50 sowie die Thesen des Arbeitskreises Xc auf dem 20. JGT, DVJJS Heft 17, 1987, S. 417.
10 = NJW 1988, 2251 m. zust. Anm. *Böhm* JR 1989, 297; i. E. ebenso OLG Frankfurt NJW 1955, 603; *Eisenberg*, § 8 Rn. 10; *Brunner*, § 27 Rn. 16.
1 *Adams*, DVJJS Heft 12, 1981, S. 444; *Becker, F.*, Beiträge zur rechtlichen Stellung der Bewährungshelfer, Jur. Diss. Hamburg, 1966; *Bieker, R.*, Bewährungshilfe aus der Adressatenperspektive, 1989; *ders.*, BewHi 1984, 299; *Bockwoldt, R.*, Strafaussetzung und Bewährungshilfe in Theorie und Praxis, 1982; *dies.*, GA 1983, 546; *Dünkel, F./Spieß, G.*, Alternativen zur Freiheitsstrafe – Strafaussetzung zur Bewährung und Bewährungshilfe im internationalen Vergleich, 1983; *Foth*, BewHi 1987, 194; *Helgerth*, BewHi 1981, 248; *Hermann*, BewHi 1986, 367; *Hesener, B.*, Die Arbeitsbeziehung Bewährungshelfer – Proband, 1986; *Kerner, H.-J./Hermann, D./Bockwoldt, R.*, Straf(rest)aussetzung und Bewährungshilfe, 1983; *Kastenhuber*, BewHi 1984, 53; *Kober, E.-M.*, Bewährungshilfe und Ursachen des Widerrufs, 1986; *Lamping*, BewHi 1988, 191; *Lange*, BewHi 1990, 63; *Lippenmeier, N.*, Soziale Gruppenarbeit in der Bewährungshilfe, 1981; *Naß, G.*, Bewährungshilfe, 1968; *Sommer, M.*, Bewährungshilfe zwischen Beratung und Zwang, 1986; *Spieß-Kiefer/Bluhm*, BewHi 1985, 146. Zahlreiche weitere Aufsätze in der Zeitschrift »Bewährungshilfe«.

Das materielle Jugendstrafrecht

Während der Bewährungszeit darf der gefährdete Jugendliche sich nicht selbst überlassen bleiben. Vielmehr bedarf er gerade in dieser für seine weitere Entwicklung meist entscheidenden Periode eines festen Halts und einer intensiven erzieherischen Beeinflussung. Zwar weist das JGG die Verantwortung und infolgedessen auch die beherrschende Stellung im Aussetzungs- und Entlassungsverfahren dem Jugendrichter zu. Aber es ist praktisch nicht möglich und auch mit der Art der richterlichen Tätigkeit unvereinbar, daß der Richter die Beaufsichtigung und Betreuung des Jugendlichen während der Bewährungszeit ohne sachkundige Hilfe selbst durchführt. Deshalb wird der Jugendliche (oder Heranwachsende) während der vom Richter festgesetzten Unterstellung von höchstens zwei Jahren (vgl. oben § 25 III 2) der Aufsicht und Leitung eines *Bewährungshelfers* unterstellt, der gleichsam als »verlängerter Arm« des Richters tätig wird. Der Helfer hat gemäß § 24 III JGG die Lebensführung des Jugendlichen und die Erfüllung der richterlichen Weisungen und Auflagen zu überwachen *(»Bewährungsaufsicht«)*. Darüber hinaus soll er dem Jugendlichen helfend und betreuend zur Seite stehen, seine Erziehung fördern und möglichst mit den Erziehungsberechtigten und dem gesetzlichen Vertreter vertrauensvoll zusammenarbeiten *(»Bewährungshilfe«)*.

Mit der Schaffung des »Bewährungshelfers« hat das JGG 1953 nach englischem Vorbild die Konsequenzen aus den oben angedeuteten ungünstigen Erfahrungen gezogen, die mit der Strafaussetzung auf Probe des JGG 1923 einerseits, mit der Schutzaufsicht andererseits gemacht wurden. Entscheidend für den Erfolg der Einrichtung wird es auf die Dauer sein, ob sich in ihr Überlastung der Helfer und bürokratische Erstarrung[2] vermeiden lassen.

Gegenüber dem Erwachsenen-Strafrecht ergibt sich ein wichtiger Unterschied dadurch, daß dort die Unterstellung unter die Aufsicht und Leitung eines Bewährungshelfers den Zweckmäßigkeitserwägungen des Gerichts überlassen bleibt (§ 56 d StGB), während sie im Jugendstrafrecht obligatorisch und automatisch erfolgt. Die Gründe dafür sind leicht ersichtlich: sie bestehen in der größeren Anlehnungs- und Hilfsbedürftigkeit des jungen Menschen und sodann darin, daß das Jugendstrafrecht infolge der Einschränkung der Jugendstrafe gerade für die kriminell Gefährdeten eine Bewährungszeit vorsieht, während die Strafaussetzung im Erwachsenenstrafrecht vornehmlich bei den aus einer Krisen- oder Konfliktsituation erwachsenen Taten in Frage kommt, bei denen oft auch ohne eine besondere erzieherische Betreuung ein Bewährungserfolg bei dem Verurteilten erwartet werden darf.

II. Das Amt des Bewährungshelfers

1. Die Tätigkeit des Bewährungshelfers wird in der Regel von **hauptamtlich** dazu bestellten Frauen oder Männern ausgeübt. Nach § 113 JGG ist für den Bezirk eines jeden Jugendgerichts mindestens ein hauptamtlicher Bewährungshelfer anzustellen. Doch kann die Anstellung auch für mehrere Bezirke erfolgen oder ganz unterbleiben, wenn wegen des geringen Anfalls von Strafsachen unverhältnismäßig hohe Aufwendungen entstehen würden.

In den meisten Fällen pflegt der Bewährungshelfer bisher sowohl die nach Jugendstrafrecht wie die nach Erwachsenenstrafrecht verurteilten Probanden zu betreuen. Da nach den Strafrechtsreform-

---

2 Insoweit sehr kritisch gegenüber der Bewährungshilfe *Pfeiffer*, Krim.Präv., S. 201, der deshalb den Betreuungsweisungen den Vorzug gegenüber der Bewährungshilfe geben möchte. Sein Vorwurf, das JGG fördere den Typ des »autoritären Bewährungshelfers, der seine Probanden eher verwaltet als betreut«, ist zwar überspitzt formuliert, deckt aber treffend die stets drohende Gefahr für die Bewährungshilfe auf; s. auch *Pfeiffer*, BewHi 1984, 66.

gesetzen die Bewährungshilfe auch im allgemeinen Strafrecht einen größeren Anwendungsbereich erhalten hat als bisher, so daß viele Bewährungshelfer überwiegend erwachsene Probanden betreuen, ist nicht nur eine Verstärkung der Zahl der Bewährungshelfer, sondern auch eine Teilung ihrer Aufgaben in die der Bewährungshilfe für Jugendliche und der in vieler Hinsicht anders gearteten Hilfe für Erwachsene wünschenswert. Das gilt im besonderen Maße, seit das 2. Strafrechtsreformgesetz unglücklicherweise auch die Führungsaufsicht gegen Hangtäter den Bewährungshelfern übertragen hat (§ 68 a StGB).
Wesentlich ist vor allem, daß dem einzelnen Bewährungshelfer nicht eine allzu große Zahl von Probanden zugewiesen wird. Nach den bisherigen deutschen und ausländischen Erfahrungen sollte der einzelne Helfer nicht mehr als 40–50 Probanden gleichzeitig zu betreuen haben. Denn seine Aufgabe ist höchst individueller Natur. Sie setzt ein persönliches Eingehen auf die Lage des einzelnen, dazu aber zunächst eine genaue Kenntnis seines Charakters und seiner Umwelt voraus, die bei gleichzeitiger Beschäftigung mit einer allzu großen Zahl von Fällen nicht erworben werden kann[3].
Die in den einzelnen Ländern recht unterschiedlichen Unterstellungszahlen entsprechen diesen Anforderungen leider meist nicht. Ihre Durchschnittswerte betrugen Ende 1991 in Berlin 42,5, in Nordrhein-Westfalen 63,3, in Rheinland-Pfalz sogar 83,7 für den einzelnen Bewährungshelfer. Der Bundesdurchschnitt lag bei 65,0 Bewährungsaufsichten für jeden Bewährungshelfer.

Die Frage, ob die Bewährungshelfer dienstrechtlich (Anstellung, Dienstaufsicht u. dgl.) den Justizbehörden oder den Jugendwohlfahrtsverbänden einzugliedern seien, war heftig umstritten. Das JGG hat sich einer Entscheidung in dem auch heute noch nicht ganz verstummten Streit enthalten und diese der Landesgesetzgebung überlassen (§ 113 S. 3 JGG). Die Mehrzahl der Länder hat sich inzwischen für die Eingliederung in die Justiz entschieden, während eine Minderzahl den Bewährungshelfer dienstrechtlich in verschiedenen Formen den Wohlfahrtsbehörden (Landesjugendamt, Sozialministerium) unterstellt.

Regelmäßig werden nur solche Personen für eine Anstellung als hauptamtlicher Bewährungshelfer in Frage kommen, die über eine abgeschlossene sozialfürsorgerische Ausbildung verfügen. Auch auf praktische Erfahrungen in der Jugendpflege und -fürsorge wird besonderer Wert zu legen sein, ebenso auf eine regelmäßige theoretische und praktische Fortbildung durch Lehrgänge und Tagungen, die zugleich einen Erfahrungsaustausch ermöglichen sollen.

2. Wenn es aus Gründen der Erziehung zweckmäßig ist, so kann der Richter auch einen **ehrenamtlichen** Bewährungshelfer bestellen (§ 24 I S. 2 JGG)[4].

Die Bestellung eines ehrenamtlichen Helfers kommt vor allem in ländlichen Bezirken in Betracht und setzt voraus, daß eine geeignete Persönlichkeit vorhanden ist, die fähig und willens ist, die schwierige Aufgabe der Bewährungshilfe zu übernehmen. Da es daran – wie die mit der früheren Schutzaufsicht gemachten Erfahrungen zeigen – meist fehlt, bildet die Bestellung eines ehrenamtlichen Helfers nach der Fassung des Gesetzes und in seiner Handhabung durch die Praxis eine Ausnahme.

III. Aufgabenbereich und rechtliche Stellung des Bewährungshelfers[5]

1. **Dem Probanden gegenüber** ist es Aufgabe des Bewährungshelfers, sowohl die Bewährungsaufsicht wie die Bewährungshilfe in dem oben bezeichneten Sinn auszuüben. Die Helfertätigkeit umfaßt die ganze Skala menschlicher Hilfsbedürftigkeit. Charakteristische Beispiele aus dem Aufgabenkreis der Bewährungshilfe sind etwa folgende:

---

3 Sehr hilfreich insoweit *Ullrich, H.*, Arbeitsanleitung für Jugendgerichtshelfer, 1982.
4 Zur ehrenamtlichen Bewährungshilfe s. *Schwarz*, BewHi 1990, 50.
5 Dazu u. a. *Hermann/Kerner*, BewHi 1991, 229; *Peters, H./Cremer-Schäfer, H.*, Die sanften Kontrolleure, 1975; *Winter, W.* und *Winter, G.*, Bewährungshelfer im Rollenkonflikt, 1974.

Das materielle Jugendstrafrecht

Regelmäßige Gespräche mit dem Probanden, der zu verpflichten ist, sich zu bestimmten Zeiten bei dem Helfer einzufinden, Vermittlung einer Arbeit oder einer geeigneten Lehrstelle, Ausräumung von Schwierigkeiten, die am Arbeitsplatz aufgetreten sind, Einwirkung auf die Eltern im Sinne einer richtigen Behandlung des Jugendlichen, erforderlichenfalls Unterbringung in einem Wohnheim, Beratung bei Heiratsplänen, Unterstützung bei der Bereinigung wirtschaftlicher Schwierigkeiten, wie sie z. B. durch leichtsinnige Abzahlungskäufe oder die Verpflichtung zur Wiedergutmachung des Schadens auftreten können, Fühlungnahme mit Jugendverbänden, Sportvereinen, Heimen der offenen Tür und dergl., um zu ermöglichen, daß geeignete Probanden auf diese Weise Anschluß an einen moralisch intakten Kameradenkreis erhalten. Wie bei jeder erzieherischen Tätigkeit ist es für den Bewährungshelfer von wesentlicher Bedeutung, das persönliche Vertrauen des Jugendlichen zu gewinnen. Niemals darf dieser das Gefühl haben, es mit einer unpersönlich arbeitenden »Behörde« zu tun zu haben.

Um ihm die Erfüllung seiner vielfältigen Aufgaben zu erleichtern, hat das Gesetz dem Bewährungshelfer gewisse Rechte zuerkannt. Wie der Erziehungsbeistand hat er ein gesetzliches (erforderlichenfalls mit der Hilfe der Polizei erzwingbares) Recht auf Zutritt zu dem Jugendlichen. Auch kann er von den Erziehungsberechtigten, dem gesetzlichen Vertreter, der Schule oder dem Lehrherrn Auskunft über die Lebensführung des Jugendlichen verlangen (§ 24 III JGG). Beim inhaftierten Jugendlichen ist ihm der Verkehr mit dem Beschuldigten in demselben Umfang wie einem Verteidiger gestattet (§ 93 III JGG).

Ein allgemeines und unmittelbares Weisungsrecht gegenüber den Probanden steht dem Bewährungshelfer nicht zu und kann auch nicht in der Form einer richterlichen Weisung, den Anweisungen des Bewährungshelfers Folge zu leisten, begründet werden (vgl. oben § 25 III 3). Indessen erwähnt der in Anlehnung an das reformierte StGB neu gefaßte § 24 I JGG nunmehr ausdrücklich neben der Aufsicht auch die **Leitung** des Probanden als Aufgabe des Bewährungshelfers (ebenso § 29 JGG) und sieht für den, der sich ihr beharrlich entzieht, auch ohne besonderen Verstoß gegen richterliche Weisungen und Auflagen den Widerruf der Aussetzung vor (§ 26 I S. 1 Nr. 2 JGG, oben § 25 III 2, 3; IV). Deshalb wird man annehmen müssen, daß der Proband zumindest solche Anordnungen des Bewährungshelfers, die dieser ihm als unumgänglich im Rahmen seiner Hilfs- und Aufsichtsfunktion erteilt, zu befolgen hat (so z. B. die Anordnung, in regelmäßigen Zeitabständen die Sprechstunden des Bewährungshelfers aufzusuchen, diesen von einem Wechsel des Aufenthaltsorts, der Wohnung oder des Arbeitsplatzes alsbald zu verständigen und dergl.). Aber auch sonst ist ganz allgemein im Vergleich mit dem Erziehungsbeistand die Stellung des Bewährungshelfers gegenüber dem Probanden insofern eine stärkere, als hinter ihm die Autorität des Richters steht, der erforderlichenfalls die Strafaussetzung widerrufen kann.

2. **Gegenüber dem Richter.** Der Bewährungshelfer wird vom Richter für den einzelnen Probanden bestellt. Der Richter kann ihm für seine Tätigkeit Anweisungen erteilen (§ 25 S. 1 und 2 JGG).

Die fachliche Unterstellung unter den Richter und dessen Weisungsbefugnis besteht auch dort, wo die Bewährungshelfer organisatorisch nicht in die Justizverwaltung, sondern in die Sozialverwaltung eingegliedert sind. Diese Eingliederung bezieht sich nur auf die Dienstaufsicht.

Das Gesetz verpflichtet den Bewährungshelfer, dem Richter in Zeitabständen, die von diesem zu bestimmen sind, über die Lebensführung des Probanden zu berichten (§ 25 S. 3 JGG). Der Bericht kann schriftlich oder, was in schwierigen Fällen zweckmäßig sein wird, in der Form einer mündlichen Besprechung des Falles erstattet werden. Gröbliche oder beharrliche Verstöße gegen die Weisungen und Auflagen hat der Bewährungshelfer dem Richter mitzuteilen (§ 25 S. 4 JGG), damit dieser sich über den Widerruf der Strafaussetzung oder in leichteren Fällen über die Anordnung von Jugendarrest schlüssig werden kann[6]. Obwohl das Gesetz in seiner neuen Fassung dies nicht ausdrücklich sagt, ist davon auszugehen, daß der Bewährungshelfer auch *erhebliche*[7] neue Straftaten im Rahmen seines Berichts über die Lebensführung des Jugendlichen dem Richter mitzuteilen hat.

Allerdings muß der Umfang dieser Mitteilungspflicht weitgehend dem pflichtgebundenen Ermessen des Bewährungshelfers überlassen werden. Oft wird es das Vertrauensverhältnis zwischen Helfer und Probanden beeinträchtigen, wenn jener alle geringfügigen Verstöße und sonstigen Einzelheiten aus dem Leben des Probanden dem Richter mitteilt.

Gegenüber anderen Personen und Stellen, insbesondere gegenüber der Polizei und der Staatsanwaltschaft, hat der Bewährungshelfer Verschwiegenheit zu bewahren. Die Entscheidung darüber, ob Mitteilungen über Umstände, die den Probanden belasten, an die Strafverfolgungsbehörden weiterzugeben sind, bleibt dem Richter vorbehalten. Ein Zeugnisverweigerungsrecht hat der Bewährungshelfer nicht. Andererseits fällt er als Sozialarbeiter nunmehr unter den Personenkreis, der nach dem neugefaßten § 203 StGB bei *unbefugter* Verletzung von Privatgeheimnissen seiner Probanden mit Strafe bedroht wird.

IV. Bewährungshilfe bei jungen Soldaten

Während der Dauer des Wehrdienstverhältnisses eines Jugendlichen oder Heranwachsenden gelten auch für die Bewährungshelfer einige Besonderheiten, die eine unzweckmäßige Überschneidung der erzieherischen Autoritäten verhindern sollen.

a) Als ehrenamtlicher Bewährungshelfer kann auch ein Soldat (z. B. ein Kamerad, aber auch ein Vorgesetzter des Probanden) bestellt werden. Er untersteht dann – anders als der zivile Helfer – nicht den Anweisungen des Jugendrichters (§ 112 a Nr. 4 JGG).

b) Bei der Erteilung von Weisungen und Auflagen sollen die Besonderheiten des Wehrdienstes berücksichtigt werden (§ 112 a Nr. 3 JGG).

c) Bei der Überwachung des Probanden durch einen Bewährungshelfer, der nicht Soldat ist, sind Angelegenheiten ausgeschlossen, für welche die militärischen Vorgesetzten des Probanden zu sorgen haben. Maßnahmen der Disziplinarvorgesetzten haben den Vorrang (§ 112 a Nr. 5 JGG).

---

6 Zur Einflußmöglichkeit des Bewährungshelfers auf den Richter aus empirischer Sicht: *Hermann/Kerner*, Entscheidungen im Strafverfahren unter dem Aspekt der Kriminalisierung, in: *Kury, H.* (Hrsg.), Entwicklungstendenzen kriminologischer Forschung, 1986, S. 187, 219; s. auch *Wölffel, G.*, Diversion im Hamburger Jugendstrafverfahren: Jugendbewährungshilfe als neuer Diversionsagent, 1993.

7 Ebenso *Albrecht*, § 36 B III 1, S. 283. Noch enger aber *Eisenberg*, §§ 24, 25, Rn. 17 und *Sonnen* in: Diemer/Schoreit/Sonnen §§ 24, 25, Rn. 26. Für generelle Berichtspflicht jenseits der Bagatellgrenze hingegen *Gräber*, BewHi 1982, 303; *Ostendorf*, §§ 24, 25 Rn. 11; s. zum entspr. Problem der Mitarbeiter in Drogenberatungs- und Therapieeinrichtungen *Kreuzer*, NJW 1989, 1505, 1509.

Zweiter Teil
Das formelle Jugendstrafrecht

Erstes Kapitel
Die Jugendgerichtsverfassung

§ 28 Die Jugendgerichte

I. Die Grundgedanken

Die besondere Bedeutung, die dem Erziehungsgedanken im Jugendstrafrecht zukommt, hat auch zu einer Spezialisierung der Gerichte, die dieses Recht anwenden, geführt. Die Einrichtung besonderer Jugendgerichte zur Aburteilung jugendlicher Delinquenten steht sogar in den meisten Staaten am Beginn der eigenständigen Entwicklung des Jugendstrafrechts. Das erste Jugendgericht der Welt wurde in Chikago 1899 geschaffen. Auch in Deutschland ging, wie oben (§ 4 b) gezeigt wurde, die Einrichtung von Jugendgerichten (Frankfurt, Berlin und Köln 1908) der Schaffung eines besonderen materiellen Jugendstrafrechts um eineinhalb Jahrzehnte voraus. Diese Reihenfolge der Entwicklung kommt auch darin zum Ausdruck, daß bis heute das Gesetz, das den Gesamtbereich des Jugendstrafrechts regelt, die Bezeichnung »Jugendgerichtsgesetz« trägt. In dieser Entwicklung wird man mehr als einen bloßen Zufall des historischen Ablaufs sehen dürfen. Hier bekundet sich die alte Erfahrung, daß wichtiger als gesetzliche Vorschriften die Person dessen ist, der sie handhabt. Das gilt auf keinem Gebiet mehr als auf dem des Jugendstrafrechts. Wie die Jugendstrafe gleichzeitig ahnden und erziehen soll, so ist der Jugendrichter *Richter und Erzieher zugleich*[1]. Sehr oft erlebt ein junger Mensch in der Person des Jugendrichters die erste Begegnung mit dem Recht. Um so wesentlicher ist es, diese Begegnung so zu gestalten, daß sie auf sein weiteres Leben bestimmenden Einfluß hat. Dies und die außerordentliche Weite des Spielraums, die das Jugendstrafrecht dem richterlichen Ermessen durch seine vielfältigen Reaktionsmöglichkeiten gewährt, setzt bei demjenigen, dem ihre Auswahl anvertraut ist, über die allgemeinen Richtertugenden hinaus besonderen psychologischen Scharfblick gerade im Umgang mit jungen Menschen, spezielle Kenntnisse, vor allem aber Liebe zur Jugend und Verständnis für ihre Nöte voraus. Neuere empirische Untersuchungen und Beobachtungen[2] bestätigen die ohnehin naheliegende Hypothese, daß sowohl in bezug auf

---

1 Sehr skeptisch bereits *Middendorf, E.*, Kriminelle Jugend in Europa, 1953, S. 93; *Kaiser*, S. 138 f.; s. auch unten Fußn. 4.
2 Vgl. *Adam, H./Albrecht, H.-J./Pfeiffer, Ch.*, Jugendrichter und Jugendstaatsanwälte in der Bundesrepublik Deutschland, 1986 – dazu *Schaffstein*, ZStW 104 (1992), 147; *Hauser, H.*, Der Jugendrichter, Idee und Wirklichkeit, 1980; *ders.*, MschrKrim 1980, 1; ferner *Kühling*, MschrKrim 1970, 270; *Roestel*, UJ 1969, 347; *Schaffstein*, NStZ 1981, 286; *Frhr. v. Schlotheim*, Krebs-Festgabe, 1969, S. 423; *Walter, M.*, Sanktionsmuster der jugendrichterlichen Praxis oder über den Umgang mit dem Erziehungsbegriff des Jugendgerichtsgesetzes, in: *Pomper, G./Walter, M.* (Hrsg.), Ambulante Behandlung junger Straffälliger, 1980, S. 16. Zur häufig problematischen Selbsteinschätzung der Jugendrichter: *Pommerening, R.*, Pädagogisch relevante Dimension des Selbstbildes von Jugendrichtern, 1982; *dies.*, MschrKrim 1982, 193.

die vom Gesetz verlangte besondere erzieherische Befähigung unserer Jugendrichter (§ 37 JGG) wie auch hinsichtlich ihrer Ausbildung in den jugendstrafrechtlichen Bezugswissenschaften (Jugendpsychologie und -psychiatrie, Sozialpädagogik usw.) noch eine breite Spanne zwischen Ideal und Wirklichkeit klafft. Doch sollte man andererseits auch nicht übersehen, daß die deutsche Jugendgerichtsbarkeit seit ihrem Bestehen schon immer über eine große Anzahl erfahrener und engagierter Jugendrichter verfügt hat, deren Einsatz an Zeit und Kraft für ihre sozialpädagogische Aufgabe oft weit über das vom normalen Richter verlangte Pensum hinausging und -geht.

Trotz der relativen Kürze des Kontakts zwischen Jugendrichter und Beschuldigtem und trotz der »Dramatik der Situation«[3] bleibt im Jugendstrafverfahren ein erheblicher Spielraum für sinnvolle pädagogische Einwirkungen auf den Beschuldigten. Wenn neuerdings die Erziehungskomponente des JGG auch und vor allem, soweit sie sich im Verfahren niederschlägt, verstärkt in das Kreuzfeuer der Kritik gerät[4], so ist daran zwar richtig, daß die erzieherischen Möglichkeiten der am Jugendstrafverfahren Beteiligten nicht überschätzt werden dürfen und daß Repression auch dann als Übel empfunden wird, wenn sie im Gewande eines Erziehungsanspruchs ausgeübt wird. Andererseits schießt jedoch die Kritik z.T. weit über das Ziel hinaus, denn in ihrer extremen (neoklassizistischen) Spielart impliziert sie, offen zu den Methoden des normalen Strafverfahrens zurückzukehren[5]. Die im modernen Strafverfahren mühsam erkämpfte Sonderbehandlung der jungen Beschuldigten ist aber keineswegs ein verfassungswidriger Etikettenschwindel, sondern begrüßenswerte Folge eines an der Menschenwürde (Art. 1 I GG) und am Wächteramt des Staates bezüglich der Erziehung der Kinder (Art. 6 II GG) orientierten staatlichen Handelns. Das geltende Jugendstrafverfahrensrecht genügt den Anforderungen eines rechtsstaatlichen, fairen Verfahrens.

Das ist auch der im jüngsten Schrifttum zu findenden Stellungnahme zugunsten eines angeblich aus Art. 3 GG ableitbaren »**Verbots der Benachteiligung Jugendlicher (und Heranwachsender) gegenüber Erwachsenen in vergleichbarer Verfahrenslage**«[6] entgegenzuhalten. Die dem jugendlichen Beschuldigten insgesamt nützende Erziehungskonzeption kann freilich in einigen Teilbereichen zu Folgen führen, die vom Betroffenen nicht nur positiv eingestuft werden. So kann z.B. die Persönlichkeitserforschung durch die Jugendgerichtshilfe manches zutage fördern, was der Beschuldigte lieber nicht offenbaren möchte und was in vergleichbaren Erwachsenenstrafverfahren auch nicht bekannt würde. Es wäre jedoch unverantwortlich, im Rahmen der Gesamtwürdigung diese Erkenntnisse nun zwangsweise wieder »auszublenden«. Art. 3 GG steht der unterschiedlichen Behandlung von Erwachsenen einerseits und Jugendlichen bzw. Heranwachsenden andererseits nicht entgegen, da es sich um unterschiedliche Sachverhalte handelt. Uns erscheinen die intensivere Persönlichkeitserforschung sowie die anderen aus der Erziehungssituation des Jugendlichen ableitbaren Besonderheiten des Jugendstrafverfahrens, wie z.B. die Rechtsmittelbeschränkung in

---

3 *Schüler-Springorum*, MschrKrim 1969, 13.
4 Statt aller: *Albrecht*, § 37 A–D, S. 287; § 39 C IV, S. 305; *ders.*, ZStW 97 (1985), 831; *Feltes*, RdJB 1981, 126.
5 Zu Unrecht wird das von *Albrecht*, § 37 S. 77 f., 287 ff.; *ders.*, ZStW 97 (1985), 844, geleugnet; zum Neoklassizismus s. auch oben § 5 IV 3.
6 Dafür BayObLG NStZ 1991, 584; *Nothacker, G.*, »Erziehungsvorrang« und Gesetzesauslegung im JGG, 1985, S. 306, *Albrecht*, § 49 A II 3 b, S. 387; *Eisenberg*, § 5 Rn. 11, § 45 Rn. 9, § 91 Rn. 3; *ders.*, MschrKrim 1988, 136; ablehnend *Böhm*, Spendel-Festschrift, 1992, S. 779; *Bottke*, BMJ-Vert., S. 46, 69; *Kuhlen*, Diversion im Jugendstrafverfahren, 1988, S. 15 f.; *Scheffler*, NStZ 1992, 492.

Das formelle Jugendstrafrecht

§ 55 I JGG, sinnvoll und auch de lege ferenda beibehaltenswert. Ein Verbot der Benachteiligung Jugendlicher gegenüber Erwachsenen in vergleichbarer Verfahrenslage existiert nicht[7]. Das schließt nicht aus, daß man in Teilbereichen den formellen Rechtsschutz de lege ferenda wieder stärker an die Rechtslage des Erwachsenenrechts angleicht, so ist z. B. die Ausweitung der Rechtsmittelmöglichkeiten im Falle der Verhängung von Jugendstrafe diskussionswürdig.

Bei dem Richter der allgemeinen Strafgerichtsbarkeit können die besonderen für den Jugendrichter erforderlichen Eigenschaften nicht ohne weiteres erwartet werden. Es kommt hinzu, daß es ihm meist nicht leicht fallen wird, sich von den das allgemeine Strafrecht beherrschenden tatstrafrechtlichen Gesichtspunkten frei zu machen und sich auf die täterstrafrechtlichen Grundsätze des Jugendstrafrechts umzustellen. Deshalb läge es näher, die Aburteilung von Jugendstraftaten demjenigen zu übertragen, dem auch sonst die richterlich-erzieherische Betreuung gefährdeter Jugend obliegt, nämlich dem Vormundschaftsrichter. Da aber andererseits das deutsche Jugendstrafrecht de lege lata doch wiederum echtes Strafrecht bleibt, in ihm nicht nur der Täter zu erziehen, sondern auch seine Tat durch Zuchtmittel und Strafe zu ahnden ist, so ist auch die deutsche Jugendgerichtsbarkeit ein – freilich spezialisierter – Teil der Strafgerichtsbarkeit, nicht freiwillige Gerichtsbarkeit und schon gar nicht bloße Sozialarbeit. Deshalb kam für das JGG nicht eine völlige Verschmelzung des jugendrichterlichen und des vormundschaftsrichterlichen Aufgabenkreises in Frage, sondern nur eine Personalunion in der Erfüllung zweier zwar verwandter, aber doch ihrem Wesen nach getrennter richterlicher Funktionen. Auf diesen Leitgedanken beruht die Gestaltung der geltenden Jugendgerichtsverfassung.

II. Die Arten der Jugendgerichte und ihre Besetzung

1. Jugendgerichte sind die nach den Vorschriften des JGG besonders zu besetzenden Spruchorgane der Amts- und Landgerichte, die über die Verfehlungen Jugendlicher und Heranwachsender in erster Instanz und in der Berufungsinstanz zu entscheiden haben. Nach dem JGG (§§ 33 II, 33 a, 33 b) gibt es folgende Arten von Jugendgerichten:

a) den **Amtsrichter** als »*Jugendrichter*« (Einzelrichter), § 33 II JGG,

b) das **Jugendschöffengericht** (beim Amtsgericht), bestehend aus dem Jugendrichter als Vorsitzenden und zwei Jugendschöffen, § 33 a I JGG. Bei Entscheidungen außerhalb der Hauptverhandlung wirken die Jugendschöffen nicht mit, § 33 a II JGG.

Die Zuziehung eines zweiten Berufsrichters (auf Grund des § 29 II GVG) kommt beim Jugendschöffengericht nicht in Betracht. Statt dessen ermöglicht die Abgabe der Jugendsachen von besonders großem Umfang an die Jugendkammer (nach § 40 II JGG) deren sachgemäße Erledigung durch ein stärker besetztes Gericht[8].

c) die **Jugendkammer** des Landgerichts. Für erstinstanzliche Entscheidungen ist die (große) Jugendkammer mit drei Richtern einschließlich des Vorsitzenden und zwei Jugendschöffen besetzt, § 33 b I JGG.

In der Berufungsinstanz ist eine unterschiedliche Besetzung der Jugendkammer zu beachten, die dem Rechtszustand ähnelt, der früher im Erwachsenenstrafverfahren galt:

---

[7] Wie hier BVerfG NJW 1988, 477; siehe dazu auch unten III 2; § 31, 2; § 35 III 2; § 38 I 1.
[8] Für Einführung eines erweiterten Schöffengerichts de lege ferenda: *Ostendorf*, Grundlagen zu §§ 33–38, Rn. 9.

§ 28: Die Jugendgerichte

Bei Berufungen gegen Urteile des Jugendrichters (also des Einzelrichters) entscheidet die (kleine) Jugendkammer in der Besetzung mit dem Vorsitzenden und zwei Jugendschöffen. Bei Berufungen gegen Urteile des Jugendschöffengerichts entscheidet die (große) Jugendkammer in der Besetzung mit drei Richtern einschließlich des Vorsitzenden und zwei Jugendschöffen, § 33 b I JGG.

Sofern es sich nicht um Strafsachen handelt, die nach dem Erwachsenenrecht zur Zuständigkeit des Schwurgerichts gehören würden, kann für eine Übergangszeit (die vom Rechtspflegeentlastungsgesetz bis zum Jahr 1998 festgesetzt worden ist, BGBl. I, 1993, S. 50, 57), die große Jugendkammer bei Eröffnung des Hauptverfahrens beschließen, daß sie in der Hauptverhandlung nur mit zwei Berufsrichtern und zwei Jugendschöffen besetzt ist, wenn nach dem Umfang oder der Schwierigkeit der Sache die Mitwirkung eines dritten Richters nicht notwendig erscheint, § 33 b II JGG. Dies betrifft auch das Berufungsverfahren[9].

Bei Entscheidungen der Jugendkammer außerhalb der Hauptverhandlung wirken die Jugendschöffen nicht mit, §§ 33 III i. V. m. § 33 a II JGG.

Für die Revisionsinstanz sieht das JGG keine Jugendgerichte vor. Die für die allgemeinen Strafsachen zuständigen Senate der Oberlandesgerichte und des Bundesgerichtshofs entscheiden auch über die Revision in Jugendstrafsachen. Es würde im Interesse der Jugendstrafrechtspflege liegen, wenn wenigstens im Wege der Geschäftsverteilung die Jugendstrafsachen bei einem bestimmten Strafsenat des BGH konzentriert würden.

2. Wie § 33 II JGG deutlich macht, sind die Jugendgerichte keine selbständigen Gerichtsbehörden wie z. B. die Arbeitsgerichte. Sie sind vielmehr Abteilungen der Amtsgerichte und Kammern der Landgerichte.

Deshalb ist es nur ein Eingriff in den Geschäftskreis einer anderen Abteilung desselben Gerichts und nicht ein Überschreiten der sachlichen Zuständigkeit, wenn ein Jugendlicher oder Heranwachsender versehentlich vom allgemeinen Schöffengericht abgeurteilt wird. Wie bei den besonderen Zuständigkeiten – z. B. der des Schwurgerichts gem. § 74 II GVG – kann zwar dennoch der Revisionsgrund der Unzuständigkeit des Gerichts (§ 338 Nr. 4 StPO) durchgreifen, dies bedarf jedoch der gesonderten Verfahrensrüge[10].
Im Verhältnis Jugendgericht – Erwachsenengericht ist jedoch zu beachten, daß die neugefaßten §§ 209 a Nr. 2, 225 a I, 270 I StPO sowie §§ 47 a, 103 II JGG, die Zuständigkeitsfragen partiell als ein Problem der sachlichen Zuständigkeit fingieren und das Jugendgericht einem höheren Gericht gleichstellen. Bedeutsam ist vor allem die Regelung des § 47 a S. 1 JGG, wonach sich nach Eröffnung des Hauptverfahrens ein Jugendgericht nicht für unzuständig erklären darf, weil die Sache vor ein für allgemeine Strafsachen zuständiges Gericht gleicher oder niedrigerer Ordnung gehört. Wird also ein Erwachsener durch ein Jugendgericht abgeurteilt, so besteht kein Revisionsgrund, da dem Jugendgericht der Vorrang zukommt[11].

Als Spruchorgane der Amts- und Landgerichte, die mit dem besonderen Aufgabenkreis der Jugendgerichtsbarkeit befaßt sind, werden die Jugendgerichte im Wege der normalen Geschäftsverteilung (§§ 21 e, 22, 59 GVG) mit Richtern der Amts- bzw. Landgerichte besetzt. Für die Auswahl dieser Richter schreibt § 37 JGG vor, daß sie »*erzieherisch befähigt und in der Jugenderziehung erfahren* sein sollen«.

---

9 *Eisenberg*, §§ 33–33 b Rn. 16.
10 BGH 18, 79 – a. A. OLG Oldenburg NJW 1981, 1384. Dabei greift das Rügegebot des § 6 a StPO nicht ein, BGH 30, 260.
11 *Brunner*, § 47 a Rn. 1 ff.; *Kleinknecht/Meyer-Goßner*, § 338 Rn. 34. Zu den vielfältigen weiteren Konsequenzen aus der Zuständigkeitsregelung vgl. BGH 22, 48; 26, 191; 30, 260; 35, 267; *Eisenberg*, §§ 33–33 b Rn. 9, 10, 29 ff.; § 47 a Rn. 3 ff.; LR-*Rieß*, § 209 a Rn. 19 ff.; s. auch unten § 30 I.

Das formelle Jugendstrafrecht

§ 37 JGG enthält als bloße »Soll-Bestimmung« nur eine Forderung des Gesetzgebers, bietet aber leider keine sichere Gewähr dafür, daß die Jugendgerichte wirklich nur mit erstklassigen Fachkräften besetzt werden. Namentlich an den kleineren Amtsgerichten, die nur mit wenigen Richtern besetzt sind, fehlt es oft an einer gerade für das Jugendrichteramt geeigneten Persönlichkeit. Auch läßt es der geringe Anfall von Jugendstrafsachen in diesen kleineren Bezirken nicht zu, daß sich der Jugendrichter die erforderlichen Erfahrungen erwirbt. Das JGG (§ 33 III) gestattet deshalb den Landesregierungen, einen Amtsrichter zum Jugendrichter für den Bezirk mehrerer Amtsgerichte zu bestellen (»Bezirksjugendrichter«). Doch haben bisher nur einige Länder (u. a. Nordrhein-Westfalen) von dieser Möglichkeit Gebrauch gemacht. Dagegen sind in allen Ländern gemeinsame Jugendschöffengerichte für den Bezirk mehrerer Amtsgerichte eingerichtet worden.
Leider lehrt die Erfahrung, daß auch an den großen Amtsgerichten und an den Landgerichten die Auswahl der Jugendrichter bzw. der Mitglieder der Jugendkammern durchaus nicht immer der kriminalpolitischen Bedeutung der Jugendgerichtsbarkeit und der ausdrücklichen Anweisung des § 37 JGG entspricht. Zwar wird es sich an kleinen Landgerichten, bei denen der Anfall von Jugendsachen geringer ist, nicht immer vermeiden lassen, daß bei der Geschäftsverteilung einer bestimmten Strafkammer sowohl Jugendstrafsachen wie allgemeine Strafsachen zugewiesen werden. Dies ist auch von BGH 21, 70 ausdrücklich für zulässig erklärt worden. Indessen ist es ein Verstoß gegen § 37 JGG, wenn an manchen kleineren Landgerichten sämtliche Strafkammern im Wege der Geschäftsverteilung zu Jugendkammern erklärt werden oder wenn gelegentlich bei den Amtsgerichten Richter nur deshalb zu Jugendrichtern bestellt werden, weil man glaubt, daß dafür auch geringe Rechtskenntnisse ausreichen. Dennoch kann eine Verletzung der bloßen Ordnungsvorschrift des § 37 JGG trotz ihrer großen Bedeutung für die Jugendstrafrechtspflege für sich allein die Revision nicht begründen (BGH NJW 1958, 639).

3. Im Zusammenhang mit diesen Schwierigkeiten steht das in Deutschland noch ungelöste Problem einer *Spezialausbildung der Jugendrichter*[12]. Obwohl pädagogische Eignung in erster Linie auf angeborenen Charaktereigenschaften beruht, steht doch außer Frage, daß darüber hinaus für den Jugendrichter spezielle Kenntnisse auf allen Gebieten der *Jugendkunde*, insbesondere der *Jugendpsychologie, -psychiatrie* und *-kriminologie* fast unerläßlich sind. Durch das Universitätsstudium und den Vorbereitungsdienst werden sie entweder gar nicht oder häufig nur in ganz ungenügendem Maße vermittelt. Die oft erhobene Forderung, von einer besonderen Ausbildung auf jenen Gebieten die Befähigung zum Jugendrichteramt abhängig zu machen, scheitert bei uns an dem in unserer Gerichtsverfassung maßgebenden Prinzip, daß innerhalb der ordentlichen Gerichtsbarkeit der Richter die Befähigung zu jedem Richteramt haben müsse.
Einen Weg zur Lösung der angedeuteten Probleme, die für die Güte unserer Jugendgerichtsbarkeit entscheidende Bedeutung haben, hatte man sich früher vom Anschluß an das französische Vorbild erhofft. In Frankreich besteht ein eigenes Institut in Vaucresson für die Ausbildung und Fortbildung der Jugendrichter. Doch hat die ausführliche Darstellung der französischen Jugendrichter-Ausbildung durch *Lignitz*[13] gezeigt, daß die oft angenommene Vorbildlichkeit der französischen Verhältnisse hinsichtlich Auswahl, Ausbildung und Stellung der Jugendrichter recht fragwürdig ist und in Frankreich ähnliche Probleme bestehen wie bei uns.

III. Der Jugendrichter

1. **Aufgabenbereich.** Im Mittelpunkt der Jugendgerichtsverfassung steht der Jugendrichter beim Amtsgericht. Sein Aufgabenbereich ist ein dreifacher:

a) Der Jugendrichter entscheidet in erstinstanzlichen Jugendstrafsachen von minderer Bedeutung (§§ 39, 107 JGG) als Einzelrichter. Ferner ist er Vorsitzender des Jugendschöffengerichts und trifft als solcher auch die außerhalb der Hauptverhandlung erforderlichen Entscheidungen (z. B. über die Eröffnung des Hauptverfahrens nach §§ 199 ff. StPO und die Einstellung des Verfahrens gemäß § 47 JGG), da sich die Mit-

---

12 Vgl. dazu *Hauber*, ZblJugR 1977, 372; 1978, 377; *Kreuzer*, ZRP 1987, 235; *Adam/Albrecht/Pfeiffer*, a. a. O. (oben Anm. 2).
13 *Lignitz*, W., Die Ausbildung des französischen Jugendrichters und seine Weiterbildung im Centre de Vaucresson, 1976.

wirkung der Schöffen wie im allgemeinen Strafverfahren auf die Hauptverhandlung beschränkt, §§ 33 a II, 33 b III JGG.

b) Ferner obliegen dem Jugendrichter im Jugendstrafverfahren alle sonstigen Aufgaben, welche StPO und GVG dem Amtsrichter zuweisen (§ 34 I JGG). Dazu gehören insbesondere die richterlichen Handlungen im Vorverfahren, also z. B. Erlaß eines Haftbefehls, Anordnung von Beschlagnahmen, Durchsuchungen und Untersuchungen, Einnahme des richterlichen Augenscheins, ferner die Rechtshilfe in Verfahren, die zur Zuständigkeit der Jugendgerichte gehören.

c) Endlich hat das JGG dem Jugendrichter noch gewisse spezielle Aufgaben zugewiesen, von denen seine Funktion als Vollstreckungsleiter (§ 82 I JGG) und beim Jugendarrest sogar als Vollzugsleiter (§ 90 II S. 2 JGG) als besonders bedeutsam hervorzuheben sind (vgl. unten § 43 II).

2. Personalunion von Jugendrichter und Vormundschaftsrichter. Wie die Entwicklung einer eigenständigen Jugendgerichtsbarkeit in Deutschland dadurch ihren Anfang genommen hat, daß dem Vormundschaftsrichter auch die Jugendstrafsachen übertragen wurden (oder umgekehrt), so bestimmt auch für das geltende Recht § 34 II S. 1 JGG, daß der Jugendrichter nach Möglichkeit zugleich Vormundschaftsrichter sein soll. Diese Personalunion, die nur auf der Ebene des Amtsgerichts durchführbar ist, soll gewährleisten, daß die erzieherischen Maßnahmen beider richterlichen Bereiche aufeinander abgestimmt und planmäßig durchgeführt werden. Hinzu kommt, daß der Vormundschaftsrichter nicht selten den Jugendlichen und das soziale Milieu, in dem er aufgewachsen ist, schon vor der Verfehlung aus anderem Anlaß kennengelernt hat, so daß niemand besser als er die Persönlichkeit des Täters und die Gründe seiner Tat beurteilen kann.

Jedoch sollte der Jugendrichter bei der Persönlichkeitsbeurteilung sowie der Prognoseerstellung für Korrekturen seines Meinungsbildes stets offen sein. Daß die Kenntnis des Probanden und seines sozialen Umfelds bei Auswahl der pädagogisch sinnvollen Maßnahme dem Beschuldigten u. U. auch zum Nachteil gereichen kann, weil sie eine einschneidendere Sanktion auslöst, ist eine bewußt hingenommene und auch de lege ferenda zu tolerierende Konsequenz des Erziehungsstrafrechts[14].

Allerdings stößt namentlich bei größeren Amtsgerichten die völlige Personalunion von Jugendrichter und Vormundschaftsrichter auf organisatorische Schwierigkeiten[15]. In solchen Fällen sollen dem Jugendrichter wenigstens die »*vormundschaftsrichterlichen Erziehungsaufgaben*« für die Jugendlichen übertragen werden (§ 34 II S. 2 JGG)[16]. Was zu diesen Erziehungsaufgaben gehört, zählt das Gesetz im einzelnen auf (§ 34 III JGG). Hervorzuheben sind die Entscheidungen über Maßnahmen zur Abwendung einer Gefährdung des Jugendlichen (gem. §§ 1666, 1666 a BGB), die oft in unmittelbarem Zusammenhang mit der Straftat des Minderjährigen stehen werden.

Für den nicht mit der deutschen Gerichtsverfassung Vertrauten erscheint es zunächst befremdlich, daß das JGG trotz dieser Personalunion scharf zwischen dem Zuständigkeitsbereich des Jugendrichters und dem des Vormundschaftsrichters unterscheidet, so z. B. wenn es in § 53 JGG bestimmt,

---

14 Sehr viel kritischer insoweit *Eisenberg*, § 34 Rn. 8; § 43 Rn. 14; *ders.*, JuS 1983, 571; für eine Abänderung der »Soll«-Vorschrift des § 34 II 1 JGG in eine »Muß«-Vorschrift hingegen *Schaffstein*, NStZ 1981, 291 und z. T. auch *Ostendorf*, Grundlagen zu §§ 33–38, Rn. 9.
15 Nach der Untersuchung von *Pommerening*, MschrKrim 1982, 194 waren nur 30 % der Jugendrichter zugleich Vormundschaftsrichter.
16 Vgl. *Schnitzerling, M.*, Die vormundschaftlichen Erziehungsaufgaben, 1959 (Grundriß).

Das formelle Jugendstrafrecht

daß der Jugendrichter dem Vormundschaftsrichter im Urteil die Auswahl und Anordnung von Erziehungsmaßnahmen überlassen kann. Es ist aber zu beachten, daß die Personalunion nur beim Amtsgericht durchfürbar ist, und daß auch hier der Jugendrichter – anders als der Vormundschaftsrichter – in Sachen von größerem Gewicht unter gleichberechtigter Mitwirkung der Jugendschöffen entscheidet. Außerdem ist der Jugendrichter an die strengen Formen des Strafverfahrens gebunden, während derselbe Richter, wenn er als Vormundschaftsrichter tätig wird, in dem formlosen Verfahren der freiwilligen Gerichtsbarkeit entscheidet.

IV. Die Jugendschöffen [17]

Wie die Berufsrichter, so sollen auch die beiden in den Jugendschöffengerichten und Jugendkammern ehrenamtlich mitwirkenden Laienrichter über eine besondere Eignung und Erfahrung im Umgang mit Jugendlichen verfügen. Die Bestimmungen des JGG (§ 35) über die Auswahl der Jugendschöffen [18] weichen daher in mehrfacher Hinsicht von den nur subsidiär geltenden allgemeinen Vorschriften des GVG (§§ 36 ff.) über die Schöffenwahl ab:

Die Jugendschöffen werden auf der Grundlage besonderer Vorschlagslisten gewählt, die nicht, wie die Urlisten für die allgemeine Schöffenwahl, von den Gemeindevertretern, sondern von dem bei den Jugendämtern bestehenden Jugendhilfeausschuß (§ 71 SGB VIII) aufgestellt werden. Die Vorgeschlagenen müssen die allgemeine Befähigung zum Schöffenamt (§§ 31, 32 GVG) haben und sollen erzieherisch befähigt und in der Jugendarbeit erfahren sein (§ 35 II Satz 2 JGG). Der Schöffenwahlausschuß, der aus dieser Vorschlagsliste die benötigten Jugendschöffen und Hilfsjugendschöffen auswählt, ist der gleiche wie der nach §§ 40, 42 GVG für die allgemeine Schöffenwahl zu bildende, jedoch führt in diesem Fall der Jugendrichter in ihm den Vorsitz. Die gewählten Jugendschöffen werden in besondere, für Männer und Frauen getrennt zu führende Schöffenlisten aufgenommen, aus denen dann die erforderliche Zahl gewählt wird.

Als Jugendschöffen sollen zu jeder Hauptverhandlung je ein Mann und eine Frau herangezogen werden.

Auch in der stärkeren ehrenamtlichen Beteiligung der Frauen in den Jugendgerichten unterscheiden sich diese von den allgemeinen Strafgerichten. Sie hat sich nach überwiegendem Urteil in der Praxis bewährt.

V. Der Jugendstaatsanwalt und die Jugendkriminalpolizei

Auch im Jugendstrafverfahren wirkt die Staatsanwaltschaft als Strafverfolgungsbehörde mit. Ihr obliegen wie im allgemeinen Strafprozeß die Ermittlungen im Vorverfahren, die Erhebung der Anklage und deren Vertretung in der Hauptverhandlung. Die Verantwortung der Staatsanwaltschaft im Jugendstrafverfahren wird dadurch gesteigert, daß sie hier in weiterem Umfang als sonst auch von der Verfolgung einer Straftat absehen oder das Strafverfahren in ein reines Erziehungsverfahren überleiten kann (§ 45 JGG, vgl. unten § 35 III 2 und § 36). Dagegen ist die Strafvollstreckung, die nach § 451 I StPO regelmäßig zum Aufgabenkreis des Staatsanwalts gehört, im Jugendstrafrecht dem Jugendrichter (§ 82 I JGG) übertragen.

Das JGG dehnt die Spezialisierung der Jugendgerichtsverfassung auch auf die Staatsanwaltschaft aus. Nach § 36 JGG sind bei den Staatsanwaltschaften je nach dem Geschäftsanfall ein oder mehrere Jugendstaatsanwälte zu bestellen. Sie haben grundsätzlich

---

17 Vgl. *Raben, D.*, Leitfaden für Jugendschöffen, 4. Aufl., 1985; *Wagner*, ZblJugR 1982, 325.
18 Für Ersetzung der Jugendschöffen durch ehrenamtlich tätige Jugendfachrichter *Delitzsch*, MschrKrim 1979, 26; *Ostendorf*, Grundlagen zu §§ 33–38, Rn. 10.

sämtliche Verfahren, die zur Zuständigkeit der Jugendgerichte gehören, zu bearbeiten[19]. Für ihre Bestellung, die durch den Behördenleiter erfolgt, gilt die Anweisung des § 37 JGG, nach der nur erzieherisch befähigte und in der Jugenderziehung erfahrene Staatsanwälte mit diesem Amt betraut werden sollen[20]. Da die Staatsanwaltschaft im Zuge der Diversion einen bedeutsamen Machtzuwachs erfahren hat (im Jahre 1990 wurden 38 % aller Verfahren von ihr ohne Einschaltung des Richters beendet, weitere 5 % unter Mitwirkung des Richters sowie weitere 17 % durch den Richter mit Zustimmung der Staatsanwaltschaft), erscheint es heute dringender denn je, daß die §§ 36, 37 JGG in der Praxis wirklich beachtet werden.

Eine spezialisierte **Jugendkriminalpolizei**, die für den Umgang mit Kindern und Jugendlichen geeignete und geschulte Beamte besitzt, gibt es zwar seit längerem in den meisten Großstädten, sie hat aber in der Jugendgerichtsverfassung des JGG keine ausdrückliche Erwähnung gefunden. Man mag das mit Recht bedauern, weil einem sozialpädagogisch geschickten Vorgehen der Polizei, die in aller Regel den ersten Kontakt mit dem jugendlichen Täter hat, eine große Bedeutung für den Ausgang des Verfahrens und seine erzieherische Wirkung zukommt[21]. Indessen sollte man, wie die Erfahrung mit den entsprechenden Bestimmungen für Jugendrichter und Jugendstaatsanwalt lehrt, eine bloße gesetzliche Erwähnung der von der Jugendpolizei geforderten speziellen Qualitäten auch nicht überschätzen, zumal in kleinstädtischen und ländlichen Verhältnissen der Spezialisierung ohnehin enge Grenzen gesetzt sind.

§ 29 Die Zuständigkeit der Jugendgerichte

I. Die Abgrenzung gegenüber den allgemeinen Strafgerichten

Die Jugendgerichte haben grundsätzlich über alle Straftaten Jugendlicher und Heranwachsender zu entscheiden (§§ 33 I, 107 JGG). Das gilt für die Taten Heranwachsender auch dann, wenn auf sie allgemeines Strafrecht anzuwenden ist.

Die diesen Grundsatz durchbrechenden Ausnahmefälle, in denen allgemeine Strafgerichte zur Aburteilung Jugendlicher und Heranwachsender zuständig sind, werden im folgenden § 30 zusammengefaßt.

II. Die sachliche Zuständigkeit[1]

Da es verschiedene Arten von Jugendrichtern gibt, bedurfte die Frage, welches dieser verschiedenen Jugendgerichte jeweils zur Entscheidung einer Jugendstrafsache zuständig ist, einer gesetzlichen Regelung. Sie ist in den §§ 39–41, 108 JGG enthalten, die auch

---

19 Eine Verletzung des von der h. L. als bloße Ordnungsvorschrift eingestuften § 36 JGG soll folgenlos bleiben: BGH bei *Herlan* GA 1961, 358; *Brunner*, § 36 Rn. 1 – zutreffend zweifelnd *Eisenberg*, § 36 Rn. 13; *ders.*, NStZ 1994, 67; ablehnend auch *Ostendorf*, § 36 Rn. 8. Zum Problem des Einsatzes von Amtsanwälten s. OLG Karlsruhe NStZ 1988, 241 (zulässig); *Ostendorf*, § 36 Rn. 7 (unzulässig); *Eisenberg*, § 36 Rn. 11 (zulässig bei entsprechender Sachkunde).
20 Diesem Postulat wird bedauerlicherweise vielfach nicht entsprochen, vgl. die Angaben bei *Adam/Albrecht/Pfeiffer* (oben Fußn. 2), S. 53, wonach 60 % aller Jugendrichter und Jugendstaatsanwälte keine jugendrechtliche und -kriminologische Vorbildung erfahren haben.
21 Zu den Schwierigkeiten bei der erforderlichen Zusammenarbeit von Jugendgerichtshilfe und Polizei *Schenker*, ZblJugR 1977, 247.
1 Zum Verhältnis von Jugendrichtern und Erwachsenenrichtern der gleichen Ordnung vgl. oben § 28 II 2.

Das formelle Jugendstrafrecht

in den neuen Bundesländern gelten. Diese Bestimmungen ersetzen die nur für das Strafverfahren gegen Erwachsene geltenden Zuständigkeitsvorschriften des GVG. Auch die jugendstrafrechtliche Regelung der sachlichen Zuständigkeit geht von dem Grundsatz aus, daß in allen schwerwiegenden Strafsachen Kollegialgerichte unter Mitwirkung von Laienrichtern entscheiden sollen. Dabei ist im Vergleich zum Erwachsenenrecht die Zuständigkeit des Jugendschöffengerichts erweitert, während die Jugendkammern in erster Instanz nur in den besonders schweren oder besonders umfangreichen Sachen tätig werden. Die Zuständigkeit des Einzelrichters ist auf alle Fälle von geringerer Bedeutung beschränkt, die allerdings in der Praxis die weitaus überwiegende Mehrzahl aller Jugendstrafsachen ausmachen. Bei der Abgrenzung bedient sich das Gesetz der sog. »konkreten Betrachtungsweise« (nach der im Einzelfall zu erwartenden Strafe). Im einzelnen gilt folgendes:

1. **Der Jugendrichter als Einzelrichter** ist zuständig für Verfehlungen (Gebiet der ehem. DDR: rechtswidrige Taten) Jugendlicher oder Heranwachsender, wenn **nur** Erziehungsmaßregeln, Zuchtmittel (Verwarnung, Auflagen, Jugendarrest), Nebenstrafen und Nebenfolgen oder die Entziehung der Fahrerlaubnis zu erwarten sind und der Staatsanwalt Anklage beim Einzelrichter erhebt (§ 39 I S. 1 JGG). Bei Verfehlungen Heranwachsender ist er auch zuständig, wenn die Anwendung des allgemeinen Strafrechts (damit also Strafe) zu erwarten ist und nach § 25 GVG der Amtsrichter als Einzelrichter zu entscheiden hätte (§ 108 II JGG).

Maßgebend ist also nach § 39 I JGG zunächst, welche Bedeutung der Jugendstaatsanwalt der Sache beimißt. Kommt jedoch der Jugendrichter schon vor dem Eröffnungsbeschluß zu der Überzeugung, daß entgegen der Erwartung des Staatsanwalts Erziehungsmaßregeln oder Zuchtmittel (Verwarnung, Auflagen, Jugendarrest) nicht ausreichen werden, so ist das Hauptverfahren vor dem Jugendschöffengericht zu eröffnen. Stellt sich dagegen erst in der Hauptverhandlung heraus, daß Jugendstrafe erforderlich ist, so wäre es aus Gründen der Prozeßökonomie, aber auch aus erzieherischen Gründen unangebracht, die einzelrichterliche Verhandlung ergebnislos abzubrechen und nachträglich das Jugendschöffengericht mit einem neuen Hauptverfahren zu befassen. Daher darf der Jugendrichter in diesem Fall, wie sich aus § 39 II JGG ergibt, auch auf eine Jugendstrafe bis zu einem Jahr oder auf eine Maßregel im Rahmen des § 7 JGG (z. B. Unterbringung in einer Erziehungsanstalt gem. § 64 StGB) erkennen. Hält er dagegen eine Jugendstrafe von mehr als 1 Jahr oder speziell die Maßregel der Unterbringung in einem psychiatrischen Krankenhaus für erforderlich, so hat er die Sache durch Beschluß an das zuständige höhere Gericht zu verweisen (§ 270 StPO).

2. **Das Jugendschöffengericht** ist zuständig für alle Verfehlungen, die nicht zur Zuständigkeit eines anderen Jugendgerichts gehören (§ 40 I S. 1 JGG). Es darf gegen einen Heranwachsenden nicht auf Freiheitsstrafe von mehr als vier Jahren erkennen (§ 108 III JGG).

Das Jugendschöffengericht hat also die sog. *allgemeine Zuständigkeit*. Es verfügt über eine unbeschränkte Strafgewalt, soweit es sich um Strafen und Maßnahmen[2] des *Jugend*strafrechts handelt, während sich bei der Anwendung von Strafen des *allgemeinen* Strafrechts auf Heranwachsende eine Beschränkung aus § 108 III JGG ergibt.

---

2 Die Zuständigkeit des Jugendschöffengerichts besteht auch, wenn eine Unterbringung in einem psychiatrischen Krankenhaus zu erwarten ist (§ 7 JGG i. V. m. § 63 StGB); *Brunner*, §§ 39–41 Rn. 16; zur Verfassungskonformität: BVerfG NJW 1986, 771; sehr kritisch insoweit *Eisenberg*, § 40 Rn. 7; *ders.*, NJW 1986, 2408. Nach OLG Stuttgart NStZ 1988, 225 u. a. soll das in Abweichung zu § 24 II GVG sogar für den Fall der Anwendung von Erwachsenenstrafrecht gelten; ebenso *Ostendorf*, § 40 Rn. 5; ablehnend *Eisenberg*, § 108 Rn. 12.

§ 29: Die Zuständigkeit der Jugendgerichte

Strafsachen, für die »an sich« der Jugendrichter zuständig wäre, kann der Jugendstaatsanwalt nach seinem pflichtgemäßen Ermessen wegen der besonderen Bedeutung des Falles vor das Jugendschöffengericht bringen. Davon wird vor allem bei Taten von größerem Gewicht, größerem Umfang oder besonderem öffentlichen Interesse Gebrauch gemacht. Zu denken ist beispielsweise an den Fall einer fahrlässigen Tötung[3]. Der Jugendstaatsanwalt sollte bei seiner Ermessensausübung aber stets beachten, daß das Jugendschöffengericht aufgrund seiner unbeschränkten Strafgewalt weitgehend die Funktionen ausübt, die im allgemeinen Strafverfahren der Strafkammer zufallen und daß die mit der Anklage verbundenen Belastungen seitens des Beschuldigten als entsprechend gravierend empfunden werden. Zur Vermeidung dieser zusätzlichen Stigmatisierung erscheint es deshalb angezeigt, bei Verfahren, in denen keine Jugendstrafe zu erwarten ist, größte Zurückhaltung mit der Anklage zum Jugendschöffengericht an den Tag zu legen[4].

3. **Die große Jugendkammer** des Landgerichts wird sowohl als erstinstanzliches Gericht wie als Rechtsmittelgericht tätig (§ 41 JGG).

a) Sie ist als erkennendes Gericht *im ersten Rechtszuge* zuständig für Strafsachen gegen Jugendliche und Heranwachsende,

α) die im Verfahren gegen Erwachsene zur Zuständigkeit des Schwurgerichts gehören (Aufzählung in § 74 II S. 1 GVG),

β) die sie nach Vorlage durch das Jugendschöffengericht wegen ihres besonderen Umfangs übernimmt (§ 40 II JGG),

γ) im Verfahren gegen Heranwachsende auch sonst, wenn Freiheitsstrafe von mehr als 4 Jahren zu erwarten ist (§ 108 III S. 2 JGG).

b) Sie entscheidet über die *Berufung* gegen die Urteile des Jugendschöffengerichts.

c) Sie hat darüber hinaus für die Jugendgerichtsbarkeit alle Aufgaben wahrzunehmen, die im allgemeinen Strafverfahren der Strafkammer zugewiesen sind. Dazu gehören insbesondere die Entscheidungen über *Beschwerden* gegen Entscheidungen des Jugendrichters und des Jugendschöffengerichts (§ 41 II S. 2 JGG in Verbindung mit § 73 I GVG).

Die sachliche Zuständigkeit ist im JGG abschließend geregelt. Deshalb kann auch auf dem Gebiet der ehemaligen DDR ein Strafverfahren wegen eines Vergehens mit geringfügigen Folgen nicht an eine Schiedsstelle abgegeben werden, wie es im Erwachsenenrecht möglich ist (Rechtslage insoweit aber noch ungeklärt)[5].

4. **Die kleine Jugendkammer** entscheidet über Berufungen gegen Urteile des Jugendrichters, §§ 41 II, 33 b JGG.

---

3 *Brunner*, §§ 39–41 Rn. 7.
4 Sofern Zweifel an der Anklagezuständigkeit bestehen, soll nach h. A. Anklage beim *Schöffengericht* erhoben werden, so *Eisenberg*, § 39 Rn. 8; *Schoreit*, in: Diemer/Schoreit/Sonnen, § 39 Rn. 4 – dagegen zutreffend *Ostendorf*, § 39 Rn. 4.
5 S. d. Gesetz über die Schiedsstellen in den Gemeinden vom September 1990, DDR GBl I, S. 1527 i. V. m. § 58 S. 1 u. 2 DDR-StPO; diese Bestimmungen gelten nach dem Einigungsvertragsgesetz weiter, vgl. BGBl II, 1990, S. 885, 892, 933, 1153. Nach *Weber*, DVJJ-Journal Nr. 133, Dez. 1990, S. 23 gelten diese Bestimmungen auch im JugendstrafR.

Das formelle Jugendstrafrecht

III. Die örtliche Zuständigkeit

Die Vorschriften der StPO (§§ 7 ff.) über die örtliche Zuständigkeit der Gerichte (»Gerichtsstand«) gelten auch für die Jugendgerichte. Danach sind also nebeneinander wahlweise zugelassen die Gerichtsstände des Tatorts, des Wohnsitzes, des Ergreifungsorts und des Zusammenhangs.

Neben diese Gerichtsstände des allgemeinen Verfahrensrechts treten im Jugendstrafverfahren noch drei weitere Gerichtsstände (§ 42 I JGG), um nach Möglichkeit die Entscheidung im Jugendgerichtsverfahren mit der Wahrnehmung sonstiger richterlicher Erziehungsaufgaben gegenüber demselben Jugendlichen in der Hand eines Richters zu konzentrieren. Örtlich zuständig sind danach auch:

1. der Richter, dem *die vormundschaftlichen Erziehungsaufgaben* obliegen.

Die örtliche Zuständigkeit des Vormundschaftsrichters ergibt sich aus § 36 FGG. Danach ist in erster Linie der Wohnsitz des Minderjährigen, subsidiär dessen Aufenthaltsort maßgebend.

2. der Richter, in dessen Bezirk sich der auf freiem Fuß befindliche Beschuldigte z. Zt. der Erhebung der Anklage (dauernd oder auch nur vorübergehend) aufhält.

Dieser Gerichtsstand des *»freiwilligen Aufenthaltsorts«* steht also im Jugendstrafverfahren im Unterschied zu dem nur subsidiären Gerichtsstand des gewöhnlichen Aufenthaltsorts nach § 8 II StPO gleichberechtigt neben den übrigen Gerichtsständen. Der Staatsanwalt soll ihn vornehmlich bei geringfügigen Verfehlungen wählen, wenn vormundschaftsrichterliche Erziehungsmaßnahmen nicht erforderlich sind (RL Nr. 1 zu § 42 JGG).

3. der Richter, dem die Aufgaben des *Vollstreckungsleiters* obliegen, für die Beschuldigten, die ihre Jugendstrafe noch nicht vollständig verbüßt haben.

Grund: Während des Strafvollzugs ist »Erziehungsrichter« der Vollstreckungsleiter (vgl. unten § 43 II). Auch werden umständliche Transporte des Häftlings vermieden, wenn der Vollstreckungsleiter die neue Strafsache übernimmt.

Die verschiedenen Gerichtsstände des allgemeinen Strafverfahrensrechts und des Jugendstrafrechts stehen gleichberechtigt nebeneinander, so daß die Staatsanwaltschaft die Anklage vor jedem der danach zuständigen Gerichte erheben kann. Jedoch enthält der § 42 II JGG aus den oben erwähnten Gründen eine Ermessensbindung für die Staatsanwaltschaft, nach Möglichkeit dem Gerichtsstand des Vollstreckungsleiters und, wenn sich der Beschuldigte nicht im Strafvollzug befindet, dem Gerichtsstand der vormundschaftsrichterlichen Zuständigkeit den Vorzug zu geben.

Wechselt der Jugendliche freiwillig oder zwangsweise nach Eröffnung des Hauptverfahrens seinen Aufenthalt, so kann der Richter das Verfahren mit Zustimmung des Staatsanwalts an das Gericht abgeben, in dessen Bezirk sich der Jugendliche nunmehr aufhält (§ 42 III JGG). Das gilt auch bei einem Jugendlichen, der während der Vollstreckung einer Erziehungshilfe gem. § 12 Nr. 2 JGG von einem Heim in ein anderes verlegt wird (BGH 13, 209).

§ 30 Verbindung zusammenhängender Strafsachen – Jugendliche vor Erwachsenengerichten

I. Zuständigkeit der Jugendgerichte bei Verbindung mit Erwachsenenstrafsachen

Strafsachen gegen Jugendliche und Heranwachsende können mit einer Strafsache gegen Erwachsene entsprechend den Vorschriften des allgemeinen Verfahrensrechts (§§ 2–4 StPO) zur gemeinsamen Verhandlung vor einem Jugendgericht verbunden werden (§ 103 JGG)[1]. Die Verbindung setzt voraus, daß

---

[1] Vgl. dazu *Miehe*, Stutte-Festschrift, 1979, S. 237, 240.

a) sie nach der StPO (§§ 2, 3) wegen eines **Zusammenhangs** zulässig ist. Ein sachlicher Zusammenhang zwischen der Erwachsenen- und der Jugendstrafsache liegt vor, wenn mehrere als Täter, Teilnehmer, Strafvereiteler, Begünstiger oder Hehler an einer Straftat Beteiligte teils unter, teils über 21 Jahre alt waren,

b) die Verbindung zur Erforschung der Wahrheit oder aus anderen wichtigen Gründen geboten ist.

Die Richtlinien zu § 103 JGG bemerken dazu (Nr. 1): »Die Verbindung von Strafsachen gegen Jugendliche und Erwachsene ist im allgemeinen nicht zweckmäßig. Sie ist namentlich dann nicht angebracht, wenn der Jugendliche geständig und der Sachverhalt einfach ist oder wenn es sich bei den Erwachsenen um Eltern des Jugendlichen handelt.«

Zuständig für die Verhandlung der verbundenen Sache ist (seit einer Gesetzesänderung durch das StVÄG vom 5. 10. 1978) nunmehr regelmäßig das **Jugendgericht**. Dieses hat also bei einer Verbindung auch die Taten der zur Zeit der Taten bereits Erwachsenen, jedoch nach Erwachsenenstrafrecht, abzuurteilen.
Dabei steht die Entscheidung über die Verbindung zunächst dem Staatsanwalt zu, der die Anklage erhebt. Doch kann das Gericht aus Zweckmäßigkeitsgründen jederzeit eine Trennung verbundener Sachen wie auch eine Verbindung zunächst getrennter Sachen beschließen (§ 2 II StPO, § 103 III JGG).

Beispiel: Von den Mitgliedern einer siebenköpfigen Diebesbande sind zwei Jugendliche oder Heranwachsende, fünf Erwachsene. Wenn in diesem Fall aus prozeßökonomischen Gründen, um eine doppelte Beweisaufnahme vor zwei verschiedenen Gerichten zu ersparen, eine Verbindung erfolgt, so werden auch die fünf Erwachsenen vom Jugendgericht, jedoch nach Erwachsenenstrafrecht, abgeurteilt. Ist jedoch der Tatanteil der beiden Jugendlichen ganz unbedeutend und sind diese bereits geständig, so wird es sich möglicherweise empfehlen, von einer Verbindung abzusehen bzw., wenn diese schon durch die Anklage erfolgt ist, eine Trennung durch Beschluß des Jugendgerichts vorzunehmen und die Aburteilung der fünf Erwachsenen dem Erwachsenengericht zu überlassen.

Wird die Trennung der verbundenen Sachen *vor oder zugleich* mit Eröffnung des Hauptverfahrens vorgenommen, muß das Jugendgericht das Verfahren gegen den zur Tatzeit erwachsenen Angeklagten vor dem für allgemeine Strafsachen zuständigen Gericht eröffnen (§ 103 III JGG i. V. m. §§ 209 I, 209 a Nr. 2 StPO)[2]. Bei der Abtrennung des Verfahrens *nach* Eröffnung des Hauptverfahrens bleibt dagegen das Jugendgericht zuständig (§ 47 a JGG, der insoweit § 103 III JGG einschränkt)[3].
Bei *mehreren Verfehlungen desselben Täters* in verschiedenen Altersstufen (teils als Jugendlicher oder Heranwachsender, teils als Erwachsener), also im Fall des sog. *persönlichen Zusammenhangs* entspricht die Verbindung dem Regelfall und zuständig ist dann das Jugendgericht[4]. Eine Pflicht zur Verbindung wird allerdings von der Rechtsprechung abgelehnt[5]. Hat ein Angeklagter die ihm vorgeworfenen Straftaten teils als Heranwachsender und teils als Erwachsener begangen und wird er mit einem erwachsenen Mittäter gemeinsam angeklagt, so ist auch dann das Jugendgericht zuständig[6].

---

2 KG StrVert 1985, 408; *Eisenberg*, §§ 33–33 b Rn. 32; § 103 Rn. 18.
3 BGH 30, 260, 262; *Eisenberg*, § 47 a Rn. 8; § 103 Rn. 21; LR-*Rieß*, § 209 a Rn. 27.
4 So schon BGH 8, 349, 353; dazu *Brunner*, vor § 102 Rn. 2, § 103 Rn. 19; *Eisenberg*, § 103 Rn. 27 ff.; *Miehe*, a. a. O.
5 BGH 10, 100; dagegen *Ostendorf*, § 103 Rn. 4.
6 BGH bei *Böhm*, NStZ 1983, 450.

Das formelle Jugendstrafrecht

II. Jugendliche und Heranwachsende vor Erwachsenengerichten

Der Grundsatz, daß für die Aburteilung Jugendlicher und Heranwachsender die Jugendgerichte zuständig sind, hat aus Zweckmäßigkeitsgründen einige Ausnahmen erfahren. Es handelt sich dabei vornehmlich um solche Fälle, in denen den Gesichtspunkten, die zur Spezialisierung der Jugendgerichtsbarkeit geführt haben, andere überwiegende Gründe gegenüberstehen, die eine Aburteilung auch der Jugendlichen und Heranwachsenden durch die allgemeinen Strafgerichte erforderlich machen. Das Gesetz hat diese Ausnahmen in einem besonderen Abschnitt (§§ 102 bis 104 JGG) geregelt. Es stellt ausdrücklich fest, daß auch in den Fällen der Aburteilung durch ein Erwachsenengericht das materielle Recht des JGG anzuwenden ist, jedoch mit der Einschränkung, daß das Gericht die etwa erforderlichen Erziehungsmaßregeln nicht selbst anordnen darf, sondern ihre Auswahl und Anordnungen dem Vormundschaftsrichter, bei Heranwachsenden dem Jugendrichter des Aufenthaltsorts überlassen muß (§§ 104 I Nr. 1 und IV, 112 JGG). Auch Entscheidungen, die nach einer Aussetzung der Jugendstrafe zur Bewährung erforderlich werden, wie etwa die nachträgliche Erteilung von Weisungen und Auflagen und deren Zusammenstellung in einen Bewährungsplan, hat das Erwachsenengericht dem dafür sachkundigeren Jugendrichter zu übertragen, und zwar demjenigen, in dessen Bezirk sich der Jugendliche aufhält (§ 104 V S. 1 JGG)[7]. Ferner zählt das JGG diejenigen Vorschriften des Jugendstrafverfahrensrechts auf, die wegen ihrer besonderen Bedeutung auch in dem vor einem Erwachsenengericht geführten Verfahren gegen einen Jugendlichen oder Heranwachsenden ihre Geltung behalten (§ 104 I Nr. 2–14 JGG), und stellt die Anwendung der übrigen in das Ermessen des Gerichts (§ 104 II JGG). Die Fälle, in denen Jugendliche und Heranwachsende von den allgemeinen Strafgerichten abgeurteilt werden, sind:

1. Strafsachen, für die nach dem GVG der **BGH oder das OLG** zuständig sind (§§ 102, 112 JGG).

a) Die Zuständigkeit des BGH und des OLG in der Revisions- und Beschwerdeinstanz wird durch das JGG nicht berührt, da auf dieser Ebene keine besonderen Jugendgerichte vorgesehen sind.

b) Darüber hinaus läßt § 102 JGG jedoch auch die erstinstanzliche Zuständigkeit des OLG zur Aburteilung von Hochverrat, Landesverrat und verwandten Straftaten (§ 120 GVG) bestehen. Das Geheimhaltungsinteresse und vor allem die erforderlichen Kenntnisse der politischen Zusammenhänge und Methoden der staatsfeindlichen Tätigkeit machen es notwendig, die Aburteilung der schwersten Staatsdelikte den dafür vorgesehenen besonderen Gerichten auch dann vorzubehalten, wenn es sich um Jugendstraftaten handelt.

2. Strafsachen gegen Jugendliche und Heranwachsende, die mit solchen gegen Erwachsene wegen eines Zusammenhangs zur gemeinsamen Verhandlung verbunden werden (darüber oben unter I.), wenn für sie nach dem GVG (§§ 74 c, 74 e) die **Wirtschaftsstrafkammer** oder nach § 74 a GVG die **Staatsschutzkammer** eines Landgerichts zuständig sind (§ 103 II S. 2 JGG). Insoweit erfährt also die oben unter I. dargestellte Regel, daß im Falle der Verbindung stets die Jugendgerichte zuständig sind, eine Ausnahme.

---

[7] Dazu BGH 25, 85.

§ 30: Jugendliche und Heranwachsende vor Erwachsenengerichten

Zur Veranschaulichung der (wichtigsten) Zuständigkeitsregelungen im Jugendstrafrecht s. Schaubild 4.

Das formelle Jugendstrafrecht

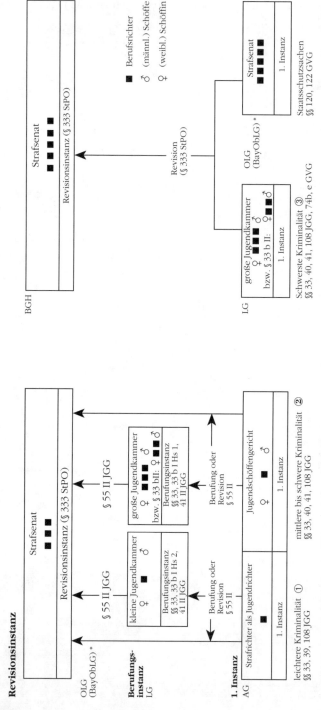

Schaubild 4: Gerichtsaufbau in Jugendstrafsachen (Ausschnitt)

162

Zweites Kapitel

Das Jugendstrafverfahren

§ 31 Grundsätzliches über das Jugendstrafverfahren in seinem Verhältnis zum allgemeinen Strafverfahren

1. Anwendung des allgemeinen Strafprozeßrechtes. Da das Jugendstrafrecht echtes Strafrecht, die Jugendgerichtsbarkeit eine spezialisierte Art der Strafgerichtsbarkeit ist, vollzieht sich auch das Verfahren vor den Jugendgerichten nicht relativ formlos wie die freiwillige Gerichtsbarkeit des Vormundschaftsrichters, sondern in den strengen Formen des Strafprozeßrechts. Zu den »allgemeinen Vorschriften«, die nach § 2 JGG im Jugendstrafrecht gelten, soweit das JGG nichts anderes bestimmt, gehören deshalb namentlich auch die Vorschriften der Strafprozeßordnung.

Wie das allgemeine Strafverfahren verläuft auch das Jugendstrafverfahren in den von der StPO vorgesehenen Etappen vom staatsanwaltschaftlichen Ermittlungsverfahren über Anklage, Eröffnungsbeschluß, Hauptverhandlung bis zum Urteil, das mit Rechtsmitteln angefochten werden kann und an das sich erst nach seiner Rechtskraft die Vollstreckung anschließt[1]. Wie dort wird auch hier die Gestaltung des Verfahrens durch die gleichen Leitgedanken bestimmt, die der materiellen Wahrheitsfindung und der rechtsstaatlichen Sicherung der Stellung des Beschuldigten dienen: das Anklage- und das Offizialprinzip, die Grundsätze der Mündlichkeit, Unmittelbarkeit und Konzentration der Hauptverhandlung, die freie Beweiswürdigung und das Prinzip »in dubio pro reo«. Ebenso gelten die zahlreichen Garantienormen, mit denen die StPO den Beschuldigten gegen unangemessene Eingriffe in seine Freiheitssphäre (z. B. bei Festnahme, Verhaftung, Durchsuchung, Beschlagnahme) zu sichern sucht. Dies alles hat auch für das Jugendstrafrecht seinen guten Sinn; denn auch hier ist, wie im allgemeinen Strafrecht, die einwandfreie Feststellung einer von dem Beschuldigten begangenen Straftat Voraussetzung dafür, daß gegen ihn vom Jugendgericht Erziehungsmaßregeln, Zuchtmittel oder Strafe verhängt werden können, und auch hier gilt es, den Beschuldigten vor behördlicher Willkür zu schützen.

2. Besonderheiten des Jugendstrafverfahrens. Trotz der grundsätzlichen Geltung der StPO weicht das Jugendstrafverfahren in wesentlichen Punkten vom allgemeinen Strafverfahren ab. Insoweit werden durch die §§ 43–81 und 109 JGG die entgegenstehenden Bestimmungen der StPO ersetzt[2]. Auch die Besonderheiten des Jugendstrafverfahrens haben wie die des materiellen Jugendstrafrechts ihren Grund vornehmlich in dem das Jugendrecht beherrschenden Erziehungsgedanken. Schon *Franz von Liszt* und seine Schüler hatten betont, daß die »Umbildung der liberalen Rechtsstrafe zur sozialen Zweckstrafe« *(Radbruch)* einen dem »Täterstrafrecht« entsprechenden »Täterstrafprozeß« zur Folge haben müsse[3]. Die Entwicklung des Jugendstrafrechts, in dem weit stärker als im Erwachsenenstrafrecht jene Umbildung erfolgt ist, hat in der Tat zu solchen Konsequenzen geführt. Einige von ihnen seien schon hier zur Verdeutlichung angeführt:

Die Aufgaben, die Rechtsfolgen der Jugendstraftat den erzieherischen Erfordernissen anzupassen, macht Vorkehrungen erforderlich, die den urteilenden Richter in den Stand setzen, sich von der Persönlichkeit des Täters, seiner Entwicklung und seiner Umwelt ein zuverlässiges Bild zu machen. Diesem Zweck dient u. a. die *Einschaltung der Jugendgerichtshilfe* (unten § 34) als eines mit einer

---

1 Einzelheiten: *Beulke*, Strafprozeßrecht, 1994
2 Der Vorrang gilt auch für allgemeine Grundsätze des JGG, vgl. *Eisenberg* § 2 Rn. 5 f.
3 Vgl. *Graf zu Dohna, A.*, Strafprozeßrecht, 3. Aufl., 1929, S. 12 f.

Das formelle Jugendstrafrecht

selbständigen Rechtsstellung ausgestatteten Verfahrensbeteiligten. Nicht minder wichtig ist die besondere Bedeutung, die der *Sachverständige* im Jugendstrafverfahren dort erlangt, wo zur Beurteilung der Täterpersönlichkeit besondere jugendpsychologische oder -psychiatrische Fachkenntnisse erforderlich sind. – Weitere Besonderheiten ergeben sich daraus, daß die Maßnahmen des Jugendstrafrechts ihre volle erzieherische Wirkung nur entfalten können, wenn sie *in unmittelbarem Anschluß* an die Straftat angeordnet und vollzogen werden. Der Jugendliche vergißt seine eigene Tat schnell, und jede Verzögerung der rechtlichen Reaktion bringt meist für ihn die Gefahr eines weiteren kriminellen Abgleitens mit sich. So muß die Verfahrensregelung darauf bedacht sein, die Spanne zwischen Tat, Urteil und Vollzug möglichst zu verkürzen. Diesem Ziel der *Beschleunigung* dient u. a. die Verkürzung des Rechtsmittelzuges, aber auch das praktisch sehr wichtige vereinfachte Jugendverfahren[4]. Erzieherischen Bedürfnissen dient auch die *Beseitigung der Öffentlichkeit der Hauptverhandlung* und die Möglichkeit, den Angeklagten selbst zeitweise aus der Hauptverhandlung zu entfernen.

Schon diese Beispiele für die Besonderheiten des Jugendstrafverfahrens zeigen, daß die »Umbildung der Rechtsstrafe zur sozialen Zweckstrafe« in ihren verfahrensrechtlichen Konsequenzen doch zu einer gewissen Einschränkung rechtsstaatlicher Grundsätze des Strafprozesses führen muß. In dieser Spannung zwischen sozialstaatlicher und rechtsstaatlicher Ordnung liegt – nicht anders als im materiellen Jugendstrafrecht – die rechtspolitische Problematik des Jugendstrafverfahrens.

Das JGG hat sich bemüht, dort, wo solche Konfliktsituationen entstehen, einen Mittelweg zu gehen und jene Einschränkung auf ein erträgliches Maß zu reduzieren. Besonders der Gesetzgeber von 1953 war hier – der allgemeinen Zeittendenz folgend – sehr vorsichtig. So läßt er etwa in der Frage der Verwertung des Ermittlungsberichts der Jugendgerichtshilfe und der Zeugenvernehmung des Helfers die Interessen der Jugendgerichtshilfe noch weiterhin hinter den Grundsätzen der Unmittelbarkeit und Mündlichkeit der Hauptverhandlung zurücktreten. Auch die Möglichkeiten des Angeklagten zur Einlegung von Rechtsmitteln sind im JGG 1953 gegenüber dem JGG 1943 wieder erweitert und die dadurch eintretende Verzögerung der Vollstreckung in Kauf genommen worden. In dem neu eingeführten Jugendgerichtsverfahren gegen Heranwachsende ist überhaupt nur ein Teil der jugendstrafrechtlichen Sondervorschriften anwendbar. Auch wenn man diese grundsätzliche Linie des Gesetzes bejaht, mag man doch zweifeln, ob nicht in einzelnen Punkten – so etwa in der Frage des Verfahrens gegen Heranwachsende – der Vorrang der spezifisch jugendstrafrechtlichen Erfordernisse vor den allgemeinen Verfahrensgrundsätzen deutlicher zum Ausdruck kommen müßte.

Die folgende Darstellung des Jugendstrafverfahrens bezieht sich, der Systematik des Gesetzes folgend, zunächst nur auf die Besonderheiten des Verfahrens gegen *Jugendliche* (§§ 43 ff. JGG). Inwieweit diese auch im Verfahren gegen *Heranwachsende* gelten (§ 109 JGG), wird im Anschluß daran in einem besonderen Abschnitt (unten § 42) erörtert.

§ 32 Die Verfahrensbeteiligten

I. Allgemeine Begriffsbestimmung

Als Verfahrensbeteiligte (Prozeßsubjekte) bezeichnen wir diejenigen Rechtspflegeorgane und privaten Einzelpersonen, denen das Strafprozeßrecht selbständige Verfahrensrechte und -pflichten zuteilt, aufgrund derer sie kraft eigener Entschließung den Gang des Verfahrens maßgeblich bestimmen können[1]. In diesem Sinn sind als Verfahrensbeteiligte zunächst das *Gericht*, die *Staatsanwaltschaft* mit der Polizei als ihrem

---

[4] In Extremfällen kann eine Verfahrensverzögerung die Einstellung gem. §§ 45 I, 47 I Nr. 1 JGG bedingen, KreisG Saalfeld StrVert 1993, 535; *Beulke*, Rn. 26.
[1] Vgl. *Roxin*, Strafverfahrensrecht, 23. Aufl., § 17 Rn. 1, S. 99.

Hilfsorgan und der *Beschuldigte* zu nennen. Ihre verfahrensrechtliche Stellung ist im Jugendstrafverfahren grundsätzlich die gleiche wie im allgemeinen Strafverfahren. Insbesondere wird der Beschuldigte durch seine Minderjährigkeit nicht in der selbständigen Ausübung seiner prozessualen Rechte beeinträchtigt.

Beispiel: Ein 17jähriger Beschuldigter kann gegen einen Haftbefehl selbständig Beschwerde (§ 304 StPO) oder gegen ein Urteil die zulässigen Rechtsmittel einlegen, ohne daß es dazu der Zustimmung des gesetzlichen Vertreters oder des Erziehungsberechtigten bedarf. Auch der von ihm ausgesprochene Rechtsmittelverzicht ist (für seine Person) wirksam, sofern er die genügende Einsichtsfähigkeit für diese Prozeßhandlung besitzt[2].

Weitere Verfahrensbeteiligte, für die sich aus der Funktion des Jugendstrafverfahrens wichtige Besonderheiten ergeben, sind die Erziehungsberechtigten und der gesetzliche Vertreter (unten II), der Verteidiger (unten § 33) und die Jugendgerichtshilfe (unten § 34).

II. Erziehungsberechtigte und gesetzlicher Vertreter

1. Gründe ihrer Verfahrensbeteiligung. Die meisten Rechtsfolgen der Jugendstraftat, insbesondere Erziehungshilfe gem. § 12 Nr. 2 JGG und Jugendstrafe, enthalten einen mehr oder minder starken Eingriff in das Erziehungsrecht der Eltern. Andererseits werden die erzieherischen Absichten, die das Gesetz mit ihnen verfolgt, um so eher erfolgreich sein, je mehr es bei ihrer Anordnung auf das Verständnis, ja vielleicht sogar auf die unterstützende Mitwirkung der Eltern rechnen kann. Fehlt es an diesem Verständnis und wirken die Eltern vielleicht sogar mit ihrem Einfluß auf den Jugendlichen dem pädagogischen Ziel des Urteils entgegen, so ist die Arbeit aller um die Erziehung Bemühten, namentlich aber die des Erziehungsbeistands und des Bewährungshelfers, der Heimerziehung und der Jugendstrafanstalt, von vornherein auf das Stärkste in ihrem Erfolg gefährdet. Aus diesen Gründen erkennt das JGG (§ 67) die Erziehungsberechtigten (Eltern) und den gesetzlichen Vertreter des jugendlichen Beschuldigten als Prozeßbeteiligte im Jugendstrafverfahren an und stattet sie mit selbständigen prozessualen Rechten und Pflichten aus[3]. Dieses gilt jedoch nicht für die nunmehr volljährigen heranwachsenden Beschuldigten (vgl. dazu unten § 42).

Wer Erziehungsberechtigter und gesetzlicher Vertreter ist, ergibt sich aus dem Bürgerlichen Recht. Sind mehrere erziehungsberechtigt (nach dem BGB in der Fassung des Gleichberechtigungsgesetzes regelmäßig Vater und Mutter), so hat jeder von ihnen die dem Berechtigten im JGG zuerkannten Rechte. In der Verhandlung wird der Abwesende als durch den Anwesenden vertreten angesehen (z. B. der abwesende Vater durch die anwesende Mutter). Die vorgeschriebenen Ladungen und Mitteilungen brauchen nur an einen von ihnen zu ergehen (§ 67 V JGG). – Die Rollen der Erziehungsberechtigten und des gesetzlichen Vertreters werden in der Regel in der Person der Eltern zusammenfallen. Anders ist es jedoch, wenn für den Minderjährigen ein Vormund bestellt ist.

2. Rechte und Pflichten. Die Stellung der Erziehungsberechtigten und des gesetzlichen Vertreters wird zunächst dadurch gekennzeichnet, daß sie das Recht und zugleich die Pflicht zur Anwesenheit in der Hauptverhandlung haben. Sie sollen zu dieser geladen werden. Bleiben sie unentschuldigt aus, so kann ihr Erscheinen mit den gleichen

---

2 OLG Düsseldorf JZ 1985, 960; ohne Beratung durch einen Verteidiger dürfte aber die Einsichtsfähigkeit in die Tragweite der Entscheidung häufig fehlen.
3 Vgl. *Bohnert*, ZfJ 1989, 232; *Brunner*, ZblJugR 1977, 366; *Roestel*, ZblJugR 1975, 326; *Schulz-Knappe*, RdJB 1967, 5, 37.

Das formelle Jugendstrafrecht

Zwangsmitteln erzwungen werden, die gegen Zeugen zulässig sind (§ 50 II JGG). Doch ist es eine je nach Lage des Falles zu entscheidende Zweckmäßigkeitsfrage, ob die Hauptverhandlung auch bei ihrem Ausbleiben durchgeführt werden soll.

Das JGG dehnt ferner eine Reihe wesentlicher prozessualer Rechte des Beschuldigten auf die Erziehungsberechtigten und den gesetzlichen Vertreter aus. Sie haben das Recht auf Gehör, dürfen selbständig Fragen (an den Beschuldigten, die Zeugen und Sachverständigen) sowie Anträge stellen und bei Untersuchungshandlungen (z. B. Einnahme eines Augenscheins, §§ 168 c, 168 d StPO) anwesend sein (§ 67 I JGG). Auch ist ihnen in der Hauptverhandlung neben dem Jugendlichen das letzte Wort zu erteilen, und zwar auch dann, wenn sie sich nicht zu Wort gemeldet haben (§ 258 II StPO i. V. m. § 67 I JGG, BGH 21, 288). Die vorgeschriebenen Mitteilungen an den Beschuldigten, insbesondere die Mitteilung der Anklageschrift, sind auch an sie zu richten (§ 67 II JGG)[4]. Ferner stehen die schon in der StPO dem gesetzlichen Vertreter zugesprochenen Rechte zur Wahl eines Verteidigers und zur Einlegung von Rechtsbehelfen im Jugendstrafverfahren auch den Erziehungsberechtigten zu (§ 67 III JGG).

Sofern die Erziehungsberechtigten die geschilderten prozessualen Rechte ausüben, handeln sie als selbständige Prozeßbeteiligte. Zweifelhaft ist hingegen ihre Rechtsstellung, wenn sie über Tatsachen berichten, z. B. über Tathintergründe oder über die häusliche Erziehungssituation. Da grundsätzlich auch im Jugendstrafverfahren die Regeln des Strengbeweises gelten, spricht manches für eine Zeugenrolle, andererseits erklärt § 50 II S. 2 JGG bestimmte Regeln nur für »entsprechend« anwendbar und macht deutlich, daß den Erziehungsberechtigten gerade kein Zeugenstatus zukommt[5]. Abgesehen davon, daß eine Differenzierung nach dem jeweils Vorgetragenen kaum praktikabel erscheint, steht die Ablehnung der Zeugeneigenschaft auch mit dem Erziehungsstrafrecht eher im Einklang. Dementsprechend wird man es dem Jugendrichter beispielsweise gestatten müssen – in Abweichung von den Regeln des Strengbeweisverfahrens – schon vor der Hauptverhandlung ein Gespräch mit den Eltern zu führen. Es wird meist wertvolle Aufschlüsse über die Ursachen und psychologischen Hintergründe der Tat geben und bei den Eltern Verständnis und Bereitschaft zur Mitwirkung bei den zu ergreifenden Erziehungsmaßnahmen wecken[6].

Sind der Erziehungsberechtigte oder der gesetzliche Vertreter verdächtig, an Verfehlungen des Jugendlichen beteiligt zu sein oder wegen einer solchen Beteiligung bereits verurteilt, so kann ihnen der Richter die genannten Rechte ganz oder zum Teil durch einen mit der Beschwerde anfechtbaren Beschluß entziehen (§ 67 IV S. 1 JGG).

Können aus diesen Gründen einem der Erziehungsberechtigten (z. B. dem Vater) oder dem gesetzlichen Vertreter die prozessualen Rechte entzogen werden, so kann das Gericht sie auch dem anderen (z. B. der Mutter) entziehen, wenn von ihm ein Mißbrauch zu befürchten ist. Die Interessen des Beschuldigten werden dann durch seinen (in diesem Fall obligatorischen) Verteidiger und zusätzlich durch einen vom Vormundschaftsrichter zu bestellenden Prozeßpfleger gesichert (§ 67 IV S. 3 und § 68 Nr. 2 JGG).

---

4 Die Unterlassung der Mitteilung ist kein Revisionsgrund, im Einzelfall kann die Unterlassung der Beiziehung nur einen Verstoß gegen die gerichtliche Aufklärungspflicht darstellen, BGH MDR 1952, 564; *Eisenberg*, § 67 Rn. 22; a. A. *Kremer, B.*, Der Einfluß des Elternrechts aus Art. 6 II, III GG auf die Rechtmäßigkeit der Maßnahmen des JGG, Jur. Diss. Mainz, 1984, S. 171.
5 Anders *Bohnert*, ZfJ 1989, 234; *Eisenberg*, § 67 Rn. 4.
6 Zustimmend *Brunner*, § 67 Rn. 2; kritisch *Eisenberg* FamRZ 1994, 749.

§ 33 Der Verteidiger

Zu den Verfahrensbeteiligten gehört ferner der Verteidiger des Beschuldigten. Seine Bedeutung und rechtliche Stellung im Jugendstrafverfahren, die in der älteren jugendstrafrechtlichen Praxis eher gering war, hat in der kriminalpolitischen Diskussion der letzten Jahre eine zunehmende Aufwertung und Erweiterung erfahren.

1. Wie im allgemeinen Strafverfahren kann sich der Beschuldigte auch im Jugendstrafverfahren stets und in jeder Lage des Verfahrens des Beistands eines Verteidigers bedienen (§ 137 I StPO)[1]. Dieses Recht zur Bestellung und Wahl eines Verteidigers steht jedoch nicht nur dem Jugendlichen selbst zu, sondern unabhängig von ihm auch seinem gesetzlichen Vertreter (§ 137 II StPO) und den Erziehungsberechtigten (§ 67 III JGG).

2. Hinsichtlich der Personen, die zum Verteidiger gewählt werden können, gilt der Grundsatz der freien Wahl des Verteidigers (aus dem in § 138 StPO genannten Personenkreis) uneingeschränkt auch für das Jugendstrafverfahren. Während das JGG für die Jugendrichter, -schöffen und -staatsanwälte eine sorgfältige Auswahl nach dem Maßstab ihrer erzieherischen Eignung und Erfahrung vorschreibt, kennt es den Begriff eines besonderen »Jugendverteidigers« nicht.

Entscheidend war dabei die Erwägung, daß jede über § 138 StPO hinausgehende Beschränkung in der Wahl das Vertrauensverhältnis zwischen Verteidigtem und Verteidiger, damit aber die eigentliche Grundlage der Verteidigung, beeinträchtigen müsse. Indessen kann gerade auch der Verteidiger, wenn er für das pädagogische Anliegen des Jugendstrafverfahrens aufgeschlossen ist, Wesentliches zu seinem Erfolg beitragen, wie er umgekehrt auch durch ungeeignete Beratung seines jugendlichen Klienten und nicht minder durch ungeschicktes Auftreten in der Hauptverhandlung die erzieherischen Bemühungen des Jugendrichters auf das Schwerste gefährden kann. De lege ferenda bleibt deshalb zu erwägen, ob der erzieherische Gesichtspunkt nicht auch hier den Vorrang verdient und die Beschränkung der Wahlmöglichkeiten auf spezialisierte Jugendverteidiger erforderlich macht[2].

Allerdings würde sich auch damit die Konfliktslage, die sich aus der Spannung zwischen Erziehungs- und Sühnegedanken gerade auch für die Pflichten und Rechte des Verteidigers ergibt, nicht völlig beseitigen lassen. Zwar dürfte heute wohl Einigkeit darüber bestehen, daß der Verteidiger bei der Schuldfrage stets einseitig zugunsten der Unschuld seines Mandanten eintreten muß, so daß er z.B. auch auf einen Freispruch zu plädieren hat, wenn der Schuldnachweis im Verfahren nicht erbracht worden ist, er aber intern von der Täterschaft seines Mandanten Kenntnis erlangt hat. Im übrigen ist dagegen seine Einbindung in ein pädagogisches Konzept ungeklärt. Muß etwa der Verteidiger, wenn die Schuld des Jugendlichen feststeht, stets auf die jenen am wenigsten belastenden Rechtsfolgen hinwirken, und zwar auch dann, wenn er selbst

---

[1] Schrifttum insbes.: *Albrecht/Stern*, StrVert 1988, 410; *Beulke*, StrVert 1987, 458; *Beulke/Schmitz-Justen*, DVJJS Heft 17, 1987, S. 328, 338; *BMJ* (Hrsg.), Verteidigung in Jugendstrafsachen, 2. Aufl., 1988 – dazu *Miehe*, ZStW 104 (1992), 156; *Cohnitz, W.-G.*, Der Verteidiger in Jugendstrafsachen, 1957; *Diehl*, ZRP 1984, 296; *Eisenberg*, NJW 1984, 2913; *Geiter*, MschrKrim 1987, 361; *Hauber*, RdJB 1979, 355; *ders.*, ZblJugR 1982, 215; *Kahlert, Ch.*, Verteidigung in Jugendstrafsachen, 2. Aufl., 1986; *Müller*, DVJJ-Journal 1991, 222; *Ostendorf*, StrVert 1986, 308; *Radbruch*, StrVert 1993, 553; *Schlickum*, StrVert 1981, 359; *Walter*, NStZ 1987, 481; *Zieger*, StrVert 1982, 305; s. auch die folgenden Fußn.

[2] Für eine fachliche Spezialisierung des Jugendverteidigers *Hauber*, RdJB 1979, 355, 359; dagegen aber *Höfner*, RdJB 1979, 364 und *Schlickum*, StrVert 1981, 359.

überzeugt ist, daß die Gefährdung oder die kriminelle Neigung seines Klienten in dessen eigenem wohlverstandenen Interesse nur durch Heimerziehung oder Jugendstrafe wirksam bekämpft werden können? Die Meinungen des Schrifttums sind geteilt. Während insbesondere *Brunner*[3] dafür plädiert, daß der Jugendverteidiger verpflichtet sei, auf die »richtige« Maßnahme hinzuwirken, will die herrschende Lehre dem Jugendverteidiger denselben Freiraum gewähren, wie dem Verteidiger im Erwachsenenstrafverfahren, denn es sei seine Aufgabe, dem staatlichen Strafanspruch auch dann entschieden entgegenzutreten, wenn er im Gewande von Erziehungsbemühungen auftrete[4]. Richtig ist daran, daß das JGG nicht nur erzieherischen, sondern auch strafenden Charakter aufweist und daß die Aufgabe des Jugendverteidigers u. a. in der Abwehr dieses Strafübels besteht. Der Verteidiger muß deshalb vor allem bei drohender Jugendstrafe unabhängig von seiner eigenen Einschätzung der Erziehungsdefizite des Jugendlichen auf Vermeidung bzw. auf möglichst geringe Dauer dieser Sanktion hinarbeiten. In dem dadurch gesteckten Rahmen bleibt allerdings noch immer ein weites Betätigungsfeld für den verantwortungsbewußten Verteidiger, der jugendpsychologische und jugendpädagogische Leitprinzipien zum Maßstab seines Verhaltens erhebt. Sind nicht stationäre Erziehungsmaßregeln bzw. Zuchtmittel zu erwarten, so stehen die erzieherischen Belange derart im Vordergrund, daß der Verteidiger generell nicht das pädagogisch Sinnlose, aber weniger Belastende anstreben sollte. In dem dazwischenliegenden Bereich (Heimerziehung/Jugendarrest) wird es auf den Einzelfall, insbesondere auf die zu erwartende Dauer der stationären Maßnahme ankommen[5]. Für alle Fallgruppen gilt gleichermaßen, daß es sich bei der Einbindung des Verteidigers in ein pädagogisches Konzept stets nur um ein unüberprüfbares Postulat handelt. Das muß sich schon daraus ergeben, daß nie mit absoluter Sicherheit vorhersehbar ist, welche Rechtsfolge im konkreten Fall ausgewählt werden wird und weil es auch unmöglich sein dürfte, über Erziehungsziele und -methoden einen Konsens herbeizuführen. Der Verteidiger, der pädagogisches Verständnis vermissen läßt, hat also weder prozeßrechtliche Konsequenzen (z. B. in Form der Entbindung von der Pflichtverteidigung) noch standesrechtliche Folgen zu befürchten.

3. Notwendige Verteidigung[6]

a) **Anwendungsfälle:** In besonders schwerwiegenden Strafsachen und bei besonderer Hilfsbedürftigkeit des Beschuldigten erklärt die StPO die Mitwirkung eines Verteidigers für obligatorisch. Die Aufzählung dieser Fälle der notwendigen Verteidigung in

---

3 *Brunner*, § 68 Rn. 5 f.; ähnlich *Hauber*, Die Interessenvertretung der Jugendlichen im Strafverfahren der BRD, in: *Kerner, H.-J./Galaway, B./Janssen, H.*, (Hrsg.), Jugendgerichtsbarkeit in Europa und Nordamerika, DVJJS Heft 16, 1986, S. 63.
4 *Albrecht*, § 44 A, B, S. 339 ff.; *ders.*, ZStW 97 (1985), 831, 853; *Bottke*, ZStW 95 (1983), 69 insbes. 98; *ders.*, BMJ-Vert., 1988, S. 46, 80; *Eisenberg*, § 68 Rn. 11–13; *ders.*, NJW 1984, 2913; *Kahlert*, Rn. 7; *Ostendorf*, § 68 Rn. 3; *ders.*, StrVert 1986, 308; *Schlickum*, StrVert 1981, 361; *Zieger*, StrVert 1982, 305.
5 Ausführlich zu dieser »vermittelnden Position« *Beulke*, StrVert 1987, 458; zustimmend jetzt auch *Schlüchter*, BMJ-Vert., 1988, S. 29, 34; *Wagler, K.*, Probleme der Verteidigung im Jugendstrafverfahren, Jur. Diss. München, 1988. Zur Problematik auch noch LR-*Lüderssen*, § 137 Rn. 56. Interessantes empirisches Material bei *Gersch, H.*, Jugendstrafverteidigung – Aus der Sicht von Rechtsanwälten, Jugendgerichtshelfern und jungen Straftätern, Jur. Diss. Mainz, 1988.
6 Grundlegend: *Beulke*, BMJ-Vert., 1988, S. 170; *Hartman-Hilter, J.*, Notwendige Verteidigung und Pflichtverteidigerbestellung im Jugendstrafverfahren, 1989; *Lüderssen*, NJW 1986, 2742; *Molketin*, ZblJugR 1981, 199; *Walter*, NJW 1989, 1022; interessant auch *Bandilla*, DVJJ-Journal Juni 1990, 25 (Bielefelder Untersuchung); *Fuchs, S.*, Der Verteidiger im Jugendstrafverfahren, 1992 und *Steindorff*, StrVert 1992, 434 (Situation in Fankreich).

§ 140 StPO übernimmt § 68 Nr. 1 JGG auch für das Jugendstrafverfahren. Darüber hinaus erweitern die Nr. 2 bis 4 des § 68 JGG (in Verb. m. § 109 JGG) die Fälle der notwendigen Verteidigung für das Verfahren gegen Jugendliche und weitgehend auch gegen Heranwachsende. Der Vorsitzende hat demnach dem Beschuldigten, der noch keinen Verteidiger gewählt hat, einen Verteidiger zu bestellen,

- wenn einem Erwachsenen ein Verteidiger zu bestellen wäre. Damit wird zunächst auf die katalogartige Beschreibung des § 140 I StPO verwiesen, so daß die Verteidigung insbesondere notwendig ist, wenn die Hauptverhandlung im ersten Rechtszug vor dem Landgericht oder dem OLG stattfindet, wenn dem Beschuldigten ein Verbrechen zur Last gelegt wird, oder wenn er sich bereits drei Monate in Untersuchungshaft befindet. Diese Regelung wird ergänzt durch die Generalklausel des § 140 II StPO, wonach der Vorsitzende einen Verteidiger zu bestellen hat, wenn wegen der Schwere der Tat oder wegen Schwierigkeit der Sach- oder Rechtslage die Mitwirkung eines Verteidigers geboten erscheint oder wenn ersichtlich ist, daß sich der Beschuldigte nicht selbst verteidigen kann (Einzelheiten dazu unten b),
- wenn den Erziehungsberechtigten und dem gesetzlichen Vertreter ihre Rechte nach dem JGG (§ 67 I–IV) entzogen sind,
- wenn zur Vorbereitung eines Gutachtens über den Entwicklungsstand des Beschuldigten (§ 73 JGG) seine Unterbringung in einer Anstalt in Frage kommt,
- wenn gegen ihn Untersuchungshaft oder einstweilige Unterbringung gem. § 126 a StPO vollstreckt wird, solange er das 18. Lebensjahr nicht vollendet hat; der Verteidiger wird unverzüglich bestellt.

b) **Speziell zur Generalklausel des § 140 II StPO.** Während die §§ 68 Nr. 1 JGG, 140 I StPO und § 68 Nr. 2 bis 4 JGG weniger Probleme bereiten, ist – ebenso wie im Erwachsenenstrafverfahren – der Anwendungsbereich der notwendigen Verteidigung über die Generalklausel des § 140 II StPO i. V. m. § 68 Nr. 1 JGG unklar und wird dementsprechend z. Z. heftig diskutiert. Das liegt zunächst an der Unbestimmtheit des § 140 II StPO selbst, der dem Richter einen erheblichen Beurteilungsspielraum einräumt und darüber hinaus daran, daß keine Einigkeit besteht, in welchem Ausmaß die Auslegungskriterien, die für das Erwachsenenstrafverfahren entwickelt worden sind, auf das stärker am Erziehungsgedanken ausgerichtete Jugendstrafverfahren übertragen werden können. Leitprinzip bei der Auslegung des § 140 II StPO sollte sein, daß im Jugendstrafverfahren die Verteidigungsdefizite, um deren Ausgleich es geht, eher noch häufiger anzunehmen sein werden als im Erwachsenenstrafverfahren. Die im Erwachsenenstrafverfahren erarbeiteten Kriterien können deshalb im Jugendstrafverfahren jeweils als *Mindeststandard* betrachtet werden, und es ist lediglich zu fragen, in welchem Ausmaß noch darüber hinaus zusätzlicher Schutz bei der Wahrnehmung der prozessualen Rechte gewährt werden muß[7]. Vorauszuschicken ist ferner, daß es auf eine strikte Trennung der einzelnen vom Gesetz aufgeführten Alternativen nicht ankommt[8], da es sich nur um beispielhaft aufgeführte Fallgruppen handelt. Unter Hinweis auf das Rechtsstaatsprinzip konnte das Bundesverfassungsgericht sie deshalb problemlos ergänzen[9]. Inzwischen liegt auch ein Vorschlag zur Handhabung der Vorschriften zur notwendigen Verteidigung im Jugenstrafverfahren vor, den eine Arbeitsgruppe der DVJJ erarbeitet hat und der im konkreten Fall als wertvolle Auslegungs-

---

7 Ausführliche Begründung bei *Beulke*, BMJ-Vert. 1988, S. 171, 176.
8 Ebenso OLG Zweibrücken NStZ 1986, 135 mit insoweit abl. Anm. *Molketin*.
9 Vgl. z. B. BVerfGE 46, 202; 70, 297; BVerfG NStZ 1984, 82.

hilfe zu Rate gezogen werden kann (sog. »Kölner Richtlinien«)[10]. Im einzelnen gilt folgendes[11]:

aa) Die Schwere der Tat beurteilt sich nach der zu erwartenden Rechtsfolgeentscheidung unter Berücksichtigung der eigenen Verteidigungsfähigkeit des Beschuldigten, wobei es allerdings gerade im Jugendstrafverfahren häufig sehr schwierig ist, eine Prognose über die zu erwartende Sanktion zu stellen. Im »Täterstrafrecht« des JGG dürfen die zu § 140 II StPO entwickelten Grundsätze der Rechtsprechung nur mit Vorsicht herangezogen werden. Wenn dort Streit über die Einjahres- oder Zweijahresgrenze der zu erwartenden Freiheitsstrafe herrscht[12], kann das keine Gültigkeit im Jugendstrafverfahren haben[13]. Angesichts der schweren Folgen einer Jugendstrafe für den jungen Menschen und angesichts der Mindestdauer der Jugendstrafe von sechs Monaten sollte die Schwere der Tat stets bejaht werden, wenn eine Jugendstrafe droht, und zwar auch dann, wenn eine Strafaussetzung zur Bewährung (§ 21 JGG) in Betracht gezogen wird (so auch »Kölner Richtlinien«). Entsprechend ist zu verfahren, wenn eine Entscheidung gem. § 27 JGG erwogen wird. Wer sich nicht zur generellen Bejahung der notwendigen Verteidigung im Falle drohender Jugendstrafe durchringen kann, sollte zumindest bereit sein, bei den Auswirkungen der Rechtsfolgeentscheidungen wegen des Erziehungsgedankens im Jugendverfahren auch die mittelbaren Folgen wie Lehrabbruch, Verlust der Pflegefamilie etc. mit zu berücksichtigen[14]. Auch bei Begehung von Straftaten nach dem BtMG dürfte i. d. R. die »Schwere der Tat« zu bejahen sein.

bb) Schwierigkeit der Sach- oder Rechtslage ist z. B. anzunehmen, wenn die Voraussetzungen der §§ 3, 105 JGG, §§ 20, 21 StGB zweifelhaft sind. Auch wenn es bei Straftaten in verschiedenen Altersstufen um problematische Wertungen im Rahmen des § 32 JGG geht, benötigt der Jugendliche oder Heranwachsende sachkundige Hilfe. Dasselbe gilt bzgl. der Durchführung der Rechtsmittel (ebenso »Kölner Richtlinien«). Glaubwürdigkeits- und Indizienbeweise stellen ohne Mithilfe eines Verteidigers eine Überforderung des Beschuldigten dar, ebenso wie die Rechtsfragen im Zusammenhang mit einer Unterbringung gem. § 93 a JGG. Spätestens an dieser Stelle ist auch auf die für junge Menschen kaum nachvollziehbare Subsumtion unter § 17 II JGG (Jugendstrafe) zu verweisen. Erwägenswert ist ferner, alle Verhandlungen vor dem Jugendschöffengericht hier einzuordnen, wofür sich auch die »Kölner Richtlinien« ausgesprochen haben[15] und was vor allem mit der weiten Strafkompetenz des Jugendschöffengerichts begründbar ist (s. oben § 29 II 2). Eindeutig muß notwendige Verteidigung bejaht werden, wenn das Jugendschöffengericht die Sache wegen ihres besonderen Umfangs an die Jugendkammer weitergeben möchte (§ 40 II JGG). Beispielhaft zu nennen sind ferner die Notwendigkeit des dem Verteidiger vorbehaltenen Aktenstudiums[16], und zwar auch bei umfangreichen Jugendhilfeberichten, die Begehung von Serientaten[17] und schließlich die Verfahren, in denen sich der Tatvorwurf nur aufgrund sich widersprechender Zeugenaussagen oder Gutachten ermitteln läßt.

cc) Unfähigkeit, sich selbst zu verteidigen ist eine für das Jugendstrafverfahren besonders bedeutsame Generalklausel, denn diese Voraussetzung wird bei unerfahrenen, oft auch gehemmten und schüchternen Jugendlichen, die nicht selten die Folgen ihrer Tat und deren Auswirkungen überhaupt nicht richtig übersehen können, häufig gegeben sein. Die Unerfahrenheit und somit

---

10 Abgedruckt in NJW 1989, 1024 mit Einführung von *Walter*.
11 Einzelheiten bei *Beulke*, Rn. 167; *ders.*, Die gerichtliche Bestellung eines Verteidigers, Interpretation der §§ 140 ff. StPO unter jugendrechtlichen Gesichtspunkten, BMJ-Vert., 1988, S. 175; *Brunner*, § 68 Rn. 20 ff.; *Eisenberg*, § 68 Rn. 18; *Hartman-Hilter*, a. a. O. (oben Fußn. 6), S. 41 ff.; *Lüderssen*, NJW 1986, 2742; *Molketin*, ZblJugR 1981, 199; *Ostendorf*, § 68 Rn. 7 ff.; *ders.*, StrVert 1986, 309.
12 Für 2-Jahres-Grenze: BayObLG NStZ 1990, 250; OLG Stuttgart StrVert 1981, 611; für 1-Jahres-Grenze: OLG Karlsruhe NStZ 1991, 505; für noch geringere Zeitspannen in besonderen Fällen: OLG Köln StrVert 1986, 238; 1993, 402; OLG Düsseldorf StrVert 1988, 290.
13 Anders: LG Essen NStZ 1987, 184 (bejahend bei 1 Jahr); OLG Stuttgart StrVert 1987, 8 (ablehnend bei 1 Jahr); OLG Köln StrVert 1991, 151 (bejahend bei 1½ Jahren).
14 Dafür: KG StrVert 1983, 186; dagegen HansOLG Hamburg StrVert 1984, 370 (jeweils zum Erwachsenenstrafverfahren).
15 Ebenso der Arbeitskreis VIII auf dem 20. JGT, These Nr. 6 a, DVJJS Heft 17, 1987, S. 345; dagegen Stellungnahme der *Bundesregierung*, BT-Drucks. 10/6739, S. 13.
16 OLG Celle StrVert 1983, 187 (zum Erwachsenenstrafverfahren).
17 LG Frankfurt StrVert 1983, 69.

§ 33: Der Verteidiger

die Annahme einer notwendigen Verteidigung dürfte besonders bei den 14- und 15jährigen Jugendlichen zu bejahen sein – vor allem wenn sie keine Unterstützung durch ihre Eltern erfahren – während mit steigendem Alter die eigene Artikulationsfähigkeit und das Verständnis zunimmt. Stets ist die Notwendigkeit der Verteidigerbestellung in Relation zum Schuldvorwurf zu setzen. Die Verhandlung über schwerere Straftaten wird auch den älteren Jugendlichen u. U. überfordern[17a], während bei Bagatelldelikten vielleicht derjenige Jugendliche am besten beraten ist, der sich aufgrund seiner Unerfahrenheit dem Richter öffnet, so daß eine angemessene und erzieherisch sinnvolle Maßnahme festgesetzt werden kann. Bei wiederholten Auffälligkeiten sollte jedoch der besonders junge Beschuldigte auch bei geringfügigen Straftaten nicht ohne professionelle Unterstützung bleiben (so auch die »Kölner Richtlinien«). Selbst wenn der Beschuldigte bereits einen Wahlverteidiger hat, der von seinen Eltern beauftragt worden ist, zu dem er aber kein Vertrauensverhältnis entwickeln kann, ist in extremen Ausnahmefällen die zusätzliche Bestellung eines Pflichtverteidigers wegen Unfähigkeit der eigenen Verteidigung vertretbar[18]. Unzulässig wäre es auch, bei nicht nur geringfügigem Tatvorwurf und mehreren Mitangeklagten einen von ihnen ohne Verteidiger zu belassen, während die anderen durch ihre Wahlverteidiger unterstützt werden[18a]. Für den Bereich der Untersuchungshaft ist durch das 1. JGGÄndG vom Jahre 1990 eine leicht verbesserte Situation eingetreten. Bei Jugendlichen ergibt sich im Falle der Vollstreckung der U-Haft die Notwendigkeit der Verteidigung aus § 68 Nr. 4 JGG. Für Heranwachsende gilt hingegen erst die Dreimonatsfrist des § 140 I Nr. 5 StPO i. V. m. § 68 Nr. 1 JGG. Diese speziellen Regelungen schließen aber einen Rückgriff auf § 140 II StPO i. V. m. § 68 Nr. 1 JGG nicht aus. Angesichts der heute viel zurückhaltenderen Praxis der Verhängung von U-Haft sollte deshalb sowohl bei Jugendlichen als auch bei Heranwachsenden spätestens mit Beginn der Vollstreckung (möglichst schon vorher) ein Verteidiger bestellt werden.

Schließlich ist auf die Beschuldigtengruppe der Ausländerkinder hinzuweisen, die häufig zur eigenen Verteidigung unfähig sein dürften. Da im Gegensatz zum Wahlverteidiger der gerichtlich bestellte Verteidiger die für die Hinzuziehung eines Dolmetschers entstandenen Auslagen aus der Staatskasse ersetzt verlangen kann, ohne daß sie dem Angeklagten überbürdet werden dürfen, kann sich die Notwendigkeit des Verteidigers bei einem ausländischen Beschuldigten auch bereits daraus ergeben, daß er die erforderlichen Mittel für den Dolmetscher nicht aufzubringen in der Lage ist[19].

Beispiel: Der 19jährige Angeklagte, der zwei Lehren abgebrochen hat und bereits in der Hauptschule Schwierigkeiten hatte, wurde vom Jugendschöffengericht zu einer Jugendstrafe von 1 Jahr und 3 Monaten verurteilt. Die Strafe wurde nicht zur Bewährung ausgesetzt. Gegen dieses Urteil hat er Berufung eingelegt und gleichzeitig beantragt, ihm einen Verteidiger beizuordnen.
In diesem Fall hat der Vorsitzende des Berufungsgerichts (Jugendstrafkammer) einen Verteidiger zu bestellen, weil die Voraussetzungen der §§ 140 II StPO, 68 Nr. 1 JGG erfüllt sind. Als maßgebliche Kriterien sind insoweit anzuführen: Defizite des Angeklagten im intellektuellen und beruflichen Bereich, zu erwartende Jugendstrafe (hier sogar ohne Bewährung), erstinstanzliche Aburteilung durch das Jugendschöffengericht, Verhandeln in der Rechtsmittelinstanz. Nach hiesiger Lösung hätte jeder Gesichtspunkt allein bereits die notwendige Verteidigung zur Konsequenz, wohingegen OLG Hamm StrVert 1986, 306 erst aufgrund einer Gesamtschau die Voraussetzungen der §§ 140 II StPO, 68 Nr. 1 JGG bejaht.

Die Darstellung hat ergeben, daß schon nach geltendem Recht der Anwendungsbereich der notwendigen Verteidigung im JGG den nach der StPO übersteigt. Um so erstaunlicher ist es, daß in der Praxis von der Möglichkeit der Mitwirkung eines Anwalts im Jugendstrafverfahren seltener Gebrauch gemacht wird als im Erwachsenenprozeß[20]. Im Zeitraum zwischen 1971 und 1983 lag die Verteidigungsquote beim Jugendrichter mit 21,5 % und beim Jugendschöffengericht mit 47,4 % deutlich unter

---

17a OLG Celle StrVert 1991, 151.
18 *Eisenberg*, § 68 Rn. 9.
18a AG Saalfeld StrVert 1994, 604.
19 OLG Zweibrücken, MDR 1988, 1075; *Eisenberg*, § 68 Rn. 18; problematisch OLG Düsseldorf StrVert 1992, 362 m. abl. Anm. *Wolf*.
20 Zum Zahlenmaterial s. *Rieß*, StrVert 1985, 211 ff.

den Vergleichswerten des Erwachsenenverfahrens (57,7 %; 56,8 %). Im Jahre 1986 lag die Beteiligung von Verteidigern vor dem Jugendrichter noch immer bei 25,7 % gegenüber 59,1 % beim Erwachsenenstrafrichter. Die zwischenzeitliche Entwicklung dürfte entsprechend verlaufen sein. Sollte sich hier auch in Zukunft keine Veränderung ergeben, so müßte die notwendige Verteidigung de lege ferenda sehr viel weiter ausgeweitet werden [21].

Nur in den aufgeführten Fällen der notwendigen Verteidigung, in denen der Vorsitzende dem Beschuldigten einen *Pflichtverteidiger* [22] zu bestellen hat, besteht nach geltendem Recht die Möglichkeit, bei der Bestellung die erzieherische Eignung und Erfahrung des Verteidigers zu berücksichtigen. Bei der Auswahl ist auf die Wünsche des Beschuldigten Rücksicht zu nehmen (§ 142 I S. 2, 3 StPO).

4. Liegt kein Fall der notwendigen Verteidigung vor, so kann der Vorsitzende dem Beschuldigten in jeder Lage des Verfahrens einen *Beistand* bestellen (§ 69 I JGG). Der Beistand hat eine selbständige und eigenartige prozessuale Rechtsstellung, die formal derjenigen des Verteidigers angenähert ist. Vor der Hauptverhandlung kann ihm Akteneinsicht gewährt werden; in der Verhandlung hat er die Rechte eines Verteidigers (§ 69 III JGG). Dagegen hat er nicht die Befugnis, selbständig Rechtsmittel einzulegen. Die vom Gesetz dem Beistand zugedachte Aufgabe ist überhaupt nicht so sehr die des juristischen Beraters wie vielmehr diejenige, Vertrauensperson und fürsorgerischer Betreuer des Jugendlichen zu sein. Da diese Aufgabe jedoch wenigstens zu einem Teil der Jugendgerichtshilfe (unten § 34) zukommt, macht die Praxis von der Bestellung eines Beistands wenig Gebrauch [23]. Der Bewährungshelfer kann ebensowenig zum Beistand erklärt werden (§ 146 StPO analog) [24], wie der in der Hauptverhandlung tätige Jugendgerichtshelfer [25].

5. Die bisherigen Darlegungen beziehen sich lediglich auf das Erkenntnisverfahren. Gemäß § 83 III S. 2 JGG gelten jedoch die Vorschriften über die notwendige Verteidigung auch im *Vollstreckungsverfahren* sinngemäß. Die sich im Erwachsenenstrafverfahrensrecht erst mühsam durchsetzende analoge Anwendung des § 140 II StPO [26] ist im Jugendstrafrecht somit vom Gesetzgeber bereits vorgeschrieben. Völlige Unklarheit herrscht allerdings über das Ausmaß der »sinngemäßen« Anwendung [27]. Erwägenswert erscheint die notwendige Mitwirkung eines Verteidigers insbesondere bei der Entscheidung über eine Reststrafenaussetzung (§ 88 JGG), sofern es sich um *gravierende* (Rest-)Jugendstrafen handelt. Entsprechendes sollte dann auch bei einer Entscheidung über einen Bewährungswiderruf (§§ 26, 58 JGG) gelten. Die »Kölner Richtlinien« verlangen bei Widerruf und Reststrafenaussetzung stets eine Mitwirkung des Verteidigers.

---

21 Dafür *Jung*, ZRP 1981, 44; *Schaffstein*, Dünnebier-Festschrift, 1982, S. 669.
22 Vgl. insbes. *Molketin*, ZblJugR 1981, 199.
23 Für eine Aufwertung und häufigere Bestellung eines Beistandes *Grotenbeck*, ZblJugR 1977, 424; *Hauber*, ZblJugR 1982, 215; eher ablehnend *Albrecht*, § 44 D 3, S. 352; *Ostendorf*, StrVert 1986, 312; zur Bestellung des Erziehungsberechtigten zum Beistand s. *Bohnert*, ZfJ 1989, 235.
24 OLG Düsseldorf NStZ 1987, 340.
25 Ebenso *Eisenberg*, § 69 Rn. 6; *Bohnert*, ZfJ 1989, 235, Fußn. 38.
26 S. oben Fußn. 9.
27 Einzelheiten bei *Beulke*, BMJ-Vert., 1988, S. 191; *Hartman-Hilter*, a. a. O. (s. Fußn. 6), S. 125 ff.; ders., StrVert 1988, 312.

§ 34 Die Jugendgerichtshilfe[1]

I. Wesen und Aufgabe

Die besondere spezialpräventive Zielsetzung des Jugendstrafrechts hat dazu geführt, daß in das Jugendgerichtsverfahren in Gestalt der Jugendgerichtshilfe ein besonderes Organ zur *Vertretung der erzieherischen, sozialen und fürsorgerischen Gesichtspunkte* eingebaut worden ist. Zwar kennt auch der allgemeine Strafprozeß die Einrichtung der Gerichtshilfe. Während diese jedoch damals dort noch als Aufgabe umstritten und in ihrer rechtlichen Organisationsform ungefestigt war (vgl. aber jetzt § 160 III S. 2 StPO), hat die Jugendgerichtshilfe bereits im JGG 1923 gesetzliche Anerkennung und nunmehr in § 38 JGG eine genaue Umschreibung ihres Aufgabenbereiches gefunden. So tritt in dieser unterschiedlichen Entwicklung abermals der stärkere sozialrechtliche Einschlag hervor, der das Jugendstrafrecht vom allgemeinen Strafrecht abhebt. Aus ihm ergeben sich die beiden Aufgaben der Jugendgerichtshilfe als Hilfe für das Gericht und als Hilfe für den jugendlichen oder heranwachsenden Beschuldigten.

1. **Hilfe für die gerichtlichen Ermittlungen.** Schon für die Feststellung des Reifegrades des Täters (§§ 3, 105 JGG), ebenso aber auch für die Auswahl der erzieherisch zweckmäßigen Rechtsfolgen der Jugendstraftat bedarf es besonders sorgfältiger Ermittlungen über die *Persönlichkeit* des Täters, seinen Entwicklungsgang und die Umwelt, in der er lebt. Weder der Richter, noch der Jugendstaatsanwalt, noch die vornehmlich auf Sachverhaltserforschung eingestellte Polizei vermögen diese mühevolle und zeitraubende Ermittlungstätigkeit selbst zu leisten. Bei der Polizei – mag sie auch heute bereits vielfach über jugendpsychologisch geschulte Fachkräfte verfügen – besteht überdies die Gefahr einer einseitigen Beurteilung aus der Perspektive der Strafverfolgung. Auch werden sich der Jugendliche selbst, seine Eltern, Lehrherren, Nachbarn und andere Auskunftspersonen meist leichter dem Sozialarbeiter des Jugendamts als dem Polizisten erschließen[1a]. In diese Lücke, welche die in der StPO vorgesehenen Strafverfolgungsorgane lassen, soll die Jugendgerichtshilfe einspringen. Die eine ihrer beiden Aufgaben ist also *Ermittlungshilfe* für das Gericht bei der Erforschung der Persönlichkeit des Täters.

2. **Erzieherische Fürsorge für den Beschuldigten.** Dieser zweite Aufgabenbereich ergibt sich aus der besonderen Hilfsbedürftigkeit des *jugendlichen* Beschuldigten. Sie

---

[1] *Arbeitsgruppe Jugendgerichtshilfe in der DVJJ*, ZfJ 1990, 554; *Beyer, G.*, Jugendgerichtshilfe für Ausländer, 1992; *BMJ*-Jugendgerichtshilfe, 1991; *Böhm*, S. 91; *Bottke*, ZblJugR 1980, 12; *Hauber*, ZblJugR 1980, 509; *Heinz*, BewHi 1988, 261; *Laubenthal, K.*, Jugendgerichtshilfe im Strafverfahren, 1993; *ders.* Festschrift für Spendel, 1992, S. 795; *Momberg, R.*, Die Ermittlungstätigkeit der Jugendgerichtshilfe und ihr Einfluß auf die Entscheidung des Jugendrichters, Jur. Diss. Göttingen, 1982; *ders.*, MschrKrim 1982, 65; *Ostendorf*, ZfJ 1991, 9; *Peters*, Strafprozeßrecht, 4. Aufl. 1985, § 69 III d, S. 596; *Pfeiffer*, ZblJugR 1977, 383; *ders.*, ZblJugR 1980, 384; *Philipp*, ZfJ 1990, 500; *Schwenkel-Omar*, ZfJ 1990, 493; *Seidel, G.*, Die JGH in ihrer Ermittlungsfunktion und ihr Einfluß auf richterliche Entscheidungen im Jugendstrafverfahren gegen weibliche Jugendliche, 1988 – dazu: *Dölling*, ZStW 104 (1992), 153; *Schaffstein*, Festschrift für Dünnebier, 1982, S. 661; *Schöch*, Festschrift für Leferenz, 1983, S. 127; *Trenczek*, RdJB 1993, 316; *Ullrich, H.*, Arbeitsanleitung für Jugendgerichtshelfer, 1982; *Walter*, ZblJugR 1973, 485; *ders.* ZfJ 1986, 429; *Werner, H.*, Die Persönlichkeitserforschung im Jugendstrafverfahren, 1967; *Wild, P.*, Jugendgerichtshilfe in der Praxis, 1989 – dazu: *Dölling*, ZStW 104 (1992), 149; *ders.*, in Krim-Forschung 80, 1988, S. 839; *Wilhelm, J.*, Die Stellung der Jugendgerichtshilfe im Verfahren, Jur. Diss. Trier, 1992.

[1a] Wie sich aus § 43 I JGG ergibt, sind die Daten nicht nur beim Betroffenen, sondern u. U. auch bei Dritten zu erheben – es greift hier gegenüber der Regelung des reinen Jugendhilferechts (§ 62 II S. 1 SGB VIII) eine Ausnahme ein (§§ 61 III, 62 III Nr. 1 SGB VIII).

macht es erforderlich, ihn schon während des Verfahrens und meist auch noch nach dessen Abschluß fürsorgerisch zu betreuen und so vor weiterem Abgleiten zu schützen. Diesem Ziel dienen alle Maßnahmen, die am Arbeitsplatz, in der Familie und im sonstigen Umgangskreis des Jugendlichen sein gestörtes Verhältnis wiederherstellen.

Beide Aufgaben haben zwar gemeinsam, daß sie sich auf die Persönlichkeit des Beschuldigten beziehen und beide in einem höheren Sinn seinem Besten dienen, dennoch sind sie sehr unterschiedlicher Natur. Die Aufgabe, dem Richter ein möglichst vollständiges und zutreffendes Bild von der Persönlichkeit des Jugendlichen zu vermitteln, verpflichtet den Helfer zu strengster *Objektivität*. Er würde seinen Pflichten nicht nachkommen, wenn er wie ein Verteidiger einseitig nur die dem Beschuldigten günstigen Umstände hervorhöbe, die nachteiligen jedoch verschwiege. Bei der Auswahl der Fakten steht dem Jugendgerichtshelfer zwar ein Beurteilungsspielraum zu, dessen Grenzen wären jedoch überschritten, wenn er – zumindest im Falle des Vorwurfs gravierender Straftaten – relevante negative Informationen bewußt zurückhielte[2]. Als fürsorgerischer Betreuer des Jugendlichen ist er andererseits darauf angewiesen, das Vertrauen seines Schutzbefohlenen zu gewinnen und das ihm entgegengebrachte Vertrauen auch durch Rat und Tat zu bestätigen. Es kann daher nicht ausbleiben, daß sich aus dieser Doppelfunktion in vielen Einzelfällen Konflikte ergeben, die sich nicht nur im Gewissen des einzelnen Helfers abspielen, sondern oft zu verfahrensrechtlichen Schwierigkeiten und Streitfragen führen. Daher liegt in dieser Konfliktsituation die persönliche und die juristische Problematik der Jugendgerichtshilfe. Verfehlt wäre es jedoch, diesen Konflikt de lege ferenda dadurch zu lösen, daß dem Jugendgerichtshelfer i. S. eines »Sozialanwalts« allein die Betreuungsfunktion zugewiesen werden würde[2a]. Das hieße ohne zwingende Notwendigkeit und letztlich weitgehend zu Lasten der Beschuldigten auf eine dringend benötigte, objektive Ermittlungshilfe für das Gericht zu verzichten[3].

II. Die Träger der Jugendgerichtshilfe und ihre prozessuale Rechtsstellung

1. »Die Jugendgerichtshilfe wird von den Jugendämtern im Zusammenwirken mit den Vereinigungen für Jugendhilfe ausgeübt« (§ 38 I JGG). Träger der Jugendhilfe ist danach in erster Linie das **Jugendamt**, zu dessen Pflichten sie gehört (§ 52 SGB VIII).

Die Jugendämter sind die in den kreisfreien Städten und in den Landkreisen bestehenden Behörden, denen die Durchführung der im einzelnen sehr verschiedenartigen öffentlichen Maßnahmen zum Wohl der Jugend obliegt. Ausnahmsweise kann Landesrecht auch kreisangehörige Gemeinden zu örtlichen Trägern bestimmen. Die Aufgaben des Jugendamtes werden durch den Jugendhilfeausschuß und durch die Verwaltung des Jugendamtes wahrgenommen. Einzelheiten sind geregelt in den §§ 69–78 SGB VIII.

<u>Es ist für das geltende und das künftige Recht unstreitig, daß trotz der Herabsetzung des Volljährigkeitsalters für die Heranwachsenden die Jugendgerichtshilfe auch weiterhin von den Jugendämtern (und nicht von den Stellen, die für die Gerichtshilfe für Erwachsene zuständig sind) ausgeübt wird</u>[4].

---

2 Ebenso *Dölling*, BMJ-Jugendgerichtshilfe, S. 139 = DVJJ-Journal 1991, 248; *Lühring*, F., Die Berichtspflicht des Jugendgerichtshelfers und ihre Grenzen, 1992, S. 67 ff. Für eine Selektionsbefugnis: *Möller*, ZblJugR 1974, 394; s. auch *Weyel*, DVJJS, Heft 18, 1990, S. 143 und *Breymann*, DVJJ-Rundbrief Nr. 130, März 1990, S. 10.
2a Dafür z. B. *Hauber*, ZblJugR 1980, 509; s. auch *Albrecht*, § 41 D, S. 332.
3 Ausführlich *Schaffstein*, Dünnebier-Festschrift, 1982, S. 664.
4 BGH 27, 250, 251.

§ 34: Die Jugendgerichtshilfe

Das Jugendamt ist nach § 38 I JGG verpflichtet, die freien Vereinigungen für Jugendhilfe zur Mitarbeit heranzuziehen. Als solche Vereinigungen, die sich mit der Hilfe für die gefährdete Jugend befassen, kommen insbesondere Evangelisches Hilfswerk, Caritas und Arbeiterwohlfahrt in Betracht. Der Jugendamtsleiter kann diesen Vereinigungen im Rahmen der §§ 74–76 SGB VIII auch Geschäfte der Jugendgerichtshilfe widerruflich übertragen, wenn sie von geeigneten Kräften selbständig erledigt werden können. Doch bleiben die Träger der öffentlichen Jugendhilfe für die Erfüllung der Aufgaben verantwortlich (§ 76 II SGB VIII). In allen Fällen muß deshalb das Jugendamt die Aufsicht und Kontrolle über die Jugendgerichtshilfe behalten und sie darf die Möglichkeit der Übertragung nicht zur Abwälzung von Geschäften auf sachunkundige Personen benutzen. Eine vertrauensvolle Arbeitsgemeinschaft von behördlicher Verwaltung und freien Verbänden, die ihrerseits durch ihre Beteiligung am Jugendhilfeausschuß (§ 71 SGB VIII) auch unmittelbaren Einfluß auf das Jugendamt nehmen sollen, sowie eine enge Zusammenarbeit beider mit dem Jugendgericht sind wichtigste Voraussetzungen für ein gutes Funktionieren der Jugendgerichtshilfe. Gerade der schon mehrfach hervorgehobenen Gefahr bürokratischer Erstarrung der Jugendgerichtshilfe kann durch eine Mitwirkung der karitativen Jugendorganisationen entgegengewirkt werden. Freilich setzt dies voraus, daß auch diese sich dabei nicht auf die Tätigkeit hauptberuflicher Verbandsangestellter beschränken, sondern sich in ihrem Mitgliederkreis werbend für die Gewinnung freier Mitarbeiter einsetzen. Dabei ist indessen zu beachten, daß weder für die hauptamtliche noch für die nebenamtliche Tätigkeit eines Jugendgerichtshelfers Idealismus allein genügt; um erfolgreiche Arbeit leisten zu können, müssen hinzukommen die Gabe, Vertrauen zu gewinnen und zu geben, Taktgefühl, namentlich aber auch die Fähigkeit nüchterner und vorurteilsfreier Beurteilung von sozialen Tatbeständen sowie ein gewisses Mindestmaß von kriminalbiologischen und -soziologischen Fachkenntnissen.

2. Nach ihrer **verfahrensrechtlichen Stellung** ist die Jugendgerichtshilfe ein dem Jugendstrafverfahren eigentümliches Prozeßorgan eigener Art mit gesetzlich festgelegten prozessualen Rechten und Pflichten.

Sie ist also weder Strafverfolgungsorgan noch Beistand des Beschuldigten noch bloßes Beweismittel. Letzteres schließt allerdings nicht aus, daß erforderlichenfalls der Helfer, der die Ermittlungen über die Persönlichkeit des Beschuldigten geführt hat, ebenso wie ein an den Vernehmungen des Vorverfahrens beteiligter Polizeibeamter auch als Zeuge vernommen werden kann (umstritten, vgl. unten III 1).

Im einzelnen ist die Rechtsstellung der Jugendgerichtshilfe wie folgt geregelt:

a) Die Jugendgerichtshilfe ist *im gesamten Verfahren* gegen einen Jugendlichen oder Heranwachsenden heranzuziehen (§§ 38 III S. 1, 107 JGG). Dies soll so früh wie möglich geschehen (§ 38 III S. 2 JGG). In Haftsachen ist sie unverzüglich zu unterrichten (§ 72 a JGG; s. u. III). Sie hat stets das Recht, sich von sich aus einzuschalten, wenn ihre Heranziehung unterbleibt. Nur bei Bagatellsachen im vereinfachten Jugendverfahren kann von ihrer Mitwirkung abgesehen werden (§§ 38 III, 78 III JGG).

b) *Vor Erteilung von Weisungen* ist die Jugendgerichtshilfe stets zu hören; kommt eine Betreuungsweisung in Betracht, soll sie sich auch dazu äußern, wer als Betreuungshelfer bestellt werden soll (§ 38 III S. 3 JGG).

c) Dem Vertreter der Jugendgerichtshilfe ist der schriftliche und mündliche Verkehr mit dem *verhafteten Beschuldigten* wie einem Verteidiger gestattet (§ 93 III JGG). Dagegen hat er keinen Anspruch auf Akteneinsicht.

Das formelle Jugendstrafrecht

d) Der Vertreter der Jugendgerichtshilfe hat als Verfahrensbeteiligter ein Recht auf Anwesenheit in der Hauptverhandlung, deren Ort und Zeit ihm mitzuteilen sind (§ 50 III S. 1 JGG). Unterbleibt die Mitteilung und nimmt die für den Angeklagten zuständige Jugendgerichtshilfe an der Hauptverhandlung nicht teil, so begründet dies die Revision, und zwar auch dann, wenn ein schriftlicher JGH-Bericht vorliegt[5]. Dasselbe gilt, wenn der zunächst anwesende Jugendgerichtshelfer im weiteren Verlauf der Hauptverhandlung krankheitsbedingt abwesend ist und die Hauptverhandlung ohne ihn zu Ende geführt wird[6].

Es ist wünschenswert, daß die Jugendgerichtshilfe denjenigen ihrer Helfer in die Verhandlung schickt, der die vorbereitenden Ermittlungen durchgeführt hat und den Fall aus eigener Anschauung kennt. Leider behilft sich die Praxis immer wieder mit dem sog. »Gerichtsgeher«, d.h. in der Hauptverhandlung erscheint ein Vertreter der JGH, der nicht selbst die Persönlichkeitsermittlungen durchgeführt hat und der nur allenfalls aufgrund einer Aktenkenntnis berichten kann. Der durch das 1. JGGÄndG vom Jahre 1990 neu eingefügte § 38 II S. 4 JGG versucht dem entgegenzuwirken, indem er bestimmt, daß in die Hauptverhandlung der Vertreter der Jugendgerichtshilfe entsandt werden »soll«, der die Nachforschungen angestellt hat.

e) Dem Vertreter der Jugendgerichtshilfe ist in der Verhandlung auf Verlangen das Wort zu erteilen (§ 50 III S. 2 JGG). Dagegen steht ihm das Recht zur selbständigen und unmittelbaren Befragung des Angeklagten oder der Zeugen nicht zu, ebenso nicht das Recht zur Einlegung von Rechtsmitteln.

f) Sofern die Mitwirkungsrechte der Jugendgerichtshilfe nicht gewahrt werden, stellt dies häufig nicht nur eine im Wege der Revision rügbare Verletzung der §§ 38 III, 50 III JGG dar, vielmehr liegt u. U. zusätzlich ein ebenfalls revisibler Verstoß gegen die allgemeine prozessuale Aufklärungspflicht (§ 244 II StPO) vor. Der Grundsatz der richterlichen Aufklärungspflicht kann im Einzelfall sogar die weiterreichende Schutznorm sein, so z. B., wenn die Jugendgerichtshilfe trotz Mitteilung des Termins in der Hauptverhandlung nicht erscheint. Da sie durch die Terminbenachrichtigung »herangezogen« worden ist, steht § 38 III JGG der Urteilsfällung trotz Ausbleibens der Jugendgerichtshilfe nicht entgegen. Eine Verpflichtung zur Anhörung der JGH ergibt sich jedoch aus § 244 II StPO, wenn konkrete und greifbare Anhaltspunkte dafür vorliegen, daß sie von einer Teilnahme an der Hauptverhandlung abgesehen hat, obwohl sie für die Entscheidung wesentliche Kenntnisse über die Persönlichkeit des Täters hatte oder doch hätte gewinnen können[7]. Man wird dem Richter anraten müssen, das Jugendamt gegebenenfalls darauf hinzuweisen, daß ohne die Mitwirkung der Jugendgerichtshilfe die Hauptverhandlung nicht stattfinden kann. Ist jedoch von der Mitwirkung der Jugendgerichtshilfe kein weiterer Erkenntnisgewinn zu erwarten, so ist das Ausbleiben des ordnungsgemäß geladenen Vertreters der JGH nicht im Wege der Revision anfechtbar. Dasselbe gilt, wenn entgegen § 38 II S. 4 JGG in die Hauptverhandlung nicht derjenige Jugendgerichtshelfer entsandt worden ist, der die Nachforschungen angestellt hat[8].

---

5 BGH StrVert 1982, 27; 1988, 308; 1993, 536; *Eisenberg*, § 50 Rn. 31.
6 BGH StrVert 1989, 308.
7 BGH 27, 250; BGH StrVert 1989, 308; vgl. auch BGH 6, 326; BGH bei *Herlan* GA 1961, 358; BGH NStZ 1984, 467, m. Anm. *Brunner*; BGH StrVert 1985, 153; *Brunner*, § 38 Rn. 6–9; *Eisenberg*, § 38 Rn. 52 ff.
8 BGH NStZ 1984, 467; zur Verlesungsproblematik s. aber unten bei Fußn. 14.

g) Umstritten ist, ob für die Jugendgerichtshilfe eine *Mitwirkungspflicht* besteht, mit der Folge, daß ihr im Fall des unentschuldigten Ausbleibens die durch eine Vertagung entstandenen Kosten aufzuerlegen sind. Als Rechtsgrundlage für die Kostentragungspflicht kommt eine entsprechende Anwendung der §§ 51, 77, 145 IV, 467 II StPO, 56 GVG in Betracht[9]. Zwar kann eine generelle Kostentragungspflicht bei unentschuldigtem Ausbleiben nicht existieren, da – wie unter f) dargelegt – bei ordnungsgemäßer Ladung weitgehend auch ohne die Jugendgerichtshilfe verhandelt werden kann; wenn dagegen seitens des Gerichts eine Anhörungspflicht besteht, ist auch für die Jugendgerichtshilfe die Kostenlast sachgerecht. Das Gericht hätte sonst kein Mittel, die Jugendgerichtshilfe zur vorgeschriebenen Beteiligung zu veranlassen[10].

III. Die Durchführung der Aufgaben

1. **Die Ermittlungshilfe.** Sie bezieht sich nicht auf die Aufklärung der Tat, welche ausschließlich Sache der Strafverfolgungsbehörde (Staatsanwaltschaft und Polizei) ist, sondern nur auf die Beschaffung der Unterlagen, die zur Beurteilung der *Persönlichkeit des Täters* erforderlich sind. Gemäß § 43 I JGG hat der das Vorverfahren leitende Jugendstaatsanwalt nach dessen Beginn »so bald wie möglich die Lebens- und Familienverhältnisse, den Werdegang, das bisherige Verhalten des Beschuldigten und alle übrigen Umstände zu ermitteln, die zur Beurteilung seiner seelischen, geistigen und charakterlichen Eigenart dienen können«. Mit dieser Bestimmung ist zugleich das Feld für die Ermittlungstätigkeit der Jugendgerichtshilfe abgesteckt, auf deren Heranziehung zu dieser Aufgabe das Gesetz den Staatsanwalt ausdrücklich hinweist (§ 43 I letzter Satz in Verb. mit § 38 III JGG). Sie erhält damit den Auftrag, auf breiter Grundlage alle diejenigen Erhebungen anzustellen, die dem Gericht eine kriminologische Diagnose des jeweiligen Einzelfalles gestatten und es ihm damit ermöglichen, die zu verhängenden Rechtsfolgen auf eine Prognose der künftigen Entwicklung des Täters zu gründen. Die eigentliche Tataufklärung gehört nicht zum Tätigkeitsbereich der Jugendgerichtshilfe. Diesbezüglich vertrauliche Mitteilungen des Probanden brauchen dem Bericht nicht mitgeteilt zu werden[11].

Muß über die Verhängung von Untersuchungshaft entschieden werden, ist eine möglichst frühzeitige »Haftentscheidungshilfe« durch die Jugendgerichtshilfe erforderlich[12]. Deshalb sieht die Neuregelung des 1. JGGÄndG vom Jahre 1990 vor, daß die Jugendgerichtshilfe unverzüglich von der Vollstreckung eines Haftbefehls unterrichtet werden muß; ihr soll bereits der Erlaß eines Haftbefehls mitgeteilt werden. Von der vorläufigen Festnahme eines Jugendlichen ist die Jugendgerichtshilfe zu unterrichten, wenn nach dem Stand der Ermittlungen zu erwarten ist, daß der Jugendliche dem Haftrichter vor-

---

9 Dafür OLG Köln NStZ 1986, 570; *Brunner*, § 50 Rn. 12; *Northoff*, DRiZ 1984, 405; dagegen OLG Karlsruhe NStZ 1992, 251 m. abl. Anm. *Schaffstein*; LG Frankfurt NStZ 1985, 42 mit zust. Anm. *Eisenberg; Albrecht*, § 41 B II 3, S. 315; *Eisenberg* § 50 Rn. 26.
10 So auch *Rosenthal*, ZblJugR 1984, 435; *Schaffstein*, Dünnebier-Festschrift, S. 675; zu weiterreichenden Maßnahmen bei Mitwirkungsverweigerung durch JGH (insbes. Beschlagnahme der Unterlagen): OLG Köln NStZ 1986, 569; LG Bonn NStZ 1986, 40; LG Hamburg NStZ 1993, 401 m. zust. Anm. *Dölling; Eisenberg* § 38 Rn. 23.
11 Zu beachten ist lediglich die allgemeine Mitteilungspflicht des § 138 StGB, ebenso *Brunner*, § 38 Rn. 11; *Eisenberg*, § 38 Rn. 12; *Laubenthal*, S. 103; zur Zeugenaussage s. unten bei Fußn. 14.
12 Siehe zu den Erfahrungen aus Aachen *Matenaer*, ZblJugR 1983, 21; 1985, 158; 1989, 411; *ders.*, BewHi 1987, 35; s. ferner *Geiter/Schuldzinski/Walter*, BewHi 1994, 425; *Grabenhorst/Hochgesand*, NK 1991, Heft 2, S. 40; *Weyel*, ZfJ 1992, 29 u. unten § 39 I 3.

Das formelle Jugendstrafrecht

geführt wird (§ 72a JGG). In allen Haftsachen berichtet die Jugendgerichtshilfe beschleunigt über das Ergebnis ihrer Nachforschungen (§ 38 II S. 3 JGG).
Für die Einzeldurchführung dieser Aufgabe gibt das Gesetz selbst in § 43 I Satz 2 JGG insofern einige Anhaltspunkte, als es vorschreibt, daß als Auskunftsperson außer dem Jugendlichen selbst – soweit möglich – die Erziehungsberechtigten, der gesetzliche Vertreter, die Schule, der Ausbildende zu hören sind. Die Anhörung der Schule und des Ausbildenden unterbleibt jedoch, wenn der Jugendliche davon unerwünschte Nachteile, namentlich den Verlust seines Ausbildungs- oder Arbeitsplatzes zu besorgen hätte (§ 43 I S. 3 JGG).
Indessen darf und muß die Jugendgerichtshilfe ihre Erhebungen natürlich auch über diesen Kreis hinaus auf alle Personen und Quellen (z. B. Jugendamts- und Gerichtsakten) erstrecken, von denen sich zuverlässige Auskünfte über die Persönlichkeit des Jugendlichen erwarten lassen. Dagegen ist es weder ihre Aufgabe, bei der Überführung der Beschuldigten mitzuwirken noch diesen rechtlich zu beraten und in seiner Verteidigung zu unterstützen.
Das Ergebnis ihrer Erhebungen hat die Jugendgerichtshilfe in einem schriftlichen **Ermittlungsbericht** zusammenzufassen. Dieser soll nicht bloße Werturteile, sondern in erster Linie eine objektive Zusammenstellung des gesamten Tatsachenmaterials nebst einer Angabe der Beweismittel für die einzelnen Tatsachen enthalten. Doch sieht § 38 II S. 2 JGG vor, daß sich die Jugendgerichtshilfe auch über die zu ergreifenden Maßnahmen äußern soll. Freilich hat der Vorschlag weder für die Staatsanwaltschaft noch für den Richter bindende Wirkung[13].

Einer Zustimmung des Beschuldigten zur Erhebung und Verwendung der personenbezogenen Daten durch die Jugendgerichtshilfe bedarf es trotz der besonderen Datenschutzbestimmungen der §§ 61 ff. SGB VIII nicht, denn die Erfüllung der Berichtspflicht gem. §§ 38 II i. V. m. 43 I JGG ist eine gesetzliche Aufgabe der Jugendhilfe (§ 52 SGB VIII). Der neue § 61 III SGB VIII stellt ausdrücklich klar, daß für die Erhebung, Verarbeitung und Nutzung personenbezogener Daten durch das Jugendamt bei der Mitwirkung im Jugendstrafverfahren die Vorschriften des JGG gelten. Hier wird also auf die Befugnisnormen der §§ 38 II, III, 43 I S. 4 JGG verwiesen. Das hat zur Folge, daß die Jugendgerichtshilfe bei Erfüllung dieser Befugnisse und Pflichten die Daten ausnahmsweise auch ohne die Mitwirkung des Betroffenen erheben (§§ 61 III, 62 III Nr. 1 SGB VIII i. V. m. 38, 43 JGG) und weiterleiten (§§ 61 III, 64, 65 Nr. 3 SGB VIII i. V. m. 38, 43 JGG) darf. Auch im Verhältnis der allgemeinen Jugendhilfe zur Jugendgerichtshilfe gibt es ein Mitteilungsrecht. Gem. §§ 61 I, 64 II SGB VIII i. V. m. 69 I Nr. 1 SGB X ist die Jugendhilfe (z. B. eine andere Abteilung des Jugendamtes) befugt, die ihr zur Verfügung stehenden Daten an die Jugendgerichtshilfe weiterzuleiten, die sie dann ihrerseits dem Gericht mitteilen darf, soweit dadurch der Erfolg einer zu gewährenden Leistung nicht in Frage gestellt wird. Zu beachten ist generell, daß die Daten stets nur insoweit erhoben und verwertet werden dürfen, als ihre Kenntnis für eine angemessene Sachentscheidung erforderlich ist (§§ 62 I, 64, 65 SGB VIII)[14].

---

13 Empirisches Material (und kritische Anmerkungen) über den Einfluß der JGH-Berichte auf die gerichtlichen Entscheidungen u. a. bei *Adam, H. J./Albrecht, H.-J./Pfeiffer, Chr.*, Jugendrichter und Jugendstaatsanwälte in der BRD, 1986, S. 122; *Greus, R.*, Das Absehen von der Verfolgung jugendlicher Straftäter in der Praxis, Jur. Diss. Heidelberg, 1978, S. 177; *Heinz, W./Hügel, Chr.*, Erzieherische Maßnahmen im deutschen Jugendstrafrecht, 1986, S. 48; dazu *Weyel*, BewHi 1988, 313; *ders.*, DVJJS, Heft 18, S. 143; *Heinz/Hügel*, BewHi 1988, 319; *Seidel* (wie Anm. 1); *Momberg* (wie Anm. 1), S. 151; *Wild* (wie Anm. 1), S. 194.
14 Weitgehend wie hier: *Dölling*, BMJ-Jugendgerichtshilfe, S. 124; *ders.*, BewHi 1993, 128; *ders.*, NStZ 1993, 401; *Brunner, § 38 Rn. 19; Böttcher/Weber*, NStZ 1991, 11; *Kunkel*, DVJJ-Journal 1993, 339; *Laubenthal*, S. 74 ff., 99 ff.; *Lühring* (s. o. Fußn. 2), S. 117; *Ostendorf*, § 43 Rn. 5; abweichend: *Mörsberger*, BMJ-Jugendgerichtshilfe, S. 149; *Trenczek*, DVJJ-Journal 1994, 30; *Sonnen*, in: Diemer/Schoreit/Sonnen, § 38 Rn. 12 und wohl auch *Eisenberg*, § 38 Rn. 44 sowie *Wiesner*, ZfJ 1993, 501.

§ 34: Die Jugendgerichtshilfe

In der Praxis werden häufig Klagen über mangelhafte Ermittlungsberichte der Jugendgerichtshilfe geäußert. Sie beziehen sich meist entweder auf den bereits angedeuteten Fehler, daß der Helfer statt über Tatsachen nur über seine Eindrücke oder persönliche Werturteile berichtet, oder darauf, daß er Urteile über Fragen abgibt, die ein besonderes psychiatrisches oder psychologisches Fachwissen erfordern und deshalb nur von Sachverständigen zu beantworten sind. Zu Fragen dieser Art wird besonders oft auch das Urteil über den Reifegrad des Täters nach §§ 3 und 105 I Nr. 1 JGG gehören.

Als Bestandteil der Akten ist der Ermittlungsbericht all denen zugänglich, die ein Recht auf Akteneinsicht haben, insbesondere dem Verteidiger (§ 147 StPO). Das in ihm enthaltene Tatsachenmaterial darf jedoch nur dann für die Urteilsfindung verwertet werden, wenn es in der Hauptverhandlung selbst in der von der StPO vorgeschriebenen Form vorgebracht und zum Gegenstand der Verhandlung gemacht worden ist (§ 261 StPO). Eine Verlesung des Ermittlungsberichts in der Hauptverhandlung ist danach regelmäßig nicht zulässig, weil sie gegen die Grundsätze der Unmittelbarkeit und Mündlichkeit (§ 250 StPO) verstieße. Das trifft auch dann zu, wenn der sog. »Gerichtsgeher« mangels weiterer Kenntnisse seine Mitwirkung in der Hauptverhandlung auf die Verlesung des Jugendhilfeberichts beschränken möchte [15]. In diesen Fällen ist es notwendig, im Rahmen der Vernehmung des Angeklagten, erforderlichenfalls durch geeignete Vorhalte, ferner durch Vernehmung der Personen, von denen der Helfer seine Auskünfte bezogen hat, als Zeugen, die für die Persönlichkeitsbeurteilung bedeutsamen Erhebungen des Berichts zum Gegenstand der Verhandlung zu machen. Ergibt sich auf diese Weise keine hinreichende Klärung, so ist es zulässig und unvermeidbar, den Jugendgerichtshelfer selbst als Zeugen über die von ihm in seinem Bericht mitgeteilten Tatsachen zu vernehmen [16].

Gerade bei dieser Gelegenheit ergibt sich oft die oben erwähnte Konfliktsituation für den Helfer. Nicht selten hat er vom Angeklagten selbst oder von seinen Eltern, Lehrherrn, Nachbarn oder Freunden vertrauliche ungünstige Mitteilungen (z. B. über den Charakter oder das Vorleben des Angeklagten oder seiner Eltern, über eheliche Zerwürfnisse im Elternhaus u. dgl.) erhalten und pflichtgemäß in seinem Bericht verwertet, über die nunmehr er selbst oder seine Auskunftspersonen als Zeugen in der Verhandlung berichten müssen. Eine Erschütterung des Vertrauens gegenüber der Jugendgerichtshilfe als Institution wie auch gegenüber dem einzelnen Helfer, der oft den gleichen Täter auch weiterhin betreuen soll, kann leicht die Folge sein. Um sie zu vermeiden, ist für den vernehmenden Richter besonderer Takt und Vorsicht geboten (vgl. insbesondere auch § 51 JGG!). Ein Zeugnisverweigerungsrecht steht jedoch dem Vertreter der Jugendgerichtshilfe nicht zu [17] und ist auch de lege ferenda mit Rücksicht auf die Notwendigkeit allseitiger Wahrheitsforschung nicht zu befürworten. Sofern es im konkreten Fall zur Vermeidung eines Vertrauensbruchs angezeigt erscheint, sollte der Jugendgerichtshelfer den Jugendlichen und seine Angehörigen rechtzeitig darauf hinweisen, daß er als Zeuge uneingeschränkt aussagepflichtig wäre und daß eine Mitwirkungspflicht des Beschuldigten sowie seiner Angehörigen nicht besteht [18]. Wird diese Belehrung unterlassen, so kommt in Analogie zu §§ 136, 163 a StPO ein Verwertungsverbot in Betracht [18a].

---

15 A. A. BGH NStZ 1984, 467 (mit abl. Anm. *Brunner*), der die Verlesung des Jugendhilfeberichts durch den uninformierten Gerichtsgeher für zulässig hält; ebenso *Schoreit* in Diemer/Schoreit/Sonnen, § 50 Rn. 17; *Kleinknecht/Meyer-Goßner*, § 160 Rn. 26; *Ostendorf*, § 38 Rn. 8 I. S. d. Textes dagegen *Albrecht*, § 41 B III 1, S. 317; *Eisenberg*, § 50 Rn. 32; *Laubenthal*, S. 120; *Peters*, § 69 III 3, S. 600.
16 Für die Zulässigkeit der Zeugenvernehmung auch *Brunner*, § 38 Rn. 13–14 a; *Eisenberg*, § 38 Rn. 23, § 50 Rn. 32 a; a.A. *Peters*, S. 599.
17 Vgl. BVerfGE 33, 367.
18 *Eisenberg*, § 38 Rn. 43.
18a Ebenso *Bottke*, ZStW 95 (1983), 91; *Lühring* (s. o. Fußn. 2), s. 16; *Ostendorf*, § 38 Rn. 9a; *Roxin*, § 25 Rn. 11; *Schaffstein*, Dünnebier-Festschrift, S. 670; s. auch noch LG Braunschweig ZfJ 1987, 37 (keine analoge Anwendung des § 35 SGB I); *Eisenberg*, § 38 Rn. 30; *ders.*, NStZ 1986, 309; *Jung*, MschrKrim 1974, 258.

Das formelle Jugendstrafrecht

2. Überwachungsfunktionen. Das JGG (§ 38 II S. 5) verpflichtet die Jugendgerichtshilfe ferner, die Befolgung der »*Weisungen*« (§ 10 JGG) und der Auflagen (§ 15 JGG) zu überwachen. Erhebliche Zuwiderhandlungen hat sie dem Richter mitzuteilen. Im Falle der Unterstellung nach § 10 I S. 3 Nr. 5 JGG, also der Erteilung einer »Betreuungsweisung« (vgl. oben § 16 II), übt die Jugendgerichtshilfe selber die Weisung, d. h. die Betreuung und Aufsicht aus, wenn der Richter nicht eine andere Person damit betraut (§ 38 II S. 7 JGG). Diese durch das 1. JGGÄndG im Jahre 1990 eingeführte Regelung eröffnet der Jugendgerichtshilfe neue und dankbare Aufgaben. Dagegen ist die Kontrolle während der Bewährungszeit bei Strafaussetzung und namentlich die Überwachung der Bewährungsauflagen (§§ 23, 24 JGG) nicht Sache der Jugendgerichtshilfe, sondern vom Gesetz primär dem Bewährungshelfer übertragen (oben § 27) und damit in die unmittelbare Zuständigkeit der Justizorgane übernommen. Doch verpflichtet das Gesetz die Jugendgerichtshilfe, bei der Betreuung des Jugendlichen während der Bewährungszeit eng mit dem Bewährungshelfer zusammenzuarbeiten.

3. Betreuungsaufgaben. Wie der Ursprung der Tat oft in seelischen, wirtschaftlichen und sozialen Nöten der Jugend liegt, so pflegt die Tat andererseits meist neue Schwierigkeiten (z. B. am Arbeitsplatz oder in der Schule, Konflikte mit den Eltern) zur Folge zu haben. In dieser dem Jugendlichen oder Heranwachsenden selbst oft ausweglos erscheinenden Situation ist es vor allem in den Fällen, in denen ihm ein Bewährungshelfer nicht oder noch nicht zur Seite steht, Aufgabe der Jugendgerichtshilfe, sich seiner anzunehmen, ihn vor den gerade in seinem Alter häufigen Kurzschlußhandlungen (weitere Straftaten, Flucht, Selbstmord u. dgl.) abzuhalten und wieder in sittlich und wirtschaftlich geordnete Verhältnisse zu bringen. Diese fürsorgerische und erzieherische Betreuung erstreckt sich nicht nur vom Beginn der Ermittlungen über die ganze Dauer des Verfahrens, sondern noch darüber hinaus. Das Gesetz (§ 38 II letzter Satz JGG) verpflichtet die Jugendgerichtshilfe ausdrücklich, auch während des Vollzugs (insbesondere der Jugendstrafe) mit dem Jugendlichen in Verbindung zu bleiben und ihn in der Zeit nach der Entlassung bei seiner Wiedereingliederung in die Gemeinschaft zu unterstützen. Die rechtzeitige Beschaffung eines Arbeitsplatzes und einer Unterkunftsmöglichkeit sowie die Wiederanknüpfung der oft abgerissenen Familienbande sind die wichtigsten Beispiele für die die Entlassung vorbereitende und ihr nachfolgende Betreuung. Jedoch wird vielfach und wohl mit Recht beklagt, daß die Jugendgerichtshilfen diesen besonders wichtigen Aufgabenbereich der nachgehenden Fürsorge oft vernachlässigen zugunsten einer einseitigen Bevorzugung ihrer Ermittlungsfunktion[19].

IV. Reformforderungen. Jugendhilferechtsentwurf

Die insbesondere von *Ullrich* immer wieder vorgetragenen berechtigten Reformforderungen beziehen sich namentlich auf eine Spezialisierung der Jugendgerichtshilfe, auf ihre Ausübung durch einen für seine Aufgaben fachlich ausgebildeten Jugendgerichtshelfer (Fachlichkeit der JGH) und die Abschaffung des Systems der »Gerichtsgeher«.
Der Regierungsentwurf zum Jugendhilferecht kam diesen Forderungen immerhin durch die von ihm vorgesehene Neufassung der §§ 38 und 50 III JGG weitgehend entgegen. Er führte den Begriff des »Jugendgerichtshelfers« ein, d. h. »einer Fachkraft, die überwiegend Aufgaben der Jugendgerichtshilfe wahrnimmt«. Ferner sollte der Jugendliche während des gesamten Verfahrens von demselben Jugendgerichtshelfer betreut werden. Auch wurde ausdrücklich die Teilnahme desjenigen Jugendgerichtshelfers, der die notwendigen Nachforschungen zur Persönlichkeit angestellt hat, in der Hauptverhandlung vorgeschrieben. Allerdings wurde für Ausnahmefälle die Möglich-

---

19 S. *Kaiser,* S. 135 f.; *Ullrich,* RdJ 1956, 75; ders., Kriminalistik 1965, 68.

keit vorgesehen, daß der Richter u. U. einen anderen informierten Vertreter der JGH zulassen oder von der Teilnahme der JGH überhaupt absehen kann. Bereits der Referentenentwurf des 1. JGGÄndG aus dem Jahre 1987 enthielt die Formulierung »Jugendgerichtshelfer« nicht mehr und entsprechend beschränkt sich auch das 1. JGGÄndG aus dem Jahre 1990 bezüglich des Problems der Kontinuität in der Person des betreuenden Jugendgerichtshelfers auf die Vorschrift des § 38 II S. 4 JGG, wonach an der Hauptverhandlung der Vertreter der Jugendgerichtshilfe teilnehmen »soll«, der die Nachforschungen angestellt hat. Das dürfte kaum genügen, um dem Mißstand des »Gerichtsgehers« beizukommen. Aktuell bleibt de lege ferenda die Forderung nach einer Anwesenheitspflicht des eingearbeiteten Jugendgerichtshelfers in der Hauptverhandlung, mit einer Befreiungsmöglichkeit im Einzelfall für unabwendbare Verhinderungsfälle.

Abzulehnen sind vereinzelt im Schrifttum erhobene Forderungen, de lege ferenda für die Jugendgerichtshilfe ein Verwertungsverbot bezüglich all derjenigen Vorbelastungen des Probanden zu schaffen, die mit der konkreten Straftat in keinem Zusammenhang stehen[20]. Ein Jugendstrafrecht, das den Erziehungsanspruch wirklich ernst nimmt, dürfte auf keinen Fall auf die Informationen über den gesamten bisherigen Lebensweg des Beschuldigten (inklusive seiner Entwicklung im Kindesalter) verzichten[21]. Das zunehmende Denken in Kategorien des Erwachsenenstrafprozesses dürfte gerade der Institution der Jugendgerichtshilfe nicht gut bekommen. Abzulehnen sind u. E. auch die aus der Reihe der Jugendgerichtshelfer zunehmend lauter werdenden Stimmen, die eine Abkehr von der Doppelfunktion der Jugendgerichtshilfe (Ermittlung für das Gericht/Hilfe für den Beschuldigten) und eine einseitige Hinwendung zur Jugendhilfe fordern[22]. Dies führte nur dazu, daß eine neue Institution geschaffen werden müßte, die die Ermittlungshilfe für Staatsanwaltschaft und Gericht bezüglich Persönlichkeit, Umfeld und erzieherischer Situation der Beschuldigten durchführen könnte.

§ 35 Das Vorverfahren

Leiter der Ermittlungen in diesem ersten Verfahrensabschnitt ist, der Regelung des allgemeinen Strafprozeßrechts entsprechend, der Jugendstaatsanwalt.

I. Persönlichkeitserforschung

1. **Die Aufgabe des Staatsanwalts im Vorverfahren** beschränkt sich nicht auf die Tataufklärung. Gleichberechtigt neben ihr stehen im Jugendstrafverfahren, wie bereits mehrfach erwähnt, die *Ermittlungen über die Persönlichkeit des Täters* (§ 43 JGG). Sie sollen, wie das Gesetz ausdrücklich betont, »so bald wie möglich« nach Einleitung des Verfahrens einsetzen.

Das Gesetz kleidet die Verpflichtung zur Persönlichkeitserforschung in eine Soll-Vorschrift für das *Vorverfahren*, um sie so wegen ihrer grundsätzlichen Bedeutung an die Spitze seines verfahrensrechtlichen Teiles stellen zu können. Aber diese Verpflichtung gilt selbstverständlich auch für *alle anderen Verfahrensabschnitte* und ergibt sich für das *Gericht* in der Hauptverhandlung schon aus seiner Pflicht zur allseitigen Sachaufklärung (§ 244 II StPO). Die Verletzung der richterlichen Aufklärungspflicht und damit im Jugendstrafverfahren auch ungenügende Ermittlungen über die Persönlichkeit des Beschuldigten können nach § 337 StPO zur Aufhebung des Urteils in der Revisionsinstanz führen.

2. **Helfer der Staatsanwaltschaft** für die Durchführung dieser Ermittlungen ist in erster Linie die *Jugendgerichtshilfe*. Deshalb ist das Jugendamt als deren Träger, soweit es nicht schon von der Polizei verständigt worden ist, alsbald vom Jugendstaatsanwalt von

---

20 Vgl. *Feltes*, Jugend, Konflikt und Recht, 1979, S. 403.
21 Ebenso *Miehe*, ZStW 97 (1985), 1011. A. A. *Eisenberg*, Bestrebungen zur Änderung des JGG, 1984, S. 20 ff.
22 Statt aller: *Klier*, DVJJ-Journal 1991, 409 und 1993, 77; *Weyel*, DVJJ-Journal 1992, 328 und 1994, 25; weitere Beiträge im Sammelband BMJ-Jugendgerichtshilfe.

Das formelle Jugendstrafrecht

der Einleitung des Verfahrens gegen einen Jugendlichen oder Heranwachsenden zu benachrichtigen und um Bericht zu ersuchen. Wegen der nunmehr einsetzenden Ermittlungstätigkeit der Jugendgerichtshilfe ist auf das im vorigen Paragraphen darüber Gesagte zu verweisen.
Die Tätigkeit der Jugendgerichtshilfe wird ergänzt durch andere Nachforschungen, die der Jugendstaatsanwalt erforderlichenfalls anzustellen hat (§ 43 I JGG). Dabei steht ihm die *Polizei* wie auch sonst als Hilfsorgan zu Verfügung. Besonders von einer spezialisierten und fachlich geschulten *Jugendkriminalpolizei* (oben § 28 V), wie sie sich in den letzten Jahrzehnten zumindest in vielen Großstädten entwickelt hat, kann eine wertvolle Mitwirkung gerade auch bei der Persönlichkeitsforschung erwartet werden.

3. **Weitere Erkenntnisquellen,** aus denen das im Bericht der Jugendgerichtshilfe zu erstellende Persönlichkeitsbild des Beschuldigten abgerundet, ergänzt und nicht selten auch korrigiert werden kann, werden erschlossen durch die unmittelbare Anhörung der Erziehungsberechtigten, des gesetzlichen Vertreters, die Stellungnahme des Ausbildenden, der Schule und des Bewährungshelfers, wenn der Beschuldigte unter Bewährungsaufsicht steht. Wird dem Beschuldigten Hilfe zur Erziehung in einem Heim oder in einer vergleichbaren Einrichtung gewährt, so soll dem Leiter der Einrichtung Gelegenheit zur Äußerung gegeben werden (§ 43 II JGG). Wichtige Aufschlüsse können auch die Akten über Vorstrafen, vormundschaftsrichterliche Akten und besonders die Personalakten der Jugendstrafvollzugsanstalten und der Heime der Jugendhilfe geben. Sie sind vom Jugendstaatsanwalt beizuziehen.

4. **Vernehmung des Beschuldigten.** Ist Jugendstrafe zu erwarten, so sollen der Staatsanwalt oder der Vorsitzende des Jugendgerichts den Beschuldigten vernehmen, bevor die Anklage erhoben wird (§ 44 JGG). Aber auch in anderen Fällen von einiger Bedeutung ist eine solche persönliche Vernehmung des Jugendlichen durch den Richter oder Staatsanwalt dringend erwünscht. Die Vernehmung dient, wie die Richtlinien zu § 44 (Nr. 1) bemerken, vor allem dem Zweck, dem Richter vor der Hauptverhandlung, in der sich der Jugendliche vielfach nicht unbefangen gibt, ein persönliches Bild von dem Jugendlichen zu vermitteln und dadurch auch die Prüfung der strafrechtlichen Verantwortlichkeit zu erleichtern. Sie soll nach Möglichkeit die Form eines zwanglosen Gesprächs annehmen, um den Jugendlichen zum offenen Reden zu bringen und ihm zugleich Sinn und Notwendigkeit der zu erwartenden strafrechtlichen Reaktion deutlich zu machen.

II. Die Begutachtung durch einen Sachverständigen

1. In zahlreichen Fällen reichen einerseits die der Persönlichkeitsforschung dienenden Fragen, andererseits aber auch die Fachkenntnisse des Staatsanwalts und des Richters nicht aus, um ihnen ein sicheres Urteil über die Persönlichkeit des Beschuldigten, damit aber auch über die von ihnen zu treffenden Entscheidungen zu ermöglichen. Das gilt besonders oft für die richtige Beurteilung des geistigen und sittlichen Reifegrades des Täters, die in jedem Fall beim Jugendlichen nach § 3 JGG, bei Heranwachsenden nach § 105 I Nr. 1 JGG erforderlich ist. Sie ist, wie früher bereits erwähnt, oft nur auf Grund einer besonderen jugendpsychologischen oder jugendpsychiatrischen Untersuchung und in schwierigen Fällen nur auf Grund einer kürzeren oder längeren *Anstaltsbeobachtung* möglich. Aber auch hinsichtlich der Auswahl der zu treffenden Maßnahmen wird dem Richter nicht selten der Rat eines erfahrenen Jugendpsychologen oder Jugendpsychiaters erwünscht sein. In diesen Fällen bedarf es der Zuziehung eines

§ 35: Das Vorverfahren

Sachverständigen[1]. Das für die Anordnung zuständige Organ (Jugendrichter oder Jugendstaatsanwalt) hat über die Erforderlichkeit, also insbesondere über die Frage, ob genügend eigene Sachkunde besteht, nach pflichtgemäßem Ermessen zu entscheiden. Dabei setzt gerade im Jugendstrafverfahren der Grundsatz der Verhältnismäßigkeit der Aufklärungspflicht Grenzen[2]. Erhebliche Probleme bereitet der Praxis die Frage, wann eine Ermessensreduzierung auf Null die Heranziehung eines Gutachters *zwingend* erforderlich macht. Im Falle der Reifeentscheidung nach § 105 I JGG weist der BGH zutreffend darauf hin, daß zumeist die Anhörung eines Sachverständigen nicht obligatorisch ist, daß es vielmehr seiner nur dann bedarf, wenn Anlaß zu Zweifeln über eine normale Reifeentwicklung des Heranwachsenden besteht, insbesondere wegen Auffälligkeiten in seiner sittlichen und geistigen Entwicklung[3]. So muß z. B. ein Sachverständiger eingeschaltet werden, wenn Widersprüche in den Gutachten der Jugendgerichtshilfe und der Justizvollzugsanstalt, in der sich der Angeklagte befindet, auftauchen, die anders nicht aufklärbar sind[4]. Dem Gebot bestmöglicher Sachaufklärung, das jedes Strafgericht zu beachten hat (vgl. § 244 II StPO), entnimmt das BVerfG die Pflicht, in Regelfällen einen erfahrenen Sachverständigen hinzuzuziehen, wenn es um Prognoseentscheidungen geht, bei denen geistige und seelische Anomalien in Frage stehen[5]. Will der Jugendrichter vom Gutachten eines Sachverständigen abweichen, ist er nicht verpflichtet, einen weiteren Sachverständigen zu beauftragen, vielmehr kann er auch – nunmehr sachkundig gemacht – nach sorgfältiger Auseinandersetzung mit dem Gutachten die Gegenmeinung vertreten[6].

Die Zuziehung eines Sachverständigen ist zur Vermeidung von Verzögerungen möglichst schon im Vorverfahren zu veranlassen (§ 43 III S. 2 JGG). Wird Anklage erhoben, so hat der Sachverständige sein Gutachten nach den Vorschriften des allgemeinen Strafverfahrensrechts mündlich in der Hauptverhandlung zu erstatten.

Das JGG schreibt vor, daß der Sachverständige »zur Untersuchung von Jugendlichen befähigt« sein soll. Dabei ist zu beachten, daß nicht jeder Psychologe oder Psychiater die erforderlichen Kenntnisse gerade zur Beurteilung Jugendlicher und ihres kriminellen Verhaltens hat.

---

1 *Bresser, P.*, Grundlagen und Grenzen der Begutachtung jugendlicher Rechtsbrecher, 1965; *Göppinger*, Der Sachverständige, insbes. Das Verfahren, in: *Göppinger, H./Witter, H.* (Hrsg.), Handbuch der forensischen Psychiatrie II, Teil D, 1972, S. 1532; *Heim, N.*, Psychiatrisch-psychologische Begutachtung im Jugendstrafverfahren, 1986; *ders.*, StrVert 1988, 318; *Lempp, R.*, Gerichtliche Kinder- und Jugendpsychologie, 1983; *ders.*, Die Rolle des jugendpsychiatrischen Sachverständigen im Jugendgerichtsverfahren, in: *Pohlmeier, H./Deutsch, E./Schreiber, H.-L.* (Hrsg.), Forensische Psychiatrie heute, 1986, S. 293; *Rasch, W.*, Forensische Psychiatrie, 1986, S. 240; *Schreiber*, Der Sachverständige im Verfahren und in der Verhandlung, in: *Venzlaff, U.*, Psychiatrische Begutachtung, 1986, S. 151; *Witter, H.* (Hrsg.), Der psychiatrische Sachverständige im Strafrecht, 1987; s. ferner *Focken/Müller-Luckmann*, DVJJS Heft 12, 1981, S. 481; *Hauber*, ZblJugR 1982, 157; *Schüler-Springorum*, Stutte-Festschrift, 1979, S. 307; *Focken/Pfeiffer*, ZblJugR 1979, 378; s. auch oben § 7 Fußn. 1.
2 Dazu sehr ausführlich *Eisenberg*, § 43 Rn. 25 ff.
3 BGH NStZ 1984, 467.
4 BGH NStZ 1985, 184; zur Fallgruppe der heilerzieherischen Behandlung s. oben § 16 V 1.
5 BVerfGE 70, 297, 309; BGH NStZ 1989, 190; ebenso OLG Düsseldorf, StrVert 1984, 236 bei verminderter Schuldfähigkeit aufgrund einer Drogenabhängigkeit.
6 BGH NStZ 1984, 467 mit insoweit zust. Anm. *Brunner*; BGH NJW 1989, 1491 (insoweit in BGH 36, 37 nicht abgedruckt); zustimmend auch *Eisenberg*, NStZ 1985, 84. Vgl. auch BGH 23, 176 (182), wo der BGH in dem vielerörterten Bartsch-Prozeß das erste Urteil der Jugendkammer wegen Verletzung der Aufklärungspflicht (§ 244 II, IV StPO) aufhob, weil zwar drei psychiatrische Sachverständige, aber kein spezieller Sexualforscher zu den Voraussetzungen der §§ 20, 21 StGB (§ 51 StGB a. F.), § 105 JGG gehört worden war.

2. *De lege ferenda* ist vielfach gefordert worden, die Untersuchung der Jugendlichen durch einen Sachverständigen obligatorisch zu machen[7]. Doch auch abgesehen von dem Mangel an wirklich geeigneten Sachverständigen und der vielfach unvermeidlichen Verzögerung des Verfahrens durch die Begutachtung kann diese Forderung nicht befürwortet werden. Schon jetzt ist der Richter durch die wachsende Spezialisierung des Fachwissens vielfach in eine bedenkliche Abhängigkeit vom Sachverständigen geraten, die seine Entscheidungsfreiheit, Autorität und Verantwortungsfreudigkeit gefährdet und damit die richterliche Tätigkeit an ihren Wurzeln bedroht[8]. Doch kriminologische Persönlichkeitsbeurteilung setzt nicht nur Fachwissen, sondern vor allem auch Lebenserfahrung und intuitive Menschenkenntnis voraus; diese aber sind bei dem erfahrenen Richter ebensosehr zu erwarten wie bei dem psychologischen Sachverständigen. Allerdings ist zuzugeben, daß manche Jugendrichter ihre Menschenkenntnis überschätzen und die Zuziehung von Sachverständigen auch dann unterlassen, wenn sie geboten wäre. Doch wird man die Beseitigung dieses Mißstandes am ehesten durch eine sorgfältige Auswahl und Ausbildung der Jugendrichter erwarten dürfen, die diese mit der Erweiterung ihres Wissens zugleich auch die Grenzen ihrer Beurteilungsfähigkeit erkennen läßt.

3. **Anstaltsunterbringung zur Beobachtung.** Zur Vorbereitung des Sachverständigengutachtens über den Entwicklungsstand des Beschuldigten kann dieser bis zu einer Dauer von 6 Wochen zur Beobachtung in einer zur Untersuchung geeigneten Anstalt untergebracht werden (z. B. jugendpsychiatrische Abteilung einer Nervenklinik, Heim der Jugendhilfe unter jugendpsychiatrischer Leitung). Doch steht die Entscheidung darüber auch im Vorverfahren nur dem Richter nach Anhörung eines Sachverständigen und des Verteidigers zu. Zuständig ist der Richter, der für die Eröffnung des Hauptverfahrens zuständig sein würde (§ 73 JGG).

III. Die Anklage. Einschränkungen des Verfolgungszwanges

1. **Ziel und Ende des Vorverfahrens** ist je nach dem Ausgang der Ermittlungen entweder die Erhebung der *Anklage* oder die *Einstellung des Verfahrens* durch den Jugendstaatsanwalt. Das Verfahren wird insbesondere auch dann eingestellt, wenn der Jugendliche mangels Reife nicht verantwortlich ist (§ 3 JGG i. V. m. § 170 II StPO).

2. **Durchbrechung des Legalitätsprinzips.** Liegt hinreichender Tatverdacht vor, so gilt zwar die gesetzliche Verpflichtung des Staatsanwalts, Anklage zu erheben (§ 152 II StPO) grundsätzlich auch für das Jugendstrafverfahren. Indessen hat hier der Strafverfolgungszwang in § 45 JGG Einschränkungen erfahren, die schon nach ihrer gesetzlichen Zulässigkeit und mehr noch nach ihrer Handhabung in der jugendgerichtlichen Praxis über die Ausnahmen der StPO (§§ 153–154 e) hinausgehen. Denn der das materielle Jugendstrafrecht beherrschende Gedanke, daß Jugendstrafe und sonstige stationäre Rechtsfolgen einer Jugendstraftat nur verhängt werden sollen, wenn ambulante Erziehungsmaßregeln nicht ausreichen, findet seine verfahrensrechtliche Entsprechung darin, daß eine Anklage vor dem Jugendgericht sich erübrigt, wenn eine Ahndung der Tat durch Urteil entbehrlich ist. Stellt sich dies erst nach der Anklage im Zwischen- oder Hauptverfahren heraus, so kann auch dann noch eine Einstellung des Verfahrens durch jugendrichterlichen Beschluß erfolgen (§ 47 JGG). Das Legalitätsprinzip wird also nicht nur durch das Opportunitätsprinzip aufgelockert, sondern auch durch das auf dem Vorrang des Erziehungsgedankens beruhende *Subsidiaritätsprinzip* eingeschränkt[9].

---

[7] *Würtenberger*, NJW 1952, 250; kritisch *Leferenz*, Richter und Sachverständiger, in: *Würtenberger, Th./Hirschmann, J.* (Hrsg.), Kriminalbiologische Gegenwartsfragen, Heft 5, 1962, S. 9.
[8] Vgl. *Bockelmann*, GA 1955, 321; *Krauß*, ZStW 85 (1973), 320.
[9] Vgl. *Brunner*, § 45 Rn. 4 a; *Eisenberg*, § 45 Rn. 9.

§ 35: Das Vorverfahren

Auf der gesetzlichen Grundlage der §§ 45 und 47 JGG – die auch im Verfahren gegen Heranwachsende gelten, sofern Jugendstrafrecht angewandt wird (§ 109 II JGG) – hat die Praxis im letzten Jahrzehnt eine ganz neue Art der Erledigung jugendlicher Kleinkriminalität gleichsam im Vorfeld des Strafverfahrens entwickelt, die es schon ihrer zahlenmäßigen Bedeutung wegen (vgl. unten Tabelle 10) angezeigt erscheinen läßt, sie in einem besonderen Paragraphen (unten § 36) im Zusammenhang darzustellen.

Äußerst kontrovers ist das Verhältnis der §§ 45, 47 JGG zu den §§ 153 ff. StPO. Dazu ist zunächst festzustellen, daß die selbständigen Einstellungsgründe der §§ 153 c–154 b StPO auch im Jugendstrafrecht gelten müssen. Problematisch bleibt allein, ob § 153 StPO durch die spezielle Regelung der §§ 45 I, 47 I S. 1 Nr. 1 JGG und der § 153 a StPO durch §§ 45 II und III, 47 I S. 1 Nr. 2 und 3 JGG verdrängt werden. Das ist deshalb so bedeutsam, weil zwar die zu regelnden Sachverhalte weitgehend identisch sind, Voraussetzungen und Rechtsfolgen dagegen erhebliche Unterschiede aufweisen. So ist für die Einstellung gemäß § 45 I JGG im Gegensatz zu der des § 153 StPO generell die Zustimmung des Gerichts nicht erforderlich. Für die Einstellung gemäß § 45 III JGG bedarf es dagegen – anders als bei § 153 a StPO – immer eines Geständnisses des Beschuldigten, und ferner ist die Mitwirkung des Richters selbst in Bagatellfällen obligatorisch. Am gravierendsten sind wohl die registerrechtlichen Unterschiede, denn Einstellungen gemäß §§ 45, 47 JGG unterliegen der Eintragungspflicht nach § 60 I Nr. 7 BZRG, wohingegen die Einstellungen gemäß §§ 153, 153 a StPO keine Registereintragung zur Folge haben. Vor allem der zuletzt erwähnte Gesichtspunkt veranlaßt einen Teil der Rechtsprechung und des Schrifttums, den §§ 153, 153 a StPO Vorrang einzuräumen, um so eine Benachteiligung des Jugendlichen oder Heranwachsenden gegenüber einem erwachsenen Beschuldigten zu vermeiden[10], z. T. wird auch zwischen § 153 StPO einerseits (der gegenüber dem JGG zurücktreten soll) und § 153 a StPO andererseits (der Vorrang haben soll) differenziert[11]. Richtig ist dagegen, in den Einstellungsmöglichkeiten der §§ 45, 47 JGG eine abschließende, auf die speziellen Belange junger Straftäter zugeschnittene Sonderregelung zu sehen[12]. Daß das JGG von keiner automatischen Anwendbarkeit der §§ 153, 153 a StPO ausgeht, zeigt nicht zuletzt die ausdrückliche Verweisung auf § 153 StPO in § 45 I JGG. Nur so läßt sich z. B. auch die unterschiedliche Reichweite des Strafklageverbrauchs in § 47 III JGG einerseits und § 153 a I S. 4 StPO andererseits erklären. Auch die spezielle Einstellungsmöglichkeit gem. §§ 153b StPO, 46a StGB dürfte durch die §§ 45, 47 JGG verdrängt werden. Ein allgemeiner Grundsatz des Inhalts, daß ein Jugendlicher oder Heranwachsender niemals schlechtergestellt werden dürfe, als er in demselben Verfahren als Erwachsener stehen würde, existiert nicht[13]. Die Erziehungskonzeption des JGG kann im Einzelfall zu staatlichen Reaktionen führen, die vom Betroffenen als »härter« eingestuft werden als die Vorgehensweise, die bei Anwendung von Erwachsenenstrafrecht zu erwarten gewesen wäre. Dies ist vor allem auch im registerrechtlichen Bereich möglich.

Für den speziellen Bereich der Betäubungsmittelkriminalität sehen die §§ 38 II, 37 I BtMG eine Einstellungsmöglichkeit vor, wenn keine höhere Strafe als Jugendstrafe bis zu zwei Jahren zu erwarten ist und der Beschuldigte nachweist, daß er sich wegen seiner Abhängigkeit einer Heilbehandlung unterzieht und seine Resozialisierung zu erwarten ist.

---

10 Bei § 153 StPO wird eine nur subsidiäre Geltung der §§ 45 I, 47 I S. 1 Nr. 1 JGG befürwortet, u. a. von LG Itzehoe, StrVert 1993, 537; *Bohnert*, NJW 1980, 1927; *Bottke*, ZStW 95 (1983), 92 f. und *Ostendorf*, § 45 Rn. 5; z. T. soll zwar grundsätzlich der § 45 I und II JGG den § 153 StPO ausschließen, jedoch soll § 153 StPO vorgehen, wenn die Zustimmung des Gerichts vorliegt, so *Eisenberg*, § 45 Rn. 10; *Nothacker*, JZ 1982, 57, 61. Bei § 153 a StPO treten *Bohnert*, a. a. O., und *Bottke*, a. a. O., ebenfalls für ein Zurücktreten der §§ 45 III, 47 I S. 1 Nr. 3 JGG ein. Eine vermittelnde Meinung geht zwar vom Vorrang der §§ 45, 47 JGG aus, möchte aber auf § 153 a StPO zurückgreifen, wenn die Einstellung nach dem JGG nicht möglich ist, so *Böhm*, S. 79 Fußn. 13; *Eisenberg*, § 45 Rn. 12; *Ostendorf*, § 45 Rn. 6, wobei wiederum str. ist, ob auch dann auf § 153 a StPO zurückgegriffen werden kann, wenn der Jugendliche kein Geständnis ablegt, dafür: *Eisenberg*, a. a. O.; *Kleinknecht/Meyer-Goßner*, § 153 a Rn. 4; dagegen: *Ostendorf*, a. a. O.
11 So insbes. *Rieß*, in: Löwe-Rosenberg, 24. Aufl., § 153 StPO, Rn. 12 und § 153 a StPO Rn. 19.
12 So u. a. *Brunner*, § 45 Rn. 3; *KK-Schoreit*, § 153 Rn. 8 (dort nicht ganz klar) und § 153 a Rn. 8; *Böhm*, Festschrift für Spendel, 1992, S. 778.
13 Ebenso *Böhm*, a. a. O., S. 779. Anders aber *Eisenberg*, § 45 Rn. 9, 12; *ders.*, ZRP 1985, 45; *Nothacker*, ZblJugR 1985, 101, 111; s. dazu oben § 28 I (S. 149) m. w. Nachw. in Fußn. 6.

Das formelle Jugendstrafrecht

Für den Bereich der ehem. DDR können nach dem Gesetz über die Schiedsstellen in den Gemeinden v. 13. 9. 1990 im Erwachsenenstrafrecht Bagatellstrafsachen einem besonderen Schlichtungsverfahren zugeführt werden. Dies gilt jedoch nicht für Straftaten Jugendlicher und Heranwachsender[14].

3. **Inhalt der Anklageschrift.** Wird Anklage gegen einen Jugendlichen erhoben, so gilt für den Inhalt der Anklageschrift die allgemeine Regelung des § 200 StPO. Diese Vorschrift wird jedoch für das Jugendstrafverfahren durch § 46 JGG dahin ergänzt, daß das wesentliche Ergebnis der Ermittlungen so darzustellen ist, daß die Kenntnisnahme durch den Beschuldigten möglichst keine Nachteile für seine Erziehung verursacht.

Beispiel: Ausführungen über die mangelhafte Erziehung durch die Eltern oder darüber, daß der Vater gewohnheitsmäßiger Trinker, die Mutter eine Prostituierte war, ferner Einzelheiten über Sittlichkeitsdelikte u. dgl. werden möglichst zu vermeiden sein (vgl. auch RL zu § 46 [Nr. 1 S. 2] JGG).

Andererseits soll die Anklageschrift den gegen den Jugendlichen erhobenen Vorwurf klar erkennen lassen. Sie muß deshalb auch sprachlich so abgefaßt sein, daß sie dem Jugendlichen verständlich ist (RL zu § 46 [Nr. 1 S. 1] JGG).

4. Die Jugendgerichtshilfe, in geeigneten Fällen auch der Vormundschaftsrichter, der Familienrichter und die Schule werden von der Einleitung und dem Ausgang des Verfahrens unterrichtet (§ 70 S. 1 JGG)[15].

§ 36 Alternativen zum förmlichen Strafverfahren: Staatsanwaltliche Einstellung und formloses richterliches Erziehungsverfahren[1]

I. Kriminalpolitische Zielsetzung und praktische Bedeutung

Die durch die Dunkelfeldforschung bestätigte Erkenntnis, daß bei jungen Menschen in den Entwicklungsjahren in allen sozialen Schichten Bagatellkriminalität »normal« und »ubiquitär« ist, führt zu der rechtspolitischen Forderung, bei der Reaktion auf diese kleinen jugendlichen Normverstöße möglichst ohne förmliches, mit einem Urteil en-

---

14 S. oben § 29 Fußn. 6.
15 Dazu v. *Wedel/Eisenberg*, NStZ 1989, 505. Zur Mitteilung an den Verletzten s. u. § 40 I 3.
1 Aus der Fülle des Schrifttums vgl. nur *Brunner*, § 45 Rn. 4–37; *Eisenberg*, § 45 Rn. 8–40; *Ostendorf*, § 45 Rn. 4–19; s. ferner *Albrecht*, § 5, S. 20; *Blau*, Jura 1987, 25; *BMJ* (Hrsg.), Neue ambulante Maßnahmen nach dem JGG (Bielefelder Symposium), 1986; *BMJ* (Hrsg.), Jugendstrafrechtsreform durch die Praxis (Konstanzer Symposion), 1989; *BMJ* (Hrsg.), Diversion im deutschen Jugendstrafrecht, 1989 (mit umfangreicher Bibliographie); *Dirnaichner, U.*, Der nordamerikanische Diversionsansatz und rechtliche Grenzen seiner Rezeption im bundesdeutschen Jugendstrafrecht, 1990 *ders.*, RdJB 1993, 302; *Dölling*, Diversion in der BRD, in: HandwB. Krim, Bd. 5, 2. Lief., 1991; *Hock-Leydecker, G.*, Die Praxis der Verfahrenseinstellung im Jugendstrafverfahren, Jur. Diss. Heidelberg, 1993; *Jung, H.* (Hrsg.), Alternativen zur Strafjustiz und die Garantie individueller Rechte der Betroffenen, 1989; *Heinz*, ZRP 1990, 7; *ders.*, ZStW 104 (1992), 591; *ders.*, MschrKrim 1993, 355; *Kerner, H.-J.* (Hrsg.), Diversion statt Strafe? 1983; *Kury, H./Lerchenmüller, H.* (Hrsg.), Diversion und Alternativen zu klassischen Sanktionsformen, 1981; *Löhr*, BewHi 1992, 44; *Schall*, BewHi 1988, 433; *Schaffstein*, Jescheck-Festschrift, 1985, S. 937; *Walter, M.* (Hrsg.), Diversion als Leitgedanke, DVJJS Heft 15, 1986; *ders.*, Krim-Forschung 80, S. 795; s. auch die *Mindestgrundsätze der Vereinten Nationen für die Jugendgerichtsbarkeit vom 26. 11. 1985*; ZStW 99 (1987), 253, 266 sowie die Nachw. oben § 5 Fußn. 9 ff., § 16 u. folg. Fußn.

denden Strafverfahren auszukommen. Denn eine durch eine Verurteilung bewirkte »Kriminalisierung« – ein heute geläufiger Ausdruck, der auf den Labeling-Ansatz zurückgeht – führt allzuleicht zu einer Stigmatisierung, d. h. zu einer Belastung des jungen Menschen mit einem sozialen Makel, der seinem weiteren sozialen Werdegang mehr schadet als nützt und der auch angesichts jener »Normalität« seiner Gesetzesverletzungen ihn mehr oder minder zufällig und willkürlich trifft. Logische Konsequenz dieser Überlegungen muß eine möglichst weitreichende Zurückdrängung staatlicher Reaktionen auf derartige Verhaltensweisen sein. Im Schrifttum wird für diese Bestrebungen der Begriff »*Diversion*« (= Ablenkung/Umleitung) gebraucht. Er ist mißverständlich, denn er paßt nur dann, wenn auf eine staatliche Beteiligung bei der Behandlung des Straftäters gänzlich verzichtet wird, so z. B. bei gütlicher interner Einigung zwischen Täter und Opfer. Diese letztere Diversion i. e. S. hat es immer gegeben, sie ist hier jedoch nicht angesprochen, da insoweit der Einfluß offizieller Instanzen sowieso entfällt. Ist aber eine Straftat zur Kenntnis der Strafverfolgungsorgane gelangt, so geht es sowohl aus spezialpräventiven wie vor allem aus generalpräventiven Gründen nicht an, von jener ubiquitären Kleinkriminalität überhaupt keine Notiz zu nehmen und die Jugendlichen in der für ihre weitere Entwicklung meist ebenfalls gefährlichen Vorstellung zu belassen, daß man Gesetze ohne Risiko übertreten dürfe. Sowohl aus spezialpräventiven als auch aus generalpräventiven Gründen ist ganz allgemein bei Delikten jenseits der Bagatellgrenze ein deutliches Zeichen erforderlich[1a]. Auch eine Blokkierung des Strafverfahrens auf der Ebene der Polizei nach dem Muster amerikanischer Reformmodelle, bei denen bereits dort veranlaßt wird, daß die Jugendlichen durch private Institutionen auf lokaler Ebene betreut werden (»community treatment«), erscheint unter rechtsstaatlichen Aspekten nicht angemessen und ist deshalb zu Recht in unserem System der strikten Anbindung der Polizei an das Legalitätsprinzip (§§ 152 II, 163 StPO i. V. m. § 2 JGG) nicht vorgesehen[2]. Gesucht werden muß also nach offiziellen Reaktionsweisen, die als Alternativen zum förmlichen Strafverfahren dessen Nachteile vermeiden, zugleich aber doch eine Warnfunktion im Rahmen der Sozialisation der jungen Menschen haben.

Zur Klarstellung sei noch hervorgehoben, daß auch dieser Problemkreis das Phänomen der »Diversion« nicht erschöpft. »Umleitung« ist auch dann noch möglich, wenn eine Verurteilung unumgänglich erscheint. Für solche Fälle steht der Begriff der »Diversion i. w. S.« als Leitmotiv für all jene Strategien, die auf eine *möglichst geringe* staatliche Sanktion hinauslaufen. Wenn nämlich die Evaluationsforschung lehrt, daß schwere Sanktionen keine besseren Erfolgschancen haben als leichtere Maßnahmen, daß sogar ambulante und stationäre Reaktionsweisen vom Anwendungsbereich her teilweise austauschbar sind, so spricht vieles dafür, im Zweifel die leichtere Maßnahme auszuwählen. Insoweit veranlaßt uns der Gedanke der Diversion vor allem, auf stationäre und damit besonders stigmatisierende Maßnahmen zugunsten einer ambulanten Betreuung des Beschuldigten zu verzichten[3]. So soll z. B. die Arbeitsweisung oder die Weisung, an einem sozialen Trainingskurs teilzunehmen, an die Stelle des Jugendarrests treten. Ist die Verhängung der Jugendstrafe unumgänglich, soll von der Strafaussetzung zur Bewährung bei gleichzeitiger Anordnung einer Betreuungsweisung möglichst großzügig Gebrauch gemacht werden. Auf diese Gesichtspunkte der Diversion i. w. S. ist schwerpunktmäßig im Rahmen der Weisungen (oben § 16) und der Strafaussetzung zur Bewährung (oben §§ 24, 25) näher eingegangen worden. Hier sollen nur die in jüngster Zeit verstärkt genutzten Einstellungsmöglichkeiten aus Opportunitätsgründen dargestellt werden.

1a Zur Problematik: *Kraus*, MschrKrim 1994, 256, 266; *Schöch*, Gutachten C zum 59. Dt. Juristentag, 1992, S. 38; s. auch oben § 16 Fußn. 16.
2 Ebenso *Böhm*, S. 78. Einzelheiten zur Diversion auf der Ebene der Polizei bei *Albrecht, P. A.*, Perspektiven und Grenzen polizeilicher Kriminalprävention, 1983; s. auch *Steinhilper*, Kriminalistik 1984, 524; *Dietrich*, BMJ-Jugendstrafrechtsreform, S. 112 u. unten Fußn. 13.
3 Dazu insbes. *Kaiser*, NStZ 1982, 102; *Schüler-Springorum*, DVJJS Heft 13, 1984, S. 558.

Das formelle Jugendstrafrecht

Zu den bedeutsamen Vorzügen eines »*formlosen Erziehungsverfahrens*« gehört neben dem bereits angesprochenen Abbau der Stigmatisierungswirkung insbesondere auch der, daß es weit besser als das schwerfällige förmliche Verfahren eine schnellere Reaktion auf kleine Jugendstraftaten ermöglicht, die für die erzieherische Wirksamkeit oft von ausschlaggebender Bedeutung ist. Andererseits fehlen ihm aber die rechtsstaatlichen Sicherungen, die durch die strengen prozessualen Formen der Hauptverhandlung gewährleistet werden sollen, so daß es in erster Linie für geständige Täter und bei ihnen nur für die leichteren Fälle in Betracht kommt. Auch wird man bei manchen Jugendlichen und besonders bei gravierenden Straftaten der rituellen Förmlichkeit der Hauptverhandlung eine gewisse erzieherische Eindruckskraft nicht absprechen dürfen. Ungeachtet solcher Vorbehalte ist jedoch die neuere Entwicklung zum Abbau stigmatisierender Formen zu begrüßen. Inzwischen deuten erste empirische Ergebnisse darauf hin, daß die spätere Legalbewährung der Beschuldigten nach informeller Erledigung sogar eher besser ist als nach förmlicher Verurteilung[4].

Nicht verwunderlich ist jedoch, daß inzwischen gegen die Diversionsbestrebungen auch die unterschiedlichsten Einwände erhoben werden, deren kriminalpolitisch bedeutsamster in dem Vorwurf gipfelt, die ganze Bewegung habe nicht zur Senkung, sondern vielmehr zu einer Ausweitung der staatlichen Sozialkontrolle geführt, da nun auf jede Bagatelle »erzieherisch« reagiert werde (sog. widening of the net effect)[5]. Solche Gefahren sind bei der Arbeitsweisung und der Betreuungsweisung (dazu oben § 16 I und II) nicht ganz von der Hand zu weisen, da diese beiden Maßnahmen heute vielfach gegen Erst- und Bagatelltäter angewandt werden. Ein tatsächlicher Nachweis, daß die strafrechtliche Sozialkontrolle gegen junge Probanden insges. ausgeweitet wurde, ist hingegen bisher nicht erbracht worden (s. Tabelle 10)[6].

Das JGG selbst stellt in den §§ 45 und 47 JGG den gesetzlichen Rahmen bereit, innerhalb dessen eine formlose Reaktion auf Jugendstraftaten möglich ist. Je nachdem, ob dabei die Staatsanwaltschaft schon im Vorverfahren ohne Einschaltung des Richters von weiterer Verfolgung absieht und das Verfahren einstellt (§ 45 I und II JGG) oder ob diese staatsanwaltschaftliche Einstellung nach Einschaltung des Richters (§ 45 III JGG) erfolgt oder ob die Einstellung erst im Hauptverfahren durch den Richter, aber mit Zustimmung des Staatsanwaltes (§ 47 JGG) geschieht, lassen sich drei Fälle einer formlosen, aber nicht folgenlosen Reaktion auf eine Jugendstraftat unterscheiden. Welche außerordentliche Bedeutung diese in der heutigen Praxis erlangt hat, wird aus der folgenden Tabelle 10 deutlich:

---

4 BMJ-*Heinz/Hügel*, S. 62; BMJ-Heinz/Storz, S. 52 ff.; *Matheis, B.*, Intervenierende Diversion, Jur. Diss. Mainz, 1991, S. 147; *Spieß*, Kriminalistik 1994, 111; s. auch *Kalpers-Schwaderlapp, M.*, Diversion to nothing, Jur. Diss. Mainz 1989, S. 216 (gleich gute Ergebnisse); dazu auch: *Eisenberg*, § 45 Rn. 17 c; *Böhm*, Festschrift für Spendel, 1992, S. 782; *Kaiser/Schöch*, Fall Nr. 15, Rn. 75, S. 195.
5 Vgl. nur *Voß*, in: *Müller, S./Otto, H.-U.* (Hrsg.), Damit Erziehung nicht zur Strafe wird, 1986, S. 79; *ders.*, ZfJ 1989, 8; *Walter*, ZStW 95 (1983), 32; s. auch *Deichsel*, MschrKrim 1991, 224.
6 Einzelheiten bei *Heinz*, MschrKrim 1987, 129, 146; *Hering E./Sessar, K.*, Praktizierte Diversion, 1990, S. 131; *Kerner*, BMJ-Jugendstrafrechtsreform, S. 265, 272; *Ludwig*, KrimJ 1985, 290; *Pfeiffer*, KrimPräv. S. 373.

§ 36: Alternativen zum förmlichen Strafverfahren

Tabelle 10: Alternativen zur Verurteilung[7]

Jahr	Sanktionierte insgesamt	§§ 45, 47 JGG insgesamt		§ 45 I und II JGG		§ 45 III JGG		§ 47 JGG	
	N	n	%	n	%	n	%	n	%
1980	239 000	102 000	43	30 000	12	27 000	11	47 259	20
1981	255 000	112 000	44	33 000	13	26 000	10	52 259	21
1982	270 000	118 000	44	40 000	15	23 000	9	55 886	21
1983	276 000	125 000	45	45 000	16	22 000	8	58 675	21
1984	261 000	126 000	48	52 000	20	19 000	7	53 721	21
1985	244 000	123 000	50	58 000	24	16 000	7	49 636	20
1986	228 000	118 000	52	57 000	25	14 000	6	46 906	21
1987	209 000	107 000	51	54 000	26	11 000	5	42 074	20
1989	195 000	109 000	56	60 000	31	12 000	6	37 367	19
1990	201 000	123 000	61	77 000	38	11 000	5	35 000	17

Die Tabelle 10 zeigt, daß die Zahl der nach Jugendstrafrecht Sanktionierten seit 1983 insgesamt zurückgeht, und zwar stärker, als dies entsprechend dem Rückgang der Bevölkerungsgruppe der Jugendlichen und Heranwachsenden (Pillenknick) zu erwarten war. Den Sanktionierten steht ein ständig wachsender Anteil von Beschuldigten, deren Verfahren gem. §§ 45, 47 JGG eingestellt worden ist, gegenüber, so daß heute bereits mehr als die Hälfte (!) aller mit einer offiziellen Reaktion belegten Beschuldigten das Verfahrensende vor der formellen Anklage erlebt. Die Diversionsbewegung hat damit ein kaum erwartetes Ausmaß erfahren, wobei die Zunahme vor allem durch das gewandelte Prozeßverhalten auf der Ebene der Staatsanwaltschaft (§ 45 I und II JGG) bewirkt wird. Während früher die Einstellung durch den Richter gem. § 47 JGG den ersten Rang einnahm, hat in den letzten Jahren die vom Staatsanwalt allein vorgenommene Einstellung gem. § 45 I und II JGG überwogen. Die gemeinsam von Staatsanwalt und Jugendrichter durchgeführte Einstellung gem. § 45 III JGG ist hingegen immer seltener geworden. Dieser Trend hat auch in allerjüngster Zeit weiter angehalten (1992: 62 % Einstellungen gem. §§ 45, 47 JGG)[7a]. Allerdings scheint auch heute noch die Entwicklung in den einzelnen Bundesländern und den einzelnen Gerichtsbezirken höchst unterschiedlich zu verlaufen[8].

II. Die rechtliche Regelung; Einstellung durch den Staatsanwalt im Vorverfahren

Ein Absehen von Verfolgung durch staatsanwaltliche Einstellung des Vorverfahrens nach § 45 JGG ist bei allen Jugendstraftaten, also darin über das allgemeine Strafprozeßrecht (§§ 153 f. StPO) hinausgehend sogar bei Verbrechen, zulässig, sofern die übrigen Voraussetzungen gegeben sind. Diese machen freilich deutlich, daß sich der Weg der formlosen Erledigung nicht für alle Sparten der Kriminalität eignet. In der Praxis wurde deshalb § 45 JGG (und entsprechend im Hauptverfahren § 47 JGG) zunächst vornehmlich auf die Fälle der Bagatellkriminalität angewandt, nämlich bei Erst-

---

[7] Zahlen sind übernommen von *Heinz*, DVJJ-Journal, Nr. 132, Sept. 1990, S. 19; *ders.*, ZStW 104 (1992), 598.
[7a] *Heinz*, MschrKrim 1993, 357.
[8] Dazu *Feltes*, MschrKrim 1987, 1; *Heinz*, RdJ 1984, 296; *ders.*, MschrKrim 1990, 216; *ders.*, in: *Jehle*, S. 125; *ders.*, NK 1994, Heft 1, S. 33; *Heinz/Hügel* (s. o. Fußn. 4), S. 17; *Heinz*, MschrKrim 1993, 357; *Herbort, U.*, Wer kommt vor das Gericht?, 1992; *Pfeiffer*, in BMJ-Jugendstrafrechtsreform, S. 82; *Spieß*, DVJJS Heft 13, 1984, S. 206.

Das formelle Jugendstrafrecht

tätern bei einem angerichteten Schaden bis zu 50,- DM (insbesondere bei Ladendiebstählen, Sachbeschädigungen, Verkehrsmittelbenutzung ohne gültigen Fahrausweis), bei »typischen Jugenddelikten« wie Verstößen gegen das Waffengesetz, Mißbrauch von Notrufen, Fahren ohne Führerschein, darüber hinaus allgemein bei leichten Verkehrsdelikten mit geringem Schaden, aber auch bei Taten 14- und 15jähriger an der Grenze der von § 3 JGG geforderten Einsichts- und Handlungsfähigkeit. Neuerdings ist der Anwendungsbereich der §§ 45, 47 JGG in einigen Bundesländern und insbesondere im Rahmen vielfältigster gezielter Diversionsprogramme[9] allzu sehr ausgeweitet worden, so daß nun bereits der Bereich der mittelschweren Kriminalität ebenfalls erfaßt wird. So wird z. B. bei manchen Staatsanwaltschaften im Falle der Eigentumskriminalität eine Diversion bis zur Schadenssume von 200,- DM, zum Teil sogar bis zu der von 500,- DM praktiziert[10]. Zwar stehen dem Grundsatz nach die Diversionsmöglichkeiten auch bei mittelschweren Verfehlungen zur Verfügung (so auch RiLi Nr. 1 zu § 45), die dafür in Betracht kommenden Fälle sollten aber sorgfältig ausgewählt und eine völlig folgenlose Einstellung des Verfahrens möglichst vermieden werden.

Mit Recht wird kritisiert, daß die staatsanwaltschaftliche Einstellung oft allzu einseitig unter tatorientierten Gesichtspunkten (wie der Geringfügigkeit des Schadens) erfolgt, während gerade auch hier die Persönlichkeit des Täters und das Erziehungsbedürfnis ausschlaggebend sein sollten[11]. Deshalb ist dringend zu wünschen, daß bei allen nicht ganz geringfügigen Schadensfällen die Jugendgerichtshilfe rechtzeitig eingeschaltet wird und ihren Bericht über die Persönlichkeit des Beschuldigten der Staatsanwaltschaft so früh erstattet, daß diese ihn schon bei ihrer Entscheidung über Anklage oder Einstellung verwerten kann. Leider ist dies nicht immer durchführbar, obwohl sich hier in den letzten Jahren schon manches verbessert hat, insbesondere sofern die Jugendgerichtshilfe die Diversionsprogramme sogar aktiv mitgestaltet.

Bis zur Neuformulierung der §§ 45 und 47 JGG durch das 1. JGGÄndG 1990 sah § 45 JGG (a. F.) in seinem ersten Absatz die Möglichkeit für den Staatsanwalt, das Verfahren durch Einschalten des Jugendrichters einzustellen, an erster Stelle im Gesetz vor. Dadurch wollte der Gesetzgeber deutlich machen, daß im Regelfall der Jugendrichter eingeschaltet werden soll. In der Praxis hat sich aber gerade die Einstellung ohne Mitwirkung eines Jugendrichters als die häufigste Form der justiziellen Diversion herauskristallisiert und dies steht auch mit dem das Jugendstrafrecht beherrschenden Subsidiaritätsprinzip in Einklang. Nach dem Grundsatz, daß immer nur mit dem denkbar geringsten Eingriff reagiert werden darf, stellt also das neue Recht die völlig folgenlose Einstellung ohne Mitwirkung des Richters voran (§ 45 I JGG), dann folgt i. S. eines Stufenverhältnisses die Einstellung ohne Einschaltung des Jugendrichters jedoch mit vorangehenden oder parallel laufenden erzieherischen Maßnahmen (§ 45 II JGG) und erst wenn deren Voraussetzungen nicht vorliegen, kommt die Einstellung mit formlosem richterlichen Erziehungsverfahren in Betracht (§ 45 III JGG).

---

9 Zur Übersicht: *DVJJ* (Hrsg.), Ambulante sozialpädagogische Maßnahmen für junge Straffällige, DVJJS Heft 14, 2. Aufl., 1986; ferner: *BMJ* (Hrsg.), Neue ambulante Maßnahmen nach dem JGG (Bielefelder Symposium), 1984; ferner die Referate auf dem 19. JGT, DVJJS Heft 13, 1984, S. 151 ff., auf dem 20. JGT, DVJJS Heft 17, 1987, S. 97 ff., 274 ff. sowie auf dem 21. JGT, DVJJS, Heft 18, 1990, S. 490 ff.; s. ferner die folgenden Fußn.
10 Vgl. z. B. die Niedersächsischen Diversionsrichtlinien, DVJJ-Journal 1991, 446; s. ferner *Albrecht, P.-A.* (Hrsg.), Informalisierung des Rechts, 1990; *ders.*, Kriminalistik, 1988, 427; *Breymann*, ZblJugR 1985, 14; *Frehsee*, NK 1991, Heft 1, S. 18; *Hering, E./Sessar, K.* (oben Fußn. 6), S. 74.
11 Vgl. *Breymann*, DVJJS Heft 17, 1987, S. 83; *Kaiser*, NStZ 1982, 104; *Weinschenk*, MschrKrim 1984, 18.

1. Die folgenlose Einstellung durch den Jugendstaatsanwalt, § 45 I JGG (= § 45 II Nr. 2 JGG a. F.)

Zunächst kann der Staatsanwalt ohne Zustimmung des Richters von der Verfolgung absehen, wenn die Voraussetzungen des § 153 StPO vorliegen, d. h. wenn es sich um ein Vergehen handelt, die Schuld des Täters gering ist und kein öffentliches Interesse an der Verfolgung besteht (§ 45 I JGG). Es handelt sich um eine Ermessensvorschrift, die vor allem dann eingreift, wenn der Staatsanwalt der Ansicht ist, daß beim Jugendlichen keine erzieherischen Maßnahmen mehr erforderlich sind, die über die bereits von der Entdeckung der Tat und dem Ermittlungsverfahren ausgehenden Wirkungen hinausgehen (RiLi Nr. 2 zu § 45 JGG). Der § 45 I JGG geht insofern über § 153 I StPO hinaus, als es bei Vergehen Jugendlicher in allen Fällen der Zustimmung des Richters nicht bedarf, wohingegen im Erwachsenenstrafprozeß z. T. die Zustimmung des Richters erforderlich ist (§ 153 I S. 2 StPO)[12].

2. Einstellung durch den Jugendstaatsanwalt mit erzieherischen Maßnahmen ohne Einschaltung des Jugendrichters, § 45 II JGG (= § 45 II Nr. 1 JGG a. F.)

Kommt eine Einstellung gem. § 45 I JGG i. V. m. § 153 StPO nicht in Betracht, sieht der Staatsanwalt gleichwohl gem. § 45 II JGG von der Verfolgung ab, wenn eine erzieherische Maßnahme bereits durchgeführt oder eingeleitet ist und er weder eine Beteiligung des Richters nach § 45 III JGG (unten 3.) noch die Erhebung der Anklage für erforderlich hält. Die Einstellung liegt nicht im Ermessen der Staatsanwaltschaft (»der Staatsanwalt sieht von der Verfolgung ab...«), dem Jugendstaatsanwalt steht jedoch ein Beurteilungsspielraum bei der Frage zu, ob die Beteiligung des Richters oder sogar eine Anklage erforderlich ist.

Unter die erzieherischen Maßnahmen fallen nicht nur die vormundschaftsrichterlichen Erziehungsmaßnahmen (z. B. Heimerziehung), sondern besonders auch Schulstrafen, Maßnahmen des Ausbilders oder des Elternhauses (RiLi Nr. 3 S. 2 zu § 45 JGG).

In jüngerer Zeit haben sich als erzieherische Maßnahmen i. S. v. § 45 II JGG die Reaktionsmuster der Instanzen in den Vordergrund geschoben, die ohnehin am Jugendstrafverfahren beteiligt sind. So nutzt u. U. bereits der Jugendsachbearbeiter der Polizei[13] die ersten Kontakte mit dem Straftäter dazu, ein pädagogisches Gespräch zu führen, das dann später im Rahmen der Verfahrenseinstellung gem. § 45 II JGG als »erzieherische Maßnahme« eingestuft werden kann, die ein weiteres Vorgehen gegen den Jugendlichen entbehrlich macht[14].

Als tragende Säule vielfältiger Diversionsprogramme hat sich die *Jugendgerichtshilfe* erwiesen. Sofern es sich um eine geringfügige Straftat handelt, kann das Gespräch des Jugendgerichtshelfers mit dem Beschuldigten als geeignete pädagogische Maßnahme gewertet werden, die der Einstellung nach § 45 II JGG den Weg ebnet. Über dahin-

---

12 Zu den Fallgruppen vgl. *Eisenberg* § 45 Rn. 18; zu Erfahrungen aus Hamburg: *Hering/Sessar*, (oben Fußn. 6), S. 64.
13 Zu einschlägigen Erfahrungen in Lübeck vgl. *Rautenberg*, Kriminalistik 1984, 291; in Hamm: *Schroer*, DVJJ-Journal 1991, 310.
14 Zum »Bielefelder Informationsmodell« (Polizei macht konkrete Vorschläge) s. *Rzepka/Voss*, BewHi 1989, 227; *dies.*, in: Albrecht, P. A. (Hrsg.), Informalisierung des Rechts, 1990, S. 341, 461; zu Erfahrungen aus den Niederlanden: *Resch, W.*, Alternativen zur Jugendstrafe in der Praxis, 1992.

Das formelle Jugendstrafrecht

gehende Experimente wird u. a. aus *Braunschweig*[15], *Marl*[16] und *Wolfsburg*[17] berichtet. Beim INTEG-Modell in *Mönchengladbach*[18] sind es ehrenamtliche Mitarbeiter, die den Jugendlichen aufsuchen und mit ihm sprechen. Ob auch ein Gespräch mit dem Verteidiger derart bedeutsam sein kann, ist noch nicht hinreichend geklärt, aber durchaus erwägenswert[19]. Bewährt haben sollen sich auch sog. »Drogenseminare« für BtMG-»Ersttäter«[20].

Ausdrücklich erkennt das Gesetz in der Fassung des 1. JGGÄndG 1990 in § 45 II S. 2 JGG den *Ausgleich des Täters mit seinem Opfer*[21] als ein Bemühen an, das einer erzieherischen Maßnahme gleichsteht. Die Entschuldigung oder auch Wiedergutmachung, die zumeist von der Jugendgerichtshilfe vermittelt wird, erlaubt einen Verzicht auf weitere staatliche Reaktionen. Bekannte Projekte der Anfangsphase für diesen *Täter-Opfer-Ausgleich* fanden sich z. B. in *Braunschweig, Landshut, Reutlingen* (»Handschlag«) und *Köln* (»Die Waage«). Da gerade dieser Bereich in den letzten Jahren im Zentrum des Interesses steht, werden derzeit in der gesamten Bundesrepublik viele neue Täter-Opfer-Ausgleichsprogramme ins Leben gerufen[22]. Unseres Erachtens sind derartige Bestrebungen nachdrücklich zu unterstützen, und de lege ferenda sollte die »prozeßrechtliche« Berücksichtigungsmöglichkeit des Ausgleichs mit dem Opfer ergänzt werden durch eine materiell-rechtliche Regelung. Andererseits ist nicht zu übersehen, daß die Leistungsfähigkeit des Täter-Opfer-Ausgleichs in der derzeitigen Diskussion vielfach überschätzt wird. Diese Diversionsmöglichkeit kann für große Bereiche der Jugendkriminalität auch in Zukunft keine angemessene Reaktionsform darstellen. Auch darf der von all diesen Programmen ausgehende mittelbare Druck auf das Opfer sowie den Beschuldigten nicht unterschätzt werden[23]. Es fehlen ausreichende Verfahrensgarantien zur Verhinderung von Mißbräuchen.

Nach heutigem Verständnis kommt eine Einstellung gem. § 45 II JGG nicht nur dann in Betracht, wenn andere Instanzen als die Staatsanwaltschaft bereits erzieherische Maßnahmen durchgeführt oder eingeleitet haben, vielmehr kann die Staatsanwaltschaft auch selbst eine derartige erzieherische Maßnahme initiieren. So läßt sich beispielsweise die

---

15 *Staeter*, ZblJugR 1984, 498.
16 *Beckmann* Kriminalistik 1983, 356.
17 *Breymann*, ZfJ 1985, 14.
18 *Kirchhoff/Wachowius*, in: *Kury, H.* (Hrsg.), Prävention abweichenden Verhaltens – Maßnahmen der Vorbeugung und Nachbetreuung, 1982, S. 390.
19 Dafür *Eisenberg*, § 45 Rn. 20; *Kahlert*, Rn. 29 f.
20 Vgl. *Schaar*, ZfJ 1990, 440.
21 Aus der kaum noch zu überblickenden Materialfülle s. zunächst oben § 16 Fußn. 11, ferner u. a.: *Beckwermert*, ZfJ 1990, 436; *Beisel*, ZfJ 1994, 502; *Beste*, MschrKrim 1987, 336; *Dünkel/Rössner*, ZStW 99 (1987), 845; *Heinz*, NK 1994, Heft 1, S. 29; *ders.*, MschrKrim 1993, 355; *Jung*, MschrKrim 1993, 50; *Kondziela, A.*, Strafverfahren oder Diversion?, Jur. Diss. Bielefeld, 1990; *Marks, E./Meyer, K./Schreckling, J./Wandrey, M.* (Hrsg.), Wiedergutmachung und Strafrechtspraxis, 1993; *Müller-Dietz*, Krim-Forschung 80, S. 961; *Rössner*, NStZ 1992, 409; *Rössner, D./Wulf, R.*, Opferbezogene Strafrechtspflege, 1984; *Sessar, K.*, Wiedergutmachen oder strafen: Einstellungen in der Bevölkerung und der Justiz, 1992; *ders.*, BMJ-Vert 1988, 117; *Voß*, MschrKrim 1989, 34; s. auch Referate vom 21. JGT, DVJJS, Heft 18, 1990, S. 490.
22 Dazu BMJ-Bestandsaufnahme, 1991; *Schreckling*, ZfJ 1990, 626 sowie der mehrmals im Jahr erscheinende Rundbrief »TOA-Intern«.
23 Besonders kritisch: *Albrecht*, § 14 C, S. 131 ff. und § 20 IV 5, S. 182; *ders.* (s. o. Fußn. 14), S. 1 – dazu *Blau* GA 1992, 233; *Voß*, NK 1989, Heft 3 S. 5; *ders.*, ZfJ 1989, 8; gegen ihn *Driebold/Sievers*, DVJJ-Rundbrief Nr. 131, Juni 1990, S. 33; *Weigend*, in: *Marks/Meyer/Schreckling/Wandrey* (s. o. Fußn. 21), S. 37 ff.; s. auch *Seelmann*, JZ 1989, 670 und *Schädler*, ZRP 1990, 150; *ders.* in BMJ-TOA, S. 24; *Kaiser*, ebenda, S. 48; *Frehsee*, ebenda S. 59; *Herz*, MschrKrim 1991, 86; s. auch oben § 16 Fußn. 17.

Vernehmung des Beschuldigten durch den Staatsanwalt in der Form eines pädagogischen Gesprächs gestalten, das die anschließende Einstellung rechtfertigt[24].

Die Praxis geht zum Teil noch einen Schritt weiter und greift bei den sonstigen erzieherischen Maßnahmen auf den Katalog des § 45 III JGG zurück: Der Staatsanwalt setzt z. B. eine Geldauflage fest, nach deren Zahlung er das Verfahren einstellt. Oder er vereinbart mit dem Beschuldigten die Weisung (Auflage), eine Arbeitsleistung zu erbringen[25]. Im Falle des Täter-Opfer-Ausgleichs, der ebenso über § 45 III JGG angeordnet werden könnte, hat – wie dargelegt – § 45 II S. 2 JGG ausdrücklich erklärt, daß diese erzieherische Maßnahme bei der Einstellung durch den Staatsanwalt ohne Mitwirkung des Richters vom Staatsanwalt angeregt werden darf.

Ob sich daraus ganz allgemein die »Anregungskompetenz« des Staatsanwalts für alle Reaktionsmöglichkeiten i. S. v. § 45 III JGG ergibt, wie es die amtliche Begründung des 1. JGGÄndG behauptet[26], die den Täter-Opfer-Ausgleich nur als Beispiel der zulässigen erzieherischen Maßnahmen verstanden wissen möchte, erscheint allerdings zweifelhaft. Der Verzicht auf den Jugendrichter kommt einer nicht unbedenklichen partiellen Rückkehr zum Inquisitionsprozeß gleich, in dem sich Ankläger und Urteilender in einer Person vereinigen. Schwerwiegende Sanktionen dürfen in einem Rechtsstaat nur von einem unabhängigen Richter festgesetzt werden. Die Rechtsstaatlichkeit wird auch nicht allein dadurch gewahrt, daß der Jugendliche seine Zustimmung zu diesem Vorgehen erklären muß (ein Geständnis wird hingegen nicht verlangt), denn er wird angesichts des drohenden Verfahrens zu einer solchen »Vereinbarung« meist bereit sein. Das Einverständnis des Beschuldigten beseitigt also nicht die Gefahr eines Mißbrauchs der staatlichen Machtstellung[27]. Gegen die Gleichstellung von Staatsanwalt und Jugendrichter bei der Anordnungskompetenz nach § 45 II und III JGG spricht schließlich die unterschiedliche Rechtskraftregelung in beiden Fällen (dazu weitere Einzelheiten im folgenden Text). Im Schrifttum mehren sich deshalb in letzter Zeit die Stimmen, die sich gegen eine »Anregungskompetenz« des Staatsanwalts gem. § 45 II JGG im Umfange des § 45 III JGG aussprechen[28].

Trotz der aufgeführten Bedenken sind wir der Meinung, daß der Staatsanwalt doch selbst die Voraussetzungen für das Absehen von der Verfolgung nach § 45 II JGG schaffen darf[29]. Allerdings muß der Staatsanwalt Maßnahmen durchführen oder anregen, die den Beschuldigten nicht allzu sehr belasten, so z. B. ein erzieherisch gestaltetes Vernehmungsgespräch, eine Ermahnung, einen Täter-Opfer-Ausgleich in dafür

---

24 Zum »Lübecker Modell«: *Pohl-Laukamp*, Kriminalistik 1983, 131; *Hering/Sessar*, (s. o. Fußn. 6), S. 64.
25 Diesen Weg wählte z. B. die StA Köln, vgl. *Hering/Sessar* (oben Fußn. 6); w. Fundst. zu Arbeitsweisungen bzw. -auflagen s. o. § 16 Fußn. 1, ferner *Marks*, DVJJS Heft 13, 1984, S. 320; s. auch beispielhaft die Diversionsrichtlinien aus Baden-Württemberg DVJJ-Journal, Nr. 133, Dez. 1990, S. 94, dazu insbes. *Adam*, ebenda, S. 33.
26 Begr. der BReg zum 1. JGGÄndG, BT-Drs. 11/5829, S. 24.
27 Sicherlich nicht verallgemeinerungsfähig, aber doch zum Nachdenken Anlaß gebend der Sachverhalt für die Entscheidung BGH 32, 357: Dort hatte der Staatsanwalt als »Erziehungsmaßnahme« sogar vor der (einverständlichen) körperlichen Züchtigung nach »Alt-Väter-Sitte« nicht zurückgeschreckt.
28 *Kuhlen, L.*, Diversion im Jugendstrafverfahren, 1988, 56; *Böhm*, NJW 1991, 535; *ders.*, Festschrift für Spendel, 1992, S. 790; *Dirnaichner*, ZfJ 1991, 12; *Jung*, JuS 1992, 189; *Laubenthal*, GA 1992, 143; *Miehe*, ZStW 104 (1992), 137; *Walter*, ZStW 95 (1983), 61; *Woldenberg, A.*, Diversion im Spannungsfeld zwischen »Betreuungsjustiz« und Rechtsstaatlichkeit, 1993, S. 174; *Schlüchter*, S. 136; *Eisenberg*, § 45 Rn. 21 m. w. Nachw.
29 Vgl. *Schaffstein*, Jescheck-Festschrift, S. 951; ebenso *Brunner*, § 45 Rn. 21 *Böttcher/Weber*, NStZ 1990, 563; *Heinz*, ZStW 104 (1992), 630.

geeigneten einfachen Fällen oder eine nicht allzu gravierende Arbeitsauflage[30]. Über die Grenze des § 45 III JGG hinaus darf auch die »Anregungskompetenz« des Staatsanwalts auf gar keinen Fall reichen. Im übrigen ist größte Zurückhaltung anzuempfehlen und vor allem den erzieherischen Maßnahmen des privaten Umfelds des Beschuldigten (Eltern/Lehrer/Erzieher/Ausbilder) der Vorrang einzuräumen, um möglichst den Vorwurf zu vermeiden, Diversion sei eine »Strafe im neuen Gewand«[31]. Auch die Richtlinien zu § 45 JGG haben sich dafür ausgesprochen, daß die Staatsanwaltschaft die Voraussetzungen für die Einstellung selbst »herbeiführen« darf, allerdings nur, sofern der Beschuldigte den Tatvorwurf nicht ernstlich bestreitet, das Anerbieten der Staatsanwaltschaft annimmt und die Erziehungsberechtigten und die gesetzlichen Vertreter nicht widersprechen [Nr. 3 RiLi zu § 45 JGG].

Bei Erfüllung der Weisungen und Auflagen wird der Beschuldigte von der weiteren Verfolgung verschont. Verweigert er die freiwillige Befolgung oder kommt er später der übernommenen Verpflichtung nicht nach, so kann der Staatsanwalt das Verfahren jederzeit fortsetzen oder Anklage erheben. Gleiches gilt, wenn sich später herausstellt, daß nach der Persönlichkeit des Täters oder nach den Umständen der Tat gewichtigere Sanktionen erforderlich waren, als der Staatsanwalt ursprünglich angenommen hatte. Denn die Einstellungsverfügung erwächst nicht in Rechtskraft und bindet den Staatsanwalt (anders als nach § 45 III S. 4 JGG) in keiner Richtung.

Beispiele: Der Staatsanwalt hat sich von einem Jugendlichen, der eine fahrlässige Körperverletzung im Straßenverkehr begangen hatte, versprechen lassen, daß er mit dem Unfallgegner eine Einigung herbeiführen werde und daraufhin das Strafverfahren eingestellt. Nachdem sich der Jugendliche innerhalb einer angemessenen Frist immer noch nicht bei dem Opfer gemeldet hat, kann der Staatsanwalt nunmehr das Ermittlungsverfahren wieder aufnehmen und Anklage gem. § 230 StGB erheben. – Der Staatsanwalt hat einem 18jährigen wegen eines von diesem begangenen scheinbar relativ harmlosen Autodiebstahls mit dessen Einverständnis eine Arbeitsauflage zugunsten des Städtischen Altersheimes gemacht und von der Verfolgung nach § 45 II JGG abgesehen. Hinterher stellt sich heraus, daß die Tat keineswegs so harmlos war, sondern der Heranwachsende Anführer einer Bande war. Der Staatsanwalt kann auch jetzt noch Anklage erheben, wobei freilich im späteren Urteil die etwa schon erbrachten Arbeitsleistungen bei der Sanktionsbemessung in Anrechnung zu bringen sind.

3. Einstellung mit formlosem Erziehungsverfahren unter Einschaltung des Jugendrichters, § 45 III JGG (= § 45 I JGG a. F.)

a) Voraussetzung ist, daß der Beschuldigte geständig ist (so ausdrücklich § 45 III JGG – im Gegensatz zu § 45 I und II JGG). Denn zur Überführung des die Tat abstreitenden Beschuldigten würde es eines förmlichen Verfahrens mit all seinen sich aus der StPO ergebenden rechtsstaatlichen Sicherungen bedürfen. Indessen sind nach empirischen Untersuchungen über 80 % der jugendlichen Beschuldigten geständig. Von Anwaltsseite wird jedoch auf die Problematik des »Geständniszwangs« angesichts einer lokkenden Verfahrenseinstellung hingewiesen[32].

b) Hält dann der Jugendstaatsanwalt die Erhebung einer Anklage nicht für geboten, die Anordnung einer richterlichen Maßnahme aber für erforderlich, so regt er bei dem Jugendricher an,

---

30 Enger: *Ostendorf*, § 45 Rn. 13; *Sonnen*, in: Diemer/Schoreit/Sonnen, § 45 Rn. 21. Sehr zurückhaltend auch die Empfehlungen der »Ad-hoc-Kommission-Diversion« vom 5. 2. 1988, die von den Justizministern und -senatoren der Länder eingesetzt worden ist, s. *BMJ* (Hrsg.), Diversion im deutschen Jugendstrafrecht, 1989, S. 11 ff.; s. ferner *Dölling*, in: Jehle, S. 328.
31 Vgl. *Ludwig, W.*, Diversion: Strafe im neuen Gewand, 1989 – zutreffende Kritik dazu bei *Miehe*, ZStW 103 (1991), 469; *ders.*, MschrKrim 1986, 193; s. auch *Naucke*, GA 1984, 199.
32 *Kahlert*, Rn. 29 d; kritisch auch *Eisenberg* § 45 Rn. 24 ff.

- dem Jugendlichen Auflagen zu erteilen; insoweit gilt der abschließende Katalog des § 15 JGG, d. h., in Betracht kommen Schadenswiedergutmachung, Entschuldigung, Arbeitsleistung und Zahlung eines Geldbetrages zugunsten einer gemeinnützigen Einrichtung, oder
- ihm aufzuerlegen, Arbeitsleistungen zu erbringen (§ 10 I S. 3 Nr. 4 JGG)
- ihm aufzuerlegen, sich zu bemühen, einen Ausgleich mit dem Verletzten zu erreichen (Täter-Opfer-Ausgleich; § 10 I S. 3 Nr. 7 JGG)
- die Teilnahme an einem Verkehrsunterricht anzuordnen (§ 10 I S. 3 Nr. 9 JGG) oder
- sich überhaupt nur mit einer »Ermahnung«[33] zu begnügen.

c) Will der Jugendrichter der Anregung entsprechen, was in seinem pflichtgemäßen Ermessen steht, so wird er den Beschuldigten, um ihm rechtliches Gehör zu gewähren (Art. 103 I GG) und sich einen persönlichen Eindruck von ihm zu verschaffen, zu einer Anhörung laden, die meist ohne Förmlichkeiten in seinem Dienstzimmer stattfindet. In diesem Fall wird also die Hauptverhandlung durch ein formloses richterliches Erziehungsverfahren ersetzt, zu dem je nach Bedarf auch ein Vertreter der Jugendgerichtshilfe, die Eltern des Beschuldigten u. dgl. zugezogen werden können und an dessen Ende die Erteilung der Weisungen, Auflagen oder der bloßen »Ermahnung« steht. Die Ermahnung soll, um wirksam zu sein, nach Möglichkeit mündlich und in erzieherisch eindrücklicher Weise erfolgen.

d) Hat der Richter seinen Vorschlag entsprochen und hat der Beschuldigte die Anordnung des Richters erfüllt, so *muß* der Staatsanwalt von weiterer Verfolgung absehen und das Verfahren einstellen. Wegen derselben Tat kann nur aufgrund neuer Tatsachen oder Beweismittel von neuem Anklage erhoben werden (§§ 45 I S. 4, 47 III JGG).

e) Kommt der Jugendliche der richterlichen Anordnung nicht innerhalb angemessener Frist nach, so kann gegen ihn nicht etwa Jugendarrest verhängt werden, da kraft ausdrücklicher Bestimmung des § 45 III S. 3 JGG die §§ 11 III und 15 III S. 2 JGG hier keine Anwendung finden.

f) Da gem. § 45 III S. 3 JGG keine Möglichkeit der zwangsweisen Durchsetzung der richterlichen Anordnung besteht, schreibt § 45 III S. 2 JGG die sog. »Vorbewährung« obligatorisch vor: Bei Erteilung von Weisungen oder Auflagen sieht der Staatsanwalt erst von der Verfolgung ab, nachdem der Jugendliche ihnen nachgekommen ist. Bis zur endgültigen Einstellung kann bei Nichterfüllung der Weisungen oder Auflagen der Staatsanwalt das Verfahren fortsetzen und Anklage erheben[34].

Beispiel: Ein 17jähriger ist geständig, einen kleineren Ladendiebstahl begangen zu haben. Der Staatsanwalt regt beim Jugendrichter an, ihm deswegen im formlosen Erziehungsverfahren aufzuerlegen, an vier freien Nachmittagen Dienstleistungen in einem Altersheim zu erbringen. Der Richter entspricht der Anregung. Der Täter erscheint zwar am ersten Samstag, bleibt aber an den weiteren Nachmittagen weg. Der Jugendstaatsanwalt kann nunmehr Anklage nach § 242 StGB erheben, so daß es jetzt zu einer förmlichen Hauptverhandlung mit anschließender Verurteilung (z. B. zu Jugendarrest) kommt. Wenn der Richter der Anregung des Staatsanwaltes nur teilweise nachkommt, z. B. statt der Arbeitsauflage nur eine Ermahnung ausspricht, so kann der Staatsanwalt gleichfalls Anklage erheben.

---

33 Vgl. dazu *Pfohl, R.*, Jugendrichterliche Ermahnungen, 1973; dessen Ermittlungen über die spätere Straffälligkeit der Ermahnten eher eine zurückhaltende Anwendung der »Ermahnung« angezeigt erscheinen lassen, da diese offenbar oft nicht ernst genommen und von den Jugendlichen als Freispruch gewertet wird.
34 Wird entgegen § 47 III S. 2 JGG sofort eingestellt, verbleibt es auch bei Nichterfüllung der Auflagen und Weisungen bei der rechtskräftigen Einstellung (s. oben d).

Die Frist, die der Jugendstaatsanwalt in Absprache mit dem Jugendrichter dem Beschuldigten setzen wird, darf aus rechtsstaatlichen Gründen nicht allzu lang bemessen sein (maximal 6 Monate, § 47 I S. 2 JGG analog)[35].

4. Einstellung durch den Richter nach Erhebung der Anklage

a) Oft wird sich erst *nach Erhebung der Anklage* durch den Staatsanwalt herausstellen, daß eine förmliche Beendigung des Verfahrens durch Urteil nicht erforderlich oder nicht zweckmäßig ist. Dies kann z. B. der Fall sein, weil der Jugendhilfebericht über die Persönlichkeit des Täters erst nach der Anklageerhebung erstattet wird oder weil sich erst in der Hauptverhandlung aufgrund des persönlichen Eindrucks vom Angeklagten herausstellt, daß es sich um einen relativ harmlosen Fall von Bagatellkriminalität handelt, vor allem aber auch, weil zwischenzeitlich – insbes. nach Einschaltung der Jugendgerichtshilfe – »angemessene erzieherische Reaktionen im sozialen Umfeld des Jugendlichen erfolgt sind«, die eine Fortsetzung des Strafverfahrens entbehrlich machen (s. RiLi Nr. 1 zu § 47 JGG). Auch in diesen Fällen kann nach § 47 JGG noch eine Einstellung des Verfahrens erfolgen, für die jedoch nunmehr, da die Herrschaft über das Verfahren mit der Anklage an das Gericht übergegangen ist, der Richter zuständig ist. Die Einstellung nach § 47 JGG erfolgt durch Beschluß und bedarf der Zustimmung des Staatsanwaltes. Ist der endgültigen Einstellung eine vorläufige Einstellung vorangegangen (s. unten d), so genügt die Zustimmung der Staatsanwaltschaft zur vorläufigen Einstellung (§ 47 II S. 1 JGG). Die Einstellung ist schriftlich zu begründen, jedoch werden die Gründe dem Angeklagten nicht mitgeteilt, soweit davon Nachteile für seine Erziehung zu befürchten sind (§ 47 II S. 4 JGG). Die Voraussetzungen, unter denen ein richterlicher Einstellungsbeschluß nach § 47 JGG ergehen kann, sind im übrigen die gleichen wie diejenigen der staatsanwaltschaftlichen Einstellung nach § 45 JGG, nämlich wenn

aa) die Voraussetzungen des § 153 StPO vorliegen (§ 47 I S. 1 Nr. 1 JGG)

bb) eine erzieherische Maßnahme i. S. d. § 45 II JGG, die eine Entscheidung durch Urteil entbehrlich macht, bereits durchgeführt oder eingeleitet ist (§ 47 I S. 1 Nr. 2 JGG)[36].

cc) der Richter eine Entscheidung durch Urteil für entbehrlich hält und gegen den geständigen Jugendlichen eine in § 45 III S. 1 JGG bezeichnete Maßnahme anordnet (§ 47 I S. 1 Nr. 3 JGG) oder

dd) der Angeklagte mangels Reife strafrechtlich nicht verantwortlich ist (§ 47 I S. 1 Nr. 4 JGG).

b) Eine Einstellung durch den Richter ist nach Anklageerhebung *in allen Stadien des Verfahrens* zulässig, also nicht nur im Hauptverfahren, wo sie am häufigsten erfolgt, sondern auch schon im Zwischenverfahren vor Erlaß des Eröffnungsbeschlusses und im Berufungs- oder Revisionsverfahren bis zur Rechtskraft des Urteils. Sie ist auch dann noch möglich, wenn kein die Anfechtung rechtfertigender Grund dazu zwingt, das Urteil abzuändern[37].

c) Der Einstellungsbeschluß hat eine *beschränkte Rechtskraft,* denn wegen derselben Tat kann nur aufgrund neuer Tatsachen oder Beweismittel Anklage erhoben werden

---

35 Zu den Problemen der Vorbewährung s. *Brunner,* § 45 Rn. 12, 12 a; *Eisenberg,* § 45 Rn. 30; *Schaffstein,* Jescheck-Festschrift, 1985, S. 946; zur Vorbewährung bei § 57 JGG s. oben § 25 V.
36 Diese kann auch vom Gericht selbst initiiert werden; a. A. LG Berlin NStZ 1987, 560 m. abl. Anm. *Eisenberg.*
37 *Brunner,* § 47 Rn. 5; *Dallinger-Lackner,* § 47 Bem. 9.

(§ 47 III JGG). Der Begriff der »neuen Tatsache« ist weit auszulegen. Er bezieht sich auf alle Umstände, die für den richterlichen Einstellungsbeschluß im positiven oder negativen Sinne maßgeblich sind.

Beispiel: Ein Kaufmannslehrling hat einen scheinbar geringfügigen Griff in die Portokasse getan. Nach der Einstellung aufgrund des § 47 I S. 1 Nr. 3 JGG ergibt sich, daß er laufend Beträge der Kasse entnommen hatte und seine Beute in Wahrheit wesentlich höher ausgefallen war. Hier ist eine neue Anklage möglich. Die bloße Nichtbefolgung von Weisungen und Auflagen ist keine »neue Tatsache« (abw. die 9. Auflage).

d) Dem Problem, wie der Jugendrichter sicherstellen will, daß der Beschuldigte die Auflagen und Weisungen tatsächlich erfüllt, begegnete die Praxis bis zum 1. JGGÄndG mit der sog. Einstellung zur Bewährung. Der neu formulierte § 47 I JGG bestimmt daran anknüpfend in seinem Satz 2, daß der Richter das Verfahren zunächst *vorläufig einstellen* kann. Es ist zu erwarten, daß sich die Jugendrichter in Zukunft an diese gesetzliche Empfehlung halten werden. Der Jugendrichter setzt dann dem Jugendlichen eine Frist von höchstens sechs Monaten, innerhalb derer den Weisungen, Auflagen oder erzieherischen Maßnahmen nachzukommen ist. Diese vorläufige Einstellung ergeht durch einen unanfechtbaren Beschluß (§ 47 I S. 3 und 4 JGG). Der Staatsanwalt muß der vorläufigen Einstellung zustimmen (§ 47 I S. 2 JGG). Kommt der Jugendliche den Anordnungen nach, stellt der Richter das Verfahren ein (§ 47 I S. 5 JGG), andernfalls setzt er es fort. Ebenso wie in § 45 III JGG dürfen auch bei § 47 I JGG die §§ 11 III und 15 III S. 2 JGG nicht angewendet werden, d. h. es kann kein »Beugearrest« zur zwangsweisen Durchsetzung der Weisungen und Auflagen verhängt werden (§ 47 I S. 6 JGG).

§ 37 Das Hauptverfahren

I. Eröffnungsbeschluß und Einstellung durch den Richter

Für den Übergang vom Vorverfahren zum Hauptverfahren (Zwischenverfahren) gelten die allgemeinen Vorschriften der StPO. Der Jugendrichter (bzw. die Jugendkammer) hat also das Hauptverfahren zu eröffnen, wenn der Angeklagte der Tat, zu deren Elementen beim Jugendlichen insbesondere auch die Verantwortlichkeit im Sinne des § 3 JGG gehört, hinreichend verdächtig ist und die Prozeßvoraussetzungen gegeben sind. Andernfalls, namentlich bei Schuldunfähigkeit wegen mangelnder Reife, lehnt er die Eröffnung ab.

Nur insofern enthält das Jugendstrafverfahren eine Besonderheit, als der Richter durch Beschluß auch nach der Einreichung der Anklage unter den oben (§ 36) näher dargestellten Voraussetzungen des § 47 I S. 1 Nr. 1–4 JGG das Verfahren einstellen kann, wenn er der Auffassung ist, daß eine solche formlose Erledigung des Falles unter erzieherischen Gesichtspunkten ausreicht und zur Vermeidung stigmatisierender Folgen der Verurteilung zweckmäßig ist. Ein solcher Einstellungsbeschluß ist unanfechtbar. Er bedarf jedoch der Zustimmung des Staatsanwaltes, wobei der Staatsanwalt entweder der vorläufigen Einstellung oder der endgültigen Einstellung zustimmen muß (§ 47 II S. 1 JGG). Wie ebenfalls oben dargelegt wurde, kann er auch noch in einem späteren Stadium des Verfahrens, insbesondere in der Hauptverhandlung, aber auch noch im Rechtsmittelverfahren, ergehen.

Das formelle Jugendstrafrecht

II. Die Hauptverhandlung

Für die Hauptverhandlung gelten zwar grundsätzlich die gleichen Vorschriften wie für das Erwachsenenverfahren in §§ 226 bis 275 StPO. Indessen ist auch hier auf die besonderen Aufgaben der Jugendgerichtsbarkeit Rücksicht zu nehmen. Eine durch den Vorsitzenden verständnisvoll gestaltete Hauptverhandlung kann schon für sich allein von einigem erzieherischen Wert für den jugendlichen Angeklagten sein, indem sie ihm die Folgen seines Tuns und seine Verpflichtung, dafür die Verantwortung zu tragen, wirksam vor Augen führt. Überwiegend wird freilich heute die pädagogische Effizienz einer förmlichen Hauptverhandlung im Jugendstrafverfahren überaus kritisch beurteilt[1], naturgemäß besonders von den jugendlichen Angeklagten selbst, aber auch von den Jugendgerichtshelfern und den Verteidigern. Jedenfalls ist aus der Hauptverhandlung alles fernzuhalten, was von erzieherischem Nachteil für den Jugendlichen wäre. Diesem Ziel dienen auch einige *Sonderbestimmungen*, die das JGG für die Hauptverhandlung im Jugendstrafverfahren enthält:

1. **Ausschluß der Öffentlichkeit.** Wäre die Hauptverhandlung wie vor dem Erwachsenengericht öffentlich, so würden die Hemmungen eines schüchternen Angeklagten verstärkt werden, während der Geltungssüchtige sich als Mittelpunkt eines Schauspiels und »Held« vorkäme. Beides wäre gleich nachteilig. Außerdem würden Tat und Täter einem breiten Publikum bekannt und dem Angeklagten daraus berufliche und soziale Schwierigkeiten erwachsen, die seine spätere Wiedereingliederung erschweren. Daher ist die Hauptverhandlung gegen Jugendliche einschließlich der Verkündigung der Entscheidungen grundsätzlich nicht öffentlich (§ 48 I JGG). Neben den Verfahrensbeteiligten (damit also auch den Erziehungsberechtigten und dem Vertreter der Jugendgerichtshilfe), ist dem Verletzten und, falls der Angeklagte der Aufsicht und Leitung eines Bewährungshelfers oder der Betreuung und Aufsicht eines Betreuungshelfers untersteht oder für ihn eine Erziehungsbeistandschaft bestellt ist, dem Helfer und dem Erziehungsbeistand die Anwesenheit gestattet. Das gleiche gilt in den Fällen, in denen dem Jugendlichen Hilfe zur Erziehung in einem Heim oder einer vergleichbaren Einrichtung gewährt wird, für den Leiter der Einrichtung. Andere Personen kann der Vorsitzende aus besonderen Gründen, namentlich zu Ausbildungszwecken (Studenten, Referendare), zulassen (§ 48 II JGG).

§ 48 II JGG gilt auch für Presseberichterstatter. Die Richtlinien zu § 48 JGG empfehlen dem Vorsitzenden, im Falle der in sein Ermessen gestellten Zulassung der Presse darauf hinzuwirken, daß der Name des Jugendlichen und sein Lichtbild nicht veröffentlicht werden.
Wird in der gleichen Hauptverhandlung auch gegen Heranwachsende oder erwachsene Angeklagte verhandelt (Verbindungssachen gemäß § 103 JGG), so ist die Verhandlung öffentlich. Doch kann

---

[1] Vgl. dazu *Eilsberger*, MschrKrim 1969, 304, dessen Bericht über die Befragung jugendlicher Gefangener über die Eindrücke, die die Hauptverhandlung in ihnen hinterlassen hat, zeigt, daß man sich hier vor großen Illusionen hüten sollte. Ebenso auch *Böhm*, S. 50, und vor allem die auf zahl- und umfangreichen Interviews von Jugendrichtern, Angeklagten und Jugendgerichtshelfern beruhende Untersuchung von *Hauser, H.*, Der Jugendrichter – Idee und Wirklichkeit, 1980, bei der sich insbesondere für die beiden letzten Gruppen eine überwiegend skeptische bis negative Beurteilung des Gerichtsverfahrens und des Urteils hinsichtlich ihrer erzieherischen Wirksamkeit ergeben hat; skeptisch auch *Bottke*, Generalprävention und Jugendstrafrecht aus kriminologischer und dogmatischer Sicht, 1984, S. 24; *Pfeiffer*, KrimPräv., S. 248; *Schöch* in *Schreiber, H.-L./Schöch, H./Bönitz, D.*, Die Jugendgerichtsverhandlung am »Runden Tisch«, 1981, S. 28; *Messmer*, ZfJ 1991, 523; Positiver: *Walkenhorst*, ZfJ 1991, 102 (mit vielen weiteren Nachw.). S. ferner *Brehmer/Hahnfeld/Kahlert*, DVJJS Heft 12, 1981, S. 88; *Kaiser*, S. 147, sowie *Lempp*, ZblJugR 1975, 41.

auch in diesem Fall die Öffentlichkeit ausgeschlossen werden, wenn dies im Interesse der Erziehung jugendlicher Angeklagter geboten ist (§ 48 III JGG).
Wird jemand wegen Taten angeklagt, die er teils als Jugendlicher, teils als Heranwachsender begangen hat, so findet die Hauptverhandlung, sofern nicht gleichzeitig gegen heranwachsende oder erwachsene Tatgenossen verhandelt wird, unter Ausschluß der Öffentlichkeit statt (so BGH 22, 21 sowie 23, 176, 178).

Wird die Verhandlung unter Verstoß gegen § 48 II JGG ganz oder teilweise öffentlich durchgeführt, so ist dies kein absoluter Revisionsgrund (etwa nach § 338 Nr. 6 StPO), sondern nur eine unter den Voraussetzungen des § 337 StPO beachtliche Gesetzesverletzung (so BGH 23, 176, 178, umstritten).

2. **Anwesenheit des Angeklagten.** Die einschlägigen Bestimmungen der StPO haben durch das JGG eine doppelte Modifizierung erfahren:

a) Einerseits ist der Grundsatz, daß der Angeklagte in der Hauptverhandlung anwesend sein muß, durch Einschränkung der im allgemeinen Strafverfahren zulässigen Ausnahmen, im Verfahren gegen Jugendliche wesentlich strenger durchgeführt, um dem Gericht, wenn irgend möglich, einen *persönlichen Eindruck* von dem Angeklagten zu verschaffen. Die Hauptverhandlung kann nur dann ohne den Angeklagten stattfinden, wenn dies im allgemeinen Verfahren zulässig wäre (insbesondere §§ 232, 233 StPO), zusätzlich besondere Gründe vorliegen und der Staatsanwalt zustimmt (§ 50 I JGG).

Die RL zu § 50 (Nr. 1) bemerken dazu: Eine Hauptverhandlung in Abwesenheit des Angeklagten sollte deshalb nur in Erwägung gezogen werden, wenn es sich um eine geringfügige Verfehlung handelt, aufgrund des Berichts der Jugendgerichtshilfe ein klares Persönlichkeitsbild vorliegt und das Erscheinen des Jugendlichen wegen weiter Entfernung mit großen Schwierigkeiten verbunden ist oder wenn gegebenenfalls eine Abtrennung des Verfahrens gegen den abwesenden Jugendlichen mit Rücksicht auf eine umfangreiche Beweisaufnahme unangebracht ist.

b) Andererseits haben auch die Fälle, in denen ausnahmsweise der Angeklagte *vorübergehend aus der Verhandlung entfernt* werden kann, im Jugendstrafverfahren eine wichtige Erweiterung erfahren. Der Vorsitzende soll den Angeklagten für die Dauer solcher Erörterungen von der Verhandlung ausschließen, aus denen *Nachteile für die Erziehung* entstehen können. Er hat ihn jedoch von dem, was in seiner Abwesenheit verhandelt worden ist, zu unterrichten, soweit es für seine Verteidigung erforderlich ist (§ 51 I JGG). Eine restriktive Handhabung des § 51 I JGG ist zu empfehlen, denn im Regelfall dürften die Verfahrensbeteiligten unschwer in der Lage sein, vor dem Angeklagten auch schwierige erzieherische Probleme offen anzusprechen. Eine Verhandlung hinter verschlossenen Türen sät beim Angeklagten eher Mißtrauen und ist deshalb beim heutigen Bewußtseinsstand der Jugend nur selten angezeigt[2].

Die Entfernung kann z. B. erzieherisch erforderlich sein, wenn das Versagen des Elternhauses erörtert wird, ferner auch bei der Erstattung des Sachverständigengutachtens über die Persönlichkeit des Angeklagten. Befürchtete Schwierigkeiten für den Vertreter der Jugendgerichtshilfe (vgl. oben § 34 I) rechtfertigen für sich allein die Entfernung des Angeklagten nicht, anders jedoch, wenn durch sie die künftige Betreuungs- und Fürsorgetätigkeit gerade gegenüber diesem Angeklagten beeinträchtigt würde.

c) In weiterem Umfange, nämlich immer dann, wenn gegen ihre Anwesenheit Bedenken bestehen, können auch Angehörige sowie Erziehungsberechtigte und der gesetzliche Vertreter zeitweilig von der Verhandlung ausgeschlossen werden (§ 51 II

---

2 Kritisch auch *Albrecht* § 47 B II 3, S. 371; *Böhm*, S. 52.

Das formelle Jugendstrafrecht

JGG). Bedenken gegen ihre Anwesenheit bestehen namentlich dann, wenn zu besorgen ist, daß der Angeklagte oder die Zeugen in ihrer Gegenwart nicht frei aussagen, ferner bei der Erörterung von Dingen, die für sie selbst peinlich oder verletzend wirken würden.

3. **Einschränkung der Vereidigung.** Die Bestimmungen der StPO, nach denen die Zeugen regelmäßig zu vereidigen sind, gelten im Jugendstrafverfahren nur für das Jugendschöffengericht und die Jugendkammer. Vor dem Jugendrichter als Einzelrichter werden Zeugen nur vereidigt, wenn es der Richter wegen der ausschlaggebenden Bedeutung der Aussage oder zur Herbeiführung einer wahren Aussage für notwendig hält (§ 49 I S. 1 JGG). Von der Vereidigung von Sachverständigen kann der Jugendrichter stets absehen (§ 49 I S. 2 JGG). Diese Beschränkung der Eidespflicht hat ihren Grund darin, daß der Verhandlung von Bagatellsachen nicht durch eine Häufung von Eidesleistungen eine unnötige Feierlichkeit gegeben werden soll, die den Jugendlichen zu einer Überschätzung seiner Person oder zu einer Unterschätzung des Eides verleiten könnte.

4. **Besondere Rechte** auf Anhörung und sonstige Beteiligung haben namentlich auch in der Hauptverhandlung die Eltern und andere Erziehungsberechtigte, der gesetzliche Vertreter und der Vertreter der Jugendgerichtshilfe (vgl. oben § 32 II 2 und § 34 II 2). Sie zählen noch zu den eigentlichen Verfahrensbeteiligten.

Von den sonstigen anwesenheitsberechtigten Personen (§ 48 II JGG, dazu oben 1), soll der Jugendrichter den anwesenden Bewährungshelfer zu der Entwicklung des Jugendlichen in der Bewährungszeit anhören. Entsprechendes gilt für den Betreuungshelfer und den Leiter eines sozialen Trainingskurses, an dem der Beschuldigte teilnimmt (§ 50 IV JGG). Bei den anderen Anwesenheitsberechtigten, also insbesondere dem Verletzten, kann sich eine Anhörungspflicht nur aus dem Grundsatz der richterlichen Aufklärungspflicht (§ 244 II StPO) ergeben. Alle Stellungnahmen dieser nicht zu den eigentlichen Verfahrensbeteiligten zählenden Personen werden nur im Wege des Zeugenbeweises in das Verfahren eingeführt. Das gilt also auch für den Bewährungshelfer, dessen Stellungnahme in der Praxis allerdings häufig im Wege einer verfahrensrechtlich nicht verwertbaren informatorischen Anhörung eingeholt wird. Weitere Einzelheiten zu Rechten des Verletzten s. unten § 40 I 3 und § 42, 6.

Das letzte Wort (§ 258 II StPO) ist neben dem jugendlichen Angeklagten stets von Amts wegen und nicht etwa nur auf Antrag dessen gesetzlichem Vertreter zu erteilen (BGH 21, 288).
Ist der Angeklagte *Soldat*, so hat der Richter vor der Erteilung von Weisungen, der Auferlegung besonderer Pflichten, der Anordnung der Erziehungshilfe oder der Bestellung eines Soldaten als Bewährungshelfer, den nächsten Disziplinarvorgesetzten des Angeklagten anzuhören (§ 112 d JGG).

III. Das Urteil

1. **Die Begründung des Urteils.** Für die Urteilsbegründung gilt zunächst § 267 StPO. Dieser hat jedoch für das Jugendstrafverfahren eine Ergänzung und Substantiierung erfahren, die den Besonderheiten des materiellen Jugendstrafrechts, insbesondere der meist ausschlaggebenden Bedeutung der Persönlichkeit des Jugendlichen für die Bestimmung der Rechtsfolgen, Rechnung tragen soll. Ist nämlich der Angeklagte schuldig gesprochen, so ist in den Urteilsgründen auch auszuführen, welche Umstände für seine Bestrafung, für die angeordneten Maßnahmen oder für das Absehen von Zuchtmitteln und Strafe bestimmend waren. Dabei soll namentlich die seelische, geistige und kör-

perliche Eigenart des Angeklagten berücksichtigt werden (§ 54 I JGG). Die Gründe müssen also neben einer Tatschilderung auch eine sorgfältige *Täterschilderung* enthalten. Dies ist nicht nur für die Nachprüfung des Urteils in der höheren Instanz erforderlich, sondern namentlich auch wegen der Bedeutung der Urteilsbegründung bei der erzieherischen Durchführung der angeordneten Rechtsfolgen für den Jugendstrafvollzug, die Heimerziehung und den Bewährungshelfer oder Erziehungsbeistand. Diese sollen aus den Urteilsgründen erfahren, wie der Richter den Täter beurteilt, worin er die Ursachen seiner Kriminalität sieht und wo die Ansatzpunkte für ihre nunmehr einsetzende Erziehungsarbeit liegen müssen.

2. **Die Verkündung des Urteils.** Die Urteilsverkündung richtet sich grundsätzlich nach § 268 StPO. Jedoch werden die Urteilsgründe dem jugendlichen Angeklagten weder mündlich noch schriftlich mitgeteilt, soweit davon Nachteile für seine Erziehung zu befürchten sind (§ 54 II JGG). Im übrigen kommt gerade einer pädagogisch geschickten und dem Jugendlichen verständlichen mündlichen Urteilsverkündung eine wichtige Funktion im Jugendstrafverfahren zu, weil sie dem oft bereits durch das Erlebnis der Verhandlung aufgerüttelten Täter das begangene Unrecht nochmals vor Augen führen und die vom Richter angeordneten Maßnahmen als notwendig und ihm selbst förderlich erscheinen lassen soll. Viele Jugendrichter geben deshalb der persönlichen Fassung des Urteilsspruchs (in der Form einer den Jugendlichen selbst in der zweiten Person ansprechenden Anrede) den Vorzug vor der sonst üblichen und auch in den schriftlichen Gründen beizubehaltenden Fassung in der dritten Person[3].

3. **Die Überweisung an den Vormundschaftsrichter.** Wenn aus Anlaß einer Straftat Erziehungsmaßregeln anzuordnen sind, so kann das Jugendgericht diese entweder selbst in seinem Urteil anordnen oder ihre Auswahl und Anordnung dem Vormundschaftsrichter überlassen, jedoch nur dann, wenn es nicht neben den Erziehungsmaßregeln auf Jugendstrafe erkennt (§ 53 JGG). Die praktische Bedeutung des § 53 JGG ist wegen der grundsätzlichen Personalunion von Jugend- und Vormundschaftsrichter auf der Amtsgerichtsebene nicht allzu groß. Indessen ist die Auswahl der erforderlichen Erziehungsmaßregeln durch den Vormundschaftsrichter zwingend vorgeschrieben, wenn das Verfahren gegen Jugendliche ausnahmsweise (oben § 30) vor einem Erwachsenengericht stattfindet (§ 104 IV JGG).

4. **Die Kostenentscheidung.** Während der verurteilte Erwachsene im Urteil stets zur Tragung der Kosten des Verfahrens verpflichtet wird (§ 465 StPO), kann[3a] bei Jugendlichen davon abgesehen werden, ihnen Kosten und Auslagen aufzuerlegen (§ 74 JGG).

Die Kostenpflicht würde sich für die meisten Jugendlichen nur wie eine zusätzliche und sie oft lange belastende Geldstrafe auswirken. Daher empfehlen die Richtlinien zu § 74 (Nr. 1), dem Jugendlichen die Kosten des Verfahrens nur dann aufzuerlegen, wenn er sie aus eigenen Mitteln bezahlen kann und wenn ihre Auferlegung aus erzieherischen Gründen angebracht ist.
Die Kosten des Pflichtverteidigers gehören unstrittig zu den notwendigen Auslagen i. S. v. § 74 JGG. Bezüglich der Eigenaufwendungen für den Wahlverteidiger ist dagegen die Anwendbarkeit des § 74 JGG umstritten. Vorzugswürdig ist eine weite Interpretation des § 74 JGG, die auch diese Aufwendungen erfaßt, denn der Angeklagte würde die Differenzierung zwischen Pflicht- und Wahlverteidiger als willkürlich erleben, und sie liefe auch den erzieherischen Belangen des Jugendstrafverfahrensrechts zuwider. Bedauerlicherweise hat der BGH hier unter Verkennung der

---

3 Rechtlich bestehen gegen die persönliche Fassung der mündlichen Urteilsverkündung keine Bedenken. Vgl. dazu *Dallinger-Lackner*, § 54 Bem. 25, s. auch RiLi Nr. 2 zu § 54 JGG.
3a Gutes Beispiel für eine sinnvolle gegenteilige Entscheidung: OLG Düsseldorf GA 1994, 76.

Das formelle Jugendstrafrecht

Erziehungskonzeption des JGG gegenteilig entschieden und § 74 JGG nicht auf die Wahlverteidigerkosten angewandt[4].

IV. Reformvorschläge

Neuerdings ist, wie von manchen auch für das allgemeine Strafverfahren, vor allem auch für das stärker spezialpräventiv-therapeutisch ausgerichtete Jugendstrafverfahren eine *Zweiteilung der Hauptverhandlung durch ein Tatinterlokut* vorgeschlagen worden[5]. Der erste Abschnitt würde wie bisher unter Wahrung aller rechtsstaatlichen Garantien der Tatfeststellung (mit Ausnahme der Reifefrage der §§ 3 und 105 JGG) dienen. Der zweite Abschnitt müßte sich in stärkerer Anlehnung an das vormundschaftsrichterliche Verfahren unter möglichst weitgehendem Verzicht auf alle die zwanglose Kommunikation der Prozeßbeteiligten hindernden Formen, aber selbstverständlich unter Wahrung des rechtlichen Gehörs für den jugendlichen Angeklagten mit der Frage beschäftigen, welche Rechtsfolgen für die bereits festgestellte Tat zweckmäßig und angemessen sind. Dabei würde es darauf ankommen, in diesem zweiten Abschnitt auch das Verständnis und vielleicht sogar die Zustimmung des Angeklagten für die zu ergreifenden Maßnahmen zu gewinnen. Natürlich kann ein solches Tatinterlokut, das angesichts der Zweiteilung von Schuldspruch und Strafausspruch in § 27 JGG im Jugendstrafrecht keine allzu große Neuerung darstellen würde, nur in nach Tat und Täterpersönlichkeit schwerwiegenden Fällen empfohlen werden, in denen eine stationäre Unterbringung in der Jugendstrafanstalt oder im Heim der Jugendhilfe in Frage kommt. Einstweilen ist das Problem zwar schon oft erörtert, aber noch nicht hinreichend ausdiskutiert worden.

Für die Aburteilung kleinerer und mittlerer Jugendkriminalität kommt eine Hauptverhandlung nach dem ebenfalls noch in der Experimentierphase befindlichen und sehr umstrittenen Modell »Am runden Tisch«[6] in Frage. Es soll durch den Abbau des feierlichen Rituals und überflüssiger Förmlichkeit sowie durch den Verzicht auf die Demonstration der Richterautorität die Verständigungsmöglichkeiten zwischen dem Gericht einerseits, dem jugendlichen Angeklagten und seinen Eltern andererseits erleichtern und so ein kooperatives Klima zwischen allen Verfahrensbeteiligten schaffen. Von ihm verspricht man sich eine größere Bereitschaft des Jugendlichen, an der Aufklärung des Tathergangs und seiner Lebensumstände mitzuwirken, damit dann aber auch eine stärkere Berücksichtigung der Täterpersönlichkeit bei der Rechtsfolgenentscheidung des Gerichts und deren einsichtige Hinnahme durch den Angeklagten und seine Eltern. Soweit es dafür nicht nur des Abbaues solcher Verfahrensäußerlichkeiten bedürfte, die nach den geltenden Gesetzen ohnehin nicht zwingend vorgeschrieben sind (z. B. erhöhter Sitz des Gerichts, Vernehmungen des Angeklagten und der Zeugen im Stehen), wird der rechtliche Weg zu einer solchen Reform wohl am besten über eine Erweiterung des Zulässigkeitsbereichs des vereinfachten Jugendverfahrens der §§ 76–78 JGG (darüber unten § 40 II) führen, das schon nach derzeitigem Recht eine weitgehende Annäherung des jugendrichterlichen Verfahrens an das vormundschaftsrichterliche Verfahren gestattet.

---

4 BGH 36, 27 (29) m. abl. Anm. *Brunner*, NStZ 1989, 239, *Eisenberg*, JR 1990, 40 und *Ostendorf*, StrVert 1989, 309; ebenso KG JR 1983, 37; OLG München NStZ 1984, 138; OLG Düsseldorf MDR 1991, 561; OLG Frankfurt GA 1994, 286; einschränkend LG Osnabrück StrVert 1990, 509 – wie hier dagegen *Brunner*, § 74 Rn. 7; *Nicolai*, in: Nix, Ch. (Hrsg.), Kurzkommentar zum JGG, 1994, § 74 Rn. 9; *Eisenberg*, § 74 Rn. 15 m. w. Nachw.; zu den Konsequenzen für die Verteidigung: *Zieger*, StrVert 1990, 282.

5 Statt aller: *Dölling, D.*, Die Zweiteilung der Hauptverhandlung, 1978; *Schunck, B.*, Die Zweiteilung der Hauptverhandlung (bei Strafkammern), 1982. Ferner *Schöch*, Bruns-Festschrift, 1978, S. 457; *Schöch/Schreiber*, ZRP 1978, 63 – bzgl. des Strafverfahrens gegen Erwachsene liegt inzwischen ein entsprechender Gesetzesvorschlag für die Einführung des Tatinterlokuts vor, s. Alternativentwurf – Novelle zur Strafprozeßordnung – Reform der Hauptverhandlung, hrsg. von einem Arbeitskreis deutscher und schweizerischer Strafrechtslehrer (Arbeitskreis AE), 1985; zusammenfassend *Roxin*, § 42 G, Rn. 56 ff. m. w. Nachw.

6 Vgl. dazu *Schreiber/Schöch/Bönitz* (s. oben Fußn. 1), mit ausführlichem Bericht über die Ergebnisse von Experimenten des »Runden Tisches« in der Jugendgerichtspraxis; zur Nachuntersuchung: *Bönitz*, MschrKrim 1990, 82. Ferner *Schöch*, Stutte-Festschrift, 1979, 279; *Schreiber*, Stutte-Festschrift, 1979, 271, aber auch schon *Stutte*, MschrKrim 1961, 121.

§ 38 Das Rechtsmittelverfahren

I. Verkürzung des Rechtsmittelzuges

Für die Anfechtung von Urteilen sieht das allgemeine Strafverfahren regelmäßig, wenn auch mit wichtigen Ausnahmen, einen zweistufigen Rechtsmittelzug (Berufung und Revision) vor. Dabei wird aus rechtsstaatlichen Gründen in Kauf genommen, daß durch die Aufeinanderfolge der beiden Rechtsmittel das Verfahren erheblich verzögert und die Spanne zwischen der Tat und ihrer Sühne durch ein rechtskräftiges Urteil und dessen Vollstreckung oft in einem schwer erträglichen Maße verlängert wird. Im Jugendstrafrecht würde diese Verzögerung besonders mißlich sein. »Alle im JGG vorgesehenen Maßnahmen haben nämlich die erforderliche erzieherische Wirkung in der Regel nur, wenn sie noch in unmittelbarem Zusammenhang mit der Tat angeordnet werden. Hat der Jugendliche erst die innere Beziehung zu seiner Verfehlung verloren, so empfindet er die verspätete Vollziehung von Maßnahmen oder Jugendstrafe nicht mehr als einleuchtende Reaktion auf seine Tat, sondern als ein mehr oder weniger unverständliches Übel, dem er sich notgedrungen beugen muß. Dadurch würde der mit der Maßnahme angestrebte Erziehungserfolg stark beeinträchtigt, wenn nicht gar vereitelt«[1].

Auch die erzieherische Autorität und die pädagogische Verantwortungsfreudigkeit des erstinstanzlichen Richters müssen leiden, wenn der Jugendliche sein Urteil nur als eine zunächst unverbindliche Vorentscheidung anzusehen braucht.

Aus diesen Gründen ist der Rechtsmittelzug im Jugendstrafverfahren verkürzt. Dabei geht allerdings das JGG 1953 in der hier wohl übertriebenen Besorgnis, die Rechte des Jugendlichen zu sehr zu schmälern, hinter den Stand des JGG 1943 zurück. Die Verkürzung wirkt sich nunmehr nur noch in folgender Weise aus:

1. **Jeder Anfechtungsberechtigte kann nur *ein* Rechtsmittel einlegen.** Bei erstinstanzlichen Urteilen der (großen) Jugendkammer versteht sich das von selbst, da auch nach dem allgemeinen Strafprozeßrecht gegen Urteile der Strafkammer nur *ein* Rechtsmittel, nämlich nur die Revision (zum BGH) gegeben ist. Das gilt auch im Jugendstrafverfahren. Während jedoch im allgemeinen Verfahren bei erstinstanzlicher Zuständigkeit des Einzelrichters und des Schöffengerichts nacheinander Berufung und Revision möglich sind, hat jeder Anfechtungsberechtigte gegenüber Urteilen des Jugendrichters und des Jugendschöffengerichts nur die Wahl, entweder Berufung (zur kleinen bzw. großen Jugendkammer) oder Revision (zum OLG) einzulegen (§ 55 II S. 1 JGG). Die Regelung des § 55 II JGG begegnet keinen verfassungsrechtlichen Bedenken, denn von Verfassungs wegen ist ein Instanzenzug nicht gewährleistet, und die Sonderbehandlung bezüglich der Anfechtbarkeit jugendgerichtlicher Urteile basiert auf sachlich einleuchtenden Gründen und verstößt somit auch nicht gegen den Gleichheitssatz (Art. 3 I GG)[2].

Hat jedoch etwa der Angeklagte gegen das Urteil des Jugendschöffengerichts Berufung eingelegt, so kann gegen das Urteil der (großen) Jugendkammer nunmehr der Staatsanwalt, sofern er nicht ebenfalls bereits Berufung eingelegt hatte, Revision (zum OLG) einlegen und umgekehrt. – Hat der Angeklagte oder sein Erziehungsberechtigter oder sein gesetzlicher Vertreter eine zulässige Berufung eingelegt, so steht keinem von ihnen das Rechtsmittel der Revision zu (§ 55 II S. 2 JGG). –

---

1 So der schriftliche Bericht des Rechtsausschusses des Bundestages zu § 55 JGG, 1953; ähnlich OLG Düsseldorf NStZ 1994, 198; sehr kritisch gegenüber den oben aufgeführten Argumenten: *Eisenberg*, § 55 Rn. 35 ff.; weitgehend auch *Ostendorf*, Grdl. zu §§ 55, 56 Rn. 4–7; für Verfassungswidrigkeit der geltenden Rechtslage *Albrecht*, § 49 A II 3 c, S. 387.
2 BVerfG NJW 1988, 477 – abweichend *Albrecht*, § 49 B II 1, S. 390.

Das formelle Jugendstrafrecht

Selbst ein nach Jugendstrafrecht abgeurteilter Heranwachsender, dessen Berufung wegen unentschuldigten Ausbleibens ohne erneute Sachprüfung nach § 329 I StPO verworfen worden ist, kann dieses Urteil nicht mit der Revision anfechten[3]. Ein Heranwachsender kann gegen ein Berufungsurteil, das Jugendstrafrecht anwendet, auch dann keine Revision einlegen, wenn er im ersten Rechtszug nach allgemeinem Strafrecht verurteilt worden ist[4].

Mit der Wahl der Berufung wird die Revision, mit der Wahl der Revision die Berufung unzulässig. Dabei braucht der Anfechtende innerhalb der Rechtsmittelfrist zunächst nur zu erklären, daß er das Urteil anfechte. Die endgültige Wahl zwischen Berufung und Revision braucht er erst innerhalb der Revisionsbegründungsfrist (§ 345 StPO) vorzunehmen[5].

2. Noch weiter sind die Rechtsmittel bei **weniger einschneidenden Entscheidungen** beschränkt. Eine Entscheidung, in der lediglich erzieherische Weisungen, Erziehungsbeistandschaft oder Zuchtmittel angeordnet sind, kann nämlich nur in der Schuldfrage, nicht aber wegen des Umfangs der Maßnahmen und auch nicht deshalb angefochten werden, weil andere oder weitere Erziehungsmaßregeln oder Zuchtmittel hätten angeordnet werden sollen (§ 55 I JGG).

Beispiel: Der jugendliche Angeklagte, gegen den wegen Diebstahls auf 3 Wochen Jugendarrest erkannt ist, kann das Urteil nicht deswegen anfechten, weil ihm 3 Wochen Jugendarrest als eine zu harte Ahndung erscheinen. Dagegen ist die Anfechtung zulässig, wenn er seine Unschuld behauptet oder geltend macht, daß seine Tat nur eine Unterschlagung darstelle, ebenso auch, wenn das Urteil Erziehungshilfe gem. § 12 Nr. 2 JGG angeordnet hätte. Der Staatsanwalt kann ein Urteil, das Jugendarrest anordnet, nur anfechten, wenn er entweder Jugendstrafe für erforderlich hält oder zugunsten des Angeklagten Freispruch beantragen will. – Zulässig ist nach herrschender und richtiger Auffassung die Anfechtung auch dann, wenn die Ungesetzlichkeit der angeordneten Maßnahmen, z.B. die Verfassungswidrigkeit einer angeordneten »Weisung« (oben § 15 II 1), geltend gemacht wird.

Seinem Wortlaut nach beschränkt § 55 I JGG nur das Anfechtungsrecht der Prozeßbeteiligten. Nicht erwähnt und daher umstritten ist die Frage, ob das Rechtsmittelgericht eine zulässig (also insbesondere im Schuldspruch) anfechtbare Entscheidung auch aus einem Grunde ändern kann, der für sich allein die Anfechtung nach § 55 I JGG nicht rechtfertigen könnte.

Beispiel: Der wegen Diebstahls zu 3 Wochen Jugendarrest verurteilte Jugendliche legt gegen das Urteil Berufung ein, weil er seine Unschuld behauptet. Die Jugendkammer kommt zu dem Ergebnis, daß der Angeklagte zwar des Diebstahls schuldig ist, aber ein Freizeitarrest oder gar bloß eine Verwarnung zur Ahndung genügt hätte. Darf sie das erstinstanzliche Urteil in diesem Sinne ändern?

Nach der vom BGH vertretenen Auffassung[6] kann das Rechtsmittelgericht selbst bei Aufrechterhaltung des Schuldspruchs die vom Erstrichter verhängten Maßnahmen ändern. Nur das sinngemäß auch für die Erziehungsmaßregeln und Zuchtmittel geltende Verbot der reformatio in peius (§§ 331 I, 358 II StPO) soll ihm dabei eine Schranke auferlegen.

---

3 So mit überzeugender Begründung BGH 30, 98 gegen OLG Celle JR 1980, 37.
4 OLG Düsseldorf NJW 1986, 1887. Umgekehrt hat der Heranwachsende die Möglichkeit, gegen ein das allgemeine Recht anwendende Berufungsurteil Revision einzulegen, wenn in erster Instanz Jugendrecht angewandt wurde und er selbst Berufung eingelegt hat, OLG Neustadt MDR 1956, 504; *Brunner,* § 55 Rn. 18; *Eisenberg,* § 109 Rn. 34.
5 BGH 2, 63, 66; 5, 338, 339; 13, 388, 393; *Brunner,* § 55 Rn. 15.
6 BGH 10, 198. Ebenso *Brunner,* § 55 Rn. 12; *Eisenberg,* § 55 Rn. 53; *Ostendorf,* § 55 Rn. 25.

Gegen diese Auffassung erheben sich schwerwiegende Bedenken. Sie muß einen Angeklagten, dem es in Wahrheit nur um eine Milderung der gegen ihn erkannten Maßnahmen geht, geradezu dazu verleiten, ohne hinreichenden Grund auch den Schuldspruch anzufechten, um sich so über die Rechtsmittelbeschränkung des Gesetzes hinwegzusetzen. Auch würde, wenn trotz Bestätigung des Schuldspruchs die Maßnahmen geändert werden würden, die Autorität des erstinstanzlichen Jugendrichters, die doch gerade durch die Rechtsmittelbeschränkung geschützt werden soll, in den Augen des Jugendlichen eine erzieherisch bedenkliche Einbuße erleiden. Dem objektiven Sinne des § 55 I JGG entspricht deshalb besser die insbesondere vom OLG Frankfurt[7] und einem Teil des Schrifttums vertretene Auffassung, daß im Fall der Bestätigung des Schuldspruchs das Rechtsmittelgericht an die vom Vorderrichter getroffene Entscheidung hinsichtlich der verhängten Maßnahmen gebunden ist, während es die Maßnahmen ändern kann, wenn es zu anderen Schuldfeststellungen gelangt.

Beispiel: In dem oben erwähnten Fall darf das Rechtsmittelgericht das auf 3 Wochen Jugendarrest lautende Urteil nicht ändern, wenn es den angefochtenen Schuldspruch wegen Diebstahls bestätigt. Es darf dagegen auf mildere Maßnahmen erkennen, wenn es zur Feststellung gelangt, daß der Angeklagte nicht einen Diebstahl, sondern nur eine Unterschlagung begangen hat.

Überläßt der Jugendrichter dem Vormundschaftsrichter im Urteil die Auswahl und Anordnung von Erziehungsmaßregeln (§ 53 JGG), so ist dieses Urteil auch dann gemäß § 55 JGG unanfechtbar, wenn es die Inanspruchnahme einer Erziehungshilfe gem. § 12 Nr. 2 JGG auferlegt[8]. Ist neben einer Erziehungsmaßregel oder einem Zuchtmittel auch noch eine Maßregel der Sicherung und Besserung, z.B. in Form einer Führerscheinsperre gemäß § 69 a I S. 3 StGB, angeordnet worden, so ist das Rechtsmittel nicht mehr nach § 55 I JGG beschränkt[9].

II. Das Verbot der reformatio in peius

Auch im Jugendstrafverfahren gilt das Verbot der reformatio in peius (Verschlechterungsverbot der §§ 331, 358 II StPO)[10]. Haben lediglich der Angeklagte, der gesetzliche Vertreter oder die Erziehungsberechtigte oder, zugunsten des Angeklagten, der Staatsanwalt das Rechtsmittel eingelegt, so darf das auf das Rechtsmittel ergehende Urteil Art und Höhe der Strafe nicht zum Nachteil des Angeklagten ändern, weil dieser sonst von der Einlegung eines ihm begründet erscheinenden Rechtsmittels abgehalten werden könnte.
Das Verbot der Schlechterstellung bringt jedoch im Jugendstrafverfahren wegen der Andersartigkeit des jugendstrafrechtlichen Rechtsfolgensystems manche Besonderheiten mit sich. Da sie im Gesetz nicht ausdrücklich geregelt worden sind, sind hier in Rechtsprechung und Schrifttum zahlreiche Kontroversen entstanden. Sie haben insbesondere darin ihren Grund, daß im Jugendrecht in erster Linie nicht Strafen, sondern Erziehungsmaßregeln und Zuchtmittel verhängt werden. Die ganz überwiegende Meinung ist mit Recht der Auffassung, daß auch auf diese letzteren die Vorschriften der §§ 331, 358 II StPO sinngemäß anzuwenden sind[11].
Weit umstrittener ist jedoch, welche Rechtsfolgen jeweils im Verhältnis zu den anderen als die schwereren anzusehen sind, so daß sie im Rechtsmittelverfahren unter das Verbot der reformatio in peius fallen. Für die wichtigsten Fälle wird dabei von folgenden Grundsätzen auszugehen sein[12]:

---

7 NJW 1956, 32. Ebenso *Kaufmann*, JZ 1958, 9; *Potrykus*, § 55 Bem. 5 B II.
8 *Brunner*, § 55 Rn. 9; zweifelnd *Eisenberg*, § 53 Rn. 16.
9 BGH bei *Böhm*, NStZ 1984, 447; OLG Zweibrücken MDR 1983, 1046.
10 Schrifttum: *Grethlein, G.*, Die Problematik des Verschlechterungsverbots im Hinblick auf die besonderen Maßnahmen des Jugendrechts, 1963; *Kretschmann*, Das Verbot der reformatio in peius im Jugendstrafrecht, jur. Diss. Saarbrücken, 1968; *Petersen*, NJW 1961, 348; *Potrykus*, NJW 1955, 929 und 1961, 863; ausführliche Übersicht bei *Brunner*, § 55 Rn. 21-47 und bei *Eisenberg*, § 55 Rn. 24 und 73-95, beide m. w. Nachw.
11 So BGH 10, 198; OLG Düsseldorf NJW 1961, 891; LG Nürnberg-Fürth NJW 1968, 120; *Dallinger-Lackner*, Bem. 26 Vor § 55; *Petersen*, a. a. O., S. 348. A. A. *Potrykus*, NJW 1955, 929.
12 Über das Verhältnis der Rechtsfolgen des Jugendstrafrechts zu den Strafen des allgemeinen Strafrechts vgl. oben § 6 V.

Das formelle Jugendstrafrecht

a) Jugendstrafe ist in all ihren Formen schwerer als alle anderen Rechtsfolgen des JGG. Die Freiheitsstrafe des allgemeinen Strafrechts ist schwerer als die gleichlange Jugendstrafe (BGH 29, 269).

b) Die Aussetzung der Verhängung der Jugendstrafe nach § 27 JGG ist zwar leichter als die Jugendstrafe selbst, aber schwerer als alle Erziehungsmaßregeln und Zuchtmittel.

c) Das Rechtsmittelgericht darf die einmal gewährte Strafaussetzung zur Bewährung (§ 21 JGG) nicht entziehen[13].
Doch ist es zulässig, anstelle einer zur Bewährung ausgesetzten Jugendstrafe Zuchtmittel oder Erziehungsmaßregeln, und zwar auch Erziehungshilfe gem. § 12 Nr. 2 JGG und Jugendarrest, anzuordnen, obwohl die letzteren nicht ausgesetzt werden können[14].

d) Im Verhältnis der verschiedenen Erziehungsmaßregeln und Zuchtmittel wiegt die Erziehungshilfe gem. § 12 Nr. 2 JGG am schwersten. Ihr folgt der Dauerarrest. Hinsichtlich aller übrigen Rechtsfolgen, insbesondere der Weisungen (§ 10 JGG), der Auflagen, darunter auch der Geldauflage (§ 15 JGG) und des Freizeitarrestes (§ 16 II JGG), läßt sich eine abstrakte Abstufung nicht vornehmen, zumal Weisungen und Auflagen überaus unterschiedlich sein können. Es kommt für das Verbot der Schlechterstellung darauf an, welche Rechtsfolge sich für den Betroffenen im konkreten Einzelfall am nachteiligsten auswirkt[15].

Beispiel: Der A ist wegen unerlaubter Abgabe von Betäubungsmitteln zur Zahlung eines Geldbetrages von 1 000,– DM an eine gemeinnützige Einrichtung verurteilt worden (§ 15 I Nr. 4 JGG). Auf seine Berufung kann die Jugendstrafkammer nicht etwa Dauerarrest verhängen. Dagegen werden statt der Geldauflage ein oder zwei Freizeitarreste oder eine Weisung, an einem Wochenendkurs über Drogenproblematik teilzunehmen oder eine nicht allzu belastende Arbeitsleistung zu erbringen (§ 10 I Nr. 4 JGG) bzw. eine entsprechende Arbeitsauflage (§ 15 I Nr. 3 JGG) zulässig sein[16].

III. Vorläufige Teilvollstreckung

Der strafprozessuale Grundsatz, daß nur das rechtskräftige Urteil vollstreckbar ist, gilt zwar auch im Jugendverfahren, ist aber in § 56 JGG bei einer Teilanfechtung eines Urteils durchbrochen. Ist nämlich ein Angeklagter wegen mehrerer Taten nach § 31 JGG zu einer Einheitsstrafe verurteilt worden, so kann das Rechtsmittelgericht, sofern dies im wohlverstandenen Interesse des Angeklagten liegt, vor der neuen Hauptverhandlung das Urteil *für einen Teil der Strafe für vollstreckbar erklären*, wenn die Schuldfeststellungen bei einer oder mehreren Straftaten nicht beanstandet worden sind.

Beispiel: Der Jugendliche ist vom Jugendschöffengericht wegen zweier Einbruchsdiebstähle und eines Betruges zu einer einheitlichen Jugendstrafe von 2 Jahren verurteilt worden. Er beanstandet die Verurteilung wegen der beiden Einbruchsdiebstähle nicht, legt aber Berufung ein, weil er zu Unrecht auch wegen Betruges verurteilt worden sei. Das Berufungsgericht (also die Jugendkammer) kann, bevor es über die Berufung entschieden hat, eine Teilvollstreckung von einem Jahr Jugendstrafe anordnen, da eine solche Strafe auf jeden Fall wegen der beiden Einbruchsdiebstähle verhängt werden würde und es im wohlverstandenen Interesse des Jugendlichen liegt, daß er so bald wie möglich, ohne die neue Hauptverhandlung abzuwarten, aus der Untersuchungshaft in den

---

13 BayObLG NJW 1959, 1838; *Brunner*, § 55 Rn. 31 m. w. Nachw.
14 So OLG Düsseldorf NJW 1961, 891; *Eisenberg*, § 55 Rn. 79 b und 81. A. A. *Brunner*, § 55 Rn. 26; *Grethlein*, a. a. O., S. 115; *Potrykus*, NJW 1967, 185.
15 Wie hier *Eisenberg*, § 55 Rn. 78. Teilweise abweichend *Brunner*, § 55 Rn. 22 f. und *Grethlein*, Verschlechterungsverbot, S. 97, die versuchen, auch in diesen Fällen eine abstrakte Schwereskala aufzustellen.
16 Offengelassen von BayObLG NStZ 1989, 194; wird ein Verstoß gegen § 331 StPO bejaht, scheidet eine Revision seitens des Angeklagten dennoch aus, wenn dieser Berufung eingelegt hatte (Ausnahme: Willkür); ebenso BayObLG a. a. O.; *Eisenberg*, § 55 Rn. 56; a. A. *Ostendorf*, § 55 Rn. 38; *ders.*, NStZ 1989, 195.

erzieherisch wirksameren Jugendstrafvollzug übergeführt wird. – Gegen die durch Beschluß erfolgende Entscheidung ist sofortige Beschwerde zulässig (§ 56 II JGG).

§ 39 Untersuchungshaft, vorläufige Anordnungen über die Erziehung und Entziehungsanstalten

I. Die Untersuchungshaft hat meist gerade für den jugendlichen Häftling besonders nachteilige Folgen[1]. Die schockartige Erschütterung, die sie vielfach mit sich bringt, kann zwar auf ihn auch heilsam wirken, wird aber namentlich bei einem weniger robusten jungen Menschen leicht auch zu schweren Depressionen und in der Folge zu einer dauernden Störung seiner seelischen Entwicklung führen. Noch bedenklicher ist, daß die Jugendlichen oft in der Untersuchungshaftanstalt in einen für sie höchst schädlichen Kontakt mit älteren oder schon stärker gefährdeten Gefangenen kommen. Zwar bestimmt deshalb § 93 JGG, daß die Untersuchungshaft an Jugendlichen nach Möglichkeit in einer besonderen Anstalt oder wenigstens einer besonderen Abteilung der Haftanstalt zu vollziehen ist und daß ihr Vollzug erzieherisch gestaltet werden soll (und das gilt gem. § 110 II JGG auch für die Heranwachsenden [u. U. sogar für die noch nicht 24jährigen Jungerwachsenen]), aber sogar der Gesetzgeber hat sich, wie schon die Einschränkung »nach Möglichkeit« zeigt, über die Durchführbarkeit dieser Bestimmung keinen Illusionen hingegeben. Die praktische Ausführung der Untersuchungshaft an Jugendlichen und Heranwachsenden gehört denn auch bis heute zu den trübsten Kapiteln des deutschen Jugendstrafrechts. Nirgendwo sind die Realitäten des Vollzuges so weit hinter den wohlgemeinten Absichten der Verfasser des JGG zurückgeblieben wie hier.

Die Verhältnisse sind natürlich in den einzelnen Ländern und dort wieder in den verschiedenen U-Haftanstalten recht unterschiedlich, aber meist überaus unbefriedigend, ja teilweise geradezu skandalös. In den Haftlokalen der kleinen und mittleren Gerichte läßt sich in der Regel weder eine strenge Isolierung der Jugendlichen von den anderen dort Einsitzenden noch eine besondere erzieherische Einwirkung durchführen. Soweit man aber deshalb die jungen U-Häftlinge in bestimmten großen Anstalten (teilweise in besonderen Abteilungen der Jugendstrafanstalten) konzentriert hat, wirkt sich dort vielfach gerade die an sich gut gemeinte Bestimmung, daß Untersuchungsgefangene von Strafgefangenen zu trennen sind, zum Nachteil der ersteren aus. Denn die Anstalten, die fast immer unter dem Mangel an Erziehungspersonal leiden, setzen dieses vornehmlich bei »ihren« Strafgefangenen ein, während die jungen U-Häftlinge, bei denen Taten,

---

1 *Buchhierl*, MschrKrim 1969, 329; *Dünkel*, S. 363; *Eisenberg*, ZfJ 1987, 325; *Heinz*, BewHi 1987, 5; *Hinrichs*, DVJJ-Journal 1992, 133; *Jabel, H.-P.*, Die Rechtswirklichkeit der Untersuchungshaft in Niedersachsen, 1988; *Kallien*, KrimJ 1980, 116; *Krause, D.*, Anordnung und Vollzug der U-Haft bei Jugendlichen, Jur. Diss. Kiel, 1971; *Kreuzer*, RdJB 1978, 337; *Mrozynski*, RdJB 1973, 326; *von Nerée*, StrVert 1993, 212; *Schaefer, S.*, Die Untersuchungshaft als Instrument strafrechtlicher Sozialkontrolle, 1992; *Seebode*, ZfStrVo 1990, 208; *Schütze*, MschrKrim 1980, 148; ders., in *Trenczek, T.* (Hrsg.), Freiheitsentzug bei jungen Straffälligen, 1993, S. 137 ff; *Schulz/Kury*, DVJJS Heft 12, 1981, S. 398, 421; *Seiser, K.-J.*, Untersuchungshaft als Erziehungshaft im Jugendstrafrecht?, 1987; *Walter*, MschrKrim 1978, 337; ders., ZfJ 1986, 429, 433; *Weinknecht, J.*, Die Situation der Untersuchungshaft und der Unterbringung von Jugendlichen und Heranwachsenden, 1988; *Zirbeck, R.*, Die Untersuchungshaft bei Jugendlichen und Heranwachsenden, 1973. Zur allgemeinen U-Haft-Problematik: *Gebauer, M.*, Die Rechtswirklichkeit der U-Haft in der BRD, 1987, dazu *Kühl*, StrVert 1988, 355; *Koop, G./Kappenberg, B.* (Hrsg.), Praxis der Untersuchungshaft, 1988; *Müller-Dietz, H./Jung, H.*, Reform der Untersuchungshaft, 1983; *Schöch, H.* (Hrsg.), Untersuchungshaft im Übergang, 1987; s. auch die folgenden Fußn.

Das formelle Jugendstrafrecht

Persönlichkeit und Dauer ihres Anstaltsaufenthalts noch im ungewissen liegen, sich selbst und den meist schädlichen Einwirkungen ihrer Leidensgefährten überlassen bleiben. Auch die fürsorgerische Betreuung der U-Häftlinge durch die Jugendgerichtshilfe und die naheliegende Ausnutzung der Haftzeit für die Persönlichkeitserforschung (§§ 38, 43 I JGG; Nr. 79 U-HaftvollzugsO) liegen vielfach im argen. Eine Besserung dieser oft trostlosen Verhältnisse ist nicht so sehr vom Gesetzgeber zu erwarten, sondern von einer besseren, das Gesetz sinnvoll anwendenden Praxis der Justizverwaltungen der Länder und der einzelnen Anstalten zu fordern.

1. **Beschränkte Zulässigkeit der U-Haft.** Natürlich ist trotz der unbestreitbaren erzieherischen Nachteile auch im Jugendstrafverfahren die Verhaftung flucht-, verdunkelungs- oder wiederholungsverdächtiger Beschuldigter nicht ganz zu vermeiden. Hinsichtlich ihrer Voraussetzungen (dringender Tatverdacht und besondere Haftgründe) gelten zunächst die Vorschriften der StPO (§§ 112 ff.), jedoch versucht § 72 JGG, den Anwendungsbereich der Untersuchungshaft und ihre Dauer noch weiter zu beschränken. Sie darf gegenüber Jugendlichen nur verhängt und vollstreckt werden, wenn ihr Zweck nicht durch eine vorläufige Anordnung über die Erziehung oder durch andere Maßnahmen erreicht werden kann (§ 72 I S. 1 JGG, *Grundsatz der Subsidiarität der U-Haft*)[2]. Insbesondere kann der Richter unter denselben Voraussetzungen, unter denen ein Haftbefehl erlassen werden kann (§ 112 StPO), auch die einstweilige Unterbringung des Jugendlichen in einem Heim der Jugendhilfe anordnen (§ 72 IV JGG). Bei der Prüfung der Verhältnismäßigkeit sind auch die besonderen Belastungen des Vollzuges für Jugendliche zu berücksichtigen. Wird Untersuchungshaft verhängt, so sind im Haftbefehl die Gründe anzuführen, aus denen sich ergibt, daß andere Maßnahmen, insbesondere die einstweilige Unterbringung in einem Heim der Jugendhilfe, nicht ausreichen und die Untersuchungshaft nicht unverhältnismäßig ist (§ 72 I S. 2 und 3 JGG). Ferner ist das Verfahren gegen einen Jugendlichen, der sich in Untersuchungshaft befindet, mit besonderer Beschleunigung durchzuführen. Wenn U-Haft oft viel länger als nötig dauert, so liegt das nicht selten daran, daß die Strafverfolgungsbehörden in völliger Verkennung des § 31 JGG (einheitliche Rechtsfolgen bei verschiedenen Taten, oben § 12) Wert darauf legen, möglichst jeden einzelnen der oft zahllosen Seriendiebstähle (z. B. von Autos, aus Automaten u. dergl.) aufzuklären, ehe sie Anklage erheben. Für das Urteil des Gerichts ist es dagegen in derartigen Fällen völlig gleichgültig, ob dem Jugendlichen 8 oder 11 Diebstähle nachgewiesen werden können.

Stark eingeschränkt wurde durch das 1. JGGÄndG vom Jahre 1990 die Möglichkeit der Verhängung von Untersuchungshaft bei 14- und 15jährigen: Solange der Jugendliche das 16. Lebensjahr noch nicht vollendet hat, ist die Verhängung von Untersuchungshaft wegen Fluchtgefahr nur zulässig, wenn er sich dem Verfahren bereits entzogen hatte oder Anstalten zur Flucht getroffen hat oder im Geltungsbereich dieses Gesetzes keinen festen Wohnsitz oder Aufenthalt hat (§ 72 II JGG).

In der Praxis wird von der Möglichkeit der Verhängung von Untersuchungshaft bei Jugendlichen und Heranwachsenden leider ein zu starker Gebrauch gemacht. Besonders bedenklich war zunächst die Entwicklung bis Mitte der 70er Jahre. Die Untersuchungshaftquote (Untersuchungshäftlinge pro 100 000 der jeweiligen Bevölkerungsgruppe) stieg kontinuierlich an. Bei den Jugendlichen befanden sich sogar mehr Häftlinge in Untersuchungshaft als im Strafvollzug. In den 80er Jahren hatten dann die Bemühungen um eine Reduzierung der Untersuchungshaft bei Jugendlichen und

---

[2] Dazu *Eisenberg*, § 72 Rn. 3; zur Alternative der elektronischen Überwachung s. *Bohlander*, ZfStrVO 1991, 293.

§ 39: Untersuchungshaft, vorläufige Anordnungen über die Erziehung

Heranwachsenden einen beachtlichen Erfolg, und die Untersuchungshaftzahlen gingen rapide zurück. Bedauerlicherweise hat sich dieser Trend inzwischen wieder in sein Gegenteil verkehrt. In jüngster Zeit ist ein dramatischer Anstieg der Untersuchungshaft nicht nur gegenüber Erwachsenen, sondern auch gegenüber Jugendlichen und Heranwachsenden zu verzeichnen[3]. 1993 befanden sich – bezogen auf 100 000 der Altersgruppe – schon doppelt so viele Jugendliche in Untersuchungshaft wie in Strafhaft (22,8 zu 11,3), und auch bei den Heranwachsenden überstieg die Zahl der Untersuchungshäftlinge – wiederum bezogen auf 100 000 der Altersgruppe – zum erstenmal die der Strafvollzugsinsassen (75,0 zu 71,1). Ferner ist darauf hinzuweisen, daß auch im Vergleich zu anderen westeuropäischen Staaten die Untersuchungshaftzahlen in der Bundesrepublik als relativ hoch einzustufen sind[4].
Erklären läßt sich der noch immer zu großzügige Einsatz der Untersuchungshaft wohl nur mit den sog. »apokryphen« Haftgründen, womit gemeint ist, daß die Jugendrichter die Untersuchungshaft einsetzen als Ersatz für den nach geltendem Recht bei der Verhängung von Jugendstrafe nicht zulässigen »Einstiegsarrest« bzw. für die von manchen Jugendrichtern anscheinend vermißte kurzfristige Freiheitsstrafe. Wenn nach einer niedersächsischen Untersuchung aus den Jahren 1977 bis 1982 über die Untersuchungshaft bei 14- und 15jährigen[5] die Verfahren in 8,6 % mit der Verfahrenseinstellung, in 11,9 % mit der Verhängung von Jugendarrest und in 32,5 % mit der Verhängung von Jugendstrafe, die zur Bewährung ausgesetzt wurde, endeten, so dokumentiert dies die Zweckentfremdung der U-Haft – zumindest in der Vergangenheit. Auch im Jahre 1987 lag jedoch die Quote derjenigen Straftäter (Erwachsene, Heranwachsende und Jugendliche), die nach Verhängung von U-Haft eine Freiheits- bzw. Jugendstrafe ohne Bewährung erhielten, nur bei 53 %[6].

2. **Vorläufige Anordnungen über die Erziehung** eines hinreichend tatverdächtigen Jugendlichen kann der Jugendrichter auch sonst bis zur Rechtskraft des Urteils treffen oder die Gewährung von Leistungen nach dem SGB VIII anregen, wenn sie sich als erzieherisch notwendig erweisen (§ 71 I JGG). Als vorläufige Anordnungen kommen je nach den Umständen in Betracht: Wechsel des Arbeitsplatzes, Annahme einer Lehrstelle, Unterbringung in einer geeigneten Familie oder in einem an manchen Orten für gefährdete Jugendliche eingerichteten »Jugendhof«.

3. Der Richter kann die einstweilige Unterbringung in einem geeigneten Heim der Jugendhilfe anordnen, wenn dies auch im Hinblick auf die zu erwartenden Maßnahmen geboten ist (insbes. bei zu erwartender Jugendstrafe[7]), um den Jugendlichen vor einer weiteren Gefährdung der Entwicklung, insbesondere vor der Begehung neuer Straftaten zu bewahren (§ 71 II JGG). In diesem Fall müssen die Voraussetzungen eines Haftbefehls nicht vorliegen.

---

3 Einzelheiten zur Statistik bei *Dünkel*, StrVert 1994, 610; *Heinz*, BewHi 1987, 5; *Jehle*, BewHi 1994, 373; *Deichsel/Hellhake/Meyer-Helwege*, BewHi 1990, 147; *Pfeiffer* in: BMJ-Jugendstrafrechtsreform, S. 88.
4 S. *Dünkel*, RuP 1989, 27, 32.
5 *Steinhilper*, ZfStrVo 1985, 140; noch ausführlicher: *Nieders. Minister der Justiz* (Hrsg.), Untersuchungshaft bei 14- und 15jährigen, 1985; *Eisenberg/Toth*, MschrKrim 1993, 293 ff.
6 *Hilger*, NStZ 1989, 107.
7 Zur ernst zu nehmenden Gefahr der self-fulfilling-prophecy bei der Prognose zu erwartender Jugendstrafe *Eisenberg*, § 72 Rn. 5.

Das formelle Jugendstrafrecht

Die Bestimmungen der §§ 72 IV, 71 II JGG, die die Nachteile der U-Haft durch die Unterbringung in einem Erziehungsheim auffangen sollen, sind in der Praxis bis zum Beginn der 80er Jahre fast gänzlich vernachlässigt worden. Auch heute haben sie leider noch immer nicht die Bedeutung erlangt, die ihnen eigentlich zukommt. In jüngster Zeit verstärken sich jedoch die Bestrebungen, durch gezielte Heimunterbringung die Untersuchungshaft zu vermeiden[8] und auch die Kooperationsbereitschaft der Heime scheint in den letzten Jahren zugenommen zu haben. Sofern damit keine erneute Ausweitung stationärer Unterbringung im Vorfeld der Hauptverhandlung verbunden ist, sind derartige Initiativen sehr begrüßenswert. Die Scheu der Heime vor den Probanden nach §§ 72 IV, 71 II JGG dürfte in Zukunft weiter abnehmen, weil es sich nicht mehr um »absolut fluchtsichere« Heime zu handeln braucht. Dies wird klargestellt durch § 71 II S. 3 JGG i. d. F. d. 1. JGG ÄndG 1990, wonach sich die Ausführung der einstweiligen Unterbringung nach den für das Heim der Jugendhilfe geltenden Regelungen richtet. Dazu gehört z. B. auch, daß die Heime die Aufnahme des Jugendlichen verweigern können, sofern sie ihr spezielles Erziehungsangebot als im Einzelfall ungeeignet einstufen. Zumeist wird die in den Heimen stattfindende Betreuung ausreichende Gewähr zur Abwendung von Fluchtplänen bieten[8a]. Für die (seltenen) Extremfälle steht die reguläre Untersuchungshaft zur Verfügung[9].

Positive Impulse in Richtung auf Vermeidung oder Abkürzung der Untersuchungshaft sind auch von der möglichst rechtzeitigen Einschaltung der Jugendgerichtshilfe zu erhoffen. Nach § 72a JGG i. d. F. des 1. JGGÄndG vom Jahre 1990 ist die Jugendgerichtshilfe unverzüglich von der Vollstreckung eines Haftbefehls zu unterrichten; ihr soll bereits der Erlaß eines Haftbefehls mitgeteilt werden. Von der vorläufigen Festnahme eines Jugendlichen ist sie zu unterrichten, wenn die Vorführung vor den Haftrichter zu erwarten ist. Dieser verstärkten Heranziehung in Haftsachen entspricht die Verpflichtung der Jugendgerichtshilfe, dann beschleunigt über das Ergebnis der Nachforschungen zu berichten (§ 38 II S. 3 JGG); weitere Einzelheiten s. o. § 34 III.

Da für Heranwachsende gem. § 109 JGG die §§ 71, 72, 72 a JGG nicht gelten, wird bei dieser Beschuldigtengruppe eine Eindämmung der Untersuchungshaft neuerdings auf anderem Wege, nämlich dem der Haftverschonung erprobt. Bei dem sog. »Hamburger Modell«, das inzwischen z. B. auch in Baden-Württemberg übernommen wurde, setzt der Haftrichter im Einvernehmen mit dem Leiter einer Jugendarrestanstalt den Haftbefehl außer Vollzug bei gleichzeitiger Anweisung an den Beschuldigten, in einer bestimmten Jugendarrestanstalt zu wohnen (§ 116 I StPO). Die ersten Erfahrungen mit diesem Programm, das in Einzelfällen auch für Jugendliche mit schweren Straftaten in Betracht kommen kann, scheinen recht ermutigend zu sein[9a].

---

8 Vgl. *Blumenberg, F.-J./v. Kutzschenbach-Braun, R./Wetzstein, H.*, Jugendhilfe für junge Straffällige, 1987; *Becker*, ZblJugR 1981, 355; *Bittscheidt-Peters/Pauer/Miehe/Severin*, §§ 71/72 JGG: Formen der Heimerziehung als Alternative, DVJJS Heft 13, 1984, S. 233, 242, 247; *Cornel*, ZfStrVo 1986, 345; *ders.*, MschrKrim 1987, 65; *ders.*, BewHi 1994, 393; *Giehring*, ZblJugR 1981, 461; *Kawamura*, BewHi 1994, 409; *Lüthke*, ZblJugR 1982, 125; *Landeswohlfahrtsverband Baden* (Hrsg.), Erziehungshilfe statt Untersuchungshaft, 1991. Nach *Miehe*, a. a. O. (S. 243) ist die Unterbringung nach § 71 JGG nur zulässig, wenn die Eltern zustimmen.
8a Ebenso *Böhm*, Dünnebier-Festschrift, 1982, S. 677, 680; *Eisenberg*, § 71 Rn. 10; *Ostendorf*, § 71 Rn. 7; *Brunner*, § 71 Rn. 3; zurückhaltender: *Miehe*, DVJJS, Heft 13, 1984, S. 242.
9 Zur Diskussion, ob fluchtsichere Heimplätze geschaffen werden sollen, s. *Finger* u. a., DVJJ-Journal 1994, 234, 269ff.
9a *Hinrichs*, DVJJ-Journal 1992, 133 ff.; *ders.*, NK 1993, Heft 2, S. 45; *Thalmann*, DVJJ-Journal 1993, 177; *Riekenbrauk*, DVJJ-Journal 1993, 174; positiv dazu auch *Ostendorf*, § 71 Rn. 7 a; zur parallelen Diskussion bei Erwachsenen: *Cornel*, StrVert 1994, 202.

§ 39: Untersuchungshaft, vorläufige Anordnungen über die Erziehung

II. Für die **Anrechung der Untersuchungshaft** oder sonstiger wegen der Tat erlittener Freiheitsentziehung (insbesondere durch einstweilige Unterbringung in einem Erziehungsheim oder Einweisung zur Beobachtung in eine Anstalt) enthält das JGG eine auf die erzieherischen Erfordernisse hinweisende Sonderregelung, die jedoch durch den § 52 a JGG abgeschwächt und stärker dem Erwachsenenstrafrecht angepaßt ist.

1. Bei der Anordnung von **Jugendarrest kann** der Richter im Urteil aussprechen, daß und wie weit der Jugendarrest nicht vollstreckt wird, weil dessen Zweck (der Ahndung und des Denkzettels) durch die Untersuchungshaft ganz oder teilweise bereits erreicht wurde (§ 52 JGG). Dabei ist der Jugendrichter nicht auf den Anrechnungsmodus »Tag für Tag« angewiesen, denn es kommt allein auf die Erreichung des Erziehungszieles an. Deshalb kann auch bei einer zeitlich kürzeren erlittenen Untersuchungshaft im Urteil ausgesprochen werden, daß der Jugendarrest nicht zu vollstrecken ist. Diese großzügige Auslegung des § 52 JGG bietet sich schon deshalb an, weil es wenig sinnvoll wäre, dem erkennenden Gericht eine Ermessensausübung zu versagen, die dem Vollstreckungsleiter gem. § 87 III 1 JGG eingeräumt wird[10].

2. Bei einer Verurteilung zu Jugendstrafe werden die Untersuchungshaft sowie eine andere wegen der Tat erlittene vorläufige Freiheitsentziehung nunmehr grundsätzlich auf die Jugendstrafe angerechnet (§ 52 a S. 1 JGG), und zwar nach den allgemeinen Regeln des § 51 StGB. Der Richter **kann** jedoch anordnen, daß die Anrechnung ganz oder zum Teil unterbleibt, wenn sie im Hinblick auf das Verhalten des Angeklagten nach der Tat oder aus erzieherischen Gründen nicht gerechtfertigt ist (§ 52 a S. 2 JGG). Erzieherische Gründe liegen namentlich vor, wenn bei Anrechnung der U-Haft die noch erforderliche erzieherische Einwirkung auf den Angeklagten nicht gewährleistet ist (§ 52 a S. 3 JGG).

Zwecks weitest möglicher Einschränkung der Nichtanrechnung legt die neuere Rechtsprechung des BGH § 52 a S. 2 JGG dahingehend aus, daß bei der 1. Alt. (Nachtatverhalten) der Erziehungsgedanke keine Rolle spielen dürfe. Nur gem. der 2. Alt. (erzieherische Belange) könne der Erziehungsgedanke die Nichtanrechnung begründen, und zwar grundsätzlich nur in den Fällen, in denen bei deren Anrechnung aus zeitlichen Gründen eine ausreichende erzieherische Wirkung durch die Vollstreckung der Jugendstrafe nicht mehr gewährleistet sei[11].

Während früher die Anrechnung nur erfolgen durfte, wenn sich der U-Haftvollzug erzieherisch günstig ausgewirkt hatte, enthält demgegenüber die neue Bestimmung also eine Umkehrung von Regel und Ausnahme. Zwar entspricht die jetzige Anrechnungsregelung der Gerechtigkeit, andererseits führt sie vielfach zu sehr kurzen Jugendstrafen, die noch unter der Mindestfrist des § 18 I JGG von 6 Monaten liegen, so daß eine sinnvolle pädagogische Einwirkung im Vollzug kaum möglich erscheint. Eine Milderung dieses Dilemmas wird sich nur dann erwarten lassen, wenn es gelingen würde, die Gesetzesvorschrift über die erzieherische Ausgestaltung der U-Haft mit Leben zu erfüllen. Aber davon sind wir noch weit entfernt[12].

---

10 Ebenso OLG Hamburg NStZ 1983, 78 m. i. E. zust. Anm. *Eisenberg*, JR 1983, 170; *Walter*, NStZ 1983, 367 f. – a. A. *Brunner*, § 52 a Rn. 10.
11 BGH 37, 75, 78 mit zust. Anm. *Walter/Pieplow*, NStZ 1991, 332.
12 Anregungen u. a. bei *Möller*, ZfStrVo 1989, 25; s. auch *Koop, G.*, Möglichkeiten der praktischen Untersuchungshaftgestaltung nach geltendem Recht, in: *Verein für kriminalpädagogische Praxis* (Hrsg.), Heft 23/24, 1987, S. 42. Zu Unrecht wird die rechtliche Zulässigkeit der erzieherischen Gestaltung der U-Haft geleugnet von *Seiser, K.-J.*, U-Haft als Erziehungshaft im Jugendstrafrecht?, Jur. Diss. Trier, 1987, S. 124 ff.; *ders.*, ZfJ 1988, 111; bzgl. der Heranwachsenden auch von *Eisenberg* § 110 Rn. 7. Zu der gesamten Erziehungsproblematik s. das sehr interessante Projekt von *Kury, H.*, Die Behandlung Straffälliger, Teilb. 2, 1987.

Das formelle Jugendstrafrecht

III. **Reform.** Der Referentenentwurf zum 1. JGGÄndG vom Juli 1987 sah vor, daß gegen einen Jugendlichen vor Vollendung des 16. Lebensjahres Untersuchungshaft nur angeordnet werden darf, wenn er eines Verbrechens dringend verdächtig ist[13]. Demgegenüber ist die jetzt von § 72 II JGG vorgesehene Einschränkung der Verhängung von Untersuchungshaft bei 14- und 15jährigen vorzugswürdiger, da das Abgrenzungskriterium des Verbrechens für die Notwendigkeit von Untersuchungshaft aussagelos ist[14]. Der in Teilen des Schrifttums propagierte gänzliche Verzicht auf Untersuchungshaft bei Jugendlichen[15] ist hingegen bezüglich der (kleinen) Gruppe von Jugendlichen, von denen weitere schwere Straftaten zu erwarten sind, nicht vertretbar.

IV. **Entziehungsanstalten.** Über den Vollzug in den durch Gesetz vom 22. 12. 1971 in das Jugendstrafrecht eingeführten Entziehungsanstalten (§§ 61 Nr. 2, 64 StGB, § 7 JGG) bestimmt § 93 a JGG, daß er in einer Einrichtung stattfinden soll, in der für die Behandlung suchtkranker Jugendlicher besondere therapeutische Mittel und soziale Hilfen zur Verfügung stehen. Um das angestrebte Behandlungsziel zu erreichen, kann der Vollzug aufgelockert und weitgehend in freien Formen durchgeführt werden. Bisher befindet man sich hier noch immer im Stadium des Experiments[16].

§ 40 Besondere Verfahrensarten

I. Ausschluß besonderer Verfahrensarten des allgemeinen Strafprozeßrechts

1. **Das Strafbefehlsverfahren** (§§ 407 ff. StPO) und **das beschleunigte Verfahren** (§§ 417ff. StPO) des allgemeinen Verfahrensrechts sind gegen Jugendliche *unzulässig*, weil sie eine Würdigung der Persönlichkeit des Täters nicht in ausreichendem Maße gestatten (§ 79 JGG). Dem praktischen Bedürfnis nach Vereinfachung und Beschleunigung bei der Aburteilung der Bagatellkriminalität kommt das Jugendstrafrecht durch die ähnliche Verfahrensart des vereinfachten Jugendverfahrens (unten II.) entgegen.

2. **Privatklage und Nebenklage** gegen einen Jugendlichen sind ebenfalls *unzulässig* (§ 80 I und III JGG). Die Nebenklage ist auch bereits dann unzulässig, wenn nur einer von mehreren Beschuldigten Jugendlicher ist[1]. Der Verletzte als privater Ankläger würde das Verfahren allzuleicht, ohne Rücksicht auf erzieherische Erwägungen nur unter dem Gesichtspunkt seines eigenen Vergeltungsbedürfnisses und zur Durchsetzung seiner subjektiven Rechte betreiben. Aus dem gleichen Grund sind auch die Vorschriften der StPO über die Entschädigung des Verletzten (Adhäsionsprozeß, §§ 403–406 c StPO) im Strafverfahren gegen Jugendliche nicht anwendbar (§ 81 JGG). Der Verletzte ist also zur Durchsetzung seiner Schadensersatzansprüche auf den Zivilprozeß beschränkt.

---

13 Eine entsprechende Regelung existiert bereits in Frankreich, vgl. *Dünkel*, RuP 1989, 32.
14 Dazu auch *Eisenberg*, MschrKrim 1988, 131; *Frehsee*, Festschrift für Schüler – Springorum, 1993, 395; *Marks*, BewHi 1988, 246 (Gegenvorschlag der DBH: bis zum 16. Lebensjahr keine U-Haft); zur U-Haft-Reform bei jungen Gefangenen insges. *Böhm*, Festschrift für Dünnebier, 1982, 677; *Busch*, UJ 1987, 385.
15 Dafür *Ostendorf*, Grdl. zu §§ 71–73 Rn. 8; *Weidermann*, ZfJ 1989, 111; *Zieger*, StrVert 1988, 310.
16 Vgl. *Eisenberg*, § 93 a Rn. 3 ff.; *Kühne, H.-H.*, Staatliche Drogentherapie auf dem Prüfstand, 1985, S. 123; *Meyer*, MDR 1982, 177; *Stromberg*, DRiZ 1983, 189.
1 *Eisenberg*, § 80 Rn. 13, s. aber auch § 109 Rn. 40.

§ 40: Besondere Verfahrensarten

Da jedoch nach allgemeinem Verfahrensrecht der Staatsanwalt Privatklagedelikte nur dann verfolgt, wenn dies im öffentlichen Interesse liegt (§ 376 StPO), bedarf die öffentliche Klage im Verfahren gegen Jugendliche einer Ausweitung, um den Ausschluß der Privatklage wettzumachen und dabei auch dem Interesse des Verletzten an einer angemessenen Genugtuung entgegenzukommen. Deshalb verfolgt der Staatsanwalt das Privatklagedelikt (z. B. Beleidigung, leichte Körperverletzung, Hausfriedensbruch) eines Jugendlichen auch dann, wenn dies

a) Gründe der Erziehung des Jugendlichen oder
b) ein berechtigtes Interesse des Verletzten, das dem Erziehungszweck nicht entgegensteht, erfordern (§ 80 I S. 2 JGG).

Beispiel: Ein Sechzehnjähriger beleidigt einen Erwachsenen wiederholt dadurch, daß er ihm bei jeder Begegnung auf der Straße unflätige Schimpfworte nachruft. Hier wird zwar regelmäßig ein öffentliches Interesse an der Verfolgung im Sinne des § 376 StPO nicht bestehen. Gleichwohl kann der Staatsanwalt Anklage erheben, einerseits im berechtigten Interesse des Verletzten, andererseits auch, um den Jugendlichen zur Achtung der Ehre seiner Mitmenschen zu erziehen.

Ob die Voraussetzungen des § 80 I JGG für die öffentliche Verfolgung des Privatklagedelikts vorliegen, prüft der Staatsanwalt nach pflichtgemäßem Ermessen. Das Klageerzwingungsverfahren ist ausgeschlossen[2]. Hat ein Jugendlicher Privatklage erhoben, so kann der Beschuldigte gegen ihn im Rahmen des § 388 StPO Widerklage erheben (§ 80 II JGG).

3. Besondere Mitwirkungsbefugnisse des Verletzten. Über die Privat- und Nebenklage hinaus wird im Jugendstrafverfahren der Verletzte vor allem dadurch einbezogen, daß ihm in der Hauptverhandlung die Anwesenheit gestattet ist (§ 48 II JGG). In welchem Ausmaß seine Mitwirkungsbefugnisse darüber hinaus insbesondere durch das Opferschutzgesetz vom 18. 12. 1986 (BGBl. I, 2496) angewachsen sind, ist unklar, denn der Gesetzgeber hat sich jeder Stellungnahme bezüglich einer Anwendbarkeit im Jugendstrafverfahren enthalten. Sie ist nach allgemeinen Grundsätzen (§ 2 JGG) zu bejahen, sofern nicht ausnahmsweise ausdrückliche Regelungen des JGG oder die erzieherische Gesamtkonzeption des Jugendstrafrechts entgegen stehen[3]. Danach gilt insbesondere:
– Der Schutz des Zeugen vor nicht unerläßlichen bloßstellenden Fragen (§ 68 a StPO) muß auch im Jugendstrafverfahren beachtet werden.
– Ebenso ist die Pflicht, dem Verletzten auf Antrag den Ausgang des gerichtlichen Verfahrens mitzuteilen, soweit es ihn betrifft (§ 406 d), auf das Jugendstrafverfahren anwendbar.
– Das Akteneinsichtsrecht des Verletzten gem. § 406 e I S. 1 StPO sollte wegen der entgegenstehenden erzieherischen Belange bei Jugendlichen generell nicht angewandt werden. Wer dies nicht anerkennt, sollte zumindest von der Versagungsmöglichkeit der widerstreitenden schutzwürdigen Interessen (§ 406 e II S. 1 StPO), wozu auch die erzieherische Entwicklung des Jugendlichen gehört, weitestmöglich Gebrauch machen[4].
– Die Möglichkeit des Verletzten, sich bei der Vernehmung als Zeuge des Beistands eines Rechtsanwalts zu bedienen (§ 406 f II StPO), kann auch im Jugendstrafverfahren Geltung beanspruchen. Zu beachten ist, daß dann auch dem Jugendlichen ein Verteidiger zur Seite stehen muß und ihm notfalls ein Pflichtverteidiger zu bestellen ist (§§ 68 Nr. 1 JGG, 140 II StPO).
– Die Rechte des Verletzten gem. §§ 406 e I 2, 406 g StPO, die diesem schon vor der Anschlußerklärung als Nebenkläger gewährt werden, sind im Verfahren gegen Jugendliche ausgeschlossen, weil dort die Nebenklage unzulässig ist (§ 80 III JGG)[5].

---

2 Auch wenn gem. § 170 II StPO eingestellt worden ist; so überzeugend *Brunner*, NStZ 1989, 137; a. A. OLG Stuttgart NStZ 1989, 136.
3 Ebenso *Sonnen*, in: Diemer/Schoreit/Sonnen, § 2 Rn. 17; *Eisenberg*, § 2 Rn. 6; *Schaal/Eisenberg*, NStZ 1988, 49 mit weiteren Einzelheiten zu den einzelnen Fallgruppen; s. ferner v. *Wedel/Eisenberg*, NStZ 1989, 505.
4 I. d. S. *Eisenberg*, § 2 Rn. 6; *Kondziela, A.*, Opferrechte im Jugendstrafverfahren, 1991, S. 159.
5 Ebenso *Eisenberg*, § 80 Rn. 13; *Schaal/Eisenberg*, NStZ 1988, 50; a. A. *Stock*, MschrKrim 1987, 358.

Das formelle Jugendstrafrecht

II. Das vereinfachte Jugendverfahren[6]

1. Das vereinfachte Jugendverfahren (§§ 76 bis 78 JGG) steht etwa in der Mitte zwischen dem normalen förmlichen Jugendgerichtsverfahren, für das, von den oben angeführten Besonderheiten abgesehen, die Vorschriften der StPO gelten und dem oben in §§ 35, 36 beschriebenen formlosen Erziehungsverfahren gem. §§ 45 und 47 JGG. Es geht, indem es mit einem Urteil endet, in der Befreiung von prozessualen Förmlichkeiten nicht so weit wie das letztere, gestattet aber dem Jugendrichter nach dem ausdrücklichen Wortlaut des § 78 III JGG ebenfalls, »zur Vereinfachung, Beschleunigung und jugendgemäßen Gestaltung des Verfahrens« die Abweichung von Verfahrensvorschriften, »soweit dadurch die Erforschung der Wahrheit nicht beeinträchtigt wird«. Aufgrund dieser Zielsetzung wird es in der Praxis bei einfachen und kleineren Jugendstrafsachen häufig angewendet. Doch scheint es inzwischen bei vielen Staatsanwaltschaften und Jugendgerichten hinter dem vorrangigen formlosen Verfahren nach §§ 45, 47 JGG an Bedeutung zu verlieren.

Voraussetzung für das vereinfachte Verfahren ist ein schriftlicher oder mündlicher (auch fernmündlicher) Antrag des Staatsanwalts beim Jugendrichter, im vereinfachten Verfahren zu entscheiden. Der Antrag ersetzt die Anklage. Er darf nur gestellt werden, wenn zu erwarten ist, daß der Jugendrichter ausschließlich Weisungen erteilen, die Erziehungsbeistand anordnen, Zuchtmittel (z. B. Jugendarrest) verhängen, auf ein Fahrverbot erkennen oder die Fahrerlaubnis entziehen und eine Sperre von nicht mehr als zwei Jahren festsetzen oder den Verfall oder die Einziehung aussprechen wird (§ 76 I JGG). Der Richter lehnt die Entscheidung im vereinfachten Verfahren durch unanfechtbaren Beschluß ab, wenn sich die Sache hierzu nicht eignet, namentlich wenn die Anordnung einer Erziehungshilfe gem. § 12 Nr. 2 JGG oder Verhängung von Jugendstrafe wahrscheinlich oder eine umfangreiche Beweisaufnahme erforderlich ist. Der Staatsanwalt muß in diesem Fall eine Anklageschrift einreichen, der Richter sodann im normalen Verfahren entscheiden (§ 77 JGG)[7].

Im vereinfachten Verfahren bedarf es eines Eröffnungsbeschlusses nicht, so daß das »Zwischenverfahren« entfällt. Der Richter entscheidet auch hier auf Grund einer mündlichen Verhandlung durch Urteil, durch das jedoch nicht auf Hilfe zur Erziehung i. S.d. § 12 Nr. 2 JGG, Jugendstrafe oder Unterbringung in einer Entziehungsanstalt erkannt werden darf (§ 78 I JGG). An dieser Verhandlung muß der Angeklagte, nicht aber der Staatsanwalt teilnehmen (§ 78 II, III S. 2). Die Ausgestaltung der Verhandlung liegt weitgehend im pädagogischen Ermessen des Richters[8]. Jedoch darf dem Angeklagten der ihm verfassungsgemäß gewährleistete Anspruch auf rechtliches Gehör (Art. 103 I GG) nicht beschnitten werden[9]. Auch darf die Vereinfachung des Verfahrens nicht zu einer Beeinträchtigung der Wahrheitserforschung führen (§ 78 III S. 1 JGG). Deshalb gelten die Pflichten des Gerichts zu allseitiger Sachaufklärung (§ 244 II StPO) und der Grundsatz der Unmittelbarkeit der Beweisaufnahme (§ 250 StPO) auch im

---

6 Dazu *Brunner*, §§ 76–78 Rn. 1–25; *Eisenberg*, §§ 76–78 Rn. 1–36; *Kolbe*, MDR 1978, 800; *Schaffstein*, MschrKrim 1978, 313; s. auch *v. Minden*, Das vereinfachte Jugendverfahren, in: *Gerken, J./Schumann, K. .F.* (Hrsg.), Ein trojanisches Pferd im Rechtsstaat, 1988, S. 40.
7 Vgl. dazu BGH 12, 180, 182.
8 Vgl. *Heinen*, UJ 1957, 204.
9 Die Vorschriften über die notwendige Verteidigung (s. oben § 33 I 3) gelten jedenfalls bei Abwesenheit des Staatsanwalts nicht, vgl. *Beulke*, BMJ-Vert S. 193; *Brunner*, § 68 Rn. 26 und wohl auch *Eisenberg*, § 68 Rn. 3; a. A. *Bottke*, ZStW 95 (1983), 98; *Kahlert*, Rn. 39; *Ostendorf*, § 68 Rn. 2.

§ 41: Prozessuale Besonderheiten bei Strafaussetzung zur Bewährung

vereinfachten Jugendverfahren. Dagegen brauchen etwa die Vorschriften über die Ladungsfristen (§ 217 StPO) nicht eingehalten zu werden, so daß es möglich ist, die Vorführung des auf frischer Tat ergriffenen Jugendlichen mündlich anzuberaumen. Das Urteil ist mit den gleichen Rechtsmitteln anfechtbar wie das Urteil im förmlichen Jugendverfahren.

2. **Die frühere jugendrichterliche Verfügung,** die bei Übertretungen Jugendlicher zulässig war, ist nach der Eliminierung der Übertretungen aus dem Kriminalstrafrecht entfallen und der sie regelnde § 75 a. F. JGG gestrichen worden. Soweit die einstigen Übertretungen zu Ordnungswidrigkeiten geworden sind, gilt nunmehr auch für Jugendliche die Regelung des OWiG (vgl. darüber oben § 6 III) und das dort vorgesehene Bußgeldverfahren (§ 35 ff. OWiG).

§ 41 Prozessuale Besonderheiten bei Strafaussetzung zur Bewährung und bei Aussetzung des Strafausspruchs

1. Die Entscheidung über die Aussetzung der Jugendstrafe zur Bewährung trifft der Richter **im Urteil** oder – abweichend vom allgemeinen Strafverfahrensrecht – **nachträglich durch Beschluß** (§ 57 I S. 1 JGG).

Ob der Richter die eine oder die andere Möglichkeit wählt, ist seinem Ermessen anheimgestellt[1]. Für die nachträgliche Entscheidung durch Beschluß können Erziehungsgründe sprechen, wenn dem Jugendlichen zunächst der ganze Ernst der Situation klar gemacht und er deshalb einstweilen über die Vollstreckung oder Aussetzung im unklaren gelassen werden soll[2]. Auch wenn die Erfolgsaussichten der Strafaussetzung nach dem Ergebnis der Hauptverhandlung noch nicht deutlich zu beurteilen sind und zusätzlicher Feststellungen bedürfen (z. B. eine Nachfrage beim Arbeitgeber oder beim Heim, in dem sich der Jugendliche derzeit befindet), wird eine nachträgliche Entscheidung durch Beschluß erforderlich sein. Doch kann diese nur bis zum Beginn der Strafvollstreckung erfolgen. Für den Beschluß ist der erstinstanzliche Richter zuständig. Da die Jugendschöffen nicht mitwirken, sollte die nachträgliche Beschlußentscheidung der Ausnahmefall bleiben. Der Staatsanwalt und der Jugendliche sind vorher zu hören (§ 57 I S. 2 JGG), ohne daß jedoch eine neue mündliche Verhandlung erforderlich ist.
Wird in der Hauptverhandlung ein Antrag auf Strafaussetzung gestellt, so müssen sich die Urteilsgründe darüber äußern, warum gegebenenfalls die Strafaussetzung nicht angeordnet worden ist (§ 57 IV JGG in Verbindung mit § 267 III S. 4 StPO). War kein Antrag gestellt und schweigt das Urteil über die Strafaussetzung, so ist dieses Schweigen abweichend vom allgemeinen Verfahrensrecht als Vorbehalt der nachträglichen Entscheidung über die Aussetzung aufzufassen[3]. Hat der Richter die Aussetzung im Urteil abgelehnt, so ist ihre nachträgliche Anordnung nur zulässig, wenn seit dem Erlaß des Urteils Umstände hervorgetreten sind, die nunmehr eine Strafaussetzung rechtfertigen (§ 57 II JGG), so z. B. eine grundlegende Änderung der häuslichen Verhältnisse oder eine den Jugendlichen besonders auszeichnende gute Tat.
Das *nachträgliche Beschlußverfahren* wird auf Antrag eines Verfahrensbeteiligten oder von Amts wegen eingeleitet. Zur Einleitung des Verfahrens von Amts wegen ist der Richter verpflichtet, wenn das Urteil die nachträgliche Entscheidung vorbehalten hat oder zur Aussetzungsfrage im Urteil nicht Stellung genommen worden ist. Die Entscheidung, durch die die Aussetzung der Jugendstrafe angeordnet oder abgelehnt wird, kann mit der sofortigen Beschwerde angefochten werden. Auch das Urteil unterliegt nicht der Berufung oder Revision, sondern der sofortigen Beschwerde, wenn nur die Aussetzungsentscheidung angefochten wird (§ 59 I JGG).
Hat das Gericht den Weg der sog. *Vorbewährung* gewählt (s. hierzu oben § 25 V), und ist die Staatsanwaltschaft mit einer derartigen Entscheidung nicht einverstanden, so kann sie auf die Einleitung der Vollstreckung der Jugendstrafe durch den Vollstreckungsleiter hinwirken, da der Vorbehalt eines späteren Beschlusses über die Strafaussetzung zur Bewährung die Vollstreckbarkeit der

---

1 Vgl. BGH 14, 74.
2 A. A. *Eisenberg,* § 57 Rn. 4; kritisch auch *Albrecht,* § 35 D I 1, S. 273.
3 *Eisenberg,* § 57 Rn. 11.

Jugendstrafe nicht hindert[4]. Wäre die Vollstreckung bis zur Beschlußfassung sowieso unzulässig, verlöre die Einschränkung in § 57 I S. 1 2. Halbs. JGG, daß die Aussetzung nur bis zum Beginn des Strafvollzugs möglich ist, ihren Sinn. Der Vorbehalt i. S. v. § 57 I JGG besagt also nur, daß die spätere Strafaussetzung auch ohne die besonderen Umstände des § 57 II JGG möglich bleiben soll. Dementsprechend steht der Staatsanwaltschaft ein Rechtsmittel gegen den Vorbehalt der späteren Entscheidung über die Strafaussetzung mit dem Ziel, die sofortige Ablehnung der Strafaussetzung zu erreichen, mangels Beschwer nicht zu[5]. Die Staatsanwaltschaft hat aber auch die Möglichkeit, beim Jugendrichter eine sofortige Entscheidung über die Aussetzung nach § 57 I JGG zu beantragen. Dieser Weg ist dem direkten Antrag auf Einleitung der Vollstreckung beim Vollstreckungsleiter vorzuziehen, denn so beläßt die Staatsanwaltschaft die Vollstreckungskompetenz zunächst weiterhin beim Jugendrichter und vermeidet, daß gegen seinen Willen eine u. U. divergierende Entscheidung des Vollstreckungsleiters ergeht (sofern keine Personalidentität besteht). Nunmehr weiß der Jugendrichter, daß die Staatanwaltschaft bei Aufrechterhalten des »Schwebezustandes« die Vollstreckung beantragen wird, und er kann vorher seine endgültige Entscheidung treffen.

2. Die Aussetzung der Jugendstrafe macht eine Reihe weiterer richterlicher Entscheidungen erforderlich, nämlich

a) die Festsetzung der Bewährungszeit, der Unterstellungszeit, evtl. auch ihre nachträgliche Verlängerung oder Verkürzung,

b) die Anordnung, Änderung oder Aufhebung von Weisungen und Auflagen,

c) den Erlaß der Jugendstrafe nach erfolgreichem Ablauf der Bewährungszeit oder den Widerruf der Strafaussetzung.

Diese Entscheidungen trifft der Richter durch Beschluß nach Anhörung des Staatsanwalts, des Jugendlichen und des Bewährungshelfers (§ 58 I JGG). Dabei können die Bewährungszeit, die Dauer der Unterstellung unter die Leitung und Aufsicht eines Bewährungshelfers und die Bewährungsanweisungen und -auflagen bereits in unmittelbarem Anschluß an das Urteil oder auch erst später (z. B. nach Besprechung mit dem Bewährungshelfer über die erforderlichen Auflagen) festgesetzt werden. Wenn ein Widerruf der Strafaussetzung (§ 26 JGG) oder die Verhängung von Jugendarrest in Betracht kommt (§§ 23 I S. 4, 11 III JGG), ist dem Jugendlichen Gelegenheit zur *mündlichen* Äußerung vor dem Richter zu geben (§ 58 I S. 3 JGG).

Zuständig ist der Richter, der die Aussetzung angeordnet hat. Da es sich um Entscheidungen handelt, die im Beschlußverfahren ohne Hauptverhandlung ergehen, wirken bei ihnen die Jugendschöffen nicht mit. Der Beschluß über die Dauer der Bewährungszeit, die Dauer der Unterstellungszeit oder über die Bewährungsweisungen und Auflagen ist mit der einfachen Beschwerde, der Widerruf der Strafaussetzung mit der sofortigen Beschwerde anfechtbar. Der Beschluß über den Straferlaß ist nicht anfechtbar (§ 59 II-IV JGG). Der Beschluß, mit dem der Widerruf der Strafaussetzung abgelehnt wird, ist durch die Staatsanwaltschaft nicht anfechtbar[5a].

3. **Der Bewährungsplan.** Rechtskräftig angeordnete Weisungen und Auflagen stellt der Richter in einem Bewährungsplan zusammen, in dem auch der Name des Bewährungshelfers eingetragen wird (§ 60 JGG)[6]. Der Bewährungsplan soll die Bedeutung

---

4 Ebenso OLG Stuttgart NStZ 1986, 219 m. abl. Anm. *Eisenberg/Wolski*; a. A. KG NStZ 1988, 182; *Brunner*, § 57 Rn. 9; zur »Vorbewährung« bei der Einstellung gem. §§ 45, 47 JGG s. oben § 36.
5 OLG Schleswig SchlHA 1978, 90; OLG Stuttgart a. a. O., i. E. ebenso *Brunner*, § 59 Rn. 2; *Eisenberg*, § 59 Rn. 6; a. A. *Walter/Pieplow*, NStZ 1988, 169.
5a *Eisenberg*, § 59 Rn. 27; abw. LG Osnabrück NStZ 1991, 533 mit zust. Anm. *Brunner*.
6 Die Anwendung des § 60 JGG erfolgt in der Praxis überaus unterschiedlich. Kritisch dazu mit Reformvorschlägen die Denkschrift, MschrKrim 1964, 21.

der Bewährungsauflagen dem Jugendlichen gegenüber besonders herausstellen. Der Richter hat ihn dem Jugendlichen in einem besonderen Belehrungstermin auszuhändigen und den Jugendlichen zugleich über die Bedeutung der Strafaussetzung, der Bewährungs- und Unterstellungszeit, der Weisungen und Auflagen und über die Möglichkeit des Widerrufs der Strafaussetzung zu belehren. Um das für den Erfolg der Aussetzung wesentliche Einverständnis des Jugendlichen zu sichern, soll dieser durch seine Unterschrift bestätigen, daß er den Plan gelesen hat und daß er verspricht, den Weisungen und Auflagen nachzukommen. Auch die Erziehungsberechtigten und der gesetzliche Vertreter sollen den Bewährungsplan unterzeichnen.

4. Das Verfahren bei Aussetzung der Verhängung der Jugendstrafe. Wird nicht nur die Strafvollstreckung, sondern der Strafausspruch selbst zur Bewährung ausgesetzt (§§ 27–30 JGG, oben § 26), so gelten die prozeßrechtlichen Bestimmungen über die Strafaussetzung sinngemäß (§§ 62 IV, 63, 64 JGG). Abweichungen ergeben sich nur dadurch, daß die Trennung von Schuldspruch und Strafausspruch regelmäßig eine zweifache Hauptverhandlung und zwei Urteile erforderlich macht, denn schon die Entscheidung, welche die Schuld des Angeklagten feststellt (§ 27 JGG), ist ein auf Grund einer Hauptverhandlung ergehendes und diese zunächst abschließendes Urteil. Ein solches Urteil schließt jedoch als bloßes Zwischenurteil das gesamte Strafverfahren noch nicht ab, sondern bedarf noch der späteren Ergänzung durch die Verhängung der Jugendstrafe oder durch die Tilgung des Schuldspruchs (§ 30 JGG). Diese können ebenfalls nur auf Grund einer Hauptverhandlung durch Urteil erfolgen (§ 62 I JGG), weil nur so alle Rechtsgarantien für den Angeklagten gewährleistet werden können. Indessen bestimmt § 62 II JGG im Interesse der Vereinfachung des Verfahrens, daß in eindeutigen Fällen wenigstens die Tilgung des Schuldspruchs (also nicht die Verhängung der Strafe bei mangelnder Bewährung) mit Zustimmung des Staatsanwalts auch ohne Hauptverhandlung durch Beschluß angeordnet werden kann. Ein solcher Beschluß ist unanfechtbar (§ 63 I JGG).

Die mit der Aussetzung des Strafausspruchs zusammenhängenden Nebenentscheidungen über die Dauer der Bewährungs- und Unterstellungszeit und über Bewährungsauflagen bzw. -Weisungen ergehen wie bei der Strafaussetzung durch selbständigen Beschluß.

§ 42 Das Verfahren gegen Heranwachsende[1]

Täter, die zur Zeit der Tat »Heranwachsende« waren, werden zwar grundsätzlich von den Jugendgerichten abgeurteilt (§§ 107, 108 JGG). Wie aber auf Heranwachsende materielles Jugendstrafrecht nur dann anzuwenden ist, wenn die in § 105 I JGG normierten Voraussetzungen vorliegen, so gelten auch die Vorschriften des Jugendstrafprozeßrechts im Verfahren gegen Heranwachsende nur in beschränktem Umfang. Da das JGG in § 105 I von der fragwürdigen Unterstellung ausgeht, daß der geistig und charakterlich »normal« entwickelte 18- bis 21jährige junge Mensch bereits »erwachsen« sei und deshalb nach allgemeinem Strafrecht beurteilt werden müsse, so erscheint es ihm als folgerichtig, auch im Verfahren gegen Heranwachsende weitgehend die allgemeinen Bestimmungen des Erwachsenenrechts anzuwenden (Amtliche Begründung S. 47). Das Ergebnis ist, daß sich die Verfahren vor den Jugendgerichten, die es häufiger mit Her-

---

1 Vgl. dazu *Brunner*, ZblJugR 1977, 366; *Roestel*, ZblJugR 1975, 326.

Das formelle Jugendstrafrecht

anwachsenden als mit Jugendlichen zu tun haben, öfter nach den Vorschriften der StPO als nach denen des JGG abwickeln.

Gesetzliche Grundlage des Heranwachsenden-Verfahrens ist § 109 JGG. Für seine Anwendung ist wie für das materielle Jugendstrafrecht das Alter des Täters zur Zeit der Tat (und nicht etwa zur Zeit der Anklage oder der Hauptverhandlung) maßgebend[2]. Trotz seiner knappen Fassung, die nur durch zahlreiche Verweisungen auf andere Gesetzesvorschriften ermöglicht wurde, ist die in ihm enthaltene Regelung verwickelt und wenig übersichtlich. Ausgangspunkt ist, daß im Strafprozeß gegen Heranwachsende die **allgemeinen Verfahrensvorschriften** gelten, soweit nicht § 109 die Anwendung einzelner Vorschriften des Jugendstrafverfahrens vorschreibt (§ 109 I S. 1, II JGG) oder, wie für die Öffentlichkeit der Hauptverhandlung, selbst eine besondere Regelung trifft (§ 109 I S. 4 JGG). Im einzelnen ergibt sich folgendes Bild:

1. In jedem Fall, also ohne Rücksicht darauf, welches materielle Strafrecht angewendet wird, gelten im Verfahren gegen Heranwachsende diejenigen jugendrechtlichen Verfahrensvorschriften, die eine **zutreffende Gesamtwürdigung der Täterpersönlichkeit** sichern sollen. Denn eine solche Persönlichkeitsbeurteilung bietet ihrerseits erst die Grundlage für die nach § 105 I Nr. 1 JGG zu treffende Entscheidung, ob nach dem Entwicklungsstand des Täters materielles Jugendstrafrecht oder Erwachsenenstrafrecht anzuwenden ist.

Daher sind im Verfahren gegen Heranwachsende gemäß § 109 I stets anzuwenden: § 43 JGG über den Umfang der Ermittlungen und ihre Ausdehnung auf die Persönlichkeit des Täters und seine Umwelt sowie über die Anhörung der Schule, Eltern, des Lehrherrn, ferner § 73 JGG über die Anstaltsunterbringung zur Beobachtung, um ein Gutachten über den Entwicklungsstand vorzubereiten. Die Pflicht des Staatsanwalts und des Richters, auch im Verfahren gegen Heranwachsende die Jugendgerichtshilfe heranzuziehen und einen in der Hauptverhandlung erschienenen Bewährungshelfer anzuhören, ergibt sich aus §§ 107, 109 in Verbindung mit §§ 38, 50 III und IV JGG. Da die Heranwachsenden volljährig sind, kommt bei ihnen den Eltern nicht mehr die Stellung von Prozeßbeteiligten mit eigenen Rechten (z. B. Anträge zu stellen, Rechtsmittel einzulegen) zu. Indessen sind für die Erforschung der Täterpersönlichkeit regelmäßig auch bei Heranwachsenden die Eltern eine besonders wichtige Informationsquelle. Deshalb ist die Jugendgerichtshilfe berechtigt und verpflichtet, auch bei den Eltern des jungen Volljährigen Ermittlungen anzustellen (§§ 109, 43 in Verbindung mit § 38 JGG). Auch können die Eltern, was sich meist empfehlen wird, in der Hauptverhandlung als Zeugen geladen und vernommen werden, sie haben dann freilich ein Zeugnisverweigerungsrecht (§ 52 Nr. 3 StPO).

2. Einige weitere jugendrechtliche Verfahrensvorschriften gelten im Verfahren gegen Heranwachsende nur, wenn nach § 105 JGG **materielles Jugendstrafrecht** angewendet wird (§ 109 II JGG).
Am wichtigsten ist hier, daß durch § 109 II JGG auch die der Entkriminalisierung der Bagatelltaten dienenden Vorschriften der §§ 45, 47 JGG über die Einschränkung des Verfolgungszwangs (oben § 35 III 2, § 36) auf Heranwachsende ausgedehnt werden. Freilich gilt das nur dann, wenn Jugendstaatsanwalt bzw. Jugendrichter von vornherein der Überzeugung sind, daß der Reifegrad des Täters noch dem eines Jugendlichen entsprach oder es sich um eine Jugendverfehlung handelt, so daß also die Voraussetzungen des § 105 I JGG für die Anwendung von Jugendstrafrecht gegeben sind.

Außerdem gehören zu den im Heranwachsendenverfahren anzuwendenden jugendrechtlichen Verfahrensvorschriften bei Anwendung von materiellem Jugendstrafrecht (§ 109 II JGG) auch § 54 JGG über den Inhalt der Urteilsgründe und deren Bekanntgabe an den Angeklagten, § 55 JGG über die Rechtsmittelbeschränkungen (zur Ausnahme beim beschleunigten Verfahren s. § 109 II S. 3

---

[2] BGH 6, 354; 22, 24.

§ 42: Das Verfahren gegen Heranwachsende

JGG), § 78 JGG über die Kosten und Auslagen, § 79 JGG über den Ausschluß des Strafbefehlsverfahrens sowie die jugendverfahrensrechtlichen Vorschriften bei Strafaussetzung zur Bewährung und Aussetzung der Verhängung der Jugendstrafe (§§ 57-64 JGG).

3. Andererseits sind nur bei Anwendung des **materiellen Erwachsenenstrafrechts** zulässig (§ 109 II in Verbindung mit §§ 79, 81 JGG) das Strafbefehlsverfahren (§§ 407-412 StPO) und die Entschädigung des Verletzten (§§ 403 bis 406 c StPO).

Bedeutsam ist besonders die *Zulässigkeit des Strafbefehls* gegen Heranwachsende bei Anwendung des materiellen Erwachsenenrechts. Zwar ist es in diesem Falle Aufgabe des Staatsanwalts, vor Stellung des Antrages – erforderlichenfalls aber auch des Richters, vor Erlaß des Strafbefehls – sorgfältige Ermittlungen darüber anzustellen, ob nicht ein Fall vorliegt, in dem nach § 105 JGG Jugendstrafrecht anzuwenden und der Strafbefehl daher unzulässig wäre. Doch kollidiert diese Verpflichtung mit dem eigentlichen Sinn des Strafbefehls, eine wesentliche Vereinfachung und Beschleunigung des Verfahrens herbeizuführen. Das praktische Ergebnis dieses Interessenwiderstreits ist höchst unerfreulich. Da Staatsanwalt und Jugendrichter sonst der Masse der Bagatellsachen nicht Herr werden können, werden sie geradezu genötigt, die Anwendbarkeit von Jugendstrafrecht zu verneinen, um einen Strafbefehl erlassen zu können. Der Hervorhebung bedarf noch, daß – in Abweichung zum Erwachsenenrecht – bei Heranwachsenden die Verhängung einer Freiheitsstrafe im Wege des Strafbefehlsverfahrens gänzlich ausgeschlossen ist, § 109 III JGG.

4. Die **Hauptverhandlung** gegen Heranwachsende ist **grundsätzlich öffentlich**. Jedoch schafft § 109 I S. 4 JGG einen zu den §§ 171 a, 172 GVG zusätzlich hinzutretenden Grund zum Ausschluß der Öffentlichkeit; diese kann nämlich auch ganz oder teilweise ausgeschlossen werden, wenn es im Interesse des Heranwachsenden geboten ist.
Die Bestimmung ist weit auszulegen. Ein Interesse am Ausschluß der Öffentlichkeit besteht für den Heranwachsenden nicht nur, wenn er durch die Anwesenheit von Zuhörern gehemmt, eingeschüchtert oder diffamiert würde, sondern auch, wenn der Ausschluß seiner Sozialisation dienlich ist, also etwa bei geltungssüchtigen Heranwachsenden, für die es schädlich wäre, wenn sie sich als bewunderter Mittelpunkt der Verhandlung fühlen würden.

5. Alle in § 109 JGG nicht aufgeführten jugendstrafprozessualen Vorschriften gelten im Verfahren gegen Heranwachsende nicht. Deshalb sind u. a. **nicht anwendbar** das vereinfachte Jugendverfahren (§§ 76-78 JGG), die Vorschriften über die Einschränkung der Vereidigung (§ 49 JGG) sowie die zeitliche Ausschließung des Angeklagten und seiner Angehörigen aus der Verhandlung.
Umgekehrt sind im Verfahren gegen Heranwachsende die folgenden, im Verfahren gegen Jugendliche ausgeschlossenen besonderen Verfahrensarten des allgemeinen Strafprozeßrechts *stets zulässig*: die Privatklage (§§ 374 ff. StPO), die Nebenklage (§§ 395 ff. StPO) und das beschleunigte Verfahren (§§ 212 ff. StPO). Zuständig ist auch in diesen Fällen der Jugendrichter.

6. Bezüglich der besonderen Mitwirkungsrechte des Opfers gilt abweichend zum Verfahren gegen Jugendliche (dazu § 48 II JGG), daß ein besonderes Anwesenheitsrecht des Verletzten in der Hauptverhandlung nicht besteht (§ 48 II JGG in § 109 JGG nicht erwähnt). Ferner entspricht bei heranwachsenden Beschuldigten die Gewährung des Akteneinsichtsrechts des Verletzten (§ 406 e I 1 StPO) dem Regelfall. Ausnahmen sind auch hier aus erzieherischen Gründen denkbar (§ 406 e II 1 StPO). Die besonderen Rechte des nebenklageberechtigten Verletzten gem. §§ 406 e I 2, 406 g StPO sind zu berücksichtigen.

Das formelle Jugendstrafrecht

Drittes Kapitel
Vollstreckung, Vollzug und Registrierung der jugendstrafrechtlichen Folgen

§ 43 Die Vollstreckung

I. Die Unterscheidung von Vollstreckung und Vollzug

Das JGG unterscheidet, einem inzwischen üblichen juristischen Sprachgebrauch gemäß, in Überschrift und Inhalt seines 3. Hauptstücks (§§ 82 ff. JGG) zwischen der Vollstreckung und dem Vollzug der jugendstrafrechtlichen Rechtsfolgen. Der umfassendere strafprozessuale Begriff der **Vollstreckung** bezeichnet die Gesamtheit derjenigen teils richterlichen, teils verwaltungsmäßigen Tätigkeiten, die erforderlich sind, damit die in der Entscheidung angeordneten Rechtsfolgen durch ihren Vollzug in die Wirklichkeit umgesetzt werden können (z. B. Einweisung in eine Jugendarrest- oder Jugendstrafanstalt, die Ladung des Jugendlichen zum Strafantritt und dessen Erzwingung, Gewährung von Strafaufschub, Umwandlung von Freizeitarrest in Kurzarrest und dergleichen). Auf eine Kurzformel gebracht geht es also um das »*Ob*« der Durchsetzung der Entscheidung. Der *Vollzug* dagegen ist die Verwirklichung der Rechtsfolge selbst, also ein Verwaltungsgeschehen, das nach seiner Zielsetzung gerade im Jugendstrafrecht eine vornehmlich erzieherische Aufgabe darstellt. Will man auch hier eine einprägsame Kurzformel gebrauchen, so geht es also um das »*Wie*« der Durchsetzung der Entscheidung[1]. Es entspricht diesem Unterschied von Vollstreckung und Vollzug, daß das JGG zwischen »*Vollstreckungsleiter*« und »*Vollzugsleiter*« unterscheidet und die mit diesen Worten umschriebenen Aufgabenbereiche zwar nicht überall, aber doch in den wichtigsten Fällen verschiedenen Persönlichkeiten zuweist. So ist namentlich bei der Jugendstrafe »Vollstreckungsleiter« der Jugendrichter, »Vollzugsleiter« der Leiter der Jugendstrafanstalt oder einer ihrer Abteilungen.
Für die Vollstreckung gelten die §§ 82 ff. JGG und, soweit diese nichts Abweichendes bestimmen, die §§ 449 ff. StPO. Die lückenhafte gesetzliche Regelung ist durch ausführliche bundeseinheitliche Justizverwaltungsordnungen ergänzt, die für die Jugendstrafe in den »Richtlinien« zu §§ 82–85 enthalten sind.
Die folgende Darstellung beschränkt sich darauf, aus dem umfangreichen Gebiet der Vollstreckung einige Punkte von grundsätzlicher und praktischer Bedeutung hervorzuheben, in denen die jugendstrafrechtliche Regelung teilweise von derjenigen des allgemeinen Strafrechts abweicht.

II. Der Vollstreckungsleiter

Während im allgemeinen Strafverfahren die Vollstreckung von Strafen und Maßnahmen teils der Staatsanwaltschaft als Vollstreckungsbehörde, teils der Strafvollstrek-

---

[1] Zu den unterschiedlichen Rechtswegen bei Anfechtung von Entscheidungen in der Vollstreckung und im Vollzug s. die tabellarische Übersicht auf S. 242 dieses Buches, ferner die ausführlichen Klausuranleitungen bei *Kaiser/Schöch*, Fälle 17–20.

§ 43: Die Vollstreckung

kungskammer (§§ 451, 462a StPO) obliegt, bestimmt § 82 JGG einheitlich den Jugendrichter zum Vollstreckungsleiter.

Nach § 84 I JGG leitet der Jugendrichter die Vollstreckung in allen Verfahren ein, in denen er selbst oder unter seinem Vorsitz das Jugendschöffengericht im ersten Rechtszuge erkannt hat. In den anderen Fällen (also wenn im ersten Rechtszuge die Jugendkammer oder ein Erwachsenengericht entschieden hat) ist die Einleitung der Vollstreckung Aufgabe des Jugendrichters des Amtsgerichts, dem die vormundschaftlichen Erziehungsaufgaben obliegen (§ 84 II JGG), bzw. obliegen würden, wenn der Verurteilte noch nicht volljährig geworden wäre[2]. Sind Jugendstrafe und Freiheitsstrafe gegen denselben Verurteilten zu vollstrecken, so sind für die Vollstreckung der Jugendstrafe der Jugendrichter als Vollstreckungsleiter und für die Vollstreckung der Freiheitsstrafe die Staatsanwaltschaft und Vollstreckungskammer zuständig[3]. Über den Jugendrichter als Vollstreckungsleiter für nachträgliche Entscheidungen bei Unterbringung des Jugendlichen in einem psychiatrischen Krankenhaus vgl. BGH 26, 162; 27, 189 ff., 30, 78 ff.

Da jedoch Jugendstrafe und Dauerarrest meist in Anstalten vollzogen werden, die von dem Sitz des zunächst zuständigen Jugendrichters weit entfernt sind, so geht im weiteren Verlauf des Verfahrens die Zuständigkeit für die Vollstreckung von Jugendstrafe und Jugendarrest auf einen anderen, vollzugsnäheren Jugendrichter über. Denn nur so ist es möglich, den sachlichen Zusammenhang zwischen den sich ergänzenden Aufgabenbereichen der Vollstreckung und des Vollzugs auch personell zu sichern.
Anstelle des die Vollstreckung einleitenden Jugendrichters wird daher Vollstreckungsleiter

a) bei Jugendarrest der Jugendrichter am Ort des Vollzuges, der dann in Personalunion Vollstreckungsleiter und Vollzugsleiter ist (§§ 85 I, 90 II JGG),

b) bei Jugendstrafe nach Aufnahme des Verurteilten in die Jugendstrafanstalt der Jugendrichter des Amtsgerichts, in dessen Bezirk die Jugendstrafanstalt liegt (§ 85 II S. 1 JGG). Durch Rechtsverordnung kann auch der Jugendrichter eines anderen Amtsgerichts bestimmt werden, wenn es aus verkehrsmäßigen Gründen günstiger ist (§ 85 II S. 2 und 3 JGG). Durch diese Institution des **örtlichen (»besonderen«) Vollstreckungsleiters** für die Jugendstrafe wird ein engerer persönlicher Kontakt zwischen der jugendrichterlichen Vollstreckungstätigkeit und der erzieherischen Arbeit des Strafvollzuges hergestellt. Insbesondere setzen die von dem Vollstreckungsleiter zu treffenden wichtigen Entscheidungen über die vorzeitige Entlassung zur Bewährung bei Jugendstrafe eine ständige Fühlungnahme und mündliche Besprechung des jeweiligen Falles zwischen ihm und dem Vollzugsleiter der Strafanstalt voraus.

Ein solcher enger persönlicher Kontakt zwischen Vollstreckungsleiter und den Beamten des Vollzuges kann natürlich nur dann bestehen, wenn das Amt des ersteren nicht ständig wechselnden, meist nur einige Wochen als Vollstreckungsleiter amtierenden Richtern auf Probe übertragen wird. Daß dies gleichwohl geschieht, ist wiederum ein Anzeichen dafür, wie wenig noch die besonderen Aufgaben und Belange der Jugendgerichtsbarkeit im Rahmen unserer bisherigen Gerichtsorganisation auf Verständnis stoßen.

c) Aus wichtigen Gründen kann der Vollstreckungsleiter die Vollstreckung widerruflich an einen sonst nicht oder nicht mehr zuständigen Jugendrichter abgeben (§ 85 V JGG). So kann z. B. bei der Aussetzung des Strafrestes zur Bewährung eine Abgabe an den Jugendrichter des Entlassungsortes angezeigt sein, wenn andernfalls der Vollstrek-

---

[2] BGH 20, 157.
[3] BGH 28, 351, 354; und zwar auch dann, wenn die Jugendstrafe im Erwachsenenvollzug verbüßt wird, BGH NStZ 1985, 92 (s. dazu unten § 44 II 2 a). Zu beachten ist die neu geschaffene Abgabemöglichkeit gem. § 89a III JGG.

Das formelle Jugendstrafrecht

kungsleiter wegen großer Entfernung den Kontakt zum Verurteilten bzw. dessen Bewährungshelfer verlieren würde[4].

d) Hat der Verurteilte das 24. Lebensjahr vollendet, so kann der Vollstreckungsleiter die Vollstreckung einer nach den Vorschriften des Strafvollzugs für Erwachsene vollzogenen Jugendstrafe (dazu unten § 44 II 2) an die nach dem Erwachsenenrecht zuständige Vollstreckungsbehörde abgeben, wenn der Strafvollzug voraussichtlich noch länger dauern wird und die besonderen Grundgedanken des Jugendstrafrechts unter Berücksichtigung der Persönlichkeit des Verurteilten für die weitere Entscheidung nicht mehr maßgebend sind. Mit der Abgabe sind die Vorschriften der StPO und des GVG über die Strafvollstreckung anzuwenden (§ 85 VI JGG). Die Verweisung betrifft allerdings nur das formelle Recht (Staatsanwaltschaft als Vollstreckungsbehörde, Zuständigkeit der Vollstreckungskammer gem. § 462 a StPO). Materiell-rechtlich wird hingegen weiterhin Jugendstrafe vollstreckt, so daß sich insbes. die Frage der Reststrafenaussetzung nach § 88 JGG richtet[4a].

III. Rechtskraft als Vollstreckungsvoraussetzung

Voraussetzung der Vollstreckung ist die Rechtskraft der Entscheidung (§ 449 StPO).

Nur wenn der Angeklagte wegen mehrerer Straftaten zu einer Einheitsstrafe (§ 31 JGG) verurteilt worden ist, kann das Rechtsmittelgericht nach § 56 JGG einen Teil der Strafe für sofort vollstreckbar erklären, falls die Schuldfeststellung bei einer oder mehreren Straftaten nicht beanstandet worden ist (vgl. oben § 38 III).

Andererseits ist die möglichste *Beschleunigung* der Vollstreckung gerade im Jugendstrafrecht von entscheidender Bedeutung. Je schneller die Sühne der Tat folgt, je geringer also der zeitliche Abstand zwischen Verurteilung und Vollstreckung ist, desto eindrucksvoller und erzieherisch wertvoller werden die jugendstrafrechtlichen Rechtsfolgen sein. Obwohl diese Erkenntnis sich weithin durchgesetzt hat und in Nr. II, 1 der Richtlinien zu §§ 82–85 ausdrücklich ausgesprochen ist, führt die Langsamkeit und Schwerfälligkeit des bürokratischen Apparats in der Praxis leider doch allzu oft zu Verzögerungen, die namentlich beim Jugendarrest den Erziehungserfolg beeinträchtigen, ja sogar illusorisch machen.

IV. Die einzelnen Maßnahmen der Vollstreckung

1. Ein Teil der dem Jugendrichter übertragenen Vollstreckungsmaßnahmen ist **Justizverwaltungstätigkeit**. Dazu gehören z. B. die Einweisung des Verurteilten in eine bestimmte Anstalt, seine Ladung zum Strafantritt, die Ausführung der vorgeschriebenen Benachrichtigungen des Jugendamts, der Erziehungsberechtigten und dergl. Bei ihrer Ausführung handelt der Jugendrichter wie die Staatsanwaltschaft als Vollstreckungsbehörde des allgemeinen Strafverfahrens weisungsgebunden. Seine Anordnungen

---

4 Das gilt nicht, wenn die Vollstreckung einer Jugendstrafe im Gnadenwege zur Bewährung ausgesetzt wird (BGH 32, 330, 331). Sofern die Strafvollstreckung gem. § 35 BtMG zurückgestellt ist und Entscheidungen nach § 36 I BtMG zu treffen sind, ist es in aller Regel sachlich geboten, daß der als Vollstreckungsleiter zuständige Jugendrichter die Vollstreckung gem. § 85 III JGG an das Gericht des ersten Rechtszuges zurückgibt (BGH 32, 58 f.).
4a *Eisenberg*, § 85 Rn. 17; *Kühn*, NStZ 1992, 527; s. auch OLG Düsseldorf MDR 1992, 896 u. 1078.

§ 43: Die Vollstreckung

sind insoweit mit der Beschwerde an den Generalstaatsanwalt gem. § 21 StrVollstrO[5] und durch Antrag auf gerichtliche Entscheidung nach §§ 23 ff. EGGVG anfechtbar[6].

2. Eine zweite Gruppe von Entscheidungen des Vollstreckungsleiters hat § 83 JGG ausdrücklich für **richterliche Entscheidungen** erklärt. Es handelt sich bei dieser zweiten, praktisch besonders wichtigen Gruppe insofern um echte Rechtsprechungsakte, als diese Entscheidungen eine spätere Präzisierung, ja sogar in einigen Fällen eine Korrektur oder Ergänzung des ursprünglichen Urteils enthalten. Die Notwendigkeit einer solchen späteren Präzisierung und Ergänzung ergibt sich aus der zunächst vorläufigen und unbestimmten Natur gerade der spezifisch jugendstrafrechtlichen Maßnahmen, die der elastischen Anpassung an die sich ändernden erzieherischen Erfordernisse bedürfen. Deshalb ist die Tätigkeit des Vollstreckungsleiters im Jugendstrafrecht nicht nur verwaltungstechnisch und formal, sondern auch materiell ungleich bedeutungsvoller als diejenige der Vollstreckungsbehörde des allgemeinen Strafverfahrens. Richterliche Entscheidungen des Vollstreckungsleiters sind insbesondere

a) die nachträgliche Umwandlung von Freizeitarrest in Kurzarrest (§ 86 JGG);

b) gänzliches oder teilweises Absehen von der Vollstreckung von Jugendarrest, weil dies aus Gründen der Erziehung geboten ist (§ 87 III JGG);

c) die Entlassung zur Bewährung nach Teilverbüßung einer Jugendstrafe (§ 88 JGG) sowie die dabei notwendig werdenden weiteren Entscheidungen über Bewährungszeit, Unterstellungszeit, Bewährungsweisungen und -auflagen, Widerruf und Straferlaß;

d) alle Aufgaben der Strafvollstreckungskammer gem. § 462 a StPO.

Diese richterlichen Entscheidungen trifft der Vollstreckungsleiter als unabhängiger Jugendrichter ohne Bindung an Weisungen. Sie ergehen ohne mündliche Verhandlung durch Beschluß. Doch kann der Vollstreckungsleiter die Verfahrensbeteiligten und dritte Personen zum Zwecke der weiteren Klärung des Sachverhalts anhören. In gewissem Umfang ist er zur Anhörung der Beteiligten gesetzlich verpflichtet (§§ 87 III, 88 IV, VI JGG). Das 1. JGG ÄndG vom Jahre 1990 hat eingeführt, daß dem Jugendlichen Gelegenheit zur *mündlichen* Äußerung vor dem Richter gegeben werden muß, wenn der Widerruf einer Aussetzung des Restes einer Jugendstrafe oder die Verhängung eines »Beugearrests« zur Durchsetzung der Bewährungsweisungen und -auflagen in Betracht kommt (§§ 88 VI, 58 I S. 3 JGG). Der Beschluß kann, soweit nichts anderes bestimmt ist, mit der sofortigen Beschwerde angefochten werden[7], der jedoch im Regelfall keine aufschiebende Wirkung zukommt (§ 83 III JGG).

> Das Rechtsmittel gegen die Entscheidung, ob **überhaupt** eine Aussetzung des Restes der Jugendstrafe erfolgen soll, ist also die sofortige Beschwerde gemäß § 83 III JGG. Die Beschwerde der Staatsanwaltschaft gegen den Beschluß, der die Aussetzung des Strafrestes einer Jugendstrafe anordnet, hat ausnahmsweise aufschiebende Wirkung, § 88 VI S. 4 JGG. Die Anfechtungsmöglichkeiten gegen die weiteren (Folge-)entscheidungen des Vollstreckungsleiters bei der Aussetzung des Strafrestes einer Jugendstrafe sind nunmehr gesondert geregelt. Es stehen in entsprechender Anwendung der Bestimmungen über die Aussetzung der Jugendstrafe zur Bewährung die Beschwerde (z. B. bei Dauer der Bewährungszeit, Weisungen, Auflagen) gem. §§ 88 VI S. 3 i. V. m. § 59 II JGG bzw. die sofortige Beschwerde (bei Widerruf) gem. §§ 88 VI i. V. m. § 59 III JGG zur Verfügung.

---

5 Dazu *Scheschonka*, NStZ 1985, 285 f.
6 Auch Entscheidungen i. Z. m. der Zurückstellung der Strafvollstreckung gem. § 35 BtMG sind i. W. der §§ 23 ff. EGGVG anfechtbar, vgl. OLG Stuttgart NStZ 1986, 141.
7 OLG Karlsruhe, NStZ 1993, 104.

Das formelle Jugendstrafrecht

§ 44 Der Jugendstrafvollzug[1]

I. Bedeutung und Entwicklung

1. Während hinsichtlich des Vollzuges, d. h. also der tatsächlichen Durchführung, der einzelnen Erziehungsmaßregeln und Zuchtmittel auf das darüber in den früheren Abschnitten Gesagte (vgl. insbesondere §§ 15 III, 17 III, 18 II, 21 IV) verwiesen werden kann, bedarf der Vollzug der Jugendstrafe gesonderter Darstellung. Obwohl die quantitative Anwendung der Jugendstrafe hinter der anderer jugendstrafrechtlicher Rechtsfolgen zurücksteht und insgesamt nur etwa 15 % der wegen eines Verbrechens oder Vergehens nach Jugendstrafrecht Verurteilten umfaßt, kommt ihr doch als ultima ratio gerade vom Vollzug her gesehen eine überragende kriminalpolitische Bedeutung zu. Für die Mehrzahl der Intensivtäter, bei denen in der Regel schon andere erzieherische Maßnahmen erfolglos versucht worden sind, stellt der Jugendstrafvollzug das letzte, für ihre weitere Lebenslaufbahn entscheidende Mittel dar, die Gemeinschaft und sie selbst vor einer dauerhaften Straffälligkeit zu bewahren.

2. **Geschichte.** Obwohl schon das StGB von 1871 beim Vollzug von Freiheitsstrafen die Trennung der jugendlichen von den erwachsenen Gefangenen vorschrieb, wurde doch diese Sollvorschrift meist nicht konsequent durchgeführt. Namentlich bei den kurzen Strafen war die gemeinsame Strafverbüßung von jungen und älteren Gefangenen, oft sogar in derselben Zelle oder in den gleichen Schlafsälen, die Regel. Damit aber wurden die Gefängnisse zu einer Schule der Kriminalität, in der die älteren und in ihren Verhaltensmustern schon festgefahrenen Probanden die Lehrmeister, die jüngeren die Schüler waren. An einer jugendgemäßen pädagogischen Betreuung, die diesen schlechten Einflüssen hätte entgegenwirken können, fehlte es vielfach ganz. Deshalb bedeutete es eine große Errungenschaft in der kriminalpolitischen Entwicklung, daß die Jugendgerichtsbewegung im Jahre 1912 nach amerikanischem Vorbild die Einrichtung des ersten deutschen Jugendgefängnisses in Wittlich a. d. Mosel durchsetzte. Ihr folgte sehr

---

1 Aus dem Schrifttum: *Böhm*, S. 196; *ders.*, HandwBKrim, Erg.-Bd. 1979, S. 522; *ders.*, Blau-Festschrift 1985, S. 189; *ders.*, Schaffstein-Festschrift, 1975, S. 303; *Bulczak, G.*, Jugendanstalten in *Schwind, H.-D./Blau, G.* (Hrsg.), Strafvollzug in der Praxis, 2. Aufl., 1988, S. 70; *ders.*, ZblJugR 1986, 326; *Dünkel, F.*, Freiheitsentzug für junge Rechtsbrecher, 1990; *ders.*, Empirische Beiträge und Materialien zum Strafvollzug, 1992; *Dünkel, F./Meyer, K.* (Hrsg.), Jugendstrafe und Jugendstrafvollzug – Stationäre Maßnahmen der Jugendkriminalrechtspflege im internationalen Vergleich, Teilb. 1, 1985; Teilb. 2, 1986; *Einsele*, Festgabe für Krebs, 1969, S. 233; *Focken, A./Gley, Ch.*, Junge Ausländer im Strafvollzug, 1987; *Maelicke, B.*, Ambulante Alternativen zum Jugendarrest und Jugendstrafvollzug, 1988; *Nass, G.* (Hrsg.), Strafvollzug und Jugendkriminalität, 1968; *Trenczek, Th.* (Hrsg.), Freiheitsentzug bei jungen Straffälligen, 1993.
Vgl. ferner die weitgehend auch für den Jugendstrafvollzug zutreffende allgemeine Literatur zum Strafvollzug und seiner Reform, insbes. *Böhm, A.*, Strafvollzug, 2. Aufl., 1986; *Callies, R.-P.*, Strafvollzugsrecht, 3. Aufl., 1992; *Hauf, C.-J.*, Strafvollzug, 1994; *Kaiser, G./Kerner, H.-J./Schöch, H.*, Strafvollzug, 4. Aufl., 1992; *Müller-Dietz, H.*, Strafvollzugsrecht, 4. Aufl., 1986; *Schüler-Springorum, H.*, Strafvollzug im Übergang, 1969; *ders.*, Was stimmt nicht mit dem Strafvollzug?, 1970; *Walter, M.*, Strafvollzug, 1991.
Zu den Mindestgrundsätzen der Vereinten Nationen zum Schutz inhaftierter Jugendlicher s. *Dünkel*, ZStW 100 (1988), 361. Speziell zur Reform des Jugendstrafvollzuges: *BMJ* (Hrsg.), Tagungsberichte der Jugendstrafvollzugskommission 1–9, 1977–1979 mit Beiträgen von *Böhm, Bulczak, Busch, Herkert, Kreutzner* u. a. und Schlußbericht (o. J.); *DVJJ* (Hrsg.), Jugendstrafvollzugsgesetz, Entwurf, vorgelegt im Auftrag der AG der Leiter der Jugendstrafanstalten und der besonderen Vollstreckungsleiter in der DVJJ, *Bulczak, G.* u. a., 1988; ferner *Eisenberg*, ZRP 1985, 41; *Schüler-Springorum*, Festschrift für Würtenberger, 1977, S. 425; s. auch die Fundstellen in den folgenden Fußn.

bald die Errichtung zahlreicher weiterer Jugendgefängnisse, so daß schon vor dem Inkrafttreten des JGG 1923 die Trennung der Jugendlichen von den Erwachsenen fast allgemein verwirklicht worden war.

Einen weiteren Markstein in der Geschichte des deutschen Jugendstrafvollzuges stellt die Tätigkeit von *Curt Bondy* und *Walter Herrmann* in dem auf einer Elbinsel bei Hamburg gelegenen Jugendgefängnis Hanöfersand dar (1921/22). Die beiden jungen studentischen Praktikanten bemühten sich als erste, die von *Nohl* u. a. begründeten, von der Jugendbewegung inspirierten Grundsätze der neueren Pädagogik auf die Erziehungsarbeit des Jugendstrafvollzuges zu übertragen und durch freiere Formen und menschlich-kameradschaftliche Kontakte zwischen Anstaltserziehern und jungen Gefangenen jenen »pädagogischen Bezug« herzustellen, der tiefere und dauerhaftere Einwirkungen auf die Seele der Jugendlichen ermöglicht als ein rein formales Über- und Unterordnungsverhältnis. Die Schriften, in denen die beiden über ihre Erfahrungen berichteten und daraus die theoretischen und praktischen Nutzanwendungen zogen[2], haben, obwohl längst »klassisch« geworden, bis heute ihre Aktualität bewahrt. Der Jugendstrafvollzug hat sich seither zu immer freieren Formen durchgekämpft, bisweilen dabei wohl sogar des Guten zuviel getan. Ein Kampf war notwendig gegen das Unverständnis weiter Teile der öffentlichen Meinung, die im jungen Gefangenen nur den »Verbrecher« sah und kein Verständnis dafür aufbrachte, daß hier die wirksamste pädagogische Methode auch den besten Schutz gegen spätere Kriminalität bildet. Selbst heute sind diese Widerstände noch nicht ganz überwunden.

3. **Neue Impulse** von verschiedenen Seiten her haben in den letzten Jahrzehnten die Lage des Jugendstrafvollzuges in der Bundesrepublik etwas verbessert. Zu den wertvollen Anregungen, die in der Behandlung junger Gefangener von Tiefenpsychologie und Psychotherapie ausgingen, trat besonders in der jungen Generation ein besseres Verständnis für die Schwierigkeiten und Nöte der unterprivilegierten Randgruppen der Gesellschaft, denen die jugendlichen Straftäter in der Regel angehören. Dies Verständnis hat in der öffentlichen Meinung und damit auch in den Länderparlamenten eine stärkere Bereitschaft geweckt, höhere sachliche und personelle Aufwendungen für einen modernen Jugendstrafvollzug zu bewilligen und seiner Durchführung in freieren, oft die Gitter und Mauern sprengenden Formen zuzustimmen. So entstanden neuerdings neben den alten, für den Jugendstrafvollzug besonders ungeeigneten Gefängnisbauten aus dem 19. Jahrhundert, die leider auch jetzt noch teilweise in Benutzung sind, immer mehr neue, den Anforderungen eines gelockerten, pädagogisch orientierten Behandlungsvollzuges besser entsprechende Anstaltsbauten für den Vollzug der Jugendstrafe. In Zukunft wird es besonders darauf ankommen, durch eine gute personelle Ausstattung und durch sorgfältige Auswahl und Ausbildung der Anstaltsbeamten die neuen Bauten auch mit einem neuen erzieherischen Engagement zu erfüllen. Der gesetzliche Rahmen des Jugendvollzuges und damit auch die Rechtsstellung der jungen Gefangenen sollte durch ein Gesetz über den Jugendstrafvollzug, das seit mehreren Jahren vorbereitet, aber immer noch nicht erlassen wurde, eine sichere, den Anforderungen des Grundgesetzes entsprechende Regelung erfahren.

Wichtige Anregungen für eine grundlegende, modernen Forderungen entsprechende Vollzugsreform hatte schon die sog. Lackner-Kommission der Deutschen Vereinigung für Jugendgerichte und Jugendgerichtshilfen gegeben. Sie sind in der von der Deutschen Vereinigung 1970 heraus-

---

[2] *Curt Bondy*, Pädagogische Probleme im Jugendstrafvollzug, 1925; *Herrmann, W.*, Das Hamburgische Jugendgefängnis Hanöfersand, 2. Aufl., 1926.

gegebenen »Denkschrift über die Behandlung von kriminell stark gefährdeten jungen Tätern in Vollzugsanstalten« zusammengefaßt.

So sehr all diese Bemühungen um eine weitere Verbesserung des Jugendstrafvollzuges zu begrüßen sind, so sollte man sich doch von ihnen nicht allzu große und schnelle Erfolge versprechen. Denn einmal ist zu bedenken, daß es sich bei den meisten jungen Gefangenen insofern um eine »negative Auslese« handelt, als bei ihnen in der Regel bereits alle anderen und insbesondere auch die ambulanten Sozialisationsmittel des Jugendrechts vergeblich eingesetzt worden sind und nunmehr der stationäre Strafvollzug als ultima ratio blieb. Andererseits aber bringt auch wieder jeder, selbst der beste Anstaltsvollzug Nachteile mit sich, die sich zwar mildern, aber niemals ganz werden vermeiden lassen. Es sind neben den Schwierigkeiten, die sich namentlich bei den kurzzeitigen Freiheitsstrafen am Arbeitsplatz und für die Berufsausbildung ergeben, besonders die Störung der Familienbindung, die mannigfachen Gefahren, die von der »Subkultur« der Gefangenen mit ihrem Faustrecht der körperlich Stärksten ausgehen, die Fixierung auf die gleichgeschlechtlichen Altersgenossen in der Haft, die den oft heilsamen Übergang zu heterosexuellen Bindungen erschwert *(A. E. Brauneck)*, die Fixierung der Gedanken auf die Kriminalität und die gerade bei der Jugendstrafe besonders starke Auswirkung der Stigmatisierung.

Führt man sich diese und noch viele andere widrigen Bedingungen des Jugendstrafvollzuges vor Augen, so nimmt sich der Prozentsatz von etwa 20 % Nichtrückfälligen bzw. etwa 40 % nicht oder gering Rückfälligen (ohne erneute Freiheitsstrafe i. w. S., s. oben § 23 V) nicht so ungünstig aus, wie es zunächst scheinen mag. Es ist zu hoffen, daß sich dieser Prozentsatz durch weitere Anstrengungen noch etwas steigern läßt. Im übrigen aber wird man schon zufrieden sein müssen, wenn es gelingt, den Vollzug so zu gestalten, daß der mit ihm selbst und der vorausgehenden Verurteilung zwangsläufig verbundene Schaden per saldo nicht wesentlich größer ist als der Nutzen, der sich aus den Erziehungsbemühungen der Anstalt für die Sozialisation ergibt.

4. Die auf den Ergebnissen der Evaluationsforschung basierende realistische Einschätzung der Grenzen des Erziehungsvollzuges hat inzwischen eine Krise des (Jugend-)Strafvollzuges eingeleitet. Mit dem aus Amerika stammenden Schlagwort »nothing works«[3] ist die pessimistische Grundeinstellung vieler deutscher Kriminologen sowie der Fachöffentlichkeit wohl am treffendsten umschrieben[4]. Z. T. wird dem Behandlungsvollzug sogar vorgeworfen, er sei nur eine subtilere Form der Repression als der herkömmliche Verwahrvollzug[5]. Als Auswege aus dem »absurden System« werden u. a. der gänzliche Verzicht auf Jugendstrafvollzug (Abolitionismus) oder die Rückkehr zu einem offenen schuldabhängigen oder generalpräventiven Denken anempfohlen[6] (s. auch oben

---

3 *Lipton, D./Martinson, J./Wilks, J.*, The Effectiveness of Correctional Treatment, 1975; zu neueren Einwänden dagegen s. *Jehle*, MschrKrim 1991, 300, s. auch oben § 5 Fn. 13 und § 23 Fn. 24.
4 Vgl. etwa *Eisenberg*, ZRP 1985, 42; *Kaiser*, NStZ 1982, 102; *Schüler-Springorum*, Dünnebier-Festschrift, 1982, S. 649; *Streng*, GA 1984, 155. Sehr lesenswert: *Evangelische Kirche in Deutschland* (Hrsg.), Strafe: Tor zur Versöhnung? (Denkschrift), 1990 – dazu *Müller-Dietz*, ZfStrVo 1991, 15.
5 Vgl. *Foucault, M.*, Überwachen und Strafen – die Geburt des Gefängnisses, 1976; *Hilbers/Lange*, KrimJ 1973, 52; auf diese Gefahr hinweisend auch *Eisenberg*, ZRP 1985, 45.
6 Vgl. *Wagner, G.*, Das absurde System – Strafurteil und Strafvollzug in unserer Gesellschaft, 2. Aufl., 1985, ferner *Cornel, H.*, Geschichte des Jugendstrafvollzugs, Ein Plädoyer für seine Abschaffung, 1984; *Ludwig*, ZfJ 1986, 333; *Schumann, K.-F./Steinert, H./Voß, M.*, Vom Ende des Strafvollzugs. Ein Leitfaden für Abolitionisten, 1988; weitere Fundst. bei *Müller-Dietz*, ZStW 95 (1983), 703 und oben § 5 Fußn. 12–24.

§ 5 IV 3; 22 II 3). Demgegenüber bleibt jedoch die Konzeption des JGG vorzugswürdig. Da man in absehbarer Zukunft – nicht zuletzt auch aus generalpräventiven Gründen – auf die Einsperrung junger Straftäter nicht gänzlich verzichten können wird, sollte man den Vollzug möglichst den erzieherischen Bedürfnissen der Altersstufe der Gefangenen anpassen. Das Gebot der Stunde ist nicht die radikale Abschaffung aller Behandlungsansätze[7], sondern deren Fortentwicklung unter Wahrung der rechtsstaatlichen Implikationen[8]. Zwar kann außerhalb der Anstalten besser erzogen werden als in dem geschlossenen Milieu, dennoch wird auch in den Anstalten erzieherische Arbeit geleistet. Zu Recht hat deshalb das *OLG Schleswig*[9] die pauschale Verdammung des Jugendstrafvollzuges zurückgewiesen. Allerdings muß aus der Erkenntnis der beschränkten Möglichkeiten des Jugendstrafvollzuges die Forderung abgeleitet werden, der stationären Unterbringung, wenn irgend möglich, ambulante Maßnahmen vorzuziehen, bzw. bei Unvermeidbarkeit des Vollzugs der Jugendstrafe zumindest auf den *offenen* Vollzug auszuweichen (zur Diversion allgemein s. oben § 36).

II. Rechtliche und organisatorische Grundlagen

1. Die gesetzliche Regelung des Jugendstrafvollzuges ist einstweilen noch dürftig und lückenhaft. Sie ist in den §§ 91, 92, 110, 115 JGG enthalten. Außerdem ergibt sich aus §§ 23, 25 EGGVG, daß sich der junge Gefangene gegen die Maßnahmen der Strafvollzugsbehörde an den Strafsenat des Oberlandesgerichts wenden kann, eine Möglichkeit, von der anscheinend nur selten Gebrauch gemacht wird[10]. Das seit dem 1. 1. 1977 in Kraft befindliche Strafvollzugsgesetz bezieht sich primär nur auf den Vollzug der Freiheitsstrafe des Erwachsenenstrafrechts, nicht auf den Vollzug der Jugendstrafe. Allerdings sind einige seiner Vorschriften, nämlich diejenigen über den unmittelbaren Zwang, insbesondere den Schußwaffengebrauch und die ärztliche Zwangsbehandlung und -ernährung (§§ 94–101 StVollzG), sowie über die Entlohnung der Gefangenenarbeit ausdrücklich durch § 178 und § 176 StVollzG als auch für den Jugendstrafvollzug geltend erklärt. Dazu kommt, daß die von den Justizministern der Länder erlassenen »*Bundeseinheitlichen Verwaltungsvorschriften zum Jugendstrafvollzug*« (VVJug) weite Teile des Strafvollzugsgesetzes im Ergebnis in den Jugendstrafvollzug übernommen haben. Indessen handelt es sich insoweit nicht um Rechtssätze, sondern um Verwaltungsverordnungen, die für den Richter nicht bindend sind.

Insgesamt ist diese Rechtslage unbefriedigend und genügt auch nicht den Bedürfnissen der Praxis. Desweiteren entspricht sie auch nicht mehr den Anforderungen, die das Bundesverfassungsgericht (E 35, 311 ff.; 42, 95 ff.) an einen auf dem Rechtsstaatsprinzip beruhenden Vollzug der Freiheits-

---

7 Ebenso *Böhm*, S. 212; *Kaiser/Kerner/Schöch* (s. o. Fn. 1), § 9 Rn. 94 ff.; *Ohle*, DVJJS, Heft 18, 1990, S. 396. Zum Experiment der Abschaffung des Jugendgefängnisses in Massachusetts (USA) s. *Eidt, H.-H.*, Behandlung jugendlicher Straftäter in Freiheit, 1973; *Simmedinger*, ZfStrVo 1987, 263; *Spörer, Th.*, Die Abschaffung der Jugendgefängnisse oder Illusion einer Reform, 1987; zusammenfassend: *Walter*, Strafvollzug, Rn. 145. Zu Möglichkeiten der Ersetzung des Freiheitsentzugs durch Hausarrest, s. *Weigend*, BewHi 1989, 289, 299; *Jolin/Rogers*, MschrKrim 1990, 201.
8 Ebenso *Busch*, in: *Müller, S./Otto, H.-U.* (Hrsg.), Damit Erziehung nicht zur Strafe wird, 1986, S. 143; *ders.*, ZfStrVo 1992, 15; ausführlich auch *Beulke/Mayerhofer*, JuS 1988, 136 m. w. Nachw.
9 OLG Schleswig NStZ 1985, 475 mit Anm. *Schüler-Springorum*, ebenda und *Streng*, StrVert 1985, 421.
10 Übersicht über die Rechtsbehelfe unten S. 242 ff.

Das formelle Jugendstrafrecht

strafe stellt. Das Bundesverfassungsgericht hat deshalb nunmehr aufgrund eines Vorlagebeschlusses des AG Herford eine gesetzliche Regelung nahezu ultimativ angefordert[10a].
Die Geschichte der gesetzgeberischen Bemühungen um ein Jugendstrafvollzugsgesetz ist lang. Bereits in den Jahren 1977–1980 war eine offizielle Sachverständigenkommission unter dem Vorsitz von *Böhm* damit beschäftigt, die Grundsätze für ein künftiges Jugendstrafvollzugsgesetz zu erarbeiten[11]. Diese Grundsätze haben in dem veröffentlichten »Abschlußbericht der Jugendstrafvollzugskommission« (1980) ihren Niederschlag gefunden. Ein darauf beruhender Referentenentwurf des Bundesjustizministeriums hat dann leider davon abgesehen, ein einheitliches Jugendstrafvollzugsgesetz zu schaffen, sondern sich damit begnügt, nur einen Teil jener Grundsätze in die Form einer Gesetzesnovelle zum JGG zu kleiden, während der größere Rest einer Rechtsverordnung vorbehalten bleiben sollte. Weil der Referentenentwurf aus diesen und anderen Gründen bei den Ländern Widerspruch erfuhr, aber auch aus finanziellen Gründen, ist er nicht Gesetz geworden. Die Schaffung eines eigenen Jugendstrafvollzugsgesetzes schlägt der »Arbeitsentwurf« des Bundesjustizministeriums vom 1. 6. 1984 vor. Da dieser Entwurf sich vor allem bemühte, kostenneutral zu sein, blieb er weit hinter den Vorstellungen der Jugendstrafvollzugskommission zurück und nutzte auch nicht die aufgrund des »Pillenknicks« und insbes. aufgrund der verstärkten Gewährung von Strafaussetzung zur Bewährung inzwischen bereits bemerkbare Entlastung der Jugendstrafanstalten zugunsten der Verbesserung der erzieherischen Möglichkeiten[12]. Reformfreudiger sind der im Jahre 1985 von *Baumann*[13] vorgelegte »Entwurf eines Jugendstrafvollzugs« und der im Jahre 1988 von der Arbeitsgemeinschaft der Leiter der Jugendstrafanstalten und der besonderen Vollstreckungsleiter in der DVJJ erarbeitete Entwurf[14], die beide den Wohngruppenvollzug vorschreiben, letzterer leider mit einer zu weitreichenden Ausnahmeklausel. Den gegenwärtigen Schlußpunkt der Kette von Reformangeboten bildet der Referentenentwurf des Bundesjustizministeriums vom 24. September 1991. Dieser neueste Entwurf führt die schon im Arbeitsentwurf 1984 eingeschlagene Linie fort, im Bereich der Detailregelungen das Erwachsenenvollzugsrecht (StVollzG) weitgehend zu übernehmen[14a]. Besondere Erwähnung verdient jedoch, daß der Referentenentwurf den Vollzug in der Wohngruppe zur Regelvollzugsform erklärt und daß die Gefangenen in der Anstalt eigene Kleidung tragen sollen. Eine Neuerung mit noch nicht absehbaren Konsequenzen für den Vollzugsalltag bei Jugendstrafgefangenen hat der Entwurf in seinem § 128 Abs. 2 vorgeschlagen: Für weibliche Jugendstrafgefangene können selbständige oder abgetrennte Vollzugseinheiten in Jugendstrafanstalten für männliche Gefangene vorgesehen werden. Damit würde der Grundsatz, wonach Gefangene, die nach allgemeinem Strafvollzugsrecht, und solche, die nach JGG behandelt werden, getrennt unterzubringen sind, endlich auch für die weiblichen Jugendstrafgefangenen in die Praxis umgesetzt. Der Entwurf umfaßt auch die Regelung der Untersuchungshaft bei Jugendlichen und Heranwachsenden. Da aus verfassungsrechtlichen Gründen eine Neuregelung zwingend geboten ist, sollte der Gesetzgeber nunmehr umgehend tätig werden.
Im Zuge der Reform bedarf auch die Organisation der Rechtskontrolle über die Vollzugsmaßnahmen der Neuregelung. Anstelle des jetzt noch eröffneten Rechtsbehelfs gem. §§ 23 ff. EGGVG (Antrag auf gerichtliche Entscheidung durch Senat des OLG) sollte eine Überprüfung durch die mit den Besonderheiten des Jugendstrafrechts vertrauten Jugendgerichte vorgesehen werden. Zur Diskussion stehen die Jugendstrafkammer (dafür der Referentenentwurf 1991) oder – was angesichts des besseren Kontakts zum Inhaftierten vorzugswürdiger ist – der Jugendrichter[15].

10a S. AG Herford NStZ 1991, 255 m. Anm. *Scheschonka* und *Trenczek*, DVJJ-Journal 1991, 161 (das konkrete Verfahren hatte sich durch Entlassung des Strafgefangenen aus der Jugendstrafanstalt erledigt).
11 Vgl. dazu *Böhm*, ZfStrVo 1979, 90; ders., in: *Frank, C./Harrer, G.* (Hrsg.), Drogendelinquenz, Jugendstrafrechtsreform, 1991, S. 237.
12 Zur Kritik insbes. *Ayass*, BewHi 1984, 351; *Busch*, UJ 1985, 126; *Eisenberg*, ZRP 1985, 41; *Strohmaier*, ZRP 1986, 185.
13 Veröffentlicht unter *Baumann, J.*, Entwurf eines Jugendstrafvollzugsgesetzes, 1985.
14 *DVJJ* (Hrsg.), Jugendstrafvollzugsgesetz, a. a. O. (s. o. Fußn. 1).
14a Stellungnahmen zu diesem Entwurf: *DVJJ-Kommission*, DVJJ-Journal 1992, 41; *Dünkel*, ZRP 1992, 176; *Kaiser/Schöch*, Fall 13, Rn 49, S. 167; *Sonnen*, BewHi 1992, 307; *Wagner*, ZfJ 1992, 413; *Kreideweiß, Th.*, Die Reform des Jugendstrafvollzuges, 1993.
15 Für Jugendstrafkammer: *DVJJ* (Hrsg.) – Jugendstrafvollzugsgesetz (E § 87), Jugendstrafvollzugskommission, Abschlußber. S. 41; für Jugendrichter: *Böhm*, S. 201; *Eisenberg*, ZRP 1985, 49.

§ 44: Der Jugendstrafvollzug

Die folgende Darstellung des noch geltenden Rechtszustandes beschränkt sich auf einige wesentliche Einzelpunkte:

a) Die Jugendstrafe soll nach der Konstruktion des JGG sowohl der Sühne für Schuld wie der Erziehung des Bestraften dienen. Das Vollzugsziel ist jedoch eindeutig durch die Erziehungsaufgabe der Strafe bestimmt, während das zur Sühne dem jungen Rechtsbrecher zugefügte Übel sich auf die Freiheitsentziehung als solche beschränkt, die trotz aller Vollzugslockerungen regelmäßig auch von den jungen Gefangenen als Übel empfunden wird. Dabei wird in Kauf genommen, daß gerade auch der Jugendstrafvollzug jener Spannung ausgesetzt wird, die sich aus dem Dilemma, in der Unfreiheit für die Freiheit erziehen zu wollen, ergibt.

b) Das JGG enthält in § 91 nur eine allgemeine Rahmenvorschrift für den Jugendstrafvollzug. Sie weist ihm die Aufgabe zu, den »Verurteilten dazu zu erziehen, künftig einen rechtschaffenen und verantwortungsbewußten Lebenswandel zu führen«, bestimmt die wichtigsten Erziehungsmittel (darüber unten unter III) und gestattet ausdrücklich die Auflockerung des Vollzuges bis zu freien Formen in geeigneten Fällen.

c) Das Fehlen eines Jugendstrafvollzugsgesetzes hat in den letzten Jahren verstärkt das Problem der Grenzen einer entsprechenden Anwendung der Regelungen des Erwachsenenstrafvollzuges aktuell werden lassen. Insbesondere geht es um die Aufnahme in den offenen Vollzug (§ 10 StrVollzG), um Versagung von Vollzugslockerungen (§ 11 StrVollzG) sowie um Urlaub aus der Haft (§ 13 StrVollzG). Dort ist jeweils die freiere Gestaltung des Vollzuges davon abhängig gemacht worden, daß »nicht zu befürchten ist, daß der Gefangene sich dem Vollzug der Freiheitsstrafe entziehe« oder die Lokkerung »zu Straftaten mißbrauchen werde«. Neuerdings plädiert die Rechtsprechung für eine relativ pauschale Übernahme dieser Bestimmungen und ihrer derzeitigen Interpretation auf das Jugendstrafvollzugsrecht[16]. Dieser Weg sollte jedoch nur mit größter Zurückhaltung beschritten werden, denn der Erziehungsvollzug nach dem JGG kann insbesondere bezüglich der den Probanden zu gewährenden Freiheiten nicht mit dem Erwachsenenstrafvollzug verglichen werden. Abzulehnen ist deshalb von vornherein die schon im Erwachsenenvollzug problematische, im Jugendstrafvollzug aber gänzlich deplazierte Berücksichtigung von Erwägungen des Schuldausgleichs bei der Entscheidung über Vollzugslockerungen[17]. Wenn die Rechtsprechung schon bei der Verhängung der Jugendstrafe wegen »Schwere der Schuld« das Erziehungsprinzip mitberücksichtigt, muß letzterem erst recht im Vollzug überragende Bedeutung zukommen. Die Jugendstrafe an sich ist Schuldausgleich genug. Keinerlei Zweifel kann es daran geben, daß generalpräventive Belange bei der Gewährung einzelner Vergünstigungen ausscheiden, denn sie dürfen nach Ansicht der Rechtsprechung schon sowohl bei der Festsetzung als auch bei Bemessung der Jugendstrafe keine Rolle spielen.

---

16 Vgl. OLG Hamm ZfStrVo 1985, 248; OLG Hamm ZfStrVo 1985, 128 verfährt ebenso bei der Frage der Ausgestaltung der Hafträume.
17 A. A. OLG Frankfurt NStZ 1984, 382; OLG Stuttgart NStZ 1987, 430 (m. abl. Anm. von *Schüler-Springorum* und *Funck*) im Anschluß an die Rspr. zum StrVollzG, vgl. BVerfGE 64, 261; *Kühling* in Schwind/Böhm, § 13 Rn. 36; nur für Extremfälle im Jugendstrafvollzug zustimmend *Eisenberg*, § 91 Rn. 34; *ders.*, ZRP 1985, 46; *Böhm*, NStZ 1984, 383; *ders.* NStZ 1986, 204; wie hier jedoch *Dünkel*, BewHi 1988, 252; *Kaiser, G./Kerner, H.-J./Schöch, H.*, (s. oben Fn. 7), § 9 Rn. 85; *Ostendorf*, §§ 91, 92 Rn. 11; gegen die Rspr. im Erwachsenenstrafvollzugsrecht u. a. *Bemmann*, StrVert 1988, 549; *Callies/Müller-Dietz*, Strafvollzugsgesetz, 6. Aufl., 1994, § 13 Rn. 26; *Kamann*, ZRP 1994, 474; *Schüler-Springorum*, StrVert 1989, 262; *Mitsch, Ch.*, Tatschuld im Strafvollzug, 1990, S. 214.

Das formelle Jugendstrafrecht

Dem Erziehungsgedanken kommt insoweit Vorrang zu. Selbstverständlich bedeutet das keinen totalen Verzicht auf das Sicherungsbedürfnis der Allgemeinheit, denn auch im Jugendstrafvollzug sind den freien Vollzugsformen Grenzen gesetzt. Das findet u. a. seine Bestätigung in § 91 III JGG, wonach der Vollzug aufgelockert und »in geeigneten Fällen« weitgehend in freien Formen durchgeführt werden kann. Stets sollte aber bedacht werden, daß das Gesetz einen möglichst »offenen« Jugendvollzug anstrebt, was sich bei der Frage der Vollzugslockerungen und sonstigen Vergünstigungen in einem sehr viel weiteren Beurteilungsspielraum der Vollzugsorgane niederschlägt. Dementsprechend sieht der Referentenentwurf des BMJ vom 24. 9. 1991 vor, daß Vollzugslockerungen (§ 11 d. E.) sowie Urlaub (§ 13 d. E.) bereits zulässig sind, wenn »verantwortet werden kann zu erproben, ob der Gefangene sich dem Vollzug der Jugendstrafe nicht entziehen und die Lockerungen des Vollzuges nicht zu Straftaten mißbrauchen werde«. Eine entsprechende Regelung ist für die Unterbringung im offenen Vollzug vorgesehen (§ 10 d. E.). Der Unterschied zu § 13 I S. 2 i. V. m. § 11 II StrVollzG ist mehr als eine sprachliche Variante ohne eigene Aussagekraft, vielmehr signalisiert er eine grundsätzlich liberalere Einstellung zum Problem der Auflockerungen des Vollzuges. Eine Minimalforderung ist deshalb die Anwendung dieser Regelungen bereits im Rahmen des geltenden JGG (so auch Nr. 6 VVJug zu § 11 II StrVollzG). Im Einzelfall ist es also sehr wohl denkbar, daß trotz eines erkennbaren Flucht- bzw. Straftatenrisikos das Verhalten des Probanden »erprobt« wird. Für die Entscheidung muß das Ausmaß der Gefahr – unter Einbeziehung der Schwere etwaiger neuer Straftaten – mit der erzieherischen Notwendigkeit der Maßnahme abgewogen werden[18]. Ebenso ist in allen anderen Bereichen sorgfältig zu prüfen, ob die Regelungen des Erwachsenenstrafvollzuges mit dem Erziehungsgedanken des JGG in Einklang stehen.

2. Die **Organisation** des Jugendstrafvollzuges wird zunächst dadurch bestimmt, daß seine Durchführung wie die des Strafvollzuges überhaupt Aufgabe der Länder ist. § 92 I JGG schreibt ferner vor, daß die Jugendstrafe in besonderen Jugendstrafanstalten vollzogen wird. In den größeren Ländern bestehen meist mehrere solcher Anstalten, die dadurch eine Differenzierung der Anstaltsinsassen nach unterschiedlichen (meist regionalen oder altersmäßigen) Kriterien ermöglichen.

Die Bestimmung des § 92 I JGG ist leider nicht oder nur unzureichend durchführbar für weibliche jugendliche oder heranwachsende Gefangene, die wegen ihrer in den einzelnen Ländern zu geringen Zahl (am 31. 3. 1990 in der gesamten BRD nur 110) in besonderen Abteilungen der allgemeinen Strafanstalten für weibliche Gefangene untergebracht werden.

Anstaltsleiter sind meist Juristen, aber auch Psychologen oder Sozialpädagogen. Mit der eigentlichen Erziehungsarbeit werden in der Regel Sozialarbeiter, Lehrer und Psychologen – z. B. als Erziehungsgruppenleiter – betraut. Doch sind aus der Sicht des einzelnen Gefangenen vielleicht noch wichtiger die Aufsichts- und Werkbeamten, mit denen er ständig in Berührung kommt. § 91 IV JGG verlangt für alle Beamten, daß sie »für die Erziehungsaufgabe des Vollzugs geeignet und ausgebildet sind«. An einer solchen Sonderausbildung fehlt es bisher noch oft, namentlich bei Beamten des unteren Dienstes. Noch wichtiger freilich als die fachliche Vorbildung ist eine in der Anlage wurzelnde sozialpädagogische Begabung und Neigung, die auch vor den gerade im Jugendstrafvollzug unvermeidlichen Mißerfolgen und Enttäuschungen nicht resigniert[19].

---

18 A. A. OLG Celle bei *Böhm*, NStZ 1987, 444; wie hier OLG Frankfurt bei *Böhm*, NStZ 1994, 532; *Eisenberg*, § 91 Rn. 34.
19 Zum Personalproblem: *Vehre, E.*, Vom Wärter zum Erzieher, 1982.

§ 44: Der Jugendstrafvollzug

Während im allgemeinen der Jugendstrafvollzug und der Vollzug der Freiheitsstrafe des Erwachsenenstrafrechts streng voneinander zu trennen sind, läßt das JGG zwei wichtige Ausnahmen zu:

a) An einem Verurteilten, der das 18. Lebensjahr vollendet hat und der sich für den Jugendstrafvollzug nicht eignet, kann die Jugendstrafe »nach den Vorschriften des Strafvollzuges für Erwachsene«, also in einer allgemeinen Strafanstalt, vollzogen werden (§ 92 II S. 1 u. 2 JGG)[20]. Diese Bestimmung schafft die Möglichkeit, die Jugendstrafanstalten von solchen Gefangenen zu entlasten, die durch aktiven oder passiven Widerstand und schlechten Einfluß auf die übrigen Gefangenen als Störer wirken oder aber nach ihrem fortgeschrittenen Entwicklungsstand auf die mehr jugendgemäßen Erziehungsmethoden nicht mehr ansprechen. Hat der Verurteilte das 24. Lebensjahr vollendet, so soll die Jugendstrafe stets nach den Vorschriften des Strafvollzuges für Erwachsene vollzogen werden (§ 92 II S. 3 JGG).

Beispiel: Ein 19jähriger wird wegen Mordes zu zehn Jahren Jugendstrafe verurteilt. Er verbüßt die ersten fünf Jahre seiner Strafe in der Jugendstrafanstalt. Falls nicht eine vorzeitige Entlassung zur Bewährung nach § 88 JGG erfolgt, muß mit der Vollendung des 24. Lebensjahres der Vollzug in einer Strafanstalt für Erwachsene fortgesetzt werden.

Da am 31. 3. 1991 22,2 Prozent aller zu Jugendstrafen Verurteilten, nämlich 1 110, aus dem Jugendstrafvollzug herausgenommen waren und ihre Strafe in Strafanstalten für Erwachsene verbüßten, scheint es, daß von der Herausnahmebestimmung des § 92 II 1 JGG ein allzu häufiger Gebrauch gemacht wird (vielleicht wegen des bisherigen Mangels an Haftplätzen in den Jugendstrafanstalten)[21].

Die unerwünschten Wirkungen zu häufiger Herausnahme werden gemildert, wenn die Jugendstrafe der Herausgenommenen, wie dringend erforderlich und in manchen Ländern üblich, in besonderen Jungmänneranstalten oder -abteilungen vollzogen wird.

Die Entscheidung über die Herausnahme aus dem Jugendvollzug und die Überweisung in den Erwachsenenvollzug trifft nicht etwa die Anstalt, sondern der als besonderer Vollstreckungsleiter fungierende Jugendrichter (§ 92 III JGG). Dieser bleibt auch weiterhin für die Vollstreckung zuständig, da die Strafe ungeachtet der anderen Verbüßungsweise auch weiterhin Jugendstrafe bleibt[22]. Der Gesichtspunkt der Vollzugsnähe kann aber die Abgabe der Vollstreckung an den Jugendrichter rechtfertigen, in dessen Bezirk die Erwachsenenanstalt liegt (85 V JGG)[23]. Sofern der Jugendliche oder Heranwachsende, der die Jugendstrafe im Erwachsenenvollzug verbüßt, gegen eine Maßnahme des Vollzugs Rechtsbehelfe geltend machen könnte, steht ihm – im Gegensatz zum normalen Jugendstrafvollzug – nicht der Antrag gem. §§ 23 ff. EGGVG, sondern der Antrag auf gerichtliche Entscheidung durch die Strafvollstreckungskammer gem. § 109 StVollzG zur Verfügung[24].

Wenn der Verurteilte das 24. Lebensjahr vollendet hat und der Strafvollzug voraussichtlich noch länger dauern wird, kann in besonderen Fällen der Vollstreckungsleiter die Vollstreckung einer Jugendstrafe endgültig an die nach den allgemeinen Vorschriften zuständige Vollstreckungsbehörde abgeben (§ 85 VI S. 1 JGG, s. oben § 43 II). Mit der Abgabe sind die Vorschriften der StPO und des GVG über die Strafvollstreckung anzuwenden (§ 85 VI S. 2 JGG). Die volle Anwendbarkeit des StVollzG ergibt sich dann von selbst.

---

20 Vgl. dazu *v. Klitzing, B.*, Die Lebensbewährung der aus dem Jugendstrafvollzug Ausgenommenen, Jur. Diss. Göttingen, 1964.
21 Vgl. *Böhm*, S. 210.
22 BGH 27, 329, 331.
23 BGH 30, 9.
24 BGH 29, 33; vgl. auch die Übersicht über die verschiedenen Rechtsbehelfe unten S. 242 ff.

Das formelle Jugendstrafrecht

b) Umgekehrt dürfen nach § 114 JGG in der Jugendstrafanstalt auch Freiheitsstrafen des allgemeinen Strafrechts an solchen Verurteilten, die das 24. Lebensjahr noch nicht vollendet haben und sich für den Jugendstrafvollzug eignen, vollzogen werden. Die Richtlinien zu § 114 (Nr. 2 Satz 1) bestimmen dazu, daß zu Freiheitsstrafe Verurteilte unter 21 Jahren regelmäßig in die Jugendstrafanstalt eingewiesen werden sollen.

Dies bedeutet, daß auch die meisten der nach Erwachsenenstrafrecht verurteilten Heranwachsenden in den Jugendstrafvollzug kommen sollen, so daß dessen Einzugsbereich erheblich weiter sein würde als es zunächst nach § 105 JGG scheinen könnte. Indessen lassen die Richtlinien zu § 114 (Nr. 2 Satz 2) auch zu, daß nach allgemeinem Strafrecht verhängte Freiheitsstrafen Heranwachsender in einer besonderen Abteilung für junge Gefangene der allgemeinen Strafanstalt vollzogen werden, falls eine solche besteht. Am 31. 3. 1990 waren es im gesamten Bundesgebiet nur 104 Gefangene, bei denen eine Freiheitsstrafe gem. § 114 JGG in der Jugendstrafanstalt vollzogen wurde. Nach Nr. 3 der Richtlinien soll ein zu Freiheitsstrafe Verurteilter, der das 21., aber noch nicht das 24. Lebensjahr vollendet hat, seine Strafe in der Regel in der Strafanstalt für Erwachsene verbüßen. Insgesamt scheint es, daß von der durch § 114 JGG eröffneten »Hereinnahme« in den Jugendstrafvollzug ungeachtet der Richtlinien wegen des bisherigen Mangels an Haftplätzen nur selten Gebrauch gemacht wird, eine Praxis, die sich nur dann rechtfertigen läßt, wenn wirklich in den Erwachsenenanstalten geeignete Sonderabteilungen für junge Männer bestehen, die eine dieser Altersgruppe gemäße Behandlung gewährleisten.

3. Statistik. Am 31. 3. 1991 befanden sich 3 889 junge Männer und Frauen im Jugendstrafvollzug. Hinzu kamen 1 110 Probanden, die gem. § 92 II JGG aus dem Jugendstrafvollzug ausgenommen waren. Im Langzeitvergleich ist dies ein relativ günstiger Wert. Seit Beginn der 70er Jahre war die Zahl erheblich angestiegen (Maximum am 31. 3. 1983: 7 239 allein im Jugendstrafvollzug). Von der Gesamtzahl des Jahres 1991 entfielen nur 288, also nur etwa 7,4 %, auf die Jugendlichen im Alter von 14 bis 18 Jahren, davon einer auf 14- bis 15jährige, 16 auf 15- bis 16jährige und 79 auf 16- bis 17jährige. Etwa die Hälfte, nämlich 1 758, befanden sich im Heranwachsendenalter von 18–21 Jahren, aber 1 844 schon im Alter von über 21 Jahren.

Die Zahlen zeigen, daß die Jugendgerichte mit der Verhängung und Vollstreckung von Jugendstrafen gegenüber Jugendlichen und insbesondere gegenüber 14- und 15jährigen mit Recht äußerst zurückhaltend sind, und daß der neuerdings oft erörterten Frage, ob die Jugendstrafe für 14- und 15jährige nicht ausgeschlossen[25] oder doch, wie die Jugendstrafvollzugskommission vorgeschlagen hat, soweit möglich in Heimen der Jugendhilfe vollzogen werden sollte, nur eine ganz geringe praktische Bedeutung zukommt. Andererseits ergibt sich aus jenen Zahlen, daß der Jugendstrafvollzug und seine Gestaltung in erster Linie auf die älteren Jahrgänge über 18 Jahre ausgerichtet sein muß, was wiederum zu der in der Reformdiskussion erörterten Frage führen muß, ob nicht gerade die Jugendlichen, für die die Jugendstrafanstalten ursprünglich bestimmt waren, dort heute unter kriminalpädagogischen Gesichtspunkten zu kurz kommen und in den von den Älteren entwickelten Subkulturen leicht unterdrückt werden.

III. Die Methoden des Jugendstrafvollzuges

1. Der Vollzug beginnt für den jungen Gefangenen regelmäßig in einer Eingangsabteilung, in der ein Anstaltspsychologe eine Diagnose seiner Persönlichkeit und auf deren Grundlage einen Vollzugsplan (§§ 6, 7 StVollzG, Nr. 3 VVJug) erstellt. Der mit dem Gefangenen zu erörternde *Vollzugsplan*[25a] ist maßgebend für seine Zuweisung in die für ihn geeignete Anstalt, falls in einem Land mehrere Jugendstrafanstalten bestehen, in die Wohn- und Behandlungsgruppe, für Schul- und Berufsausbildungsmaßnahmen, den

---

25 I. d. S. die Stellungnahmen im Sammelband von *Albrecht, P.-A./Schüler-Springorum, H.* (Hrsg.): Jugendstrafe an Vierzehn- und Fünfzehnjährigen, 1983.
25a Zur Bedeutung für den Jugendstrafvollzug: *Mey*, ZfStrVo 1992, 21.

Arbeitseinsatz, Vollzugslockerungen und alle weiteren Erziehungs- und Behandlungsmaßnahmen, bis zur Vorbereitung der Entlassung.
Das weitere Anstaltsleben vollzieht sich sodann für den Gefangenen im Rahmen einer regelmäßig von einem Sozialarbeiter oder Lehrer geleiteten *Erziehungsgruppe*. Bei der Zuweisung in die Gruppe soll nach unterschiedlichen Gesichtspunkten, so etwa Charakter, Intelligenz, Alter, Interessenrichtung, aber auch nach Art und Grad etwaiger Verhaltensstörung (z. B. Drogenabhängigkeit) differenziert werden. Die Größe dieser Gruppe ist ebenfalls je nach dem Personalbestand der Anstalt recht unterschiedlich, sollte aber keinesfalls allzu groß sein, da der meist ohnehin mit bürokratischen Verwaltungsarbeiten überlastete Erziehungsgruppenleiter sich sonst nicht genügend um den einzelnen kümmern kann, und die Gefahr der Bildung unkontrollierbarer und schädlicher »Subkulturen« der Gefangenen besteht[26].

In den modernen Anstaltsformen, die meist in verschiedene Unterkunftshäuser (Pavillonsystem) gegliedert sind, stehen den Gruppen selbständige Wohneinheiten mit Freizeit-, Dusch- und Nebenräumen sowie jedem Gefangenen ein kleiner eigener Haftraum zur Verfügung. Soweit noch alte, nach dem Zentralsystem errichtete Zellenbauten, dem Jugendstrafvollzug dienen, läßt sich eine solche Einteilung nur sehr behelfsmäßig und mangelhaft durchführen. Doch sollte jedenfalls als Mindestvoraussetzung eines erzieherischen Vollzuges die nächtliche Einzelunterbringung in einer Zelle gewährleistet sein[27].

Das früher praktizierte, progressive Vollzugssystem (Strafvollzug in Stufen), in welchem der Gefangene die ersten Monate in Einzelhaft verbrachte, sodann tagsüber in die Gemeinschaftshaft der zweiten Stufe aufrückte und bei besonderem Wohlverhalten in die mit Erleichterungen und Auflockerungen ausgestattete dritte Stufe aufsteigen konnte, ist in neuerer Zeit aufgegeben worden und weder in den bundeseinheitlichen Verwaltungsvorschriften noch im Entwurf eines Jugendstrafvollzugsgesetzes vorgesehen.

2. In § 91 II Satz 1 JGG werden recht summarisch »Ordnung, Arbeit, Unterricht, Leibesübungen und sinnvolle Beschäftigung in der freien Zeit« als Grundlage der Erziehung bezeichnet. Soweit in der Reihenfolge eine Rangordnung zum Ausdruck kommen soll, ist diese problematisch. Obwohl auch die Gewöhnung an Sauberkeit, Zucht und äußere Ordnung zu den Aufgaben des Jugendstrafvollzuges gehören, ist ihre Bedeutung doch im älteren Vollzug und wohl gelegentlich auch noch heute übersteigert worden (was z. B. in dem oft grotesken »Blank-Wienern« der Zellen- und Anstaltsfußböden zum Ausdruck kam).

Nach heutigem Verständnis gehören die erst in § 91 II S. 2 bis 4 JGG erwähnten Erziehungsaufgaben an die erste Stelle: sowohl die beruflichen Leistungen als auch die Ausbildung in den Lehrwerkstätten sind zu fördern, die seelsorgerische Betreuung zu gewährleisten[28]. Außerdem muß bei den Gefangenen das schulische Lerndefizit ausgeglichen werden, da sie nur selten über eine abgeschlossene Schulausbildung verfügen

---

26 Ebenso *Ostendorf*, ZfStrVo 1991, 86. Die verhängnisvollen Auswirkungen dieser Subkulturen, die den Erfolg aller Erziehungsbemühungen mehr oder minder vereiteln, werden eindrucksvoll geschildert in dem die damaligen Verhältnisse in einer süddeutschen Anstalt darstellenden Buch von *Hofmann, Th.*, Jugend im Gefängnis, 1967. Nicht minder eindrucksvoll die auf eigenem Erleben eines »Ehemaligen« beruhende Schilderung bei *Machura, G.*, Eine kriminelle Karriere, 1978. Eine Darstellung des »Knast-Alltags« aus der Sicht der Gefangenen selbst bietet das Buch von *Kersten, J./von Wolffersdorf/Ehlert, Chr.*, Jugendstrafe – Innenansichten aus dem Knast, 1980; siehe auch *Hürlimann, M.*, Führer und Einflußfaktoren in der Subkultur des Strafvollzugs, 1993; *Ortner, H.*, Hinter Schloß und Riegel, 1983; *Wattenberg*, ZfStrVo 1990, 37.
27 Zum Wohngruppenvollzug s. nur *Bruns, W.*, Theorie und Praxis des Wohngruppenvollzugs, 1989; *Bulczak*, ZblJugR 1980, 403; *Heilemann*, ZfStrVo 1986, 3; *Michelitsch-Traeger*, ZfStrVo 1991, 282.
28 Zur religiösen Erziehung s. *Koervers, H.-J.*, Jugendkriminalität und Religiosität, Erzw. Diss. Aachen, 1986.

Das formelle Jugendstrafrecht

und oft eine Lehre entweder überhaupt nicht angetreten oder vorzeitig abgebrochen haben[29]. Der Unterricht muß insbesondere auch Berufsschulunterricht sein und im übrigen in seiner Ausgestaltung den speziellen und meist recht unterschiedlichen Anforderungen dieser Schülerklientel angepaßt sein. Soweit es Intelligenz, Charakter und Ausdauer der Gefangenen gestatten – was leider bei vielen nicht der Fall ist – und die Strafdauer nicht zu kurz ist, sind die Anstalten mit Erfolg darum bemüht, ihnen die Möglichkeit zu geben, noch während der Strafverbüßung für den erlernten Beruf eine Gesellen- oder Facharbeiterprüfung abzulegen. Allerdings ist in vielen, insbesondere den kleinen Anstalten das Berufsausbildungsangebot nicht vielfältig genug, um allen Insassen zu gestatten, an die in der Freiheit erworbenen speziellen Berufskenntnisse und -fähigkeiten anzuknüpfen. Das ist der gravierendste Nachteil der kleineren Anstalten, die ansonsten den größeren bei der Bildung eines günstigen Erziehungsklimas wohl eher vorzuziehen sind. Obwohl es in der Natur des Gefängnisses liegt, daß in ihm nicht alle Arbeitssparten ausgeübt werden können, wäre auf diesem Gebiet zweifellos noch mehr zu erreichen, insbesondere durch verstärkte Nutzung externer Ausbildungsstätten. Viele Anstalten haben mit sog. »Freigängern« gute Erfahrungen gemacht, also mit zuverlässig ausgewählten Gefangenen, die tagsüber »draußen« eine ihren Fähigkeiten und Neigungen entsprechende Ausbildung oder Arbeit ausüben und nach Ende der Arbeitszeit in die Anstalt zurückkehren. Einige – freilich noch sehr ungesicherte – Befunde der Rückfallforschung deuten auf eine bessere Lebensbewährung derjenigen Probanden hin, die erfolgreich an einer beruflichen Bildungs- oder Ausbildungsmaßnahme teilgenommen haben[30].

Auch insoweit sie nicht der Ausbildung dient, sollte die *Arbeit* der Gefangenen gerade in der Jugendstrafanstalt nicht nur bloße monotone Beschäftigung sein und nicht nur fiskalischen Zwecken dienen. Noch mehr als im Erwachsenenvollzug kommt der von den Vollzugsreformen seit langem erhobenen, aber immer noch nicht verwirklichten Forderung eines angemessenen, den Verhältnissen in der Freiheit annähernd entsprechenden Entgelts für die Gefangenenarbeit besonders großes Gewicht zu, da nur dadurch dem jungen Gefangenen der Nutzen der Arbeit einsichtig gemacht, aber auch der vernünftige und sparsame Umgang mit dem Arbeitslohn beigebracht werden kann[31].

3. Da die meisten jungen Straffälligen gerade in ihrer *Freizeit* auf Abwege geraten sind, nennt § 91 II JGG mit Recht die Anleitung zu einer sinnvollen Nutzung der freien Zeit als eine der vordringlichen Aufgaben des Jugendstrafvollzuges. Naturgemäß kommt unter den Freizeitbeschäftigungen junger Menschen Sport und sportlichen Spielen eine erstrangige Bedeutung zu[32].

---

29 Zur Betreuung jugendlicher Analphabeten: *Rohwedder/Thiel*, ZfStrVo 1987, 221.
30 *Berckhauer/Hasenpusch*, Legalbewährung nach Strafvollzug, in: *Schwind, H.-D./Steinhilper, G.* (Hrsg.), Modelle zur Kriminalitätsvorbeugung und Resozialisierung, 1982, S. 281; *Dolde/Grübl*, ZfStrVo 1988, 29; *Mey*, ZfStrVo 1986, 265; *Ohle*, DVJJS, Heft 18, 1990, S. 402; *Pendon*, ZfStrVo 1992, 31 – gegen einen derartigen Zusammenhang: *Geissler, I.*, Ausbildung und Arbeit im Jugendstrafvollzug, 1991, S. 259; *dies.*, DVJJ-Journal 1991, 211. S. auch *Wirth*, Krim-Forschung 80, 1988, S. 419. Ausführliche Informationen zur beruflichen Bildung und Ausbildung im Jugendstrafvollzug bei *Stenger, H.*, Berufliche Sozialisation in der Biographie straffälliger Jugendlicher, 1984; s. auch *Fleck/Müller*, ZfStrVo 1984, 74.
31 Darüber und insbes. zur Einstellung zur Arbeit und deren Beurteilung aus der Sicht der jüngeren Gefangenen selbst *Sohns, E.-O.*, Die Gefangenenarbeit im Jugendstrafvollzug, 1973; siehe ferner *Wattenberg, H.-H.*, Arbeitstherapie im Jugendstrafvollzug, 3. Aufl. 1990.
32 Zum Problem des Sports im Jugendstrafvollzug s. noch *Kellerhals*, ZfStrVo 1982, 13; *Nickolai/Sperle*, ZfStrVo 1993, 162; *Nickolai, W./Rieder, H./Walter, J.* (Hrsg.), Sport im Strafvollzug, 1992; *Wolters*, ZfStrVo 1994, 20; *Weiß*, ZfStrVo 1988, 211; *Asselborn*, ZfStrVo 1991, 269.

§ 44: Der Jugendstrafvollzug

4. Da sich unter den jungen Gefangenen ein nicht unerheblicher Prozentsatz solcher befindet, deren Verhaltensstörungen auf neurotischen Fehlentwicklungen beruhen, hat man sich in neuester Zeit auch um den Einsatz *psychoanalytischer* und anderer *sozialtherapeutischer Behandlungsmethoden* bemüht. Da der psychotherapeutischen Einzelbehandlung im Strafvollzug aus finanziellen und sonstigen Gründen naturgemäß enge Grenzen gesetzt sind, kommt hier besonders die Gruppentherapie in Frage. Insgesamt ist jedoch auf diesem Gebiet die anfängliche Behandlungseuphorie einer vorsichtigeren Beurteilung gewichen, da man erkannt hat, daß nicht jeder Verhaltensgestörte therapiefähig und -bereit ist, sondern die Behandlung einen »Leidensdruck« und damit absolute Freiwilligkeit voraussetzt[33]. Inzwischen scheint als Behandlungsmaßnahme das *gemeinsame soziale Training* im Vordergrund zu stehen[34]. Neuerdings ist man auch um eine besondere Therapie bei jungen rechtsradikalen Straftätern bemüht[34a].
Relativ hilflos scheint man dem Problem der wachsenden Zahl ausländischer Gefangener gegenüberzustehen[34b]. Ein besonders großes Problem stellt in den Jugendstrafanstalten heute ferner die große Zahl *drogensüchtiger* Gefangener dar, die oft auch noch in der Anstalt mit hereingeschmuggelten Drogen ihrer Sucht erliegen und darüber hinaus andere Gefangene zum Drogenmißbrauch verleiten. Ein Mittel, mit dem dieser die gesamten Erziehungsbemühungen des Vollzuges in Frage stellenden Gefahr begegnet werden könnte, scheint bisher noch nicht gefunden zu sein[35].

5. Noch mehr als im Erwachsenenvollzug (§§ 10, 11 StVollzG) setzen die neuen Behandlungsmethoden im Jugendvollzug eine weitgehende *Auflockerung* und Öffnung der Mauern voraus, wofür § 91 III JGG schon bisher eine ausdrückliche gesetzliche Handhabe bot. Formen solcher Auflockerung sind neben den bereits erwähnten »Freigängern«[36] etwa Urlaubsgewährung, Besuch von Sportveranstaltungen und Spaziergänge außerhalb der Anstalt mit geeigneten Gefangenen, aber auch Besuche »freier« Sportvereine und studentischer oder sonstiger Betreuergruppen in der Anstalt, Pflege der Kontakte zu den Eltern und sonstigen Bezugspersonen der Gefangenen, mit ent-

---

33 *Hartmann, K.*, Theoretische und empirische Beiträge zur Verwahrlostenforschung, 1971; *Moser, T.*, Gespräche mit Eingeschlossenen, 1977; *Stephan/Werner*, ZfStrVo 1979, 138; Schlußbericht der Strafvollzugskommission, 1980, S. 30 ff.; *Tauss, R.*, Die Veränderung von Selbstkonzeptkomponenten im Inhaftierungsverlauf jugendlicher Strafgefangener, 1992.
34 Vgl. *Becker, K./Marggraf, J./Nuissl, E./Sutter, H.*, Leitfaden für das soziale Training, 1988; *Busch*, ZfStrVo 1987, 87; *Justizmin. Baden-Württemberg* (Hrsg.), Das soziale Training im Strafvollzug, 1983; *Heilemann*, ZfStrVo 1986, 3; *Hinrichs*, MschrKrim 1991, 17; *Nickolai, W.* u. a., Sozialpädagogik im Jugendstrafvollzug, 1985; *Otto, M.*, Praxis des sozialen Trainings, Curriculum für die Anwendung im Strafvollzug, 1986; *ders.*, Gemeinsam lernen durch soziales Training. 1988; *Rieger*, ZfStrVo 1986, 261; *Steller, M./Hommers, W./Zienert, H. J.* (Hrsg.), Modellunterstützendes Rollentraining (MURT), Verhaltensmodifikationen bei Jugenddelinquenz, 1978; *Sutter*, ZfStrVo 1987, 284; *Weidner, J.*, Anti-Aggressivitäts-Training für Gewalttäter, 1990; *Weidner/Wolters*, MschrKrim 1991, 210; *Weiß*, ZfStrVo 1991, 277. S. auch das Heft Nr. 27 der Krim.Päd., 1988, zum Thema »Soziales Training im Strafvollzug« mit Beiträgen von *Müller-Dietz, Busch, Steinhilper, Otto* u. a.; *Walkenhorst, Ph.*, Soziale Trainingskurse, 1989.
34a *Nickolai/Walter*, ZfStrVo 1994, 69; *Weiß*, ZfStrVo 1993, 231.
34b S. nur *Schütze*, DVJJ-Journal 1993, 381; *Walter*, DVJJ-Journal 1993, 245.
35 *Apitzsch*, ZfStrVo 1980, 95; *Brakhoff, H.* (Hrsg.), Drogenarbeit im Justizvollzug, 1988; *Brunner*, ZblJugR 1980, 415; *Claßen*, ZfStrVo 1982, 27; *Kreuzer*, NJW 1979, 1241; *Kühne*, MschrKrim 1984, 379; *Rieger*, ZblJugR 1981, 241; *Stromberg*, ZblJugR 1984, 121.
36 Vgl. u. a. *Bulczak*, ZfStrVo 1974, 32; *Busch*, ZfStrVo 1980, 11; *Schalt, Th.*, Der Freigang im Jugendstrafvollzug, 1977; *Stemmer-Lück*, ZfStrVo 1983, 272. Zu einer besseren Legalbewährung der Freigänger gelangt *Nolting, D.*, Freigänger im Jugendstrafvollzug, jur. Diss. Göttingen, 1985; negativer bzgl. des Selbstbildes der Freigänger: *Rieländer/Plass*, MschrKrim 1983, 111.

sprechender Nachbetreuung durch die Erzieher[37] und schließlich allgemein größere Freizügigkeit im Innern des Anstaltsbereiches[37a].

Einige Länder (z. B. Nordrhein-Westfalen in Hövelhof, Niedersachsen in Falkenrott und Göttingen, Bayern in Laufen-Lebenau) haben offene oder halboffene »Jugendlager« bzw. Anstalten eingerichtet, in denen junge Erstbestrafte und »Gestrauchelte« mit günstiger Prognose ihre Jugendstrafe verbüßen. Diese Lager ohne Mauern und Gitter nähern sich in ihrer baulichen Gestaltung und in der Art des Vollzuges den Erziehungsheimen[38]. Grundsätzlich ist eine Ausdehnung des »offenen Vollzuges«, der bessere pädagogische Möglichkeiten bietet, und die Insassen nicht der Freiheit und Eigenverantwortung völlig entwöhnt, anzustreben[38a]. Allerdings zeigen die Erfahrungen, daß selbst dann, wenn die Jugendstrafe in eine reine Erziehungsmaßregel umgewandelt werden sollte, der völlig offene Vollzug immer nur für einen begrenzten Teil der jugendlichen und heranwachsenden Zöglinge in Frage kommen würde.

Mit allen Arten der Vollzugslockerungen, die meist schon dadurch, daß sie einen besonderen Vertrauensbeweis darstellen, einen selbständigen pädagogischen Wert haben, hat man bisher meist gute Erfahrungen gemacht.

6. Obwohl Sicherungs- und Zwangsmaßnahmen sowie Hausstrafen im modernen Jugendstrafvollzug möglichst selten angewendet werden, kommt der Vollzug natürlich auch heute nicht ganz ohne sie aus. Die VVJug enthalten darüber in teilweiser Anlehnung an das Strafvollzugsgesetz eingehende Bestimmungen. Als Disziplinarmaßnahmen kommen insbesondere die Beschränkung von Freizeitaktivitäten und des Verkehrs mit der Außenwelt sowie der Arrest in Frage (Nr. 87 VVJug), der in der Unterbringung in einer Zelle, ohne Radio, Tabak usw., besteht[39]. Gegen die durch den Anstaltsleiter zu verhängende Arreststrafe kann der Gefangene gem. §§ 23 ff. EGGVG die gerichtliche Entscheidung des Oberlandesgerichts herbeiführen.

7. Mindestens ebenso wichtig, wenn nicht wichtiger als die Erziehungsarbeit des Vollzuges selbst ist für die spätere Bewährung in der Freiheit, daß der Gefangene nach der Entlassung in geordnete und günstige Umweltverhältnisse zurückkehrt[40]. Daher ist die Entlassung gerade auch in dieser Hinsicht sorgfältig vorzubereiten. Dabei müssen Anstalt, Bewährungshelfer, der bei vorzeitiger Entlassung von dem als Vollstreckungsleiter amtierenden Jugendrichter zu bestellen ist (§ 88 VI JGG), und zuständiger Jugendgerichtshelfer (§ 38 II Satz 8 JGG) zusammenwirken und sich in ihrer fürsorglichen Betreuung gegenseitig ergänzen. Der Vollstreckungsleiter soll seine Entscheidung so frühzeitig treffen, daß die erforderlichen Maßnahmen zur Vorbereitung des Verurteilten auf sein Leben nach der Entlassung durchgeführt werden können (§ 88 III S. 1 JGG). Zu dieser besonders ernst zu nehmenden Aufgabe der Entlassungsvorbereitung gehört etwa die Beschaffung von Wohnung und Arbeitsplatz[41], die Wiederanknüpfung der oft abgerissenen oder gestörten Beziehung zu den Eltern oder anderen Angehörigen, soweit von ihnen ein günstiger Einfluß zu erwarten ist, oft auch die Fühlungnahme mit Jugend-

---

37 Vgl. *Jürgensen/Rehn*, MschrKrim 1980, 231; *Wasielewski*, ZfStrVo 1984, 290.
37a Zu den Zusammenhängen zwischen Lockerungen und Haftverhalten s. *Grosch*, Krim-Forschung 90, Bd 1, S. 157.
38 *Wiesbrock, B.*, Probleme des offenen Jugendstrafvollzuges und seiner Bewährung, jur. Diss. Göttingen, 1971 (Jugendlager Falkenrott); *Reindl, R.*, Offener Jugendstrafvollzug als Sozialisationsorganisation, 1991 (Hameln und Groß-Gerau).
38a Zur derzeitigen Situation: *Dünkel*, NK 1994, Heft 3, S. 35.
39 Empirische Erkenntnisse hierzu bei *Walter, J.*, Mschrkrim 1993, 273; *Lambropoulou, E.*, Erlebnisbiographie und Aufenthalt im Jugendstrafvollzug, 1987.
40 Vgl. nur *Kury, H.*, Die Behandlung Straffälliger, 1987, S. 348; zur erhöhten Rückfallwahrscheinlichkeit bei Rückkehr in die alte Umgebung *Görken*, ZfStrVo 1987, 83.
41 Vgl. dazu *Degen*, RdJB 1973, 29; *Will*, DVJJS, Heft 18, 1990, S. 753.

§ 45: Strafregister, Erziehungsregister und Beseitigung des Strafmakels

verbänden, Sportvereinen oder hilfsbereiten Einzelpersonen, um dem jungen Gefangenen in der wiedergewonnenen Freiheit einen Halt zu verschaffen, der ihn vor erneutem Abgleiten schützt. Neuerdings gewinnt auch die Mithilfe bei der *Schuldenregulierung* bzw. bei einem Täter-Opfer-Ausgleich an Bedeutung[42].

§ 45 Strafregister, Erziehungsregister und Beseitigung des Strafmakels

I. Grundsätzliches

Mehr noch als im Erwachsenenstrafrecht wird der Gesetzgeber in der Frage der Registrierung jugendgerichtlicher Maßnahmen und Jugendstrafen vor einen schwer zu lösenden Interessenwiderstreit gestellt. Denn einerseits erfordert gerade das Jugendstrafrecht als Täterstrafrecht eine genaue Registrierung der Jugendstraftaten und ihrer Rechtsfolgen, weil nur so in späteren Strafverfahren gegen den gleichen Täter eine zutreffende Beurteilung seiner Persönlichkeit möglich ist. Ob Erziehungsmaßregeln oder Zuchtmittel ausreichen werden, ob »schädliche Neigungen« vorliegen und ob die Voraussetzungen einer Strafaussetzung zur Bewährung gegeben sind, das alles läßt sich nur beurteilen, wenn auf Grund eines Registereintrags zuverlässig festgestellt werden kann, ob der Jugendliche oder Heranwachsende bereits früher Straftaten begangen hat, welcher Art sie waren und welche Behandlungsmethoden damals versucht worden sind. Hinzu kommt das allgemeine Interesse der Öffentlichkeit, sich im sozialen und wirtschaftlichen Leben, etwa bei der Anstellung eines Bewerbers für einen Vertrauensposten, vor Personen zu schützen, die zu strafbaren Handlungen neigen. Andererseits begründet gerade der Registereintrag jene Fernwirkungen von Straftat und Strafe, die das vornehmliche Ziel des Jugendstrafrechts, die Resozialisierung des Täters, besonders gefährden. Seine Berufswahl und sein Fortkommen werden erheblich erschwert, manche seinen Neigungen und Fähigkeiten entsprechende Laufbahnen ihm ganz verschlossen. Nicht selten führt die Stigmatisierung zu schweren seelischen Belastungen, die den einmal Gestrauchelten zu neuen Straftaten veranlassen.

Die letztgenannten Umstände haben den Gesetzgeber bewogen, die Registrierung jugendstrafrechtlicher Rechtsfolgen in einer für den Verurteilten wesentlich günstigeren Weise zu regeln, als dies im Erwachsenenstrafrecht der Fall ist. Doch ist auch dem kriminalpolitischen Bedürfnis, dem Richter für eine spätere Persönlichkeitsbeurteilung registermäßige Unterlagen zu gewähren, in ausreichendem Maße Rechnung getragen. Insofern beruht die jugendstrafrechtliche Registerregelung auf einem wohlabgewogenen Kompromiß zwischen jenen beiden widerstreitenden Gesichtspunkten.

Die gesetzliche Grundlage des gesamten strafrechtlichen Registerrechts ist seit dem Jahre 1972 das Bundeszentralregistergesetz (BZRG).

II. Strafregister

1. **Vermerk im Strafregister.** In dem zentralen Strafregister in Berlin, das an die Stelle der früheren, bei den einzelnen Staatsanwaltschaften geführten Register getreten ist, werden aus dem Bereich des Jugendstrafrechts nur vermerkt (§ 4 BZRG)

---

[42] Vgl. *Best* in: *Schwind-Steinhilper* (Hrsg.) a. a. O. (oben Fußn. 30), S. 221; *Kühne*, ebenda, S. 203; *Busch, M./Krämer, E.*, Strafvollzug und Schuldenproblematik, 1988; *Kreuzer/Freytag*, Krim-Forschung 80, 1988, S. 465; *Wandrey/Delattre*, in: TOA intern, 1994, Heft 4, S. 23.

Das formelle Jugendstrafrecht

a) rechtskräftige Verurteilungen zu Jugendstrafe (und zwar auch bei Strafaussetzung zur Bewährung);

b) Nebenstrafen, Nebenfolgen und Maßregeln der Besserung und Sicherung, soweit sie nach §§ 6 und 7 JGG im Jugendstrafrecht zulässig sind (also z. B. Fahrverbot und Entziehung der Fahrerlaubnis);

c) ein Schuldspruch nach § 27 JGG.

Der Registrierung von Erziehungsmaßregeln und Zuchtmitteln dient ein besonderes Erziehungsregister (unten IV). Nur in den relativ seltenen Fällen, in denen mit Jugendstrafe bzw. mit dem Schuldspruch nach § 27 JGG Erziehungsmaßregeln oder Zuchtmittel verbunden werden (z. B. Weisungen oder Auflagen), werden auch diese im Strafregister vermerkt (§ 5 II BZRG).

2. **Führungszeugnis.** Jeder Person, die das 14. Lebensjahr vollendet hat, wird auf eigenen Antrag ein Zeugnis über den sie betreffenden Inhalt des Zentralregisters erteilt (z. B. zum Zweck der Stellenbewerbung, Einstellung als Beamter, bei der Meldung zu staatlichen Prüfungen). Auch Behörden können unter bestimmten Voraussetzungen ein solches Führungszeugnis erhalten (§§ 30, 31 BZRG). Während grundsätzlich alle in das Strafregister eingetragenen Strafen in das Führungszeugnis aufgenommen werden müssen, wird diese Regel durch eine Reihe gesetzlich festgelegter Ausnahmen durchbrochen (§ 32 II BZRG), hinsichtlich derer die Jugendlichen und die nach Jugendstrafrecht verurteilten Heranwachsenden in mehrfacher Hinsicht günstiger als die Erwachsenen gestellt werden. Es werden nämlich nicht in das Führungszeugnis aufgenommen (§ 32 II Nr. 2–4 BZRG)

a) Schuldsprüche nach § 27 JGG;

b) Verurteilungen zu Jugendstrafe von nicht mehr als 2 Jahren, wenn Strafaussetzung zur Bewährung bewilligt und nicht widerrufen worden ist (d. h. also, solange die Bewährungszeit noch läuft, sowie auch dann, wenn die Strafe nach erfolgreichem Ablauf der Bewährungszeit erlassen worden ist);

c) Verurteilungen zu Jugendstrafe, wenn der Strafmakel als beseitigt erklärt und diese Beseitigung nicht widerrufen worden ist (vgl. dazu u. III).

Eine weitere Besserstellung ergibt sich bei der Jugendstrafe aus der **Abkürzung der Fristen,** nach denen auch in anderen als den in § 32 BZRG aufgeführten Fällen eine Verurteilung nicht mehr in das Führungszeugnis aufgenommen wird. Diese beträgt nämlich nur 3 Jahre (statt wie in allen anderen Fällen 5 Jahre) bei

a) Jugendstrafen von nicht mehr als einem Jahr ohne Strafaussetzung;

b) Jugendstrafen von mehr als 2 Jahren, wenn die Reststrafe nach Ablauf der Bewährungszeit erlassen worden ist (§ 34 I Nr. 1 BZRG).

Zentralregistereintragungen, die in das Führungszeugnis nicht aufgenommen werden, dürfen nur einem streng begrenzten, in § 41 BZRG genau bezeichneten Kreis von Behörden, darunter insbesondere Gerichten und Staatsanwaltschaften für Zwecke der Rechtspflege und Verfolgung von Straftaten, nicht aber anderen Ämtern oder gar Privatpersonen mitgeteilt werden.

Durch diese neuen Bestimmungen über das Führungszeugnis ist also die frühere Institution der »beschränkten Auskunft aus dem Strafregister« ersetzt worden. Denn auch auf diese Weise wird sichergestellt, daß in den angeführten weniger gravierenden Fällen die Verurteilung entweder überhaupt nicht oder doch nur in den ersten 3 Jahren im Führungszeugnis erscheint und dadurch einem weiteren Behörden- und Personenkreis bekannt werden kann.

3. **Tilgung.** Nach Ablauf bestimmter Fristen werden Registereintragungen über Verurteilungen getilgt. Auch bei der Festsetzung der Tilgungsfristen sind zur Erleichterung der Resozialisierung die zu Jugendstrafe Verurteilten günstiger als die Erwachsenen gestellt (§ 46 BZRG). Die Tilgungsfrist beträgt 5 Jahre

a) bei Jugendstrafe von nicht mehr als einem Jahr,

b) bei Jugendstrafe von nicht mehr als 2 Jahren, wenn Strafaussetzung oder Entlassung zur Bewährung bewilligt ist oder die Reststrafe nach Ablauf der Bewährungszeit erlassen wird,

c) ohne Rücksicht auf die Dauer der Jugendstrafe, wenn der Strafmakel durch Richterspruch als beseitigt erklärt worden ist (vgl. unten III).
In allen anderen Fällen erfolgt bei Jugendstrafen die Tilgung nach 10 Jahren.

Beispiel: Bei einem 19jährigen, der wegen Mordversuchs nach § 105 I Nr. 1 JGG zu 6 Jahren Jugendstrafe verurteilt worden ist, erfolgt die Tilgung nach 10 Jahren. Wäre er nach Erwachsenenstrafrecht zu 6 Jahren Freiheitsentzug verurteilt, würde die Tilgung erst nach 15 Jahren erfolgen.

4. **Rechtswirkungen der Tilgung.** Nach erfolgter Tilgung oder Ablauf der Tilgungsfrist dürfen Tat und Verurteilung den betroffenen Jugendlichen und Heranwachsenden im Rechtsverkehr nicht mehr vorgehalten und zu ihrem Nachteil verwendet werden (Verwertungsverbot, § 51 BZRG), z. B. nicht als strafschärfender Umstand bei einer späteren Verurteilung des rückfälligen Täters (BGH StrVert 1984, 22), wobei dann freilich auch die erheblichen Nachteile der Regelung für eine an der Täterpersönlichkeit orientierte Strafzumessung zutage treten[1]. Auch darf sich der Verurteilte dann als unbestraft bezeichnen und braucht den der Verurteilung zugrundeliegenden Sachverhalt (z. B. den von ihm begangenen Raub) nicht zu offenbaren. Letzteres gilt auch schon vor der Tilgung für solche Verurteilungen, die nach dem oben (zu 2) Ausgeführten nicht in das Führungszeugnis aufzunehmen sind (§ 53 I Nr. 1 BZRG, beachte aber die Einschränkung in Absatz II!).

III. Die Beseitigung des Strafmakels

1. **Zweck.** Die starren Fristen, an die das Gesetz die Tilgung des Strafmakels knüpft, werden in vielen Einzelfällen noch als zu lang erscheinen. Das gilt namentlich dann, wenn ein jugendlicher Entwicklungstäter besondere Nachteile im Berufsleben (z. B. bei einer erstrebten Anstellung im öffentlichen Dienst) durch eine Verurteilung wegen einer Straftat zu befürchten hat, die in einem von ihm nunmehr überwundenen Pubertätsstadium wurzelt, aber auch dann, wenn ein junger Straffälliger das Unrecht seiner Tat durch einen besonders wertvollen sozialen Einsatz (z. B. eine Lebensrettung unter eigener Gefahr) wettgemacht hat. Für Fälle dieser Art sieht das JGG die vorzeitige Rehabilitation (§ 97 ff. JGG) vor. Ihr zusätzlicher erzieherischer Wert liegt darin, daß sie dem Verurteilten einen besonderen Anreiz gibt, sich durch einwandfreie Lebensführung und positive Leistung auszuzeichnen, um sich eine solche Vergünstigung zu verdienen.

---

1 Vgl. insoweit die Kritik bei *Dreher*, JZ 1972, 618; vgl. auch *Dreher/Tröndle*, § 46 Rn. 24 a und b.

Das formelle Jugendstrafrecht

2. Voraussetzungen. Das Gesetz sieht in § 100 JGG und in § 97 JGG zwei Fälle der jugendrichterlichen Beseitigung des Strafmakels vor:

a) Der Richter hat von Amts wegen den Strafmakel für beseitigt zu erklären, wenn die Jugendstrafe oder ein Strafrest bei einer Verurteilung zu nicht mehr als 2 Jahren nach Aussetzung zur Bewährung erlassen wird (§ 100 JGG). Hier ergibt sich also die Beseitigung des Makels bereits als gleichsam automatische, aber besonders auszusprechende Nebenfolge des Straferlasses, ohne daß es außer dem einwandfreien Verlauf der Bewährungszeit einer besonderen positiven Leistung bedürfte[2].

b) In allen anderen Fällen, also auch, wenn der Jugendliche seine gesamte Strafe verbüßt hat, erfolgt die Beseitigung des Strafmakels durch Richterspruch, wenn der Jugendrichter die Überzeugung erlangt, der zu Jugendstrafe Verurteilte habe sich durch einwandfreie Führung als rechtschaffener Mensch erwiesen. Die Anordnung kann erst 2 Jahre nach Verbüßung oder Erlaß der Strafe ergehen, es sei denn, daß der Verurteilte sich als der Beseitigung besonders würdig gezeigt hat (§ 97 I und II JGG).
»Rechtschaffenheit« im Sinne des § 97 II JGG ist mehr als nur ein straffreies Verhalten. Sie erfordert vielmehr eine positive Bewertung des Verurteilten in seiner Stellung zur Gemeinschaft und eine eindeutige Überwindung seiner in der Tat hervorgetretenen Mängel.

Die Voraussetzungen der Beseitigung sind in diesem zweiten Fall in einem gerichtlichen Verfahren festzustellen, das von Amts wegen oder auf Antrag des Verurteilten, des gesetzlichen Vertreters, eines Erziehungsberechtigten, des Staatsanwalts oder der Jugendgerichtshilfe einzuleiten ist. Bei den Ermittlungen ist insofern besondere Vorsicht geboten, als die Nachforschungen über die Lebensführung des Verurteilten seine Vorstrafe nicht erst eigentlich bekannt machen dürfen (z. B. bei dem Lehrherrn oder den Arbeitskameraden, die vielleicht bisher von ihr nichts wußten), weil sie sonst mehr Schaden als Nutzen anrichten würden. Das gilt insbesondere dann, wenn das Verfahren vom Richter von Amts wegen oder auf Antrag des Jugendamts eingeleitet wird.
Weitere Einzelheiten über das Verfahren und die Zuständigkeiten regelt § 98 JGG. Die Entscheidung erfolgt durch Beschluß, der auch auf Aufschub der endgültigen Entscheidung um höchstens 2 Jahre lauten kann. Gegen den Beschluß ist sofortige Beschwerde zulässig (§ 99 JGG).
3. Der Beschluß über die Beseitigung des Strafmakels ist in das zentrale Strafregister einzutragen (§ 13 I Nr. 5 BZRG). Im übrigen ergeben sich seine rechtlichen Wirkungen aus dem, was oben (II 2) über das Führungszeugnis ausgeführt wurde. In dieses Zeugnis wird die Strafe nicht mehr aufgenommen und über sie nur noch den Strafgerichten und Staatsanwaltschaften für ein Strafverfahren gegen den Betroffenen Auskunft erteilt (§ 41 III BZRG). Der Rehabilitierte darf sich als unbestraft bezeichnen und braucht nicht Auskunft über Tat und Strafe zu geben (§ 53 BZRG).
Wichtiger als die rechtlichen Grundlagen werden oft die moralisch-psychologischen Wirkungen der richterlichen Rehabilitation sein. Als positive Anerkennung der Rechtschaffenheit stärkt sie das gefährdete Selbstvertrauen des Betroffenen, hilft bei der Beseitigung von Minderwertigkeitsgefühlen, die auf Grund der Verurteilung entstanden waren, und stellt auch äußerlich eine soziale Stellung wieder her.

4. Widerruf. Bei erneuter Verurteilung wegen eines Verbrechens oder eines vorsätzlichen Vergehens widerruft der Richter die Beseitigung des Strafmakels (§ 101 JGG). Insofern stellt diese also gleichsam eine »Tilgung auf Probe« bis zum Ablauf der gesetzlichen Tilgungsfristen dar.

IV. Das Erziehungsregister

Erziehungsmaßregeln und Zuchtmittel, namentlich auch Jugendarrest, werden im Strafregister grundsätzlich nicht vermerkt. Andererseits ist es unumgänglich, auch diese

---

2 Strafmakelbeseitigung tritt ein, selbst wenn Vollstreckung einer anderen Strafe noch zur Bewährung ausgesetzt ist, AG Höxter ZfJ 1988, 97.

§ 45: Strafregister, Erziehungsregister und Beseitigung des Strafmakels

Maßnahmen irgendwie zu registrieren, damit sich Jugend- und Vormundschaftsgericht in späteren Straf- und Erziehungsverfahren über die Persönlichkeit des Betroffenen und die früher bereits gegen ihn angeordneten Maßnahmen sicher informieren können. Diesem Zweck dient das bei dem Bundeszentralregister in Berlin geführte *besondere Erziehungsregister*, das an die Stelle der früheren *»gerichtlichen Erziehungskartei«* getreten ist. Im Erziehungsregister werden die Entscheidungen der Jugendgerichte vermerkt, durch die Erziehungsmaßregeln oder Zuchtmittel angeordnet werden, außerdem aber auch Freisprüche und das Absehen von der Verfolgung nach §§ 45, 47 JGG u. dgl. (§ 60 BZRG). Wesentlich ist, daß über die in das Erziehungsregister aufgenommenen Vermerke *nur* den Strafgerichten, den Vormundschaftsgerichten, der Staatsanwaltschaft und den Jugendämtern Auskunft erteilt werden darf, nicht aber anderen Behörden und Privatpersonen, also auch nicht der Polizei. Eintragungen in das Erziehungsregister und die ihnen zugrundeliegenden Sachverhalte braucht der Betroffene nicht zu offenbaren (§ 64 I BZRG). Damit wird erreicht, daß dem Jugendlichen aus dem Vermerk keine Nachteile erwachsen, die dem Sinn dieses Registers widersprechen würden. Eintragungen in das Erziehungsregister werden entfernt, sobald der Betroffene das 24. Lebensjahr vollendet hat, es sei denn, daß im Strafregister eine Verurteilung zu Freiheitsstrafe, Strafarrest oder Jugendstrafe oder eine freiheitsentziehende Maßregel (z. B. Entziehungsanstalt) eingetragen ist (§ 63 BZRG).

(Vereinfachte) Übersicht über Rechtsbehelfe i. Z. mit Folgeentscheidungen bei der Durchführung von Freiheitsstrafe, Jugendstrafe, Jugendarrest und U-Haft

	Vollstreckung (Ob) -Definition s. § 3 I StVollstrO	Vollzug (Wie)
Freiheitsstrafe bei Erwachsenen und Heranwachsenden, auf die das allgemeine Strafrecht angewandt worden ist	geregelt in: §§ 449–463 d StPO **Vollstreckungsbehörde:** StA, § 451 StPO – dort grundsätzlich Rechtspfleger, § 31 II RPflG (Ausnahmen in auf § 31 II 2 RPflG gestützter BegrenzungsVO) Für wichtige Fälle sieht StPO sofortige gerichtliche Entscheidung vor: z. B.: – Nachträgliche Entscheidungen bei Strafaussetzung zur Bewährung (wie Änderung der Bewährungsauflagen oder Widerruf der Strafaussetzung), § 453 StPO – Aussetzung des Strafrests, § 454 StPO Dabei ist wie folgt zu differenzieren: (1) Entscheidungen nach §§ 453, 454, 454 a, 462 StPO, wenn Verurteilter sich in Strafhaft[1] (nicht U-Haft!) befindet oder wenn bereits begonnener Vollzug ausgesetzt oder unterbrochen worden ist (z. B. bei Strafrestaussetzung, § 454 StPO) **Zuständiges Gericht:** Strafvollstreckungskammer, § 462 a I StPO; installiert beim Landgericht, § 78 a GVG[2] **Rechtsmittel:** Beschwerde oder – i. d. R. – sofortige Beschwerde (s. z. B. §§ 453 II, 454 II, 462 III StPO) **Beschwerdeinstanz:** OLG (keine VollstrK!), § 121 I Nr. 2 GVG (2) Entscheidungen nach §§ 453 ff., 462, wenn die Voraussetzungen von (I) nicht vorliegen, also der Verurteilte sich auf freiem Fuß befindet und kein Fall einer unerledigten, teilweise verbüßten Freiheitsstrafe gegeben ist. **Zuständiges Gericht:** Gericht des 1. Rechtszuges, § 462 a II 1 StPO **Rechtsmittel:** Beschwerde bzw. sofortige Beschwerde (s. z. B. §§ 453 II 2, 462 III StPO) **Beschwerdeinstanz:** Das nächsthöhere Gericht, §§ 73 I, 121 I Nr. 2, 135 II GVG (3) Entscheidungen der StA – Über Einwendungen gegen Maßnahmen des Rechtspflegers entscheidet StA, § 31 VI RPflG – bestätigt StA, muß differenziert werden	geregelt in: StVollzG, VVStVollzG (Bundeseinheitl. Verwaltungsvorschriften zum Strafvollzugsgesetz), DSVollz (Dienst- und Sicherheitsvorschriften zum Strafvollzugsgesetz), StVollstrO (Strafvollstreckungsordnung) **Vollzugsleiter:** Anstaltsleiter **Rechtsmittel:** Gegen Anordnungen des Anstaltsleiters (nach h. M. auch gegen die eigenverantwortlich handelnden sonstigen Vollzugsbediensteten) kann Antrag auf gerichtliche Entscheidung gem. § 109 StVollzG gestellt werden **Zuständiges Gericht:** Über Antrag entscheidet gem. § 110 StVollzG die Strafvollstreckungskammer **Widerspruchsverfahren:** § 109 III StVollzG gibt den Ländern die Möglichkeit, ein Widerspruchsverfahren als Zulässigkeitsvoraussetzung für den Antrag nach § 109 StVollzG einzuführen. Dies ist in B-W, Bre, Hmbg, NdS, NRW und Schl-H geschehen. **Rechtsmittel** gegen Entscheidung der StrVollstrK: Rechtsbeschwerde gem. § 116 StVollzG **Zuständiges Gericht:** OLG, § 117 StVollzG

---

[1] Vollstreckungsentscheidung muß nicht dieselbe Sache betreffen, wegen der der Verurteilte in Haft ist.
[2] Ausnahme: Bei Vollstreckung eines erstinstanzlichen OLG-Urteils OLG selbst zuständig, § 462 a VI StPO.

	Vollstreckung (Ob) -Definition s. § 3 I StVollstrO	**Vollzug** (Wie)
Fortsetzung Freiheitsstrafe	(a) Bei Einwendungen gegen Zulässigkeit der Strafvollstreckung (§ 458 I 2. Alt. StPO) oder Einwendungen gegen Entscheidungen i. S. v. § 458 II StPO ist Entscheidungskompetenz der StrVollstrK oder des Gerichts des 1. Rechtszuges gegeben (§ 462 a I und II StPO) – Zur Abgrenzung der Zuständigkeit: s. oben (1) und (2) – Rechtsmittel: wie oben bei (1) und (2). (b) Im übrigen gibt es gem. § 21 StVollstrO eine Beschwerde zum Generalstaatsanwalt. Führt diese nicht zum Erfolg, so kann Antrag auf gerichtliche Entscheidung durch Strafsenat des OLG gem. §§ 23 ff. EGGVG gestellt werden. **Zu beachten:** Beschwerde nach § 21 StVollstrO muß vorab erhoben werden, da sie einen förmlichen Rechtsbehelf i. S. v. § 24 II EGGVG darstellt (h. M.)	

Jugendstrafe	**geregelt in:** §§ 82–85, 88, 89, 92, 110 JGG
	Vollstreckungsleiter: Jugendrichter, §§ 82 I, 84 JGG (zur örtlichen Zuständigkeit: bei Vollstreckung von Jugendstrafe wird **Vollstreckungsleiter** am Ort der Jugendstrafanstalt zuständig, § 85 II JGG)
	(1) Die grundlegenden Entscheidungen des Vollstreckungsleiters werden von § 83 I JGG zu **richterlichen** Entscheidungen erklärt, und zwar
	  (a) alle Aufgaben der Strafvollstreckungskammer gem. § 462 a StPO
	  (b) Aussetzung des Strafrests, § 88 JGG
	  (c) Ausnahme vom Jugendstrafvollzug, § 92 III JGG
	– in den in § 83 II JGG genannten Fällen entscheidet Jugendkammer anstelle des Jugendrichters
	Rechtsmittel: i. d. R. sofortige Beschwerde, § 83 III JGG
	Beschwerdegericht: Jugendkammer, §§ 41 II S. 2 JGG i. V. m. 73 I GVG; bei Entscheidung der Jugendkammer nach § 83 II JGG: OLG, § 121 I Nr. 2 GVG
	(2) Soweit es sich um Vollstreckungsmaßnahmen handelt, die nicht in § 83 I JGG aufgeführt sind, liegen vom Richter erlassene **Justizverwaltungsakte** vor (z. B. Ladung).
	Rechtsmittel: Beschwerde zum GenStA (§ 21 StVollstrO); führt diese nicht zum Erfolg, Antrag auf gerichtliche Entscheidung durch Strafsenat des OLG gem. §§ 23 ff. EGGVG.
		geregelt in: §§ 91, 92, 110, 115 JGG, 94–101, 176, 178 StVollzG, Richtlinien zum JGG, VVJuG
		Vollzugsleiter: Anstaltsleiter, § 92 I JGG
		Rechtsmittel: Antrag auf gerichtliche Entscheidung durch Strafsenat des OLG gem. §§ 23 ff. EGGVG
		Merke: wird gem. § 92 II JGG Jugendstrafe im Erwachsenenvollzug vollzogen, so Antrag auf gerichtliche Entscheidung gem. § 109 StVollzG (BGHSt 29, 33).
		Es gilt dann Vollzugsrecht des Erwachsenenstrafvollzuges, also insbesondere das StVollzG (§ 92 II 2 JGG)

	Vollstreckung (Ob) -Definition s. § 3 I StVollstrO	**Vollzug** (Wie)
Fortsetzung Jugendstrafe	(3) Nachträgliche Entscheidungen über Strafaussetzung zur Bew. und Folgeentscheidungen bei erfolgter Strafaussetzung zur Bewährung, wie z. B. Änderung der Bewährungsauflagen oder Widerruf der Strafaussetzung (§§ 22, 23, 26, 26 a JGG) sind in den §§ 57–60 JGG gesondert geregelt. Zuständig ist das Gericht, das die Aussetzung angeordnet hat, § 58 III 1 JGG (kann auch Berufungsgericht sein!) – zu beachten: Möglichkeit der Übertragung der Entscheidung an Jugendrichter des Aufenthaltsortes, § 58 III 2 JGG **Rechtsmittel:** Beschwerde, § 59 II JGG, bei Bewährungswiderruf sofortige Beschwerde, § 59 III JGG. **Beschwerdegericht:** Jugendkammer, §§ 41 II S. 2 JGG i. V. m. 73 I GVG, oder OLG, § 121 I Nr. 2 GVG. (4) Für Folgeentscheidungen bei erfolgter Aussetzung der Vollstreckung des Restes der Jugendstrafe (z. B. Widerruf) gelten die §§ 58, 59 II–IV, 60 JGG (oben Ziff. 3) entspr. (§ 88 VI S. 3 JGG) **aber:** An die Stelle des erkennenden Richters tritt der Vollstreckungsleiter (§ 88 VI S. 2 JGG). **Merke:** Der Jugendrichter bleibt Vollstreckungsleiter, wenn Jugendstrafe gem. § 92 II JGG im Erwachsenenstrafvollzug vollzogen wird, also gilt z. B. bei Entsch. über Aussetzungen des Strafrestes der § 88 JGG (BGH 27, 329); Ausnahmen s. § 85 VI JGG.	
Jugendarrest	geregelt in: §§ 82–87, 110 JGG **Vollstreckungsleiter:** Jugendrichter §§ 82 I, 84 JGG (1) Die grundlegenden Entsch. des Vollstreckungsleiters sind **richterliche** Entscheidungen (§§ 83 I, 112 c III JGG), und zwar insbesondere – nachträgliche Umwandlung von Freizeitarrest in Kurzarrest, § 86 JGG – Absehen von (zumeist weiterer) Vollstreckung, § 87 III JGG **Rechtsmittel:** sofortige Beschwerde, § 83 III JGG (2) Die übrigen Vollstreckungsmaßnahmen sind **Justizverwaltungsakte** (z. B. Ladung) **Rechtsmittel:** Beschwerde zum GenStA (§ 21 StVollstrO), dann Antrag auf gerichtliche Entscheidung durch OLG gem. § 23 ff. EGGVG	**geregelt in:** §§ 90, 110, 115 JGG, JAVollzO **Vollzugsleiter:** Jugendrichter am Ort des Vollzugs, § 90 II S. 2 JGG **Rechtsmittel:** Antrag auf gerichtliche Entscheidung durch OLG gem. §§ 23 ff. EGGVG

	Vollstreckung (Ob) - Definition s. § 3 I StVollstrO	**Vollzug** (Wie)
Untersuchungshaft bei Erwachsenen	geregelt in: §§ 36 II, 112 ff. StPO, insbesondere § 119 StPO **Erlaß des Haftbefehls:** durch Haftrichter, § 125 StPO **Vollstreckungsbehörde:** StA, § 36 II StPO **Rechtsbehelfe:** – Antrag auf Haftprüfung § 117 I StPO oder – Beschwerde gegen Haftbefehl bzw. jeweils letzte Entscheidung über Haftdauer, § 304 I StPO – **zu beachten:** Kumulationsverbot, § 117 II 1 StPO	**geregelt in:** § 119 StPO, §§ 94–101, 177, 178 StVollzG, UVollzO Zuständigkeit für Vollzugsanordnungen: – gem. § 119 VI StPO werden die nach § 119 StPO gegenüber **dem einzelnen** U-Häftling erforderlichen Maßnahmen vom Haftrichter (§ 125 StPO) angeordnet – Anordnungen, die die **äußere** Anstaltsordnung betreffen, erläßt der Anstaltsleiter **Rechtsbehelfe gegen Anordnungen des Haftrichters:** Beschwerde gem. § 304 StPO, **nicht** weitere Beschwerde nach § 310 StPO, da nur Modalität der Haft angesprochen **Rechtsbehelfe gegen Anordnungen des Anstaltsleiters:** – handelt es sich um Angelegenheit, die unter § 119 VI StPO fällt, entscheidet der Richter (so auch Nr. 75 I UVollzO) – im übrigen Antrag auf gerichtliche Entsch. gem. § 23 ff. EGGVG (Nr. 75 III UVollzO)
Untersuchungshaft bei Jugendlichen	geregelt in: §§ 72 JGG, 2 JGG i. V. m. 112 ff. StPO **Erlaß des Haftbefehls:** durch Jugendrichter § 125 StPO, § 34 I JGG (auch bei Hw § 107 JGG) **Vollstreckung** durch Jugendrichter, § 72 III JGG **Rechtsbehelfe:** – Haftprüfung § 117 I StPO oder – Beschwerde § 304 I StPO (wie bei Erwachsenen)	**geregelt in:** §§ 93 JGG, 2 JGG i. V. m. 119 StPO, §§ 94–101, 177, 178 StVollzG, UVollzO **Rechtsbehelfe:** gegen Maßnahmen, die unter § 119 VI StPO fallen: Beschwerde – nicht weitere Beschwerde **Rechtsbehelfe gegen die übrigen Vollzugsmaßnahmen:** Antrag auf gerichtliche Entsch. gem. §§ 23 ff. EGGVG.

Übersicht über das wichtigste Schrifttum

1. Kommentare zum JGG 1953:

Brunner, R., Jugendgerichtsgesetz, 9. Aufl., 1991
Eisenberg, U., Jugendgerichtsgesetz mit Erläuterungen, 6. Aufl., 1995
Dallinger, W./Lackner, K., Jugendgerichtsgesetz, 2. Aufl., 1965
Ostendorf, H., Kommentar zum Jugendgerichtsgesetz, 3. Aufl., 1994
Potrykus, G., Kommentar zum Jugendgerichtsgesetz, 4. Aufl., 1955
Diemer, H./Schoreit, A./Sonnen, B.-R., Kommentar zum JGG, 1. Aufl., 1992

2. Grundrisse:

Albrecht, P.-A., Jugendstrafrecht, 2. Aufl. 1993
Böhm, A., Einführung in das Jugendstrafrecht, 2. Aufl., 1985
Herz, R., Jugendstrafrecht, 2. Aufl., 1987
Mrozynski, P., Jugendhilfe und Jugendstrafrecht, 1980;

s. ferner die Lehrbücher zum StGB und zur StPO:
Baumann, J./Weber, U., Strafrecht, Allgemeiner Teil, 9. Aufl., 1985
Beulke, W., Strafprozeßrecht, 1994
Jescheck, H.-H., Lehrbuch des Strafrechts, Allgemeiner Teil, 4. Aufl., 1988
Maurach, R./Gössel, K.-H./Zipf, H., Strafrecht Allgemeiner Teil, Teilband 2, 7. Aufl., 1989
Peters, K., Strafprozeß, 4. Aufl., 1985
Roxin, C., Strafrecht Allgemeiner Teil, Band I, 2. Aufl., 1994

Zur Jugendkriminologie s. die allgemeinen Lehrbücher der Kriminologie, insbesondere:
Albrecht, H.-J., Kriminologie, 1995 (erscheint demnächst)
Eisenberg, U., Kriminologie, 3. Aufl., 1990
Göppinger, H., Kriminologie, 4. Aufl., 1980
Kaiser, G., Kriminologie (großes Lehrbuch), 2. Aufl., 1988
Kaiser, G., Kriminologie (Taschenbuchausgabe), 9. Aufl., 1993
Kunz, K.-L., Kriminologie, 1994
Schneider, H.-J., Kriminologie, 1987
Schwind, H.-D., Kriminologie, 6. Aufl., 1995

3. Sonstige besonders wichtige Lernhilfen:

Eisenberg, U., Kriminologie, Jugendstrafrecht, Strafvollzug, Fälle und Lösungen zu Grundproblemen, 4. Aufl., 1994
Jung, H., Fälle zum Wahlfach Kriminologie, Jugendstrafrecht, Strafvollzug, 2. Aufl., 1988
Kaiser, G./Schöch, H., Kriminologie, Jugendstrafrecht, Strafvollzug (Juristischer Studienkurs), 4. Aufl., 1994
Nothacker, G., 30 Entscheidungen aus der Rechtsprechung zum Jugendstrafrecht, 1987
Schneider, H.-J., Prüfe Dein Wissen: Kriminologie, 3. Aufl., 1992
Schneider, H.-J., Prüfe Dein Wissen: Jugendstrafrecht, Wirtschaftsstrafrecht, Strafvollzug, 3. Aufl., 1992

Sachregister

Die Ziffern bezeichnen die Seiten

Abänderung jugendstrafrechtlicher Maßnahmen
- Auflagen 106
- Bewährungsauflagen – Weisungen 136, 141, 223
- Erziehungsbeistandschaft 100 f.
- Heimerziehung 198
- Jugendarrest 223
- Weisungen
  s. auch Aussetzung der Reststrafe zur Bewährung und Strafaussetzung zur Bewährung

Abgabe der Vollstreckung an das Erwachsenengericht 222
Abolitionismus 34, 226
Absehen von Strafe 63
Absehen von der Verfolgung 10, 184 f., 186 ff., 218
Adhäsionsprozeß 212
Akteneinsicht der Verletzten 213
Akzeleration 50 ff.
Allgemeine Vorschriften 41, 157, 218
Alkoholismus 65, 77, 93 f.
Alter der Tatverdächtigen 8
Altersstufen 4, 19, 38, 43 ff., 58
- Problem des Schwergewichts 58 f.
Ambulante Maßnahmen 32, 63, 86 ff., 186 ff.
Amtsrichter als Jugendrichter 150 ff., 220 ff.
Anhörungsrechte 166, 176, 200
Anklage 184 ff.
Anlage, Umwelt und Persönlichkeit 3 ff., 14 ff.
Anrechnung von Untersuchungshaft 211
Anstaltsunterbringung zur Beobachtung 182 ff.
Anwendungsbereich des JGG
- persönlicher 38 f.
- sachlicher 40
Anwesenheit des Angeklagten in der Hauptverhandlung 199, 219
Arbeiterwohlfahrt – Jugendrechtskommission 30
Arbeitsauflage 31, 105, 193
Arbeitslosigkeit (als Kriminalitätsursache) 16
Arbeitsweisung 87 f., 193
Arrest siehe Jugendarrest
Aufklärungsquote 11, 18
Aufhebung jugendstrafrechtlicher Maßnahmen siehe Abänderung

Auflagen
- Arbeitsauflage 31, 105, 193
- Bewährungsauflagen 136 ff., 141
- Entschuldigung 105
- Geldauflage/Geldbuße 32, 63 f.
- Grundsätze 104 f.
- spätere Abänderung 106
- Täter-Opfer-Ausgleich 105, 192 ff.
  (siehe auch Weisungen)
- Überwachungsfunktion der Jugendgerichtshilfe 180
- Wiedergutmachung 105
Ausländer 16 f., 165
Ausnahmen vom Jugendstrafvollzug 231
Ausschließung des Angeklagten aus der Verhandlung 199, 219
Ausschluß der Öffentlichkeit 164, 198 f., 219
Aussetzung der Jugendstrafe zur Bewährung
  s. Strafaussetzung zur Bewährung
Aussetzung des Restes der Jugendstrafe 126 f.
Aussetzung der Verhängung der Jugendstrafe
- Entwicklung und kriminalpolitische Ziele 129 ff.
- Voraussetzungen 139 f.
- Bewährungszeit, Unterstellungszeit 141
- Verhängung der Jugendstrafe 141 f.
- Verbindung mit Erziehungshilfe gem. § 12 Nr. 2 JGG 143
- Verfahren 217
- Problem des Einstiegsarrests 142 f.
- Tilgung des Schuldspruchs 141 f., 217
  s. auch Bewährungshilfe

Bagatellkriminalität 1 ff., 9, 82 f., 128, 185, 186 ff., 212
Bedingte Verurteilung 129 ff., 134 ff.
Behandlungsideologie (vollzug) 33 f., 225 ff.
Beistand 172
- des Verletzten bei Zeugenvernehmung 213
  s. auch Verteidigung
Bekanntgabe der Verurteilung 64
Benachteiligungsverbot im Verfahren 149, 153, 185, 189
Berufsverbot 67, 82
Berufung 157, 203 ff.
Beschleunigtes Verfahren 212, 219
Beschlußverfahren, nachträgliches 215

Sachregister

Beschuldigter
- Vernehmung im Vorverfahren 182
- als Verfahrensbeteiligter 164 f.

Beschwerde 157, 223
- sofortige Beschwerde 86, 113, 223

Beseitigung des Strafmakels 108, 239 f.
Besondere Verfahrensarten 212 ff.
Besonderer Vollstreckungsleiter 221
Bestimmtheitsgebot 69, 80
Betreute Wohnform
 s. Erziehungshilfe gem. § 12 Nr. 2 JGG
Betreuungsweisung s. Weisungen
Beugearrest 85 f., 106, 111, 195, 197
Bewährung
 s. Bewährungshilfe, Strafaussetzung zur Bewährung und Rückfälligkeit
Bewährungsauflagen s. Auflagen
Bewährungsaufsicht 28 f., 143 ff.
Bewährungshelfer 66, 130 f., 144 ff., 182, 200
- Aufgaben und rechtliche Stellung 144
- Anhörung in der Hauptverhandlung 200

Bewährungshilfe 126 f., 135 ff., 141, 146 ff.
 s. auch Strafaussetzung zur Bewährung
Bewährungsplan 216 f.
Bewährungsstatistik s. Rückfall
Bielefelder Informationsmodell 191
Borstal-System 25
Brücke-Projekt 87

Carolina (1532) 22
Community treatment 187

Dauerarrest 109 ff.
DDR s. neue Bundesländer
Discernement 44
Disziplinarvorgesetzter
- Anhörung in der Hauptverhandlung 200
- Zuständigkeit bei Erziehungshilfe 101
 s. auch Soldaten

Diversion 11, 32, 186 ff.
- Diversion im engeren/weiteren Sinn 187
- kriminalpolitische Zielsetzung 186 ff.
- durch Polizei 187, 191
- durch den Staatsanwalt im Vorverfahren 184 ff., 191 ff.
- durch Staatsanwalt ohne Einschaltung des Jugendrichters 191 ff.
- durch Staatsanwalt unter Einschaltung des Jugendrichters 194 ff.
- Einstellung durch den Richter nach Erhebung der Anklage 196 f.
- Rolle der Jugendgerichtshilfe 191 f.
- Ermahnung 193 f.
- rechtsstaatliche Bedenken bzgl. § 45 II JGG 193

- Statistik 189
- Täter-Opfer-Ausgleich 91 f., 105, 192 f.
- heilerzieherische Behandlung 93 f.
- Verhältnis der §§ 45, 47 JGG zu den §§ 153 ff. StPO 185
- Vorbewährung 195
- vorläufige Einstellung 195, 197
- Wiederaufnahme des Verfahrens 194, 195, 196 f.

Drogensüchtige 16, 77, 94, 235
Dunkelfeldforschung 9 f., 30, 186

Ehrenamtliche
- Bewährungshelfer 145
- Betreuungshelfer 89
- Erziehungsbeistände 100 f.
- Jugendgerichtshelfer 174 f.

Einheitsprinzip (Prinzip der einheitlichen Maßnahmen) 72 ff., 121 f.
Einigungsvertrag s. neue Bundesländer
Einsichtsfähigkeit 40, 45 ff.
Einspurigkeit freiheitsentziehender Rechtsfolgen 76
Einstellung des Verfahrens s. auch Diversion 184 ff., 186 ff.
Einstiegsarrest 142 f.
Einstweilige Unterbringung in einem Heim der Jugendhilfe 209 f.
Einziehung 64
Elterliches Erziehungsrecht 1, 82, 93
Elternrechte im Verfahren 165 f., 218
Entfernung des Angeklagten
 s. Jugendstrafverfahren
Entlassung zur Bewährung 126 f., 143 f., 215 ff., 223
Entschädigung des Verletzten s. auch Auflagen 213, 219
Entschuldigung 91 f.
Entwicklung der Jugendkriminalität 11 ff.
Entwicklungskriminalität 6 f., 89
Entziehung der Fahrerlaubnis 66 f., 77
Entziehungsanstalten 65 f., 77, 212
Entziehungskur 65 f., 89 f.
Erfolg jugendstrafrechtlicher Maßnahmen
 s. Rückfälligkeit
Erlaß der Jugendstrafe 137 f., 223
Ermahnung s. auch Diversion 104, 195
Ermittlungsbericht der Jugendgerichtshilfe 177 f.
Ermittlungshilfe 177 ff.
Ermittlungsverfahren s. Jugendstrafverfahren
Eröffnungsbeschluß 197
Erwachsenengerichte
- Jugendliche und Heranwachsende vor Erwachsenengerichten 160 f.

Sachregister

- Zuständigkeit von BGH und OLG 169
Erziehung in einer Einrichtung über Tag und Nacht und sonstigen betreuten Wohnform s. Erziehungshilfe gem. § 12 Nr. 2 JGG
Erziehungsaufgaben im Jugendstrafvollzug 232 f.
Erziehungsbeistandschaft 49 f., 76, 99 f.
Erziehungsberechtigter
- als Verfahrensbeteiligter 165, 218
- Zustimmung bei Sanktionsverhängung 81, 93, 95 f.
Erziehungsfunktion des Verfahrens 27 f., 148
Erziehungsgedanke 27, 33, 80, 115 f., 117, 121 f., 124, 125, 126 f., 134, 148 f., 163, 169, 211, 226, 229 f.
- im Jugendstrafvollzug 226
- Gegensatz von Erziehung und Strafe 3, 28 f., 35, 75 f., 80, 117
- Kollision mit rechtsstaatlichen Grundsätzen 35
- Konfliktlage des Verteidigers 167 f.
- Kritik 33, 121 f., 149, 226
Erziehungsheim s. Erziehungshilfe gem. § 12 Nr. 2 JGG
Erziehungshilfe durch den Disziplinarvorgesetzten 101
Erziehungshilfe gem. § 12 Nr. 2 JGG 94 ff.
- Ausschluß bei Heranwachsenden 49 f.
- Verbindung mit Erziehungsbeistandschaft 76 f.
- Verbindung mit Jugendarrest 76
- Voraussetzungen der Hilfe 96 f.
- Bewährungsstatistik 99
- Durchführung und Beendigung 97 f.
- Grundsätze und historische Entwicklung 94 f.
Erziehungskurse 108 f.
Erziehungsmaßnahmen des Vormundschaftsrichters s. Vormundschaftsrichter
Erziehungsmaßregeln 46, 63, 68, 78 ff.,
- Wesen und allgemeine Voraussetzungen 78 f.
- Verbindung mit anderen Rechtsfolgen 76 f.
Erziehungsmethoden
- des Jugendarrestvollzugs 112 f.
- des Jugendstrafvollzugs 232 ff.
Erziehungsregister 98, 184 f., 237 ff., 240 f.
Erziehungszweck der Jugendstrafe 115 ff.
Erziehungsziel 1, 134
Evaluationsforschung 33, 187, 226

Fahrverbot 64
Familie (Rolle bei Ursachen der Jugendkriminalität) 4 f., 11 f., 14 f.
Formloses richterliches Erziehungsverfahren s. Diversion

Frauen als Jugendschöffen 154
Frauenkriminalität 13
Freigänger 234
Freiwillige Erziehungshilfe 95
Freizeitarrest 109, 112
Frühkriminelle Rückfalltäter 6 f., 70 f.
Führerscheinentzug 66 f., 77
Führungsaufsicht 66, 145
Führungszeugnis 138, 238 f.
Fürsorgeerziehung 94 f.
Fürsorgerische Betreuung 180

Gastarbeiter s. Ausländer
Gaststättenverbot 79 f.
Geldauflage 106
Geldstrafe 106
Gemeinsames Jugendschöffengericht 150 f.
Generalprävention 126, 134, 187, 226
Gerichtsaufbau 150 ff., 162
Gerichtsgeher 175 f., 179
Gerichtsstände 158
Gesamtstrafenbildung, nachträgliche 74 f.
Geschichte des Jugendstrafrechts 22 ff.
Gesetzlicher Vertreter 165, 218
Geständniszwang 194
Getrennte Aburteilung mehrerer Straftaten in verschiedenen Alters- und Reifestufen 59 f., 62
Gewaltkriminalität 20
Gleichzeitige Aburteilung mehrerer Straftaten in verschiedenen Alters- und Reifestufen 58 ff., 62
Grundsatz der Verhältnismäßigkeit 68 f., 79, 82 f., 96, 106, 110, 118, 183, 208
Gruppendelinquenz 16 f.

Haftentscheidungshilfe 177, 210
Hafturlaub 229
Haftverschonung 210
Hamburger Modell 210
Handlungsfähigkeit 40, 44, 45 f.
Hauptverfahren 197 ff.
Hauptverhandlung 198 ff.
Heilerzieherische Behandlung 93 f.
Heimerziehung
- als Erziehungshilfe gem. § 12 Nr. 2 JGG 94 ff.
- als Weisung 80, 84
s. auch Vormundschaftsrichter
Hemmungsvermögen 44
Heranwachsender
- Änderung des Strafrahmens 46
- Anwendung des materiellen Jugendstrafrechts bei Heranwachsenden 33, 38, 48 ff., 55 ff.

249

Sachregister

- Begriff 38
- kriminalpolitische Kritik an gesetzlicher Regelung 56 f.
- Mitwirkungsrechte des Verletzten im Verfahren 218 f.
- Reformforderungen 27 f.
- Reifegrad 49
- Strafrahmen bei Jugendstrafe 123 f.
- Verfahren 218 f.
- vor Erwachsenengerichten 160 f.
- Zulässigkeit des Strafbefehls 218 f.
- Zuständigkeit des Jugendrichters als Einzelrichter 156

Hilfe für junge Volljährige 89 f., 97
Höchstmaß der Jugendstrafe 124

Idealkonkurrenz 45, 73
In dubio pro reo 41, 43, 53, 140
Individualprävention s. Spezialprävention
Instanzenzug s. Rechtsmittel
INTEG-Modell (Mönchengladbach) 192
Intellektuelle Entwicklung des Heranwachsenden 51
Intensivtäter 7, 121 ff., 128, 224
Internationale Kriminalistische Vereinigung (IKV) 25 f.

Jugendämter 26, 39, 97 ff., 154, 174 f.
Jugendarrest
- Alternativen 87 f., 90, 107 f.
- Anrechnung von Untersuchungshaft 211
- Anwendungsbereich 110 f.
- Ausgestaltung des Arrestvollzuges 111 ff.
- bei Nichtbefolgung von Weisungen und Auflagen 85 f., 106, 111, 136 f.
- bei Soldaten 114
- Formen (Freizeitarrest, Kurzarrest und Dauerarrest) 109 f.
- kriminalpolitische Zielsetzung 107 ff.
- Kritik an Vollzugspraxis 112
- rechtspolitische Kritik 108
- Rückfallstatistik 114
- Verbindung mit Erziehungshilfe gem. § 12 Nr. 2 JGG 76
- Vollzug 111 ff.
- Vollstreckung 113 f.
Jugendgerichte s. auch Jugendstrafverfahren 148 ff.
Jugendgerichtsbewegung 24 ff., 48, 123, 224
Jugendgerichtsgesetz, Entstehungsgeschichte 26 ff.
Jugendgerichtshilfe 173 ff.
- Anhörungspflicht des Gerichts 176 f.
- Betreuungsaufgaben 180
- Betreuungsweisungen 88 f., 180

- Datenschutz 179
- Ermittlungsbericht 178 f.
- Ermittlungshilfe 177 ff.
- Mitwirkung bei Untersuchungshaft 177 f., 210
- Mitwirkung bei Entlassungsvorbereitung 236
- Problem des »Gerichtsgehers« 176, 179
- Reformforderungen 180 f.
- Rolle bei der Diversion 191 f.
- Rolle im Jugendstrafverfahren 163 f.
- Täter-Opfer-Ausgleich 192
- Träger und Rechtsstellung im Prozeß 174 ff.
- Überwachungsfunktionen bei Weisungen und Auflagen 180

Jugendgerichtstage 26, 30, 57
Jugendgerichtsverfassung 9, 148 ff.
Jugendhilfe 78, 94 ff.
Jugendhilfeausschuß 154
Jugendhilferecht
- Dualismus von Jugendhilferecht und BGB 26
- Neuregelung des Kinder- und Jugendhilferechts (KJHG 1990) 30, 78, 96
Jugendhilferechtsentwürfe 30 f., 180 f.
Jugendkammer 150 ff., 157
Jugendkriminalität
- Deliktsgruppen 17 ff.
- Entwicklung 9 ff.
- Konflikt- und Notkriminalität 17, 118
- typische Begehungsweise 15 ff.
- Ubiquität 10 ff., 30, 37, 104, 186 f.
- Umfang 9 ff.
- Ursachen 3 ff., 14 ff.
Jugendkriminalpolizei 155, 182
Jugendliche
- Begriff 38, 43, 51
- Verfahren 163 ff., 214 f.
Jugendpsychologische Richtlinie zu § 105 JGG s. Marburger Richtlinien
Jugendliche vor Erwachsenengerichten 160
Jugendrichter 148 ff., 156, 221
Jugendrichterliche Verfügung 215
Jugendschöffen 150, 154
Jugendschöffengericht 150, 154, 156
Jugendstaatsanwalt 46, 93, 154 f., 181
Jugendstrafanstalt 224
Jugendstrafe
- allgemeine Grundlagen/Voraussetzungen 114 ff.
- Anrechnung von Untersuchungshaft 211
- Dauer und Bemessung 122 f.
- rechtspolitische Kritik 121 f.
- Rückfallstatistik 127 f.
- schädliche Neigungen als Voraussetzung 118 f., 120
- Schwere der Schuld als Voraussetzung 119 f.

Sachregister

- Statistik zur Verhängung 115
- unbestimmte Jugendstrafe 28, 31, 122 f.
- Verbindung mit anderen Rechtsfolgen 76
- Vollzug 224 ff.
- Vollstreckung 220 ff.

Jugendstrafrecht
- Geschichte 22 ff.
- Voraussetzungen der Anwendung 67 ff.
- Wesen und Aufgabe 1 ff.

Jugendstraftat (Begriff) 63

Jugendstrafverfahren
- Anhörung des Disziplinarvorgesetzten in der Hauptverhandlung 200
- Anwesenheit des Angeklagten in der Hauptverhandlung 199, 219
- Ausschluß der Öffentlichkeit 164, 198 ff., 219
- Bedeutung von Sachverständigen 164
- besondere Rechte weiterer Verfahrensbeteiligter 200
- Ermittlungsverfahren 163
- Eröffnungsbeschluß für das Hauptverfahren 197
- Hauptverhandlung 198 ff.
- rechtspolitische Problematik 168 ff.
- Reform der Hauptverhandlung (Tatinterlokut, Modell »Runder Tisch«) 202
- Rolle der Jugendgerichtshilfe 163 f.
- Vereidigung von Zeugen und Sachverständigen 200, 219
- vereinfachtes Verfahren 164
- Verhältnis zum allgemeinen Strafverfahren 163 f.
- Verkürzung des Rechtsmittelzuges 164
- Verlesung des Ermittlungsberichts der Jugendgerichtshilfe 179

Jugendstrafvollzug 224 ff.
Jugendverfehlung 40 f., 50 ff., 55 f., 116
Jugendwohlfahrtsgesetz 26, 30, 79, 95, 100
Jugendwohlfahrtsverbände 89

Kinder 38 f.
Kinder- und Jugendhilfegesetz (KJHG 1990) s. Jugendhilferecht
Kleinkriminalität s. Bagatellkriminalität
Kölner Richtlinien zur notwendigen Verteidigung 170 f.
Kostenentscheidung 201 f.
Krankhafte seelische Störungen 44, 126
Kriminalitätsbelastungsziffer 14, 16
Kriminalstatistik 7 ff., 13 ff., 56
Kulturkonflikt 17, 52
Kurzarrest 109, 112
kurzfristige Freiheitsstrafen 107 f., 113, 122, 123 f., 129

Labeling-approach 11, 187
Legalbewährung s. Rückfälligkeit
Legalitätsprinzip 184 f., 187
Linksextremismus 20
Liszt, Franz von 25

Mädchenkriminalität 12
Marburger Programm (1882) 25
Marburger Richtlinien (1954) 52 f.
Massenmedien 15
Maßregeln der Besserung und Sicherung nach allgemeinem Strafrecht 65, 77
Mehrere Straftaten in verschiedenen Reifestufen 58 ff., 159
Mehrfaktorenansatz 72
Mehrfachtäter 6 f., 121, 128 f., 224
Milderes Gesetz 41 f., 53
Minder schwerer Fall nach Erwachsenenstrafrecht 125

Nachträgliche Gesamtstrafenbildung 74 f.
Nebenfolgen 64
Nebenklage 213, 219
Nebenstrafen und Nebenfolgen 64, 77
Nebenstrafrecht 40
Neoklassizismus 33, 35, 149
net-widening-effect 188
Neue Bundesländer
- Begriff der Verfehlungen 40
- Einigungsvertrag 36
- Gesellschaftliche Gerichte 157, 186
- Jugendstrafrecht in den neuen Bundesländern 36 f., 40, 67, 102
Neurotische Fehlentwicklung 93, 118
Nothing works 33, 226
Notwendige Verteidigung 168 ff.

Oberlandesgericht
- Zuständigkeit in Jugendstrafsachen 160, 203
Offener Vollzug 227, 230
Öffentliche Ersatzerziehung 94 f.
Öffentlichkeit der Verhandlung 164, 198 f., 219
Örtliche Zuständigkeit 158
Opfer im Verfahren 200, 213, 219
Opferschutzgesetz 213
Opportunitätsprinzip 102, 184
Ordnungswidrigkeiten 40, 215
Ostdeutschland s. neue Bundesländer
Österreichisches Jugendstrafrecht 37, 88, 134

Personalunion von Jugendrichter und Vormundschaftsrichter 153
Personensorgerecht 79
Persönlichkeit des Täters 3, 49, 51 ff., 68, 73, 125, 164, 173, 182, 212, 218

251

Sachregister

Persönlichkeitserforschung 140, 149, 173, 178, 183 f.
Pflichtverteidiger 171
Polizei als Verfahrensbeteiligte 164 f.
Presse in der Hauptverhandlung 198
Privatklage 212, 219
Probation 130 f., 140
Prognosen 69 ff., 133, 139, 177, 183
– intuitive Prognose 69 ff.
– klinische Prognose 69 ff.
– wissenschaftliche Prognosetabellen 69 ff.
Prozeßsubjekte 164 ff.
Psychiatrisches Krankenhaus 47, 65, 77
Psychopathie 6, 53, 93
Psychotherapeutische Behandlung 93
Psychotherapie 93
Pubertät 4 ff., 19, 46, 49, 51 ff., 55

Realkonkurrenz 45, 59, 73
Rechtsbehelfe gegen vollstreckungs- und vollzugsrechtliche Entscheidungen 86, 113 f., 220 ff., 242 ff.
Rechtsextremismus 20
Rechtsfolgesystem des Jugendstrafrechts 63 ff.
Rechtskraft 196 f., 222
Rechtsmittel 149 f., 164 f., 203 ff.
Rechtsmittelverzicht 165
Rechtsstaatsgarantie 34, 149, 193
Reform des JGG 28 ff., 57, 97, 121 ff., 134, 180 f., 202, 227 f.
Reformatio in peius 42, 132, 204, 205 ff.
Registerrecht 185, 237 f.
Rehabilitation 239
Reifegrad, Reifestufen 3 f., 38 f., 43 ff., 49 ff., 173, 183
Reststrafaussetzung zur Bewährung 126 f.
Retardierung 52, 55
Revision 151, 176, 203 ff.
Richtlinien zum JGG 37 f.
Richter bei den Jugendgerichten 152 ff.
Rückfälligkeit 2, 7, 33, 69 ff., 110, 118, 133, 226
– nach Diversionsmaßnahmen 187 f.
– nach Heimerziehung 99
– nach Jugendarrest 114
– nach Jugendstrafe 127 f.
– nach Strafaussetzung zur Bewährung 131 f.
Runder-Tisch-Modellprojekt 202

Sachliche Zuständigkeit 155 ff.
Sachverständiger
– Bedeutung im Jugendstrafverfahren 164
– Begutachtung im Vorverfahren 182 f.
Sanktionsarten 63 ff.
Sanktionsstatistik 65
Schadenswiedergutmachung 36, 91 f., 105, 190

Schädliche Neigungen 85, 110, 117 ff., 140
s. auch Jugendstrafe
Schiedsstellen der Gemeinden 157, 186
Schrittmacherfunktion des Jugendstrafrechts 26, 130
Schuld, Schwere der Schuld 117, 119 ff.
Schuldenregulierung 89, 237
Schuldfähigkeit 43 ff., 49, 77, 197
– Verhältnis des § 3 JGG zu §§ 20, 21 StGB 43 f., 47 f.
Schuldgrundsatz, -vergeltung 117 ff., 124
s. auch Erziehungsgedanke und Tatprinzip
Schuldinterlokut 202
Schuldspruch 139 f., 215 f.
Schule, Kriminalitätsursache 16
Schutz der Menschenwürde 149
Schutzaufsicht 100
Schwachsinn 44, 47 f., 49, 53 f., 93, 119
Schwere der Schuld 103, 110, 114, 117 ff., 126
s. auch Jugendstrafe
Schwergewicht bei mehreren Straftaten 59
Schwurgericht 157
Sexuelle Entwicklungsschwierigkeiten 19
Sicherungsverwahrung 67
Sittliche Reife 1 ff., 43 ff., 51 ff.
Sofortige Beschwerde 113 f., 223
Soldaten
– Anhörung des Disziplinarvorgesetzten in der Hauptverhandlung 200
– Anwendung des JGG 39
– Bewährungshilfe 40, 147
– Erziehungsbeistandschaft 39
– Erziehungshilfe durch den Disziplinarvorgesetzten 101
– Jugendarrest 40, 114
– Weisungen 80, 200
Sonderstrafrecht für junge Täter 1, 20 ff.
Sozialer Trainingskurs 31, 89 f.
Soziales Training im Strafvollzug 235
Sozialgesetzbuch 78
Sozialisation 4, 9, 102
Sozialpädagogik 27
Sozialprognose bei Strafbemessung 125 f.
Sozialtherapeutische Behandlungsmethoden im Vollzug 234 f.
Sperre für die Erteilung einer Fahrerlaubnis 65
Spezialprävention 6, 9, 34, 53, 121, 134, 187
Staatsanwaltschaft als Verfahrensbeteiligte 164
Staatsschutzkammer 160
Stationäre Maßnahmen 63, 116
Statistik über die Kriminalität Jugendlicher und Heranwachsender 11 ff.
Stigmatisierung 10 f., 95, 116, 121, 187, 237
Strafaussetzung zur Bewährung 28, 31

Sachregister

- Abgrenzung zur Aussetzung der Verhängung der Jugendstrafe 140
- Anwendungsbereich/Voraussetzungen 133 f.
- Bewährungsaufsicht (-hilfe) 135, 143 ff.
- Bewährungsplan 216 f.
- Bewährungszeit 135
- Entwicklung und kriminalpolitische Ziele 130 f.
- Erlaß der Jugendstrafe 137 f.
- prozessuale Besonderheiten 215 ff.
- Rechtsnatur 132 f.
- Unterstellungszeit 135
- Verfahren 215 ff.
- Vorbewährung 138 f., 195 f., 215
- Weisungen und Auflagen für die Bewährungszeit 135 ff.
- Widerruf der Strafaussetzung 137 f.

Strafausspruch 139 f., 224
Strafbefehlsverfahren 212, 219
Strafbemessung bei der Jugendstrafe 124 ff.
Strafkumulation 74 f.
Strafmilderung bei Heranwachsenden 50
Strafmündigkeit 40, 43, 49
- Folgen fehlender Strafmündigkeit 46 f.
- Strafmündigkeitsalter 38 f.

Strafrahmen des allgemeinen Strafrechts 50, 67 f., 123
Strafrahmen des Jugendstrafrechts 123 f.
Strafregister 103, 237 ff.
Strafunmündigkeit von Kindern 38
Strafvollzug s. Jugendstrafvollzug
Strafzwecke 124 f.
Stufenstrafvollzug 233
Subsidiäre Anwendung des allgemeinen Strafrechts 41
Subsidiaritätsprinzip 33, 41, 95, 97, 103, 110, 134, 184, 208
Sühnezweck der Strafe s. auch Tatprinzip 1, 114, 125

Täter-Opfer-Ausgleich 36, 92, 105, 192
  s. auch Auflagen, Diversion und Weisungen
Täterpersönlichkeit s. Persönlichkeit des Täters
Täterstrafrecht 1 ff., 24 ff., 67 ff., 72 f., 105, 116, 148 f.
Tatinterlokut 202
Tatprinzip 30, 69, 116, 123
  s. auch Grundsatz der Verhältnismäßigkeit
Tatschuld 121 f., 124
Tatverdächtigenstatistik 18
Teilverbüßung
- der Jugendstrafe 126 f.
- Bewährungsregelung s. auch Abänderung 143 f.

Teilvollstreckung 206 f.
Tiefenpsychologische Theorien 6, 93
Tiefgreifende Bewußtseinsstörung 44
Tilgung des Schuldspruchs 141 f., 216
Tilgung im Strafregister 239
Trainingskurs, sozialer
  s. sozialer Trainingskurs
Trennung von Strafsachen 159

Überwachung von Weisungen 85, 180
Überweisung an den Vormundschaftsrichter 201
Ubiquität s. Jugendkriminalität
Umweltbedingungen 3, 49, 108, 118
  s. auch Jugendkriminalität (Ursachen)
Unbestimmte Jugendstrafe 31, 122 f.
Ungehorsamsarrest 85 f., 106, 110 f., 195, 197
Unmittelbarkeit der Beweisaufnahme 163, 179 f., 214
Unterbringung in einem psychiatrischen Krankenhaus 47, 65 f., 77
- einstweilige Unterbringung in einem Erziehungsheim zur Beobachtung 184, 209 f.
Unterbringung in einer Entziehungsanstalt 65, 77, 212
Unterricht
- im Jugendarrestvollzug 112
- im Jugendstrafvollzug 233 f.
Untersagung der Berufsausübung 67, 82
Untersuchungshaft 207 ff.
Urlaub aus der Haft 229
Ursachen der Jugendkriminalität 4 ff., 14 ff.
Urteil 200 ff., 218

Verantwortlichkeit s. Reifegrad, Strafmündigkeit
Verbindung von Strafsachen gegen Jugendliche und Erwachsene 158 ff.
Verbindung verschiedener Rechtsfolgen 75 ff.
Verbot der Schlechterstellung des Jugendlichen in vergleichbaren Verfahrenslagen 149, 153, 186, 203 f.
Verbot der Zwangsarbeit 88
Vereidigung s. Jugendstrafverfahren
Vereinfachtes Jugendstrafverfahren 164, 214 f., 219
Verfahrensbeteiligte (Prozeßsubjekte) 164 ff.
Verfall des Gewinns aus der Tat 64
Verfehlungen 40
  s. auch Jugendverfehlungen
Vergeltung s. auch Tatprinzip 25, 117 f., 124 f.
Verhältnismäßigkeitsgrundsatz 68 f., 79, 83, 97, 106, 110, 118, 183, 208
Verkehrsdelikte 18, 56, 66 f.
Verkehrsunterricht 80, 105

253

Sachregister

Verkürzung des Instanzenzuges 203 ff.
Verlängerung jugendstrafrechtlicher Maßnahmen s. Abänderung
Verletzter 200, 212 ff., 219 f.
Verlust der Amtsfähigkeit, der Wählbarkeit und des Stimmrechts 50, 64
Vernehmung des Beschuldigten 182
Verschlechterungsverbot im Rechtsmittelverfahren 41, 132, 204 ff.
Verschulden bei Zuwiderhandlungen gegen Weisungen 85
Verstandesreife 45 ff.
 s. auch Einsichtsfähigkeit, Reifegrad und Schuldfähigkeit
Verteidiger 167 ff.
Verurteiltenstatistik 8 ff., 21
Verurteilungsziffern 12 f., 19
Verwahrlosung 94 f.
Verwarnung 63, 104 f.
Verzicht auf staatliche Reaktionen s. Diversion
Volljährigkeit 30, 57
Vollstreckung 220 ff.
– Auflagen 107
– Aussetzung der Verhängung der Jugendstrafe 141 f.
– Jugendarrest 113 f., 221
– Jugendstrafe 126, 221, 231
– Jugendhilfemaßnahmen gem. § 12 Nr. 2 JGG 96
– Verwarnung 102 f.
– Weisungen 85
Vollstreckungsleiter
– örtliche Zuständigkeit 158
– bei Jugendstrafe 127
Vollzug
– Jugendarrest 111
– Jugendstrafe 224
– Freiheitsstrafe in Jugendstrafanstalt 231 f.
Vollzugsleiter 220
Vollzugslockerungen 229 f.
Vollzugsplan s. Jugendstrafvollzug
Vorbelastung der jungen Täter s. Rückfälligkeit
Vorbewährung 138 f., 195, 215
 s. auch Strafaussetzung zur Bewährung
Vorläufige Anordnungen über die Erziehung 209
Vorläufige Teilvollstreckung 206
Vormundschaftsrichter, vormundschaftsrichterliche Maßnahmen
– Erziehungsaufgaben 153, 158, 184, 190
– Maßnahmen d. V. 46, 67, 76, 79, 95
– Personalunion mit Jugendrichter 153 f.

– Überweisung durch das Urteil 201
– Verhängung von vorm. M. durch Jugendrichter 46
Vorverfahren 181 ff.

Wahlverteidiger 167
Wehrstrafrecht s. Soldaten
Weisungen
– Arbeitsweisung 87 f.
– Betreuungsweisung 31, 88 f., 175, 180
– Definition durch den Jugendrichter 80
– erzieherische Zweckmäßigkeit 84
– Folgen der Zuwiderhandlung 85 f.
– heilerzieherische Behandlung und Entziehungskur 92
– rechtliche Grenzen 81 ff.
– sozialer Trainingskurs 89 f.
– Täter-Opfer-Ausgleich 91 f., 105, 192
– Überwachung, Laufzeit und Änderung 85
– Überwachungsfunktion der Jugendgerichtshilfe 180
– Verkehrsunterricht 80, 105
– Verbot der Zwangsarbeit 88
– Wesen und Inhalt 79 ff.
Widening-of-the-net-effect 188
Widerruf der Strafaussetzung zur Bewährung 132 f., 137 f., 215
Wiedergutmachung 87, 91, 105, 192
Wirksamkeit des Jugendstrafrechts
 s. auch Rückfälligkeit
Wirtschaftsstrafkammer 160
Wohlfahrtsmodell 33
Wohlfahrtsstaat 27, 130
Wohlstandskriminalität 17
Wohngruppenvollzug 228, 232 f.

Zeugenrolle
– des Erziehungsberechtigten 166
– des Bewährungshelfers 200
Zuchtmittel 63 f., 102 ff., 156, 162, 214, 240
– Anwendungsbereich, Voraussetzungen 102 ff.
– Geschichte 28, 30
– Statistik 103 f.
– Verbindung mit anderen Rechtsfolgen 75 f.
Zumutbarkeit einer Sanktion 69, 83, 88
Zusammenhang von Strafsachen
 s. Verbindung von Strafsachen gegen Jugendliche und Erwachsene
Zuständigkeit der Jugendgerichte 155 ff.
Zustimmung der Eltern zu Weisungen 81 ff., 93
Zwangsarbeit s. Weisungen

VERLAG FÜR RECHT UND VERWALTUNGSWISSENSCHAFTEN

Krey
Strafverfahrensrecht
Von Professor Dr. Volker Krey, Universität Trier
Band 1
XX, 308 Seiten. Kart. DM 34,-
ISBN 3-17-009655-9
Band 2
XXIV, 270 Seiten. Kart. DM 39,80
ISBN 3-17-009656-7
Band 1 und 2 zusammen: DM 73,80
ISBN 3-17-011499-9
Band 3 und 4 in Vorbereitung
Kohlhammer Studienbücher Rechtswissenschaft

Darstellung des Strafverfahrens, die einen streng systematischen Aufbau mit einer Veranschaulichung des Stoffes anhand durchweg examensrelevanter Fälle und Beispiele verbindet und mit Mustern von staatsanwaltschaftlichen und gerichtlichen Entscheidungen einen starken Praxisbezug aufzeigt.

Krey
Strafrecht Besonderer Teil
Studienbuch in systematisch-induktiver Darstellung
Von Professor Dr. Volker Krey, Universität Trier
Band 1: Besonderer Teil ohne Vermögensdelikte
9. völlig neubearb. Aufl. XVI, 370 Seiten. Kart. DM 36,80
ISBN 3-17-013012-9
Band 2: Besonderer Teil. Vermögensdelikte
10. Auflage in Vorbereitung

Standardwerk zum Besonderen Teil des StGB, das einen streng systematischen Aufbau mit einer Veranschaulichung des Stoffes anhand durchwegs examensrelevanter Fälle und Beispiele verbindet und die Bezüge zum Allgemeinen Teil und zum Öffentlichen Recht berücksichtigt.

W. Kohlhammer GmbH · 70549 Stuttgart · Tel. 0711/78 63 - 280

VERLAG FÜR RECHT UND VERWALTUNGSWISSENSCHAFTEN

Streng
Strafrechtliche Sanktionen
Grundlagen und Anwendung
Von Professor Dr. Franz Streng, Universität Erlangen
XX, 340 Seiten. Kart. DM 49,80
ISBN 3-17-011337-2
Kohlhammer Studienbücher Rechtswissenschaft

Das Studienbuch gibt einen Überblick über das in neuerer Zeit stark in den Vordergrund getretene Rechtsgebiet der strafrechtlichen Sanktionen mit seinen relevanten Teildisziplinen. Dabei erfährt u.a. das Strafzumessungsrecht vertiefte Behandlung. Angesichts der spezifischen Aufgaben des Sanktionenrechts werden die Bezüge zu den empirischen Disziplinen Kriminologie, Pönologie und forensische Psychowissenschaften besonders gründlich herausgearbeitet.

Schäfer
Die Praxis des Strafverfahrens
Von Dr. Gerhard Schäfer, Richter am BGH
5. völlig überarb. Aufl. CXXIV, 534 Seiten. Kart. DM 65,-
ISBN 3-17-011720-3
Kohlhammer Studienbücher Rechtswissenschaft

Es handelt sich um eine praxisorientierte Darstellung des Strafverfahrens mit den Schwerpunkten Ermittlungen, Abschlußverfügung der Staatsanwaltschaft, Beweisaufnahme im gerichtlichen Verfahren und Urteil. Damit erschließt sich dem Studenten das Prozeßrecht als einsichtige Rechtsmaterie, der Referendar vermag das in der praktischen Ausbildung beobachtete Prozeßgeschehen richtig einzuordnen, der junge Staatsanwalt, Richter und Rechtsanwalt findet durch die zahlreichen Beispielsfälle im Text und die Vielzahl von Formulierungsvorschlägen wertvolle Hilfestellungen für die tägliche Arbeit. Das vollständige Aktenstück eines Schöffengerichtsfalles mit den Erläuterungen in den technischen Einzelheiten gibt einen praxisnahen Einblick in das formale Verfahren.

W. Kohlhammer GmbH · 70549 Stuttgart · Tel. 0711/78 63 - 280